2024年
国家统一法律职业资格考试
辅导用书

刑事诉讼法

国家统一法律职业资格考试辅导用书编辑委员会　组编

陈卫东　宋英辉 / 主编

法律出版社
北京

图书在版编目(CIP)数据

刑事诉讼法/国家统一法律职业资格考试辅导用书编辑委员会组编;陈卫东,宋英辉主编. -- 北京:法律出版社,2024

2024年国家统一法律职业资格考试辅导用书

ISBN 978-7-5197-8840-7

Ⅰ.①刑… Ⅱ.①国… ②陈… ③宋… Ⅲ.①刑事诉讼法—中国—资格考试—自学参考资料 Ⅳ.①D925.2

中国国家版本馆CIP数据核字(2024)第067243号

刑事诉讼法
XINGSHISUSONGFA

国家统一法律职业资格考试辅导用书编辑委员会 组编
陈卫东 宋英辉 主编

责任编辑 宋杰鹏
装帧设计 李 瞻

出版发行 法律出版社
编辑统筹 法律考试·职业教育分社
责任校对 王晓萍
责任印制 胡晓雅
经 销 新华书店

开本 787毫米×1092毫米 1/16
印张 21.25 字数 559千
版本 2024年5月第1版
印次 2024年5月第1次印刷
印刷 固安华明印业有限公司

地址:北京市丰台区莲花池西里7号(100073)
网址:www.lawpress.com.cn
投稿邮箱:info@lawpress.com.cn
举报盗版邮箱:jbwq@lawpress.com.cn

销售电话:010-83938349
客服电话:010-83938350
咨询电话:010-63939796

书号:ISBN 978-7-5197-8840-7
定价:58.00元

凡购买本社图书,如有印装错误,我社负责退换。电话:010-83938349

国家统一法律职业资格考试辅导用书
编辑委员会

国家统一法律职业资格考试辅导用书

刑事诉讼法

编写人员

主　编

陈卫东

宋英辉

撰稿人

何　挺（第一至十章，第二十一章）

陈卫东（第十一、十二、十九章，第二十二至二十五章）

孙　皓（第十三、十七章）

刘计划（第十四至十六章，第十八至二十章）

出版说明

为了适应国家统一法律职业资格考试的需要，应广大应试人员的要求，我们组织编写了《2024年国家统一法律职业资格考试辅导用书》。

本套辅导用书根据司法部制定颁布的《2024年国家统一法律职业资格考试大纲》编写，是国家统一法律职业资格考试工作的重要依据，可以作为广大应试人员系统复习及应考的必备用书。

本套用书在撰写时力求反映和体现国家统一法律职业资格考试的特点，在注意学科科学性、系统性的同时，注重法学基本理论、法律实务与考试需求的结合，对应试人员应当掌握的各学科基本理论结合实际进行了系统阐释，有较强的指导性和适用性。在内容和体例编排上，为更加方便应试人员复习考试，本套用书结合备考规律，归纳提炼重要、疑难知识点及易错易混知识点和核心法条，进一步充实完善各学科每章的助考性提示内容和主要法律规定，同时增加了有关重要、疑难知识点的案例（实例）、本章／本编／本学科重点难点与疑点辨析阐释，并将新增或调整较大部分内容在目录中加以标示，以方便应试人员对比复习。

本套用书根据国家统一法律职业资格考试的试卷内容及学科特点分为9册，包括：《习近平法治思想·法理学·宪法·中国法律史·司法制度和法律职业道德》《民法》《刑法》《行政法与行政诉讼法》《民事诉讼法与仲裁制度》《刑事诉讼法》《商法》《知识产权法·经济法·环境资源法·劳动与社会保障法》《国际法·国际私法·国际经济法》，共计18门学科。《2024年国家统一法律职业资格考试法律法规汇编》（截止日期为2024年3月31日）作为辅导用书的配套部分，与本套辅导用书同时发行。

在本书出版之际，我们向参加2024年新版辅导用书编写工作的专家学者表示衷心的感谢！向参与以上用书编写、审稿及修订工作，特别是曾经参与并为本书奠定基本框架的法学院校、专家学者表示衷心的感谢！向中共中央办公厅法规局、最高人民法院、最高人民检察院、中国法学会、司法部等有关部门及单位给予的精心指导和大力支持帮助，表示衷心的感谢！

由于时间仓促，本书疏漏或不当之处，敬请广大应试人员和读者批评指正。

国家统一法律职业资格考试辅导用书编辑委员会

2024年5月

目　　录

第一编

总　　论

第二编
分　　论

第三编
特别程序

第一编

总　论

本编导读

本学科总论可以分为四大块内容：一是有关刑事诉讼法的基础理论，即本书第一章“刑事诉讼法概述”所探讨的理论性知识。二是刑事诉讼法中相对较为抽象、适用于刑事诉讼整体并形成刑事诉讼整体架构的内容，包括本书第二章“刑事诉讼法的基本原则”和第三章“刑事诉讼中的专门机关和诉讼参与人”。三是刑事诉讼中的整体性制度，包括第四章“管辖”、第五章“回避”、第六章“辩护与代理”、第八章“强制措施”、第九章“附带民事诉讼”和第十章“期间、送达”。这六章与《刑事诉讼法》“总则”中的各章相对应，分别探讨了适用于我国刑事诉讼整体的各项制度。四是有关刑事证据制度的内容，即本书第七章“刑事证据”。刑事证据制度本身也属于我国刑事诉讼中的一项整体性制度，《刑事诉讼法》“总则”中有专章予以规定，但由于证据制度在刑事诉讼中的重要性和特殊性，在有的教材中单独成编甚至单独成书，其内容具有相对的独立性。

第一章“刑事诉讼法概述”将有关刑事诉讼法的概念、渊源、与宪法和刑法的关系、目的与任务、三方面刑事诉讼基本理念和六个刑事诉讼基本范畴融汇于一章。本章内容较为抽象，基本没有法律条文相对应；但它是深入学习刑事诉讼法的基石，对后面的制度和程序都具有重要的指导意义。对本章的学习应当自觉与后续章节的内容进行对照联系，思考本章所介绍的理论知识是如何在具体的制度与程序中体现的。

第二章“刑事诉讼法的基本原则”介绍了《刑事诉讼法》第一章“任务与基本原则”所规定的12项基本原则。在这些原则中，有的较为具体，如“各民族公民有权使用本民族语言文字进行诉讼”和“追究外国人刑事责任适用我国刑事诉讼法”原则；有的则较为抽象，需要理解其特定内涵以及在具体程序中的表现形式，如“严格遵守法律程序”、“分工负责、互相配合、互相制约”和“未经人民法院依法判决，对任何人都不得确定有罪”等原则；还有的虽然作为原则规定较为简单，但实际上背后是以刑事诉讼法的某一章或者一系列条文为支撑的，如“认罪认罚从宽”、“犯罪嫌疑人、被告人有权获得辩护”和“具有法定情形不予追究刑事责任”等原则，对于这一类的原则必须结合相应的制度与程序规定进行理解。

第三章“刑事诉讼中的专门机关和诉讼参与人”介绍了参与刑事诉讼的各方面主体。公安机关、人民检察院和人民法院是参与刑事诉讼最主要的三个专门机关，本章第一节介绍了三机关各自的性质、组织体系与职权等内容，与基本原则中的“侦查权、检察权、审判权由专门机关依法行使”、“人民法院、人民检察院依法独立行使职权”、“分工负责、互相配合、互相制约”以及“人民检察院依法对刑事诉讼实行法律监督”等原则相关，还与司法制度中《人民检察院组织法》和《人民法院组织法》的部分内容相呼应。我国刑事诉讼的诉讼参与人可以进一步区分为当事人和其他诉讼参与人，需要重点掌握不同当事人和其他诉讼参与人在诉讼地位和权利义务方面的异同，并结合后续章节的规定关注这些异同在不同案件（公诉/自诉案件、刑事部分/附带民事部分）和不同诉讼阶段的不同表现。

“管辖”与“回避”是内容相对较少的两个基础性制度。管辖主要包括立案管辖、审判管辖和特殊情况的管辖。立案管辖是公安（以及其他有刑事侦查权的机关）、监察、检察和法院在直接受理案件方面的权限划分。审判管辖中的级别管辖、地区管辖和专门管辖分别从纵向的级别、横向的地区和专门法院与普通法院的分工三个方面来确定一个案件的审判法院，此外还包括了移送、指定和并案等特殊的变更管辖的情形。特殊情形的管辖大多源于对司法实践经验的总结，以地区管辖为主，需要予以记忆并能在具体案件中对应到相应的管辖地点。“回避”一章的重点则在于回避的理由、适用人员以及决定回避的程序。

第六章“辩护与代理”介绍了刑事辩护制度和刑事代理制度。规定刑事辩护制度的目的旨在保障被追诉者的辩护权，明确犯罪嫌疑人、被告人如何自行以及委托辩护人开展辩护，重点在于委托辩护人的辩护。具体包括：委托辩护人的方式、种类、诉讼阶段，辩护人的诉讼地位、权利、职责和义务，辩护的内容与分类。为了保障被追诉者的辩护权，我国还设立了法律援助制度，其中包括提供值班律师和法律援助辩护两种形式。刑事代理包括公诉案件被害人的代理，自诉案件的代理，附带民事诉讼当事人的代理，犯罪嫌疑人、被告人逃匿、死亡案件违法所得没收程序中的代理和依法不负刑事责任的精神病人的强制医疗程序中的代理五种，要注意区分不同案件中的诉讼代理以及不同诉讼代理人的不同权利。

第七章“刑事证据”是总论中内容最为丰富的一章。第一节阐述了刑事证据的概念，客观性、关联性与合法性三项证据的基本属性以及证据裁判、自由心证两项基本原则。第二节呈现了《刑事诉讼法》规定的八种法定证据种类的基本情况以及如何进行相应的审查认定，而如何进行审查认定则是证据运用中的关键环节。第三节介绍了刑事证据理论上四个方面的分类，通过这些理论上的分类可以更好地理解不同证据在刑事诉讼中的证明作用。第四节介绍了七项主要的收集、出示、采纳与运用证据的规则，其中非法证据排除规则是我国规定最为具体的证据规则。第五节则从证明概念、证明对象、证明责任和证明标准四个方面阐述了刑事证明，其中有关证明责任和证明标准的内容较为抽象，也较为重要。

第八章“强制措施”介绍了我国刑事诉讼法规定的五种针对人身自由并适用于犯罪嫌疑人、被告人的强制措施，其中拘传、取保候审和监视居住是限制人身自由的非羁押性措施，拘留和逮捕是剥夺人身自由的羁押性强制措施。强制措施是一种临时性的预防性措施，适用要遵循必要性、相当性和变更性原则。同时，由于强制措施的适用关涉公民的人身自由这一基本权利，适用的主体、条件、程序、时间等都要由法律明确规定并严格执行。本章详细介绍了五种强制措施的适用对象、决定适用的权限、适用的程序、期限以及相应的予以变更的情形与程序等内容。

第九章“附带民事诉讼”介绍了在刑事诉讼中附带性地解决因被告人的犯罪行为造成物质损失赔偿问题的附带民事诉讼。刑事附带民事诉讼既适用刑事诉讼法，其附带民事部分本质上是民事诉讼；如果刑事诉讼法没有明确规定的，还应当适用民事诉讼法的规定。需要重点掌握附带民事诉讼成立的条件，附带民事诉讼当事人与刑事诉讼当事人的异同以及附带民事诉讼的审判。

第十章“期间、送达”介绍了期间和送达两项制度。期间是公安司法机关和诉讼参与人完成某项刑事诉讼行为必须遵守的法定期限，重点在于以不同单位计算期间的方法。送达是公检法机关依照法定程序送交诉讼文件的诉讼活动，重点在于不同种类送达的具体操作。

第一章
刑事诉讼法概述

本章主要内容提示

本章内容比较抽象，是深入学习刑事诉讼法的基础，刑事诉讼法的制度与程序设置很多都能在本章内容中找到相应的指导理念或理论基础。本章要着重掌握以下内容：刑事诉讼法与宪法的关系，刑事诉讼法与刑法的关系；刑事诉讼的基本理念，包括惩罚犯罪与保障人权，实体公正与程序公正，诉讼效率；刑事诉讼的基本范畴，包括刑事诉讼目的、刑事诉讼价值、刑事诉讼职能、刑事诉讼构造等。

第一节　刑事诉讼法的概念

一、刑事诉讼的概念与特征

诉讼就是原告对被告提出告诉，由裁判者解决双方争议的活动。根据所解决争议性质的不同，现代诉讼可分为刑事诉讼、民事诉讼和行政诉讼。

我国刑事诉讼，是指人民法院、人民检察院和公安机关（含国家安全机关等其他侦查机关，下同）在当事人及其他诉讼参与人的参加下，依照法律规定的程序，解决被追诉人刑事责任问题的活动。刑事诉讼具有以下特征：

1.是实现国家刑罚权的活动。国家刑罚权是国家对实施了犯罪行为的人加以刑事处罚的权力。刑事诉讼的具体内容就是依法查明犯罪是否已经发生，谁实施了犯罪及其有关情节，是否通过适用刑法予以处罚，如何对涉案财物进行处理，以恢复被犯罪破坏的社会关系。

2.由人民法院、人民检察院和公安机关等国家机关主导进行。人民法院、人民检察院和公安机关是国家专门机关，在刑事诉讼中分别行使一定的专门职权。其中，人民法院行使审判权，人民检察院负责对司法工作人员等国家机关工作人员利用职权实施的特定犯罪进行侦查、批准或者决定逮捕、审查起诉和提起公诉、对刑事诉讼实行法律监督，公安机关负责对刑事案件的立案、侦查、拘留、执行逮捕等。刑事诉讼在不同阶段分别由上述专门机关主导进行。由于刑事诉讼的核心在于解决被追诉者的刑事责任，而刑事责任通常由作为裁判者的法院来决定，因此，在参与并主导刑事诉讼的国家机关中，法院居于最终裁决的地位，由法院主导的审判阶段居于刑事诉讼的中心地位。

3.在当事人和其他诉讼参与人的参加下进行，被追诉人的防御与辩护活动是刑事诉讼必不可少的组成部分。由于刑事诉讼的中心内容是解决被追诉人的刑事责任问题，因此，除极少数特别程序外，刑事诉讼都必须有犯罪嫌疑人、被告人参加，对被追诉人辩护活动的保障也是衡量刑事诉讼法治化程度的重要标准。除了犯罪嫌疑人、被告人之外，被害人也是参与刑事诉讼的重要主体。为了在诉讼中查明案件事实，维护犯罪嫌疑人、被告人和被害人的合法权益，也需要有辩护人、代理人、证人、鉴定人、翻译人员以及其他一些帮助刑事诉讼顺利开展的人员参加。

4.严格依照法律规定的程序进行。刑事诉讼的结果直接关系到人的生命、人身自由和财产权利，而且诉讼过程也与被追诉人的人身自由和公民的财产权利密切相关。因此，办案机关追诉和裁决犯罪的活动，必须严格依照法律规定的程序和规则进行，以防止权力滥用。当事人和其他诉讼参与人也只有严格遵循法定程序进行诉讼活动，才能有效地行使和维护自己的合法权利。

二、刑事诉讼法的概念与渊源

刑事诉讼法是国家制定的规范人民法院、人民检察院和公安机关进行刑事诉讼，当事人和其他诉讼参与人参加刑事诉讼的法律。刑事诉讼法关注公民的基本权利，并致力于划定公检法等公权力机关在刑事诉讼过程中行使权力的界限和方式，以保障公民的基本权利免受侵犯。

刑事诉讼法有狭义和广义之分。狭义的刑事诉讼法仅指刑事诉讼法典。广义的刑事诉讼法指一切有关刑事诉讼的法律规范。

刑事诉讼法的渊源是指刑事诉讼法律规范的存在形式。我国刑事诉讼法的渊源包括：

1.宪法。宪法是国家的根本法，是制定一切法律的根据；刑事诉讼法是根据宪法制定的。同时，宪法与刑事诉讼法的关系较之其他部门法更为紧密，刑事诉讼法直接涉及的公民基本权利正是宪法所保障的公民基本权利。

2.刑事诉讼法典。我国刑事诉讼法典是《中华人民共和国刑事诉讼法》(以下简称《刑事诉讼法》)，于1979年7月1日由第五届全国人民代表大会第二次会议通过，经1996年3月17日第八届全国人民代表大会第四次会议第一次修正、2012年3月14日第十一届全国人民代表大会第五次会议第二次修正。2018年10月26日，第十三届全国人民代表大会常务委员会第六次会议通过《全国人民代表大会常务委员会关于修改〈中华人民共和国刑事诉讼法〉的决定》，对《刑事诉讼法》进行了第三次修正，并于2018年10月26日公布之日起施行。目前，第十四届全国人大常委会已经将《刑事诉讼法》的第四次修改列入本届人大的立法规划。

3.有关法律规定和立法解释。指全国人民代表大会及其常务委员会制定的有关刑事诉讼的文件。具体分为三类：第一类是全国人民代表大会及其常务委员会制定的法律中涉及刑事诉讼的规定，如《刑法》《人民法院组织法》《人民检察院组织法》《监察法》《国家安全法》《国际刑事司法协助法》《反恐怖主义法》《反有组织犯罪法》《监狱法》《社区矫正法》《法官法》《检察官法》《人民陪审员法》《律师法》《法律援助法》《未成年人保护法》《预防未成年人犯罪法》等。第二类是全国人民代表大会及其常务委员会就刑事诉讼有关问题所作的专门规定，如1983年9月2日第六届全国人民代表大会常务委员会第二次会议通过的《关于国家安全机关行使公安机关的侦查、拘留、预审和执行逮捕的职权的决定》等。第三类是全国人民代表大会及其常务委员会对《刑事诉讼法》如何理解与适用所作出的立法解释，具有与法律相同的效力。2014年4月24日第十二届全国人民代表大会常务委员会第八次会议通过了对《刑事诉讼法》若干条文的立法解释，厘清了实践中的几个争议问题。

4.适用于全国的有关司法解释和规范性文件。例如，最高人民法院、最高人民检察院、公安部、国家安全部、司法部、全国人大常委会法制工作委员会联合发布的《关于实施刑事诉讼法若干问题的规定》(以下简称六机关《规定》)，最高人民法院《关于适用〈中华人民共和国刑事诉讼法〉的解释》(以下简称最高人民法院《解释》)，最高人民检察院《人民检察院刑事诉讼规则》(以下简称最高人民检察院《规则》)。

5.行政法规和部门规章。即国务院制定的法规和国务院主管部门制定的规章中有关刑事诉讼的规定，其中最为重要的就是公安部发布的《公安机关办理刑事案件程序规定》(以下简称公安部《规定》)。

6.地方性法规。指地方人民代表大会及其常务委员会颁布的地方性法规中关于刑事诉讼程序的规定，例如某省的法律援助条例中涉及刑事诉讼的规定。

7.国际公约、条约。我国签署、批准加入的国际公约中，许多规定了包括权利平等，司法救济，生命权的程序保障，禁止酷刑或施以其他残忍的、不人道的或侮辱性的待遇或刑罚，人身自由和安全的程序保障，独立、公正审判，无罪推定，反对强迫自证其罪，一事不再理和禁止双重危险，辩护权的保障和对未成年人的特别保护等；基本精神是在国家追究犯罪者刑事责任的过程中，防止国家滥用权力，保障人权，实现司法公正。例如，我国签署、批准加入的《联合国儿童权利公约》、《联合国打击跨国有组织犯罪公约》和《联合国反腐败公约》等，都涉及诸多刑事程序与证据问题。

三、刑事诉讼法与刑法的关系

刑事诉讼法具有保障刑法正确适用的工具价值，也有自己独立的价值。

刑事诉讼法在保障刑法实施方面的价值有：第一，通过明确对刑事案件行使侦查权、起诉权、审判权的专门机关，为查明案件事实、适用刑事实体法提供了组织上的保障。第二，刑事诉讼法通过明确行使侦查权、起诉权、审判权主体的权力与职责及诉讼参与人的权利与义务，为查明案件事实和适用刑事实体法的活动提供了基本构架；同时，由于有明确的活动方式和程序，也为刑事实体法适用的有序性提供了保障。第三，规定了收集证据的方法与运用证据的规则，既为获取证据、查清案件事实提供了手段，又为收集证据、运用证据提供了程序规范。第四，规定了证明责任和证明标准，为规范和准确进行定罪量刑提供了标准和保障。第五，通过程序方面的系统设计，可以在相当程度上避免、减少案件实体上的误差。第六，通过适用于特定案件的特殊程序，为特定的刑事实体法和刑事政策的实现提供了更具针对性和更为有效的程序通道。第七，针对不同案件或不同情况设计不同的具有针对性的程序，使案件处理简繁有别，保证处理案件的效率。

刑事诉讼法的独立价值，主要表现为以下方面：

一方面，刑事诉讼法所规定的诉讼原则、结构、制度、程序，体现着程序本身的民主、法治与保障人权的精神，也反映出一国刑事司法制度的进步、文明程度，是衡量法治化程度和社会公正极为重要的指标。刑事诉讼法的制定和实施，就是在实现其自身蕴涵的民主、法治、人权保障等价值。相反，规定刑讯逼供、非法取证、秘密审判等内容的刑事诉讼法，则与现代民主、法治精神相背离。在这种程序下，即使案件在实体处理上没有错误，当事人和社会公众也会因为诉讼过程中的野蛮、专横而对实体处理是否公正产生怀疑，而且会通过程序这个窗口对社会公正产生怀疑，甚至失去信心。这从反面体现出刑事诉讼法本身具有的独立价值。

另一方面，刑事诉讼法还具有影响刑法实现，弥补刑事实体法不足，甚至“创制”刑事实体法的功能。依据刑事程序法定和正当程序的理念，刑事实体法需要通过法律程序来实施。然而，刑事诉讼法并非实施刑事实体法的被动的“服务器”，而是在启动或终结实施刑事实体法活动方面扮演着十分积极的角色。比如，依据不告不理原则，如果没有控诉机关或人员起诉，就不能对现实中的犯罪行为适用刑事实体法；当出现了某些法定情形时，就要结束适用刑事实体法的程序，而不能适用刑事实体法；对同一案件，如果选择不同的刑事程序，适用刑事实体法的结果可能会不同；一些刑事诉讼过程中发生的情形会直接影响刑事实体法适用的结果。刑事诉讼法中有大量影响刑事实体法实现的规定。例如，对于已满12周岁不满14周岁的未成年人，犯故意杀人、故意伤害罪，致人死亡或者以特别残忍手段致人重伤造成严重残疾，情节恶劣，需要追究其刑事责任适用刑事实体法的，程序上必须经最高人民检察院核准追诉；认罪认罚从宽程序的适用会导致刑事实体法上的从宽。当刑事实体法条文出现含义模糊甚至歧义时，刑事诉讼法规范下的诉讼中积极有效的争辩、论证，能够对此作出调节和修正；刑事诉讼法还能通过特有的程序机制，如评议、表决等，最终使刑事实体法的法律规范得以实现其确定性。例如，刑法中规定的"明知"等主观要件实际上需要在刑事诉讼法规范下通过控辩双方提供相应的证据和承担相应的证明责任来予以明确。

综上，刑事诉讼法既具有保障刑法实施的工具价值，又具有独立价值。刑事诉讼法与刑事实体法相辅相成，具有共同的价值取向，共同构成国家统一的刑事法治体系，应当用"刑事一体化"的视角来理解刑事诉讼法与刑法的关系。

四、刑事诉讼法与法治国家

刑事诉讼法在实现法治国家方面的作用，集中体现在与宪法的关系之中：

一方面，有关刑事诉讼的程序性条款在宪法条文中占据重要地位。这些有关刑事诉讼的程序性条款，构成了各国宪法或宪法性文件中关于人权保障内容的核心。以至于有这种说法：宪法是静态的刑事诉讼法，刑事诉讼法是动态的宪法。程序决定了法治与恣意的人治之间的主要区别，是因为预先存在的程序设计了权力与权利行使的依据和框架，通过预先规定明确的权利和义务，规范法律实施官员和诉讼参与人的行为，为秩序、公正、自由等价值理念的实现提供了基本前提和条件。从这个意义上来说，程序意味着法治主义。

另一方面，刑事诉讼法在维护宪法制度方面发挥重要作用。为维护宪法确认的制度和原则，国家制定刑事实体法并通过刑事程序对破坏宪法制度而构成犯罪的人予以制裁。同时，国家要确保宪法所保障的公民基本权利，非依法律规定不得随意剥夺。刑事诉讼直接涉及公民的基本权利特别是人身自由和财产权利，必须对国家在刑事诉讼中的权力予以限制。刑事诉讼法就是调整和平衡国家打击犯罪和保障公民基本权利相互关系的法律，从而承担防止司法权滥用并保障公民基本权利的任务。也就是说，宪法的许多规定既要通过刑事诉讼法保证刑法的实施来实现，也要通过刑事诉讼法本身的实施来实现。

无论从保障刑法实施的角度来讲，还是从刑事诉讼法直接实现宪法规定的作用来看，刑事诉讼法在实现法治国家中的价值都不容忽视。尤其是后者，由于刑事诉讼法规范和限制了国家权力，因而成为保障公民基本权利和自由的基石。而国家权力得以规范行使与公民基本权利和自由得以充分保障，正是法治国家的基本标志。

第二节　刑事诉讼法的制定目的与任务

一、刑事诉讼法的制定目的

《刑事诉讼法》第1条规定了制定目的：保证刑法的正确实施，惩罚犯罪，保护人民，保障国家安全和社会公共安全，维护社会主义社会秩序。这一目的为《刑事诉讼法》的制定、修改与实施确定了需要达致的总体目标。

二、刑事诉讼法的任务

《刑事诉讼法》第2条规定："中华人民共和国刑事诉讼法的任务，是保证准确、及时地查明犯罪事实，正确应用法律，惩罚犯罪分子，保障无罪的人不受刑事追究，教育公民自觉遵守法律，积极同犯罪行为作斗争，维护社会主义法制，尊重和保障人权，保护公民的人身权利、财产权利、民主权利和其他权利，保障社会主义建设事业的顺利进行。"对于刑事诉讼法的任务，可从三方面理解：

1.保证准确、及时地查明犯罪事实，正确应用法律，惩罚犯罪分子，保障无罪的人不受刑事追究。这是刑事诉讼法的直接任务。

查明犯罪事实，是整个刑事诉讼的基础。在查明犯罪事实的基础上，还必须正确应用法律，包括刑法、刑事诉讼法以及办理案件需要适用的其他法律。查明犯罪事实还应当及时。及时性是刑事诉讼效率价值的具体体现。通过刑事程序的迅速及时进行，一方面可以缩短犯罪行为与相应刑罚之间的时间间隔，为达到适用刑罚的预期效果提供基本保障；另一方面可以尽快解脱无辜者以及依法不应被追究刑事责任的犯罪嫌疑人、被告人，使其回归正常的社会生活。

2.维护社会主义法制，尊重和保障人权，保护公民人身权利、财产权利、民主权利和其他权利，保障社会主义建设事业顺利进行。这是刑事诉讼法的根本任务。

在刑事诉讼法的根本任务中，“尊重和保障人权”具有极为重要的地位。尊重和保障人权同样被我国《宪法》明确规定，但在刑事诉讼中则有其具体、特定的内涵：首先，尊重和保障人权要求提升犯罪嫌疑人、被告人的主体地位，在法院判决有罪之前视其为无罪的人，保障处于被追诉地位的人的权利，保障无罪的人不受错误地追究；其次，通过刑事诉讼来惩罚和打击犯罪，保障被害人的权利和弥补被害人以及其他受到犯罪行为影响的人所遭受的损失，保障人民群众的合法权利不受侵犯，是尊重和保障人权的应有之义；再次，尊重和保障人权还必须保障辩护人、证人等其他与刑事诉讼有关人员的权利；最后，尊重和保障人权也应该被视为主导或参与刑事诉讼的国家机关在办理具体案件过程中严格依照法定程序和依法行使职权的最基本的指导思想。

3.教育公民自觉遵守法律，积极同犯罪行为作斗争。这是刑事诉讼法的重要任务。

第三节　刑事诉讼的基本理念

一、惩罚犯罪与保障人权

惩罚犯罪，是指通过刑事诉讼活动，在准确、及时地查明案件事实真相的基础上，对构成犯罪的被告人公正适用刑法，以抑制犯罪，以及通过刑事程序本身的作用来抑制犯罪。保障人权，是指在通过刑事诉讼惩罚犯罪的过程中，保障公民合法权益不受非法侵犯。具体包括：(1)无辜的人不受追究；(2)有罪的人受到公正处罚；(3)诉讼权利得到充分保障和行使；(4)保障被害人和其他受到犯罪影响的人的合法权益。

惩罚犯罪与保障人权既统一又对立。如果在刑事诉讼中违反宪法、刑事诉讼法有关权利保障的规范，滥用权力，甚至刑讯逼供、诱供等，往往造成冤假错案。因此，惩罚犯罪不能忽视保障人权。同时，保障人权也不能脱离惩罚犯罪。如果不去查明案件事实、惩罚犯罪，不仅被害人的实体权利得不到维护，犯罪嫌疑人、被告人的实体权利易受侵犯，而且诉讼参与人的程序性权利保障就失去了原本的含义。在具体的刑事诉讼程序和制度设计中，虽然大多数情况下惩罚犯罪与保障人权能够同步得到实现，但也存在一些发生冲突与矛盾的情形，此时则需要根据利益权衡的原则作出选择。例如，对于采用非法方法获取的证据，由于非法取证侵犯了公民的基本权利，原则上需要予以排除，但有时非法证据本身又具有查明案件事实以惩罚犯罪的功能，因此，在一些情况下又需要有条件地予以采纳。刑事诉讼法往往呈现原则加各种例外的状态，以便在各种具体情形下更好地权衡惩罚犯罪与保障人权的两方面理念。

二、实体公正与程序公正

公正是人类社会所追求的重要价值目标。司法公正，也称诉讼公正，则是维护社会正义的最后一道屏障，是体现社会正义的窗口，是诉讼的灵魂和生命。《中共中央关于全面推进依法治国若干重大问题的决定》指出："公正是法治的生命线。司法公正对社会公正具有重要引领作用，司法不公对社会公正具有致命破坏作用。必须完善司法管理体制和司法权力运行机制，规范司法行为，加强对司法活动的监督，努力让人民群众在每一个司法案件中感受到公平正义。"党的二十大报告也指出：公正司法是维护社会公平正义的最后一道防线。

司法公正，包括实体公正和程序公正两个方面。实体公正，即结果公正，指案件实体的处理结果所体现的公正。刑事案件的实体公正，具体要求有：(1)据以定罪量刑的犯罪事实的认定，应当做到证据确实充分；(2)按照罪刑法定原则，正确适用刑法，准确认定犯罪嫌疑人、被告人是否有罪及其罪名；(3)按照罪刑相适应原则，依法合理判定刑罚；(4)涉案财物得到公正合法的处理；(5)对于错误处理的案件，通过救济程序及时纠正、及时赔偿或者补偿。程序公正，指诉讼程序方面体现的公正。刑事案件的程序公正，具体要求有：(1)严格遵守刑事诉讼法的规定；(2)全面保障当事人和其他诉讼参与人特别是犯罪嫌疑人、被告人和被害人的诉讼权利；(3)适用涉及基本权利的强制性措施应当适度，必须严格符合法律规定的条件并经过适当的事前审查；(4)严禁刑讯逼供和以其他非法手段取证；(5)司法机关依法独立行使职权；(6)保障诉讼程序的公开和透明；(7)控辩平等对抗，控审分离，审判者居中裁判而不偏向任何一方；(8)按法定期限办案、结案。实体公正和程序公正各自都有独立的内涵和标准，不能互相代替，二者应当并重。实体公正与程序公正，一般情况下是可以统一的；但有时也会不可避免地发生矛盾，同样需要根据利益权衡的原则作出选择。

三、诉讼效率

诉讼效率指诉讼中所投入的司法资源（包括人力、财力、物力等）与案件处理数量的比例。讲求诉讼效率，要求投入一定司法资源处理尽可能多的案件。追求诉讼效率，意味着应当降低诉讼成本，加速诉讼进程，减少案件拖延和积压。刑事诉讼法规定了"准确、及时地查明犯罪事实"的任务，而且还从诉讼期限、认罪认罚从宽、轻微案件不起诉和简易、速裁程序等多方面体现了诉讼效率的理念。近年来，我国刑事案件的总量持续攀升，犯罪结构发生变化，轻罪化趋势日益明显；刑事诉讼程序围绕诉讼效率的理念进行了相应的优化，集中体现在对不同的案件进行程序分流，对简单轻微的案件采用简化的程序。2012年《刑事诉讼法》修改扩大了简易程序的适用范围，2018年《刑事诉讼法》修改将之前试点的速裁程序和认罪认罚从宽制度予以规定，都体现了对诉讼效率的追求。

在刑事诉讼中，效率在公正得以实现的基础上才有意义。如果公正不存在，也就无所谓效率。因此，在刑事诉讼中，公正与效率的关系，应当是公正第一，效率第二。在刑事司法中，应当是在保证司法公正的前提下追求效率，而不能草率办案，损害实体公正和程序公正。如果只讲"从快"而违背诉讼规律，虽然结案率很高，但错案往往也会增多，冤枉了无辜，放纵了犯罪，不仅做不到公正，也难以真正实现效率。

第四节　刑事诉讼的基本范畴

一、刑事诉讼目的

刑事诉讼目的是指国家制定刑事诉讼法和进行刑事诉讼活动所期望达到的结果。

刑事诉讼的根本目的，与法律的一般目的是一致的。任何国家进行刑事诉讼，均期望达到维护社会秩序的目的。

刑事诉讼的直接目的表现为两方面：一方面，国家通过刑事诉讼活动，要在准确、及时地查明案件事实真相的基础上对构成犯罪的被告人正确适用刑法，惩罚犯罪，实现国家刑罚权；另一方面，国家在进行刑事诉讼过程中保障诉讼参与人和其他案外人的合法权益不受侵犯，特别是保障与案件结果有直接利害关系的犯罪嫌疑人、被告人和被害人的诉讼权利得到充分行使。刑事诉讼根本目的的实现有赖于直接目的的实现。

关于刑事诉讼目的的理论分类，主要包括以下几种学说：

1.犯罪控制模式与正当程序模式。犯罪控制模式的理论基点是：控制犯罪是刑事诉讼程序最主要的机能，刑事程序运作的方式与取向应遵循“控制犯罪”的目标进行。该理论模式的基本价值取向是：刑事诉讼以惩罚犯罪的“效率”为目标与评价标准。一个能以有限的资源处理数量庞大的案件并提高逮捕与有罪判决率的刑事程序，才是符合犯罪控制模式的成功者。与犯罪控制模式对立的是正当程序模式。该模式的理论基础是自然法的学说，认为人类拥有某些与生俱来的基本权利，如果统治者侵犯了这些权利，人民将不信任政府，并撤回授予统治者的权力。因此，该模式主张刑事诉讼目的不单是发现实体真实，更重要的是以公平与合乎正义的程序来保护被告人的权利。

2.家庭模式。犯罪控制模式与正当程序模式的划分，受到了学者的批评。主要是认为该模式划分是基于“国家与个人间为敌对关系”，并以“整个刑事程序自始至终为一项战争”为出发点的。因此，两个对立模式实为一项“战争模式”或“争斗模式”。对此，有学者提出了刑事程序的第三种模式，即家庭模式。该模式以家庭中父母与子女关系为喻，强调国家与个人间的和谐关系，并以此为出发点，提出解决问题的途径，强调刑事司法的教育功能。处理未成年人违法犯罪的未成年人司法接近于这种家庭模式。

3.实体真实主义与正当程序主义。实体真实主义的诉讼目的观认为，刑事诉讼旨在追求案件的实体真实。在实体与程序的关系上，它意味着实体对程序的优越地位，而将刑事诉讼法视为服务于发现实体真实的实现刑法的手段；在人权保障与实体真实的关系上，实体的真实也处于优势。对违反程序法造成侵犯公民权利的，交由有关部门个别处理，但不影响其后的诉讼行为。实体真实主义可分为积极实体真实主义和消极实体真实主义。传统的实体真实主义仅指前者，认为凡是出现了犯罪，就应当毫无遗漏地加以发现、认定并予以处罚；为不使犯罪人逃脱惩罚，刑事程序以发现真相为要。消极实体真实主义是将发现真实与保障无辜相联系的目的观，认为刑事诉讼目的在于发现实体真实，本身应包含力求避免处罚无罪者的意思，而不单纯是无遗漏地处罚任何一个犯罪者。正当程序主义的目的观认为，刑事诉讼目的重在维护正当程序。正当程序主义的认识论基础是：刑事诉讼对案件事实的认识能力是十分有限的，刑事诉讼中的真实只是作为认识的真实。因此，当在诉讼中根据能够利用的资料作出合理的事实认定时，只能视为相对的真实。在这个意义上，刑事诉讼是将真实设定为诉讼程序之外的客观实在，并谋求通过诉讼程序内的活动来接近它。刑事诉讼所追求的，是在所给定的程序范围内，竭尽人之所能，将以此认定的事实视作真实。这种事实的认定，应当依正当程序进行。当然，也有不少学者提出刑事诉讼具有追求实体真实与维护正当程序两方面的目的。

我国理论一般认为，惩罚犯罪与保障人权两个方面应当并重。因为只强调惩罚犯罪，忽视保障人权，势必导致蔑视法治、违反程序、刑讯逼供、滥捕滥判，造成错案，最终既不能保障人权，也不能准确有效地惩罚犯罪；反之，只强调保障人权，忽视惩罚犯罪，势必放纵犯罪，社会秩序的稳定难以实现，同样不利于实现刑事诉讼的根本目的。只有将两者结合起来，才符合刑事诉讼的内在规律，才能使刑事诉讼真正符合国家、社会及民众的需要，维护国家的长治久安。坚持惩罚犯罪与保障人权并重，符合我国刑事诉讼法的基本要求。

二、刑事诉讼价值

刑事诉讼价值，是指刑事诉讼立法及其实施对国家、社会及其一般成员具有的效用和意义。刑事诉讼价值包括秩序、公正、效益诸项内容，其中每项内容又包含着非常丰富的内涵。

刑事诉讼秩序价值包括两方面含义：一是通过惩治犯罪，维护社会秩序，即恢复被犯罪破坏的社会秩序以及预防社会秩序被犯罪破坏；二是追究犯罪的活动是有序的。消除犯罪引起的社会混乱，保持社会秩序稳定并使社会在有序中发展，是国家及民众所追求的刑事程序的基本价值。对刑事诉讼秩序价值的追求，意味着对抑制犯罪行为、保持社会和平与稳定的期望。维护社会秩序的需要还表现为对社会及其成员的安全的追求。这不仅需要控制社会暴力冲突，还需要防止政府及其官员滥用权力而使社会成员没有安全保障。所以，国家刑事司法权的行使，必须受到刑事程序的规范。在实现秩序方面，刑事诉讼由控诉、辩护、裁判构成的基本结构，决定了它更有利于充分展露事实，查明案件真相和正确确定刑事责任；刑事诉讼三方的活动被法律程序约束，且彼此相互牵制，可最大限度避免因刑事司法权行使本身导致新的社会冲突和对社会秩序的破坏；刑事诉讼通过适用体现特定社会价值观的刑事法律，可以惩治并抑制犯罪，解脱无辜，化解冲突，从而为维护社会的良好秩序和实现国家的长治久安提供条件；在刑事诉讼的框架之内，由加害人与被害人或者控辩双方通过协商来化解纠纷和处理案件也是实现秩序价值的一种体现。与缺乏国家介入的“私了”或者复仇等私力救济相比，现代刑事诉讼在恢复被犯罪破坏的社会秩序方面具有无可比拟的作用。

公正在刑事诉讼价值中居于核心的地位。刑事诉讼公正价值包括实体公正和程序公正两个方面。实体公正既包括通过惩治犯罪实现社会正义，也包括对犯罪惩罚本身的公正性；程序公正是指程序本身符合特定的公正标准，如近现代刑事诉讼理论所主张的裁判者中立，诉讼参与人尤其是当事人权利的充分保障，在法律关系上最大限度实现权利、义务的平等及在诉讼中各方当事人机会对等，强制措施的适用应当适度，等等。在实现公正价值方面，刑事诉讼由相对中立的第三者——法院在听取控诉、辩护双方所提出的材料和意见的基础上进行审理并作出裁判，可以体现出解决冲突方式的公正性，这是行政等其他方式所不具备的。同时，一定时期的立法常被作为公正的社会准则，刑事诉讼以此作为是非曲直的评价依据，就为案件的处理结果设定了公正的基础，从而易被社会公众接受。

刑事诉讼的效益价值既包括效率，也包括在保证社会生产方面所产生的效益，即刑事诉讼对推动社会经济发展方面的效益。

刑事诉讼的秩序、公正、效益诸项价值都很重要，不可偏废。如果不适当地追求高效率处罚，而忽视程序的秩序性和公正性，结果会造成处罚不公乃至冤案，导致更尖锐的社会矛盾和更多新的犯罪，非但损害了秩序和公正，而且也没有真正实现效益。反之，同样会造成恶果。

刑事诉讼秩序、公正、效益价值是通过刑事诉讼法的制定和实施来实现的。一方面，刑事诉讼法保证刑法的正确实施，实现秩序、公正、效益价值，这称为刑事诉讼法的工具价值；另一方面，刑事诉讼法的制定和适用本身也在实现着秩序、公正、效益价值，这称为刑事诉讼法的独立价值。

三、刑事诉讼主体

刑事诉讼主体是所有参与刑事诉讼活动，在刑事诉讼中享有一定权利、承担一定义务的国家专门机关和诉讼参与人。其中承担基本诉讼职能的专门机关和当事人是主要的诉讼主体，其他诉讼参与人是一般诉讼主体。刑事诉讼活动需要由承担相应诉讼职能的主体来推动，刑事诉讼对案件事实的认识也需要主体来完成；刑事诉讼主体与刑事诉讼构造、刑事诉讼职能均有密切的关系。刑事诉讼主体理论还是确定参与刑事诉讼人员的权利与义务的基础，现代刑事诉讼注重对犯罪嫌疑人、被告人权利的保障正是建立在将其视为诉讼主体而非客体这一基础之上。

我国刑事诉讼主体包括三大类：一是代表国家行使侦查权、起诉权、审判权、刑罚执行权的国家专门机关，包括公安机关、国家安全机关、军队保卫部门、监狱、人民检察院、人民法院等；二是直接影响诉讼进程并且与诉讼结果有直接利害关系的诉讼当事人，包括犯罪嫌疑人、被告人、被害人、自诉人、附带民事诉讼的原告人和被告人；三是协助国家专门机关和诉讼当事人进行诉讼活动的其他诉讼参与人，包括法定代理人、诉讼代理人、辩护人、证人、鉴定人和翻译人员等。

四、刑事诉讼职能

刑事诉讼职能是指根据法律规定，国家专门机关和诉讼参与人在刑事诉讼中所承担的职责、具有的作用和功能。刑事诉讼参与者所承担的职能，与其在诉讼中的法律地位和参与诉讼的目的密切相关。为了使诉讼的参与者履行或实现法律规定的诉讼职能，法律相应赋予一定的权限和诉讼权利。

传统诉讼理论认为，刑事诉讼有三种基本职能，即控诉、辩护和审判。控诉职能指向法院起诉并出庭支持控诉，要求追究被告人因犯罪行为所应承担的刑事责任，由代表国家行使控诉职能的检察机关和自诉人行使，被害人则在公诉案件中承担辅助性的控诉职能；辩护职能相对于控诉职能，指提出对被控诉人有利的事实和理由，维护被控诉人的合法权益，由犯罪嫌疑人、被告人行使，辩护人协助行使；审判职能指通过审理确定被告人是否犯有被指控的罪行和应否处以刑罚以及处以何种刑罚，由法院行使。由于侦查是公诉的必要准备，是追诉活动的组成部分，因而从广义上可以将侦查视为行使控诉职能。

由于历史传统和社会现实需要的不同，不同国家的法律关于各基本职能承担者的诉讼地位、相互关系及不同诉讼职能的发挥程度的规定会有所差异，从而形成了不同模式的诉讼构造。

五、刑事诉讼构造

刑事诉讼构造是指刑事诉讼法所确立的进行刑事诉讼的基本方式以及专门机关、诉讼参与人在刑事诉讼中形成的法律关系的基本格局，它集中体现为控诉、辩护、审判三方在刑事诉讼中的地位及其相互间的法律关系。刑事诉讼构造有“纵向构造”和“横向构造”的区分。纵向构造着眼于控辩审三方诉讼主体在整个诉讼程序流程中的动态关系，主要包括体现侦查主体和公诉主体关系的侦控构造与体现公诉主体与审判主体关系的控审构造。横向构造则更加强调控辩审三方主体在各个程序横断面上的静态关系，如审前程序中的三方构造和审判程序中的三方构造。

立法者总是基于实现一定的刑事诉讼目的，设计相应的诉讼构造。另外，刑事诉讼目的的提出与实现，也必须以刑事诉讼构造本身所具有的功能为前提。一般而言，现代刑事诉讼构造的设计需要遵循下列基本理念：(1)控审分离与不告不理，即控诉与审判职能分离，控诉与审判职能分别由不同主体承担，未经起诉主体起诉的事项审判主体不得审判，审判的范围受到起诉内容的制约。(2)裁判者中立，即在诉讼构造中，相对于控诉或辩护方的活动有明显的倾向性，法院作为居中裁判的审判主体，应当保持中立，不偏向任何一方，而是依据证据和法律对争议问题作出裁判。(3)控辩平等对抗，即控辩双方在形式上形成平等对抗的格局；如果在形式上明显一方更为优越，就无法保障诉讼的客观、公正，也无法实现刑事诉讼的目的。由于刑事诉讼的追诉主体一般都以国家强制力为后盾，保持控辩平等对抗并不要求也无法达到实质意义上的平等，因此控辩平等对抗更重要的是确立被追诉者的主体地位和保障辩护方在各个方面与控诉方所享有的权力（权利）相对应。正是因为要实现刑事诉讼过程中的控辩平等对抗，刑事诉讼以犯罪嫌疑人、被告人到案并持续在场参与的“对席审判”为原则；只有在极为例外的情况下，并在充分保证辩护权和事后救济权的基础上，才允许在被告人不到案的情况下进行“缺席审判”。同时，即使被告人本人缺席，也应当确保其有辩护人到场为其辩护。

一般认为，现代西方国家刑事诉讼构造类型大致分为两类，即大陆法系国家的职权主义和英美法系国家的当事人主义。当事人主义诉讼将开始和推动诉讼的主动权委于当事人，控诉、辩护双方当事人在诉讼中居于主导地位，适用于程序上保障人权的诉讼目的；而职权主义诉讼将诉讼的主动权委于国家专门机关，适用于实体真实的诉讼目的。实际上，由于单纯采取职权主义或当事人主义的诉讼构造，在控制犯罪或保障人权的功能中会抑制另一方面功能的发挥而导致种种弊端，两类诉讼构造均已吸收了对方的一些程序。尽管如此，由于历史传统等因素的影响，两类构造仍有许多不同，从而也决定了功能上的差异。

六、刑事诉讼阶段

在刑事诉讼中，要进行报案、控告、举报等材料的审查与初查，询问，讯问，勘验检查，搜查，审查批准或决定逮捕，审查起诉，开庭前的准备，法庭调查，法庭辩论，被告人最后陈述，评议和宣判，执行等活动。这些按照一定程序进行的相互衔接的一系列行为过程，可以划分为若干相对独立的单元，称为刑事诉讼阶段。

刑事诉讼阶段的特点，是每一个诉讼阶段都作为一个相对独立和完整的程序，有自身的直接任务和形式。划分刑事诉讼阶段的标准是：

1.直接任务。例如，侦查阶段的直接任务是收集证据，查明犯罪事实，并在必要时限制犯罪嫌疑人的人身自由；而起诉阶段的直接任务，就公诉案件来说，是对侦查机关侦查终结后移送起诉的案件，从认定事实、适用法律等方面进行全面审查并依法作出是否提起公诉的决定。

2.参加诉讼的机关和个人。侦查阶段参加诉讼的机关主要是具有侦查权的机关，起诉阶段主要是检察机关，而审判阶段则主要是法院。

3.诉讼行为的方式。各诉讼阶段诉讼行为的方式有明显不同。例如，侦查阶段依法进行的收集证据、查明案情的工作和有关的强制性措施，与审判阶段在法庭上由法官主持、在公诉人（在公诉案件中）、当事人及其他诉讼参与人的参加下进行开庭审理和宣判活动，在方式上存在明显的不同。

4.诉讼法律关系。刑事诉讼法律关系是指进行或参加刑事诉讼的机关或参与人基于刑事诉讼法的规定而产生的相互间的权利义务关系。不同诉讼阶段法律关系也有所不同。在我国，起诉阶段主要体现为犯罪嫌疑人和检察机关的双方关系，没有独立的第三方的介入，而在审判阶段，则体现为法官居中裁判和控辩双方平等对抗的三方关系。

5.诉讼的总结性文书。例如，起诉阶段的总结性文书为起诉书、不起诉决定书，而审判活动的总结性文书为判决书、裁定书等。

按照上述标准，可以将我国的刑事诉讼划分为立案、侦查、起诉、审判和执行等阶段。

【本章主要法律规定】

《刑事诉讼法》第1、2条

第二章
刑事诉讼法的基本原则

本章主要内容提示

基本原则是理解法律制度、程序和运行的关键。刑事诉讼法的基本原则体现刑事诉讼活动的基本规律，有着深厚的法律理论基础和丰富的思想内涵。比较重要的原则包括：严格遵守法律程序；人民检察院依法对刑事诉讼实行法律监督；犯罪嫌疑人、被告人有权获得辩护；未经人民法院依法判决，对任何人都不得确定有罪；认罪认罚从宽和具有法定情形不予追究刑事责任，等等。

第一节 基本原则概述

刑事诉讼法的基本原则，是指我国法律规定的，反映刑事诉讼理念和目的的要求，贯穿于刑事诉讼的全过程或者主要诉讼阶段，对刑事诉讼过程具有普遍或者重大指导意义和规范作用，为国家专门机关和诉讼参与人参与刑事诉讼必须遵循的基本行为准则。

刑事诉讼法的基本原则，一般具有以下特点：

1.体现刑事诉讼活动的基本规律，是人类对于刑事诉讼规律认识的抽象与总结，同时也是刑事诉讼具体制度、规则和程序的基础和依据，并对刑事诉讼活动具有指导或规范的作用。

2.由法律明确规定。刑事诉讼法的基本原则由法律作出明确规定。刑事诉讼法规定的基本原则包括两大类：一类是一般原则，即刑事诉讼和其他性质的诉讼必须共同遵守的原则。如以事实为根据，以法律为准绳原则；公民在法律面前一律平等原则；各民族公民有权使用本民族语言文字进行诉讼原则；审判公开原则；保障诉讼参与人的诉讼权利原则，等等。另一类是刑事诉讼所独有的基本原则。如侦查权、检察权、审判权由专门机关依法行使原则，人民法院、人民检察院依法独立行使职权原则，分工负责、互相配合、互相制约原则，犯罪嫌疑人、被告人有权获得辩护原则，等等。

3.一般贯穿于刑事诉讼全过程或主要诉讼阶段，具有普遍或重大指导意义。刑事诉讼法的基本原则是规范和调整整个刑事诉讼程序的原则，适用于刑事诉讼的各个阶段或主要阶段，国家专门机关及其工作人员以及各诉讼参与人都应当遵守。

4.具有法律约束力。一些基本原则虽然较为抽象和概括，但各项具体的诉讼制度和程序都必须与之相符合。而且，在具体诉讼制度没有作出详细规定的时候，可以依据刑事诉讼法的基本原则进行相应的诉讼活动，即刑事诉讼原则具有弥补法律规定不足和填补法律漏洞的功能。

第二节　侦查权、检察权、审判权由专门机关依法行使

《刑事诉讼法》第3条第1款规定，对刑事案件的侦查、拘留、执行逮捕、预审，由公安机关负责。检察、批准逮捕、检察机关直接受理的案件的侦查、提起公诉，由人民检察院负责。审判由人民法院负责。除法律特别规定的以外，其他任何机关、团体和个人都无权行使这些权力。这一原则的意义在于：一方面限定了刑事诉讼中行使国家权力的主体，避免其他主体滥用这些专有的权力侵犯公民的合法权利；另一方面还明确了各个专门机关之间的权力划分与职责分工，有助于刑事诉讼的及时有序推进。

该原则的含义主要有：

1.办理刑事案件的职权具有专属性和排他性。侦查权、检察权、审判权只能由公安机关、检察机关、人民法院等专门机关行使，其他任何机关、团体和个人都不能行使。

2.各专门机关在办理刑事案件时有明确的职权分工。审判权只能由人民法院行使，批准逮捕、提起公诉、提出量刑建议和诉讼监督等检察权只能由人民检察院行使，侦查权只能由各法定的专门机关依照立案管辖范围行使。具体而言，各侦查主体的侦查权限有：（1）国家安全机关对危害国家安全的刑事案件行使与公安机关相同的侦查权限。（2）军队保卫部门对军队内部发生的刑事案件行使侦查权。（3）监狱负责对罪犯在监狱内犯罪的案件进行侦查。（4）海警机构履行海上维权执法职责，对海上发生的刑事案件行使侦查权。（5）在对诉讼活动实行法律监督中发现的司法工作人员利用职权实施的非法拘禁、刑讯逼供、非法搜查等侵犯公民权利、损害司法公正的犯罪，可以由人民检察院立案侦查。对于公安机关管辖的国家机关工作人员利用职权实施的重大犯罪案件，需要由人民检察院直接受理的时候，经省级以上人民检察院决定，可以由人民检察院立案侦查。（6）其他刑事案件由公安机关负责侦查。

3.专门机关必须依法行使侦查权、检察权、审判权。所谓“依法”，既包括依据宪法，也包括依据刑事实体法与刑事程序法，还包括依据其他相关法律；既必须依据法律所确定的专门机关的分工与权限，还必须依据法律规定的程序行使权力。

第三节　严格遵守法律程序

《刑事诉讼法》第3条第2款规定：“人民法院、人民检察院和公安机关进行刑事诉讼，必须严格遵守本法和其他法律的有关规定。”

该原则的基本含义有：

1.人民法院、人民检察院和公安机关在进行刑事诉讼活动时，必须严格遵守刑事诉讼法和其他有关法律的规定，不得违反法律规定的程序和规则，更不得侵害各方当事人和其他诉讼参与人的合法权益。这里所说的“其他法律”，是指所有与刑事诉讼有关的法律。

2.违反法律程序严重的，应当依法承担相应的法律后果。例如，第一审人民法院严重违反法律规定的程序的，将会导致撤销原判、发回重审的法律后果。《刑事诉讼法》第238条规定，第二审人民法院发现第一审人民法院的审理有违反公开审判规定、违反回避制度、剥夺或限制当事人法定诉讼权利、审判组织的组成不合法以及其他可能影响公正审判的违法情形的，应当裁定撤销原判，发回原审人民法院重新审判。再如，非法收集的某些证据不能作为定案的根据。《刑事诉讼法》第56条规定：“采用刑讯逼供等非法方法收集的犯罪嫌疑人、被告人供述和采用暴力、威胁等非法方法收集的证人证言、被害人陈述，应当予以排除。收集物证、书证不符合法定程序，可能严重影响司法公正的，应当予以补正或者作出合理解释；不能补正或者作

出合理解释的，对该证据应当予以排除。在侦查、审查起诉、审判时发现有应当排除的证据的，应当依法予以排除，不得作为起诉意见、起诉决定和判决的依据。”这种严重违反法律程序的后果首先表现为一种程序上的负面评价和不利后果，而程序上的不利后果还可能影响实体处理的结果；这也是程序法影响实体法实施的一种表现。

程序法定原则是现代刑事诉讼的基本要求，它包括两层含义：一是立法方面的要求，即刑事诉讼程序应当由法律事先明确规定；二是司法方面的要求，即刑事诉讼活动应当依据国家法律规定的刑事程序来进行。刑事程序法定是区别法律秩序与恣意擅断的基本标志之一，因而为多数法治国家所遵循。在大陆法系国家，程序法定原则与罪刑法定原则共同构成法定原则的内容。也就是说，法定原则既包括实体上的罪刑法定原则，也包括程序上的程序法定原则。在英美法系国家，刑事程序法定原则具体表现为正当程序原则。

第四节　人民法院、人民检察院依法独立行使职权

《刑事诉讼法》第5条规定，人民法院依照法律规定独立行使审判权，人民检察院依照法律规定独立行使检察权，不受行政机关、社会团体和个人的干涉。

该原则主要有以下含义：

1.人民法院行使审判权，人民检察院行使检察权，在法律规定的职责范围内都是独立的，不受行政机关、社会团体和个人的干涉。但是，需要注意的是，人民法院、人民检察院依法独立行使职权，仍然需要接受党的领导，接受各级人民代表大会的监督，并应当自觉接受人民群众、社会舆论的监督。

2.人民法院行使审判权和人民检察院行使检察权，必须严格遵守宪法和法律的各项规定。人民法院、人民检察院必须严格遵守法律的规定，既要遵守实体法，也要遵守程序法，按法定程序和规则行事。

3.人民法院、人民检察院作为一个组织整体，集体对审判权、检察权的行使负责。在我国独立行使审判权、检察权的主体是人民法院、人民检察院，而不是某个审判员或检察员个人独立行使审判权、检察权。需要注意的是，党的十八大以来的司法体制改革以“司法责任制”为核心，要求实现“让审理者裁判，让裁判者负责”，强调了承办案件的法官和检察官在办理具体案件中履行职权与承担责任方面的独立性。2018年修订的《人民法院组织法》和《人民检察院组织法》均规定法院和检察院实行司法责任制：合议庭审理案件，法官对案件的事实认定和法律适用负责；法官独任审理案件，独任法官对案件的事实认定和法律适用负责；检察官对其职权范围内就案件作出的决定负责。最高人民检察院《规则》第4条第1款明确规定，人民检察院办理刑事案件，由检察官、检察长、检察委员会在各自职权范围内对办案事项作出决定，并依照规定承担相应司法责任。这种强调承办案件的法官和检察官在办理具体案件过程中独立性的改革措施关注的是法院、检察院内部职权的合理分配，并未改变我国法院、检察院作为一个组织整体对审判权、检察权行使负责的定位。

第五节　分工负责、互相配合、互相制约

《刑事诉讼法》第7条规定，人民法院、人民检察院和公安机关进行刑事诉讼，应当分工负

责，互相配合，互相制约，以保证准确有效地执行法律。

“分工负责”，是指人民法院、人民检察院和公安机关在刑事诉讼中根据法律有明确的职权分工，应当在法定范围内行使职权，各司其职，各负其责，既不能相互替代，也不能相互推诿。

“互相配合”，是指人民法院、人民检察院和公安机关进行刑事诉讼，应当在分工负责的基础上，相互支持，通力合作，使案件的处理能够前后衔接，协调一致，共同完成查明案件事实，追究、惩罚犯罪的任务。

“互相制约”，是指人民法院、人民检察院和公安机关进行刑事诉讼，应当按照诉讼职能的分工和程序上的设置，相互约束，相互制衡，以防止发生错误或及时纠正错误，保证准确执行法律，做到不错不漏，不枉不纵。

分工负责、互相配合、互相制约原则贯穿于刑事诉讼始终，最终目的是保证准确有效地执行法律。分工负责、互相配合、互相制约，是密切相关、缺一不可的。其中，分工负责是前提；配合和制约是三机关依法行使职权，顺利进行刑事诉讼的保证。互相配合和互相制约是一个问题的两个方面。互相配合首先是把各自负责的工作做好，再把公、检、法三机关之间的职权分工予以科学化。互相制约则是加强各部门之间的监督，保证各部门职权的合法行使。互相制约是贯彻这一原则的关键，没有制约，分工负责和职权划分就失去了意义。

公、检、法三机关的互相配合与互相制约在具体的诉讼制度和程序中会有不同的表现形式，需要在具体情形中予以理解。例如，在适用认罪认罚从宽制度中，对于侦查阶段未认罪认罚的犯罪嫌疑人，检察机关和法院在审查起诉和审判阶段继续开展工作并促使犯罪嫌疑人、被告人最终认罪认罚并悔罪，体现了互相配合；对于检察机关提出的确定刑量刑建议，人民法院经审理后认为量刑建议明显不当而建议检察机关调整量刑建议，则体现了互相制约。

第六节 人民检察院依法对刑事诉讼实行法律监督

《刑事诉讼法》第8条规定，人民检察院依法对刑事诉讼实行法律监督。人民检察院是国家的法律监督机关，在刑事诉讼活动中，有权对公安机关的立案侦查、法院的审判和执行机关的执行活动是否合法进行监督。这种监督贯穿于刑事诉讼活动的始终。人民检察院发现刑事诉讼活动中的违法行为，对于情节较轻的，由检察人员以口头方式提出纠正意见；对于情节较重的，经检察长决定，发出纠正违法通知书。对于带有普遍性的违法情形，经检察长决定，向相关机关提出检察建议。构成犯罪的，移送有关机关、部门依法追究刑事责任。

1.立案监督。刑事立案监督的任务是确保依法立案，防止和纠正有案不立和违法立案。在立案阶段，人民检察院认为公安机关对应当立案侦查的案件而不立案侦查的，有权要求公安机关说明不立案的理由。人民检察院认为公安机关不立案理由不能成立的，应当通知公安机关立案，公安机关接到通知后应当立案。对于不应当立案而违法立案的情形，人民检察院也依法对公安机关进行监督。对于公安机关对当事人的报案、控告、举报或者行政执法机关移送的涉嫌犯罪案件受理后未在规定期限内作出是否立案决定的情形，人民检察院也可以进行立案监督。

2.侦查监督。人民检察院对侦查活动是否合法进行监督，如果发现侦查活动有违法行为，有权要求纠正。最高人民检察院《规则》第567条规定了16种侦查过程中可能存在的违法行为，人民检察院应当进行监督。人民检察院对侦查活动的监督主要通过审查批准逮捕、审查起诉得以实现：（1）人民检察院在审查批准逮捕工作中，如果发现公安机关的侦查活动有违法情况，应当通知公安机关予以纠正，公安机关应当将纠正的情况通知人民检察院。人民检察院在办理公安机关提请批准逮捕的案件时，发现遗漏应当逮捕的犯罪嫌疑人的，应当经检察长批准，要求公安机关提请批准逮捕。公安机关不提请批准逮捕或者说明的不提请批准逮捕的理由不成立的，人民检察院可以直接作出逮捕决定，送达公安机关执行。(2)人民检察院在审查起诉过程中，应当对侦查活动是否合法进行审查，“侦查活动是否合法”是必须查明的法定内容之一。人民检察院在办理公安机关移送起诉的案件中，发现遗漏罪行或者有依法应当移送起诉的同案犯罪嫌疑人未移送起诉的，应当要求公安机关补充侦查或者补充移送起诉。对于犯罪事实清楚，证据确实、充分的，也可以直接提起公诉。此外，最高人民检察院《规则》第256条还规定，经公安机关商请或者人民检察院认为确有必要时，可以派员适时介入重大、疑难、复杂案件的侦查活动，参加公安机关对于重大案件的讨论，对案件性质、收集证据、适用法律等提出意见，监督侦查活动是否合法。

3.审判监督：(1)对法庭审理活动的监督。在审判阶段，人民检察院在代表国家提起公诉的同时，监督法庭审理活动。最高人民检察院《规则》第570条规定了16种审判活动中可能存在的违法活动，人民检察院应当进行监督。需要注意的是，人民检察院对违反程序的庭审活动提出纠正意见，应当由人民检察院在庭审后提出。(2)对一审裁判的监督。地方各级人民检察院认为本级人民法院第一审的判决、裁定确有错误的时候，应当向上一级人民法院提出抗诉，参与二审程序。(3)对生效裁判的监督。对于已经发生法律效力的判决和裁定，人民检察院如果发现确有错误，有权按照审判监督程序提出抗诉。(4)对死刑复核程序的监督。在复核死刑案件过程中，最高人民检察院可以向最高人民法院提出意见。最高人民法院应当将死刑复核结果通报最高人民检察院。

4.执行监督：(1)死刑执行的临场监督。人民法院在交付执行死刑前，应当通知同级人民检察院派员临场监督。(2)对监外执行的监督。监狱、看守所提出暂予监外执行的书面意见的，应当将书面意见的副本抄送人民检察院。人民检察院可以向决定或者批准机关提出书面意见。决定或者批准暂予监外执行的机关应当将暂予监外执行决定抄送人民检察院。人民检察院认为暂予监外执行不当的，有权提出书面意见；决定或者批准暂予监外执行的机关接到人民检察院的书面意见后，应当立即对该决定重新核查。(3)对减刑、假释的监督。被判处管制、拘役、有期徒刑或者无期徒刑的罪犯，在执行期间确有悔改或者立功表现，应当依法予以减刑、假释时，由执行机关提出建议书，报请人民法院审核裁定，并将建议书副本抄送人民检察院。人民检察院可以向人民法院提出书面意见。人民检察院认为人民法院减刑、假释的裁定不当，有权向人民法院提出书面纠正意见。人民法院应当在收到纠正意见后1个月内重新组成合议庭进行审理，作出最终裁定。(4)对执行机关执行刑罚的活动是否合法实行监督。如果发现有违法的情况，应当通知执行机关纠正。人民检察院根据工作需要，可以对监狱、看守所等场所采取巡回检察、派驻检察等方式进行监督。结合当前的司法实践，人民检察院在执行阶段的监督，尤其要切实防止在减刑、假释、暂予监外执行中的徇私舞弊、权钱交易等腐败行为，确保司法公正，提高司法公信力。

第七节　各民族公民有权使用本民族语言文字进行诉讼

《刑事诉讼法》第9条规定，各民族公民都有用本民族语言文字进行诉讼的权利。人民法院、人民检察院和公安机关对于不通晓当地通用的语言文字的诉讼参与人，应当为他们翻译。在少数民族聚居或者多民族杂居的地区，应当用当地通用的语言进行审讯，用当地通用的文字发布判决书、布告和其他文件。

该原则包括以下内容：

1.使用本民族语言文字的权利。各民族公民，无论当事人，还是辩护人、证人、鉴定人，都有权使用本民族的语言进行陈述、辩论，有权使用本民族文字书写有关诉讼文书。

2.公、检、法机关使用当地通用语言文字的义务。公、检、法机关在少数民族聚居或多民族杂居的地区，要用当地通用的语言进行侦查、起诉和审判，用当地通用的文字发布判决书、公告、布告和其他文件。

3.公、检、法机关提供翻译的义务。如果诉讼参与人不通晓当地的语言文字，公、检、法机关有义务为其指派或聘请翻译人员进行翻译。

第八节 犯罪嫌疑人、被告人有权获得辩护

《刑事诉讼法》第11条规定，人民法院审判案件，被告人有权获得辩护，人民法院有义务保证被告人获得辩护。第14条又进一步强调，人民法院、人民检察院和公安机关应当保障犯罪嫌疑人、被告人和其他诉讼参与人依法享有的辩护权和其他诉讼权利。这一原则的基本含义是：

1.犯罪嫌疑人、被告人享有辩护的权利。辩护权是犯罪嫌疑人、被告人最基本的诉讼权利；我国法律赋予犯罪嫌疑人、被告人辩护权，并在制度和程序上充分保障犯罪嫌疑人、被告人行使辩护权。在任何情况下，对任何犯罪嫌疑人、被告人都不得以任何理由限制或剥夺其辩护权。

2.公、检、法机关有义务保障犯罪嫌疑人、被告人享有辩护权。在刑事诉讼中，为保障犯罪嫌疑人、被告人的辩护权，公、检、法机关负有以下义务：(1)告知义务。在刑事诉讼活动中，应当及时告知犯罪嫌疑人、被告人享有辩护权以及法律赋予的其他诉讼权利，如聘请辩护人的权利、委托辩护人的权利、申请回避的权利、上诉权等。(2)为犯罪嫌疑人、被告人提供辩护的条件。例如，通知法律援助机构为符合法定情形的犯罪嫌疑人、被告人指派律师担任辩护人；看守所、人民检察院、人民法院等场所设立法律援助站，派驻和安排值班律师，为犯罪嫌疑人、被告人提供法律帮助，以协助其更好地行使辩护权；尊重和保障犯罪嫌疑人、被告人在法律援助辩护和委托辩护并存时进行选择的权利；在已经为犯罪嫌疑人、被告人指派法律援助律师提供辩护时告知犯罪嫌疑人、被告人相关情况；办案机关应认真听取被告人及其辩护人的意见等。(3)保障辩护是实质意义上的，而不应当仅是形式上的，这也是有效辩护原则的要求。

第九节 未经人民法院依法判决，对任何人都不得确定有罪

《刑事诉讼法》第12条规定，未经人民法院依法判决，对任何人都不得确定有罪。

该原则包括以下含义：

1.明确规定了确定被告人有罪的权力由人民法院统一行使，其他任何机关、团体和个人都无权行使。定罪权是刑事审判权的核心；人民法院作为我国唯一的审判机关，代表国家统一独立行使刑事审判权。

2.人民法院判决被告人有罪，必须严格依照法定程序，在保障被告人享有充分辩护权和其他权利的基础上，依法组成审判庭进行公开、公正的审理。

为贯彻该原则，刑事诉讼法从以下几个方面作了相应规定：(1)区分犯罪嫌疑人与刑事被告人。公诉案件在提起公诉前将被追诉人称为犯罪嫌疑人，提起公诉后始称为刑事被告人。

(2)控诉方承担举证责任，被告人不负证明自己无罪的责任，不得因被告人不能证明自己无罪便判定其有罪。(3)疑案作无罪处理。明确规定在审判阶段，对于证据不足、不能认定被告人有罪的，人民法院应当作出证据不足、指控罪名不能成立的无罪判决。

该原则明确规定只有人民法院享有定罪权，在一定程度上吸收了无罪推定原则的精神。无罪推定原则的基本含义是，任何人在未经依法确定有罪以前，应假定其无罪。无罪推定被许多国家规定为宪法原则和刑事诉讼法的基本原则。无罪推定是针对封建专制下纠问式刑事诉讼中的有罪推定而言的。所谓有罪推定，是对纠问式刑事诉讼制度中一系列现象的归纳：被告人主要作为诉讼客体而存在，没有辩护权；被告人是主要证据来源，认罪口供是最有价值的证据，为取得口供可以刑讯；审判无须公开；司法程序缺乏公正的保障，司法与行政不分，控诉与审判不分；被指控犯罪的人，可以不经司法程序而被拥有审判权的机关确定为有罪等。所有这些，均体现了一种观念，即被指控犯罪的人，在法律上可以被视为罪犯，并给予相应的处遇。资产阶级在反对封建司法专制的斗争中，提出了无罪推定原则。最早完整阐述无罪推定思想的是意大利启蒙法学家贝卡利亚，他说："在法官判决之前，一个人是不能被称为罪犯的，只要还不能断定他已侵犯了给予他公共保护的契约，社会就不能取消对他的公共保护。"后来，无罪推定原则逐渐为许多国家所接受。

在我国司法实践中，有罪推定观念还有相当的影响。因此，我国贯彻"未经人民法院依法判决，对任何人都不得确定有罪"原则，尚需要进一步更新观念和完善法律。

第十节　保障诉讼参与人的诉讼权利

《刑事诉讼法》第14条规定，人民法院、人民检察院和公安机关应当保障犯罪嫌疑人、被告人和其他诉讼参与人依法享有的辩护权和其他诉讼权利。诉讼参与人对于审判人员、检察人员和侦查人员侵犯公民诉讼权利和人身侮辱的行为，有权提出控告。

该原则的基本含义是：

1.诉讼权利是诉讼参与人享有的法定权利，法律予以保护，公安司法机关不得以任何方式加以剥夺。诉讼参与人在诉讼权利受到侵害时，有权采用法律手段依法保护自己的诉讼权利，如控告或请求公安司法机关予以制止，有关机关对于侵犯公民诉讼权利的行为应当认真查处。

2.公安司法机关有义务保障诉讼参与人充分行使诉讼权利；对于刑事诉讼中妨碍诉讼参与人行使诉讼权利的各种行为，公安司法机关有义务采取措施予以制止。

3.诉讼参与人在享有诉讼权利的同时，还应当承担法律规定的诉讼义务。公安司法机关有义务保障诉讼参与人的诉讼权利，也有权力要求诉讼参与人履行相应的诉讼义务。

对这一原则的理解需要结合刑事诉讼不同阶段的具体规定，包括诉讼参与人的各项权利及其行使方式、公检法机关对于权利所提供的各项保障措施以及权利受到侵犯时寻求救济的途径等。

第十一节　认罪认罚从宽

《刑事诉讼法》第15条规定：犯罪嫌疑人、被告人自愿如实供述自己的罪行，承认指控的犯罪事实，愿意接受处罚的，可以依法从宽处理。

认罪认罚从宽原则的基本含义是：对于自愿认罪并自愿接受司法机关给予的刑罚处罚的，可以从宽处理。所谓“认罪”，是指犯罪嫌疑人、被告人自愿如实供述自己的罪行，对指控的犯罪事实没有异议。承认指控的主要犯罪事实，仅对个别事实情节提出异议，或者虽然对行为性质提出辩解但表示接受司法机关认定意见的，也属于“认罪”。

所谓“认罚”，是指犯罪嫌疑人、被告人真诚悔罪，愿意接受处罚，尤其是接受人民检察院提出的包括主刑、附加刑以及是否适用缓刑等刑罚具体执行方式在内的量刑建议。“认罚”，在侦查阶段表现为表示愿意接受处罚；在审查起诉阶段表现为接受人民检察院拟作出的起诉或不起诉决定，或者认可人民检察院拟提出的量刑建议，并签署认罪认罚具结书；在审判阶段表现为当庭确认自愿签署具结书，愿意接受刑罚处罚。

“从宽”既包括实体法上的从宽，也包括程序法上的从宽。实体法上的从宽，是指在犯罪嫌疑人、被告人本身所具有的实体法上的自首、坦白等量刑情节的基础上，在遵循罪责刑相适应原则的前提下，给予其相对更大的从宽幅度，以表示对其认罪认罚的鼓励。最高人民法院《解释》第355条第1款规定，对认罪认罚案件，人民法院一般应当对被告人从轻处罚；符合非监禁刑适用条件的，应当适用非监禁刑；具有法定减轻处罚情节的，可以减轻处罚。程序法上的从宽，即对犯罪嫌疑人、被告人适用限制人身自由程度更轻的强制措施、作出轻缓的程序性处理或者适用更为便利和减少讼累的诉讼程序。例如，《刑事诉讼法》第81条规定，犯罪嫌疑人、被告人是否认罪认罚被纳入是否可能具有社会危险性的考虑因素，并会对是否适用逮捕措施产生影响。根据最高人民法院《解释》第350条的规定，被告人认罪认罚且罪行较轻，采用非羁押性强制措施足以防止发生社会危险性的，应当依法适用非羁押性强制措施。再如，对于认罪认罚的案件，在符合其他条件的情况下可以适用速裁程序，以尽快作出最终的处理。需要注意的是，从宽并不是一律从宽，而是要区分犯罪嫌疑人、被告人及其所涉罪行的具体情况。《人民检察院办理认罪认罚案件开展量刑建议工作的指导意见》第15条规定，犯罪嫌疑人虽然认罪认罚，但所犯罪行具有下列情况之一的，提出量刑建议应当从严把握从宽幅度或者依法不予从宽：（1）危害国家安全犯罪、恐怖活动犯罪、黑社会性质组织犯罪的首要分子、主犯；（2）犯罪性质和危害后果特别严重、犯罪手段特别残忍、社会影响特别恶劣的；（3）虽然罪行较轻但具有累犯、惯犯等恶劣情节的；（4）性侵等严重侵害未成年人的；（5）其他应当从严把握从宽幅度或者不宜从宽的情形。

认罪认罚从宽既是一项对整个刑事诉讼具有普遍指导意义的基本原则，同时也是一项贯穿于刑事诉讼全过程的制度。刑事诉讼法通过在侦查、审查起诉、审判等一系列诉讼阶段中的具体规定，保障了认罪认罚从宽原则在整个刑事诉讼程序中的实现。作为一项贯彻于刑事诉讼全过程的原则与制度，认罪认罚从宽的适用应当从以下几个方面把握其基本要求：

1.在认罪认罚从宽中贯彻宽严相济刑事政策。落实认罪认罚从宽制度，应当根据犯罪的具体情况，区分案件性质、情节和对社会的危害程度，实行区别对待，做到该宽则宽，当严则严，宽严相济，罚当其罪，轻重有度。

2.落实认罪认罚从宽制度还必须坚持罪责刑相适应的原则，既要考虑体现认罪认罚从宽，又要考虑其所犯罪行的轻重、应负刑事责任和社会危险性的大小，依照法律规定提出量刑建议，准确裁量刑罚，确保罚当其罪，避免罪刑失衡。最高人民法院《解释》第354条规定，对量刑建议是否明显不当，应当根据审理认定的犯罪事实、认罪认罚的具体情况，结合相关犯罪的法定刑、类似案件的刑罚适用等作出审查判断。

3.落实认罪认罚从宽制度还必须坚持证据裁判原则。办理认罪认罚案件，应当以事实为根据，以法律为准绳，严格按照证据裁判要求，全面收集、固定、审查和认定证据。防止因犯罪嫌疑人、被告人认罪而降低证据要求和证明标准；对犯罪嫌疑人、被告人认罪认罚，但证据不足，不能认定其有罪的，应当作出撤销案件、不起诉决定或者宣告无罪。最高人民法院《解释》第352条规定，对认罪认罚案件，人民检察院起诉指控的事实清楚，但指控的罪名与审理认定的罪名不一致的，人民法院应当听取人民检察院、被告人及其辩护人对审理认定罪名的意见，依法作出判决。

4.适用的范围不受罪名和刑罚的限制。认罪认罚从宽制度没有适用罪名和可能判处刑罚的限制，所有刑事案件都可以适用，不能因罪轻、罪重或者罪名特殊等原因而剥夺犯罪嫌疑人、被告人自愿认罪认罚获得从宽处理的机会。但犯罪嫌疑人、被告人认罪认罚后是否从宽，需要由司法机关根据案件具体情况决定。

5.从宽幅度的把握需要从多个方面进行考量。应当区别认罪认罚的不同诉讼阶段、对查明案件事实的价值和意义、是否确有悔罪表现以及罪行严重程度等，综合考量确定从宽的限度和幅度。在刑罚评价上，主动认罪优于被动认罪，早认罪优于晚认罪，彻底认罪优于不彻底认罪，稳定认罪优于不稳定认罪。最高人民法院《解释》第355条规定，对认罪认罚案件，应当根据被告人认罪认罚的阶段早晚以及认罪认罚的主动性、稳定性、彻底性等，在从宽幅度上体现差异。共同犯罪案件，部分被告人认罪认罚的，可以依法对该部分被告人从宽处罚，但应当注意全案的量刑平衡。第357条规定，对被告人在第一审程序中未认罪认罚而在第二审程序中认罪认罚的案件，应当根据其认罪认罚的具体情况决定是否从宽，并依法作出裁判。确定从宽幅度时应当与第一审程序认罪认罚有所区别。

6.从多个方面保障犯罪嫌疑人、被告人在认罪认罚过程中的权利。包括：通过派驻或安排值班律师等保障犯罪嫌疑人、被告人获得法律帮助权和辩护权，值班律师可以了解案情、阅卷、会见犯罪嫌疑人或被告人并提供多方面的法律帮助；侦查机关和人民检察院在讯问犯罪嫌疑人，人民法院在开庭审判时，要告知犯罪嫌疑人、被告人有关认罪认罚从宽的法律规定，并听取其意见；将犯罪嫌疑人、被告人的认罪认罚作为其是否具有社会危险性的重要考虑因素，并可以对罪行较轻、没有社会危险性的犯罪嫌疑人、被告人适用非羁押的强制措施或从羁押变更为非羁押的强制措施；人民检察院在审查起诉阶段应当审查认罪认罚的自愿性与合法性，听取犯罪嫌疑人、辩护人或值班律师对量刑建议与程序适用的意见；人民法院在审判阶段应当审查认罪认罚的自愿性、具结书内容的真实性和合法性；对于人民检察院提出的从宽量刑建议，事实清楚，证据确实、充分，指控的罪名准确，量刑建议适当的，人民法院应当采纳；人民法院经审理认为量刑建议明显不当，或者被告人、辩护人对量刑建议提出异议的，人民检察院可以调整量刑建议。人民检察院不调整或者调整后仍然明显不当的，人民法院应当依法作出判决。

7.注重保障被害人的权利。办理认罪认罚案件，办案机关应当听取被害人及其诉讼代理人的意见，并将犯罪嫌疑人、被告人是否与被害方达成和解协议、调解协议或者赔偿被害方损失，取得被害方谅解，是否自愿承担公益损害修复及赔偿责任等，作为从宽处罚的重要考虑因素。对于认罪认罚案件，办案机关还应当积极促进达成和解与谅解。

确立认罪认罚从宽的原则和制度，有利于合理配置司法资源，实现简案快审和难案精审，提高重大案件的审判质量，有助于促进犯罪者的认罪悔罪与教育改造，实现预防再犯的刑罚目的。

第十二节　具有法定情形不予追究刑事责任

《刑事诉讼法》第16条规定，有下列情形之一的，不追究刑事责任，已经追究的，应当撤销案件，或者不起诉，或者终止审理，或者宣告无罪：（1）情节显著轻微、危害不大，不认为是犯罪的；（2）犯罪已过追诉时效期限的；（3）经特赦令免除刑罚的；（4）依照刑法告诉才处理的犯罪，没有告诉或者撤回告诉的；（5）犯罪嫌疑人、被告人死亡的；（6）其他法律规定免予追究刑事责任的。

一、法定不追究刑事责任的情形

1.情节显著轻微、危害不大，根据刑法不认为是犯罪的。需要注意的是，这里规定的是情节"显著轻微"，与《刑事诉讼法》第177条第2款中作出酌定不起诉的条件即犯罪情节"轻微"不同。在审查起诉环节，检察机关认为情节"显著轻微"，危害不大，根据刑法不认为是犯罪的，应当作出法定不起诉的处理；而如果检察机关认为犯罪情节"轻微"，依照刑法规定不需要判处刑罚或者免除刑罚的，可以作出酌定不起诉的处理。

2.犯罪已过追诉时效期限的。刑法规定了对于刑事犯罪的追诉期限：法定最高刑为不满5年有期徒刑的，经过5年；法定最高刑为5年以上不满10年有期徒刑的，经过10年；法定最高刑为10年以上有期徒刑的，经过15年；法定最高刑为无期徒刑、死刑的，经过20年。如果20年以后认为必须追诉的，须报请最高人民检察院核准。超过上述法定追诉时效的，一般不再追究刑事责任。

3.经特赦令免除刑罚的。全国人民代表大会常务委员会有权决定特赦。这种特赦命令具有终止刑事追究的法律效力。

4.依照刑法告诉才处理的犯罪，没有告诉或者撤回告诉的。告诉才处理的案件以被害人提出告诉为前提。被害人没有提出告诉或者撤回告诉的，对这类案件追究刑事责任就失去了法律基础。

5.犯罪嫌疑人、被告人死亡的。如果犯罪嫌疑人、被告人死亡，承担刑事责任的主体已经不存在，因此不予追究刑事责任。

6.其他法律规定免予追究刑事责任的。2018年《刑事诉讼法》修改增加了对符合条件的特殊案件的犯罪嫌疑人经过法定程序可以撤销案件或不起诉的制度，即属于此种情形。《刑事诉讼法》第182条第1款规定，犯罪嫌疑人自愿如实供述涉嫌犯罪的事实，有重大立功或者案件涉及国家重大利益的，经最高人民检察院核准，公安机关可以撤销案件，人民检察院可以作出不起诉决定，也可以对涉嫌数罪中的一项或者多项不起诉。

二、遇有法定情形时的处理

根据该原则，对于具有不应追究刑事责任法定情形的案件，应根据案件的不同情况及所处的诉讼阶段作出不同处理。

1.立案阶段。在立案阶段，如果发现存在上述6种情形之一，应当不予立案。

2.侦查阶段。在侦查阶段，如果存在上述6种情形之一，侦查机关应当决定撤销案件。

3.审查起诉阶段。在审查起诉阶段，如果存在上述6种情形之一，检察机关应当作出不起诉处理。

4.审判阶段。在法庭审理阶段，对于符合《刑事诉讼法》第16条规定的第一种情形的，应判决宣告无罪；对于符合其他5种情形的，应当裁定终止审理。而在庭前审查阶段，根据最高人民法院《解释》第219条第1款的规定，对提起公诉的案件审查后，对于属于《刑事诉讼法》第16条第2～6项规定的情形的，应当退回人民检察院；属于告诉才处理的案件，应当同时告知被害人有权提起自诉。

需要注意的是，在案件起诉到法院后被告人死亡的，需要区分情形进行处理：（1）对于被告人死亡的，一般应当裁定终止审理。（2）根据《刑事诉讼法》第297条第1款，对有证据证明被告人无罪，人民法院经缺席审理确认无罪的，应当依法作出判决。根据最高人民法院《解释》第606条第2款，"有证据证明被告人无罪，经缺席审理确认无罪"，包括案件事实清楚，证据确实、充分，依据法律认定被告人无罪的情形，以及证据不足，不能认定被告人有罪的情形。（3）在第二审程序中，如果共同犯罪案件中提出上诉的被告人死亡，其他被告人没有提出上诉，第二审人民法院应当对死亡的被告人终止审理；但有证据证明被告人无罪，经缺席审理确认无罪的，应当判决宣告被告人无罪。第二审人民法院仍应对全案进行审查，对其他同案被告人作出判决、裁定。

第十三节　追究外国人刑事责任适用我国刑事诉讼法

《刑事诉讼法》第17条规定："对于外国人犯罪应当追究刑事责任的，适用本法的规定。对于享有外交特权和豁免权的外国人犯罪应当追究刑事责任的，通过外交途径解决。"该原则是国家主权原则在刑事诉讼中的具体体现。

该原则的含义包括：

1.外国人、无国籍人犯罪，一般应当按照刑事诉讼法规定的诉讼程序进行追诉。

2.享有外交特权和豁免权的外国人犯罪应当追究刑事责任的，通过外交途径解决。根据1986年我国通过的《外交特权与豁免条例》，享有外交特权和豁免权的外国人包括：外国驻中国使馆的外交代表；与外交代表共同生活的配偶及未成年子女，如果不是中国公民，享有与外交代表相同的特权和豁免权；来中国访问的外国国家元首、政府首脑、外交部长及其他具有同等身份的官员；途经中国的外国驻第三国的外交代表和与其共同生活的配偶及未成年子女；持有中国外交签证或者持有外交护照来中国的外交官员；经中国政府同意给予外交特权和豁免的其他来中国访问的外国人士。所谓"通过外交途径处理"，一般是指建议派遣国依法处理，宣布为不受欢迎的人，责令限期出境，宣布驱逐出境等。

【本章主要法律规定】

1.《刑事诉讼法》第3～18条

2.最高人民法院、最高人民检察院、公安部、国家安全部、司法部《关于适用认罪认罚从宽制度的指导意见》

3.最高人民法院《关于适用〈中华人民共和国刑事诉讼法〉的解释》第347～358条

第三章
刑事诉讼中的专门机关和诉讼参与人

本章主要内容提示

我国刑事诉讼主体包括三大类：一是国家专门机关，包括公安机关、国家安全机关、军队保卫部门、海警机构、监狱、人民检察院、人民法院等；二是诉讼当事人，包括犯罪嫌疑人、被告人、被害人、自诉人、附带民事诉讼的原告人和被告人；三是其他诉讼参与人，包括法定代理人、诉讼代理人、辩护人、证人、鉴定人和翻译人员等。本章要注意准确掌握三类刑事诉讼主体的职责、地位和权力（利）义务。

第一节　刑事诉讼中的专门机关

刑事诉讼中的专门机关，是指依照法定职权进行刑事诉讼活动，并在诉讼中承担一定职能的国家机关。主要是指人民法院、人民检察院和公安机关，还包括国家安全机关、军队保卫部门、海警机构、监狱等。

一、公安机关的性质、组织体系与职权

1.公安机关的性质。

公安机关是国家的治安保卫机关，是各级人民政府的组成部分。公安机关是武装性质的国家治安行政力量和刑事司法力量，是掌管社会治安和国内安全保卫工作的专门机关。从性质上来看，公安机关与人民检察院、人民法院是不同的。根据宪法等有关规定，人民检察院和人民法院由同级人大及其常委会产生并对其负责，在性质上属司法机关。公安机关属同级人民政府的一个职能部门，在性质上属行政机关。

2.公安机关的组织体系。

我国公安机关实行统一领导、分级管理、条块结合和以块为主的管理体制。在中央一级，国务院设立公安部，负责领导和指挥全国的公安工作，并根据协议与国际刑警组织和国外、境外的警察机构合作，共同打击跨国、跨境的犯罪活动。地方各级公安机关按照行政区划设立。一般来说，在省、自治区、直辖市一级设公安厅（局），领导和管理全省、自治区、直辖市范围内的公安工作；在地区、自治州和省辖市设公安局（处）；在县、县级市、自治县设公安局；在直辖市和中等城市的市辖区设公安分局。根据需要，在大中城市各街道办事处和县属的乡、镇设立公安派出所，它们是基层公安机关的派出工作机构，履行基层公安机关的部分职责，但不是一级公安机关。

此外，公安部和地方公安机关根据工作需

要，经国务院批准，可以在一些特殊的部门或单位设立专门公安机关。我国设立的专门公安机关，主要有：在海关总署设立的海关总署缉私局和在各直属海关设立的缉私局，在铁路、交通、林业、民航等系统设立的公安机关。

在刑事诉讼中，上下级公安机关是领导与被领导关系。上级公安机关发现下级公安机关作出的决定或者办理的案件有错误的，有权予以撤销或者变更，也可以指令下级公安机关予以纠正。下级公安机关对上级公安机关的决定必须执行；如果认为有错误，可以在执行的同时向上级公安机关报告。

3.公安机关的职权。

公安机关是刑事诉讼最主要的侦查机关。除人民法院直接受理的案件和国家安全机关、检察机关、监狱、军队保卫部门等立案侦查的案件以外，绝大部分刑事案件由公安机关进行侦查。

在刑事诉讼中，公安机关的主要职权有：

（1）立案权。对于属自己管辖的案件，在认为有犯罪事实发生并且需要追究刑事责任时，公安机关有权决定立案。对依法不追究刑事责任的不予立案，已经立案的撤销案件。

（2）侦查权。侦查是指在案件办理过程中依照法律进行的收集证据、查明案情的工作和有关的强制性措施。在侦查过程中，公安机关有权依法讯问犯罪嫌疑人、询问证人，进行勘验、检查、搜查，扣押物证、书证、视听资料、电子数据等证据，查询、冻结存款、汇款、债券、股票、基金份额等财产，组织鉴定、辨认和侦查实验，采取技术侦查措施，实施通缉，对犯罪嫌疑人采取拘传、取保候审、监视居住等强制措施。对现行犯或重大嫌疑分子有权先行拘留。对符合逮捕条件的犯罪嫌疑人有权申请检察机关批准逮捕；对经人民检察院批准逮捕或人民检察院、人民法院决定逮捕的犯罪嫌疑人，有权执行逮捕。对符合法定条件的案件，有权作出侦查终结的决定。对侦查终结应当起诉的案件，移送人民检察院审查决定。此外，在特别程序中公安机关还具有一些职权。比如，审查刑事和解的自愿性、合法性，并主持制作和解协议书；制作没收财产意见书、强制医疗意见书，并移送人民检察院。

（3）执行权。包括被判处拘役、剥夺政治权利、驱逐出境的罪犯的执行。此外，对被判处有期徒刑的罪犯，在被交付执行刑罚前，剩余刑期在3个月以下的，由看守所代为执行。

二、其他侦查机关的职权

其他侦查机关，主要指国家安全机关、军队保卫部门、海警机构和监狱。这些侦查机关在各自所参与的刑事诉讼活动中，同人民检察院和人民法院之间分工负责、互相配合、互相制约。国家安全机关、军队保卫部门、监狱在刑事案件的侦查中需要逮捕犯罪嫌疑人时，由相应的检察机关批准；侦查终结后，对犯罪嫌疑人需要提起公诉的，写出起诉意见书连同案卷材料、证据一并移送检察机关审查决定。

1.国家安全机关。国家安全机关是国家的安全保卫机关，是各级人民政府的组成部分。《刑事诉讼法》第4条规定：国家安全机关依照法律规定，办理危害国家安全的刑事案件，行使与公安机关相同的职权。

2.军队保卫部门。军队保卫部门是中国人民解放军的政治安全保卫机关，不是公安机关的组成部分，在行政、业务上自成体系，不受公安机关的领导。军队保卫部门的重要任务之一，是负责侦查军队内部发生的刑事案件。军队保卫部门在刑事诉讼中，可以行使宪法和法律规定的公安机关的侦查、拘留、预审和执行逮捕等职权。

3.海警机构。根据《全国人民代表大会常务委员会关于中国海警局行使海上维权执法职权的决定》（2018年6月22日第十三届全国人民代表大会常务委员会第三次会议通过），调整组建中国人民武装警察部队海警总队，称中国海警局，整体划归中国人民武装警察部队领导指挥。中国海警局统一履行海上维权执法职责。与此相对应，2018年《刑事诉讼法》第308条第2款和《海警法》规定，海警机构履行海上维权执法职责，对海上发生的刑事案件行使侦查权。对于在海上发生的包括危害国家安全犯罪、恐怖活动犯罪、走私、毒品、偷越国（边）境、非法捕捞、破坏海洋资源等刑事案件，海警机构行使与公安机关相同的侦查权。侦查终结后，海警机构认为应当追究犯罪嫌疑人刑事责任的，应当移送人民检察院审查起诉。

4.监狱。监狱是国家的刑罚执行机关，是实现人民法院的生效裁判，对罪犯进行劳动改造的主要场所。监狱的职权主要有：

（1）刑罚执行权。依据法律有关规定，被判处死刑缓期二年执行、无期徒刑、有期徒刑的罪犯，在监狱内执行刑罚。

（2）监狱内犯罪的侦查权。《刑事诉讼法》第308条第3款规定，对罪犯在监狱内犯罪的案件，由监狱进行侦查。监狱办理刑事案件，也适用刑事诉讼法的有关规定。在刑事诉讼过程中，监狱享有公安机关侦查案件的职权，如讯问犯罪嫌疑人、询问证人、勘验、检查、搜查、扣押、鉴定等。侦查终结后，监狱认为应当追究犯罪嫌疑人刑事责任的，写出起诉意见书，连同案卷材料、证据一并移送人民检察院审查起诉。

（3）在罪犯服刑期间，发现在判决时所没有发现的新罪行，有权移送人民检察院处理。

（4）对罪犯应予监外执行的，有权提出书面意见，报省、自治区、直辖市监狱管理机关批准。

（5）对被判处死缓的罪犯，如果在执行期间没有故意犯罪，两年后有权提出减刑建议，报省、自治区、直辖市监狱管理机关审核后，报请相应的高级人民法院裁定。

（6）对罪犯在执行期间具备法定的减刑、假释条件的，有权提出减刑或假释建议，报人民法院审核裁定。

（7）在刑罚执行过程中，如果认为判决确有错误或罪犯提出申诉的，有权转交人民检察院或人民法院处理。

三、人民检察院的性质、组织体系与职权

1.人民检察院的性质。我国宪法和法律规定，人民检察院是国家的法律监督机关，是代表国家行使检察权的专门机关。

2.人民检察院的立场。人民检察院办理刑事案件，以事实为根据，以法律为准绳，秉持客观公正的立场。检察官既是犯罪的追诉者，也是无辜的保护者。客观公正立场要求检察官作为人民检察院的代表在参与刑事诉讼过程中不能单纯站在公诉人或追诉者的立场一味地考虑如何追诉犯罪，而应当既注重不利于被追诉者的内容，又注重有利于被追诉者的因素。

3.人民检察院的组织体系。人民检察院在机构设置上，分为最高人民检察院、地方各级人民检察院和各专门人民检察院。

地方各级人民检察院包括：（1）省级人民检察院，包括省、自治区、直辖市人民检察院；（2）设区的市级人民检察院，包括省、自治区辖市人民检察院，自治州人民检察院，省、自治区、直辖市人民检察院分院；（3）基层人民检察院，包括县、自治县、不设区的市、市辖区人民检察院。专门人民检察院包括军事检察院等专门检察院。

各人民检察院由检察长统一领导日常工作。检察官在检察长领导下开展工作。检察长可以将部分职权委托检察官行使，可以授权检察官签发法律文书。检察官执行检察长决定时，认为决定错误的，应当书面提出意见。检察长不改变原决定的，检察官应当执行。

各级人民检察院均设立检察委员会，检察委员会由检察长、副检察长和若干资深检察官组成，成员应当为单数。检察委员会履行下列三方面职能：（1）总结检察工作经验；（2）讨论决定重大、疑难、复杂案件；（3）讨论决定其他有关检察工作的重大问题。检察委员会实行民主集中制，在讨论决定问题时实行少数服从多数原则。检察官可以就重大案件和其他重大问题，提请检察长决定。检察长可以根据案件情况，提交检察委员会讨论决定。检察委员会的决定，检察官应当执行。地方各级人民检察院的检察长不同意本院检察委员会多数人的意见，属于办理案件的，可以报请上一级人民检察院决定；属于重大事项的，可以报请上一级人民检察院或者本级人民代表大会常务委员会决定。

人民检察院根据检察工作需要设置业务机

构，在刑事诉讼中按照分工履行职责。业务机构负责人对本部门的办案活动进行监督管理。需要报请检察长决定的事项和需要向检察长报告的案件，应当先由业务机构负责人审核。业务机构负责人可以主持召开检察官联席会议进行讨论，也可以直接报请检察长决定或者向检察长报告。

4.上、下级人民检察院之间的关系。人民检察院上下级之间是领导与被领导的关系，最高人民检察院领导地方各级人民检察院和专门人民检察院的工作，上级人民检察院领导下级人民检察院的工作。上级人民检察院有权就具体案件对下级人民检察院作出命令、指示，并可以直接参与、指挥下级检察院的办案活动，具体包括：(1)上级人民检察院对下级人民检察院作出的决定，有权予以撤销或者变更；发现下级人民检察院办理的案件有错误的，有权指令下级人民检察院予以纠正。下级人民检察院对上级人民检察院的决定应当执行。(2)可以对下级人民检察院管辖的案件指定管辖。(3)可以办理下级人民检察院管辖的案件。(4)可以依法统一调用辖区内的检察人员办理案件，被调用的检察官可以代表办理案件的人民检察院履行出庭支持公诉等各项检察职责。基于上下级人民检察院之间的领导与被领导关系，人民检察院独立行使检察权实质上是指整个检察系统作为一个整体独立行使检察权，这在理论上称为检察一体化。

5.人民检察院的职权。在刑事诉讼中，人民检察院的职权主要有：

(1)侦查权。随着《监察法》的施行，原本由检察机关负责的职务犯罪案件的侦查大部分改由监察委员会进行调查，检察机关仍然保留了两类案件的侦查权：一是人民检察院在对诉讼活动实行法律监督中发现的司法工作人员利用职权实施的非法拘禁、刑讯逼供、非法搜查等侵犯公民权利、损害司法公正的犯罪；二是对于公安机关管辖的国家机关工作人员利用职权实施的重大犯罪案件，需要由人民检察院直接受理的时候，经省级以上人民检察院决定，可以由人民检察院立案侦查，这种侦查权也称为“机动侦查权”。关于这两类案件的具体情况，详见第四章“管辖”。

(2)公诉权。检察机关是国家唯一的公诉机关，代表国家行使公诉案件的控诉权。

在审查起诉阶段，检察机关依法享有以下职权：有权对侦查终结移送起诉的案件进行审查，决定提起公诉或不起诉；对国家财产、集体财产遭受损失的，有权在提起公诉的同时提起附带民事诉讼；对于损害公共利益的行为，有权提起附带民事公益诉讼；在审查起诉时，对于需要补充侦查的案件，有权决定自行侦查、退回补充侦查或者退回监察机关补充调查。

在审判阶段，检察机关主要享有以下权力：派员出席法庭支持公诉，讯问被告人，向证人、鉴定人等发问，宣读未到庭证人的证言笔录、鉴定人的鉴定意见、勘验笔录和其他作为证据的文书，向法庭出示物证，参加法庭辩论，提出量刑建议等。

(3)诉讼监督权。对公安机关立案或者不立案的决定认为有错误的，有权要求公安机关纠正；对公安机关、国家安全机关、军队保卫部门、监狱等侦查机关要求逮捕犯罪嫌疑人的申请进行审查，决定是否批准逮捕；对侦查机关的侦查活动是否合法有权进行监督，如果发现有违法情况，有权通知予以纠正；对审判过程中的违法情形提出纠正意见；对人民法院确有错误的裁判，依照法定程序提出抗诉；对强制医疗等特别程序，有权进行监督；在执行阶段，有权对判决、裁定的执行活动实行监督。

四、人民法院的性质、组织体系与职权

1.人民法院的性质。人民法院是国家的审判机关。《刑事诉讼法》第3条规定，审判由人民法院负责。第12条规定，未经人民法院依法判决，对任何人都不得确定有罪。可见，人民法院是刑事诉讼中唯一有权审理和判决有罪的专门机关。

2.人民法院的组织体系。根据《人民法院组织法》的规定，我国人民法院由最高人民法院、地方各级人民法院和专门人民法院构成。

最高人民法院可以设立巡回法庭。巡回法

庭是最高人民法院的组成部分，巡回法庭作出的判决、裁定和决定是最高人民法院的判决、裁定和决定。地方各级人民法院包括高级人民法院、中级人民法院和基层人民法院。专门人民法院包括军事法院、海事法院、知识产权法院、金融法院、互联网法院等，其中审理刑事案件的主要是军事法院。各级人民法院设审判委员会，由院长、副院长和若干资深法官组成，成员应当为单数。审判委员会会议分为全体会议和专业委员会会议。审判委员会履行下列职能：(1)总结审判工作经验；(2)讨论决定重大、疑难、复杂案件的法律适用；(3)讨论决定本院已经发生法律效力的判决、裁定、调解书是否应当再审；(4)讨论决定其他有关审判工作的重大问题。

3.上、下级人民法院之间的关系。与检察机关不同，上、下级人民法院之间是监督与被监督的关系。上级人民法院监督下级人民法院的审判工作，最高人民法院监督地方各级人民法院和专门人民法院的审判工作。人民法院的监督不是通过对具体案件的指导实现的，各级人民法院依照职权独立地进行审判。上级人民法院不应对下级人民法院正在审理的案件作出决定，指令下级人民法院执行。下级人民法院也不应将案件在判决之前报送上级人民法院，请求审查批示。

上级人民法院应当通过二审程序、审判监督程序、死刑复核程序来实现对下级人民法院审判工作的具体监督。这种审判监督表现在以下几方面：(1)通过第二审程序审查下级人民法院未发生法律效力的一审裁判认定事实是否清楚，适用法律是否正确，诉讼程序是否合法，如有错误则按法定程序予以纠正；(2)通过审判监督程序纠正下级人民法院已发生法律效力的确有错误的裁判；(3)最高人民法院和高级人民法院通过死刑复核程序对下级人民法院审判的死刑案件实行监督；(4)最高人民法院通过依法解释法律、发布指导性案例等方法，指导、监督各级人民法院的审判工作；(5)通过检查工作、总结经验，发现问题，对下级人民法院的审判工作实施监督和指导。

4.人民法院的职权。人民法院的职权可以分为审判权以及为保障审判权的实施而享有的其他职权两类。

人民法院的审判权主要包括：(1)直接受理自诉案件，并根据案件的具体情况作出处理，或者决定开庭审判，或者说服自诉人撤回自诉，或者裁定驳回自诉。(2)有权对人民检察院提起公诉的案件进行审查，对符合起诉条件的开庭审判。(3)有权根据事实和法律对被告人作出有罪或者无罪、罪重或者罪轻、处罚或者免刑的判决。(4)有权对诉讼程序问题和部分实体问题作出裁定或者决定。(5)有权对适用缺席审判、没收程序、强制医疗程序等特别程序的案件进行审理并作出裁决。

人民法院为保障审判权的实施而享有的其他职权主要包括：(1)对被告人决定逮捕和采取拘传、取保候审、监视居住等强制措施。(2)在法庭审理过程中，对证据进行调查核实，必要时可以进行勘验、检查、查封、扣押、鉴定和查询、冻结。(3)对证人的强制出庭及处罚权。(4)对违反法庭秩序的诉讼参与人和旁听人员进行必要的处罚。(5)收缴和处理赃款、赃物及其孳息，执行某些判决和裁定，并对执行中的某些问题进行审核、裁决。(6)向有关单位提出司法建议。

第二节　诉讼参与人

一、诉讼参与人概述

1.诉讼参与人的概念。诉讼参与人是指在刑事诉讼过程中享有一定诉讼权利、承担一定诉讼义务的除国家专门机关工作人员以外的人。诉讼参与人通过行使诉讼权利、承担诉讼义务，对刑事诉讼的进程和结局发挥不同程度的影响和作用，保证刑事诉讼活动得以顺利、有效地进行。诉讼参与人包括当事人、法定代理人、诉讼代理人、辩护人、证人、鉴定人和翻译人员。

2.诉讼参与人的分类。诉讼参与人一般可分为两大类：一是当事人；二是其他诉讼参与人。

当事人是指与案件的结局有着直接利害关系，对刑事诉讼进程发挥着较大影响作用的诉讼参与人。根据刑事诉讼法的规定，当事人包括被害人、自诉人、犯罪嫌疑人、被告人、附带民事诉讼的原告人和被告人。诉讼参与人要成为当事人必须同时具备两项条件：(1)实体条件是与案件的最终结局有直接的利害关系。当事人的权益可能会受到刑事诉讼活动过程和结局的直接影响。这种影响既可以是有利影响，也可以是不利影响；这种权益可以是人的自由、财产、隐私，也可以是人的生命。(2)程序条件是当事人必须在诉讼中拥有较广泛的诉讼权利，并能对诉讼过程和诉讼结局发挥比其他诉讼参与人更大的影响。需要注意的是，在公诉案件中，公诉人虽然处于控诉地位，承担控诉职能，但公诉人不是当事人。公诉人作为专门机关之一的检察机关的代表，参加刑事诉讼不仅在于追究犯罪，支持公诉；而且还在于监督司法，行使法律监督职能。

一般而言，当事人的诉讼活动对诉讼的启动、进展和终结起着关键的推动作用。所有当事人都享有的诉讼权利包括：(1)用本民族语言文字进行诉讼。(2)申请回避权。在具有法定理由时申请侦查人员、检察人员、审判人员或者书记员、鉴定人、翻译人员回避，对于驳回申请回避的决定有权申请复议一次。(3)控告权。对于侦查人员、检察人员、审判人员侵犯其诉讼权利或者对其人身进行侮辱的行为，有权提出控告。(4)有权参加法庭调查和法庭辩论，向证人发问并质证，辨认物证和其他证据并就证据发表意见，申请通知新的证人到庭和调取新的物证，申请重新勘验或者鉴定，互相辩论等。(5)申诉权。对已经发生法律效力的判决、裁定不服的，向人民法院或者人民检察院提出申诉。

其他诉讼参与人，是指除公安司法人员以及当事人之外，参与诉讼活动并在诉讼中享有一定的诉讼权利、承担一定的诉讼义务的人。根据《刑事诉讼法》第108条的规定，其他诉讼参与人是指法定代理人、诉讼代理人、辩护人、证人、鉴定人和翻译人员。其他诉讼参与人与诉讼结局并无直接利害关系，其参加刑事诉讼不是为了保护自己的实体权利，而是在某一环节或者某一方面协助刑事诉讼的进行。其他诉讼参与人的诉讼行为并不能启动诉讼程序或者对诉讼进程产生直接影响。

在我国刑事诉讼中，还存在一些诉讼地位类似于其他诉讼参与人的主体；他们参与刑事诉讼的主要目的在于协助刑事诉讼的进行，享有类似于其他诉讼参与人的权利，并履行相应的义务。该类主体主要包括参与勘验、检查的有专门知识的人；就案件的专门性问题出具报告的有专门知识的人；出庭的专家辅助人；讯问和询问未成年人时在场的合适成年人；进行社会调查的人员等。

二、被害人

1.被害人的概念与特点。

广义的被害人，是指人身、财产或者其他权益遭受犯罪行为直接侵害的人。作为当事人之一的被害人，即本节所讨论的被害人，是狭义的被害人，是指在人民检察院代表国家提起公诉的刑事案件中，以个人身份参与诉讼，并与人民检察院共同行使控诉职能的人。

在刑事诉讼中，广义的被害人还包括以下两种：(1)在自诉案件中提起刑事诉讼的被害人，称为自诉人。(2)在刑事诉讼中，由于被告人的犯罪行为而遭受物质损失的被害人，有权提起附带民事诉讼，称为附带民事诉讼原告人。

作为当事人之一的被害人，具有以下特点：(1)被害人作为遭受犯罪行为侵害的人，与案件结局有着直接的利害关系。他不仅具有获得经济赔偿或补偿的愿望，而且有着要让犯罪人受到法律上的惩罚和谴责的要求。(2)被害人通常是了解案件情况的人，其陈述本身是法定的证据来源之一。被害人有义务接受侦查人员、检察人员、审判人员的传唤，到场或出庭提供有关案件事实的陈述，并接受各方的询问和质证。(3)被害人既有权要求公安司法机关追究和惩罚犯罪,也有权要求司法机关追缴赃款赃物或者责令退赔,全面维护其人身、财产和民主权利。(4)被害人作为诉讼当事人,与犯罪嫌疑人、被告人居于大致相同的诉讼地位,享有与犯罪嫌疑人、被告人大致相同的诉讼权利。但是,由于公诉案件的起诉权和抗诉权由检察机关行使,被害人不享有公诉案件的起诉权和抗诉权。

2.被害人的诉讼权利、诉讼义务。

被害人在刑事诉讼中除享有诉讼参与人共有的诉讼权利以外,还享有以下诉讼权利:(1)报案与控告权。对侵犯其合法权利的犯罪嫌疑人、被告人或者行为,有权向公安机关、人民检察院或者人民法院报案或者控告,要求公安司法机关依法追究、惩罚犯罪,保护其合法权利。控告人对公安机关不立案的决定不服的,可以申请复议。(2)申诉权。包括三种情况:一是对公安机关不立案的申诉。对公安机关应当立案而不立案的,有权向人民检察院提出,请求人民检察院责令公安机关向检察机关说明不立案的理由。人民检察院应当要求公安机关说明不立案的理由。人民检察院认为理由不能成立的,应当通知公安机关立案,公安机关接到通知后应当立案。二是对检察机关不起诉决定的申诉。对人民检察院作出的不起诉决定不服的,有权向上一级人民检察院提出申诉。三是对生效裁判的申诉。不服地方各级人民法院的生效裁判的,有权提出申诉。(3)委托诉讼代理人的权利。自刑事案件移送审查起诉之日起,有权委托诉讼代理人。(4)自诉权。如有证据证明公安机关、人民检察院对于侵犯其人身权利、财产权利的行为应当追究刑事责任而不予追究的,有权直接向人民法院起诉。此时,作为当事人的被害人转换为自诉人。(5)程序参与权。被害人有权参加法庭审理,并在法庭调查和法庭辩论环节按照法律的规定发言。被害人还可以参与刑事和解,对检察机关拟提出的量刑建议发表意见。(6)申请抗诉权。不服地方各级人民法院的第一审判决的,有权请求人民检察院抗诉。(7)受到保护权。被害人因在诉讼中作证,本人或者其近亲属的人身安全依法受到保护。(8)财产发还与赔偿权。对因犯罪行为所遭受的物质损失,被害人可以通过附带民事诉讼获得赔偿。对于被犯罪嫌疑人、被告人非法占有与处置的财产,被害人可以通过司法机关追缴与责令退赔的方式获得发还或者赔偿。

在刑事诉讼中,被害人的诉讼义务主要有:(1)如实向公安机关、人民检察院、人民法院及其工作人员作出陈述。如果故意捏造事实,提供虚假陈述,情节严重的,应当承担法律责任。(2)接受公安司法机关的传唤,按时出席法庭参加审判。(3)遵守法庭纪律,回答提问并接受询问和调查。

三、自诉人

1.自诉人的概念和特点。

自诉人是指在自诉案件中,以自己的名义直接向人民法院提起诉讼的人。自诉人相当于自诉案件的原告,通常是该案件的被害人。

自诉人主要具有以下特点:(1)只有自诉人可以启动自诉程序。没有自诉人的告诉,就没有刑事自诉案件的审判。(2)只有在自诉案件中,才存在自诉人。公诉案件中向公安司法机关控告和报案的被害人不属自诉人,无权直接启动审判程序。(3)自诉人在诉讼中承担控诉职能,其诉讼地位相当于原告。如果自诉案件中的被告人提出反诉,则具有双重身份:在其自行提起的自诉中是自诉人,行使控诉职能;在反诉中是被告人,行使辩护职能。

2.自诉人的诉讼权利、诉讼义务。

自诉人在刑事自诉案件中的主要诉讼权利有:(1)提起自诉权。自诉人有权直接向人民法院提起自诉。(2)委托诉讼代理权。自诉人有权随时委托诉讼代理人。(3)调解、和解、撤诉权。人民法院对告诉才处理和被害人有证据证明的轻微刑事案件,可以在查明事实、分清是非的基础上进行调解。自诉人在宣告判决前可以同被告人自行和解。对于自诉人要求撤诉的,经人民法院审查认为确属自愿的,应当准许;经审查认为自诉人系被强迫、威吓等,不是出于自愿的,应当不予准许。(4)程序参与权。自诉人有权参加法庭调查和法庭辩论,申请审判人员以及书记员、鉴定人、翻译人员回避。(5)申请法院调查取证权。人民法院受理自诉案件后，对于因为客观原因不能取得并提供的有关证据，自诉人有权申请人民法院调查取证。人民法院认为必要的，可以依法调取。(6)上诉权。自诉人有权对第一审人民法院尚未发生法律效力的判决、裁定提出上诉。(7)申诉权。自诉人有权对人民法院已经发生法律效力的判决、裁定提出申诉。

自诉人的主要诉讼义务有:(1)承担举证责任。自诉人对自己的主张和请求应当提供证据证明，这是自诉人最主要的诉讼义务。人民法院已经立案的自诉案件，经审查缺乏罪证的，自诉人应当补充证据。如果自诉人提不出补充证据，人民法院将说服自诉人撤回自诉;经说服不予撤诉的，人民法院将裁定驳回自诉。需要注意的是，对通过信息网络实施的侮辱、诽谤行为，被害人向人民法院告诉，但提供证据确有困难的，人民法院可以要求公安机关提供协助。自诉人经说服撤回自诉或者人民法院裁定驳回起诉后，如果能够提出新的足以证明被告人有罪的证据，则可以再次提起自诉。(2)不得捏造事实诬告陷害他人或者伪造证据，否则应当承担法律责任。(3)按时出席法庭审判。自诉人经两次依法传唤，无正当理由拒不到庭的，或者未经法庭许可中途退庭的，人民法院将按照撤诉处理。(4)遵守法庭纪律，听从审判人员的指挥。

四、犯罪嫌疑人、被告人

1.犯罪嫌疑人、被告人的概念。“犯罪嫌疑人”和“被告人”是对因涉嫌犯罪而受到刑事追诉的人的两种称谓。公诉案件中，被追诉者在检察机关向法院提起公诉以前，称为“犯罪嫌疑人”;在检察机关向法院提起公诉以后，则称为“被告人”。自诉案件中，自诉人向法院提起自诉后，被追诉人称为“被告人”。

2.犯罪嫌疑人、被告人的诉讼地位。

(1)犯罪嫌疑人、被告人是辩护权主体，居于当事人的地位。也就是说，犯罪嫌疑人、被告人不是被动接受传讯、追诉和审判，消极等待国家专门机关处理的客体，而是可通过积极主动的防御活动与追诉一方展开对抗，并对裁判活动施加积极影响的诉讼主体。

(2)犯罪嫌疑人、被告人与案件结局有着直接利害关系，是刑事诉讼的被追诉者。国家追诉机关发动刑事诉讼的直接目的是通过对犯罪嫌疑人、被告人实施追诉，使那些在法律上构成犯罪的人被定罪、判刑。作为被追诉者，犯罪嫌疑人、被告人在一定程度上负有接受公安司法机关的强制性措施、协助国家专门机关顺利进行刑事诉讼的义务，如承受逮捕、拘留、监视居住、取保候审、拘传等强制措施，接受讯问、搜查、扣押等侦查措施，接受传唤，按时出庭接受审判，等等。

(3)犯罪嫌疑人、被告人还是重要的证据来源，犯罪嫌疑人、被告人供述和辩解是法定的证据种类。刑事诉讼法严禁以刑讯逼供和以威胁、引诱、欺骗以及其他非法方法收集证据，不得强迫任何人证实自己有罪，并通过非法证据排除规则以确保犯罪嫌疑人、被告人的供述出于自愿。同时，刑事诉讼法还通过设立认罪认罚从宽制度来鼓励犯罪嫌疑人、被告人认罪以获得犯罪嫌疑人、被告人的有罪供述。

3.犯罪嫌疑人、被告人的诉讼权利、诉讼义务。

除了刑事诉讼中所有当事人都享有的权利外，犯罪嫌疑人、被告人作为承担辩护职能的主体，还享有广泛的诉讼权利。这些诉讼权利按其性质和作用的不同，可分为防御性权利和救济性权利两种。

一方面，犯罪嫌疑人、被告人享有一系列防御性权利。所谓防御性权利，是指犯罪嫌疑人、被告人为对抗追诉方的指控、抵消其控诉效果所享有的诉讼权利。主要有:(1)辩护权。犯罪嫌疑人、被告人有权自行或在辩护人协助下进行辩护。在公诉案件中，犯罪嫌疑人自被侦查机关第一次讯问或者采取强制措施之日起，有权委托辩护人;在侦查期间，只能委托律师作为辩护人。被告人有权随时委托辩护人。犯罪嫌疑人、被告人在押期间要求委托辩护人的，人民法院、人民检察院和公安机关应当及时转达其要求。犯罪嫌疑人、被告人在押的，也可以由其监护人、近亲属代为委托辩护人。在自诉案件中，被告人有权随时委托辩护人。犯罪嫌疑人、被告人有权在法定条件下获得法律援助机构指派的律师为其提供辩护；有权获得值班律师提供的法律帮助以更好地行使辩护权。有权在委托辩护和法律援助辩护并存的情况下选择确定辩护人的人选。有权拒绝辩护人继续为其辩护，也有权另行委托辩护人辩护。(2)拒绝回答权。犯罪嫌疑人有权拒绝回答侦查人员提出的与本案无关的问题。(3)被告人有权在开庭前10日内收到起诉书副本。(4)参加法庭调查权。被告人有权参加法庭调查，就检察机关指控的犯罪事实发表陈述，向证人、鉴定人发问，辨认物证，听取在法庭上宣读、播放的未到庭证人的证言笔录、鉴定人的鉴定意见、勘验检查笔录和其他证据文书，并就上述书面证据发表意见；有权申请通知新的证人到庭，调取新的物证，申请重新鉴定或者勘验。(5)参加法庭辩论权。被告人有权参加法庭辩论，对事实的认定和法律的适用发表意见，并且可以与控诉方展开辩论。(6)最后陈述权。被告人有权向法庭作最后陈述。(7)反诉权。自诉案件的被告人有权对自诉人提出反诉。

另一方面，犯罪嫌疑人、被告人还享有很多的救济性权利。所谓救济性权利，是指犯罪嫌疑人、被告人对国家专门机关所作的对其不利的行为、决定或裁判，要求予以审查并作出改变或撤销的诉讼权利。主要包括:(1)申请复议权。犯罪嫌疑人、被告人有权申请侦查人员、检察人员、审判人员、书记员、鉴定人、翻译人员回避；对驳回申请回避的决定不服的，有权申请复议。(2)控告权。犯罪嫌疑人、被告人对审判人员、检察人员和侦查人员侵犯其诉讼权利和人身侮辱的行为，有权提出控告。(3)申请变更、解除强制措施权。犯罪嫌疑人、被告人被羁押的，有权申请变更强制措施；对于人民法院、人民检察院和公安机关采取的强制措施法定期限届满的，有权要求解除。(4)申诉权。对于人民检察院依照《刑事诉讼法》第177条第2款的规定作出的不起诉决定，有权向人民检察院申诉；对各级人民法院已经发生法律效力的判决、裁定，有权向人民法院、人民检察院提出申诉，申诉符合法定条件的，人民法院应当重新审判。(5)上诉权。对地方各级人民法院第一审的判决、裁定，有权用书状或者口头向上一级人民法院上诉，从而引起第二审程序的开始。(6)对缺席审判的异议权。罪犯(原犯罪嫌疑人、被告人)在人民法院通过缺席审判作出的判决、裁定生效后才到案的，在交付执行刑罚之前，可以对原缺席审判作出的判决、裁定提出异议；提出异议的，人民法院应当重新审理。

除以上诉讼权利以外，犯罪嫌疑人、被告人还享有一系列程序保障权。这些程序保障权对维护犯罪嫌疑人、被告人的诉讼主体地位具有非常重要的意义。这些程序保障权主要有：(1)在未经人民法院依法判决的情况下，不得被确定有罪。(2)获得人民法院的公开、独立、公正的审判。(3)在刑事诉讼过程中，不受审判人员、检察人员、侦查人员以刑讯逼供、威胁、引诱、欺骗及其他非法方法进行的讯问，不被强迫自证有罪，以及有权申请排除非法取得的证据。(4)不受侦查人员实施的非法逮捕、拘留、取保候审、监视居住等强制措施。(5)不受侦查人员的非法搜查、扣押等侦查行为。(6)第二审人民法院在审理只有被告人一方提出上诉的案件时，不得加重被告人的刑罚，等等。

同时，根据刑事诉讼法的规定，犯罪嫌疑人、被告人必须承担以下诉讼义务:(1)在符合法定条件的情况下承受拘传、取保候审、监视居住、拘留、逮捕等强制措施。(2)接受侦查人员的讯问、搜查、扣押等侦查行为。(3)对于侦查人员的讯问，应当如实回答。(4)依法按时出席法庭并接受法庭审判。(5)遵守法庭纪律，听从审判人员的指挥。(6)对于生效的判决和裁定，有义务履行或协助执行。

五、附带民事诉讼的当事人

附带民事诉讼的当事人包括附带民事诉讼原告人和附带民事诉讼被告人。

1.附带民事诉讼原告人。附带民事诉讼原告人是指在刑事诉讼中，因被告人的犯罪行为遭受物质损失，并在刑事诉讼过程中提出赔偿请求的人。有权提起附带民事诉讼的主体包括：(1)遭受犯罪行为直接侵害的被害人本人，包括公民、企事业单位、机关、团体等组织。(2)已经死亡的被害人的近亲属。(3)无行为能力或者限制行为能力被害人的法定代理人。(4)如果是国家财产、集体财产遭受损失的，人民检察院在提起公诉的时候，可以提起附带民事诉讼；如果损害社会公共利益，人民检察院在提起公诉的时候，可以提起附带民事公益诉讼。

在刑事诉讼中，附带民事诉讼原告人依法享有以下诉讼权利：(1)提起附带民事诉讼，要求赔偿物质损失。(2)申请回避权。(3)委托诉讼代理人。(4)要求公安司法机关采取保全措施。(5)申请先予执行。(6)参加法庭调查，对于附带民事诉讼部分的事实和证据作出陈述和发表意见，参加法庭辩论。(7)请求人民法院主持调解或者与附带民事诉讼被告人自行和解。(8)对地方各级人民法院第一审尚未发生法律效力的判决和裁定的附带民事诉讼部分提出上诉。(9)对地方各级人民法院发生法律效力的判决和裁定的附带民事诉讼部分提出申诉。

附带民事诉讼原告人的诉讼义务主要有：(1)提供证据证明附带民事诉讼请求。(2)如实陈述案情。(3)按时出席法庭，参加审判活动。(4)遵守法庭纪律，听从审判人员的指挥。

2.附带民事诉讼被告人。附带民事诉讼被告人是指在刑事诉讼中，对犯罪行为所造成的物质损失负有赔偿责任的人。附带民事诉讼中依法负有赔偿责任的人包括：(1)刑事诉讼被告人(包括公民、法人和其他组织)，没有被追究刑事责任的其他共同致害人；(2)已被执行死刑的罪犯的遗产继承人；(3)未成年刑事被告人的监护人；(4)共同犯罪案件中，案件审结前已经死亡的被告人的遗产继承人；(5)其他对刑事被告人的犯罪行为依法应当承担民事赔偿责任的单位和个人。此外，附带民事诉讼的成年被告人，应当承担赔偿责任的，如果其亲属自愿代为承担，依据有关规定，可以准许。

附带民事诉讼被告人的诉讼权利主要有：(1)委托诉讼代理人。(2)有权提起反诉。(3)有权申请回避。(4)有权参加附带民事诉讼部分的法庭调查和法庭辩论。(5)有权要求人民法院主持调解或者与附带民事诉讼原告人自行和解。(6)对于地方各级人民法院第一审尚未发生法律效力的判决、裁定的附带民事诉讼部分不服的，有权提出上诉。(7)对于地方各级人民法院已经发生法律效力的判决、裁定的附带民事诉讼部分不服的，有权提出申诉。

附带民事诉讼被告人的主要诉讼义务有：(1)如实陈述案情。(2)按时出席法庭审判，接受调查。(3)提供证据证明自己的主张。(4)遵守法庭纪律，听从审判人员的指挥。(5)执行生效判决、裁定的附带民事诉讼部分。

六、单位当事人

1.单位犯罪嫌疑人、被告人。在单位犯罪的情况下，单位可以独立成为犯罪嫌疑人、被告人，与作为自然人的直接负责的主管人员和其他直接责任人员一起参与刑事诉讼。

代表涉嫌犯罪单位参加刑事诉讼的诉讼代表人，应当是单位的法定代表人、实际控制人或者主要负责人；法定代表人、实际控制人或者主要负责人被指控为单位犯罪直接责任人员或者因客观原因无法出庭的，应当由被告单位委托其他负责人或者职工作为诉讼代表人。但是，有关人员被指控为单位犯罪的其他直接责任人员或者知道案件情况、负有作证义务的除外。为了解决实践中在被告单位内部无法确定诉讼代表人的情况，最高人民法院《解释》第336条规定，依据前述方法难以确定诉讼代表人的，可以由被告单位委托律师等单位以外的人员作为诉讼代表人，但诉讼代表人不得同时担任被告单位或者被指控为单位犯罪直接责任人员的有关人员的辩护人。

单位犯罪嫌疑人、被告人的诉讼权利和诉讼义务，与自然人犯罪嫌疑人、被告人大致相同。最高人民法院《解释》作出了以下特殊规定：(1)被告单位有权委托辩护人。(2)诉讼代表人的诉讼权利。被告单位的诉讼代表人享有刑事诉讼法规定的有关被告人的诉讼权利。开庭时，诉讼代表人席位置于审判台前左侧，与辩护人席并列。(3)诉讼代表人有出庭的义务。人民法院开庭审理单位犯罪案件，应当通知被告单位的诉讼代表人出庭，诉讼代表人不符合规定的，应当要求人民检察院另行确定。被告单位的诉讼代表人不出庭的，应当按照下列情形分别处理：诉讼代表人系被告单位的法定代表人、实际控制人或者主要负责人，无正当理由拒不出庭的，可以拘传其到庭；因客观原因无法出庭，或者下落不明的，应当要求人民检察院另行确定诉讼代表人。诉讼代表人系其他人员的，应当要求人民检察院另行确定诉讼代表人出庭。(4)专门机关有权对单位财产采取强制性措施。人民法院为了保证判决的执行，根据案件的具体情况，可以先行查封、扣押、冻结被告单位的财产或者由被告单位提供担保。

2.单位被害人。被害人一般是指自然人，但单位也可以成为被害人。单位被害人参与刑事诉讼时，应由其法定代表人作为代表参加刑事诉讼。法定代表人也可以委托诉讼代理人参加刑事诉讼。

单位被害人在刑事诉讼中的诉讼权利和诉讼义务，与自然人作为被害人时大体相同。

七、法定代理人

1.法定代理人的概念、范围。

法定代理人是由法律规定的对被代理人负有专门保护义务并代其进行诉讼的人。《刑事诉讼法》第108条规定，法定代理人的范围包括被代理人的父母、养父母、监护人和负有保护责任的机关、团体的代表。在刑事诉讼中，当事人如果是无行为能力人或者限制行为能力人，都需要有法定代理人参与诉讼。

未成年人的监护人由其父母担任，未成年人的父母已经死亡或者没有监护能力的，由下列有监护能力的人按顺序担任监护人：(1)祖父母、外祖父母；(2)兄、姐；(3)其他愿意担任监护人的个人或者组织，但是须经未成年人住所地的居民委员会、村民委员会或者民政部门同意。无行为能力或者限制行为能力的成年人，由下列有监护能力的人按顺序担任监护人：(1)配偶；(2)父母、子女；(3)其他近亲属；(4)其他愿意担任监护人的个人或者组织，但是须经被监护人住所地的居民委员会、村民委员会或者民政部门同意。

2.法定代理人的职责与诉讼权利。

法定代理人参加刑事诉讼是依据法律的规定，而不是基于委托关系。因此，在刑事诉讼中，法定代理人具有独立的法律地位，不受被代理人意志的约束，在行使代理权限时无须经过被代理人同意。

法定代理人参与刑事诉讼的职责是依法保护无行为能力人或者限制行为能力人的人身权利、财产权利、诉讼权利以及其他一切合法权利；同时，法定代理人负有监督被代理人行为的责任。

法定代理人享有广泛地与被代理人相同的诉讼权利。但法定代理人不能代替被代理人作陈述，也不能代替被代理人承担与人身自由相关联的义务，如羁押等。

同时，除被害人的法定代理人外，其他当事人的法定代理人还享有独立的上诉权：被告人、自诉人的法定代理人，不服地方各级人民法院第一审的判决、裁定的，有权向上一级人民法院提起上诉；附带民事诉讼当事人的法定代理人，有权对地方各级人民法院第一审的判决、裁定中的附带民事诉讼部分提起上诉，但无权对刑事部分提起上诉。而被害人的法定代理人对第一审的判决不服的，只能请求人民检察院抗诉，无权独立地提起上诉。

八、诉讼代理人

1.诉讼代理人的概念。诉讼代理人是基于被代理人的委托而代表被代理人参与刑事诉讼的人。依据《刑事诉讼法》第108条的规定，公诉案件的被害人及其法定代理人或者近亲属有权委托诉讼代理人，自诉案件的自诉人及其法定代理人有权委托诉讼代理人，附带民事诉讼原告人、被告人及其法定代理人有权委托诉讼代理人。《刑事诉讼法》规定的近亲属，是指夫、妻、父、母、子、女、同胞兄弟姊妹。此外，《刑事诉讼法》第299条规定，犯罪嫌疑人、被告人的近亲属和其他利害关系人申请参加没收违法所得审理程序的，可以委托诉讼代理人参加诉讼；根据《刑事诉讼法》第304条，强制医疗案件审理中，被申请人或者被告人的法定代理人可以委托诉讼代理人参加审理。

2.诉讼代理人的权限。与法定代理人不同，诉讼代理人参与刑事诉讼是基于被代理人的委托，在双方签订的委托协议授权范围内进行代理，而不是依据法律的规定。诉讼代理人的职责是帮助被其代理的人行使诉讼权利。诉讼代理人只能在被代理人授权范围内进行诉讼活动，既不得超越代理范围，也不能违背被代理人的意志。如果没有被代理人的授权，诉讼代理人代替被代理人进行的诉讼活动就不具有法律效力。

九、辩护人

1.辩护人的概念。辩护人是指在刑事诉讼中接受犯罪嫌疑人、被告人及其法定代理人的委托，或者受法律援助机构指派，依法为犯罪嫌疑人、被告人辩护，以维护其合法权益的人。

在我国刑事诉讼中，可以依法接受委托担任犯罪嫌疑人、被告人的辩护人的人包括：律师，人民团体或者犯罪嫌疑人、被告人所在单位推荐的人，犯罪嫌疑人、被告人的监护人、亲友。在侦查期间，只能委托律师作为辩护人。法律援助机构指派的辩护人，也只能由律师担任。

2.辩护人的诉讼地位、职责。详见本书第六章“辩护与代理”的相关内容。

十、证人

1.证人的概念与特点。

在刑事诉讼中，证人是指在诉讼外了解案件情况的当事人以外的人。

证人具有以下特点：(1)证人通常是了解案件情况的人。这是证人最基本的特征。(2)证人必须是在诉讼之外了解案件情况的人。参与案件办理的侦查、审查起诉、审判人员以及辩护人、诉讼代理人、鉴定人等在诉讼过程中也了解了案件情况，但其对案件情况的了解是在诉讼开始后的诉讼过程中形成的，因而不属于证人。这些人员如果在诉讼开始之前就了解了案件情况，就应当优先作证人，一般不得参与案件的办理。《刑事诉讼法》第192条第2款规定，人民警察就其执行职务时目击的犯罪情况可以作为证人出庭作证。(3)证人必须是当事人以外的人。被告人、被害人等虽然通常也了解案件情况，但由于其与案件裁判结果存在切身利害关系，因而只能作为当事人，而不能作为证人。

2.证人的条件及不能作证人的情况。

在我国刑事诉讼中，凡是知道案件情况的人，都有作证的义务。但生理上、精神上有缺陷或者年幼，不能辨别是非、不能正确表达的人不得作为证人。

证人只能是自然人。国家机关、企业、事业单位或者人民团体，不能成为证人，因为它们不能像自然人一样感知案件事实，无法享有证人的诉讼权利或者承担证人的诉讼义务。

3.证人的诉讼权利、诉讼义务。

依据法律规定，刑事诉讼中的证人享有以下诉讼权利：(1)使用本民族语言文字进行诉讼。(2)查阅证言笔录，并在发现笔录的内容与作证的内容不符时要求补充或者修改。(3)对于公安司法机关工作人员侵犯诉讼权利或者人身侮辱的行为提出控告。(4)对于因作证而支出的交通、住宿、就餐等费用，有权要求补助，并且在单位的福利待遇不受克扣。(5)有权要求公安司法机关保证本人及其近亲属的安全。

证人依法应当承担以下诉讼义务：(1)如实提供证言，如果有意作伪证或者隐匿罪证，应当承担法律责任。(2)回答公安司法人员的询问。(3)出席法庭审判并接受控辩双方的询问和质证。(4)遵守法庭纪律，听从审判人员的指挥。(5)对于公安司法人员询问的内容予以保密。

十一、鉴定人

1.鉴定人的概念。

刑事诉讼中的鉴定人是指接受公安司法机关的指派或者聘请，运用自己的专门知识或者技能对刑事案件中的专门性问题进行鉴别和判断并提出书面鉴定意见的人。鉴定人的书面鉴别和判断意见称为鉴定意见，是刑事诉讼法规定的证据种类之一。

2.鉴定人的条件。

鉴定人应当符合以下条件：（1）应当具有专门知识或者技能，即具有分析判断案件中专门性问题的能力。这里所指专门性问题，不是法律问题。（2）鉴定人应当受到公安司法机关的指派或者聘请，这是必不可少的形式要件，也是刑事诉讼中的鉴定人与一般具有专门知识或者技能的专业人员的区别所在。（3）鉴定人应当与案件当事人或者案件无利害关系，鉴定人如果具有应当回避的情形的，应当自行回避，不得参与该案件的诉讼活动。当事人及其法定代理人也有权要求他们回避。

3.鉴定人的诉讼权利、诉讼义务。

刑事诉讼中的鉴定人依法享有以下诉讼权利：（1）了解与鉴定有关的案件情况。（2）有权要求指派或者聘请的机关提供足够的鉴定材料，在提供的鉴定材料不充分、不具备作出鉴定意见的条件时，有权要求有关机关补充材料，否则有权拒绝鉴定。（3）要求为鉴定提供必要的条件。（4）收取鉴定费用。此外，因在诉讼中作证，鉴定人及其近亲属的人身安全依法受到保护。

鉴定人依法承担以下诉讼义务：（1）如实作出鉴定，不得故意作出虚假鉴定。如果故意作出虚假鉴定要承担相应的法律责任。（2）对于在鉴定过程中了解的案件情况和有关人员的隐私，应当保密。（3）在接到人民法院通知时，应当亲自出庭作证，说明作出鉴定意见的根据和理由，并接受公诉人、当事人和辩护人、诉讼代理人以及审判人员的发问、询问。（4）遵守法庭纪律，听从审判人员的指挥。

证人与鉴定人都属于其他诉讼参与人，而非当事人。二者具有如下区别：（1）法律对其知识结构要求不同；（2）知悉案件时间不同；（3）是否适用回避制度不同；（4）是否具有可替代性不同。

4.有专门知识的人参与刑事诉讼。

在刑事诉讼中，除鉴定人是以自身所具有的专门知识或者技能参与外，还有另外一些具有专门知识的人有可能根据具体案件的需要参与刑事诉讼，即运用专门知识参与刑事诉讼，协助解决专门性问题或者提出意见的鉴定人以外的人。“专门知识”，则是指特定领域内的人员理解和掌握的、具有专业技术性的认识和经验等。

虽然鉴定人以外的有专门知识的人并非刑事诉讼法定的诉讼参与人，但随着犯罪技术性和专业性的增强，他们同样在诉讼过程中发挥重要甚至不可替代的作用。由于其他具有专门知识的人与鉴定人具有很大的相似性，有关他们的诉讼地位和权利义务，通常参照鉴定人的规定。

根据《刑事诉讼法》和相关司法解释的规定，有专门知识的人参与刑事诉讼的主要方式包括：（1）参与勘验、检查。《刑事诉讼法》第128条规定，侦查机关在必要的时候，可以指派或者聘请具有专门知识的人，在侦查人员的主持下进行勘验、检查。（2）出庭就鉴定意见和专门性问题的报告提出意见。《刑事诉讼法》第197条规定，公诉人、当事人和辩护人、诉讼代理人可以申请法庭通知有专门知识的人出庭，就鉴定人作出的鉴定意见提出意见。（3）对涉及专门技术问题的证据材料进行审查并提出意见。最高人民检察院《规则》第334条规定，人民检察院对鉴定意见有疑问的，可以询问鉴定人或者有专门知识的人并制作笔录附卷，对鉴定意见等技术性证据材料需要进行专门审查的，按照有关规定交检察技术人员或者其他有专门知识的人进行审查并出具审查意见。（4）就专门性问题出具报告并出庭作证。最高人民法院《解释》第100条规定：因无鉴定机构，或者根据法律、司法解释的规定，指派、聘请有专门知识的人就案件的专门性问题出具的报告，可以作为证据使用。经人民法院通知，出具报告的人拒不出庭作证的，有关报告不得作为定案的根据。

十二、翻译人员

1.翻译人员的概念、条件。

翻译人员是指在刑事诉讼过程中接受公安

司法机关的指派或者聘请，为参与诉讼的外国人或无国籍人、少数民族人员、盲人、聋人、哑人等进行语言、文字或者手势翻译的人员。

翻译人员应当具备一定的条件：（1）能够胜任语言文字翻译工作，有为当事人及其他诉讼参与人提供翻译的能力。（2）应当与案件或者案件当事人无利害关系，否则应当回避。

2.翻译人员的诉讼权利、诉讼义务。

翻译人员享有以下权利：（1）了解与翻译有关的案件情况。（2）要求公安司法机关提供与翻译内容有关的材料。（3）查阅记载其翻译内容的笔录，如果笔录同实际翻译内容不符，有权要求修正或补充。（4）获得相应的报酬和经济补偿。

翻译人员应承担以下义务：（1）实事求是，如实进行翻译，力求准确无误，不得隐瞒、歪曲或伪造，如果有意弄虚作假，要承担法律责任。（2）对于提供翻译活动所获知的案件情况和他人的隐私，应当保密。

【本章主要法律规定】

1.《刑事诉讼法》第3～5条

2.最高人民法院《关于适用〈中华人民共和国刑事诉讼法〉的解释》第十一章

3.《人民检察院刑事诉讼规则》第一章

4.《公安机关办理刑事案件程序规定》第一章

第四章
管　　辖

本章主要内容提示

本章主要内容是刑事管辖制度，即公安司法机关在受理和审理刑事案件方面的权限划分，管辖可以划分为立案管辖和审判管辖。

本章的难点是如何确定一个案件的具体管辖：先需要确定其立案管辖，之后在判断是否属于审判管辖中的专门管辖的基础上确定级别管辖和地区管辖，以及是否存在需要移送管辖、指定管辖和并案管辖的情形。

1.立案管辖：公安机关立案侦查的案件、监察机关立案调查的案件、人民检察院立案侦查的案件、人民法院直接受理的案件、管辖权竞合的处理。

2.审判管辖：级别管辖、地区管辖、专门管辖、移送管辖、指定管辖和并案管辖。

3.特殊管辖：针对特殊案件所确立的管辖。司法解释所确立的特殊管辖是在总结司法实践的基础上确立的，需要考生予以特别记忆。

我国刑事诉讼中的管辖，是指公安司法机关在直接受理刑事案件上的权限划分以及审判机关系统内部在审理第一审刑事案件上的权限划分。管辖通常是基于刑事案件的性质、复杂程度、发生的地点、影响以及公安司法机关在刑事诉讼中的职权，并根据准确及时、合理分工、便利诉讼和原则性与灵活性相结合等原则确定的。管辖权在公安司法机关之间及其内部的划分是我国刑事诉讼“分工负责、互相配合、互相制约”原则的重要体现。

第一节　立案管辖

一、立案管辖的概念及划分依据

1.立案管辖的概念。立案管辖，是指公安司法机关之间在直接受理刑事案件范围上的权限划分。立案管辖所要解决的是哪类刑事案件由公安司法机关中的哪一个机关立案受理的问题，即确定：哪些刑事案件不需要经过侦查，由人民法院直接受理；哪些刑事案件由公安机关或其他侦查机关立案侦查。

2.立案管辖的划分依据。立案管辖主要是根据下列因素划分的：(1)公安司法机关的性质与诉讼职能。我国公安司法机关在刑事诉讼中分工不同，应根据其各自的性质和诉讼职能划分管辖范围。(2)案件的性质和复杂程度等。一般而言，案件比较重大、疑难复杂的，由公安机关立案侦查；属于检察机关对诉讼活动进行监督过程中发现的司法工作人员涉嫌犯罪的案件，由检察机关立案侦查；不需要专门开展侦查的轻微刑事案件，由人民法院立案审理。

二、公安机关立案侦查的刑事案件

《刑事诉讼法》第19条第1款规定：刑事案件的侦查由公安机关进行，法律另有规定的除外。

法律的例外规定是指：(1)《刑事诉讼法》第19条第2款规定的由人民检察院直接立案侦查的案件。(2)《刑事诉讼法》第4条规定，国家安全机关依照法律规定，办理危害国家安全的刑事案件，行使与公安机关相同的职权。(3)《刑事诉讼法》第308条规定，军队保卫部门对军队内部发生的刑事案件行使侦查权。中国海警局对海上发生的刑事案件行使侦查权。对罪犯在监狱内犯罪的案件由监狱进行侦查。军队保卫部门、中国海警局、监狱办理刑事案件，适用本法的有关规定。

除上述"法律另有规定"的案件外，绝大多数的刑事案件由公安机关负责立案侦查。

三、监察机关立案调查的案件

根据《监察法》的规定，之前由检察机关直接受理并立案侦查的绝大部分公职人员职务犯罪案件，将由监察机关立案调查，而监察机关立案调查本身不属于刑事诉讼程序的一部分。根据《监察法》第15条的规定，监察机关对下列公职人员和有关人员进行监察：(1)中国共产党机关、人民代表大会及其常务委员会机关、人民政府、监察委员会、人民法院、人民检察院、中国人民政治协商会议各级委员会机关、民主党派机关和工商业联合会机关的公务员，以及参照《公务员法》管理的人员；(2)法律、法规授权或者受国家机关依法委托管理公共事务的组织中从事公务的人员；(3)国有企业管理人员；(4)公办的教育、科研、文化、医疗卫生、体育等单位中从事管理的人员；(5)基层群众性自治组织中从事管理的人员；(6)其他依法履行公职的人员。根据《监察法》第11条的规定，对于上列监察对象涉嫌贪污贿赂、滥用职权、玩忽职守、权力寻租、利益输送、徇私舞弊以及浪费国家资财等职务犯罪，由监察机关进行立案调查。监察机关经过调查认为涉嫌职务犯罪的，将调查结果移送人民检察院审查起诉。

四、人民检察院立案侦查的刑事案件

根据《刑事诉讼法》第19条的规定，基于检察机关国家法律监督机关的地位，对于以下两类国家机关工作人员涉嫌犯罪的案件，可以由人民检察院直接立案受理并进行侦查：

第一类是人民检察院在对诉讼活动实行法律监督中发现的司法工作人员利用职权实施的非法拘禁、刑讯逼供、非法搜查等侵犯公民权利、损害司法公正的犯罪。具体包括司法工作人员利用职权实施的下列14种罪名：(1)非法拘禁罪(《刑法》第238条)；(2)非法搜查罪(《刑法》第245条)；(3)刑讯逼供罪(《刑法》第247条)；(4)暴力取证罪(《刑法》第247条)；(5)虐待被监管人罪(《刑法》第248条)；(6)滥用职权罪(《刑法》第397条)；(7)玩忽职守罪(《刑法》第397条)；(8)徇私枉法罪(《刑法》第399条第1款)；(9)民事、行政枉法裁判罪(《刑法》第399条第2款)；(10)执行判决、裁定失职罪(《刑法》第399条第3款)；(11)执行判决、裁定滥用职权罪(《刑法》第399条第3款)；(12)私放在押人员罪(《刑法》第400条第1款)；(13)失职致使在押人员脱逃罪(《刑法》第400条第2款)；(14)徇私舞弊减刑、假释、暂予监外执行罪(《刑法》第401条)。

第二类是对于原本属于公安机关立案管辖的国家机关工作人员利用职权实施的重大犯罪案件，需要由人民检察院直接受理的时候，经省级以上人民检察院决定，可以由人民检察院立案侦查。

对于上述人民检察院直接立案侦查的案件，由设区的市级人民检察院立案侦查。基层人民检察院发现犯罪线索的，应当报设区的市级人民检察院决定立案侦查。设区的市级人民检察院也可以将案件交由基层人民检察院立案侦查，或者由基层人民检察院协助侦查。对于刑事执行派出检察院辖区内与刑事执行活动有关的犯罪线索，可以交由刑事执行派出检察院立案侦查。最高人民检察院、省级人民检察院发现犯罪线索的，可以自行决定立案侦查，也可以将案件线索交由指定的省级人民检察院、设区的市级人民检察院立案侦查。对于上述第二类案件，省级人民检察院可以决定由设区的市级人民检察院立案侦查，也可以自行立案侦查。

五、人民法院直接受理的刑事案件

由人民法院直接受理的刑事案件，也称自诉案件，是指被害人及其法定代理人、近亲属，为追究被告人的刑事责任，直接向人民法院提起诉讼的案件。《刑事诉讼法》第19条第3款规定：自诉案件，由人民法院直接受理。

自诉案件包括以下三种情况：

1.告诉才处理的案件。是指只有经被害人及其法定代理人提出控告和起诉，人民法院才予受理的案件。我国《刑法》规定的告诉才处理的案件包括四种：(1)第246条规定的侮辱、诽谤案，但严重危害社会秩序和国家利益的除外；(2)第257条规定的暴力干涉婚姻自由案，致使被害人死亡的除外；(3)第260条规定的虐待案，但被害人没有能力告诉或者因受到强制、威吓无法告诉的除外；(4)第270条规定的侵占案。如果被害人及其法定代理人没有告诉或者告诉后又撤回告诉的，人民法院不予受理。被害人不予告诉或撤回告诉必须体现被害人本人的真实意思，如果被害人因受到强制、威吓等原因无法告诉，或者没有能力告诉的，人民检察院或者被害人的近亲属也可以告诉。此外，依据《刑事诉讼法》第114条的规定，告诉才处理的案件，如果被害人死亡或者丧失行为能力，他的法定代理人、近亲属有权向人民法院起诉，人民法院应当依法受理。

2.被害人有证据证明的轻微刑事案件。这类案件包括：故意伤害案（轻伤）；非法侵入他人住宅案；妨害通信自由案；重婚案；遗弃案；生产、销售伪劣商品案（严重危害社会秩序和国家利益的除外）；侵犯知识产权案（严重危害社会秩序和国家利益的除外）；属于《刑法》分则第四章、第五章规定的，可能判处3年有期徒刑以下刑罚的其他轻微刑事案件。这类自诉案件必须符合两个条件：(1)必须是轻微的刑事案件；(2)被害人必须有相应的证据证明被告人有罪。

上述案件中，被害人直接向人民法院起诉的，人民法院应当依法受理，对于其中证据不足、可由公安机关受理的，或者认为对被告人可能判处3年有期徒刑以上刑罚的，应当告知被害人向公安机关报案或者移送公安机关立案侦查。被害人向公安机关控告的，公安机关应当受理。

3.被害人有证据证明对被告人侵犯自己人身、财产权利的行为应当依法追究刑事责任，而公安司法机关不予追究的案件。这类自诉案件必须具备以下条件：(1)被告人的行为侵犯的是被害人的人身权利或财产权利；(2)被告人的行为应当依法追究刑事责任；(3)被害人有证据证明被告人的行为构成犯罪；(4)被害人有证据证明曾经向公安机关等提出控告，但公安机关及其他相关机关不予追究被告人刑事责任。这类自诉案件也被称为“公诉转自诉”案件，其目的是维护被害人的诉讼权利，解决司法实践中被害人“告状难”的问题。

六、管辖权竞合的处理

1.监察机关管辖权与公检法机关立案管辖权竞合的处理。根据《监察法》第34条的规定，人民法院、人民检察院、公安机关、审计机关等国家机关在工作中发现公职人员涉嫌贪污贿赂、失职渎职等职务违法或者职务犯罪的问题线索，应当移送监察机关，由监察机关依法调查处置。被调查人既涉嫌严重职务违法或者职务犯罪，又涉嫌其他违法犯罪的，一般应当由监察机关为主调查，其他机关予以协助。公安机关侦查的刑事案件的犯罪嫌疑人涉及监察机关管辖的案件时，应当及时与同级监察机关协商，一般应当由监察机关为主调查，公安机关予以协助。人民检察院立案侦查时，发现犯罪嫌疑人同时涉嫌监察机关管辖的职务犯罪线索的，应当及时与同级监察机关沟通。经沟通，认为全案由监察机关管辖更为适宜的，人民检察院应当将案件和相应职务犯罪线索一并移送监察机关；认为由监察机关和人民检察院分别管辖更为适宜的，人民检察院应当将监察机关管辖的相应职务犯罪线索移送监察机关，对依法由人民检察院管辖的犯罪案件继续侦查。监察机关和人民检察院分别管辖的案件，调查（侦查）终结前，人民检察院应当就移送审查起诉有关事宜与监察机关加强沟通，协调一致，由人民检察院依法对全案审查起诉。

2.公安机关与人民检察院立案管辖竞合的处理。公安机关侦查刑事案件涉及人民检察院立案侦查的案件时，应当将案件移送人民检察院；人民检察院立案侦查的案件涉及公安机关管辖的刑事案件时，应当将属于公安机关管辖的刑事案件移送公安机关。如果涉嫌主罪属于公安机关管辖，由公安机关为主侦查，人民检察院予以配合；如果涉嫌主罪属于人民检察院管辖，由人民检察院为主侦查，公安机关予以配合。主罪与次罪的划分，应当以犯罪嫌疑人涉嫌的犯罪可能判处的刑罚轻重为主要标准。

3.公安机关与人民法院立案管辖竞合的处理。公安机关在侦查过程中，如果发现被告人还涉嫌实施了属于人民法院直接受理的案件范围的犯罪时，应当分情况进行处理。对于属于告诉才处理的案件，可以告知被害人向人民法院直接提起诉讼；对于属于人民法院可以受理的其他类型的自诉案件的，可以立案侦查，然后在人民检察院提起公诉时，和公诉案件一并移送人民法院，由人民法院合并审理。侦查终结后对公诉案件不提起公诉的，则应直接移送人民法院处理。

4.人民法院在审理自诉案件的过程中，如果发现被告人还涉嫌实施了应当由人民检察院提起公诉的案件的，应当将新发现的案件另案移送有管辖权的机关处理。

第二节　审判管辖

刑事诉讼中的审判管辖，是指各级人民法院之间、同级人民法院之间、普通人民法院与专门人民法院之间、各专门人民法院之间在审判第一审刑事案件上的职权划分。审判管辖所要解决的是在人民法院系统内部受理案件的分工，即一起刑事案件具体应该由哪一个人民法院进行第一审的问题，具体包括级别管辖、地区管辖、专门管辖、移送管辖、指定管辖与并案管辖。审判管辖虽然规定的是人民法院内部的管辖权限划分，但也同样大致适用于公安机关和人民检察院，即公安机关、人民检察院内部具体由哪一个公安机关和人民检察院对刑事案件进行立案侦查和审查起诉，原则上需要与人民法院的审判管辖相对应。

一、级别管辖

级别管辖，是指各级人民法院之间在审判第一审刑事案件上的权限分工。划分级别管辖考虑的主要因素有：案件的性质和影响；罪行的轻重和可能判处刑罚的轻重；案件涉及面的大小；不同级别法院在审判体系中的地位、职责和条件等。刑事诉讼法对各级人民法院管辖的第一审刑事案件作了明确的规定。

1.基层人民法院管辖的第一审刑事案件。《刑事诉讼法》第20条规定，基层人民法院管辖第一审普通刑事案件，但是依照本法由上级人民法院管辖的除外。绝大多数刑事案件实际上都是由基层人民法院进行第一审。这是因为基层人民法院在人民法院组织体系中数量最多，分布地区最广，最接近犯罪地，也最接近人民群众。由基层人民法院进行审判，便于及时、有效地处理案件，便于诉讼参与人参加诉讼，也便于人民群众旁听案件的审判。

2.中级人民法院管辖的第一审刑事案件。根据《刑事诉讼法》第21条的规定，中级人民法院管辖下列第一审刑事案件：（1）危害国家安全、恐怖活动案件。(2)可能判处无期徒刑、死刑的案件。(3)根据《刑事诉讼法》第291条的规定，对于贪污贿赂犯罪案件和需要及时进行审判并经最高人民检察院核准的严重危害国家安全犯罪、恐怖活动犯罪案件，犯罪嫌疑人、被告人在境外而采用缺席审判的，由中级人民法院审理。(4)根据《刑事诉讼法》第299条的规定，对于犯罪嫌疑人、被告人逃匿、死亡案件没收违法所得的申请由中级人民法院审理。

危害国家安全案件是指《刑法》分则第一章规定的危害国家安全的案件。恐怖活动案件的范围主要依据《刑法》分则规定的罪名和是否属于恐怖活动予以确定，其中《刑法》分则规定的具体罪名包括"组织、领导、参加恐怖组织罪""帮助恐怖活动罪""准备实施恐怖活动罪""宣扬恐怖主义罪""煽动实施恐怖活动罪""强制穿戴宣扬恐怖主义服饰、标志罪""非法持有宣扬恐怖主义物品罪"等。涉嫌上述罪名的案件由中级人民法院一审。《反恐怖主义法》第3条对"恐怖主义""恐怖活动""恐怖活动组织""恐怖活动人员""恐怖事件"进行了界定。基于这些界定，通过暴力、破坏、恐吓等手段，制造社会恐慌、危害公共安全、侵犯人身财产，或者胁迫国家机关、国际组织，以实现其政治、意识形态等目的，而组织、策划、准备实施、实施造成或者意图造成人员伤亡、重大财产损失、公共设施损坏、社会秩序混乱等严重社会危害的活动的行为，如放火，决水，爆炸，投放危险物质，非法制造、买卖、运输、储存危险物质，劫持航空器，故意杀人，故意伤害，绑架等犯罪也属于恐怖活动犯罪，应当由中级人民法院一审。此外，《刑法》第322条规定的"为参加恐怖活动组织、接受恐怖活动培训或者实施恐怖活动，偷越国(边)境"的行为也应当属于恐怖活动案件，同样应当由中级人民法院一审。《反恐怖主义法》第16条还规定，有管辖权的中级以上人民法院在审判刑事案件的过程中，可以依法认定恐怖活动组织和人员。

上述规定并不是说这两类案件必须由中级人民法院进行第一审，而是最低应由中级人民法院第一审，并不排除由高级人民法院、最高人民法院对这些案件进行第一审。

需要注意的是，根据最高人民法院《解释》第14条的规定，人民检察院认为可能判处无期徒刑、死刑而向中级人民法院提起公诉的案件，中级人民法院受理后，认为不需要判处无期徒刑以上刑罚的，应当依法审判，不再交基层人民法院审判。

立法上将这些案件交由中级以上人民法院进行第一审审判，是因为其性质严重，或案情重大复杂、影响范围大或处刑较重，由较高级别的法院第一审，有利于保证办案质量。中级人民法院作为基层人民法院的上一级法院，担负着对基层人民法院管辖的第一审刑事案件进行上诉审的任务，此外还肩负着对基层人民法院的审判工作进行监督的任务，因此，由中级人民法院管辖的第一审刑事案件，不宜太多。

3.高级人民法院管辖的第一审刑事案件。《刑事诉讼法》第22条规定，高级人民法院管辖的第一审刑事案件，是全省(自治区、直辖市)性的重大刑事案件。全省(自治区、直辖市)性重大刑事案件的标准，法律没有明确规定，由高级人民法院认定和把握。实际上由高级人民法院审理的第一审刑事案件很少，这是与高级人民法院所处的位置和工作量负担相适应的。高级人民法院承担着对本辖区内的下级人民法院审判工作进行监督的任务；担负着对不服中级人民法院第一审判决、裁定的上诉、抗诉案件的第二审工作；还担负死刑缓期二年执行案件的复核和核准工作、死刑立即执行案件的复核工作等。因此，法律对高级人民法院管辖的第一审刑事案件只作了原则性的规定。

4.最高人民法院管辖的第一审刑事案件。根据《刑事诉讼法》第23条的规定，最高人民法院管辖的第一审刑事案件，是全国性的重大刑事案件。立法上虽然规定了最高人民法院管辖的第一审刑事案件，但同时将其限制在必要且极小的范围内，并且将决定权交给最高人民法院。最高人民法院是最高审判机关，担负着监督、指导地方各级人民法院和专门人民法院的审判工作、对审判过程中具体应用法律问题作出司法解释等任务，同时，还要负责对不服高级人民法院第一审判决、裁定的上诉、抗诉案件以及最高人民检察院按照审判监督程序提起抗诉的案件的审判，以及死刑立即执行案件的核准工作。因此，在司法实践中由最高人民法院审判的第一审刑事案件非常罕见。

根据最高人民法院《解释》第15条的规定，一人犯数罪、共同犯罪或者其他需要并案审理的案件，只要其中一人或者一罪属于上级人民法院管辖，全案由上级人民法院管辖。

二、地区管辖

地区管辖，是指同级人民法院之间，在审判第一审刑事案件上的权限划分。确定地区管辖的原则有两个：

1.以犯罪地人民法院管辖为主，被告人居住地人民法院管辖为辅原则。

《刑事诉讼法》第25条规定：刑事案件由犯罪地的人民法院管辖。如果由被告人居住地的人民法院审判更为适宜的，可以由被告人居住地的人民法院管辖。根据最高人民法院《解释》第2条的规定，犯罪地包括犯罪行为地和犯罪结果地。需要注意的是，有的案件涉嫌的犯罪类型决定了其有多个犯罪地，这些犯罪地所在地法院对该案均具有管辖权。例如，对于“套路贷”犯罪案件，“犯罪行为地”包括为实施“套路贷”所设立的公司所在地，“借贷”协议或相关协议签订地，非法讨债行为实施地，为实施“套路贷”而进行诉讼、仲裁、公证的受案法院、仲裁委员会、公证机构所在地，以及“套路贷”行为的预备地、开始地、途经地、结束地等；“犯罪结果地”则包括违法所得财物的支付地、实际取得地、藏匿地、转移地、使用地、销售地等。

由于案件有关证据大多在犯罪地，由犯罪地法院审理，有利于人民法院就近调查核实证据，就近传唤或者通知被害人、证人参加诉讼，也便于其他诉讼参与人参加诉讼。同时，犯罪地群众最为关心本地发生的犯罪案件的审理，由犯罪地法院审理，也便于当地群众旁听。

被告人居住地一般为其户籍所在地。根据最高人民法院《解释》第3条的规定：经常居住地与户籍地不一致的，经常居住地为其居住地。经常居住地为被告人被追诉前已连续居住一年以上的地方，但住院就医的除外。被告单位登记的住所地为其居住地。主要营业地或者主要办事机构所在地与登记的住所地不一致的，主要营业地或者主要办事机构所在地为其居住地。由被告人居住地的人民法院管辖更为适宜的情况，一般包括：被告人流窜作案，主要犯罪地难以确定，而其居住地的群众更多地了解案件的情况；被告人在居住地民愤极大，当地群众要求在当地审判的；可能对被告人适用缓刑、管制或者单独适用剥夺政治权利等刑罚，因而需要在其居住地执行的；等等。

2.以最初受理的人民法院审判为主，主要犯罪地人民法院审判为辅的原则。

按照前述原则，有时候并不能确定对案件的管辖权，如一个犯罪涉及几个地点，按照犯罪地法院管辖原则几个人民法院都有权审判，而按照被告人居住地的确定标准，也可能出现多个法院都具有管辖权的情形。因此，我国法律规定，两个以上同级人民法院都有权管辖的案件，由最初受理的人民法院管辖。必要时，可以移送被告人主要犯罪地的人民法院审判。所谓主要犯罪地，包括案件涉及多个地点时对该犯罪的成立起主要作用的行为地，也包括一人犯数罪时，主要罪行的实行地。必要的时候，是指对查清主要犯罪事实以及及时处理案件更为有利等情况。

三、专门管辖

专门管辖是专门人民法院与普通人民法院之间，各种专门人民法院之间以及各专门人民法院系统内部在受理第一审刑事案件上的权限分工。专门管辖所要解决的是哪些案件由专门人民法院审判以及由哪一类专门人民法院审判的问题。在我国，管辖刑事案件的专门人民法院主要包括军事法院和铁路运输法院。

1.军事法院管辖的案件。根据最高人民法院《解释》第26条的规定，军队和地方互涉刑事案件，按照有关规定确定管辖。一般而言，军人和非军人共同犯罪的，分别由军事法院和地方人民法院或者其他专门法院管辖。但涉及国家军事秘密的，全案由军事法院管辖。

2.铁路运输法院管辖的案件。铁路运输法院管辖的案件主要包括：(1)铁路工作区域发生的犯罪案件；(2)针对铁路设备、设施的犯罪案件；(3)火车上发生的犯罪案件；(4)铁路运输系统的职务犯罪案件。需要注意的是，在司法改革中，有些地方已经把铁路运输案件交给地方法院管辖。

四、移送管辖与指定管辖

移送管辖，是指本来受理案件的人民法院，出于实践中某些特殊情况的需要，将案件移送其他法院管辖。指定管辖，是指当管辖权有争议、管辖不明、有管辖权的法院不宜行使管辖权，或者由犯罪地、被告人居住地以外的人民法院审判更为适宜时，由上级人民法院以指定的方式确定案件的管辖。指定管辖的结果通常要通过移送管辖来实现。在我国刑事诉讼中，主要包括以下情况：

1.上级人民法院可以决定审判依法应当由下级人民法院一审的案件。但这种决定必须在下级人民法院第一审宣判之前作出，并应当下达改变管辖决定书，书面通知同级人民检察院。例如，上级人民法院认为下级人民法院虽有管辖权，但不宜审理此案，自行审理更为适宜而决定提级管辖。

2.基层人民法院将自己受理的案件请求移送中级人民法院审判。这种移送管辖可以区分为应当移送和请求移送两种情形。应当移送的情形是指，基层人民法院对可能判处无期徒刑、死刑的第一审刑事案件，应当移送中级人民法院审判。请求移送的情形，是指基层人民法院对下列第一审刑事案件，可以请求移送中级人民法院审判：(1)重大、复杂案件；(2)新类型的疑难案件；(3)在法律适用上具有普遍指导意义的案件。关于请求移送的程序，最高人民法院《解释》第17条第3款规定：需要将案件移送中级人民法院审判的，应当在报请院长决定后，至迟于案件审理期限届满15日以前书面请求移送。中级人民法院应当在接到申请后10日以内作出决定。不同意移送的，应当下达不同意移送决定书，由请求移送的人民法院依法审判；同意移送的，应当下达同意移送决定书，并书面通知同级人民检察院。

3.管辖权有争议和管辖不明时的指定管辖。最高人民法院《解释》第19条规定：两个以上同级人民法院都有权管辖的案件，由最初受理的人民法院管辖。必要时，可以移送被告人主要犯罪地的人民法院审判。对管辖权发生争议的，应当在审限内协商解决；协商不成的，由争议的人民法院分别层报共同的上级人民法院指定管辖。第20条第1款规定，管辖不明的案件，上级人民法院可以指定下级人民法院审判。

4.有管辖权的法院不宜行使管辖权时的指定管辖。最高人民法院《解释》第18条规定：有管辖权的人民法院因案件涉及本院院长需要回避或者其他原因，不宜行使管辖权的，可以请求移送上一级人民法院管辖；上一级人民法院可以管辖，也可以指定与提出请求的人民法院同级的其他人民法院管辖。

5.由犯罪地、被告人居住地以外的人民法院审判更为适宜时的指定管辖。最高人民法院《解释》第20条规定，有关案件，由犯罪地、被告人居住地以外的人民法院审判更为适宜的，上级人民法院可以指定下级人民法院管辖。例如，重大职务犯罪案件，通常指定被告人任职地点以外的法院管辖。

6.第二审人民法院发回重新审判的案件，人民检察院撤回起诉后，又向原第一审人民法院的下级人民法院重新提起公诉的，下级人民法院应当将有关情况层报原第二审人民法院。原第二审人民法院根据具体情况，可以决定将案件移送原第一审人民法院或者其他人民法院审判。

在指定管辖的程序上，最高人民法院《解释》第21、22条规定，上级人民法院指定管辖的，应当将指定管辖决定书分别送达被指定管辖的人民法院和其他有关的人民法院。原受理案件的人民法院，在收到上级人民法院指定其他人民法院管辖的决定书后，不再行使管辖权。对于公诉案件，应当书面通知提起公诉的人民检察院，并将全部案卷材料退回，同时书面通知当事人；对于自诉案件，应当将全部案卷材料移送被指定管辖的人民法院，并书面通知当事人。指定管辖案件的审理期限，自被指定管辖的人民法院收到指定管辖决定书和有关案卷、证据材料之日起计算。

五、并案管辖

司法实践中的案件情况复杂多样，存在一人犯数罪、共同犯罪等多人多罪并存在关联的情形，为了更好地查清事实、提高诉讼效率和减少被追诉者的讼累，在特定情形下需要并案管辖。根据六机关《规定》第3条，具有下列情形之一的，人民法院、人民检察院、公安机关可以在其职责范围内并案处理：(1)一人犯数罪的；(2)共同犯罪的；(3)共同犯罪的犯罪嫌疑人、被告人还实施其他犯罪的；(4)多个犯罪嫌疑人、被告人实施的犯罪存在关联，并案处理有利于查明案件事实的。这里的并案管辖就包括了立案管辖中将具备上述情形的案件并案侦查或者直接由人民法院并案审理，但限于各自的职责范围，不得超出不同机关立案管辖的范围。

最高人民法院《解释》第24条和第25条对被告人犯数罪时的并案审理作出了具体的规定：(1)人民法院发现被告人还有其他犯罪已经被起诉的，可以并案审理；涉及同种犯罪的，一般应当并案审理。(2)人民法院发现被告人还有其他犯罪处于侦查、调查或者审查起诉阶段的，可以协商人民检察院、公安机关、监察机关并案处理，但可能造成审判过分迟延的除外。(3)第二审人民法院在审理过程中，发现被告人还有其他犯罪没有判决的，参照前两种情形处理。第二审人民法院决定并案审理的，应当发回第一审人民法院，由第一审人民法院作出处理。对于被告人犯数罪并案审理的，由最初受理地的人民法院审判，必要时，可以由主要犯罪地的人民法院审判。如果并案审理的多个犯罪中有的属于较高层级的人民法院管辖的，并案后同样应当由较高层级的人民法院管辖，其中属于较高层级人民法院管辖的犯罪一般可以被认为是其中的主要犯罪。

第三节　特殊情况的管辖

法律和司法解释规定了以下几种特殊案件的管辖：

1.对于贪污贿赂犯罪案件和需要及时进行审判并经最高人民检察院核准的严重危害国家安全犯罪、恐怖活动犯罪案件，犯罪嫌疑人、被告人在境外而采用缺席审判的，由犯罪地、被告人离境前居住地或者最高人民法院指定的中级人民法院组成合议庭进行审理。

2.对于中华人民共和国缔结或者参加的国际条约所规定的罪行，中华人民共和国在所承担条约义务的范围内，行使刑事管辖权。这类案件由被告人被抓获地、登陆地或者入境地的人民法院管辖。

3.在中华人民共和国内水、领海发生的犯罪，由犯罪地或者被告人登陆地的人民法院管辖，如果由被告人居住地的人民法院审判更为适宜的，可以由被告人居住地的人民法院管辖。这里的“内水”指的是领海基线向陆一侧的海上水域，而不包括领陆内的河流、湖泊等水域。

4.在中华人民共和国领域外的中国船舶内的犯罪，由该船舶最初停泊的中国口岸所在地或者被告人登陆地、入境地的人民法院管辖。

5.在中华人民共和国领域外的中国航空器的犯罪，由该航空器在中国最初降落地的人民法院管辖。

6.在列车上的犯罪，被告人在列车运行途中被抓获的，由前方停靠站所在地负责审判铁路运输刑事案件的人民法院管辖。必要时，也可以由始发站或者终点站所在地负责审判铁路运输刑事案件的人民法院管辖。被告人不是在列车运行途中被抓获的，由负责该列车乘务的铁路公安机关对应的审判铁路运输刑事案件的人民法院管辖；被告人在列车运行途经车站被抓获的，也可以由该车站所在地负责审判铁路运输刑事案件的人民法院管辖。

7.在国际列车上的犯罪，按照我国与相关国家签订的协定确定管辖。没有协定的，由该列车始发或者前方停靠的中国车站所在地负责审判铁路运输刑事案件的人民法院管辖。

8.中国公民在驻外的中国使领馆内的犯罪，由该公民主管单位所在地或者其原户籍地的人民法院管辖。

9.中国公民在中华人民共和国领域外的犯罪，由其登陆地、入境地、离境前居住地或者现居住地的人民法院管辖；被害人是中国公民的，也可以由被害人离境前居住地或者现居住地的人民法院管辖。

10.外国人在中华人民共和国领域外对中华人民共和国国家或者公民犯罪，依照刑法应受处罚的，由该外国人登陆地、入境地或者入境后居住地的人民法院管辖，也可以由被害人离境前居住地或者现居住地的人民法院管辖。

11.发现正在服刑的罪犯在判决宣告前还有其他犯罪没有判决的，由原审地人民法院管辖；如果由罪犯服刑地或者犯罪地的人民法院管辖更为适宜的，可以由服刑地或者犯罪地的人民法院管辖。正在服刑的罪犯在服刑期间又犯罪的，由服刑地的人民法院管辖。正在服刑的罪犯在脱逃期间犯罪的，由服刑地的人民法院管辖。但在犯罪地抓获罪犯并发现其在脱逃期间犯罪的，由犯罪地的人民法院管辖。

12.信息网络犯罪案件的管辖。信息网络犯罪案件由犯罪地公安机关立案侦查。必要时，可以由犯罪嫌疑人居住地公安机关立案侦查。信息网络犯罪案件的犯罪地包括用于实施犯罪行为的网络服务使用的服务器所在地，网络服务提供者所在地，被侵害的信息网络系统及其管理者所在地，犯罪过程中犯罪嫌疑人、被害人或者其他涉案人员使用的信息网络系统所在地，被害人被侵害时所在地以及被害人财产遭受损失地等。涉及多个环节的信息网络犯罪案件，犯罪嫌疑人为信息网络犯罪提供帮助的，其犯罪地、居住地或者被帮助对象的犯罪地公安机关可以立案侦查。有多个犯罪地的信息网络犯罪案件，由最初受理的公安机关或者主要犯罪地公安机关立案侦查。有争议的，按照有利于查清犯罪事实、有利于诉讼的原则，协商解决；经协商无法达成一致的，由共同上级公安机关指定有关公安机关立案侦查。需要提请批准逮捕、移送审查起诉、提起公诉的，由立案侦查的公安机关所在地的人民检察院、人民法院受理。

对为信息网络犯罪提供程序开发、互联网接入、服务器托管、网络存储、通讯传输等技术支持，或者广告推广、支付结算等帮助，涉嫌犯罪的，公安机关可以按照并案管辖的方式并案侦查。对于并案侦查的案件，需要提请批准逮捕、移送审查起诉、提起公诉的，由该公安机关所在地的人民检察院、人民法院受理。并案侦查的共同犯罪或者关联犯罪案件，犯罪嫌疑人人数众多、案情复杂的，公安机关可以分案移送审查起诉，人民检察院可以分案提起公诉，人民法院可以分案审理。分案处理应当以有利于保障诉讼质量和效率为前提，并不得影响当事人质证权等诉讼权利的行使。对于具有特殊情况，跨省（自治区、直辖市）指定异地公安机关侦查更有利于查清犯罪事实、保证案件公正处理的重大信息网络犯罪案件，以及在境外实施的信息网络犯罪案件，公安部可以商最高人民检察院和最高人民法院指定侦查管辖。

【本章主要法律规定】

1.《刑事诉讼法》第4、19～28、308条
2.最高人民法院、最高人民检察院、公安部、国家安全部、司法部、全国人大常委会法制工作委员会《关于实施刑事诉讼法若干问题的规定》第1～3条
3.最高人民法院《关于适用〈中华人民共和国刑事诉讼法〉的解释》第1～26条
4.《人民检察院刑事诉讼规则》第13～23条
5.《公安机关办理刑事案件程序规定》第14～31条
6.最高人民法院、最高人民检察院、公安部《关于办理信息网络犯罪案件适用刑事诉讼程序若干问题的意见》第2～10条

第五章 回　避

本章主要内容提示

本章主要内容为刑事回避制度及其程序。重点在于回避的理由、种类适用人员与程序。

1.回避的理由：法律规定实施回避所必须具备的根据，包括七种情形。

2.回避的种类：申请回避、自行回避和指令回避。

3.回避的适用人员：审判人员、检察人员、侦查人员以及参与侦查、起诉、审判活动的书记员、翻译人员、鉴定人。

4.回避的程序：申请、决定和复议。

刑事诉讼中的回避，是指根据刑事诉讼法和有关法律的规定，侦查人员、检察人员、审判人员以及书记员、翻译人员和鉴定人等同案件有法定利害关系或者其他可能影响案件公正处理的关系，因而不得参与该案诉讼活动的一项诉讼制度。回避制度体现了利益规避原则，其主要功能是防止因利益牵扯而可能影响公安司法人员等的客观公正性，保证公正行使职权，确保案件得到公正处理和当事人在诉讼中受到公正的对待，以维护诉讼过程和诉讼结果的权威性和公信力。

第一节　回避的理由、种类与适用人员

一、回避的理由

回避的理由，是指由法律规定适用回避所必须具备的根据。根据刑事诉讼法的有关规定，回避的理由包括以下几种情形：

1.是本案当事人或者当事人的近亲属。根据《刑事诉讼法》第108条的规定，当事人是指被害人、自诉人、犯罪嫌疑人、被告人、附带民事诉讼的原告人和被告人；近亲属是指夫、妻、父、母、子、女、同胞兄弟姊妹。最高人民法院《关于审判人员在诉讼活动中执行回避制度若干问题的规定》第1条对此作了进一步的解释，与当事人有直系血亲、三代以内旁系血亲以及近姻亲关系的审判人员都应当回避。此外，为了保证审判的公正性，最高人民法院《解释》第27条第4项规定，审判人员即使并非本案当事人的近亲属，但如果与本案的辩护人、诉讼代理人有近亲属关系，也应当回避。

2.本人或者他的近亲属和本案有利害关系。所谓利害关系，是指本案的处理结果会影响到审判人员、检察人员、侦查人员以及书记员、翻译人员、鉴定人或其近亲属的利益。

证人不适用回避制度，无论证人与案件是

否有利害关系，只要知道案件情况且能够辨别是非、正确表达，就有作证的义务，其证言都可以作为定案的依据。

3.担任过本案的证人、鉴定人、辩护人或者诉讼代理人。在同一个案件中，曾经担任证人、鉴定人、辩护人或诉讼代理人的人，对案件事实往往已经形成自己的看法，如果再以其他办案人员或诉讼参与人的身份参与办理该案件，就很难做到客观公正。为防止先入为主和角色冲突，也应当回避。根据最高人民法院《解释》第27条，曾经担任过本案翻译人员的审判人员也应当回避。

4.与本案当事人有其他关系，可能影响公正处理案件。这是对上述三种情形以外的概括性与兜底性规定，内容比较广泛，既可以是同学、朋友等友好关系，也可以是不睦关系，即与当事人有过仇隙、纠纷等。与当事人之间存在其他特殊关系并不必然需要回避，而必须达到影响案件公正处理的程度时，才应当回避，具体则由公安司法机关根据个案情形裁量决定。

5.接受当事人及其委托的人的请客送礼，或者违反规定会见当事人及其委托的人。《刑事诉讼法》第30条规定，审判人员、检察人员、侦查人员不得接受当事人及其委托的人的请客送礼，不得违反规定会见当事人及其委托的人。审判人员、检察人员、侦查人员违反前款规定的，应当依法追究法律责任。当事人及其法定代理人有权要求他们回避。根据最高人民法院《解释》第28条的规定，审判人员具有下列情形之一的，当事人及其法定代理人有权申请其回避：(1)违反规定会见本案当事人、辩护人、诉讼代理人的；(2)为本案当事人推荐、介绍辩护人、诉讼代理人，或者为律师、其他人员介绍办理本案的；(3)索取、接受本案当事人及其委托的人的财物或者其他利益的；(4)接受本案当事人及其委托的人的宴请，或者参加由其支付费用的活动的；(5)向本案当事人及其委托的人借用款物的；(6)有其他不正当行为，可能影响公正审判的。对于依据上述理由申请回避的，当事人及其法定代理人应当提供相关证明材料。

6.参加过本案调查、侦查、起诉的监察、侦查、检察人员不能再担任本案的审判人员，或者参加过本案调查、侦查的监察、侦查人员，不能再担任本案的检察人员。最高人民检察院《规则》第35条规定，参加过同一案件侦查的人员，不得承办该案的审查逮捕、审查起诉、出庭支持公诉和诉讼监督工作，但在审查起诉阶段参加自行补充侦查的人员除外。最高人民法院《解释》第29条第1款规定，参加过本案调查、侦查、审查起诉的监察、侦查、检察人员，调至人民法院工作的，不得担任本案的审判人员。

7.在一个审判程序中参与过本案审判工作的合议庭成员或独任审判员，不能再参与本案其他程序的审判。最高人民法院《解释》第29条第2款规定，凡在一个审判程序中参与过本案审判工作的合议庭组成人员或独任审判员，不得再参与本案其他程序的审判。这里所谓的"本案其他程序的审判"包括参与审判委员会对本案的讨论。例如，对于第二审法院经过第二审程序裁定发回重审或者按照审判监督程序重新审理的案件，原审法院负责审理此案的原合议庭组成人员不得再参与对案件的审理。这一规定的主要目的在于，案件经同一人民法院重新审理时需要排除审判人员在之前的审理中产生的预断，因此需要之前该案件的审判人员回避。需要注意的是，最高人民法院《解释》第29条第2款也对此种回避事由作了例外规定，即发回重新审判的案件，在第一审人民法院作出裁判后又进入第二审程序、在法定刑以下判处刑罚的复核程序或者死刑复核程序的，原第二审程序、在法定刑以下判处刑罚的复核程序或者死刑复核程序中的合议庭组成人员不受本款规定的限制。

此外，《法官法》和《检察官法》所规定的"任职回避"也是一种广义的回避理由，即法官、检察官的配偶、父母和子女有下列两种情形的，实行任职回避：(1)担任该法官或检察官所任职人民法院或人民检察院辖区内律师事务所的合伙人或者设立人的；(2)在该法官或检察官所任职人民法院或人民检察院辖区内以律师身份担任诉讼代理人、辩护人，或者为诉讼案件当事人提供其他有偿法律服务的。任职回避不是个案中的回避，而是一种担任法官和检察官办理案件资格上的回避。

二、回避的种类

根据回避实施方式的不同，通常将回避划分为三种：自行回避、申请回避和指令回避。

1.自行回避。自行回避是指审判人员、检察人员、侦查人员等在刑事诉讼中遇有法定的回避情形时，主动要求退出诉讼活动的制度。

2.申请回避。申请回避是指当事人及其法定代理人、辩护人、诉讼代理人认为审判人员、检察人员、侦查人员等有法定应当回避的情形时，向人民法院、人民检察院或者公安机关等提出申请，要求他们退出诉讼活动的制度。申请回避是当事人及其法定代理人的一项重要诉讼权利，公安司法机关有义务保证当事人及其法定代理人能充分有效行使这一权利，有义务告知当事人及其法定代理人享有申请回避权，并且不得以任何借口限制、阻碍或者剥夺当事人及其法定代理人对该权利的行使。为保障当事人在了解办案人员情况的基础上有效行使申请回避的权利，最高人民法院《解释》第31条和最高人民检察院《规则》第26条都明确规定，在告知当事人及其法定代理人申请回避的权利的同时，也要告知审判人员、法官助理、检察人员及书记员的姓名等情况，以便其了解办案人员是否具有应当回避的事由。辩护人、诉讼代理人为维护当事人的合法权益，也可以申请相关人员回避。

3.指令回避。指令回避是指审判人员、检察人员、侦查人员等遇有法定的回避情形时，没有自行回避，当事人等也没有申请回避，其所在机关的有关组织或负责人可以依职权命令其退出案件诉讼活动的制度。

三、回避的适用人员

回避的适用人员是指在法律明确规定的回避情形下，应当回避的公安司法人员和其他人员的范围。属于这一范围内的人员，或者自行主动回避，或者由当事人等申请回避。当属于回避范围的人员有法定应当回避的情形而未自行回避，当事人等也没有提出申请要求他们回避时，有决定权的办案机关负责人或者组织应当指令有关人员回避。

根据《刑事诉讼法》第29条、第32条以及最高人民法院、最高人民检察院有关司法解释的规定，适用回避制度的人员包括：（1）审判人员。审判人员指各级人民法院院长、副院长、审判委员会委员、庭长、副庭长、审判员和人民陪审员。（2）检察人员。根据最高人民检察院《规则》的规定，应当回避的检察人员包括检察长、副检察长、检察委员会委员、检察员和检察官助理。（3）侦查人员。包括具体侦查人员和对具体案件的侦查有权参与讨论和作出决定的负责人。（4）参与侦查、起诉、审判活动的书记员、翻译人员、鉴定人以及其他参与刑事诉讼的具有专门知识的人。

第二节　回避的程序

一、回避的期间

1.侦查、审查起诉阶段的回避。侦查人员、检察人员应当在相应的诉讼阶段及时告知当事人等有申请回避权。侦查人员具有应当回避情形的，应当自行提出回避，没有自行提出回避的，应当责令其回避，当事人等也可以申请其回避。检察人员应当回避而没有回避时，检察长或者检察委员会可以指令其回避，当事人等也可申请其回避。

2.审判阶段的回避。《刑事诉讼法》第187条第2款规定，在召开庭前会议的情况下，可以在庭前会议中就是否申请回避了解情况，听取意见。《刑事诉讼法》第190条明确规定，开庭时，审判长应当告知当事人等有权对合议庭组成人员、书记员、公诉人、鉴定人和翻译人员申请回避。刑事诉讼法有关审判阶段适用回避的规定，既适用于第一审程序，也适用于第二审程序、死刑复核程序和审判监督程序。

二、回避的申请、审查与决定

1.回避的申请。公安司法人员自行回避的，可以口头或者书面提出，并说明理由。口头提出的，应当书面记录在案。当事人及其法定代理人、辩护人、诉讼代理人申请公安司法人员回避的，应当书面或者口头向公安司法机关提出，并说明理由或者提供有关证明材料。

无论是自行回避还是申请回避，被申请回避的人员一般应暂停参与本案的诉讼活动。但是，对侦查人员的回避在作出决定以前或者复议期间，侦查人员不能停止对案件的侦查工作，以免影响及时收集犯罪证据和查明案件事实。

2.回避的审查与决定。

回避的审查与决定主要分为以下几种情况：（1）审判人员、检察人员、侦查人员的回避，应当分别由院长、检察长、县级以上公安机关负责人决定。（2）人民法院院长的回避，由本院审判委员会决定。审判委员会讨论院长回避时，由副院长主持，院长不得参加。（3）检察长和公安机关负责人的回避，由同级人民检察院检察委员会决定。这里的公安机关负责人，是指公安机关的正职负责人，对公安机关副职负责人的回避，由正职负责人决定。检察委员会讨论检察长回避问题时，由副检察长主持，检察长不得参加。（4）书记员、翻译人员和鉴定人的回避，一般应当按照诉讼进行的阶段和所属机关，分别由公安机关负责人、检察长或法院院长决定。法官助理的回避，由法院院长决定。

关于出庭检察人员的回避，最高人民法院《解释》第36条规定，当事人及其法定代理人申请出庭的检察人员回避的，人民法院应当区分情况作出处理：（1）属于《刑事诉讼法》第29条、第30条规定情形的回避申请，应当决定休庭，并通知人民检察院尽快作出决定；（2）不属于《刑事诉讼法》第29条、第30条规定情形的回避申请，应当当庭驳回，并不得申请复议。最高人民检察院《规则》第28条规定与之相呼应，在开庭审理过程中，当事人及其法定代理人向法庭申请出庭的检察人员回避的，在收到人民法院通知后，人民检察院应当作出回避或者驳回申请的决定。不属于《刑事诉讼法》第29条、第30条规定情形的回避申请，出席法庭的检察人员应当建议法庭当庭驳回。

根据公安部《规定》第39条的规定，被决定回避的公安机关负责人、侦查人员、鉴定人、记录人和翻译人员，在回避决定作出以前所进行的诉讼活动是否有效，由作出回避决定的机关根据案件情况决定。根据最高人民检察院《规则》第36条的规定，被决定回避的检察长、其他检察人员，在回避决定作出以前所取得的证据和进行的诉讼行为是否有效，分别由检察委员会、检察长根据案件具体情况决定。

三、回避决定的复议

人民法院、人民检察院和公安机关处理回避问题应当使用“决定”的形式。回避的决定可以采用口头方式或者书面方式作出，采用口头方式的，必须将决定记录在案。对于自行回避和指令回避，回避决定的作出不需要告知当事人。有关回避的决定一经作出，一般立即发生法律效力。当事人及其法定代理人、辩护人、诉讼代理人对驳回申请的决定不服，可以申请复议一次。在复议主体作出复议决定前，不影响被申请回避的人员参与案件的办理。

1.对公安机关驳回回避申请的复议。公安机关作出驳回申请回避的决定后，应当告知当事人及其法定代理人、辩护人、诉讼代理人，如不服本决定，可以在收到驳回申请回避决定书后5日内向原决定机关申请复议一次。当事人等对驳回申请回避的决定不服申请复议的，决定机关应当在5日内作出复议决定并书面通知申请人。

2.对检察机关驳回回避申请的复议。人民检察院作出驳回申请回避的决定后，应当告知当事人及其法定代理人、辩护人、诉讼代理人，如不服本决定，有权在收到驳回申请回避的决定后5日内向原决定机关申请复议一次。当事人等对驳回申请回避的决定不服申请复议的，决定机关应当在3日内作出复议决定并书面通知申请人。

3.对法院驳回回避申请的复议。被驳回回避申请的当事人及其法定代理人、辩护人、诉讼代理人对决定有异议的，可以在接到决定时申请复议一次。另外，对于不属于《刑事诉讼法》第29条和第30条所列情形的回避申请，由法庭当庭驳回，并不得申请复议。

【本章主要法律规定】

1.《刑事诉讼法》第29～32条

2.最高人民法院《关于适用〈中华人民共和国刑事诉讼法〉的解释》第27～39条

3.《人民检察院刑事诉讼规则》第24～37条

4.《公安机关办理刑事案件程序规定》第32～41条

第六章
辩护与代理

本章主要内容提示

本章主要内容是刑事辩护制度与刑事代理制度。本章的难点在于辩护人的各项权利、辩护的内容与辩护的分类。

1.刑事辩护制度：辩护的种类、值班律师制度、辩护人的范围与人数、辩护人的诉讼地位、辩护人的职责、辩护人的权利、辩护人的义务、拒绝辩护、辩护的内容与分类等。应当注意掌握申请法律援助辩护和通知法律援助辩护适用的不同情形及具体程序。对于辩护人的权利，应当注意掌握阅卷权、会见通信权、调查取证权、提出意见权、申诉控告权和人身保障权的具体内容与行使方式。

2.刑事代理制度：刑事代理与辩护的区别、刑事代理的种类、代理人的范围、职责和权利等。

第一节　辩护制度概述

一、辩护、辩护权与辩护制度

辩护，是指辩方（犯罪嫌疑人、被告人及其辩护人）针对控方（公诉机关或者自诉人）对犯罪嫌疑人、被告人的指控，从实体和程序上提出有利于犯罪嫌疑人、被告人的事实和理由，以辨明犯罪嫌疑人、被告人无罪、罪轻或者应当减轻、免除刑事处罚，以及犯罪嫌疑人、被告人的程序权利受到侵犯，维护犯罪嫌疑人、被告人诉讼权利的诉讼活动。辩护与控诉相对应，既是刑事诉讼的一项基本职能，也是刑事诉讼中的一种防御性的诉讼活动。

辩护权是法律赋予受到刑事追诉的人针对所受到的指控进行反驳、辩解和申辩，以维护自身合法权益的一种诉讼权利。辩护权是犯罪嫌疑人、被告人各项诉讼权利中最为基本最为核心的权利。我国《宪法》第130条规定，被告人有权获得辩护。因此，辩护权是犯罪嫌疑人、被告人所享有的一项宪法性权利。

刑事诉讼中，犯罪嫌疑人、被告人处于被追诉的不利地位，需要面对以国家强大的资源为后盾的侦控机关，处于一种天然的弱势地位，因此，为了保证及时查明案件事实，正确适用法律，准确、合法地惩罚犯罪者，保障无罪的人不受刑事追究，应当赋予并充分保障犯罪嫌疑人、被告人的辩护权。辩护权，归纳起来有以下几个特点：第一，辩护权贯穿于整个刑事诉讼的过程中，不受诉讼阶段的限制；第二，辩护权不受犯罪嫌疑人、被告人是否有罪以及罪行轻重的限制；第三，辩护权不受案件情况的限制，无论案件事实是否清楚，证据是否确实充分，犯罪嫌疑人、被告人都依法享有辩护权；第四，辩护权不受犯罪嫌疑人、被告人认罪态度的限制，无论他们是否认罪，是否坦白交代，均不能作为限制其辩护权的理由；第五，辩护权的行使不受辩护理由的限制，不管具体案件的犯罪嫌疑人、被告人是否具备充分合理的辩护理由，均不影响他们行使辩护权。

辩护制度，是法律规定的关于犯罪嫌疑人、被告人行使辩护权和公安司法机关等有义务保障他们行使辩护权的一系列规则的总称，包括辩护权、辩护种类、辩护方式、辩护人的范围、辩护人的职责、辩护人的权利与义务等内容。辩护制度的设立有利于发现真相和正确处理案件，还是实现程序正义的重要保障。辩护制度对于实现程序正义的作用突出表现在：有助于刑事诉讼形成合理的诉讼结构；使被追诉者能够积极参与诉讼过程；有助于对被追诉者的合法权益进行保护；有助于对国家权力形成有力的监督和制约。

辩护制度既包括由辩护人为其辩护的有关制度，也包括犯罪嫌疑人、被告人自行辩护时如何保障其辩护权有效行使的制度。2018年《刑事诉讼法》修改所新增的值班律师制度，属于法律援助制度的一部分，正是对没有辩护人的犯罪嫌疑人、被告人，通过值班律师提供相应的专业法律帮助来支持、协助犯罪嫌疑人、被告人更好地开展自行辩护。

二、有效辩护原则

有效辩护原则是辩护权的体现，也是对辩护权的保障，更是对辩护工作质量的原则性要求。在刑事诉讼中，辩护应当对保护犯罪嫌疑人、被告人的权利具有实质意义，而不仅仅是形式上的，这就是有效辩护原则的基本要求。具体来说，有效辩护原则应当包括以下几个方面的内容：（1）犯罪嫌疑人、被告人作为刑事诉讼的当事人在整个诉讼过程中应当享有充分的、实质意义上的辩护权；（2）允许犯罪嫌疑人、被告人聘请合格的能够有效履行辩护职责的辩护人为其辩护，这种辩护同样应当覆盖从侦查到审判甚至执行阶段的整个刑事诉讼过程；（3）国家应当保障犯罪嫌疑人、被告人自行辩护权的充分行使，并通过设立法律援助制度确保犯罪嫌疑人、被告人能够获得符合最低标准并具有实质意义的律师帮助。《法律援助法》第26条规定，对可能被判处无期徒刑、死刑的人，以及死刑复核案件的被告人，法律援助机构收到人民法院、人民检察院、公安机关通知后，应当指派具有3年以上相关执业经历的律师担任辩护人。这一规定从法律援助律师的资质方面体现了有效辩护原则的要求。

有效辩护原则的确立，是人类社会文明、进步在刑事诉讼中的体现，体现了犯罪嫌疑人、被告人刑事诉讼主体地位的确立和人权保障的理念，还有助于强化辩方成为影响诉讼进程的重要力量，维系控辩平等对抗和审判方居中“兼听则明”的刑事诉讼构造。

第二节　我国辩护制度的基本内容

一、辩护的种类

（一）自行辩护

自行辩护是指犯罪嫌疑人、被告人自己针对指控进行反驳、申辩和辩解的行为。自行辩护是犯罪嫌疑人、被告人行使辩护权的重要方式，它贯穿于刑事诉讼的始终，无论是在侦查阶段，还是在起诉、审判阶段，犯罪嫌疑人、被告人都有权自行辩护。

（二）委托辩护

委托辩护是指犯罪嫌疑人、被告人依法委托律师或其他公民担任辩护人，协助其进行辩护。犯罪嫌疑人、被告人可以自己委托辩护人，犯罪嫌疑人、被告人在押的，也可以由其监护人、近亲属代为委托辩护人。

犯罪嫌疑人、被告人委托辩护人可分为以下三种情形:(1)公诉案件的犯罪嫌疑人在被侦查机关第一次讯问或者采取强制措施之日,有权委托辩护人。但侦查期间,只能委托律师担任辩护人;(2)监察机关立案调查的职务犯罪案件移送检察机关审查后,犯罪嫌疑人可以委托辩护人;(3)被告人有权随时委托辩护人为自己辩护。

对于犯罪嫌疑人、被告人委托辩护人的权利,侦查机关、检察机关和人民法院负有告知义务:(1)侦查机关在第一次讯问犯罪嫌疑人或者对犯罪嫌疑人采取强制措施时,应当告知犯罪嫌疑人有权委托辩护人;(2)人民检察院自收到移送审查起诉的案件材料之日起3日以内,应当告知犯罪嫌疑人有权委托辩护人;(3)人民法院自受理案件之日起3日以内,应当告知被告人有权委托辩护人。告知可以采取书面或口头的形式。此外,犯罪嫌疑人、被告人在押期间要求委托辩护人的,人民法院、人民检察院和公安机关应当及时转达其要求,转达的对象包括犯罪嫌疑人、被告人的监护人、近亲属,或者其指定的人员。被告人应当提供有关人员的联系方式。有关人员无法通知的,应当告知被告人。

(三)法律援助辩护

法律援助辩护是指犯罪嫌疑人、被告人及其近亲属因经济困难或者其他原因没有委托辩护人而向法律援助机构申请,或者具备法定情形时由公检法机关直接通知法律援助机构,由法律援助机构指派律师担任其辩护人并提供辩护。根据《刑事诉讼法》第35条的规定,刑事诉讼中的法律援助辩护具有以下几个特点:(1)法律援助辩护必须以犯罪嫌疑人、被告人没有委托辩护人为前提。(2)法律援助辩护适用于从侦查、审查起诉到审判的整个刑事诉讼过程。(3)法律援助辩护只能由律师担任,其他人不得担任。

根据《刑事诉讼法》和《法律援助法》的规定,法律援助辩护分为申请法律援助辩护和通知法律援助辩护两种类别:

1.申请法律援助辩护,是指犯罪嫌疑人、被告人因经济困难或者其他原因没有委托辩护人的,本人及其近亲属可以向法律援助机构提出申请。对于符合法律援助条件的,法律援助机构应当指派律师为其提供辩护。对于在押或者被指定居所监视居住的犯罪嫌疑人、被告人,办案机关收到其提出的法律援助申请后,应在24小时内转交所在地的法律援助机构。

2.通知法律援助辩护,是指在具备法定情形时,由侦查机关、检察机关和人民法院直接通知法律援助机构指派律师担任辩护人提供辩护。通知法律援助辩护分为应当和可以两类,其中应当通知法律援助辩护具有强制性,一旦具备法定情形,根据案件所处的诉讼阶段,相应的办案机关承担通知法律援助机构的义务,而法律援助机构接到通知后应及时指派律师。根据《刑事诉讼法》的规定,犯罪嫌疑人、被告人具有下列情形时应当通知法律援助机构指派律师担任辩护人:(1)盲、聋、哑人;(2)未完全丧失辨认或者控制自己行为能力的精神病人;(3)可能被判处无期徒刑、死刑的人;(4)未成年人。2018年《刑事诉讼法》修改新增了缺席审判制度,在被告人及其近亲属没有委托辩护人的情况下,人民法院缺席审判案件应当通知法律援助机构指派律师为其提供辩护。需要注意的是,缺席审判时承担通知法律援助义务的只有法院,而不包括办理该案的侦查机关和检察机关。《法律援助法》第25条在上述规定的基础上,进一步扩大了通知法律援助辩护的范围,包括:(1)将"盲、聋、哑人"扩展到"视力、听力、言语残疾人";(2)将"未完全丧失辨认或者控制自己行为能力的精神病人"扩展到"不能完全辨认自己行为的成年人";(3)增加规定申请法律援助的死刑复核案件被告人;(4)增加兜底情形,即法律法规规定的其他人员。

关于为死刑复核案件被告人提供法律援助的问题,最高人民法院《解释》第47条补充规定,高级人民法院复核死刑案件和死刑缓期执行期间故意犯罪的案件,被告人没有委托辩护人的,人民法院也应当通知法律援助机构指派律师为其提供辩护。最高人民法院、司法部于2021年发布的《关于为死刑复核案件被告人依法提供法律援助的规定(试行)》则进一步明确了，最高人民法院复核的死刑立即执行案件也应当通知司法部法律援助中心指派律师提供辩护。因此，死刑复核案件被告人已经整体纳入应当通知法律援助辩护的范围。

除了上述应当通知法律援助辩护的情形，最高人民法院《解释》第48条还规定了下列可以通知法律援助辩护的情形。即具有下列情形之一，被告人没有委托辩护人的，人民法院可以通知法律援助机构指派律师为其提供辩护：(1)共同犯罪案件中，其他被告人已经委托辩护人的；(2)案件有重大社会影响的；(3)人民检察院抗诉的；(4)被告人的行为可能不构成犯罪的；(5)有必要指派律师提供辩护的其他情形。对于这些情形，人民法院可以裁量决定直接通知法律援助机构指派律师。《法律援助法》第25条则进一步扩展了可以通知法律援助的情形，包括所有适用普通程序审理的刑事案件且被告人没有委托辩护人的情形。

对于犯罪嫌疑人、被告人获得法律援助辩护的权利，办案机关负有告知义务。公安部《规定》第43条第1款规定，公安机关在第一次讯问犯罪嫌疑人或者对犯罪嫌疑人采取强制措施时，应当告知犯罪嫌疑人有权委托律师作为辩护人，并告知其如果因经济困难或者其他原因没有委托辩护律师的，可以向法律援助机构申请法律援助。告知的情形应当记录在案。最高人民检察院《规则》第40条规定，人民检察院负责侦查的部门在第一次讯问犯罪嫌疑人或者对其采取强制措施时以及人民检察院自收到移送起诉案卷材料之日起3日以内，应当告知犯罪嫌疑人有权委托辩护人，并告知其如果因经济困难或者其他原因没有委托辩护人的，可以申请法律援助。对于属于通知法律援助情形的，应当告知犯罪嫌疑人有权获得法律援助。根据最高人民法院《解释》第44条第1款的规定，人民法院自受理案件之日起3日内，被告人因经济困难或者其他原因没有委托辩护人的，应当告知其可以申请法律援助；被告人属于应当提供法律援助情形的，应当告知其将依法通知法律援助机构指派律师为其提供辩护。

根据《法律援助法》第36条和六机关《规定》第5条的规定，对于人民法院、人民检察院、公安机关通知法律援助机构指派律师提供辩护或者法律帮助的，法律援助机构应当在接到通知后3日以内指派律师，并将律师的姓名、单位、联系方式书面通知人民法院、人民检察院、公安机关。

实践中还可能出现法律援助辩护与委托辩护并存的状况，需要处理好委托辩护与法律援助辩护的关系。一般情况下，是否委托辩护以及委托谁来担任辩护人体现了犯罪嫌疑人、被告人的意志，也更利于维护其辩护权，因而是处于第一位的。因此，《法律援助法》第27条规定，人民法院、人民检察院、公安机关通知法律援助机构指派律师担任辩护人时，不得限制或者损害犯罪嫌疑人、被告人委托辩护人的权利。最高人民法院《解释》第51条则规定，对法律援助机构指派律师为被告人提供辩护，被告人的监护人、近亲属又代为委托辩护人的，应当听取被告人的意见，由其确定辩护人人选。

二、值班律师制度

2018年《刑事诉讼法》在第36条增设了值班律师制度，对我国辩护制度和法律援助制度的基本内容进行了丰富。值班律师制度在司法实践中的出现最早是作为认罪认罚从宽制度试点的配套措施。最高人民法院、最高人民检察院、公安部、国家安全部、司法部于2020年8月发布的《法律援助值班律师工作办法》予以系统规定，明确了值班律师在认罪认罚从宽案件和其他案件中的地位、职责、作用和工作程序等内容。

值班律师制度的基本内涵可以从以下几个方面进行理解：(1)值班律师制度是对我国辩护制度的重要补充。值班律师为既未委托辩护人又未获得法律援助机构指派律师辩护的犯罪嫌疑人、被告人提供法律帮助，帮助犯罪嫌疑人、被告人更好地进行自行辩护，是对委托辩护与法律援助辩护的重要补位，性质上属于为被追诉者提供的必要的最低限度的法律帮助。(2)值班律师制度是我国法律援助制度的重要组成部分，值班律师的派驻和安排由法律援助机构负责，并由法律援助机构确定人选、进行指导和管理。值班律师制度使我国法律援助制度在刑事案件领域得以覆盖更大范围，为更多的犯罪嫌疑人、被告人提供法律援助。（3）值班律师在具体案件中的身份不是辩护人，不提供出庭辩护的服务，但需要以其专业的法律知识为犯罪嫌疑人、被告人提供法律咨询、程序选择建议、申请变更强制措施、对案件处理提出意见等法律帮助。（4）值班律师制度的适用范围并不限于认罪认罚从宽制度，而覆盖所有案件的所有诉讼阶段中犯罪嫌疑人、被告人没有辩护人的情形。（5）人民法院、人民检察院、公安机关应当保障值班律师依法提供法律帮助，告知没有辩护人的犯罪嫌疑人、被告人有权约见值班律师，并依法为值班律师了解案件有关情况、阅卷、会见等提供便利。例如，为值班律师设置专门的会见室，为值班律师了解案件有关情况和查阅案件材料提供必要的便利等。

《刑事诉讼法》、《法律援助法》和《法律援助值班律师工作办法》规定了值班律师提供的法律帮助，包括：（1）提供法律咨询，即结合案情介绍刑法、刑事诉讼法等法律规定，使犯罪嫌疑人、被告人理解自己所涉案件的性质、可能的法律后果与相应的诉讼程序。（2）程序选择建议，即在向犯罪嫌疑人、被告人说明刑事诉讼法规定的不同程序和相应法律后果的基础上，向其提出程序选择的建议。这里主要指的是根据案件的具体情况建议犯罪嫌疑人、被告人认罪认罚或者适用速裁程序。（3）申请变更强制措施，即代表犯罪嫌疑人、被告人向公安司法机关申请变更其强制措施，从拘留、逮捕等羁押性强制措施变更为取保候审、监视居住等非羁押性强制措施。值班律师还可以帮助已经被逮捕的犯罪嫌疑人、被告人向人民检察院提出羁押必要性审查的申请。（4）对案件处理提出意见，即根据案件具体情况，为犯罪嫌疑人、被告人对本案的定罪、量刑和程序适用等问题向办案机关提出处理意见，这种提出意见职责的履行应该覆盖侦查、审查起诉和审判等不同的诉讼阶段。（5）帮助犯罪嫌疑人、被告人及其近亲属申请法律援助。《法律援助法》第39条第2款要求，犯罪嫌疑人、被告人通过值班律师提出代理、刑事辩护等法律援助申请的，值班律师应当在24小时内将申请转交法律援助机构。此外，值班律师还应当遵守相关法律法规、执业纪律和职业道德，依法保守国家秘密、商业秘密和个人隐私，不得向受援人收取财物或者谋取不正当利益，不得向他人泄露工作中掌握的案件情况，犯罪嫌疑人、刑事被告人或者其他人准备或者正在实施危害国家安全、公共安全以及严重危害他人人身安全的犯罪事实和信息除外。

在认罪认罚从宽案件中，值班律师的总体职责是维护犯罪嫌疑人、被告人的合法权益，确保犯罪嫌疑人、被告人在充分了解认罪认罚性质和法律后果的情况下，自愿认罪认罚。犯罪嫌疑人、被告人认罪认罚的，除了前述法律帮助外，值班律师应当在了解犯罪嫌疑人、被告人对被指控的犯罪事实和罪名是否有异议的基础上，提供下列法律帮助：（1）向犯罪嫌疑人、被告人释明认罪认罚的性质和法律规定，告知被指控罪名的法定量刑幅度，释明从宽从重处罚的情节以及认罪认罚的从宽幅度；（2）对人民检察院指控罪名、量刑建议、诉讼程序适用等事项提出意见，并可以结合案件情况提供程序选择建议；（3）犯罪嫌疑人签署认罪认罚具结书时在场。

值班律师为提供上述法律帮助，享有下列权利：（1）会见权。与犯罪嫌疑人、被告人有约见值班律师的权利相对应，值班律师可以会见犯罪嫌疑人、被告人，看守所应当为值班律师会见提供便利。值班律师办理案件时，可以应犯罪嫌疑人、被告人的约见进行会见，也可以经办案机关允许主动会见。公安部《规定》第49条第2款要求，没有委托辩护人、法律援助机构没有指派律师提供辩护的犯罪嫌疑人、被告人，向看守所申请由值班律师提供法律帮助的，看守所应当在24小时内通知值班律师。危害国家安全犯罪、恐怖活动犯罪案件，侦查期间值班律师会见在押犯罪嫌疑人的，应当经侦查机关许可。（2）了解情况权。侦查阶段，值班律师可以向侦查机关了解犯罪嫌疑人涉嫌的罪名及案件有关情况。（3）阅卷权。案件进入审查起诉阶段后，值班律师可以查阅案卷材料，了解案情，人民检察院、人民法院应当及时安排，并提供便利。已经实现卷宗电子化的地方，人民检察院、人民法院可以安排在线阅卷。（4）提出意见权。在审查起诉阶段，犯罪嫌疑人认罪认罚的，值班律师可以就以下事项向人民检察院提出意见：一是涉嫌的犯罪事实、指控罪名及适用的法律规定；二是从轻、减轻或者免除处罚等从宽处罚的建议，尤其是对检察机关拟提出的量刑建议提出意见；三是认罪认罚后案件审理适用的程序；四是其他需要提出意见的事项。值班律师对前款事项提出意见的，人民检察院应当记录在案并附卷，未采纳值班律师意见的，应当说明理由。值班律师对人民检察院量刑建议、程序适用有异议的，在确认犯罪嫌疑人系自愿认罪认罚后，应当在具结书上签字，同时可以向人民检察院提出法律意见。

为保障值班律师参与的效果，《法律援助值班律师工作办法》还从以下几个方面规定了保障措施：（1）告知约见值班律师的权利。公安机关、人民检察院、人民法院应当在侦查、审查起诉和审判各阶段分别告知没有辩护人的犯罪嫌疑人、被告人有权约见值班律师获得法律帮助，并为其约见值班律师提供便利。看守所应当告知犯罪嫌疑人、被告人有权约见值班律师，并为其约见值班律师提供便利。看守所应当将值班律师制度相关内容纳入在押人员权利义务告知书，在犯罪嫌疑人、被告人入所时告知其有权获得值班律师的法律帮助。（2）法律帮助活动记录在案。值班律师提供法律咨询、查阅案卷材料、会见犯罪嫌疑人或者被告人、提出书面意见等法律帮助活动的相关情况应当记录在案，并随案移送。公安机关（看守所）、人民检察院、人民法院应当与法律援助机构确定工作台账格式，将值班律师履行职责情况记录在案，并定期移送法律援助机构。（3）尽量保障不同诉讼阶段值班律师的同一。对于被羁押的犯罪嫌疑人、被告人，在不同诉讼阶段，可以由派驻看守所的同一值班律师提供法律帮助。对于未被羁押的犯罪嫌疑人、被告人，前一诉讼阶段的值班律师可以在后续诉讼阶段继续为犯罪嫌疑人、被告人提供法律帮助。（4）人民法院、人民检察院、看守所应当为派驻值班律师提供必要办公场所和设施。

三、辩护人的范围与人数

辩护人，是指接受犯罪嫌疑人、被告人的委托或法律援助机构的指派，帮助犯罪嫌疑人、被告人行使辩护权，以维护其合法权益的人。

1.可以担任辩护人的人。根据《刑事诉讼法》第33条的规定，辩护人的范围包括：

（1）律师。律师是指依照法定程序取得律师资格，并且经过登记注册，为社会提供法律服务的执业人员。虽然取得律师资格但未登记注册的，仍不得以律师身份接受委托担任辩护人。律师担任辩护人具有以下限制：律师担任各级人民代表大会常务委员会组成人员期间，不得从事辩护业务；现役军人成为犯罪嫌疑人、被告人的，可以聘请军队中的或者地方的律师作为辩护人；外国人、无国籍的犯罪嫌疑人、被告人委托律师辩护的，只能委托中国律师作为辩护人。

（2）人民团体或者犯罪嫌疑人、被告人所在单位推荐的人。由于我国目前律师的规模不能完全满足实际需要，为了有效地维护犯罪嫌疑人、被告人的合法权益，工会、妇联、共青团、学联等群众性团体以及犯罪嫌疑人、被告人所在单位，可以推荐执业律师以外的公民担任辩护人。

（3）犯罪嫌疑人、被告人的监护人、亲友。监护人，是指对未成年人和无行为能力或限制行为能力的精神病人承担保护其人身、财产和其他合法权益责任的人或单位。犯罪嫌疑人、被告人的亲属、朋友都可接受犯罪嫌疑人、被告人及其法定代理人的委托担任辩护人。允许犯罪嫌疑人、被告人的监护人、亲友担任辩护人，主要是考虑他们同犯罪嫌疑人、被告人关系比较亲近，比较了解情况，有助于协助其行使辩护权。

2.不能担任辩护人的人。根据《刑事诉讼法》和相关司法解释的规定，下列人员不得担任辩护人：（1）正在被执行刑罚或者处于缓刑、假释考验期间的人；（2）依法被剥夺、限制人身自由的人；（3）无行为能力或限制行为能力的人；（4）人民法院、人民检察院、监察机关、公安机关、国家安全机关、监狱的现职人员；（5）人民陪审员；（6）与本案审理结果有利害关系的人；（7）外国人或者无国籍人；（8）被开除公职和被吊销律师、公证员执业证书的人。其中，上述第（4）~（8）项规定的人员，如果是被告人的监护人或者近亲属，由被告人委托担任辩护人的，也可以准许。

此外，根据《法官法》和《检察官法》有关任职回避的规定，法官从人民法院离任后，或者检察官从人民检察院离任后，不得担任原任职法院或检察院所办理案件的辩护人。审判人员和人民法院其他工作人员的配偶、子女或者父母不得担任其任职法院所审理案件的辩护人。《律师法》第41条规定，曾担任法官、检察官的律师，从人民法院、人民检察院离任后2年内，不得担任辩护人或者诉讼代理人。但上述情况中如果是被告人的监护人、近亲属的，可以担任辩护人。

3.辩护人的人数。《刑事诉讼法》第33条规定，犯罪嫌疑人、被告人除自己行使辩护权以外，还可以委托一至二人作为辩护人，即一名犯罪嫌疑人、被告人最多可以委托两名辩护人。

在共同犯罪案件中，由于犯罪嫌疑人、被告人之间存在利害关系，所以，一名辩护人不得同时接受两名以上同案犯罪嫌疑人、被告人的委托，作为他们的共同辩护人。同样基于利害关系的考虑，一名辩护人也不得为两名以上的未同案处理但实施的犯罪存在关联的犯罪嫌疑人、被告人辩护。

四、辩护人的诉讼地位

辩护人在刑事诉讼中的法律地位是独立的诉讼参与人，是犯罪嫌疑人、被告人合法权益的专门维护者。辩护人以自己的意志依法进行辩护，独立履行职责，维护犯罪嫌疑人、被告人的合法权益，但不得为委托人谋求非法利益。关于辩护人的诉讼地位，主要应从以下几方面理解：

1.辩护人在刑事诉讼中只承担辩护职能，是犯罪嫌疑人、被告人合法权益的专门维护者。辩护人在刑事诉讼中一般不能检举、揭发犯罪嫌疑人、被告人已经实施的犯罪行为。

2.辩护人是独立的诉讼参与人。辩护人与犯罪嫌疑人、被告人的关系，不同于诉讼代理人和当事人的关系。辩护人参与诉讼是履行法律规定的职责，而不是基于犯罪嫌疑人、被告人的授权。虽然在委托辩护中，辩护人要在接受犯罪嫌疑人、被告人委托以后才能取得辩护资格，但是辩护人在接受委托以后，在法律上享有独立的诉讼地位，以自己的名义，根据对事实的掌握和对法律的理解，独立进行辩护，不受犯罪嫌疑人、被告人意思表示的约束，不是犯罪嫌疑人、被告人的“代言人”。

3.辩护人在刑事诉讼中所维护的是犯罪嫌疑人、被告人的合法权益，而不是非法利益。因此，辩护人只能依据事实和法律为犯罪嫌疑人、被告人进行辩护，而不能为其当事人谋取非法利益，更不得教唆犯罪嫌疑人、被告人翻供，帮助犯罪嫌疑人、被告人威胁、引诱证人改变证言或者进行其他妨碍诉讼的活动。

五、辩护人的责任

《刑事诉讼法》第37条规定，辩护人的责任是根据事实和法律，提出犯罪嫌疑人、被告人无罪、罪轻或者减轻、免除其刑事责任的材料和意见，维护犯罪嫌疑人、被告人的诉讼权利和其他合法权益。

1.从实体上为犯罪嫌疑人、被告人辩护，即根据事实和法律，提出证明犯罪嫌疑人、被告人无罪、罪轻或者减轻、免除其刑事责任的材料和意见，帮助公安司法机关全面了解案情，正确适用法律，依法公正处理案件。

2.从程序上为犯罪嫌疑人、被告人辩护。帮助犯罪嫌疑人、被告人依法正确行使自己的诉讼权利，并在发现犯罪嫌疑人、被告人的诉讼权利受到侵犯时，向公安司法机关提出意见，要求依法制止，或向有关单位提出控告。

3.为犯罪嫌疑人、被告人提供其他法律帮助。辩护人应当解答犯罪嫌疑人、被告人提出的有关法律问题，为犯罪嫌疑人、被告人代写有关文书，案件宣判后，应当了解被告人的态度，征求其对判决的意见以及是否提起上诉等。

六、辩护人的权利

1.阅卷权。辩护律师行使阅卷权，无需办案机关的批准，而其他辩护人行使阅卷权则需经人民法院或人民检察院的许可。《刑事诉讼法》第40条规定，辩护律师自人民检察院对案件审查起诉之日起，可以查阅、摘抄、复制本案的案卷材料。其他辩护人经人民法院、人民检察院许可，也可以查阅、摘抄、复制上述材料。这里需要注意几个问题：（1）案卷材料是指包括诉讼文书和证据材料在内的案卷中的所有材料。但合议庭、检察委员会、审判委员会的讨论记录以及其他依法不公开的材料不得查阅、摘抄、复制。辩护律师查阅、摘抄、复制的案卷材料属于国家秘密的，应当经过人民检察院、人民法院同意并遵守国家保密规定。最高人民法院《解释》第54条规定，对作为证据材料向人民法院移送的讯问录音录像，辩护律师申请查阅的，人民法院应当准许。但对于是否准许复制讯问录音录像，未予明确规定。（2）复制案卷材料的具体方法包括复印、拍照、扫描、刻录、电子数据拷贝等，辩护律师可以根据需要带律师助理协助阅卷。（3）辩护人行使阅卷权的起始时间是人民检察院对案件审查起诉之日起。在审查起诉阶段，辩护人应当到人民检察院阅卷；案件起诉到人民法院后，辩护人应当到人民法院阅卷。辩护律师办理申诉、抗诉案件，在人民检察院、人民法院经审查决定立案后，可以持律师执业证书、律师事务所证明和委托书或者法律援助公函到案卷档案管理部门、持有案卷档案的办案部门查阅、摘抄、复制已经审理终结案件的案卷材料。（4）人民检察院和人民法院应当为辩护人查阅、摘抄、复制案卷材料提供便利和充分的时间。辩护律师提出阅卷要求的，人民检察院、人民法院应当当时安排辩护律师阅卷，无法当时安排的，应当向辩护律师说明并安排其在3个工作日以内阅卷，不得限制辩护律师阅卷的次数和时间。辩护人、诉讼代理人复制案卷材料的，人民检察院和人民法院不收取费用。

赋予辩护人阅卷权，是为了保障辩护人能够更全面地了解案件情况和控方所掌握的证据材料，以便更好地准备辩护。在侦查阶段，辩护律师虽然不享有阅卷权，但也可以向侦查机关了解犯罪嫌疑人涉嫌的罪名和案件有关情况，以准备辩护。根据六机关《规定》第6条的规定，辩护律师在侦查期间可以向侦查机关了解的事项包括：犯罪嫌疑人涉嫌的罪名，当时已查明的该罪的主要事实，犯罪嫌疑人被采取、变更、解除强制措施的情况以及侦查机关延长侦查羁押期限等情况。

2.会见通信权。根据《刑事诉讼法》第39条的规定，辩护律师可以同在押的犯罪嫌疑人、被告人会见和通信。其他辩护人经人民法院、人民检察院许可，也可以同在押的犯罪嫌疑人、被告人会见和通信。

辩护律师要求会见在押的犯罪嫌疑人、被告人的，应当携带律师执业证书、律师事务所证明和委托书或者法律援助公函，对于辩护律师携带上述材料的，看守所应当及时安排会见，保证辩护律师在48小时以内见到在押的犯罪嫌疑人、被告人。看守所安排会见不得附加其他条件或者变相要求辩护律师提交法律规定以外的其他文件、材料，不得以未收到办案机关通知或未预约会见为由拒绝安排辩护律师会见。犯罪嫌疑人、被告人委托两名律师担任辩护人的，两名辩护律师可以共同会见，也可以单独会见。辩护律师可以带一名律师助理协助会见。对于危害国家安全犯罪案件和恐怖活动犯罪案件，辩护律师在侦查期间要求会见在押的犯罪嫌疑人，应当向侦查机关提出申请并经侦查机关许可。侦查机关应当依法及时审查辩护律师提出的会见申请，在3日以内将是否许可的决定书面答复辩护律师，并明确告知负责与辩护律师联系的部门及工作人员的联系方式。对许可会见的，应当向辩护律师出具许可决定文书；因有碍侦查或者可能泄露国家秘密而不许可会见的，应当向辩护律师说明理由。有碍侦查或者可能泄露国家秘密的情形消失后，应当许可会见，并及时通知看守所和辩护律师。辩护律师会见在押的犯罪嫌疑人、被告人，可以了解有关案件情况，提供法律咨询等；自案件移送审查起诉之日起，可以向犯罪嫌疑人、被告人核实有关证据。辩护律师会见犯罪嫌疑人、被告人时不被监听。其他辩护人经人民法院、人民检察院许可，也可以与在押的犯罪嫌疑人、被告人会见、通信。对于辩护律师与犯罪嫌疑人、被告人的往来信件，看守所应当及时传递。看守所可以对信件进行必要的检查，但不得截留、复制、删改信件，不得向办案机关提供信件内容，但信件内容涉及危害国家安全、公共安全、严重危害他人人身安全以及涉嫌串供、毁灭证据等情形的除外。

辩护律师可以同被监视居住的犯罪嫌疑人、被告人会见和通信，除在侦查期间会见涉嫌危害国家安全犯罪案件、恐怖活动犯罪案件的犯罪嫌疑人外，其他情形无需经办案机关许可，会见同样不被监听。

律师担任辩护人和其他人员担任辩护人在审前程序中所享有的会见通信权并不完全一致。根据最高人民检察院《规则》第48条第2、3款的规定，人民检察院许可律师以外的辩护人同在押或者被监视居住的犯罪嫌疑人通信的，可以要求看守所或者公安机关将书信送交人民检察院进行检查。对于律师以外的辩护人申请查阅、摘抄、复制案卷材料或者申请同在押、被监视居住的犯罪嫌疑人会见和通信，具有下列情形之一的，人民检察院可以不予许可：（1）同案犯罪嫌疑人在逃的；（2）案件事实不清，证据不足，或者遗漏罪行、遗漏同案犯罪嫌疑人需要补充侦查的；（3）涉及国家秘密或者商业秘密的；（4）有事实表明存在串供、毁灭、伪造证据或者危害证人人身安全可能的。

3.调查取证权。辩护人的调查取证权包括下列几种情形：

一是辩护律师向证人或者其他有关单位和个人取证。辩护律师经证人或者其他有关单位和个人同意，可以向他们收集与本案有关的材料。根据《关于依法保障律师执业权利的规定》第19条第1款的规定，辩护律师申请向正在服刑的罪犯收集与案件有关的材料的，监狱和其他监管机关在查验律师执业证书、律师事务所证明和犯罪嫌疑人、被告人委托书或法律援助公函后，应当及时安排并提供合适的场所和便利。

二是辩护律师向被害人或者其近亲属、被害人提供的证人取证。辩护律师经人民检察院或者人民法院许可，并且经被害人或者其近亲属、被害人提供的证人同意，可以向他们收集与本案有关的材料。辩护律师提出申请的，人民检察院、人民法院应当在5日以内作出是否许可的决定，并通知辩护律师。辩护律师书面提出有关申请时，办案机关不许可的，应当书面说明理由；辩护律师口头提出申请的，办案机关可以口头答复。

三是辩护律师申请人民检察院、人民法院代为调查取证。辩护律师申请人民检察院、人民法院收集、调取证据的，人民检察院、人民法院应当在3日以内作出是否同意的决定，并通知辩护律师。辩护律师书面提出有关申请时，办案机关不同意的，应当书面说明理由；辩护律师口头提出申请的，办案机关可以口头答复。

四是辩护人申请人民检察院和人民法院调取未随案移送的证明犯罪嫌疑人、被告人无罪或罪轻的证据。辩护人认为在调查、侦查、审查起诉期间监察机关、公安机关、人民检察院收集的证明犯罪嫌疑人、被告人无罪或者罪轻的证据材料未随案移送的，可以申请人民检察院、人民法院调取。辩护律师书面提出申请的，人民检察院、人民法院经审查，认为辩护律师申请调取的证据材料已收集并且与案件事实有联系的，应当及时调取。相关证据材料提交后，人民检察院、人民法院应当及时通知辩护律师查阅、摘抄、复制。经审查决定不予调取的，应当书面说明理由。辩护人还有权申请调取与证据收集合法性有联系的讯问录音录像等证据。最高人民法院、最高人民检察院、公安部、国家安全部、司法部《关于办理刑事案件严格排除非法证据若干问题的规定》（以下简称《严格排除非法证据规定》）第22条规定，犯罪嫌疑人、被告人及其辩护人向人民法院、人民检察院申请调取公安机关、国家安全机关、人民检察院收集但未提交的讯问录音录像、体检记录等证据材料，人民法院、人民检察院经审查认为犯罪嫌疑人、被告人及其辩护人申请调取的证据材料与证明证据收集的合法性有联系的，应当予以调取；认为与证明证据收集的合法性没有联系的，应当决定不予调取并向犯罪嫌疑人、被告人及其辩护人说明理由。

4.申请解除期限届满的强制措施的权利。《刑事诉讼法》第99条规定，犯罪嫌疑人、被告人及其法定代理人、近亲属或者辩护人对于人民法院、人民检察院或者公安机关采取强制措施期限届满的，有权要求解除强制措施。辩护人书面申请变更或者解除强制措施的，办案机关应当在3日以内作出处理决定。辩护人的申请符合法律规定的，办案机关应当及时变更或者解除强制措施；经审查认为不应当变更或者解除强制措施的，应当告知辩护人，并书面说明理由。

5.获得通知权。获得通知权是指辩护人在办案机关进行相应诉讼活动时有接获相应通知的权利。《刑事诉讼法》第162条规定，公安机关侦查终结移送审查起诉时，应当同时将案件移送情况告知犯罪嫌疑人及其辩护律师。《刑事诉讼法》第187条规定，人民法院决定开庭审判后，应当将人民检察院的起诉书副本至迟在开庭10日以前送达被告人及其辩护人。人民法院应当在开庭3日以前将开庭的时间、地点通知辩护人。根据最高人民法院《解释》第49条的规定，对于人民法院通知法律援助机构指派律师提供辩护的，应当将法律援助通知书、起诉书副本或者判决书送达法律援助机构；决定开庭审理的，除适用简易程序或者速裁程序审理的以外，应当在开庭15日以前将上述材料送达法律援助机构。法律援助通知书应当写明案由、被告人姓名、提供法律援助的理由、审判人员的姓名和联系方式；已确定开庭审理的，应当写明开庭的时间、地点。《刑事诉讼法》第202条规定，人民法院应当将判决书送达辩护人和诉讼代理人。根据最高人民检察院《规则》第47条的规定，人民检察院直接受理侦查案件移送起诉，审查起诉案件退回补充侦查、改变管辖、提起公诉的，应当及时告知辩护律师。

《关于依法保障律师执业权利的规定》明确了辩护律师就与案件有关的重要事项接获通知的权利，具体包括：（1）犯罪嫌疑人、被告人被采取、变更、解除强制措施的情况，侦查机关延长侦查羁押期限等情况，办案机关应当依法及时告知辩护律师。（2）办案机关作出移送审查起诉、退回补充侦查、提起公诉、延期审理、二审不开庭审理、宣告判决等重大程序性决定的，应当依法及时告知辩护律师。（3）侦查机关应当在案件移送审查起诉后3日以内，人民检察院应当在提起公诉后3日以内，将案件移送情况告知辩护律师。案件提起公诉后，人民检察院对案卷所附证据材料有调整或者补充的，应当及时告知辩护律师。

6.参加法庭调查和辩论权。在法庭调查阶段，辩护人在公诉人讯问被告人后经审判长许可，可以向被告人发问；经审判长许可，可以对证人、鉴定人发问；法庭审理中，辩护人有权申请通知新的证人到庭，调取新的物证，重新鉴定或者勘验。在法庭辩论阶段，辩护人可以对证据和案件情况发表意见并且可以和控方展开辩论。根据最高人民法院《解释》第68条的规定，律师担任辩护人的，经人民法院准许，可以带一名律师助理参加庭审。律师助理参加庭审的，可以从事辅助工作，但不得发表辩护意见。

7.提出意见权。提出意见权是指辩护人在不同诉讼阶段向办案机关提出辩护意见的权利。根据《刑事诉讼法》第88条和第280条的规定，人民检察院审查批准逮捕，可以听取辩护律师的意见；辩护律师提出要求的，应当听取辩护律师的意见。对未成年人审查批捕，应当听取辩护人意见。根据《刑事诉讼法》第161条的规定，在案件侦查终结前，辩护律师提出要求的，侦查机关应当听取辩护律师的意见，并记录在案。辩护律师提出书面意见的，应当附卷。根据《刑事诉讼法》第173条的规定，人民检察院审查起诉，应当讯问犯罪嫌疑人，听取辩护人或者值班律师、被害人及其诉讼代理人的意见，并记录在案。辩护人、被害人及其诉讼代理人提出书面意见的，应当附卷。最高人民检察院《规则》第54条规定，在人民检察院侦查、审查逮捕、审查起诉过程中，辩护人要求听取其意见的，办案部门应当及时安排。辩护人提出书面意见的，办案部门应当接收并登记。听取辩护人意见应当制作笔录或者记录在案，辩护人提出的书面意见应当附卷。辩护人提交案件相关材料的，办案部门应当将辩护人提交材料的目的、来源及内容等情况记录在案，一并附卷。对于犯罪嫌疑人认罪认罚的案件，人民检察院还应当听取辩护人对下列事项的意见：（1）涉嫌的犯罪事实、罪名及适用的法律规定；（2）从轻、减轻或者免除处罚等从宽处罚的建议；（3）拟提出的量刑建议及其法律依据；（4）认罪认罚后案件审理适用的程序；（5）其他需要听取意见的事项。根据《刑事诉讼法》第224条的规定，速裁程序虽然一般不进行法庭调查和法庭辩论，但在判决宣告前应当听取辩护人的意见。根据最高人民法院《解释》第353条的规定，辩护人还可以对认罪认罚案件中检察机关提出的量刑建议提出异议。根据《刑事诉讼法》第251条的规定，最高人民法院复核死刑案件，应当讯问被告人，辩护律师提出要求的，应当听取辩护律师的意见。

8.程序选择适用申请权。辩护人可以基于对被告人利益的考量代表被告人申请适用较为简化的程序。根据最高人民法院《解释》第359条和第369条的规定，被告人及其辩护人可以向人民法院提出适用简易程序或者速裁程序的申请。

9.申诉控告权。根据《刑事诉讼法》第49条的规定，辩护人、诉讼代理人认为公安机关、人民检察院、人民法院及其工作人员阻碍其依法行使诉讼权利的，有权向同级或者上一级人民检察院申诉或者控告。人民检察院对申诉或者控告应当及时进行审查，对情况属实的，通知有关机关予以纠正。最高人民检察院《规则》第57条规定了可以申诉和控告的具体情形。对于直接向上一级人民检察院申诉或者控告的，上一级人民检察院可以交下级人民检察院办理，也可以直接办理。根据最高人民检察院《规则》第58条的规定，辩护人、诉讼代理人认为其依法行使诉讼权利受到阻碍向人民检察院申诉或者控告的，人民检察院应当及时受理并调查核实，在10日以内办结并书面答复。情况属实的，通知有关机关或者本院有关部门、下级人民检察院予以纠正。

10.人身保障权。对于辩护人在履行辩护职责时涉嫌犯罪的，在应当追究刑事责任的同时，也应从保障犯罪嫌疑人、被告人辩护权的角度给予辩护人相应的人身保障。根据《刑事诉讼法》第44条第2款的规定，辩护人涉嫌犯罪的，应当由办理辩护人所承办案件的侦查机关以外的侦查机关办理。辩护人是律师的，应当及时通知其所在的律师事务所或者所属的律师协会。根据六机关《规定》第9条的规定，公安机关、人民检察院发现辩护人涉嫌犯罪，或者接受报案、控告、举报、有关机关的移送，依照侦查管辖分工进行审查后认为符合立案条件的，应当按照规定报请办理辩护人所承办案件的侦查机关的上一级侦查机关指定其他侦查机关立案侦查，或者由上一级侦查机关立案侦查。不得指定办理辩护人所承办案件的侦查机关的下级侦查机关立案侦查。侦查机关依法对在诉讼活动中涉嫌犯罪的律师采取强制措施后，应当在48小时以内通知其所在的律师事务所或者所属的律师协会。

11.保密权。根据《刑事诉讼法》第48条的规定，辩护律师对于在执业活动中知悉的委托人的有关情况和信息，有权予以保密。从保守委托人秘密的角度，辩护律师的这项权利同时也是其应当履行的义务。

12.拒绝辩护权。如果遇有当事人委托事项违法或者委托人利用律师提供的服务从事违法活动或者委托人隐瞒事实的情形，律师有权拒绝辩护。

七、辩护人的义务

根据《刑事诉讼法》及相关司法解释，辩护人的义务主要包括：（1）辩护律师和其他辩护人不得帮助犯罪嫌疑人、被告人隐匿、毁灭、伪造证据或者串供，不得威胁、引诱证人作伪证及进行其他干扰司法机关诉讼活动的行为。否则，应当依法追究法律责任。（2）辩护人接受委托后，应当及时告知办理案件的机关接受委托的情况。根据最高人民法院《解释》第52条的规定，审判期间，辩护人接受被告人委托的，应当在接受委托之日起3日以内，将委托手续提交人民法院。法律援助机构决定为被告人指派律师提供辩护的，承办律师应当在接受指派之日起3日以内，将法律援助手续提交人民法院。(3)辩护人收集的有关犯罪嫌疑人不在犯罪现场、未达到刑事责任年龄、属于不负刑事责任的精神病人的证据，应当及时告知公安机关、人民检察院，以避免对不必要的案件进行侦查和审查起诉，节约司法资源。(4)辩护律师对在执业活动中知悉的委托人或者其他人，准备或正在实施危害国家安全、公共安全以及严重危害他人人身安全的犯罪的，应当及时告知公安司法机关，但公安司法机关应当为辩护律师保密。(5)会见在押犯罪嫌疑人、被告人时，应当遵守看管场所的规定。(6)参加法庭审判时要遵守法庭秩序。(7)未经人民检察院或者人民法院许可，不得向被害人或被害人提供的证人收集与本案有关的材料。(8)不得违反规定会见法官、检察官以及其他有关工作人员；不得向法官、检察官以及其他有关工作人员行贿，介绍贿赂或者指使、诱导当事人行贿，或者以其他不正当方式影响法官、检察官以及其他有关工作人员依法办理案件。(9)保密义务。辩护人查阅、摘抄、复制案卷材料，涉及国家秘密、商业秘密、个人隐私的，应当保密；对不公开审理案件的信息、材料，或者在办案过程中获悉的案件重要信息、证据材料，不得违反规定泄露、披露，不得用于办案以外的用途。

八、拒绝辩护

刑事诉讼中有两种拒绝辩护：一种是犯罪嫌疑人、被告人拒绝辩护人为其辩护；另一种是律师拒绝继续为犯罪嫌疑人、被告人辩护。

1.犯罪嫌疑人、被告人拒绝辩护人为其辩护。《刑事诉讼法》第45条规定，在审判过程中，被告人可以拒绝辩护人继续为其辩护，也可以另行委托辩护人辩护。辩护权的主体是犯罪嫌疑人和被告人，辩护权从根本上讲是犯罪嫌疑人、被告人的诉讼权利，辩护人的辩护权源于犯罪嫌疑人、被告人。所以，刑事诉讼法对犯罪嫌疑人、被告人的拒绝辩护权没有作出理由限制，一经提出，就应当生效。虽然刑事诉讼法未对侦查、审查起诉阶段拒绝辩护作出规定，但由于犯罪嫌疑人在侦查阶段即可委托辩护人，如果犯罪嫌疑人在侦查阶段、审查起诉阶段拒绝辩护人继续辩护或要求更换辩护人，也应当参照本条规定进行处理。

对于由法律援助机构指派律师担任辩护人的，犯罪嫌疑人、被告人坚持自己行使辩护权，拒绝法律援助机构指派的律师为其辩护，有正当理由的，应当准许。最高人民法院《解释》第50条第2款规定，属于应当提供法律援助的情形，被告人拒绝指派的律师为其辩护的，人民法院应当查明原因。理由正当的，应当准许，但被告人应当在5日以内另行委托辩护人；被告人未另行委托辩护人的，人民法院应当在3日以内通知法律援助机构另行指派律师为其提供辩护。

2.律师拒绝继续为犯罪嫌疑人、被告人辩护。我国《律师法》第32条规定，律师接受委托后，无正当理由的，不得拒绝辩护或者代理。但是，委托事项违法、委托人利用律师提供的服务从事违法活动或者委托人故意隐瞒与案件有关的重要事实的，律师有权拒绝辩护或者代理。可见，与犯罪嫌疑人、被告人拒绝辩护不同，律师拒绝继续为犯罪嫌疑人、被告人辩护具有严格的法定条件。

根据《关于依法保障律师执业权利的规定》第34条的规定，法庭审理过程中，辩护律师因法定情形拒绝为被告人辩护或者被告人拒绝辩护律师为其辩护的，辩护律师可以向法庭申请休庭，以便更换辩护律师后继续协助被告人行使辩护权。

九、辩护的内容与辩护的分类

一般而言，辩护的内容涉及以下几方面：(1)指控犯罪嫌疑人、被告人的犯罪事实能否成立；(2)犯罪嫌疑人、被告人是否已经达到刑事责任年龄，有无不负刑事责任等其他不应当追究其刑事责任的情形；(3)对案件定性和认定的罪名是否准确，适用的法律条文是否恰当;(4)犯罪嫌疑人、被告人有无法律规定的从轻、减轻或者免除刑罚的情节,有无酌情考虑的从轻判处的情节;(5)证据与证据之间,证据与犯罪嫌疑人、被告人口供之间是否存在矛盾;(6)犯罪嫌疑人、被告人主观上是故意还是过失,是否属于意外事件,是否属于正当防卫或紧急避险;(7)共同犯罪案件中,对主犯、从犯、胁从犯的划分是否清楚;(8)诉讼程序是否合法等。

按照理论和司法实践的情况,根据对上述不同辩护内容的选择,可以对辩护进行如下分类。在具体案件的辩护中,则需要根据案件的具体情况选择最为适宜的辩护种类。

(一)无罪辩护

无罪辩护是指辩护人针对有关犯罪嫌疑人、被告人构成犯罪、应受刑罚处罚的指控,依据事实和法律进行反驳和辩解,说明其不构成犯罪的一种辩护。按照辩护的具体内容,无罪辩护还可以区分为以下几种:

1.事实上的无罪辩护,即针对案件事实认定展开的无罪辩护,具体包括下列几种情形:(1)正面论证说明控方所指控的行为未实际发生;(2)正面论证说明控方指控的行为虽然客观存在,但并非犯罪嫌疑人、被告人所为,而是其他人所为;(3)通过提供对犯罪嫌疑人、被告人有利的证据和提出合理的疑点,反面论证说明控方所提出的证据不足以证明犯罪嫌疑人、被告人实施了被指控的行为,即事实不清、证据不足的无罪辩护。在司法实践中,无罪辩护大量运用的是上述第三种事实不清、证据不足的无罪辩护方案。

2.法律上的无罪辩护,即控方指控的具体行为确已发生,但根据相关法律规定不认为是犯罪或者不应承担刑事责任的辩护。通常从以下几个方面开展法律上的无罪辩护:(1)犯罪主体不适格,我国刑法中有很多犯罪的构成是以主体必须具有特殊身份为要件的,而这种特殊身份具备与否,是区分罪与非罪的标准之一。(2)无刑事责任能力。我国刑法规定了两类人因不具有刑事责任能力而不负刑事责任:一是未成年人,具体包括:未满12周岁的未成年人完全不负刑事责任;已满12周岁未满14周岁的未成年人除故意杀人、故意伤害,致人死亡或者以特别残忍手段致人重伤造成严重残疾,情节恶劣,经最高人民检察院核准追诉以外不负刑事责任;已满14周岁未满16周岁的未成年人仅对故意杀人、故意伤害致人重伤或者死亡、强奸、抢劫、贩卖毒品、放火、爆炸和投放危险物质这八种严重危害社会的犯罪行为承担刑事责任,对除此以外的行为不负刑事责任。二是完全无刑事责任能力的精神病人。根据我国《刑法》第18条第3款的规定,尚未完全丧失辨认或者控制自己行为能力的精神病人犯罪的,应当负刑事责任,但可以从轻或者减轻处罚。因此,对于限制责任能力的精神病人,不能因此进行无罪辩护,但可以进行量刑上的辩护。(3)正当行为。我国刑法主要规定了正当防卫和紧急避险两种不具社会危害性、不成立犯罪的正当行为。(4)主观无罪过。我国刑法将刑事犯罪区分为故意犯罪和过失犯罪两种,无论是故意还是过失,主观上都必须有相应的罪过。我国刑法主要规定了意外事件与不可抗力两种主观无罪、不成立犯罪的情形。(5)刑事责任消灭。刑事责任消灭后不得对行为人追究刑事责任,因而可以开展无罪辩护,具体包括犯罪人死亡、犯罪已过追诉时效、实体法律修改因而不再追究刑事责任等情形。(6)行为确实发生,但情节显著轻微危害不大,按照《刑法》第13条的规定不认为是犯罪。

(二)罪名(轻罪)辩护

罪名辩护是指控方指控被告人实施了一个较重的罪名,而辩护人依据事实和法律进行反驳和辩解,认为犯罪嫌疑人、被告人只构成一个较轻的罪名,而不构成指控的较重的罪名的一种辩护,也称为轻罪辩护。这种辩护方案同样指出控方所指控的犯罪不能成立,所以从某种意义上来说,也是一种无罪辩护方案。但与无罪辩护不同的是,其所辩护的犯罪嫌疑人、被告人的行为并非无需承担任何刑事责任,而只是承担较轻的刑事责任。例如,控方指控构成职务侵占罪,而辩护人认为其侵占行为并非利用职务便利,因而只构成普通侵占罪。

（三）罪数辩护

罪数辩护是指当案件涉及一罪与数罪的关系时，辩护人从有利于犯罪嫌疑人、被告人的角度，指出控方指控的罪数不正确的辩护。罪数辩护是一种有罪辩护，即控辩双方都认为犯罪嫌疑人、被告人的行为已经触犯刑法且应当承担刑事责任，但双方的分歧在于罪数的确定上。罪数辩护的常见形态是将控方起诉的数罪辩为一罪，或者将控方起诉的多罪辩为少罪。但在另外一些情况下，从有利于犯罪嫌疑人、被告人的角度，罪数辩护也可以是将指控的一罪辩为数罪。例如，控方指控被告人贪污500万元，但辩护人则指出涉案金额中只有40万元是被告人贪污所得，400万元实为挪用公款所得，另外60万元则为职务侵占所得，虽然一罪改为三罪应数罪并罚，但即使数罪并罚最终判处的刑罚一般也低于贪污500万元可能判处的刑期，也是对犯罪嫌疑人、被告人有利的辩护。

（四）量刑辩护

量刑辩护，是指在犯罪嫌疑人、被告人确已实施犯罪行为且控方指控的罪名无误的情况下，辩护人从最大限度地降低最终可能判处的刑罚的角度出发，针对如何量刑开展论辩的辩护。量刑辩护意义重大，也是辩护实践中运用最多的一种辩护方案。辩护人可以从以下几个方面开展量刑辩护：(1)从适用哪一个法定量刑幅度的角度进行量刑辩护。我国刑法规定的很多罪名都有多个法定量刑幅度，适用于同一罪名的不同具体情形。这些法定量刑幅度所规定的刑罚存在差异，有的罪名甚至差异巨大。辩护人选择这一角度进行量刑辩护就是要论证说明犯罪嫌疑人、被告人实施的犯罪行为的具体情形应当适用于较低的法定量刑幅度，而非控方指控的较高的法定量刑幅度。(2)通过指出各种法定的从轻、减轻或免除刑罚的量刑情节进行量刑辩护。需要注意的是，法定量刑情节分为“应当”和“可以”两种，辩护人需要根据法律的不同规定和案件情况进行针对性的准备。(3)通过指出法律未予明确规定，但也可能影响量刑的各种酌定量刑情节进行量刑辩护。在认罪认罚案件中，辩护人通常开展的是量刑辩护。

（五）程序性辩护

程序性辩护，是指辩护人针对公检法办案机关办案行为中存在违反法律规定的诉讼程序而开展辩护的一种辩护方案。辩护人选择程序性辩护方案的目的并不仅仅是维护犯罪嫌疑人、被告人的诉讼权利，而且也是希望通过维护其诉讼权利来影响法院的实体裁判，最终获得更有利于被告人的实体裁判。例如，通过排除非法获得的证据获得有利于犯罪嫌疑人、被告人甚至是无罪的结果。

案例分析　能力训练

第三节　刑事代理

一、刑事代理的含义

刑事诉讼中的代理，是指代理人接受公诉案件的被害人及其法定代理人或者近亲属、自诉案件的自诉人及其法定代理人、附带民事诉讼的当事人及其法定代理人等的委托，以被代理人的名义参加诉讼，由被代理人承担代理行为的法律后果的一项诉讼活动。从诉讼地位上看，刑事诉讼中的代理人是以被代理人的名义参加诉讼的，而不是以自己的名义进行诉讼，其代理活动必须根据被代理人的意志，维护其合法权益。同时，诉讼代理人必须在被代理人的授权范围内进行诉讼，超过授权范围进行诉讼活动所产生的结果，除非得到被代理人的追认，否则被代理人不予承担。

在刑事诉讼中，刑事代理与辩护存在以下区别：(1)产生方式不同。刑事辩护的产生方式包括委托辩护和法律援助辩护两种方式，而刑事诉讼代理只有被代理人委托一种方式。刑事公诉案件的被害人及其法定代理人或者近亲属，刑事自诉案件的自诉人及其法定代理人，刑事附带民事诉讼案件的原告人及其法定代理人，因经济困难没有委托诉讼代理人的，可以向法律援助机构申请法律援助，由法律援助机构委派律师，但仍然需要通过被代理人的委托产生和明确刑事代理。（2）委托主体不同。有权委托辩护人的是犯罪嫌疑人、被告人，而有权委托诉讼代理人的主体较多。（3）诉讼地位不同。辩护人在刑事诉讼中具有独立的诉讼地位，不受犯罪嫌疑人、被告人意志的约束，有权独立地按照自己对事实的认识和对法律的理解来发表意见，以保护犯罪嫌疑人、被告人的合法权益，而刑事诉讼代理人只能在被代理人授权范围内进行诉讼活动，受到被代理人意志的限制。（4）承担的诉讼职能不同。公诉案件被害人的代理人、自诉案件自诉人的代理人，在刑事诉讼中承担控诉职能，而刑事辩护人承担的是辩护职能。

二、刑事代理的种类

除了由被代理人委托而产生的代理外，刑事诉讼中还存在法定代理，即基于法律规定而产生的代理，包括未成年人和其他无行为能力人或者限制行为能力人当事人的法定代理人。法定代理与委托代理在其代理人的范围、权利和义务等方面有所不同。其相同点在于：所有代理人都必须在代理权限范围内进行活动；代理人在权限范围内的诉讼行为，与委托人自己的诉讼行为具有同等的法律效力；代理人合法代理的法律后果都由被代理人承担。

从刑事代理的委托主体看，刑事诉讼中的代理主要有：公诉案件被害人的代理，自诉案件的代理，附带民事诉讼当事人的代理，犯罪嫌疑人、被告人逃匿、死亡案件违法所得没收程序中的代理和依法不负刑事责任的精神病人的强制医疗程序中的代理五种情况。

1.公诉案件被害人的代理。公诉案件中被害人的代理是指律师或其他公民接受公诉案件中被害人及其法定代理人或者近亲属的委托，担任被害人的代理人，代表被害人参加诉讼活动。

根据刑事诉讼法的规定，公诉案件的被害人及其法定代理人或者近亲属，自案件移送审查起诉之日起，有权委托诉讼代理人。人民检察院自收到移送审查起诉的案件材料之日起3日以内，应当告知被害人及其法定代理人或者近亲属有权委托诉讼代理人。根据最高人民检察院《规则》第55条的规定，被害人有法定代理人的，人民检察院应当告知其法定代理人；没有法定代理人的，应当告知其近亲属。法定代理人或者近亲属为2人以上的，可以只告知其中1人，告知时应当按照《刑事诉讼法》第108条第3、6项列举的顺序择先进行。如果被害人众多或者不确定，无法以上述方式逐一告知的，可以公告告知。公诉案件被害人的代理，具有如下特点：（1）公诉案件被害人委托代理人，可以由被害人本人委托，也可以由其法定代理人或近亲属委托，其他人无权为被害人委托代理人。（2）自案件移送审查起诉之日起，被害人有权委托诉讼代理人。也就是说，公诉案件在侦查阶段，被害人不能委托代理人。

被害人的诉讼代理人在刑事诉讼中只能代理行使法律赋予被害人的全部或部分的诉讼权利。被害人的诉讼代理人的具体代理权限，取决于每个案件具体代理范围的授权，以委托代理协议中的规定为依据，既可以全权代理，也可以部分代理。

2.自诉案件的代理。自诉案件的代理，是指在刑事自诉案件中，律师或其他公民接受自诉人或其法定代理人的委托，作为代理人参加诉讼。刑事诉讼法规定，自诉案件的自诉人及其法定代理人，有权随时委托诉讼代埋人。人民法院自受理自诉案件之日起3日以内，应当告知自诉人及其法定代理人有权委托诉讼代理人，并告知如果经济困难的，可以申请法律援助。

律师在担任自诉人的代理人时，主要负责以下工作：（1）审查是否构成犯罪。刑事自诉案件的代理人接受委托时，往往是在法院受理自诉案件之前。因此，自诉案件的代理人首先要认真听取委托人对案件的叙述，查看有关证据，分析被告人的行为是否构成犯罪，然后根据不同情况决定接受代理或者不接受代理，或者告知到有管辖权的部门去控告或起诉。(2)办理委托手续。签订委托合同时要注明刑事自诉委托合同，并明确代理权限。(3)代写诉状。接受委托后，承办律师要代自诉人写自诉状。(4)调查。刑事诉讼法规定，代理律师有权收集、查阅与本案有关的材料；有权到人民法院查阅检察院不起诉而被害人提起自诉后，人民检察院移送到人民法院的有关案卷材料，了解案情。(5)开庭前与委托人交换意见。(6)确定代理意见，撰写代理词。(7)出庭支持控告。

在刑事自诉案件中，被告人依法有权提起反诉。自诉案件中自诉人的代理人，在诉讼中代表自诉人行使控诉职能。但是当被告人对其提起反诉后，本诉的自诉人又成了反诉中的被告人，本诉中自诉人委托的代理人，也可以接受反诉的被告人的委托作他的辩护人，即由行使控诉职能转变为兼行控诉与辩护职能。同样，自诉案件的被告人提起反诉，其原来承担辩护职能的辩护人也可以成为既承担控诉职能又承担辩护职能的代理人及辩护人。反诉案件的代理人，一般都具有双重身份，既是被告人的辩护人，也是反诉的诉讼代理人。因此，必须办理双重委托手续，明确代理权限。

3.附带民事诉讼当事人的代理。附带民事诉讼中的代理是指接受附带民事诉讼当事人及其法定代理人的委托，以诉讼代理人的身份进行诉讼活动。刑事诉讼法规定，附带民事诉讼的当事人及其法定代理人，有权随时委托诉讼代理人。人民检察院自收到移送审查起诉的案件材料之日起3日以内，应当告知附带民事诉讼当事人及其法定代理人有权委托诉讼代理人。人民法院自受理自诉案件之日起3日以内，应当告知附带民事诉讼的当事人及其法定代理人有权委托诉讼代理人，并告知如果经济困难的，可以申请法律援助。

律师在附带民事诉讼中的代理，实质上是民事诉讼代理。但附带民事诉讼代理人也有特殊之处，例如，附带民事诉讼的代理人可能还身兼数职，如既担任被告人的辩护人，又担任反诉中反诉人的代理人等。

4.犯罪嫌疑人、被告人逃匿、死亡案件违法所得没收程序中的代理。根据《刑事诉讼法》第299条第2款的规定，犯罪嫌疑人、被告人的近亲属和其他利害关系人有权申请参加人民法院对人民检察院提出的没收违法所得的审理程序，也可以委托诉讼代理人参加诉讼。

5.强制医疗程序中的代理。刑事诉讼法确立的“依法不负刑事责任的精神病人的强制医疗程序”也涉及代理问题。《刑事诉讼法》第304条规定，人民法院审理强制医疗案件，应当通知被申请人或者被告人的法定代理人到场。被申请人或者被告人没有委托诉讼代理人的，人民法院应当通知法律援助机构指派律师为其提供法律帮助。

三、诉讼代理人的范围、职责和权利

1.诉讼代理人的范围。在刑事诉讼中，委托诉讼代理人的范围，与辩护人的范围相同，即有权委托诉讼代理人的人可以在下列人中委托一至二人作为诉讼代理人：律师；人民团体或者被代理人所在单位推荐的人；被代理人的监护人、亲友。同样，不能担任辩护人的人，也不能被委托为诉讼代理人。

2.诉讼代理人的职责。诉讼代理人的职责是根据事实和法律，维护被害人、自诉人或者附带民事诉讼当事人的合法权益。

3.诉讼代理人的权利。根据《刑事诉讼法》和司法解释的相关规定，诉讼代理人享有以下权利：(1)阅卷权。根据最高人民检察院《规则》第56条，在审查起诉阶段，经人民检察院许可，诉讼代理人可以到检察院查阅、摘抄、复制本案案卷材料。根据最高人民法院《解释》第65条第1款的规定，案件起诉到法院后，律师担任诉讼代理人的，无需经人民法院许可，可以查阅、摘抄、复制案卷材料。其他诉讼代理人经人民法院许可，也可以查阅、摘抄、复制案卷材料。(2)调查取证权。律师担任代理人的，可以进行调查取证，也可以申请人民检察院、人民法院调查取证。具体程序参照辩护人申请人民检察院、人民法院调查取证程序适用。非律师担任代理人的，不享有调查取证权。（3）申诉、控告权。诉讼代理人认为公安机关、人民检察院、人民法院及其工作人员阻碍其依法行使诉讼权利的，有权向同级或者上一级人民检察院申诉或者控告。具体申诉、控告程序与辩护人相同。

【本章主要法律规定】

1.《刑事诉讼法》第33～49条

2.《律师法》第31～42条

3.《法律援助法》第24～30条、第36～39条

4.最高人民法院、最高人民检察院、公安部、国家安全部、司法部、全国人大常委会法制工作委员会《关于实施刑事诉讼法若干问题的规定》第4～10条

5.最高人民法院《关于适用〈中华人民共和国刑事诉讼法〉的解释》第40～68条

6.《人民检察院刑事诉讼规则》第38～60条

7.《公安机关办理刑事案件程序规定》第42～58条

8.最高人民法院、最高人民检察院、公安部、国家安全部、司法部《关于依法保障律师执业权利的规定》

9.最高人民法院、最高人民检察院、公安部、国家安全部、司法部《法律援助值班律师工作办法》

第七章 刑事证据

本章主要内容提示

证据制度是整个刑事诉讼法中最重要、最核心的内容之一。应当理解和把握证据法学的基本理论框架和关于证据制度的法律规定。重点把握以下内容:(1)刑事证据的基本属性:客观性、关联性和合法性。(2)刑事证据制度的三大基本原则:证据裁判原则、自由心证原则和直接言词原则。(3)刑事证据法定种类与审查认定,刑事证据的理论分类。(4)主要证据规则:关联性规则、非法证据排除规则、自白任意规则、传闻证据规则、意见证据规则、补强证据规则和最佳证据规则。尤其是我国法律已经确立的证据规则的具体内容。(5)刑事诉讼的证明、证明对象、证明责任和证明标准等。

第一节 刑事证据的概念和基本属性

一、刑事证据的概念

《刑事诉讼法》第50条规定,可以用于证明案件事实的材料,都是证据。包括:(1)物证;(2)书证;(3)证人证言;(4)被害人陈述;(5)犯罪嫌疑人、被告人供述和辩解;(6)鉴定意见;(7)勘验、检查、辨认、侦查实验等笔录;(8)视听资料、电子数据。由此可见,我国刑事诉讼中的证据,是指以法律规定的形式表现出来的能够证明案件事实情况的材料。刑事证据的概念,可以从三个方面理解:第一,刑事证据本身是一种客观存在的材料;第二,刑事证据是证明案件真实情况的根据和认定案件事实的手段;第三,刑事证据必须符合法律规定的八种表现形式。

二、刑事证据的基本属性

刑事证据具有以下三个紧密联系的基本属性:

1.客观性。证据的客观性,是指证据必须是客观存在的事实,不以人的主观意志为转移,任何主观想象、虚构、猜测、假设、臆断、梦境以及来源不清的道听途说等并非客观存在的材料,都不能成为刑事诉讼中的证据。客观性是刑事证据的首要属性和最本质的特征。证据的客观性是由刑事案件本身的客观性决定的,任何一种犯罪行为都是在一定的时间和空间发生的,只要有行为的发生,就必然留下各种痕迹和印象并形成证据,这是不以人的意志为转移的客观存在。虽然证据要经过公安司法人员、当事人及其辩护人、诉讼代理人的收集,含有收集主体的主观因素,如讯问犯罪嫌疑人、被告人,询问证人并制作笔录,实物证据要加以固定、保全,现场勘验也要制作笔录等,但公安司法人员、当事人及其辩护人、诉讼代理人的主观因素不能歪曲客观，不能因此而改变证据客观性的本质属性。犯罪嫌疑人供述与辩解、被害人陈述和证人证言等言词证据虽然含有人的主观因素，是客观与主观的统一，但不能因此改变证据客观性的本质属性。

证据的客观性，要求公安司法人员在证据调查中必须避免任何主观想象和猜测，认真收集和把握能够如实反映案件情况的证据，善于鉴别和排除虚假的材料。

2.关联性。关联性也称为相关性，是指证据必须与案件事实有客观联系，对证明刑事案件事实具有某种实际意义；反之，与本案无关的材料，都不能成为刑事证据。对证据的关联性应从以下几个方面理解：(1)关联性是证据的一种客观属性，不是办案人员的主观想象或者强加的联系，而是根源于证据材料同案件事实之间的客观联系。(2)证据与案件事实相关联的形式是多种多样、十分复杂的。它们或者反映犯罪的动机，或者反映犯罪的手段，或者反映犯罪过程和实施犯罪的环境、条件，或者反映犯罪后果，还有反映犯罪事实不存在或犯罪并非犯罪嫌疑人、被告人所为等。(3)证据的关联性是证据证明力的原因。所谓证明力，是指证据所具有的对案件事实的证明作用，也就是证据对证明案件事实的价值。证据对案件事实有无证明力以及证明力的大小，取决于证据本身与案件事实有无联系以及联系的紧密、强弱程度。一般来说，如果证据与案件事实之间的联系紧密，则该证据的证明力较强，在诉讼中所起的作用也较大。

证据的关联性，要求公安司法人员在证据收集、运用和认定上，注意以下问题，即该证据能够证明什么事实，这个事实对解决案件中的争议问题有没有实质性意义，法律对这种关联性有没有具体的要求，尤其是实体法上的要求等。

3.合法性。合法性是指对证据必须依法加以收集和运用。证据的合法性是证据客观性和相关性的重要保证，也是证据具有法律效力的重要条件。证据的合法性主要包括以下内容：

(1)收集、运用证据的主体要合法，只有法律规定的有权主体收集、运用的证据才能作为认定案件事实的根据。关于收集证据的主体，《刑事诉讼法》第54条第1款规定，人民法院、人民检察院和公安机关有权向有关单位和个人收集、调取证据。有关单位和个人应当如实提供证据。第43条还规定，辩护律师经证人或者其他有关单位和个人同意，可以向他们收集与本案有关的材料，也可以申请人民检察院、人民法院收集、调取证据，或者申请人民法院通知证人出庭作证。辩护律师经人民检察院或者人民法院许可，并且经被害人或者其近亲属、被害人提供的证人同意，可以向他们收集与本案有关的材料。此外，自诉案件中自诉人必须提供能证明被告人犯罪事实的证据，也是收集刑事证据的主体。最高人民法院《解释》第325条还规定，自诉案件当事人因客观原因不能取得的证据，申请人民法院调取的，应当说明理由，并提供相关线索或者材料。人民法院认为有必要的，应当及时调取。需要说明的是，《刑事诉讼法》第54条第2款规定，行政机关在行政执法和查办案件过程中收集的物证、书证、视听资料、电子数据等证据材料，在刑事诉讼中可以作为证据使用。《监察法》第33条规定，监察机关依照《监察法》规定收集的物证、书证、证人证言、被调查人供述和辩解、视听资料、电子数据等证据材料，在刑事诉讼中可以作为证据使用。监察机关在收集、固定、审查、运用证据时，应当与刑事审判关于证据的要求和标准相一致。最高人民法院《解释》第76条规定，对监察机关依法收集的证据材料的审查判断，适用刑事审判关于证据的要求和标准。上述两方面的规定并不是说行政机关和监察机关是刑事诉讼中收集证据的主体，而是说在进入刑事诉讼之前的行政执法、查办案件和监察活动中收集的上述种类的证据，依法移交公安司法机关后，可以在刑事诉讼中作为证据使用。

(2)证据的提供、收集和审查，必须符合法定的程序要求。无论是公安司法人员收集证据，还是当事人或其他诉讼参与人提供证据，都应当符合法定程序。《刑事诉讼法》第52条规定，审判人员、检察人员、侦查人员必须依照法定程序，收集能够证实犯罪嫌疑人、被告人有罪或者无罪、犯罪情节轻重的各种证据。严禁刑讯逼供和以威胁、引诱、欺骗以及其他非法方法收集证据，不得强迫任何人证实自己有罪。关于收集证据的法定程序，《刑事诉讼法》第115～154条对如何讯问犯罪嫌疑人，询问证人、被害人，勘验、检查、搜查，扣押书证、物证，鉴定，技术侦查等，都作了明确的具体规定。公安司法人员只有严格执行这些规定，收集来的证据才有合法性。如果收集证据的程序不合法，就要被排除或者不得作为认定案件事实的依据。

（3）证据的形式应当合法，即作为证明案件事实的证据材料形式上必须符合法律要求，即前述《刑事诉讼法》规定的八种证据种类。同时，证据提出的形式也应当符合法律的要求，如物证、书证必须附卷随案移送，不能附卷的要通过照相、录像、制作模型等方式附卷；证人证言、被害人陈述、犯罪嫌疑人、被告人供述和辩解，应当以书面形式加以固定，并经核对无误后，由证人、被害人、犯罪嫌疑人、被告人签名盖章；鉴定意见必须采用书面形式，由鉴定机构盖章并由鉴定人签名；勘验、检查笔录、现场笔录，根据需要分别采用书面笔录、绘图、照相、录像等形式，书面笔录要由勘验人员、现场见证人签名盖章；等等。

（4）证据必须经法定程序出示和查证属实，才能作为认定案件事实的依据。根据刑事诉讼法的规定，按照普通程序审理的案件，证人证言必须在法庭上经过公诉人、被害人和被告人、辩护人双方询问、质证；物证必须当庭出示，让当事人辨认；未到庭的证人的证言笔录、鉴定意见、勘验、检查等笔录和其他作为证据的文书，应当当庭宣读，听取公诉人、当事人和辩护人、诉讼代理人的意见。对可能影响定罪量刑的关键证据和控辩双方存在争议的证据，一般应当单独举证、质证。未经法庭查证属实的材料，均不得作为定案的根据。

综上所述，刑事证据具有客观性、关联性和合法性三个基本属性，三者是互相联系、缺一不可的。客观性和关联性涉及的是刑事证据的内容，合法性涉及的是刑事证据的形式。刑事证据的客观性、关联性需要通过诉讼程序来审查和检验，而刑事证据的合法性是刑事证据客观性和关联性的法律保证。客观性、关联性和合法性表明了刑事证据内容和形式的统一。

三、刑事证据制度的基本原则

通常认为，刑事证据制度的基本原则包括证据裁判原则、自由心证原则与直接言词原则。本章主要介绍证据裁判原则与自由心证原则，直接言词原则将在第十四章“刑事审判概述”中介绍。

（一）证据裁判原则

证据裁判原则，又称证据裁判主义、证据为本原则，是指对于案件事实的认定，必须有相应的证据予以证明。没有证据或者证据不充分，不能认定案件事实。在诉讼发展史的早期，案件的裁判者普遍采用神示裁判、决斗裁判、宣誓裁判等证明方式。这种对案件事实的证明方式是一种非理性的司法证明方式，主要是受当时的人类认识能力以及经济基础的限制。随着人类经验知识的积累和认识能力的提高，一种理性的司法证明方式出现并取代了非理性的司法证明方式，这就是证据裁判方式。这一方式要求法官认定案件事实必须依据经过法定正式调查程序的证据。证据以其特有的理性证明功能占据了裁判的主导地位，证据裁判原则成为现代证据制度的奠基原则。

一般而言，证据裁判原则包括以下四个方面的内容：（1）认定案件事实必须依靠证据，没有证据就不能认定案件事实。（2）用于认定案件事实的证据必须具有证据能力，即具有证据资格。（3）用于定案的证据必须是在法庭上查证属实的证据，除非法律另有规定。（4）综合全案证据必须达到法定的证明标准才能认定案件事实。

我国《刑事诉讼法》第55条规定，对一切案件的判处都要重证据，重调查研究，不轻信口供。只有被告人供述，没有其他证据的，不能认定被告人有罪和处以刑罚；没有被告人供述，证据确实、充分的，可以认定被告人有罪和处以刑罚。证据确实、充分，应当符合以下条件：定罪量刑的事实都有证据证明；据以定案的证据均经法定程序查证属实；综合全案证据，对所认定事实已排除合理怀疑。第200条规定，合议庭进行评议，根据已经查明的事实、证据和有关的法律规定，作出判决。其中，该条第3项规定，证据不足，不能认定被告人有罪的，应当作出证据不足、指控的犯罪不能成立的无罪判决。我国刑事诉讼法虽然没有明确使用证据裁判原则的表述，但明确规定了证据在认定事实中的决定性作用，体现了证据裁判原则的精神。我国相关司法解释和规范性文件则对证据裁判原则作出了明确的规定。最高人民法院《解释》第69条明确规定："认定案件事实，必须以证据为根据。"最高人民检察院《规则》第61条也规定："人民检察院认定案件事实，应当以证据为根据。"最高人民法院、最高人民检察院、公安部、国家安全部、司法部《关于推进以审判为中心的刑事诉讼制度改革的意见》第2条规定，严格按照法律规定的证据裁判要求，没有证据不得认定犯罪事实。中央文件也明确使用了"证据裁判"这一法律术语。《中共中央关于全面推进依法治国若干重大问题的决定》指出要"全面贯彻证据裁判规则"。

最高人民法院《解释》进一步提出"在案证据"的概念，对作为认定案件事实依据的证据作出了限定，这是对证据裁判原则一方面含义"用于定案的证据必须是在法庭上查证属实的证据"的具体化。"在案证据"要求依据随案移送到法院并在法庭上经过控辩双方质证的证据认定案件事实。最高人民法院《解释》第73条规定，对提起公诉的案件，人民法院应当审查证明被告人有罪、无罪、罪重、罪轻的证据材料是否全部随案移送；未随案移送的，应当通知人民检察院在指定时间内移送。人民检察院未移送的，人民法院应当根据在案证据对案件事实作出认定。最高人民法院《解释》第122条有关应当移送的技术调查、侦查证据材料未随案移送，以及第274条有关补充侦查期限届满后人民检察院未将补充的证据材料移送人民法院的，都有类似的规定。上述规定意味着因缺乏证据材料导致有关事实存疑的，应当依法作出有利于被告人的认定。

上述法律、司法解释及相关文件表明，证据裁判原则在我国已经得到确立，该原则的主要内容已经被我国法律和司法解释吸收。

（二）自由心证原则

自由心证原则是指对证据的取舍、证据的证明力大小以及案件事实的认知程度等，法律不预先加以明确规定，而由裁判主体按照自己的良心、理性形成内心确信，以此认定案件事实的一项证据原则。在刑事诉讼中，作为最终定案根据的证据一般要经历证据的发现、收集以及对证据的质证、认证等过程，自由心证原则并非适用于所有这些和证据有关的过程，它是只适用于最终裁判阶段的原则。自由心证原则产生于18世纪末，是在克服法定证据制度武断、僵化等弊端的基础上产生的，为西方国家尤其是大陆法系国家所普遍采用。

通常认为，自由心证原则包含两方面的内容，一是自由判断，二是内心确信。所谓"自由判断"，是指除法律另有规定的以外，证据及其证明力由法官自由判断，法律不作预先规定。法官判断证据证明力时，不受外部的任何影响或法律上关于证据证明力的约束。需要注意的是，"自由"并不是任意、不受限制，自由心证不是让法官依照个人认识及感觉去自由擅断。自由心证中的"自由"是相对的自由，它要受到整个法律体系中的一系列法律制度和规定的制约，法官应当在适用各种证据规则并慎重考虑庭审证据调查与辩论的全部过程的基础上，基于证据裁判并依据自由心证对案件事实作出判断。所谓"内心确信"，是指法官通过对证据的判断所形成的内心信念，并且应达到深信不疑的程度，由此判定事实。"内心确信"禁止法官根据似是而非、尚有疑虑的主观感受判定事实。

我国对自由心证原则一直存有较大争议。在过去很长一段时间内不承认自由心证，认为自由心证以唯心主义为思想基础，与我国判断证据的指导思想和原则相违背。近年来，国内逐步认识到自由心证原则有其合理之处。最高人民法院《关于民事诉讼证据的若干规定》第85条第2款规定，审判人员应当依照法定程序，全面、客观地审核证据，依据法律的规定，遵循法官职业道德，运用逻辑推理和日常生活经验，对证据有无证明力和证明力大小独立进行判断，并公开判断的理由和结果。这条规定吸纳了自由心证原则的精神，表明自由心证原则在一定程度上得到了认可。

第二节　刑事证据的种类与审查认定

证据种类，是指根据证据材料的各种外部形式对证据所作的分类。证据种类实际上是证据在法律上的分类，是证据的法定形式。根据《刑事诉讼法》的规定，证据有下列八种：(1)物证；(2)书证；(3)证人证言；(4)被害人陈述；(5)犯罪嫌疑人、被告人供述和辩解；(6)鉴定意见；(7)勘验、检查、辨认、侦查实验等笔录；(8)视听资料、电子数据。除这八类法定证据形式外，其他手段(如警犬辨认、测谎)得出的意见或结论，只能协助确定侦查方向，或者帮助收集、审查、判断证据，而不能作为认定案件事实的证据使用。

刑事证据的审查认定，是指公安司法人员对于已经收集到的各种证据材料，进行分析研究，审查判断，鉴别真伪，以确定各个证据能否作为认定案件事实的依据以及证明力大小，进而对整个案件事实作出合乎实际的结论。刑事证据的审查主要有两方面内容：一是对每个证据逐一进行审查核实。在确定单个证据客观真实的基础上，判断该证据的证明力大小。二是在对单个证据审查判断的基础上，对全案证据进行综合分析和比较研究，排除矛盾，找出内在联系，判断证据是否确实、充分，从而对案件事实作出结论。

一、物证

1.物证的概念。物证，是指证明案件真实情况的一切物品和痕迹。所谓物品，是指与案件事实有联系的客观实在物，如作案工具、赃款赃物等；所谓痕迹，是指物体相互作用所产生的印痕和物体运动时所产生的轨迹，如脚印、指纹等。在司法实践中，对某些难以移动或易于消失的物品、痕迹复制的模型或拍摄的照片，是对物证的固定和保全。在运用时，作为物证发挥作用的，不是这些照片和模型本身，而是被拍摄的照片、复制的模型所反映的原物和痕迹。

物证具有其他证据不能替代的作用。例如，可以提供破案线索，确定侦查方向；有时借助物证能够侦破案件和抓获犯罪嫌疑人；可以借助物证鉴别其他证据的真伪；敦促犯罪嫌疑人、被告人认罪认罚等。

2.物证的特点。物证是以其外部特征、物品属性、存在状况等来发挥证明作用的，因此，与其他证据相比，物证具有较强的客观性、稳定性。另外，物证所包含的信息内容通常只能反映案件中的某些片段或个别情节，而不能一步到位地直接证明案件中的主要事实，通常只能作为间接证据。

3.物证的收集程序。收集物证是公安司法机关的重要职责。收集物证主要通过勘验、检查、搜查、扣押等方法来进行。收集和调取的物证应当是原物。只有在原物不便搬运、不宜保存或者依法应当由有关部门保管、处理或者依法应当返还时，才可以拍摄或者制作足以反映原物外形或者内容的照片、录像或者复制品。物证的照片、录像或者复制品经与原物核实无误或者经鉴定证明为真实的，或者以其他方式确能证明其真实的，可以作为证据使用。原物的照片、录像或者复制品，不能反映原物的外形和特征的，不能作为证据使用。拍摄物证的照片、录像，制作人不得少于2人，并应当附有制作过程的文字说明及原物存放何处的说明，并由制作人签名或者盖章。所有已经收集到的物证都应当按照有关规定保管和处置。案件中的物证能附卷的都应当附卷保存。移送案件时，应当将物证随同案卷一并移送。

4.物证的审查认定。物证的审查可以通过以下方法进行：通过鉴定、辨认、实验、印证以及科学仪器等技术方法，审查物证的来源是否客观真实，有无伪造或者其他原因而导致物证发生变形失真；审查判断物证与案情之间有无必然的联系，能否证明本案的案情，具体能够证明案件中的哪些问题；审查物证是原物还是复制品，物证与其他证据之间的关系，是否相互印证一致，有无矛盾；查清物证的来源。物证的照片、录像、复制品与原物之间的关系，不能反映原物的外形和特征的，不得作为定案的根据。

二、书证

1.书证的概念。书证是指以记载的内容和反映的思想来证明案件真实情况的书面材料或其他物质材料。书证的表现形式和制作方法多种多样，不限于“书写的文字材料”。事实上，作为书证载体的材料是十分广泛的，既可以是纸张，也可以是布匹、绸缎、竹片、木板等，甚至可以直接写在地上或者墙上；书写的方法，既可以用笔写，也可用刀刻、印刷、剪贴、拼接、复印等方法；至于书证内容的表达，多数情况下是用文字表述，但不限于文字，也可用图形和符号来表示。总之，凡是以记载的内容和表达的思想来证明案件事实的一切物品，都属于书证。

书证都有明确的记载内容，一经收集并查证属实，就可以比较直观地证明案件中的一些事实，因而具有较强的证明力。例如，有些书证可以直接证明案件的性质、作案动机和目的；可以鉴别其他证据的真伪；可以揭穿犯罪分子的狡辩和虚假的陈述；在贪污等犯罪案件中，书证甚至是不可缺少的证据。

2.书证的特点：(1)书证必须以一定的物质材料为载体，属于实物证据范围，客观性较强。(2)该项材料所记载的内容或者所表达的思想，必须与待证明的案件事实有关联，能够被用来证明案件事实。并非一切记载有思想内容的文字材料都是书证。例如，盗窃的图书、录像带等所记载的内容与盗窃案件无关，它们便只是物证而不是书证。但如果在制作、贩卖、传播淫秽物品案件中，所缴获的图书、录像带等因所记载的内容（系淫秽内容）与该案有关，因而属于书证。

3.书证与物证的联系与区别。书证与物证的区别主要在于，书证以内容证明案件事实，物证则以物质属性和外观特征证明案件事实。书证与物证的联系主要是都要有实物载体，属于实物证据。如果一个物体同时以上述两种方式发挥证明作用，它就既是书证又是物证。例如，发案现场收集到一封书信，内容与被害人死亡原因有关，属于书证，同时又需要鉴定是否为被害人本人所写，则为物证。

4.书证的收集程序。书证的收集程序与物证基本相同。公安司法人员收集、调取的书证应当是原件。只有在取得原件确有困难时，才可以使用副本或者复制件。书证的副本、复制件，经与原件核实无误或者经鉴定证明为真实的，或者以其他方式确能证明其真实的，可以作为证据使用。书证有更改或者更改迹象不能作出合理解释的，或者书证的副本、复制件不能反映书证原件及其内容的，不能作为证据使用。制作书证的副本、复制件，制作人不得少于2人，并应当附有制作过程的文字说明及原件存放何处的说明，由制作人签名或者盖章。扣押文件要按照法律规定的程序进行，对被扣押的文件要妥善保管，不得使用、调换或者损毁。扣押邮件、电报等要经过公安机关或者人民检察院批准。在复制、摘抄书证时，要注意保存原件内容的完整性，不得任意取舍或断章取义。对于内容违法或淫秽的书证，应当按照有关规定专门保管和处置。

5.书证的审查认定。对书证的审查主要包括以下几点：通过鉴定、比对、印证等方法审查书证的制作过程；审查书证的内容是否符合事实，是否真实可靠，有无错误，是否违法，书证与案情有无必然联系，能够证明案件中的哪些问题；审查书证的收集过程和保管方法；审查书证本身是公文书证还是非公文书证，是报道性书证还是处分性书证，是否经过公证等。书证有更改或者更改迹象不能作出合理解释，或者书证的副本、复制件不能反映原件及其内容的，不得作为定案的根据。

最高人民法院《解释》第86条规定，在勘验、检查、搜查过程中提取、扣押的物证、书证，未附笔录或者清单，不能证明物证、书证来源的，不得作为定案的根据。对物证、书证的来源、收集程序有疑问，不能作出合理解释的，该物证、书证不得作为定案的根据。当然，对于某些收集程序、方式方面的瑕疵，经补正或作出合理解释的，可以采用，具体包括：(1)勘验、检查、搜查、提取笔录或者扣押清单上没有调查人员或侦查人员、物品持有人、见证人签名，或者对物品的名称、特征、数量、质量等注明不详的；(2)物证的照片、录像、复制品，书证的副本、复制件未注明与原件核对无异，无复制时间，或者无被收集、调取人签名、盖章的；(3)物证的照片、录像、复制品，书证的副本、复制件没有制作人关于制作过程和原物、原件存放地点的说明，或者说明中无签名的；(4)有其他瑕疵的。

三、证人证言

1.证人证言的概念。证人证言是指证人就其所了解的案件情况向公安司法机关所作的陈述。证人证言一般是以笔录加以固定的口头陈述，但是，经办案人员同意，由证人亲笔书写的书面证词也是证人证言。

2.证人证言的特点。(1)证人是犯罪嫌疑人、被告人、被害人以外的人，一般而言，与犯罪嫌疑人、被告人、被害人相比，其陈述受利害关系影响较小。(2)陈述的是亲身感知的事实。最高人民法院《解释》第88条第2款规定，证人的猜测性、评论性、推断性的证言，不得作为证据使用，但根据一般生活经验判断符合事实的除外。(3)容易受到其他因素的影响。证人证言是证人对感知情况的反映，往往会受到证人的主观因素和客观条件的影响。(4)证人证言不可替代。证人既不能由公安司法机关自由选择和指定，也不能由别人代替和更换。凡没有亲身经历或闻知案件情况的人，都不具有证人资格；即使共同经历了同一案件的人，也不得互相代替作证。

3.证人证言的收集程序。收集证人证言的方法是询问证人。收集证人证言必须依法定程序进行，必须保证一切与案件有关或者了解案情的公民，有客观、充分地提供证据的条件，以保证证人提供证言的真实性。

询问证人，应当首先告知他应当如实提供证言，如有意作伪证或者隐匿罪证要负法律责任。询问证人应当个别和口头进行。严禁对证人采用拘留、刑讯、威胁、引诱、欺骗等非法方法收集证言，也不得诱导证人提供证言。《刑事诉讼法》第56条规定，采用暴力、威胁等非法方法收集的证人证言，应当予以排除。询问时，应当全面、如实地对证言内容进行客观记录，不能加入办案人员的主观臆想和个人判断。

4.证人的资格及证人保护。《刑事诉讼法》第62条规定："凡是知道案件情况的人，都有作证的义务。生理上、精神上有缺陷或者年幼，不能辨别是非、不能正确表达的人，不能作证人。"根据这一规定，凡是了解案情的人，都有作证的义务。因生理上、精神上有缺陷或者年幼而不能辨别是非，不能正确表达的人，由于不能向公安司法机关提供对查清案件事实有意义的情况，不能作为证人。虽然生理上、精神上有缺陷或者年幼，但能够辨别是非并能够将自己所了解的案件情况准确表达出来，如盲人讲述所听到的情况，聋哑人描述所看到的情况以及儿童描述所看到并且以其年龄能够理解的情况等，依法都可以作为证人提供证言。公安司法机关对于证人能否辨别是非、能否正确表达，必要时可以进行审查或者鉴定。

关于证人资格，还有以下问题需要注意：(1)单位不能作证人。证人是以自己的感官感知案情为前提来提供证言的，单位不能像自然人那样以感官感知案情。(2)证人具有优先性。当诉讼中的证人身份形成以后，由于证人的不可替代性，他们不能在诉讼中担任侦查、检察、审判人员及鉴定人、翻译人员等。

《刑事诉讼法》第192条、第193条还明确规定了证人出庭作证制度。同时，为保障证人作证，《刑事诉讼法》第63条规定，人民法院、人民检察院和公安机关应当保障证人及其近亲属的安全。对证人及其近亲属进行威胁、侮辱、殴打或者打击报复，构成犯罪的，依法追究刑事责任；尚不够刑事处罚的，依法给予治安管理处罚。第64条规定，对于危害国家安全犯罪、恐怖活动犯罪、黑社会性质的组织犯罪、毒品犯罪等案件，证人、鉴定人、被害人因在诉讼中作证，本人或者其近亲属的人身安全面临危险的，人民法院、人民检察院和公安机关应当采取以下一项或者多项保护措施：不公开真实姓名、住址、通讯方式和工作单位等个人信息；采取不暴露外貌、真实声音等出庭作证措施；禁止特定的人员接触证人、鉴定人、被害人及其近亲属；对人身和住宅采取专门性保护措施；其他必要的保护措施。证人、鉴定人、被害人认为因在诉讼中作证，本人或者其近亲属的人身安全面临危险的，可以向人民法院、人民检察院、公安机关请求予以保护。人民法院、人民检察院、公安机关依法采取保护措施，有关单位和个人应当配合。第65条规定，证人因履行作证义务而支出的交通、住宿、就餐等费用，应当给予补助。证人作证的补助列入司法机关业务经费，由同级政府财政予以保障。有工作单位的证人作证，所在单位不得克扣或者变相克扣其工资、奖金及其他福利待遇。

5.证人证言的审查认定。具体应当注意：审查证人证言的来源，是证人直接知悉还是间接了解；审查某些社会性因素，如证人的品质、与当事人的关系、与案件有无利害关系、是否受到外界的影响等；审查证人在生理上、精神上有无缺陷，知悉、记忆和表达能力；审查证人证言与其他证据是否协调一致，有无矛盾，存在矛盾的，能否得到合理解释；询问证人是否个别进行，询问笔录的制作、修改是否符合法律的规定。

最高人民法院《解释》第88条规定，处于明显醉酒、中毒或者麻醉等状态，不能正常感知或者正确表达的证人所提供的证言，不得作为证据使用。证人的猜测性、评论性、推断性的证言，不得作为证据使用，但根据一般生活经验判断符合事实的除外。第89条规定了几种因未遵守收集程序而不得将证人证言作为定案根据的情况，包括：询问证人没有个别进行的；书面证言没有经证人核对的；询问聋、哑人，应当提供通晓聋、哑手势的人员而未提供的；询问不通晓当地通用语言、文字的证人，应当提供翻译人员而未提供的。第90条还列举了几种证人证言在收集程序、方式方面的瑕疵，具体包括：(1)询问笔录没有填写询问人、记录人、法定代理人姓名以及询问的起止时间、地点的；(2)询问地点不符合规定的；(3)询问笔录没有记录告知证人有关作证的权利义务和法律责任的；(4)询问笔录反映出在同一时段，同一询问人员询问不同证人的；(5)询问未成年人，其法定代理人或者合适成年人不在场的。这些瑕疵经补正或者作出合理解释的，可以采用。否则，不得作为定案根据。

此外，对于证人证言前后发生变化的情形要区别情形予以认定。最高人民法院《解释》第91条规定，证人当庭作出的证言与其庭前证言矛盾，证人能够作出合理解释，并有其他证据印证的，应当采信其庭审证言；不能作出合理解释，而其庭前证言有其他证据印证的，可以采信其庭前证言。经人民法院通知，证人没有正当理由拒绝出庭或者出庭后拒绝作证，法庭对其证言的真实性无法确认的，该证人证言不得作为定案的根据。

四、被害人陈述

1.被害人陈述的概念。被害人陈述是指刑事被害人就其受害情况和其他与案件有关的情况向公安司法机关所作的陈述。

被害人往往是合法权益遭受犯罪行为直接侵害的人，其身份是由犯罪行为决定的，具有不可替代性。被害人既可以是自然人，也可以是法人。

2.被害人陈述的特点。(1)对犯罪有较多了解。被害人直接受到犯罪行为侵害，特别是有的被害人同犯罪人有过接触，一般对犯罪地点、犯罪经过、犯罪分子的体貌特征有较多了解，其陈述对于揭露犯罪、查获犯罪人、认定案情有重要作用。(2)受各种主客观因素的影响，被害人的陈述可能是虚假的、不真实的。例如，由于深受犯罪行为的侵害，而产生了报复心理，夸大事实情节；由于被害人情绪高度紧张或记忆模糊，导致陈述不清，甚至主观臆断；个别被害人出于个人私利或其他不可告人的目的，无事生非，陷害他人，制造虚假陈述诬告陷害他人；有的被害人出于种种考虑，不敢或者不愿意揭露犯罪；等等。

3.被害人陈述的收集程序。被害人陈述的收集程序参照适用证人证言的收集程序。但要注意对被害人隐私权的保护和情绪疏导，防止造成“二次伤害”。询问特殊的被害人，如未成年人还需要遵循特定的强化保护的收集程序。

4.被害人陈述的审查认定。对被害人陈述的审查认定基本上适用审查认定证人证言的规定。但根据被害人陈述的基本特点，还应当注意审查以下内容：被害人陈述的形成与收集过程；被害人与犯罪嫌疑人、被告人之间的关系；被害人在告发或陈述前后有无反常表现；被害人陈述是否合乎情理，与其他证据是否一致。

五、犯罪嫌疑人、被告人供述和辩解

1.犯罪嫌疑人、被告人供述和辩解的概念。犯罪嫌疑人、被告人供述和辩解是指犯罪嫌疑人、被告人就有关案件的情况向侦查、检察和审判人员所作的陈述，通常称为口供。它的内容主要包括犯罪嫌疑人、被告人承认自己有罪的供述和说明自己无罪、罪轻的辩解。

犯罪嫌疑人、被告人供述和辩解应当是口头陈述，以笔录或录音录像的形式加以固定。经犯罪嫌疑人、被告人请求或办案人员要求，也可以由犯罪嫌疑人、被告人亲笔书写供词。

犯罪嫌疑人、被告人检举他人犯罪的性质和内容的证据属于何种证据，应当具体分析。共同犯罪的同案犯罪嫌疑人、被告人检举其他共犯的犯罪事实属于犯罪嫌疑人、被告人供述和辩解的内容，不是证人证言。因为共犯是指二人以上共同故意犯罪，共犯相互之间就共同犯罪的情况相互检举，与个人的罪责有关。因为共犯口供仍然属于口供，共犯不能互为证人，如果只有共犯口供，没有其他证据的，不能认定有罪。而单个犯罪嫌疑人、被告人检举他人的犯罪事实，或同案犯罪嫌疑人、被告人对非共犯的检举，则与自己的罪责无关，应属于证人证言。

2.犯罪嫌疑人、被告人供述和辩解的特点。主要包括：(1)可以全面、具体反映案件事实。犯罪嫌疑人、被告人对自己是否犯罪和如何犯罪最了解，只要他如实陈述，全面、彻底地讲明自己所涉及的案件事实，就会使办案人员对案件有比较全面具体的了解。(2)由于犯罪嫌疑人、被告人与案件的处理结果有直接的切身利害关系，口供的内容必然受诉讼地位和复杂心理活动的影响，所以这种供述或辩解虚假的可能性也比较大。从总体上分析，口供往往真真假假，虚虚实实。(3)常常呈现反复无常的“易变性”。司法实践中，翻供现象屡见不鲜，时供时翻，反反复复，呈现极不稳定的状态。这是犯罪嫌疑人、被告人供述和辩解与其他证据所不同的又一个显著特点。

3.犯罪嫌疑人、被告人供述和辩解的审查认定。《刑事诉讼法》第55条规定了对犯罪嫌疑人、被告人的供述和辩解审查认定的原则，即重证据、重调查研究，不轻信口供。在收集口供中要严禁刑讯逼供，禁止以威胁、引诱、欺骗等非法方法收集口供。采用刑讯逼供等非法手段取得的犯罪嫌疑人、被告人供述，不能作为定案的根据。只有被告人供述，没有其他证据的，不能认定被告人有罪和处以刑罚；没有被告人供述，证据确实充分的，可以认定被告人有罪和处以刑罚。

对犯罪嫌疑人、被告人供述和辩解要注意审查以下内容：供述和辩解是在什么情况下作出的，出于何种动机目的，有无外界影响；供述和辩解的程序是否合法，有无刑讯逼供和以威胁、引诱、欺骗以及其他非法手段获取供述的情况；供述后有无反复，如有反复要查明原因；供述的内容是否合乎情理，有无矛盾，供述和辩解同其他证据是否一致，有无矛盾。必要时，可以结合现场执法音视频记录、讯问录音录像、被告人进出看守所的健康检查记录、笔录等，对被告人的供述和辩解进行审查。

审查认定犯罪嫌疑人、被告人的供述与辩解，对于存在的翻供可能性，应当特别注意其庭前供述与庭审供述之间的关系。最高人民法院《解释》第96条规定，审查被告人供述和辩解，应当结合控辩双方提供的所有证据以及被告人的全部供述和辩解进行。被告人庭审中翻供，但不能合理说明翻供原因或者其辩解与全案证据矛盾，而其庭前供述与其他证据相互印证的，可以采信其庭前供述。被告人庭前供述和辩解存在反复，但庭审中供认，且与其他证据相互印证的，可以采信其庭审供述；被告人庭前供述和辩解存在反复，庭审中不供认，且无其他证据与庭前供述印证的，不得采信其庭前供述。

通过非法方法获得的犯罪嫌疑人、被告人的供述与辩解需要予以排除，这一方面详见本章第四节“刑事证据规则”。除此之外，最高人民法院《解释》第94条规定，具有下列情形之一的被告人供述，不得作为定案的根据：讯问笔录没有经被告人核对确认的；询问聋、哑人，应当提供通晓聋、哑手势的人员而未提供的；询问不通晓当地通用语言、文字的被告人，应当提供翻译人员而未提供的；讯问未成年人，其法定代理人或者合适成年人不在场的。第95条规定，讯问笔录有下列瑕疵，经补正或者作出合理解释的，可以采用；不能补正或者作出合理解释的，不得作为定案的根据：(1)讯问笔录填写的讯问时间、讯问地点、讯问人、记录人、法定代理人等有误或者存在矛盾的；(2)讯问人没有签名的；(3)首次讯问笔录没有记录告知被讯问人权利和法律规定的。

六、鉴定意见

1.鉴定意见的概念。鉴定意见是指公安司法机关为了解决案件中某些专门性问题，指派或聘请具有专门知识和技能的人，进行鉴定后所作的书面意见。刑事案件中需要进行鉴定的专门性问题非常广泛，常见的有法医类鉴定、物证类鉴定、声像资料鉴定以及其他鉴定事项等。

2.鉴定意见的特点。(1)具有特定的书面形式。(2)是鉴定人对专门性问题从科学、技术或者专门知识的角度提出的鉴别判断意见，虽然采用书面的形式，但本身属于一种言词证据。(3)内容仅限于解决案件所涉及的专门性问题，而不是就法律问题提供意见。(4)受利害关系影响较小。由于鉴定人必须与案件事实和当事人没有利害关系且适用回避制度，因此较少受利害关系影响。(5)鉴定意见必须是由公安司法机关指派或者聘请的具有这方面专业知识和技能的人作出的。仅仅具有相关方面的专业知识和技能，而非公安司法机关指派或者聘请的人，不能作为鉴定人。例如，犯罪嫌疑人在犯罪前曾到某精神病医院看病，精神病医生对其所作的患有精神病的诊断结论，并不能作为鉴定意见使用。

3.专门性问题报告和事故调查报告。《刑事诉讼法》规定的有关专门性问题的证据种类仅指鉴定意见，但司法实践中由于司法鉴定的范围有限，大量的关于专门性问题的报告被用于证明案件事实，如广泛运用的价格认定报告等。为了解决实践中关于此类专门性报告的适用难题，最高人民法院《解释》第100条明确了专门性报告的刑事诉讼证据资格：因无鉴定机构，或者根据法律、司法解释的规定，指派、聘请有专门知识的人就案件的专门性问题出具的报告，可以作为证据使用。关于专门性问题报告的审查认定，适用有关鉴定意见的规定。经人民法院通知，出具报告的人拒不出庭作证的，有关报告不得作为定案的根据。此外，实践中常见的“事故调查报告”也是另一种有关专门性问题的证据资料，如火灾事故调查报告、交通事故调查报告等。这种报告通常由相关部门制作，涉及的案件专门性问题往往是对案件事实认定至关重要的因素。同样，为了解决实践中的适用困境，最高人民法院《解释》第101条也规定了有关部门对事故调查形成的报告具有刑事诉讼证据资格，并明确其中涉及专门性问题的意见经法庭查证属实，且调查程序符合法律、有关规定的，可以作为定案的根据。专门性问题报告和事故调查报告中有关专门性问题的意见实际上是类似并参照鉴定意见运用的证据形式。

4.鉴定意见的审查认定。审查鉴定意见主要注意以下几个方面：审查鉴定人是否具有解决案件专门性问题的知识与经验；审查提供鉴定的材料是否可靠；审查鉴定使用的设备是否完好，采用的方法是否科学合理；审查鉴定人进行鉴定时是否受到外界影响与干扰，有无徇私、受贿等故意作虚假鉴定的情况；检材的来源、取得、保管、送检是否符合法律、有关规定，与相关提取笔录、扣押物品清单等记载的内容是否相符，检材是否充足、可靠；审查鉴定意见和其他证据之间是否矛盾，存在矛盾的，能否得到合理解释。在刑事诉讼中运用鉴定意见还必须注意以下几个方面的问题：(1)鉴定意见的形式必须是书面的鉴定书。(2)实行鉴定人负责制度。鉴定人应当独立鉴定，对鉴定意见负责并在鉴定意见书上签名或者盖章，多人参加的鉴定，对鉴定意见有不同意见的，应当注明。单位公章只能用于证明鉴定人身份，不能代替个人签名或者盖章。(3)鉴定意见必须当庭宣读，鉴定人一般应当出庭，对鉴定过程和内容、结论作出说明，接受质证。《刑事诉讼法》第192条第3款规定，公诉人、当事人或者辩护人、诉讼代理人对鉴定意见有异议，人民法院认为鉴定人有必要出庭的，鉴定人应当出庭作证。经人民法院通知，鉴定人拒不出庭作证的，鉴定意见不得作为定案的根据。(4)要注意肯定性意见和倾向性意见两种鉴定意见的区别。实践中，大多数的鉴定书都是对鉴定问题提出肯定性结论意见，有时因为材料不充分或鉴定条件不能满足等原因，鉴定人只能提出倾向性意见而不能作出肯定性结论。后者不是严格意义上的鉴定意见，只能供办案人员参考。

最高人民法院《解释》第98条规定了鉴定意见不得作为定案根据的情形，包括：(1)鉴定机构不具备法定资质，或者鉴定事项超出该鉴定机构业务范围、技术条件的；(2)鉴定人不具备法定资质，不具有相关专业技术或者职称，或者违反回避规定的；(3)送检材料、样本来源不明，或者因污染不具备鉴定条件的；(4)鉴定对象与送检材料、样本不一致的；(5)鉴定程序违反规定的；(6)鉴定过程和方法不符合相关专业的规范要求的；(7)鉴定文书缺少签名、盖章的；(8)鉴定意见与案件事实没有关联的；(9)违反有关规定的其他情形。

此外，最高人民法院《解释》第99条规定，经人民法院通知，鉴定人拒不出庭作证的，鉴定意见不得作为定案的根据。鉴定人由于不能抗拒的原因或者有其他正当理由无法出庭的，人民法院可以根据情况决定延期审理或者重新鉴定。

七、勘验、检查、辨认、侦查实验等笔录

1.勘验笔录。勘验笔录是指办案人员对与犯罪有关的场所、物品、尸体等进行勘查、检验后所作的记录。勘验笔录的形式，包括文字记载、绘制的图样、照片、复制的模型材料和录像等。勘验笔录就其内容可分为现场勘验笔录、物证检验笔录、尸体检验笔录等。

现场勘验笔录记载的内容包括：接到报案的时间、案件发生或发现的地点、报案人、被害人等的基本情况以及他们对案件情况的叙述；保护现场的人员的姓名、职业、到达现场的时间以及对犯罪现场的保护情况；现场勘验指挥人员和参与勘验的人员；勘验开始和结束的时间，当时的气候、光线等条件；现场所在地的位置及其周围环境；现场情况；提取物证、书证、视听资料的名称、数量；现场拍照的内容、数量；绘制现场图的种类和数量。对同一现场先后多次进行勘验时，第一次以后的勘验均应制作补充笔录。有多处现场时，勘验后应分别制作笔录。物证检验记录应记载：物品的来源及检验的时间、地点，物品的特征，必要时，可绘图或者拍照附于笔录内。笔录应当由参加勘验的见证人签名或者盖章。尸体检验笔录一般由参加尸体检验的法医制作，尸体检验笔录中除注明检验的时间、地点、参加检验的人员和见证人的姓名外，主要应记载死者的衣着情况，尸体的外表，伤痕的形状、大小、位置和提取血、尿、胃肠内物质的情况。对于无名尸体，还应记载其相貌、生理、病理特征，携带物品的特征。

勘验笔录是依照法定程序并运用一定的设备和技术手段对勘验对象情况的客观记载，客观性较强。主要作用是固定证据及其所表现的各种特征，对于发现、收集证据，确定侦查方向，揭露和证实犯罪人，鉴别其他证据，都有重要意义。

2.检查笔录。检查笔录是指办案人员为确定被害人、犯罪嫌疑人、被告人的某些特征、伤害情况和生理状态，对他们的人身进行检验和观察后所作的客观记载。检查笔录以文字记载为主，也可以拍照、录像等。

3.辨认笔录。辨认笔录是在侦查人员主持下，让被害人、犯罪嫌疑人或者证人对与犯罪有关的文件、尸体、场所或者犯罪嫌疑人进行辨认所作的记录。辨认笔录应当全面、客观地记录辨认的全过程和辨认结果并由在场的相关人员签名。

4.侦查实验笔录。侦查实验是指为了确定与案件有关的某一事件或者事实在某种条件下能否发生或者怎样发生，而按照原来的条件将该事件或者事实加以重演或者进行实验的一种证据调查活动。侦查实验笔录是对侦查机关开展此类实验的时间、地点、实验条件以及实验经过和结果等所作的客观记录，并由进行实验的侦查人员、参与人员和见证人签名或盖章。

除了勘验、检查、辨认和侦查实验笔录外，侦查机关依法进行的其他侦查活动行程的笔录，也可以作为证据，包含在刑事诉讼法规定的“等笔录”之中。笔录类证据是一种书面形式的证据材料，但它在形成时间、制作主体以及内容等方面都有别于书证。从勘验、检查笔录的内容看，记载的多是物证材料，但它并不是物证材料（如血迹、毛发）本身，而是保全这些证据的方法。辨认笔录记载的犯罪嫌疑人、被害人或者证人的主观认识和判断，实际上是一种言词证据的书面呈现。

5.勘验、检查、辨认、侦查实验等笔录的审查认定。主要应当审查以下内容：笔录内容是否完整，文字记录、照相、绘图等是否齐全，每部分内容是否具体详细；勘验、检查人员及组织、主持辨认和侦查实验人员的责任心和业务能力，有无发生差错的可能；勘验、检查、辨认、侦查实验等是否符合法律规定的程序和要求；笔录内容是否真实、准确；笔录是否符合法律要求；与案件其他证据是否协调一致；对辨认笔录应当着重审查辨认的过程、方法，以及辨认笔录的制作是否符合有关规定；对侦查实验笔录应当着重审查实验的过程、方法，以及笔录的制作是否符合有关规定。

最高人民法院《解释》第103条规定，勘验、检查笔录存在明显不符合法律、有关规定的情形，不能作出合理解释的，不得作为定案的根据。第105条规定，辨认笔录具有下列情形之一的，不得作为定案的根据：（1）辨认不是在调查人员、侦查人员主持下进行的；（2）辨认前使辨认人见到辨认对象的；（3）辨认活动没有个别进行的；（4）辨认对象没有混杂在具有类似特征的其他对象中，或者供辨认的对象数量不符合规定的；（5）辨认中给辨认人明显暗示或者明显有指认嫌疑的；（6）违反有关规定、不能确定辨认笔录真实性的其他情形。第107条规定，侦查实验的条件与事件发生时的条件有明显差异，或者存在影响实验结论科学性的其他情形的，侦查实验笔录不得作为定案的根据。

八、视听资料、电子数据

1.视听资料、电子数据的概念。视听资料，是指以录音、录像、计算机磁盘所记载的音像信息来证明案件事实的资料。最高人民法院、最高人民检察院、公安部《关于办理刑事案件收集提取和审查判断电子数据若干问题的规定》，把电子数据界定为：“案件发生过程中形成的，以数字化形式存储、处理、传输的，能够证明案件事实的数据。”并规定电子数据包括但不限于下列信息、电子文件：（1）网页、博客、微博客、朋友圈、贴吧、网盘等网络平台发布的信息；（2）手机短信、电子邮件、即时通信、通讯群组等网络应用服务的通信信息；（3）用户注册信息、身份认证信息、电子交易记录、通信记录、登录日志等信息；（4）文档、图片、音视频、数字证书、计算机程序等电子文件。视听资料和电子数据是随着近现代科学技术发展而出现的新的证据种类，并随着科技的进步和犯罪种类的变化而在刑事诉讼中发挥着日益重要的作用。视听资料和电子数据的具体表现形式多样，尤其是电子数据，其表现形式还会随着科技的进步而日益多样化。

需要注意的是，作为视听资料、电子数据的音视频，一般产生于诉讼开始之前，犯罪实施过程之中。如果是在刑事诉讼启动之后，公安司法机关为了收集、固定和保全证据而制作的录音、录像等音视频，不是法定证据种类的视听资料、电子数据。例如，在询问证人、被害人，讯问犯罪嫌疑人、被告人过程中进行的录音、录像，应当分别属于证人证言，被害人陈述，犯罪嫌疑人、被告人的供述；勘验、检查中进行的录像，应当是勘验、检查笔录的组成部分。但是，该资料用于证明讯问、询问或勘验、检查程序是否合法这一争议问题时，则属于视听资料、电子数据。

2.视听资料、电子数据的特点。(1)形式多样，直观性强，客观实在，内容丰富；(2)既有易于发现、提取、保存的一面，又有容易被损坏、覆盖、灭失的一面；(3)占用空间少，传送和运输方便；(4)可以反复重现，作为证据易于使用，审查核实时便于操作；(5)被伪造、变造的可能性较高，常常需要鉴定其真实性、系统性和完整性；(6)对技术要求高，伴随科技发展的进程而不断更新、变化。

3.视听资料的审查认定。关于视听资料主要应当注意以下几点：视听资料的形成过程；视听资料的收集过程是否符合法定程序，是否附有提取过程的说明；是否为原件，有无复制及复制份数；是复制件的，是否附有无法调取原件的原因、复制件制作过程和原件存放地点的说明，制作人、原视听资料持有人是否签名；视听资料反映的背景情况是否真实；视听资料与案件事实有无联系，能够证明案件中哪些问题等。必要时，应进行科学技术鉴定，以验证是否原版，是否有伪造、涂改或剪接等情况。最高人民法院《解释》第109条规定，视听资料具有下列情形之一的，不得作为定案的根据：(1)系篡改、伪造或者无法确定真伪的；(2)制作、取得的时间、地点、方式等有疑问，不能作出合理解释的。

4.电子数据的审查认定。电子数据的审查主要围绕真实性、完整性和合法性展开。关于真实性的审查主要关注：是否移送原始存储介质；在原始存储介质无法封存、不便移动时，有无说明原因，并注明收集、提取过程及原始存储介质的存放地点或者电子数据的来源等情况；是否具有数字签名、数字证书等特殊标识；收集、提取的过程是否可以重现；如有增加、删除、修改等情形的，是否附有说明等。关于电子数据的完整性，应当根据保护电子数据完整性的相应方法进行审查、验证，主要关注：原始存储介质的扣押、封存状态；电子数据的收集、提取过程，查看录像；比对电子数据完整性校验值；与备份的电子数据进行比较；审查冻结后的访问操作日志等；以数据电文形式提供电子证据的，注意审查是否制作电子证明文件，是否载明调证法律文书编号、单位电子公章、完整性校验值等保护电子数据完整性方法的说明等信息。关于合法性的审查主要关注：是否由2名以上调查人员、侦查人员收集，取证方法是否符合相关技术标准；是否附有笔录、清单，并经相关人员签名或者盖章；没有签名或者盖章的，是否注明原因；对电子数据的类别、文件格式等是否注明清楚；是否依照有关规定由符合条件的人员担任见证人，是否对相关活动进行录像；采用技术调查、侦查措施收集、提取电子数据的，是否依法经过严格的批准手续；进行电子数据检查的，检查程序是否符合有关规定。

最高人民法院《解释》第113条规定了电子证据瑕疵的补正，电子数据的收集、提取程序有下列瑕疵，经补正或者作出合理解释的，可以采用；不能补正或者作出合理解释的，不得作为定案的根据：(1)未以封存状态移送的；(2)笔录或者清单上没有调查人员或者侦查人员、电子数据持有人、提供人、见证人签名或者盖章的；(3)对电子数据的名称、类别、格式等注明不清的；(4)有其他瑕疵的。最高人民法院《解释》第114条规定了电子数据不得作为定案的根据的情形：(1)电子数据系篡改、伪造或者无法确定真伪的；（2）电子数据有增加、删除、修改等情形，影响电子数据真实性的；（3）其他无法保证电子数据真实性的情形。

九、特殊证据材料的审查认定

司法实践中的一些证据虽然归属于上述八种法定证据种类，但由于其来源、获取方式或运用等方面具有一定特殊性和规律，司法解释对这些特殊证据材料的审查认定进行了专门的规定。

1.技术调查、侦查证据。技术调查、侦查证据是指通过技术调查和技术侦查措施收集的证据。随案移送的技术调查、侦查证据可以在刑事诉讼中作为证据使用。人民法院认为应当移送的技术调查、侦查证据材料未随案移送的，应当通知人民检察院在指定时间内移送。人民检察院未移送的，人民法院应当根据在案证据对案件事实作出认定。移送技术调查、侦查证据材料的，应当附采取技术调查、侦查措施的法律文书，技术调查、侦查证据材料清单和有关说明材料。移送采用技术调查、侦查措施收集的视听资料、电子数据的，应当制作新的存储介质，并附制作说明，写明原始证据材料、原始存储介质的存放地点等信息，由制作人签名，并加盖单位印章。对技术调查、侦查证据的审查主要关注如下方面：技术调查、侦查措施所针对的案件是否符合法律规定；技术调查措施是否经过严格的批准手续，按照规定交有关机关执行；技术侦查措施是否在刑事立案后，经过严格的批准手续；采取技术调查、侦查措施的种类、适用对象和期限是否按照批准决定载明的内容执行；采取技术调查、侦查措施收集的证据材料与其他证据是否矛盾；存在矛盾的，能否得到合理解释等。

鉴于技术调查、侦查措施的技术性与秘密性，使用采取技术调查、侦查措施收集的证据材料可能危及有关人员的人身安全，或者可能产生其他严重后果的，可以采取下列保护措施：（1）使用化名等代替调查、侦查人员及有关人员的个人信息；（2）不具体写明技术调查、侦查措施使用的技术设备和技术方法；（3）其他必要的保护措施。同样，采取技术调查、侦查措施收集的证据材料，应当经过当庭出示、辨认、质证等法庭调查程序查证，但如果当庭调查技术调查、侦查证据材料可能危及有关人员的人身安全，或者可能产生其他严重后果的，法庭应当采取不暴露有关人员身份和技术调查、侦查措施使用的技术设备、技术方法等保护措施。必要时，审判人员可以在庭外对证据进行核实。采用技术调查、侦查证据作为定案根据的，人民法院在裁判文书中可以表述相关证据的名称、证据种类和证明对象，但不得表述有关人员身份和技术调查、侦查措施使用的技术设备、技术方法等。

2.境外的证据材料。最高人民法院《解释》第77条规定，对来自境外的证据材料，人民检察院应当随案移送有关材料来源、提供人、提取人、提取时间等情况的说明。经人民法院审查，相关证据材料能够证明案件事实且符合刑事诉讼法规定的，可以作为证据使用，但提供人或者我国与有关国家签订的双边条约对材料的使用范围有明确限制的除外；材料来源不明或者真实性无法确认的，不得作为定案的根据。当事人及其辩护人、诉讼代理人提供来自境外的证据材料的，该证据材料应当经所在国公证机关证明，所在国中央外交主管机关或者其授权机关认证，并经中华人民共和国驻该国使领馆认证，或者履行中华人民共和国与该所在国订立的有关条约中规定的证明手续，但我国与该国之间有互免认证协定的除外。此外，控辩双方提供的证据材料涉及外国语言、文字的，应当附中文译本。

3.需要见证人在场见证的证据材料。对于需要见证人在场的勘验、检查、搜查笔录以及查封、扣押物品清单等证据材料需要重点审查见证人是否签名以及见证人的资格。根据最高人民法院《解释》第80条的规定，下列人员不得担任见证人：（1）生理上、精神上有缺陷或者年幼，不具有相应辨别能力或者不能正确表达的人；（2）与案件有利害关系，可能影响案件公正处理的人；（3）行使勘验、检查、搜查、扣押、组织辨认等监察调查、刑事诉讼职权的监察、公安、司法机关的工作人员或者其聘用的人员。对见证人是否属于上述人员，人民法院可以通过相关笔录载明的见证人的姓名、身份证件种类及号码、联系方式以及常住人口信息登记表等材料进行审查。由于客观原因无法由符合条件的人员担任见证人的，应当在笔录材料中注明情况，并对相关活动进行全程录音录像。

4.隐蔽性证据。最高人民法院《解释》第141条规定，根据被告人的供述、指认提取到了隐蔽性很强的物证、书证，且被告人的供述与其他证明犯罪事实发生的证据相互印证，并排除串供、逼供、诱供等可能性的，可以认定被告人有罪。

5.到案经过、抓获经过等证据材料。最高人民法院《解释》第142条规定，对监察机关、侦查机关出具的被告人到案经过、抓获经过等材料，应当审查是否有出具该说明材料的办案人员、办案机关的签名、盖章。对到案经过、抓获经过或者确定被告人有重大嫌疑的根据有疑问的，应当通知人民检察院补充说明。

6.有关自首、坦白、立功的证据材料。最高人民法院《解释》第144条规定，这些材料如果没有加盖接受被告人投案、坦白、检举揭发等的单位的印章，或者接受人员没有签名的，不得作为定案的根据。对被告人及其辩护人提出有自首、坦白、立功的事实和理由，有关机关未予认定，或者有关机关提出被告人有自首、坦白、立功表现，但证据材料不全的，人民法院应当要求有关机关提供证明材料，或者要求有关人员作证，并结合其他证据作出认定。

7.有关被告人具有累犯、毒品再犯情节等的证据材料。最高人民法院《解释》第145条规定，证明被告人具有累犯、毒品再犯情节等的证据材料应当包括前罪的裁判文书、释放证明等材料；材料不全的，应当通知人民检察院提供。

8.有关年龄的证据。最高人民法院《解释》第146条规定，审查被告人实施被指控的犯罪时或者审判时是否达到相应法定责任年龄，应当根据户籍证明、出生证明文件、学籍卡、人口普查登记、无利害关系人的证言等证据综合判断。证明被告人已满12周岁、14周岁、16周岁、18周岁或者不满75周岁的证据不足的，应当作出有利于被告人的认定。

第三节　刑事证据的分类

刑事证据的分类，即刑事证据在学理上的分类，是指对证据进行理论研究中，按照证据本身的不同特点，从不同角度在理论上将证据划分为不同的类别。

证据的分类不同于证据的法定种类。证据种类的划分依据是证据的存在及其表现形式，这种划分由法律明确规定，具有法定的约束力，不具有法定形式的证据不得作为定案的根据。而证据的分类则是理论上从不同角度对证据类别所作的划分，属于一种学理解释。由于刑事证据分类的标准多样，某一具体的法定证据种类，依一种标准分类，属于这一类别，而按另一种分类，则属于其他类别。例如，被害人陈述这一法定种类，在分类上不仅可以是直接证据或间接证据，也可以是原始证据或传来证据。

对刑事证据进行理论上的分类研究，有助于区分诉讼中各种不同证据的特点，探讨正确运用各类证据的一般规律；还可以指导司法工作人员的证据收集工作，保证准确地审查判断和运用证据认定案情。

一、原始证据与传来证据

1.原始证据与传来证据的划分标准。根据证据材料的来源不同，可以分为原始证据和传来证据。

凡是来自原始出处，即直接源于案件事实的证据材料，是原始证据。例如，证人根据亲自看到、听到的事实所提供的证言，被害人对自己受害经过的陈述，犯罪嫌疑人、被告人对自己罪行的供认，文件的原本、物证的原件等。凡是不直接源于案件事实，而是间接的非第一来源获得的证据材料，称为传来证据。例如，证人没有亲自听到、看到案件真实情况，而是转述从别人那里听到的情况；物证的复制品、照片；书证的抄件、复印件等。

2.原始证据与传来证据的运用。通常情况下原始证据的证明价值大于传来证据。在传来证据中，中间环节少的传来证据，其证明价值大于中间环节多的。因此，在查清案件事实的过程中，办案人员应当尽可能收集原始证据，对属于传来证据的材料，应当查明来源出处，并向亲自感知案件事实的人员了解情况，或取得物证、书证的原件。

虽然原始证据具有较大的证明力，但传来证据在司法实践中也起到不可忽视的作用：可以根据传来证据发现原始证据，帮助审查原始证据是否真实，强化原始证据的证明作用；当原始证据灭失或无法获得时，只要传来证据查证属实，也可用以作为定案的根据。

运用传来证据时，除遵守一般的证明规律以外，还应该遵守以下相应的特殊规则：(1)来源不明的材料不能作为证据使用；(2)只有在原始证据不能取得或者确有困难时，才能用传来证据代替；(3)应采用距离原始证据最近的传来证据，即转述、复制次数最少的原始证据；(4)如果案件只有传来证据，没有任何原始证据，不得认定有罪。

二、有罪证据与无罪证据

1.有罪证据与无罪证据的划分标准。根据证据是否能够证明犯罪事实的存在或者犯罪行为系犯罪嫌疑人、被告人所为，可以将证据分为有罪证据和无罪证据。凡是能够证明犯罪事实存在和犯罪行为系犯罪嫌疑人、被告人所为的证据，都是有罪证据。在立案和侦查阶段，犯罪嫌疑人尚不明确的情况下，可以说，证明发生了犯罪事实的证据也是有罪证据。凡是能够否定犯罪事实存在，或者能够证明犯罪嫌疑人、被告人未实施犯罪行为的证据，都是无罪证据。

根据上述分类，凡在认定有罪的前提下，用以证明犯罪嫌疑人、被告人具有从轻、减轻、免除处罚或者从重、加重情节的证据，都属于有罪证据。而无罪证据则只有两种：一是证明犯罪事实并未发生的证据，如证明被害人系自杀或意外死亡而非他杀的证据；二是证明犯罪行为并非该犯罪嫌疑人、被告人所为的证据，如证明犯罪嫌疑人、被告人在案发时没有作案时间、不在现场的证人证言。

掌握有罪证据与无罪证据的分类，应当注意以下问题：(1)判断某一证据属于有罪证据还是无罪证据，往往受到刑事诉讼不同阶段对案件认识的局限。有的证据材料在立案阶段被认为是有罪证据，但随着程序的进行，经侦查查明并非有罪证据。当然，这并非是证据事实本身发生了变化，而是由于办案人员的认识由表及里发生变化的结果。(2)对一个证据材料或一个证据事实难以确定是有罪证据还是无罪证据，只有与其他证据相结合，才能确定其证明作用。(3)由于案件情况的复杂性，有时一个证据材料中既有说明有罪倾向的内容，又有说明无罪倾向的内容，这就需要进一步收集其他证据材料，才能查明该证据属于有罪证据，还是无罪证据。

2.有罪证据与无罪证据的运用。《刑事诉讼法》第52条明确规定，审判人员、检察人员、侦查人员必须依照法定程序，收集能够证实犯罪嫌疑人、被告人有罪或者无罪、犯罪情节轻重的各种证据。在运用有罪证据和无罪证据时，除遵循运用证据的共同规则外，还应当特别注意以下几点：(1)既要注意收集有罪证据，也要注意收集无罪证据，要防止片面性；(2)在对被告人作出有罪的确定性认定时，要做到有罪证据确实、充分，排除无罪的可能性。如果案内有无罪证据尚未排除矛盾，就不能得出有罪的结论。

三、言词证据与实物证据

1.言词证据与实物证据的划分标准。根据证据的表现形式不同，可以将证据分为言词证据和实物证据。凡是表现为人的陈述，即以言词作为表现形式的证据，都是言词证据。凡是表现为物品、痕迹或内容具有证据价值的书面文件，即以实物作为表现形式的证据，都是实物证据。

在法律规定的几种证据中，证人证言，被害人陈述，犯罪嫌疑人、被告人供述和辩解，辨认笔录都属于言词证据。应当注意的是，鉴定意见也属于言词证据。鉴定意见的实质是鉴定人就鉴定的专门问题发表的个人意见，而且在法庭审理时要求鉴定人对鉴定意见作出口头说明，并当庭回答当事人和辩护人等的发问。

物证、书证、勘验、检查笔录等属于实物证据。勘验、检查笔录是办案人员在勘验、检查中对所见客观情况的客观记载，而不是办案人员的陈述，因此也属于实物证据。对于视听资料、电子数据，一般认为属于实物证据。

2.言词证据与实物证据的运用。将证据划分为言词证据与实物证据，有助于司法工作人员把握特点，有针对性地收集、固定和运用，并据此正确判断案件事实。

言词证据的优点是能够比较形象、生动地反映客观事物，可以从动态上揭示案件发生的原因、过程、后果和具体情节，而且提供证据的人能及时补充、修正、重述他所了解的事实，回答办案人员提出的问题，澄清某些疑点。但是，由于言词证据是经证人、被害人、犯罪嫌疑人、被告人、鉴定人等的感知、判断、记忆、陈述这几个过程“加工”过的，受感受力、记忆力、判断力、表达能力、利害关系和思想感情等因素的影响，不能如实反映案件客观情况的可能性较大，甚至还会歪曲、伪造、隐瞒事实。

针对言词证据的上述特点，在收集和运用时，应当特别注意以下几点：(1)严禁采用刑讯逼供、引诱以及其他非法方法收集言词证据，应当对证人和被害人讲明作伪证和虚假陈述应负的法律责任，告知其有义务如实提供证据；(2)应当及时收集言词证据，特别是对于年老、重病、重伤等人员，更应当及时收集；(3)针对言词证据易变性、可塑性较大的特点，应当十分注意固定程序，对陈述要全面、如实地进行记录，并依法核对和签名，予以固定；(4)审查、判断言词证据，应当特别注意陈述主体的个人情况，与案件的关系，感知、记忆、陈述的能力和条件，以及有无外界社会因素的影响等；(5)应当尽可能收集到实物证据来印证言词证据，在只有言词证据而无实物证据的情况下，对被告人定罪处刑应当特别慎重；(6)作为定案根据的言词证据必须在法庭上查证属实，法庭审查言词证据的方式主要是询问和质证。

与言词证据相比，实物证据的优点在于更为客观、固定、可靠，较少受人为因素的影响。但是，除视听资料、电子数据外，实物证据所反映的案件事实不仅远不如言词证据形象、生动和具体，而且所含信息量较少，通常只能证明案件事实的某个片段，对案件主要事实的证明，则多是间接的。此外，实物证据的证明力在许多情况下要运用科学技术手段才能揭示出来，对科学技术手段的依赖性较强。

针对实物证据的上述特点，收集和运用时应当注意以下几点：(1)应当及时、客观、细致、全面，注意充分运用现代化科技手段，避免遗漏或在收集中破坏实物证据的证明价值；(2)凡是需要鉴定或者检验的实物证据，都必须进行鉴定或检验，不能仅凭办案人员的经验判断；(3)对收集到的实物证据应开列清单，妥善保管，不能保存的应通过拍照、录像、制作模型、绘图等手段加以保全和固定；(4)审查实物证据，应当注意是否被伪造，是否受环境影响而发生变化，以及收集实物证据的司法工作人员的业务素质和所使用的技术设备的质量情况等。

四、直接证据与间接证据

1.直接证据与间接证据的划分标准。根据证据与案件主要事实证明关系的不同，可以将证据划分为直接证据与间接证据。所谓刑事案件的主要事实，是指犯罪行为是否系犯罪嫌疑人、被告人所实施；所谓证明关系的不同，是指某一证据是否可以单独、直接地证明案件的主要事实。

直接证据是能够单独、直接证明案件主要事实的证据。也就是说，某一项证据的内容，无需经过推理过程，即可以直观地说明犯罪行为是否为犯罪嫌疑人、被告人所实施。刑事诉讼中的直接证据主要有：(1)被害人指认犯罪分子的陈述；(2)犯罪嫌疑人、被告人的供述和辩解；

（3）现场目击者指认出犯罪分子并陈述犯罪过程的证言；（4）记载有关犯罪内容的书证；（5）某些通过监控设备摄录的能够再现犯罪经过的视听资料、电子数据。

虽然理论上直接证据能够单独地、直接地证明案件主要事实，但司法实践中的证明是一个十分复杂的过程。因此，在直接证据的运用中也应当坚持孤证不能定案的原则。原因有二：一是由于刑事案件本身要求达到极高的证明标准；二是由于如果仅有一个直接证据，而无其他证据，其本身的真实性就得不到印证。此外，由于直接证据往往是言词证据，因此，在收集、审查和运用直接证据时应注意严格依照法定程序进行，严禁采用刑讯逼供和以威胁、引诱、欺骗等非法方法收集言词性的直接证据。

间接证据是不能单独、直接证明刑事案件主要事实，需要与其他证据相结合才能证明的证据。间接证据必须与案内的其他证据结合起来，形成一个证据体系，才能共同证明案件的主要事实。刑事诉讼中广泛存在的是间接证据，常见的有：反映犯罪嫌疑人、被告人到过现场的痕迹物品、犯罪工具，反映犯罪动机、目的的证据，认定案发现场的勘验笔录等。特别是各种物证，一般只能证明案件事实中的某些片段或个别情节，基本上属于间接证据。

在区分直接证据和间接证据时要注意以下问题：（1）注意分类的标准是与案件主要事实之间的关系，至于与案件的其他方面有某种关系，如只对量刑有影响的，不是这一划分所考虑的内容。（2）直接证据可以分为肯定性直接证据和否定性直接证据。肯定性直接证据必须能够证明发生了犯罪事实和谁是犯罪人这两个要素，而否定性直接证据只要足以否定其中的一个要素即可。因为否定性直接证据的成立，就能够证明案件的主要事实不存在，或者不是刑事案件，或者犯罪嫌疑人、被告人没有实施犯罪行为。（3）直接证据和间接证据都可以是原始证据或传来证据。

2.间接证据的运用规则。将证据划分为直接证据与间接证据，有助于司法工作人员正确认识证据在证明案件主要事实中的不同作用，防止把一些只能证明案件事实的一个片段或者一个情节的证据误认为是可以证明案件主要事实的证据。

间接证据与案件主要事实的联系是间接的，一个间接证据只能证明案件主要事实的某个片断。因此，任何一个间接证据都需要与其他证据相结合，才能证明案件主要事实；由于间接证据关联方式的间接性，运用间接证据证明案件主要事实，必须经过推理过程。间接证据虽然不能单独地直接证明案件主要事实，但在诉讼证明中往往是发现犯罪嫌疑人的先导，是获得直接证据的手段。而且，间接证据还往往能够鉴别直接证据的真伪，甚至在某些没有直接证据的案件中，可以只根据充分、确实的间接证据认定犯罪嫌疑人、被告人有罪。

根据诉讼证明理论和司法实践经验，在完全运用间接证据认定有罪的情况下，必须遵守以下规则：（1）必须严格遵守运用证据的一般规则，即应审查间接证据的客观性、关联性和合法性，确保该间接证据是客观存在的、与案件事实存在客观联系且为法律容许的证据。（2）间接证据必须形成一个完整的证明体系，即有关犯罪时间、地点、过程、手段、工具、后果、目的、动机、犯罪嫌疑人、被告人的个人情况等，都有相应的证据证明。（3）间接证据与案件事实之间，间接证据与间接证据之间必须协调一致，没有矛盾，如有矛盾必须合理地予以排除。（4）间接证据的证明体系必须足以排除其他可能性，得出的被告人实施犯罪的结论必须是唯一的，确定无疑的。

最高人民法院《解释》第140条对在没有直接证据证明犯罪行为系被告人实施的情况下，如何运用间接证据认定被告人有罪作了规定。该规定要求应当同时符合以下几个条件：（1）证据已经查证属实；（2）证据之间相互印证，不存在无法排除的矛盾和无法解释的疑问；（3）全案证据已经形成完整的证据链；（4）根据证据认定案件事实足以排除合理怀疑，结论具有唯一性；（5）运用证据进行的推理符合逻辑和经验。此外，根据间接证据定案的，判处死刑应当特别慎重。

第四节　刑事证据规则

一、刑事证据规则的概念、意义及分类

刑事证据规则，是指在刑事证据制度中，控辩双方收集和出示证据，法庭采纳和运用证据认定案件事实必须遵循的重要准则。

司法活动中的证明，是运用证据材料按照思维逻辑判断某种事实真相的过程。为了防止主观臆断，保证判断的准确性，对于证据的取舍和运用，不能不受到某些原则或规则的制约。无论是取证、举证、质证还是认证，都要在既定规则框架下进行。这些规则在法律上体现为证据规则。证据规则的意义在于：一是有利于保证证据的真实性、可靠性，查明案件事实；二是有利于保护权利，实现司法公正；三是有利于保障刑事诉讼高效、有序进行，从而提高诉讼效率。

从内容上看，证据规则大体包括两类：一类是调整证据能力的规则，如传闻证据规则、非法证据排除规则、意见证据规则、最佳证据规则等；另一类是调整证明力的规则，如补强证据规则等。

在我国，立法虽然没有对"刑事证据规则"作出明确规定，但刑事诉讼法及司法解释的相关规定实际上已经对一些刑事证据规则有所涉及。这些规定有的较为笼统，只是体现了某一刑事证据规则的精神，有的则作了较为细化的规定。以下结合我国刑事诉讼法、相关司法解释和有关文件的规定，介绍一系列刑事证据规则。

二、关联性规则

关联性规则，也称相关性规则，是指只有与案件事实有关的材料，才能作为证据使用。关联性是证据被采纳的首要条件，关联性规则在证据规则体系中居于基础性地位。没有关联性的证据不具有可采性，但具有关联性的证据未必都具有可采性，仍有可能出于利益考虑，或者由于某种特殊规则，而不具有可采性。按照关联性规则，侦控、审判人员在调查收集证据时，应当限于与本案有关的证据材料；在审查判断证据时，应当注意排除与本案无关的证据材料。

一般而言，英美证据法认为下列几种证据原则上不具关联性，不得作为认定案件事实的依据：(1)品格证据。一般规则是，一个人的品格或者品格特征的证据，在证明该人于特定环境下实施了与此品格相一致的行为问题上，原则上不具有关联性。(2)类似行为。一般规则是，被告人在其他场合的某一行为与他在当前场合的类似行为通常没有关联性。(3)特定的诉讼行为。例如，曾作有罪答辩后又撤回，不得作为不利于被告人的证据采纳。(4)特定的事实行为。例如，关于事件发生后某人实施补救措施的事实，一般情况下不得作为行为人对该事实负有责任的证据加以采用。(5)被害人过去的行为。例如，在性犯罪案件中，有关受害人过去性行为方面的名声或评价的证据，一律不予采纳。但是，上述证据不具关联性也并非绝对，而是存在一些例外。例如，美国的判例认为，被告人之前的性侵未成年人的行为，在符合一定条件下对于新的性侵未成年人行为具有关联性，可以作为定罪的证据。

我国虽然没有明确规定关联性规则，但法律和司法解释很多都关注了证据的关联性，体现了关联性规则的精神。《刑事诉讼法》第50条对证据是从"用于证明案件事实"的角度界定的，体现了证据与案件事实之间的关联性。最高人民法院《解释》第139条第2款规定："对证据的证明力，应当根据具体情况，从证据与案件事实的关联程度、证据之间的联系等方面进行审查判断。"最高人民检察院《规则》第62条也规定，对证据的审查认定，应当结合案件的具体情况，从证据与待证事实的关联程度等方面综合审查判断。最高人民法院《解释》第247条规定："控辩双方申请证人出庭作证，出示证据，应当说明证据的名称、来源和拟证明的事实。法庭认为有必要的，应当准许；对方提出异议，认为有关证据与案件无关或者明显重复、

不必要，法庭经审查异议成立的，可以不予准许。”该规定要求，当且仅当控辩双方提交的证据具有关联性时，才允许进入法庭调查，对无关或重复的证据，法庭可以不予采纳。最高人民法院《解释》第82条、第97条、第98条、第108条、第110条，又分别对物证、书证、鉴定意见、视听资料、电子数据的关联性进行了规定，要求着重审查这些证据的内容与案件事实有无关联性。

三、非法证据排除规则

非法证据排除规则，是指违反法定程序，以非法方法获取的证据，原则上不具有证据能力，应当予以排除，不能采纳为定案的依据。既包括非法言词证据的排除，也包括非法实物证据的排除。

非法证据排除规则在刑事诉讼中的确立，是价值权衡的结果：如果允许将非法取得的证据作为定案根据，对查明案情、实现国家的刑罚权可能有帮助，但这样做又是以侵犯宪法保障的公民基本权利、违反程序公正为代价的，甚至可能导致错误定罪冤枉无辜；反之，如果将非法取得的证据一律排除，又可能影响对犯罪的查明和惩治。从近现代刑事诉讼制度的发展趋势来看，人权保障的价值目标越来越受到重视，日渐成为一种优位的价值理念，当惩罚犯罪与人权保障发生冲突时，越来越倾向于优先保障人权。因此，各国立法均在一定程度上确立了非法证据排除规则，但为了兼顾惩罚犯罪的客观需要，多数国家又确立了一些例外。

2010年6月，最高人民法院、最高人民检察院、公安部、国家安全部、司法部发布的《关于办理刑事案件排除非法证据若干问题的规定》对我国的非法证据排除规则首次作了比较明确具体的规定。后续的《刑事诉讼法》修改以及《严格排除非法证据规定》等司法解释进一步对我国的非法证据排除进行了补充与完善，使得非法证据排除规则成为我国目前最为明确细化的刑事证据规则，主要包括排除非法证据的范围和排除非法证据的程序两个方面内容。

1.排除非法证据的范围。《刑事诉讼法》第56条规定了非法证据排除的范围，相关司法解释对其内涵予以进一步的明确，包括以下几方面：

第一，采用刑讯逼供等非法方法收集的犯罪嫌疑人、被告人供述。除了通常意义上的刑讯逼供之外，最高人民法院《解释》第123条进一步明确了“等非法方法”的含义，包括以下三类：（1）采用殴打、违法使用戒具等暴力方法或者变相肉刑的恶劣手段，使被告人遭受难以忍受的痛苦而违背意愿作出的供述，这里包括冻、饿、晒、烤和疲劳审讯等非法方法；（2）采用以暴力或者严重损害本人及其近亲属合法权益等相威胁的方法，使被告人遭受难以忍受的痛苦而违背意愿作出的供述；（3）采用非法拘禁等非法限制人身自由的方法收集的被告人供述。最高人民法院《解释》第124条还对排除实践中常见的重复性供述的原则和例外作出了规定：采用刑讯逼供方法使被告人作出供述，之后被告人受该刑讯逼供行为影响而作出的与该供述相同的重复性供述，应当一并排除，但下列情形除外：（1）调查、侦查期间，监察机关、侦查机关根据控告、举报或者自己发现等，确认或者不能排除以非法方法收集证据而更换调查、侦查人员，其他调查、侦查人员再次讯问时告知有关权利和认罪的法律后果，被告人自愿供述的；（2）审查逮捕、审查起诉和审判期间，检察人员、审判人员讯问时告知诉讼权利和认罪的法律后果，被告人自愿供述的。

第二，采用暴力、威胁以及非法限制人身自由等非法方法收集的证人证言、被害人陈述，应当予以排除。这里暴力、威胁与非法限制人身自由的含义等同于上述排除犯罪嫌疑人、被告人供述中的含义。

第三，最高人民法院《关于建立健全防范刑事冤假错案工作机制的意见》第8条规定，除情况紧急必须现场讯问以外，在规定的办案场所外讯问取得的供述，未依法对讯问进行全程录音录像取得的供述，以及不能排除以非法方法取得的供述，应当排除。

第四，收集物证、书证不符合法定程序，可能严重影响司法公正的，应当予以补正或者作出合理解释；不能补正或者作出合理解释的，对该证据应当予以排除。这里的物证、书证应作广义理解，包括视听资料和电子数据，公安部《规定》第71条第2款也做了相应的规定。认定“可能严重影响司法公正”，应当综合考虑收集证据违反法定程序以及所造成后果的严重程度等情况。

需要注意的是，虽然监察机关的调查阶段不属于刑事诉讼的组成部分，但《监察法》第33条规定，调查阶段参照适用刑事审判对于证据的要求与标准，以非法方法收集的证据应当依法予以排除，不得作为案件处置的依据。

2.排除非法证据的程序。关于排除非法证据的程序，《刑事诉讼法》第56条规定了排除非法证据覆盖侦查、审查起诉、审判阶段，任何阶段发现有应当排除的证据的，应当依法予以排除，不得作为起诉意见、起诉决定和判决的依据。相关规定进一步明确了不同阶段排除非法证据的程序和措施。

第一，侦查阶段。《严格排除非法证据规定》规定了侦查阶段严格排除非法证据的程序与措施，主要包括：（1）对讯问过程录音录像，应当不间断进行，保持完整性，不得选择性地录制，不得剪接、删改；（2）看守所收押犯罪嫌疑人，应当进行身体检查以发现犯罪嫌疑人是否有伤或者身体异常；（3）犯罪嫌疑人及其辩护人在侦查期间可以向人民检察院申请排除非法证据；（4）重大案件，人民检察院驻看守所检察人员应当在侦查终结前询问犯罪嫌疑人，核查是否存在刑讯逼供、非法取证情形。最高人民检察院《规则》第71条对这一要求予以确认并细化：对重大案件，人民检察院驻看守所检察人员在侦查终结前应当对讯问合法性进行核查并全程同步录音、录像，核查情况应当及时通知本院负责捕诉的部门。负责捕诉的部门认为确有刑讯逼供等非法取证情形的，应当要求公安机关依法排除非法证据，不得作为提请批准逮捕、移送起诉的依据。

第二，检察院审查逮捕与审查起诉阶段。《严格排除非法证据规定》明确了这一阶段严格排除非法证据的程序与措施，主要包括：（1）审查逮捕、审查起诉期间讯问犯罪嫌疑人，应当告知其有权申请排除非法证据；（2）被排除的非法证据应当随案移送，并写明为依法排除的非法证据。最高人民检察院《规则》第75条进一步要求，人民检察院调取公安机关讯问犯罪嫌疑人的录音、录像，公安机关未提供，人民检察院经审查认为不能排除有刑讯逼供等非法取证行为的，相关供述不得作为批准逮捕、提起公诉的依据。

第三，审判阶段。《刑事诉讼法》第58~60条则规定了法庭审理过程中进行证据收集合法性调查和排除非法证据的程序，包括：（1）证据收集合法性调查启动的两种方式。一是法庭审理过程中，审判人员认为可能存在以非法方法收集证据情形的，应当对证据收集的合法性进行法庭调查；二是当事人及其辩护人、诉讼代理人有权申请人民法院对以非法方法收集的证据依法予以排除。申请排除以非法方法收集的证据的，应当提供相关线索或者材料。（2）人民检察院对证据收集合法性承担证明责任。现有证据材料不能证明证据收集的合法性的，人民检察院可以提请人民法院通知有关侦查人员或者其他人员出庭说明情况；人民法院可以通知有关侦查人员或者其他人员出庭说明情况。有关侦查人员或者其他人员也可以要求出庭说明情况。经人民法院通知，有关人员应当出庭。（3）对于经过法庭审理，确认或者不能排除存在以非法方法收集证据情形的，对有关证据应当予以排除。

最高人民法院《解释》第130~138条则对庭前会议和法庭审理阶段排除非法证据的具体操作进行了细化，主要包括：（1）人民法院可以召开庭前会议，就非法证据排除等问题了解情况，听取意见。在庭前会议中，人民检察院可以通过出示有关证据材料等方式，对证据收集的合法性加以说明。必要时，可以通知调查人员、侦查人员或者其他人员参加庭前会议以说明证据收集的情况。（2）人民检察院可以在庭前会议中撤回有关证据。撤回的证据，没有新的理由，不得在庭审中出示。当事人及其辩护人、诉讼代理人可以撤回排除非法证据的申请。撤回申请后，没有新的线索或者材料，不得再次对有关证据提出排除申请。(3)当事人及其辩护人、诉讼代理人原则上应当在开庭审理前申请排除非法证据。之前未申请而在庭审过程中提出申请的，应当说明理由。人民法院经审查，对证据收集的合法性有疑问的，应当进行调查；没有疑问的，驳回申请。驳回排除非法证据的申请后，当事人及其辩护人、诉讼代理人没有新的线索或者材料，以相同理由再次提出申请的，人民法院不再审查。(4)控辩双方在庭前会议中对证据收集是否合法未达成一致意见，人民法院对证据收集的合法性有疑问的，应当在庭审中进行调查；对证据收集的合法性没有疑问，且无新的线索或者材料表明可能存在非法取证的，可以决定不再进行调查并说明理由。(5)庭审期间，法庭决定对证据收集的合法性进行调查的，原则上应当先行当庭调查。但为防止庭审过分迟延，也可以在法庭调查结束前调查。(6)法庭审理中证据收集合法性的调查，包括公诉人宣读调查、侦查讯问笔录、出示提讯登记、体检记录、对讯问合法性的核查材料等证据材料，有针对性地播放讯问录音录像，提请法庭通知有关调查人员、侦查人员或者其他人员出庭说明情况等方式。(7)讯问录音录像涉及国家秘密、商业秘密、个人隐私或者其他不宜公开内容的，法庭可以决定对讯问录音录像不公开播放、质证。公诉人提交的取证过程合法的说明材料，应当经有关调查人员、侦查人员签名，并加盖单位印章。未经签名或者盖章的，不得作为证据使用。上述说明材料不能单独作为证明取证过程合法的根据。(8)控辩双方申请法庭通知调查人员、侦查人员或者其他人员出庭说明情况，法庭认为有必要的，应当通知有关人员出庭。根据案件情况，法庭可以依职权通知调查人员、侦查人员或者其他人员出庭说明情况。调查人员、侦查人员或者其他人员出庭的，应当向法庭说明证据收集过程，并就相关情况接受控辩双方和法庭的询问。(9)法庭对证据收集的合法性进行调查后，确认或者不能排除存在《刑事诉讼法》第56条规定的以非法方法收集证据情形的，对有关证据应当排除。《严格排除非法证据规定》第33条规定，法庭对证据收集的合法性进行调查后，应当当庭作出是否排除有关证据的决定。(10)有关证据收集合法性的调查原则上在第一审程序中进行，但具有下列情形之一的，第二审人民法院应当对证据收集的合法性进行审查并处理：第一审人民法院对当事人及其辩护人、诉讼代理人排除非法证据的申请没有审查，且以该证据作为定案根据的；人民检察院或者被告人、自诉人及其法定代理人不服第一审人民法院作出的有关证据收集合法性的调查结论，提出抗诉、上诉的；当事人及其辩护人、诉讼代理人在第一审结束后才发现相关线索或者材料，申请人民法院排除非法证据的。最高人民检察院《规则》第78条规定，人民检察院认为第一审人民法院有关证据收集合法性的审查、调查结论导致第一审判决、裁定错误的，可以向上一级人民法院提出抗诉。

案例分析 能力训练

四、自白任意规则

自白任意规则，又称非任意自白排除规则或自白规则，是指在刑事诉讼中，只有基于被追诉人自由意志而作出的自白（承认有罪的供述），才具有可采性；违背当事人意愿或违反法定程序而强制作出的供述不是自白，而是逼供，不具有可采性，必须予以排除。根据这一规则，在法庭审判过程中，对于控方举出的违反自白任意性规则的犯罪嫌疑人、被告人供述，如果辩护方表示异议的，法官应当禁止控方向法庭提交该证据，并不得以该证据作为裁判的依据。

确立自白任意规则是一个逐步发展的过程。在自白任意规则产生初期，主要是基于证明方面的考虑，目的主要在于排除虚假的陈述，因为被追诉者在受到威胁的情况下所作的供述往往是不真实的和不可靠的。后来，随着被告人人权保障问题日益受到重视，自白规则开始与不受强迫自证其罪原则以及无罪推定、人权保障、人格尊严等理念联系在一起。

我国法律规定的自白任意规则具有自身的特点，应当从以下几个方面来理解：第一，《刑事诉讼法》第52条规定，严禁刑讯逼供和以威胁、引诱、欺骗以及其他非法方法收集证据，不得强迫任何人证实自己有罪。这一规定确立了犯罪嫌疑人、被告人享有自由供述的权利，是自白任意规则的基础。第二，《刑事诉讼法》第120条第1款规定，侦查人员在讯问犯罪嫌疑人的时候，应当首先讯问犯罪嫌疑人是否有犯罪行为，让他陈述有罪的情节或者无罪的辩解，然后向他提出问题。犯罪嫌疑人对侦查人员的提问，应当如实回答。但是对与本案无关的问题，有拒绝回答的权利。这一规定显示，犯罪嫌疑人只有对与案件无关的问题才有拒绝回答的权利，其所享有的自由供述的权利是受到一定限制的。第三，如前所述，经过多年的发展，我国已经确立的相对较为完备的非法证据排除规则，为落实不被强迫自证其罪原则和自白任意规则提供了保障。第四，我国法律也有相应的规定，来鼓励犯罪嫌疑人、被告人自愿供述。《刑事诉讼法》第15条规定了认罪认罚从宽原则，鼓励犯罪嫌疑人、被告人自愿认罪与供述。《刑事诉讼法》第120条第2款规定，侦查人员在讯问犯罪嫌疑人的时候，应当告知犯罪嫌疑人享有的诉讼权利，如实供述自己罪行可以从宽处理和认罪认罚从宽的法律规定。

五、传闻证据规则

传闻证据规则，也称传闻证据排除规则，即法律排除传闻证据作为认定犯罪事实的根据的规则。根据这一规则，如无法定理由，任何人在庭审期间以外及庭审准备期间以外的陈述，不得作为认定被告人有罪的证据。

所谓传闻证据，主要包括两种形式：一是书面传闻证据，即亲身感受了案件事实的证人在庭审期日之外所作的书面证人证言及警察、检察人员所作的（证人）询问笔录；二是言词传闻证据，即证人并非就自己亲身感知的事实作证，而是向法庭转述他从别人那里听到的情况。之所以排除传闻证据，主要理由：一是传闻证据有可能失真。传闻证据因具有复述的性质，可能因故意或过失导致转述错误或偏差。二是传闻证据无法接受交叉询问，无法在法庭上当面对质，真实性无法证实，也妨碍当事人权利的行使。三是传闻证据并非在裁判者面前的陈述。基于直接言词原则，证据调查应当在法庭上进行，以保证裁判官能够察言观色、辨明真伪。但对于传闻证据，由于裁判者未能直接听取原陈述人的陈述，无法观察原始证人作证时的表情和反应，因而很难判断真实性和准确性，故而予以排除。

《刑事诉讼法》第61条规定，证人证言必须在法庭上经过公诉人、被害人和被告人、辩护人双方质证并且查实以后，才能作为定案的根据。这表明从原则上确认了证人应该出庭作证，如果证人不出庭而只提交书面陈述的，应视为不具有证据能力。但是，《刑事诉讼法》第192条规定，公诉人、当事人或者辩护人、诉讼代理人对证人证言有异议，且该证人证言对案件定罪量刑有重大影响，人民法院认为证人有必要出庭作证的，证人应当出庭作证。人民警察就其执行职务时目击的犯罪情况作为证人出庭作证，适用前款规定。公诉人、当事人或者辩护人、诉讼代理人对鉴定意见有异议，人民法院认为鉴定人有必要出庭的，鉴定人应当出庭作证。经人民法院通知，鉴定人拒不出庭作证的，鉴定意见不得作为定案的根据。第195条又规定，对未到庭的证人的证言笔录、鉴定人的鉴定意见、勘验笔录和其他作为证据的文书，应当庭宣读。该规定表明，在立法上又允许一部分证人可以不出庭作证。由此可见，我国现行立法并没有规定传闻证据排除规则，只是部分地体现了该规则的精神。

六、意见证据规则

意见证据规则，是指证人只能陈述自己亲身感受和经历的事实，而不得陈述对该事实的意见或者结论。

意见证据规则的理论根据主要表现在：第一，证人发表意见侵犯了审理事实者的职权。第二，证人发表意见有可能对案件事实的认定产生误导。第三，普通证人缺乏发表意见所需要的专门性知识或者基本的技能训练与经验。第四，普通证人的意见证据对案件事实的认定没有价值。证人的职责只是把事实提供给法院，而不是发表对该事实的意见。

英美国家将证人分为“专家证人”与“普通证人”。允许专家证人基于专业知识提供意见证据，而普通证人则只能陈述他们所知道的第一手资料，并且只能就事实提供证言，即他们不可以提供意见、推论或者结论。但也确定了一些允许普通证人提供意见证据的例外。

我国将证人和鉴定人予以区分，鉴定意见是一种独立的证据种类，作为某一方面专家的鉴定人的意见可以作为诉讼中的证据。《刑事诉讼法》第197条还规定，公诉人、当事人和辩护人、诉讼代理人可以申请法庭通知有专门知识的人出庭，就鉴定人作出的鉴定意见提出意见。最高人民法院《解释》第97～101条对如何审查作为专家证人的鉴定人提供的鉴定意见，作了较为详细的规定；同时，关于普通证人的意见证据，第88条第2款也作了规定，即证人的猜测性、评论性、推断性的证言，不得作为证据使用，但根据一般生活经验判断符合事实的除外。

七、补强证据规则

所谓“补强证据”，是指用以增强另一证据证明力的证据。一开始收集到的对证实案情有重要意义的证据，称为“主证据”，而用以印证该证据真实性的其他证据，就称为“补强证据”。补强证据规则，是指为了防止误认事实或发生其他危险性，而在运用某些证明力显然薄弱的证据认定案情时，必须有其他证据补强其证明力，才能被法庭采信为定案根据。一般来说，在刑事诉讼中需要补强的不仅包括被追诉人的供述，而且包括证人证言、被害人陈述等特定证据。

补强证据必须满足以下条件：（1）补强证据必须具有证据能力。（2）补强证据本身必须具有担保补强对象真实的能力。设立补强证据的重要目的就在于确保特定证据的真实性，从而降低错误风险，如果补强证据没有证明价值，就不可能支持特定证据的证明力。当然，补强证据的作用仅仅在于担保特定补强对象的真实性，而非对整个待证事实或案件事实具有补强作用。（3）补强证据必须具有独立的来源。补强证据与补强对象之间不能重叠，而必须独立于补强对象，具有独立的来源，否则就无法担保补强对象的真实性。例如，被告人在审前程序中所作的供述就不能作为其当庭供述的补强证据。

我国《刑事诉讼法》第55条规定，只有被告人供述，没有其他证据的，不能认定被告人有罪和处以刑罚；没有被告人供述，证据确实、充分的，可以认定被告人有罪和处以刑罚。这一规定，强调了不能把被告人的供述作为定罪和处罚的唯一证据，口供必须得到其他证据的补强才具有证明力。由此可见，我国刑事诉讼法确立了口供需要补强的规则。关于证人证言的补强，最高人民法院《解释》第143条规定，下列证据应当慎重使用，有其他证据印证的，可以采信：（1）生理上、精神上有缺陷，对案件事实的认知和表达存在一定困难，但尚未丧失正确认知、表达能力的被害人、证人和被告人所作的陈述、证言和供述；（2）与被告人有亲属关系或者其他密切关系的证人所作的有利于被告人的证言，或者与被告人有利害冲突的证人所作的不利于被告人的证言。

八、最佳证据规则

最佳证据规则，又称原始证据规则，是指以文字、符号、图形等方式记载的内容来证明案情时，原件才是最佳证据。该规则要求书证的提供者应尽量提供原件，如果提供副本、抄本、复制本等非原始材料，则必须提供充足理由加以说明，否则，该书证不具有可采性。最佳证据规则的着眼点是书证的真实性、可靠性。书证的原件，真实、可靠程度显然要高于抄件和复制件。由于在抄写或复制的过程中很可能遗漏了重要内容或是故意弄虚作假，因而抄件或复制件存在虚假的可能性。

我国《刑事诉讼法》没有明确规定最佳证据规则。但最高人民法院《解释》规定了相关内容，如第83条规定，据以定案的物证应当是原物。原物不便搬运、不易保存、依法应当返还或者依法应当由有关部门保管、处理的，可以拍摄、制作足以反映原物外形和特征的照片、录像、复制品。第84条规定，据以定案的书证应当是原件。取得原件确有困难的，可以使用副本、复制件。这些规定都体现了最佳证据规则的精神。

第五节 刑事诉讼证明

一、刑事诉讼证明

刑事诉讼证明的概念有广义、狭义之分。广义的刑事诉讼证明，是指侦查人员、检察人员和审判人员依照法定程序依法收集证据，证明是谁实施了犯罪，犯罪人的罪责轻重及其他有关事实，以及当事人和其他诉讼参与人依法提供证据，运用证据证明自己诉讼主张的活动。狭义的刑事诉讼证明，是指国家公诉机关和诉讼当事人在法庭审理中依照法律规定的程序和要求向审判机关提出证据，运用证据阐明系争事实，论证诉讼主张成立的活动。我国一般采狭义说。

刑事诉讼中的证明具有以下特征：

1.刑事诉讼证明的主体是国家公诉机关和诉讼当事人。在我国刑事诉讼中，公诉机关和自诉人实际上处于原告一方，负有向法庭提出证据证明被告人有罪的责任。被告人原则上不负证明责任，仅在特定情况下承担一定的证明责任。

需要注意的是，公安机关和人民法院不是证明的主体。公安机关虽然承担主要的侦查任务，协助检察机关行使控诉职能，但是其侦查行为只是为公诉机关的刑事诉讼证明活动做准备，公安机关本身并不是刑事诉讼证明的主体。法院的职责是居中裁断，对诉讼双方当事人的证明活动作出评价，因此法院不是证明主体，在法定情况下依照职权调查证据，是为了审查证据，而不是证明自己的主张。

2.刑事诉讼证明的对象是诉讼中需要运用证据加以证明的事项。证明对象是与定罪、量刑及保障程序公正有关，从而具有诉讼意义的事项。在诉讼中，并非所有事项都需要提供证据加以证明，一般只有诉讼两方当事人之间存在不同意见的事实争议和法律争议需要提供证据加以证明。

3.严格意义上的刑事诉讼证明只存在于审判阶段。刑事诉讼证明是与法庭审判紧密联系的概念，解决的是在审判程序中由谁提出诉讼主张并加以证明的问题。侦查人员、检察人员在审前阶段对证据的收集审查活动属于“查明”，而非“证明”。庭审前的收集、提取证据只是为法庭上的证明活动奠定基础，创造条件，而不属于严格意义上的刑事诉讼证明。

4.刑事诉讼证明受证明责任的影响或支配。根据证明责任的要求，如果依法承担证明责任的诉讼主体对待证事实的证明未能达到法律要求的标准，则要承担可能败诉的风险。在刑事诉讼证明的各个构成环节中，证明责任是衔接各个环节的桥梁和纽带，它不仅直接决定证明的主体，而且通过行为责任与证明客体联系起来，通过结果责任与证明标准联系起来，可谓刑事诉讼证明的中心环节。

5.刑事诉讼证明不仅是一种认识活动，还是一种诉讼行为，直接受各类诉讼法律的规范和调整。刑事诉讼证明是“抽象思维活动与具体诉讼行为的统一”。刑事诉讼证明是在程序法规制下进行的活动，蕴含着一系列法律价值的实现和选择过程。

二、刑事诉讼证明对象

1.刑事诉讼证明对象的概念。刑事诉讼的证明对象，也称证明客体、待证事实或要证事实，是证明主体运用一定的证明方法所要证明的一切法律要件事实。

刑事诉讼的证明对象在诉讼证明活动中居于极为重要的地位，它是诉讼证明活动的起点和归宿。正是因为在观念上首先设定了证明对象，才产生了证明主体、证明责任、证明程序等概念。证明对象和证明标准一起，形成了证明的方向、内容和目标。整个诉讼证明活动，都是围绕证明对象进行的。而证明过程的完成，则有赖于证明对象得到法律所认可的证明。

2.刑事诉讼证明对象的内容。证明对象是必须运用证据予以证明的案件事实，主要是由实体法所规定的行为人的行为是否构成犯罪以及应当处以何种刑罚的事实。此外，在诉讼中对解决诉讼程序具有法律意义的事实，由于与正确处理案件密切相关，也是应当予以证明的事实。

（1）实体法事实。实体法事实是直接决定案件处理结果的关键所在，解决的是被告人的行为是否构成犯罪、所犯何罪、罪重还是罪轻、应否处以刑罚、应处以何种刑罚的问题，因此是刑事诉讼中首要的证明对象。我国《刑事诉讼法》第198条规定，法庭审理过程中，对与定罪、量刑有关的事实、证据都应当进行调查、辩论。

从理论上来说，实体法事实可以分为以下几类：①犯罪构成要件的诸事实，即关于犯罪主体、犯罪客体、犯罪的主观方面和客观方面的事实。诉讼理论上将应予证明的犯罪构成要件的诸事实概括为“七何”要素，即何人，何时，何地，基于何种动机、目的，采用何种方法、手段，实施了何种犯罪行为，造成了何种危害结果。②影响量刑轻重的各种量刑事实，即作为影响量刑的从重或者从轻、减轻、免除处罚理由的法定情节或者酌定情节。③足以排除行为的违法性、可罚性和行为人刑事责任的事实，即所谓违法阻却事由和责任阻却事由。例如，根据刑法的规定，正当防卫、紧急避险、行使职权以及意外事件等虽然在客观上造成了损害后果，但由于以合法形式出现，从根本上就排除了违法性；有《刑事诉讼法》第16条规定的几种情形之一的，不追究刑事责任，这些法定情形排除了行为的可罚性；行为人没有达到法定的刑事责任年龄，或者精神病人在不能辨认或者控制自己行为的期间犯罪，对其行为所造成的危害后果不承担刑事责任。

（2）程序法事实。能够成为证明对象的程序法事实，主要包括：对犯罪嫌疑人、被告人采取强制措施的事实；关于回避的事实；耽误诉讼期限是否有不能抗拒的原因或者其他正当理由的事实；认罪认罚的事实；违反法定程序的事实；有关管辖争议的事实；与执行的合法性有关的事实，如关于罪犯“是否怀孕”的事实；其他需要证明的程序性事实。

证据事实不是证明对象。根据《刑事诉讼法》第50条的规定，案件事实是证明对象，而证据事实是证明手段。证据事实不宜作为证明对象的主要理由是：在诉讼中确定哪些事实是证明对象，哪些不是证明对象，应当以诉讼的目的或它最终所要解决的问题为衡量的尺度。只有这样，才有一个客观的标准。证据事实归根结底是用以证明待证事实的，是证明手段。在此，不能把对证据材料的审查判断与对案件事实的证明混为一谈。

根据最高人民法院《解释》第72条第1款的规定，应当运用证据证明的案件事实包括：①被告人、被害人的身份；②被指控的犯罪是否存在；③被指控的犯罪是否为被告人所实施；④被告人有无刑事责任能力，有无罪过，实施犯罪的动机、目的；⑤实施犯罪的时间、地点、手段、后果以及案件起因等；⑥是否系共同犯罪或者犯罪事实存在关联，以及被告人在犯罪中的地位、作用；⑦被告人有无从重、从轻、减轻、免除处罚情节；⑧有关涉案财物处理的事实；⑨有关附带民事诉讼的事实；⑩有关管辖、回避、延期审理等的程序事实；⑪与定罪量刑有关的其他事实。该条将实体法事实和程序法事实进行了“一揽子”规定。

需要指出的是，《刑事诉讼法》将收集证据程序的合法性纳入了需要证明的程序法事实。例如，第58条规定，法庭审理过程中，审判人员认为可能存在本法第56条规定的以非法方法收集证据情形的，应当对证据收集的合法性进行法庭调查。第59条规定，在对证据收集的合法性进行法庭调查的过程中，人民检察院应当对证据收集的合法性加以证明。司法解释对此也进行了相关规定。最高人民检察院《规则》第410条规定，在法庭审理过程中，被告人及其辩护人提出被告人庭前供述系非法取得，审判人员认为需要进行法庭调查的，或者审判人员认为可能存在以非法方法收集其他证据的情形而需要进行法庭调查的，公诉人可以通过出示讯问笔录、提讯登记、体检记录、采取强制措施或者侦查措施的法律文书、侦查终结前对讯问合法性进行核查的材料等证据材料，有针对性地播放讯问录音、录像，提请法庭通知调查人员、侦查人员或者其他人员出庭说明情况等方式，对证据收集的合法性加以证明。

(3)免证事实。刑事诉讼中的事实一般分为待证事实和免证事实两大类。其中，待证事实是作为证明对象的事实，免证事实是免除控辩双方举证、由法院直接确认的事实。从国外关于免证事实的研究看，免证事实一般包括司法认知、推定和自认三种。

最高人民检察院《规则》第401条规定了免证事实，即在法庭审理中，下列事实不必提出证据进行证明：①为一般人共同知晓的常识性事实；②人民法院生效裁判所确认并且未依审判监督程序重新审理的事实；③法律、法规的内容以及适用等属于审判人员履行职务所应当知晓的事实；④在法庭审理中不存在异议的程序事实；⑤法律规定的推定事实；⑥自然规律或者定律。

三、刑事诉讼证明责任

1.证明责任的含义。证明责任也称举证责任，是诉讼法和证据法中的一项基本制度，是指人民检察院或某些当事人应当收集或提供证据证明应予认定的案件事实或有利于自己的主张的责任；否则，将承担其主张不能成立的后果。证明责任所要解决的问题是：诉讼中出现的案件事实，应当由谁提供证据加以证明，以及在诉讼结束时如果案件事实仍然处于真伪不明的状态，应当由谁来承担败诉或不利的诉讼后果。

证明责任具有以下特点：(1)证明责任总是与一定的诉讼主张相联系。在刑事诉讼中，检察机关向法院提出诉讼主张，该起诉主张具有拘束法院审判的法律效力。(2)证明责任是提供证据责任与说服责任的统一。所谓提供证据的责任，即双方当事人在诉讼过程中，应当根据诉讼进行的状态，就主张的事实或者反驳的事实提供证据加以证明。所谓说服责任，即负有证明责任的诉讼当事人应当承担运用证据对案件事实进行说明、论证，使法官形成对案件事实的确信的责任。由此可见，仅仅提出证据并不等于履行了证明责任，还必须尽可能地说服裁判者相信所主张的事实存在或不存在。(3)证明责任总是和一定的不利诉讼后果相联系。证明责任最终表现为，如果承担证明责任的一方当事人不能提出足以说服法官确认自己诉讼主张的证据，则需承担败诉或者其他不利后果的责任。在刑事诉讼中，如果控诉方不能提供确实充分的证据或诉讼结束时案件仍处于事实真伪不明的状态，指控的罪名便不能成立，被告人将被宣告无罪，这实质上是指控的失败，从诉讼意义上讲，这一结果就是刑事控告方的“不利后果”。

2.证明责任的分担。在我国，证明责任的承担主体首先是控诉机关和负有证明责任的当事人，即公诉案件中的公诉人和自诉案件中的自诉人，只有他们才应依照法定程序承担证明犯罪事实是否发生、犯罪嫌疑人或被告人有罪、无罪以及犯罪情节轻重的责任，这是证明责任理论中“谁主张，谁举证”的古老法则在刑事诉讼中的直接体现。此外，根据“否认者不负证明责任”的古老法则和现代无罪推定原则的要求，犯罪嫌疑人、被告人不负证明自己无罪的责任。这表明，从整体上看，刑事诉讼中的证明责任是一个专属于控诉方的概念。但是，在少数持有类的特定案件，如巨额财产来源不明案件及非法持有属于国家绝密、机密文件、资料、物品罪中，犯罪嫌疑人、被告人也负有提出证据的责任。

《刑事诉讼法》第51条规定：“公诉案件中被告人有罪的举证责任由人民检察院承担，自诉案件中被告人有罪的举证责任由自诉人承担。”具体言之，我国刑事诉讼证明责任的分担如下：(1)人民检察院负有证明被告人有罪的责任。刑事诉讼法明确规定，检察机关决定提起公诉的案件，必须达到犯罪事实已经查清，证据确实、充分，依法应当追究刑事责任的标准。

（2）自诉案件的自诉人应当对其控诉承担证明责任。在自诉案件中，自诉人处于原告的地位，独立承担控诉职能，对自己提出的控诉主张依法应当承担证明责任。（3）在例外情况下，被告人应当承担提出证据的责任。例如，根据《刑法》第395条的规定，国家工作人员的财产、支出明显超过合法收入，差额巨大的，可以责令该国家工作人员说明来源，不能说明来源的，差额部分以非法所得论，处5年以下有期徒刑或者拘役；差额特别巨大的，处5年以上10年以下有期徒刑。财产的差额部分予以追缴。也就是说，对于巨额财产来源不明罪，被告人负有说明明显超过合法收入的那部分财产、支出的来源的责任，如果不能说明来源的，则以巨额财产来源不明罪论处。但是，证明财产、支出明显超过合法收入并差额巨大这一事实存在的责任，仍然由公诉机关承担。

四、刑事诉讼证明标准

刑事诉讼中的证明标准，是指法律规定的检察机关和当事人运用证据证明案件事实要求达到的程度。《刑事诉讼法》第200条规定，在被告人最后陈述后，审判长宣布休庭，合议庭进行评议，根据已经查明的事实、证据和有关的法律规定，分别作出以下判决：（1）案件事实清楚，证据确实、充分，依据法律认定被告人有罪的，应当作出有罪判决；（2）依据法律认定被告人无罪的，应当作出无罪判决；（3）证据不足，不能认定被告人有罪的，应当作出证据不足、指控的犯罪不能成立的无罪判决。据此，我国刑事诉讼中认定被告人有罪的证明标准是“犯罪事实清楚，证据确实、充分”。

所谓犯罪事实清楚，是指构成犯罪的各种事实情节，或者定罪量刑所依据的各种事实情节，都必须是清楚的、真实的。所谓证据确实，是指所有证据都必须经过查证而具有真实性和证明力。证据确实是指对定案的证据在质量上的要求：一是指据以定案的单个证据，必须经查证属实；二是指单个证据与案件事实之间，必须存在客观联系。所谓证据充分，是指案件的证明对象都有相应的证据证明其真实可靠，排除其他合理性怀疑。证据充分，是指对定案的证据在数量上的要求，基本要求是，证据的量必须充足，能够组成一个完整的证明体系，所有属于犯罪构成要件及量刑情节的事实均有相应证据加以证明，不存在任何一环的脱漏，而且证据在总体上已足以对所要证明的案件事实得出确定的结论。

《刑事诉讼法》第55条明确规定了如何把握证据确实、充分的条件：定罪量刑的事实都有证据证明；据以定案的证据均经法定程序查证属实；综合全案证据，对所认定事实已排除合理怀疑。

需要注意的是疑罪的处理问题。所谓疑罪，是指既有相当的证据说明犯罪嫌疑人、被告人有犯罪嫌疑，但全案证据又未达到确实、充分的要求，不能排除合理怀疑地作出犯罪嫌疑人、被告人犯罪的结论。《刑事诉讼法》第12条确立了未经人民法院依法判决，对任何人都不得确定有罪的原则。这是无罪推定原则精神的体现。《刑事诉讼法》第175条规定，人民检察院在审查起诉阶段，对于二次补充侦查的案件，仍然认为证据不足，不符合起诉条件的，应当作出不起诉决定。《刑事诉讼法》第200条第3项规定，人民法院在审判阶段，经过法庭审理，合议庭对证据不足，不能认定被告人有罪的，应当作出证据不足、指控的犯罪不能成立的无罪判决。这些规定表明，刑事诉讼法明确了“疑罪从无”的处理原则。

最高人民法院《关于建立健全防范刑事冤假错案工作机制的意见》又对疑罪的处理问题进行了更加明确具体的规定。该意见第6条规定：“定罪证据不足的案件，应当坚持疑罪从无原则，依法宣告被告人无罪，不得降格作出‘留有余地’的判决。定罪证据确实、充分，但影响量刑的证据存疑的，应当在量刑时作出有利于被告人的处理。死刑案件，认定对被告人适用死刑的事实证据不足的，不得判处死刑。”最高人民法院《解释》第72条第2款规定，认定被告人有罪和对被告人从重处罚，适用证据确实、充分的证明标准。这一规定实际上要求对被告人从重量刑采用与定罪相同的证明标准，但从轻量刑则可以适用相对较低的证明标准，同样体现了存疑有利于被告人的原则。

【本章主要法律规定】

1.《刑事诉讼法》第50～65条

2. 最高人民法院、最高人民检察院、公安部、国家安全部、司法部、全国人大常委会法制工作委员会《关于实施刑事诉讼法若干问题的规定》第11～12条

3. 最高人民法院《关于适用〈中华人民共和国刑事诉讼法〉的解释》第69～146条

4.《人民检察院刑事诉讼规则》第61～80条

5.《公安机关办理刑事案件程序规定》第59～77条

6. 最高人民法院、最高人民检察院、公安部、国家安全部、司法部《关于办理刑事案件严格排除非法证据若干问题的规定》

7. 最高人民法院《关于建立健全防范刑事冤假错案工作机制的意见》

8. 最高人民法院、最高人民检察院、公安部《关于办理刑事案件收集提取和审查判断电子数据若干问题的规定》

第八章
强制措施

本章主要内容提示

本章主要内容为五种刑事强制措施，重点在于每种强制措施的适用对象与程序。

1.拘传：适用主体与对象、拘传的程序、一次拘传持续的时间。

2.取保候审：取保候审适用的对象、保证金保证与保证人保证及其适用、取保候审的执行、被取保候审人的义务及违反义务的处理。

3.监视居住：监视居住适用的对象、住处监视居住与指定居所监视居住、监视居住的执行、被监视居住人的义务以及违反义务的处理。

4.拘留：拘留的适用情形、拘留的执行、拘留的期限。

5.逮捕：逮捕的适用情形、不批准逮捕或不予逮捕的情形、逮捕的权限、逮捕的批准与决定程序、羁押必要性审查与评估。

第一节　强制措施概述

一、强制措施的概念与特点

1.强制措施的概念。刑事诉讼中的强制措施，是指公安机关、人民检察院和人民法院为了保证刑事诉讼的顺利进行，依法对刑事案件的犯罪嫌疑人、被告人的人身自由进行限制或者剥夺的各种强制性方法。我国刑事诉讼法规定了五种强制措施，按照强制程度强弱的顺序排列依次为拘传、取保候审、监视居住、拘留、逮捕。其中前三项是限制人身自由的强制措施，而后两项则是剥夺人身自由的强制措施。需要注意的是，《监察法》规定的留置措施虽然也是一种针对人身自由的强制性方法，但不是刑事诉讼中的强制措施。

2.强制措施的特点。我国刑事诉讼中的强制措施具有以下几个特点：(1)主体的特定性。有权适用强制措施的主体只能是公安机关（包括其他侦查机关）、人民检察院和人民法院，其他任何国家机关、团体或个人都无权采取强制措施，否则即构成对公民人身权利的侵犯，严重的构成犯罪。其中，拘传、取保候审、监视居住三种强制措施，公安机关、人民检察院和人民法院都可以采用。作为刑事强制措施的拘留只有公安机关和人民检察院才可以采用，由公安机关执行。逮捕只有人民检察院和人民法院才有权批准或决定适用，公安机关只有提请批准逮捕权和对逮捕决定的执行权。(2)对象的唯一性。强制措施的适用对象是犯罪嫌疑人、被告人，对于其他诉讼参与人和案外人不得采用强制措施。(3)我国强制措施的内容是限制或者剥夺犯罪嫌疑人、被告人的人身自由，而不包括对物的强制处分。刑事诉讼法在侦查措施中另行规定了对物进行强制处分的强制性措施，包括搜查、扣押、查封、冻结等。(4)强制措施是预防性措施，而不是惩罚性措施，即适用强制措施的目的是保证刑事诉讼的顺利进行，防止犯罪嫌疑人、被告人逃避侦查、起诉和审判，进行毁灭、伪造证据或继续犯罪等妨害刑事诉讼的行为，而不在于惩罚犯罪嫌疑人、被告人。(5)适用上具有法定性。刑事诉讼法对各种强制措施的适用机关、适用条件、程序和时间都进行了严格的规定，其目的是严格控制强制措施的适用，防止滥用而侵犯人权，公安司法人员在适用时不得突破法律的规定。(6)时间上具有临时性。强制措施是一种临时性措施，随着刑事诉讼的进程，强制措施应当根据案件的进展情况予以变更或者解除。例如，刑事判决生效并开始执行后，强制措施应自动解除。最高人民法院《解释》第172条规定，被采取强制措施的被告人，被判处管制、缓刑的，在社区矫正开始后，强制措施自动解除；被单处附加刑的，在判决、裁定发生法律效力后，强制措施自动解除；被判处监禁刑的，在刑罚开始执行后，强制措施自动解除。

二、适用强制措施的原则与应当考虑的因素

强制措施在刑事诉讼中发挥着重要作用，可以防止犯罪嫌疑人、被告人逃避侦查、起诉和审判，防止犯罪嫌疑人、被告人实施妨害诉讼的活动或继续进行犯罪活动，防止犯罪嫌疑人、被告人自杀以及发生其他意外事件，还可以起到震慑犯罪分子，鼓励群众积极同犯罪行为作斗争，以及预防犯罪的作用。但由于强制措施涉及宪法所保障的公民的人身自由权，因此，其适用必须慎重，遵循相应的原则并全面考虑相关因素。

适用强制措施应当遵循必要性原则、相当性原则和变更性原则。必要性原则是指只有在为保证刑事诉讼的顺利进行而有必要时方能采取，若无必要，不得随意适用强制措施。相当性原则，又称为比例原则，是指适用何种强制措施，应当与犯罪嫌疑人、被告人的人身危险性程度和涉嫌犯罪的轻重程度相适应，不得在人身危险性程度和涉嫌犯罪的轻重程度较低的情况下适用强制程度较高的强制措施。变更性原则是指强制措施的适用，需要随着诉讼的进展、犯罪嫌疑人、被告人及案件情况的变化而及时变更或解除。

除遵循上述两项原则外，适用强制措施还要全面考虑一系列的因素：(1)犯罪嫌疑人、被告人所实施涉嫌犯罪行为的社会危害性。社会危害性越大，采取强制措施的必要性也就越大，适用的强制措施的强制力度也就越高。(2)犯罪嫌疑人、被告人的社会危险性，即犯罪嫌疑人、被告人实施新的犯罪，实施危害国家安全、公共安全或者社会秩序行为或者进行各种妨害刑事诉讼行为的可能性。可能性越大，采取强制措施的必要性及强度就越高。最高人民法院、最高人民检察院、公安部、国家安全部《关于取保候审若干问题的规定》第3条规定，对于采取取保候审足以防止发生社会危险性的犯罪嫌疑人，应当依法适用取保候审这种非羁押性的强制措施。(3)案件所处诉讼阶段和公安司法机关对案件事实的调查情况及对案件证据的掌握情况。适用强制措施必须按照法定条件，只有根据已经查明的案件事实和已有的证据，才能确定对犯罪嫌疑人、被告人具体采用的强制措施的种类。(4)犯罪嫌疑人、被告人的个人情况。如其身体健康状况，是否正在怀孕、哺乳自己婴儿的妇女等，以确定是否对其采用强制措施和采用何种强制措施。

三、公民的扭送

扭送是公民将具有法定情形的人立即送交公、检、法机关处理的行为。根据《刑事诉讼法》第84条的规定，对于有下列情形的人，任何公民都可以立即扭送公安机关、人民检察院或者人民法院处理：(1)正在实行犯罪或者在犯罪后即时被发觉的；(2)通缉在案的；(3)越狱逃跑的；(4)正在被追捕的。这一规定体现了刑事诉

讼法鼓励公民积极协助公安司法机关，从而有效帮助公安司法机关抓获犯罪嫌疑人、被告人和查明犯罪人的意图。但需要注意的是，公民扭送并不是刑事诉讼法规定的一种强制措施，而只是配合公安司法机关采取强制措施的一种辅助手段，对于被公民扭送的人是否要采取强制措施以及采取何种强制措施，仍然要由公安司法机关依照法定条件和法定程序决定和执行，对于不需要采取强制措施的，公安司法机关应当将被扭送人释放。

第二节 拘 传

一、拘传的概念和特点

拘传是指公安机关、人民检察院和人民法院对未被羁押的犯罪嫌疑人、被告人，依法强制其到案接受讯问的一种强制措施。拘传是我国刑事诉讼强制措施体系中强制力度最轻的一种，公安机关、人民检察院和人民法院在刑事诉讼过程中，均有权决定适用。

拘传具有以下特点：(1)拘传的对象是未被羁押的犯罪嫌疑人、被告人，对于已经被拘留、逮捕的犯罪嫌疑人，可以直接进行讯问，不需要适用拘传；(2)拘传的目的是强制犯罪嫌疑人、被告人到案接受讯问，没有羁押的效力，拘传不得超过法定的期限，在讯问后，应当将被拘传人立即放回。

二、拘传与传唤的区别

在刑事诉讼中，拘传和传唤虽然都是要求犯罪嫌疑人、被告人到案接受讯问，但二者是性质不同的诉讼行为。传唤是指人民法院、人民检察院和公安机关使用传票的形式通知犯罪嫌疑人、被告人及其他当事人在指定的时间自行到指定的地点接受讯问、询问或审理，性质等同于通知，不具有强制性；而拘传则具有一定的强制性，对不愿到案接受讯问的犯罪嫌疑人、被告人可以强制到案接受讯问，在其抗拒到案的情况下可以使用戒具。

具体而言，拘传和传唤两者的区别表现在：(1)强制力不同。传唤是自动到案，拘传则是强制到案。(2)适用的对象不同。传唤适用于所有当事人，包括犯罪嫌疑人、被告人、自诉人、被害人、附带民事诉讼的原告人和被告人；拘传则仅适用于犯罪嫌疑人、被告人。(3)适用时是否一定需要法律文书不同。拘传时必须出示拘传证，传唤在大多数情况下也需要出示传唤通知书，但《刑事诉讼法》第119条规定，对在现场发现的犯罪嫌疑人，侦查人员经出示工作证件，可以口头传唤，但应当在讯问笔录中注明。

传唤不是拘传的必经程序，人民法院、人民检察院和公安机关根据案件的具体情况，可以不经传唤，直接拘传犯罪嫌疑人、被告人。

三、拘传的适用对象、主体与程序

1.拘传的适用对象。拘传作为刑事诉讼中的强制措施，只能适用于犯罪嫌疑人、被告人，对其他当事人以及证人、鉴定人、翻译人员等诉讼参与人不能适用。

2.拘传的适用主体。根据刑事诉讼法和相关司法解释的规定，有权决定适用拘传的机关包括公安机关、检察机关和人民法院。其他行使侦查权的机关也有权适用拘传，如国家安全机关、军队保卫部门等。

3.拘传的适用程序。

(1)拘传应当依据拘传证(法院称为拘传票)。拘传证上应载明被拘传人的姓名、性别、年龄、籍贯、住址、工作单位、案由、接受讯问的时间和地点，以及拘传的理由。

(2)拘传应当在被拘传人所在的市、县内进行，即拘传到被拘传人所在的市、县公安机关执法办案场所进行讯问。根据最高人民检察院《规则》第84条，犯罪嫌疑人工作单位与居住地不在同一市、县的，拘传应当在犯罪嫌疑人工作单位所在的市、县内进行；特殊情况下，也可以在犯罪嫌疑人居住地所在的市、县内进行。

（3）拘传时，应当向被拘传人出示拘传证。执行拘传的公安司法人员不得少于2人。对于抗拒拘传的，可以使用诸如警棍、警绳、手铐等戒具，强制其到案。

（4）犯罪嫌疑人到案后，应当责令其在拘传证上填写到案时间，并在拘传证上签名、捺指印或盖章。然后应当立即进行讯问，讯问结束后，应当由其在拘传证上填写讯问结束时间。犯罪嫌疑人拒绝填写的，侦查人员应当在拘传证上注明。

（5）讯问结束后，如果被拘传人符合其他强制措施如拘留、逮捕条件的，应当依法采取其他强制措施。如果不需要采取其他强制措施的，应当结束拘传，恢复其人身自由。一次拘传的时间不得超过12小时，案情特别重大、复杂，需要采取拘留、逮捕措施的，拘传持续的时间不得超过24小时。不得以连续拘传的形式变相拘禁犯罪嫌疑人、被告人，两次拘传间隔的时间一般不得少于12小时。拘传犯罪嫌疑人、被告人，应当保证其饮食和必要的休息时间。

第三节　取保候审

一、取保候审的概念

取保候审，是指在刑事诉讼过程中，公安机关、人民检察院、人民法院责令犯罪嫌疑人、被告人提出保证人或者交纳保证金，保证犯罪嫌疑人、被告人不逃避或妨碍侦查、起诉和审判，并随传随到的一种强制措施。取保候审只是限制犯罪嫌疑人、被告人的人身自由，是一种强度较轻的强制措施。

二、取保候审的适用对象

根据《刑事诉讼法》第67条的规定，取保候审可以适用于以下情形：（1）可能判处管制、拘役或者独立适用附加刑的；（2）可能判处有期徒刑以上刑罚，采取取保候审不致发生社会危险性的；（3）患有严重疾病、生活不能自理，怀孕或者正在哺乳自己婴儿的妇女，采取取保候审不致发生社会危险性的；（4）羁押期限届满，案件尚未办结，需要采取取保候审的。这种情形指的是犯罪嫌疑人、被告人被羁押的案件，不能在刑事诉讼法规定的侦查期限、审查起诉期限、一审和二审期限内办结的，需要继续查证、审理的。此外，法律和司法解释规定的已经被逮捕的犯罪嫌疑人、被告人在符合特定情形下应当变更、撤销或者解除逮捕措施的，也可以适用取保候审。

三、取保候审的保证方式

《刑事诉讼法》第68条规定："人民法院、人民检察院和公安机关决定对犯罪嫌疑人、被告人取保候审，应当责令犯罪嫌疑人、被告人提出保证人或者交纳保证金。"因此，取保候审有两种方式：一种是保证人保证；另一种是保证金保证。对同一犯罪嫌疑人、被告人决定取保候审的，不能同时适用保证人保证和保证金保证。

1.保证人保证。

（1）保证人保证的概念与意义。保证人保证又称人保，是指公安机关、人民检察院、人民法院责令犯罪嫌疑人、被告人提出保证人并出具保证书，保证被保证人在取保候审期间履行法定义务和酌定义务，不逃避和妨碍侦查、起诉和审判，并随传随到的保证方式。保证人保证，一方面可以通过保证人和犯罪嫌疑人、被告人之间的关系，对犯罪嫌疑人、被告人产生心理上的束缚，使其不致逃避或妨碍侦查、起诉和审判；另一方面可以通过保证人监督犯罪嫌疑人、被告人的活动，监督、教育犯罪嫌疑人、被告人遵纪守法，履行义务。

（2）适用保证人保证的情形。对于符合取保候审条件，具有下列情形之一的犯罪嫌疑人、被告人，公安司法机关决定取保候审时，可以采用保证人保证：①无力交纳保证金的；②未成年人或者已满75周岁的人；③其他不宜收取保证金的情形。对于未成年人取保候审的，应当优先适用保证人保证。

（3）保证人的条件。根据《刑事诉讼法》第69条的规定，保证人的条件包括：①与本案无牵连；②有能力履行保证义务；③享有政治权利，人身自由未受到限制；④有固定的住处和收入。犯罪嫌疑人、被告人提出保证人的，公安司法机关应当审查保证人是否符合条件。如果保证人在取保候审期间不愿继续担保或者丧失担保条件或保证义务履行能力的，取保候审决定机关应当在收到保证人的申请或者发现其丧失担保条件后，责令犯罪嫌疑人重新提出保证人或者交纳保证金，或者变更强制措施。

（4）保证人的数量。对犯罪嫌疑人、被告人决定适用取保候审的，可以责令其提出1～2名保证人。

（5）保证人的义务。保证人应当承担如下义务：①监督被保证人遵守《刑事诉讼法》第71条规定的在取保候审期间应当履行的义务；②发现被保证人可能发生或者已经发生违反《刑事诉讼法》第71条规定的行为的，应当及时向执行机关报告。

（6）保证人违反保证义务的惩罚。根据六机关《规定》第14条的规定，对取保候审保证人是否履行了保证义务，由公安机关认定，对保证人的罚款决定，也由公安机关作出。根据公安部《规定》第103条的规定，在取保候审期间，如果被取保候审人有违反《刑事诉讼法》第71条规定的行为，而保证人未履行监督和及时报告的义务，查证属实后，将对保证人处1000元以上2万元以下的罚款。根据最高人民法院《解释》第157条的规定，根据案件事实和法律规定，认为已经构成犯罪的被告人在取保候审期间逃匿的，如果系保证人协助被告人逃匿，或者保证人明知被告人藏匿地点但拒绝向司法机关提供，对保证人应当依法追究责任。

2.保证金保证。

（1）保证金保证的概念。保证金保证又称财产保，是指公安机关、人民检察院、人民法院责令犯罪嫌疑人、被告人交纳保证金并出具保证书，保证被保证人在取保候审期间履行法定义务和酌定义务，不逃避和妨碍侦查、起诉和审判，并随传随到的保证方式。

（2）保证金的数额与收取管理。《刑事诉讼法》第72条规定，取保候审的决定机关应当综合考虑保证诉讼活动正常进行的需要，被取保候审人的社会危险性，案件的性质、情节，可能判处刑罚的轻重，被取保候审人的经济状况等情况，确定保证金的数额。保证金的起点数额为1000元，被取保候审人为未成年人的，保证金的起点数额为500元。保证金应当以人民币交纳。对于前一诉讼阶段已经适用了取保候审并收取了保证金的，后续诉讼阶段继续采取保证金保证的，原则上不变更保证金数额，不再重新收取保证金。

（3）保证金的退还。根据《刑事诉讼法》第73条的规定，犯罪嫌疑人、被告人在取保候审期间未违反《刑事诉讼法》第71条规定的，取保候审结束的时候，凭解除取保候审的通知或者有关法律文书到银行领取退还的保证金。对被取保候审的被告人的判决、裁定生效后，如果保证金属于其个人财产，且需要用以退赔被害人、履行附带民事赔偿义务或者执行财产刑的，人民法院可以书面通知公安机关移交全部保证金，由人民法院作出处理，剩余部分退还被告人。

四、取保候审的程序

1.取保候审的决定或申请。

（1）决定取保候审。公、检、法机关根据案件具体情况，可以直接主动地依职权决定取保候审。

（2）申请取保候审。根据《刑事诉讼法》第97条及相关司法解释的规定，犯罪嫌疑人、被告人及其法定代理人、近亲属或者辩护人有权申请变更强制措施。值班律师也可以为犯罪嫌疑人、被告人申请取保候审。人民法院、人民检察院和公安机关收到申请后，应当在3日以内作出决定；不同意变更强制措施的，应当告知申请人，并说明不同意的理由。

2.取保候审的执行。

根据《刑事诉讼法》第67条的规定，取保候审由公安机关执行，具体由被取保候审人居住地的派出所执行。居住地包括户籍所在地、经常居住地。经常居住地是指被取保候审人离开户籍所在地最后连续居住1年以上的地方。取保候审一般应当在户籍所在地执行，但已形成经常居住地的，可以在经常居住地执行。如果是人民检察院和人民法院决定的取保候审，人民法院、人民检察院应当将取保候审决定书和取保候审执行通知书等材料送达公安机关，由公安机关执行。以保证人方式保证的，还应当将保证人的取保候审保证书同时送达公安机关。国家安全机关决定取保候审的，以及人民检察院、人民法院在办理国家安全机关移送的犯罪案件时决定取保候审的，由国家安全机关执行。

被取保候审人未经批准不得离开所居住的市、县。被取保候审人需要离开所居住的市、县的，应当向负责执行的派出所提出书面申请，具有工作、学习、就医等正当合理事由的，由派出所负责人批准。负责执行的派出所批准后，应当通知决定机关。对于因正常工作和生活需要经常性跨市、县活动的，可以根据情况，简化批准程序。

3.取保候审的解除。

取保候审期限届满，决定机关应当作出解除取保候审或者变更强制措施的决定，并送交执行机关。决定机关未解除取保候审或者未对被取保候审人采取其他刑事强制措施的，被取保候审人及其法定代理人、近亲属或者辩护人有权要求决定机关解除取保候审。对于发现不应当追究被取保候审人刑事责任并作出撤销案件或者终止侦查决定的，决定机关应当及时作出解除取保候审决定，并送交执行机关。

有下列情形之一的，取保候审自动解除，不再办理解除手续，决定机关应当及时通知执行机关：（1）取保候审依法变更为监视居住、拘留、逮捕，变更后的强制措施已经开始执行的；（2）人民检察院作出不起诉决定的；（3）人民法院作出的无罪、免予刑事处罚或者不负刑事责任的判决、裁定已经发生法律效力的；（4）被判处管制或者适用缓刑，社区矫正已经开始执行的；（5）被单处附加刑，判决、裁定已经发生法律效力的；（6）被判处监禁刑，刑罚已经开始执行的。

4.取保候审的期限。

根据《刑事诉讼法》第79条的规定，取保候审的期限最长不超过12个月，在此期限内不得中断对案件的侦查、起诉和审理。关于取保候审的期限，还需要注意，被取保候审人违反《刑事诉讼法》第71条规定，被依法没收部分或全部保证金后，人民检察院或者人民法院仍决定对其取保候审的，取保候审的期限应当连续计算。公安机关已经对犯罪嫌疑人采取取保候审的，案件移交到人民检察院后，以及人民检察院、公安机关已对犯罪嫌疑人取保候审，案件起诉到人民法院后，办案机关对于符合取保候审条件的，应当依法对被告人重新办理取保候审，取保候审的期限重新计算。

五、被取保候审人的义务及违反义务的处理

《刑事诉讼法》第71条规定了被取保候审的犯罪嫌疑人、被告人，在取保候审期间应当履行的法定义务和酌定义务。

所谓法定义务，是指法律规定的每一个被取保候审的犯罪嫌疑人、被告人在取保候审期间都必须履行的义务。法定义务包括：（1）未经执行机关批准不得离开所居住的市、县；（2）住址、工作单位和联系方式发生变动的，在24小时以内向执行机关报告；（3）在传讯的时候及时到案；（4）不得以任何形式干扰证人作证；（5）不得毁灭、伪造证据或者串供。

所谓酌定义务，是指人民法院、人民检察院和公安机关根据案件和被取保候审人的具体情况，责令被取保候审的犯罪嫌疑人、被告人在取保候审期间必须履行的义务。酌定义务包括下列一项或多项：（1）不得进入特定的场所。特定的场所包括：可能导致其再次实施犯罪的场所，可能导致其实施妨害社会秩序、干扰他人正常活动行为的场所，与其所涉嫌犯罪活动有关联的场所，可能导致其实施毁灭证据、干扰证人作证等妨害诉讼活动的场所和其他可能妨害取保候审执行的特定场所。（2）不得与特定的人员会见或者通信。特定的人员包括：证人、鉴定人、被害人及其法定代理人和近亲属，同案违法

行为人、犯罪嫌疑人、被告人以及与案件有关联的其他人员，可能遭受被取保候审人侵害、滋扰的人员，可能实施妨害取保候审执行、影响诉讼活动的人员。“通信”包括以信件、短信、电子邮件、通话，通过网络平台或者网络应用服务交流信息等各种方式直接或者间接通信。（3）不得从事特定的活动。特定的活动包括：可能导致其再次实施犯罪的活动，可能对国家安全、公共安全、社会秩序造成不良影响的活动，与所涉嫌犯罪相关联的活动，可能妨害诉讼的活动和其他可能妨害取保候审执行的特定活动。（4）将护照等出入境证件、驾驶证件交执行机关保存。办案机关应当根据犯罪嫌疑人、被告人涉嫌犯罪的性质、危害后果、社会影响，犯罪嫌疑人、被害人的具体情况等，有针对性地确定被取保候审人的一项或多项酌定义务。

被取保候审的人在取保候审期间违反上述法定义务和酌定义务，则应视情节轻重没收保证金的全部或者一部分，并根据案件的具体情况，责令犯罪嫌疑人、被告人具结悔过，重新交纳保证金或提出保证人。对于不宜再取保候审的，可以监视居住或者予以逮捕。对需要予以逮捕的，可以对犯罪嫌疑人、被告人先行拘留。

对于需要没收部分或全部保证金的，执行机关作出决定后应当向被取保候审人宣布没收保证金的决定，并告知如果对没收保证金的决定不服，被取保候审人或者其法定代理人可以在5日以内向作出决定的公安机关申请复议。公安机关应当在收到复议申请后7日以内作出决定。被取保候审人或者其法定代理人对复议决定不服的，可以在收到复议决定书后5日以内向上一级公安机关申请复核一次。上一级公安机关应当在收到复核申请后7日以内作出决定。没收保证金的决定已过复议期限，或者复议、复核后维持原决定或者变更没收保证金数额的，公安机关应当及时通知指定的银行将没收的保证金按照国家的有关规定上缴国库。人民法院、人民检察院决定取保候审的，还应当在3日以内通知决定取保候审的法院或检察院。被取保候审人没有违反上述法定义务和酌定义务，但在取保候审期间涉嫌重新犯罪被公安司法机关立案侦查的，执行机关应当暂扣其保证金，待人民法院判决生效后，决定是否没收。对故意实施新的犯罪的，应当没收保证金；对过失实施新的犯罪或者不构成犯罪的，应当退还保证金。

对于人民法院和人民检察院决定的取保候审，如果发现犯罪嫌疑人、被告人在取保候审期间有违反上述法定义务和酌定义务的行为，负责执行的派出所应当及时通知决定取保候审的机关。

第四节　监视居住

一、监视居住的概念

监视居住是指公安机关、人民检察院、人民法院在刑事诉讼过程中，对于符合逮捕条件但具有法定情形的犯罪嫌疑人、被告人，责令在一定期限内不得离开住处或者指定的居所，并对其活动予以监视和控制的一种强制措施。

二、监视居住的适用对象

刑事诉讼法将监视居住定位为逮捕的替代措施，只有犯罪嫌疑人、被告人符合逮捕条件同时又具有特殊情形时才能适用。这些特殊情形包括：（1）患有严重疾病、生活不能自理的。（2）怀孕或者正在哺乳自己婴儿的妇女。（3）系生活不能自理的人的唯一扶养人。这种情况一般指的是犯罪嫌疑人、被告人是年老、年幼、严重残疾人或者患有严重疾病人的唯一扶养人。根据最高人民检察院《规则》第107条的规定，“扶养”包括父母、祖父母、外祖父母对子女、孙子女、外孙子女的抚养和子女、孙子女、外孙子女对父母、祖父母、外祖父母的赡养以及配偶、兄弟姐妹之间的相互扶养。（4）因为案件的特殊情况或者办理案件的需要，采取监视居住措施更为适宜的。(5)羁押期限届满，案件尚未办结，需要采取监视居住措施的。人民法院、人民检察院和公安机关对符合逮捕条件，有上述情形之一的犯罪嫌疑人、被告人，可以监视居住。此外，对符合取保候审条件，但犯罪嫌疑人、被告人不能提出保证人，也不交纳保证金的，也可以监视居住。

三、监视居住的种类

根据《刑事诉讼法》第75条的规定，监视居住分为住处监视居住和指定居所监视居住两种。住处监视居住，是指在犯罪嫌疑人、被告人的住处执行的监视居住；指定居所监视居住是指在由人民法院、人民检察院或者公安机关指定的居所执行的监视居住。原则上，监视居住应当在犯罪嫌疑人、被告人的住处执行，只有两种情况下可以适用指定居所监视居住：(1)犯罪嫌疑人、被告人无固定住处的；(2)对于涉嫌危害国家安全犯罪、恐怖活动犯罪，在住处执行可能有碍侦查的，经上一级公安机关批准，也可以在指定的居所执行。第二种情形仅适用于侦查阶段。

相对于住处监视居住，指定居所监视居住将犯罪嫌疑人、被告人置于一个相对陌生的环境，对其正常生活的影响更大，需要予以特别规范以防止滥用。相关解释对指定居所监视居住的具体适用进行了明确，包括以下内容：

(1)对于上述第一种情形中的“无固定住处”作了明确。固定住处是指犯罪嫌疑人在办案机关所在地的市、县内工作、生活的合法住处。

(2)对于上述第二种情形中的“在住处执行可能有碍侦查”的具体情况作了明确，包括下列情形：①可能毁灭、伪造证据，干扰证人作证或者串供的；②可能自杀、自残或者逃跑的；③可能导致同案犯逃避、妨碍侦查的；④在住处执行监视居住可能导致犯罪嫌疑人、被告人有人身危险的；⑤犯罪嫌疑人的家属或者其所在单位的人员与犯罪有牵连的。

(3)对于可以指定的居所的具体条件予以明确。采取指定居所监视居住的，不得在看守所、拘留所、监狱等羁押、监管场所以及留置室、讯问室等专门的办案场所、办公区域执行。指定的居所还应当符合下列条件：①具备正常的生活、休息条件；②便于监视、管理；③能够保证安全。

(4)指定居所监视居住的，不得要求被监视居住人支付费用。

四、监视居住的程序

1.监视居住的决定。

人民法院、人民检察院和公安机关决定对犯罪嫌疑人、被告人采取监视居住，应当制作监视居住决定书和执行监视居住通知书。

2.监视居住的执行。

监视居住由公安机关执行。人民法院和人民检察院决定监视居住的，人民法院和人民检察院应当将监视居住决定书等材料及时送达犯罪嫌疑人、被告人住处或指定居所所在地的公安机关执行。负责执行的派出所应当及时将执行情况通知决定监视居住的机关。为了更好地监督被监视居住的犯罪嫌疑人、被告人，《刑事诉讼法》第78条规定，执行机关对被监视居住的犯罪嫌疑人、被告人，可以采取电子监控、不定期检查等监视方法对其遵守监视居住规定的情况进行监督；在侦查期间，可以对被监视居住的犯罪嫌疑人的通信进行监控。根据公安部《规定》第116条的规定，侦查期间可以对被监视居住的犯罪嫌疑人的通信进行监控的范围包括电话、传真、信函、邮件、网络等通信。

3.监视居住的解除。

监视居住期限届满或者发现不应追究犯罪嫌疑人、被告人刑事责任的，应当及时解除监视居住。解除监视居住的决定，应当及时通知执行机关，并将解除或撤销监视居住的决定书送达犯罪嫌疑人、被告人。

犯罪嫌疑人、被告人及其法定代理人、近亲属或者辩护人认为监视居住期限届满或不应继续监视居住的，有权向人民法院、人民检察院、公安机关提出申请，要求解除监视居住。人民法院、人民检察院和公安机关收到申请后，应当在3日以内作出决定；不同意解除或变更的，应当告知申请人，并说明不同意的理由。

4.监视居住的期限。

根据《刑事诉讼法》第79条的规定，监视居住的期限最长不超过6个月，在此期限内不得中断对案件的侦查、起诉和审理。公安机关已经对犯罪嫌疑人采取监视居住的，案件移交到人民检察院后，以及人民检察院、公安机关已对犯罪嫌疑人监视居住，案件起诉到人民法院后，办案机关对于符合监视居住条件的，应当依法对被告人重新办理监视居住手续。监视居住的期限重新计算。

5.指定居所监视居住执行程序的特殊规定。

考虑到指定居所监视居住可能会对犯罪嫌疑人、被告人的人身自由造成较大的影响，法律和相关解释设置了特殊的程序，包括：

（1）对于侦查期间，涉嫌危害国家安全犯罪、恐怖活动犯罪，在住处执行可能有碍侦查而需要指定居所的，需经上一级公安机关批准。

（2）指定居所监视居住的，除无法通知的以外，应当在执行监视居住后24小时以内，通知被监视居住人的家属，通知的内容包括指定居所监视居住的原因和地点。无法通知的具体情形限于：犯罪嫌疑人、被告人不讲真实姓名、住址、身份不明；没有家属；提供的家属联系方式无法取得联系；因自然灾害等不可抗力导致无法通知。

（3）由人民检察院对指定居所监视居住的决定和执行是否合法实行监督。一方面是对决定指定居所监视居住是否合法的监督。公安机关、人民法院决定指定居所监视居住的案件，由批准或者决定的公安机关、人民法院的同级人民检察院负责捕诉的部门对决定是否合法实行监督。人民检察院决定指定居所监视居住的案件，由负责控告申诉检察的部门对决定是否合法实行监督。根据最高人民检察院《规则》第119条，人民检察院发现侦查机关、人民法院在决定适用指定居所监视居住过程中存在下列违法情形的，应当及时通知有关机关纠正：①不符合指定居所监视居住的适用条件的；②未按法定程序履行批准手续的；③在决定过程中有其他违反刑事诉讼法规定的行为的。另一方面是对于指定居所监视居住执行活动是否合法进行监督。根据最高人民检察院《规则》第120条的规定，公安机关、人民法院决定指定居所监视居住的案件，由人民检察院负责刑事执行检察的部门实行监督，人民检察院决定指定居所监视居住的案件，由负责控告申诉检察的部门实行监督。发现下列违法情形的，应当及时提出纠正意见：①执行机关收到指定居所监视居住决定书、执行通知书等法律文书后不派员执行或者不及时派员执行的；②在执行指定居所监视居住后24小时以内没有通知被监视居住人的家属的；③在羁押场所、专门的办案场所执行监视居住的；④为被监视居住人通风报信、私自传递信件、物品的；⑤违反规定安排辩护人同被监视居住人会见、通信，或者违法限制被监视居住人与辩护人会见、通信的；⑥对被监视居住人刑讯逼供、体罚、虐待或者变相体罚、虐待的；⑦有其他侵犯被监视居住人合法权利行为或者其他违法行为的。

（4）指定居所监视居住可以折抵刑期：被判处管制的，监视居住1日折抵刑期1日；被判处拘役、有期徒刑的，监视居住2日折抵刑期1日。

五、被监视居住人的义务以及违反义务的处理

根据《刑事诉讼法》第77条的规定，被监视居住的人在监视居住期间应当履行以下义务：（1）未经执行机关批准不得离开执行监视居住的处所。所谓“处所”，包括犯罪嫌疑人、被告人的住处，也包括办案机关为其指定的执行监视居住的居所。如果被监视居住人有正当理由要求离开处所，必须经过公安机关批准。人民法院、人民检察院决定监视居住的，公安机关在作出批准决定前，应当征得决定机关同意。（2）未经执行机关批准不得会见他人或者通信。这里的他人是指与被监视居住人共同居住的家庭成员和辩护律师以外的人。被监视居住的犯罪嫌疑人、被告人会见辩护律师不需要经过批准，但危害国家安全犯罪、恐怖活动犯罪案件在侦查阶段会见辩护律师除外。被监视居住人如果要会见他人，必须经过执行机关批准方能

会见。(3)在传讯的时候及时到案。(4)不得以任何形式干扰证人作证。(5)不得毁灭、伪造证据或者串供。(6)将护照等出入境证件、身份证件、驾驶证件交执行机关保存。

被监视居住的犯罪嫌疑人、被告人有违反上述义务情形,情节严重的,可以予以逮捕;需要予以逮捕的,可以对犯罪嫌疑人、被告人先行拘留。

第五节 拘　　留

一、拘留的概念

刑事诉讼强制措施中的拘留,是指公安机关、人民检察院等机关在直接受理案件的侦查过程中遇有紧急情况,以及在诉讼过程中遇有其他法定情形,而依法临时剥夺某些现行犯或者重大嫌疑分子的人身自由的一种强制措施。

拘留的特点表现在以下三个方面:(1)有权决定采用拘留的机关是公安机关和人民检察院。人民检察院在直接立案侦查的案件中,对于犯罪后企图自杀、逃跑或者在逃的以及有毁灭、伪造证据或者串供可能的犯罪嫌疑人也有权决定拘留,人民法院则无权决定拘留。公安机关作出的拘留决定,由公安机关执行。人民检察院作出拘留决定后,应当送交公安机关执行。必要的时候,人民检察院可以协助公安机关执行。(2)拘留是在紧急情况和法律明确规定的特殊情况下采用的一种处置办法。(3)拘留是一种临时性措施。因此拘留的期限较短,随着诉讼的进程,拘留一定要发生变更,或者转为逮捕,或者变更为取保候审或监视居住,或者释放被拘留的人。

二、刑事拘留与行政拘留、司法拘留的区别

我国法律共规定有三种拘留:刑事拘留、行政拘留和司法拘留。三者之间存在相当大的差别。

1.刑事拘留与行政拘留的区别。(1)法律性质不同。刑事拘留是刑事诉讼中的保障性措施,是一种诉讼行为,本身不具有惩罚性;行政拘留是治安管理的一种处罚方式,实质上是一种行政制裁,具有惩罚性。(2)适用对象不同。刑事拘留适用于刑事诉讼中的现行犯或者重大嫌疑分子,他们有可能被追究刑事责任;行政拘留则适用于尚未构成犯罪的一般违法行为人。(3)适用目的不同。刑事拘留的适用目的是保证刑事诉讼活动顺利进行;而行政拘留的目的则是惩罚和教育一般违法行为人。(4)羁押期限不同。刑事拘留一般不超过10日,案情重大、复杂的不超过14日,人民检察院决定拘留的,最长可以延长至17日,对流窜作案、多次作案、结伙作案的重大嫌疑分子的拘留期限,不超过37日;行政拘留的期限则为1～15日。(5)适用机关不同。有权决定适用刑事拘留的机关是公安机关和人民检察院;而行政拘留只能由公安机关适用。

2.刑事拘留与司法拘留的区别。司法拘留是指在刑事诉讼、民事诉讼、行政诉讼过程中,对于严重妨碍诉讼程序顺利进行的诉讼参与人以及其他人员采用的一种强制性处分。刑事拘留和司法拘留的主要区别是:(1)法律性质不同。刑事拘留是一种预防性措施,它是针对可能出现妨碍刑事诉讼的行为而采用的;司法拘留则是一种排除性措施,是针对已经出现的妨碍诉讼程序的严重行为而采取的。(2)适用机关不同。刑事拘留由公安机关和人民检察院决定,由公安机关执行;司法拘留则由人民法院决定,并由人民法院的司法警察执行,然后交公安机关有关场所看管。(3)适用对象不同。刑事拘留只适用于现行犯或者重大嫌疑分子;司法拘留则适用于实施了妨碍诉讼程序行为的所有人员,既包括当事人、诉讼参与人和证人,也包括案外人。(4)羁押期限不同。刑事拘留期限已于前述;司法拘留则最长为15日。(5)与判决的关系不同。刑事拘留的羁押期限可以折抵刑

期；司法拘留与判决结果没有关系，不得因被司法拘留而要求减轻或者免除判决应负的义务和刑罚。

三、拘留的适用情形

拘留的适用情形包括以下三个方面：

一是公安机关在侦查过程中对现行犯或重大嫌疑人决定拘留。根据《刑事诉讼法》第82条的规定，公安机关对于现行犯或者重大嫌疑分子，如果有下列情形之一的，可以先行拘留：(1)正在预备犯罪、实行犯罪或者在犯罪后即时被发觉的。预备犯罪是指为了犯罪准备工具，制造条件的。实行犯罪是指正在进行犯罪的活动。应当有一定的证据证明现行犯、重大嫌疑分子正在预备犯罪、实施犯罪，或者犯罪后立刻被发觉。(2)被害人或者在场亲眼看见的人指认他犯罪的，即遭受犯罪行为直接侵害的人或者在犯罪现场亲眼看到犯罪活动的人指认某人是犯罪嫌疑人。(3)在身边或者住处发现有犯罪证据的。所谓身边指其身体、衣服、随身携带的物品等。所谓住处包括永久性住处和临时居所、办公地点等。(4)犯罪后企图自杀、逃跑或者在逃的。犯罪后有一定证据证明其有自杀、逃跑的企图或迹象，或者犯罪后已经逃跑的。(5)有毁灭、伪造证据或者串供可能的。(6)不讲真实姓名、住址，身份不明的。即本人拒不说明其姓名、住址、职业等基本情况的。(7)有流窜作案、多次作案、结伙作案重大嫌疑的。根据公安部《规定》第129条的规定，流窜作案，是指跨市、县范围连续作案，或者在居住地作案后逃跑到外市、县继续作案；多次作案，是指3次以上作案；结伙作案，是指2人以上共同作案。所谓先行拘留，是指出现上述紧急情形时，经出示人民警察证，可以将犯罪嫌疑人口头传唤至公安机关后立即审查，再办理相应的拘留手续。

二是人民检察院决定拘留，具体分为两种情形：(1)人民检察院在直接受理案件的侦查过程中，可以在以下两种情形下决定拘留：①犯罪后企图自杀、逃跑或者在逃的；②有毁灭、伪造证据或者串供可能的。(2)根据《刑事诉讼法》第170条的规定，对于监察机关移送起诉的已采取留置措施的案件，人民检察院应当对犯罪嫌疑人先行拘留，留置措施自动解除，并在拘留后的10日内作出是否逮捕、取保候审或者监视居住的决定。在特殊情况下，决定的时间可以延长1日至4日。人民检察院决定采取强制措施的期间不计入审查起诉期限。这种先行拘留是对接监察机关立案调查并已经采取留置措施的特殊情形。

三是对已经被取保候审、监视居住的犯罪嫌疑人、被告人在逮捕之前的拘留。根据《刑事诉讼法》第71条第4款和第77条第2款的规定，被取保候审、监视居住的犯罪嫌疑人、被告人因违反取保候审、监视居住的规定，需要予以逮捕的，可以先行拘留，以避免在审查批准逮捕期间发生逃跑等风险。

四、拘留的程序

1.拘留的决定。公安机关依法需要拘留现行犯或者重大嫌疑分子，由承办单位填写呈请拘留报告书，由县级以上公安机关负责人批准，制作拘留证，然后由提请批准拘留的单位负责执行。

人民检察院决定拘留的案件，人民检察院应当将有关法律文书和案由、犯罪嫌疑人基本情况的材料送交同级公安机关，由公安机关负责执行。

需要注意的是，最高人民检察院《规则》对因现行犯拘留人民代表大会代表的报告程序作了规定。担任县级以上人民代表大会代表的犯罪嫌疑人因现行犯被人民检察院拘留的，人民检察院应当立即向该代表所属的人民代表大会主席团或者常务委员会报告。①

---

① 根据最高人民检察院《规则》第148条的规定，人民检察院对担任县级以上各级人民代表大会代表的犯罪嫌疑人决定采取拘传、取保候审、监视居住、拘留(非现行犯)、逮捕强制措施的，应当报请该代表所属的人民代表大会主席团或者常务委员会许可。第148~149条规定了向各级人民代表大会报请许可或报告的具体程序。担任县级以上人民代表大会代表的犯罪嫌疑人，经报请该代表所属人民代表大会主席团或者常务委员会许可后被刑事拘留的，适用逮捕措施时不需要再次报请许可。

2.拘留的执行。公安机关负责执行拘留的时候，必须向被拘留人出示拘留证，并责令被拘留人在拘留证上签名或捺手印。拒绝签名或捺手印的，执行人员应当予以注明。执行拘留时，如遇有反抗，可以使用武器和戒具等强制方法，但应当适度，以使其就缚为限度。公安机关在异地执行拘留的时候，应当通知被拘留人所在地的公安机关。被拘留人所在地的公安机关应当在人员、车辆、查找拘留人等方面予以配合。

对于被拘留的人，公安机关应当在拘留后立即送看守所羁押，至迟不得超过24小时。异地执行拘留，无法及时将犯罪嫌疑人押解回管辖地的，应当在宣布拘留后立即将其送抓获地看守所羁押，至迟不得超过24小时。到达管辖地后，应当立即将犯罪嫌疑人送看守所羁押。公安机关应当在拘留后24小时以内进行讯问。在发现不应当拘留的时候，必须立即释放，发给释放证明。对于人民检察院决定拘留的人，由人民检察院负责讯问。

除无法通知或者涉嫌危害国家安全犯罪、恐怖活动犯罪通知可能有碍侦查的情形以外，公安机关和人民检察院应当在拘留后24小时以内，通知被拘留人的家属。无法通知的具体情形包括：（1）犯罪嫌疑人、被告人不讲真实姓名、住址、身份不明的；没有家属的。（2）提供的家属联系方式无法取得联系的。（3）因自然灾害等不可抗力导致无法通知的。有碍侦查的具体情形包括：（1）可能毁灭、伪造证据，干扰证人作证或者串供的；（2）可能引起同案犯逃避、妨碍侦查的；（3）犯罪嫌疑人的家属与犯罪有牵连的。有碍侦查的情形消失以后，应当立即通知被拘留人的家属。

3.拘留的期限。对于公安机关依法决定和执行的刑事拘留，拘留的期限是公安机关提请人民检察院批准逮捕期限和人民检察院审查批准逮捕期限的总和。公安机关对被拘留的人认为需要逮捕的，应当在拘留后3日以内，提请人民检察院审查批准。在特殊情况下，经县级以上公安机关负责人批准，提请审查批准的时间可以延长1日至4日。对于流窜作案、多次作案、结伙作案的重大嫌疑分子，提请审查批准的时间可以延长至30日。人民检察院应当自接到公安机关提请批准逮捕书后的7日内，作出批准逮捕或者不批准逮捕的决定。

人民检察院对直接受理侦查的案件中被拘留的人，认为需要逮捕的，应当在14日以内作出决定。在特殊情况下，可以延长1日至3日。对于不需要逮捕的，应当立即释放犯罪嫌疑人。对于需要继续侦查，并且符合取保候审、监视居住条件的，应依法取保候审或者监视居住。

第六节　逮　　捕

一、逮捕的概念

逮捕，是指公安机关、人民检察院和人民法院为了防止犯罪嫌疑人或者被告人实施妨碍刑事诉讼的行为，逃避侦查、起诉、审判或者发生社会危险性，而依法暂时剥夺其人身自由的一种强制措施。

逮捕是刑事诉讼强制措施中最严厉的一种。必须坚持“少捕”、“慎捕”和“慎押”的刑事政策，切实做到不枉不纵，既不能该捕不捕，也不能以捕代侦，任意逮捕。对无罪而错捕的，要依照国家赔偿法的规定对受害人予以赔偿。

二、逮捕的适用情形

《刑事诉讼法》第81条分三款规定了三种逮捕的情形。相关司法解释还规定了不批准逮捕或不予逮捕的情形，包括应当和可以两类。

（一）《刑事诉讼法》第81条第1款规定的情形

对有证据证明有犯罪事实，可能判处徒刑以上刑罚的犯罪嫌疑人、被告人，采取取保候审尚不足以防止发生社会危险性，应当予以逮捕。这一类逮捕必须同时具备以下三个条件。

1.有证据证明有犯罪事实。根据最高人民

检察院《规则》第128条第2、3款的规定，有证据证明有犯罪事实是指同时具备下列情形：(1)有证据证明发生了犯罪事实。(2)有证据证明该犯罪事实是犯罪嫌疑人实施的。(3)证明犯罪嫌疑人实施犯罪行为的证据已经查证属实。犯罪事实既可以是单一犯罪行为的事实，也可以是数个犯罪行为中任何一个犯罪行为的事实。

根据最高人民检察院《规则》第138条的规定，对实施多个犯罪行为或者共同犯罪案件的犯罪嫌疑人，具有下列情形之一即符合上述“有证据证明有犯罪事实”这一条件：(1)有证据证明犯有数罪中的一罪的；(2)有证据证明实施多次犯罪中的一次犯罪的；(3)共同犯罪中，已有证据证明有犯罪事实的犯罪嫌疑人。

2.可能判处徒刑以上刑罚。这是关于犯罪严重程度的规定。根据我国刑法的有关规定，初步判定犯罪嫌疑人、被告人可能被判处有期徒刑以上的刑罚，而不是可能被判处管制、拘役、独立适用附加刑等轻刑或者可能被免除刑罚的，才符合逮捕条件。

3.采取取保候审尚不足以防止发生社会危险性。《刑事诉讼法》第81条第2款规定，批准或者决定逮捕，应当将犯罪嫌疑人、被告人涉嫌犯罪的性质、情节，认罪认罚等情况，作为是否可能发生社会危险性的考虑因素。最高人民检察院《规则》第129~133条规定了五方面社会危险性及其具体情形，只要具有下列五方面社会危险性中的一项或多项即可认为具有社会危险性：

(1)可能实施新的犯罪。犯罪嫌疑人具有下列情形之一的，可以认为“可能实施新的犯罪”：①案发前或者案发后正在策划、组织或者预备实施新的犯罪的；②扬言实施新的犯罪的；③多次作案、连续作案、流窜作案的；④1年内曾因故意实施同类违法行为受到行政处罚的；⑤以犯罪所得为主要生活来源的；⑥有吸毒、赌博等恶习的；⑦其他可能实施新的犯罪的情形。

(2)有危害国家安全、公共安全或者社会秩序的现实危险。犯罪嫌疑人具有下列情形之一的，可以认为“有危害国家安全、公共安全或者社会秩序的现实危险”：①案发前或者案发后正在积极策划、组织或者预备实施危害国家安全、公共安全或者社会秩序的重大违法犯罪行为的；②曾因危害国家安全、公共安全或者社会秩序受到刑事处罚或者行政处罚的；③在危害国家安全、黑恶势力、恐怖活动、毒品犯罪中起组织、策划、指挥作用或者积极参加的；④其他有危害国家安全、公共安全或者社会秩序的现实危险的情形。

(3)可能毁灭、伪造证据，干扰证人作证或者串供。犯罪嫌疑人具有下列情形之一的，可以认为“可能毁灭、伪造证据，干扰证人作证或者串供”：①曾经或者企图毁灭、伪造、隐匿、转移证据的；②曾经或者企图威逼、恐吓、利诱、收买证人，干扰证人作证的；③有同案犯罪嫌疑人或者与其在事实上存在密切关联犯罪的犯罪嫌疑人在逃，重要证据尚未收集到位的；④其他可能毁灭、伪造证据，干扰证人作证或者串供的情形。

(4)可能对被害人、举报人、控告人实施打击报复。犯罪嫌疑人具有下列情形之一的，可以认为“可能对被害人、举报人、控告人实施打击报复”：①扬言或者准备、策划对被害人、举报人、控告人实施打击报复的；②曾经对被害人、举报人、控告人实施打击、要挟、迫害等行为的；③采取其他方式滋扰被害人、举报人、控告人的正常生活、工作的；④其他可能对被害人、举报人、控告人实施打击报复的情形。

(5)企图自杀或者逃跑。犯罪嫌疑人具有下列情形之一的，可以认为“企图自杀或者逃跑”：①着手准备自杀、自残或者逃跑的；②曾经自杀、自残或者逃跑的；③有自杀、自残或者逃跑的意思表示的；④曾经以暴力、威胁手段抗拒抓捕的；⑤其他企图自杀或者逃跑的情形。

上述三个条件相互联系、缺一不可。犯罪嫌疑人、被告人只有同时具备这三个条件，才应当对其逮捕。

(二)《刑事诉讼法》第81条第3款规定的情形

符合下列三种具体情形之一的，应当逮捕：

1.有证据证明有犯罪事实，可能判处10年有期徒刑以上刑罚的。

2.有证据证明有犯罪事实，可能判处徒刑以上刑罚，曾经故意犯罪的。

3.有证据证明有犯罪事实，可能判处徒刑以上刑罚，不讲真实姓名、住址，身份不明的。

这三种情形或者涉嫌犯罪较为严重，或者因之前的故意犯罪记录或身份不明而表明其有较大的社会危险性，符合上述三种情况之一的，应当逮捕。

（三）《刑事诉讼法》第81条第4款规定的情形

被取保候审、监视居住的犯罪嫌疑人、被告人违反取保候审、监视居住规定，情节严重的，可以予以逮捕。2014年4月24日第十二届全国人民代表大会常务委员会第八次会议通过的《关于〈中华人民共和国刑事诉讼法〉第七十九条第三款的解释》规定，对于被取保候审、监视居住的可能判处徒刑以下刑罚的犯罪嫌疑人、被告人，违反取保候审、监视居住规定，严重影响诉讼活动正常进行的，可以予以逮捕。这一规定进一步明确了，在违反取保候审和监视居住规定而需要逮捕时，不需要考虑犯罪嫌疑人、被告人是否可能判处徒刑以上刑罚，这也体现了强制措施保障诉讼顺利进行的基本功能。

根据最高人民检察院《规则》第101、111条的规定，对有下列违反取保候审或监视居住规定行为的犯罪嫌疑人，应当予以逮捕：（1）故意实施新的犯罪；（2）企图自杀、逃跑；（3）实施毁灭、伪造证据，串供或者干扰证人作证，足以影响侦查、审查起诉工作正常进行；（4）对被害人、证人、鉴定人、举报人、控告人及其他人员实施打击报复。

除上述应当予以逮捕的情形外，犯罪嫌疑人有下列违反取保候审规定的行为，人民检察院可以对犯罪嫌疑人予以逮捕：（1）未经批准，擅自离开所居住的市、县，造成严重后果，或者两次未经批准，擅自离开所居住的市、县；（2）经传讯不到案，造成严重后果，或者经两次传讯不到案；（3）住址、工作单位和联系方式发生变动，未在24小时以内向公安机关报告，造成严重后果；（4）违反规定进入特定场所、与特定人员会见或者通信、从事特定活动，严重妨碍诉讼程序正常进行。

根据最高人民检察院《规则》第111条的规定，犯罪嫌疑人有下列违反监视居住规定的行为，人民检察院可以对犯罪嫌疑人予以逮捕：（1）未经批准，擅自离开执行监视居住的处所，造成严重后果，或者两次未经批准，擅自离开执行监视居住的处所；（2）未经批准，擅自会见他人或者通信，造成严重后果，或者两次未经批准，擅自会见他人或者通信；（3）经传讯不到案，造成严重后果，或者经两次传讯不到案。

需要注意的是，最高人民法院《解释》第164和第165条也规定了案件起诉到法院之后被告人有违反取保候审和监视居住规定的行为时应当予以逮捕的情形。较之于检察院，法院的规定更倾向于对出现违反取保候审和监视居住规定时予以逮捕，将多项检察院规定可以裁量决定逮捕的情形规定为应当决定逮捕。

（四）不批准逮捕或不予逮捕的情形

1.应当不批准逮捕或不予逮捕。

根据最高人民检察院《规则》第139条的规定，对具有下列情形之一的犯罪嫌疑人，人民检察院应当作出不批准逮捕或者不予逮捕的决定：（1）不符合上述应当或可以逮捕条件的；（2）具有《刑事诉讼法》第16条规定的情形之一的。

2.可以不批准逮捕或不予逮捕。

根据最高人民检察院《规则》第140条的规定，犯罪嫌疑人涉嫌的罪行较轻，且没有其他重大犯罪嫌疑，具有以下情形之一的，可以作出不批准逮捕的决定或者不予逮捕：（1）属于预备犯、中止犯，或者防卫过当、避险过当的；（2）主观恶性较小的初犯，共同犯罪中的从犯、胁从犯，犯罪后自首、有立功表现或者积极退赃、赔偿损失、确有悔罪表现的；（3）过失犯罪的犯罪嫌疑人，犯罪后有悔罪表现，有效控制损失或者积极赔偿损失的；（4）犯罪嫌疑人与被害人双方根据刑事诉讼法的有关规定达成和解协议，经审查，认为和解系自愿、合法且已经履行或者提供担保的；（5）犯罪嫌疑人认罪认罚的；（6）犯罪嫌疑人系已满14周岁未满18周岁的未成年人或者在校学生，本人有悔罪表现，其家庭、学校或者所在社区以及居民委员会、村民委员会具备监护、帮教条件的;(7)犯罪嫌疑人系已满75周岁的人。

三、逮捕的权限

1.逮捕的批准、决定和执行机关。我国《宪法》第37条第2款规定,任何公民,非经人民检察院批准或者决定或者人民法院决定,并由公安机关执行,不受逮捕。《刑事诉讼法》第80条规定,逮捕犯罪嫌疑人、被告人,必须经过人民检察院批准或者人民法院决定,由公安机关执行。

据此,逮捕犯罪嫌疑人、被告人的批准权或者决定权属于人民检察院和人民法院。对于公安机关移送要求审查批准逮捕的案件,人民检察院有批准权。人民检察院在侦查和审查起诉中,认为犯罪嫌疑人符合法律规定的逮捕条件,应予逮捕的,依法有权自行决定逮捕。这其中包括监察机关移送起诉的案件,人民检察院有决定逮捕权。人民法院直接受理的自诉案件中,对被告人需要逮捕的,人民法院有决定权。对于人民检察院提起公诉的案件,人民法院在审判阶段发现需要逮捕被告人的,有权决定逮捕。公安机关无权自行决定逮捕。逮捕的执行权属于公安机关,人民检察院和人民法院决定或批准逮捕的都必须交付公安机关执行。

2.特殊情况下逮捕的审批机关。根据最高人民检察院《规则》第294条和第295条的规定,对特殊犯罪嫌疑人进行逮捕时,要经过有关部门批准或报请有关部门备案:

(1)外国人、无国籍人涉嫌危害国家安全犯罪的案件或者涉及国与国之间政治、外交关系的案件以及在适用法律上确有疑难的案件,需要逮捕犯罪嫌疑人的,由承担案件的基层人民检察院或者设区的市级人民检察院审查并提出意见,层报最高人民检察院审查。最高人民检察院认为需要逮捕的,经征求外交部的意见后,作出批准逮捕的批复;认为不需要逮捕的,作出不批准逮捕的批复。承办案件的人民检察院根据批复,依法作出批准或者不批准逮捕的决定。层报过程中,上级人民检察院认为不需要逮捕的,应当作出不批准逮捕的批复,报送的人民检察院根据批复依法作出不批准逮捕的决定。承办案件的人民检察院经审查认为不需要逮捕的,可以直接依法作出不批准逮捕的决定。外国人、无国籍人涉嫌其他犯罪案件的,决定批准逮捕的人民检察院应当在作出批准逮捕决定后48小时以内报上一级人民检察院备案,同时向同级人民政府外事部门通报。上一级人民检察院经审查发现批准逮捕决定错误的,应当依法及时纠正。

(2)人民检察院办理审查逮捕的危害国家安全案件,应当报上一级人民检察院备案。上一级人民检察院经审查发现错误的,应当依法及时纠正。

四、逮捕的批准和决定程序

(一)人民检察院对公安机关提请逮捕的批准程序

1.基本程序。

公安机关请求逮捕犯罪嫌疑人时,应当经县级以上公安机关负责人批准,制作提请批准逮捕书,连同案卷材料、证据,一并移送同级人民检察院审查批准。

检察机关在接到公安机关的报捕材料后,应当在查阅案卷材料、讯问犯罪嫌疑人、询问证人等诉讼参与人和听取辩护律师意见的基础上,作出批准或者不批准逮捕的决定。对公安机关提请批准逮捕的犯罪嫌疑人已被拘留的,人民检察院应当在7日内作出是否批准逮捕的决定;未被拘留的,应当在接到提请批准逮捕书后的15日以内作出是否批准逮捕的决定,重大、复杂的案件不得超过20日。

人民检察院审查批准逮捕,应当全面审查证明犯罪嫌疑人有罪或者无罪、罪轻或者罪重的证据,可以询问证人、被害人、鉴定人等诉讼参与人,调取公安机关讯问犯罪嫌疑人的录音、录像并审查相关的录音、录像,讯问犯罪嫌疑人和听取辩护律师的意见。对有重大影响的案件,可以采取当面听取侦查人员、犯罪嫌疑人及其辩护人等意见或者组织召开听证会的方式进行公开审查。需要注意的是,人民检察院办理审查逮捕案件,不能另行侦查。

检察机关经审查应当分别作出以下决定：（1）对于符合逮捕条件的，作出批准逮捕的决定，连同案卷材料送达公安机关执行，并可以制作继续侦查提纲，送交公安机关；（2）对于不符合逮捕条件的，作出不批准逮捕的决定，说明不批准逮捕的理由，需要补充侦查的，制作补充侦查提纲，送交公安机关。需要注意的是，对于因犯罪嫌疑人没有犯罪事实或者具有《刑事诉讼法》第16条规定的情形之一或者证据不足，人民检察院拟作出不批准逮捕决定的，应当经检察长批准。人民检察院作出不批准逮捕的决定时，不得直接提出采取取保候审措施的意见。

对于人民检察院批准逮捕的决定，公安机关应当立即执行，并且将执行回执及时送达批准逮捕的人民检察院。如果未能执行，也应当将执行回执送达人民检察院，并写明未能执行的原因。对于人民检察院决定不批准逮捕的，公安机关在收到不批准逮捕决定书后，应当立即释放在押的犯罪嫌疑人或者变更强制措施，并将执行回执在收到不批准逮捕决定书后的3日以内送达作出不批准逮捕决定的人民检察院。公安机关在收到不批准逮捕决定书后对在押的犯罪嫌疑人不立即释放或者变更强制措施的，人民检察院应当提出纠正意见。对于没有犯罪事实或者犯罪嫌疑人具有《刑事诉讼法》第16条规定情形之一，人民检察院作出不批准逮捕决定的，应当同时告知公安机关撤销案件。对于有犯罪事实需要追究刑事责任，但不是被立案侦查的犯罪嫌疑人实施，或者共同犯罪案件中部分犯罪嫌疑人不负刑事责任，人民检察院作出不批准逮捕决定的，应当同时告知公安机关对有关犯罪嫌疑人终止侦查。公安机关在收到不批准逮捕决定书后超过15日未要求复议、提请复核，也不撤销案件或者终止侦查的，人民检察院应当发出纠正违法通知书。公安机关仍不纠正的，报上一级人民检察院协商同级公安机关处理。

公安机关对人民检察院不批准逮捕的决定，认为有错误的时候，可以向同级人民检察院要求复议，但是必须将被拘留的犯罪嫌疑人立即释放。如果意见不被接受，可以向上一级人民检察院提请复核。上级人民检察院复核后，经检察长批准作出是否变更的决定，通知下级人民检察院和公安机关执行。必要时，上级人民检察院也可以直接作出批准逮捕决定，通知下级人民检察院送达公安机关执行。对于经复议复核维持原不批准逮捕决定的，人民检察院向公安机关送达复议复核决定时应当说明理由。

此外，人民检察院办理公安机关提请批准逮捕的案件，发现遗漏应当逮捕的犯罪嫌疑人的，应当经检察长批准，要求公安机关提请批准逮捕。公安机关不提请批准逮捕或者说明的不提请批准逮捕的理由不成立的，人民检察院可以直接作出逮捕决定，送达公安机关执行。

2.审查批捕中讯问犯罪嫌疑人。

根据《刑事诉讼法》第88条和最高人民检察院《规则》第280条的规定，人民检察院审查批准逮捕，有下列情形之一的，应当讯问犯罪嫌疑人：（1）对是否符合逮捕条件有疑问的，主要包括罪与非罪界限不清的，据以定罪的证据之间存在矛盾的，犯罪嫌疑人的供述前后矛盾或者违背常理的，有无社会危险性难以把握的，以及犯罪嫌疑人是否达到刑事责任年龄需要确认等情形；（2）犯罪嫌疑人要求向检察人员当面陈述的；（3）侦查活动可能有重大违法行为的，即办案严重违反法律规定的程序，或者存在刑讯逼供等严重侵犯犯罪嫌疑人人身权利和其他诉讼权利等情形；（4）案情重大、疑难、复杂的；（5）犯罪嫌疑人认罪认罚的；（6）犯罪嫌疑人系未成年人的；（7）犯罪嫌疑人是盲、聋、哑人或者是尚未完全丧失辨认或者控制自己行为能力的精神病人的。

此外，在审查逮捕中对被拘留的犯罪嫌疑人不予讯问的，应当送达听取犯罪嫌疑人意见书，由犯罪嫌疑人填写后及时收回审查并附卷。经审查认为应当讯问犯罪嫌疑人的，应当及时讯问。

3.审查批捕中听取律师意见。

人民检察院审查批准逮捕，可以听取辩护律师的意见。如果辩护律师提出表达意见的要求的，人民检察院办案人员应当听取辩护律师的意见。辩护律师提出的书面意见应当附卷。对于犯罪嫌疑人、被告人是未成年人的，应当听取辩护律师的意见。根据最高人民检察院《规则》第261条第4款的规定，辩护律师提出犯罪嫌疑人不构成犯罪、无社会危险性、不适宜羁押或者侦查活动有违法犯罪情形等书面意见的，检察人员应当审查，并在相关工作文书中说明是否采纳的情况和理由。

4.审查批捕中排除非法证据。

人民检察院在审查批捕过程中，发现存在《刑事诉讼法》第56条规定的非法取证行为，依法对该证据予以排除后，其他证据不能证明犯罪嫌疑人实施犯罪行为的，应当不批准逮捕。为了查清公安机关是否存在非法取证的行为及是否需要排除非法证据，人民检察院在审查逮捕时发现可能存在非法取证行为的，可以调取公安机关讯问犯罪嫌疑人的录音、录像并审查，对于重大、疑难、复杂的案件，必要时可以审查全部录音、录像。根据最高人民检察院《规则》第264条的规定，经审查讯问犯罪嫌疑人录音、录像，发现侦查机关讯问不规范，讯问过程存在违法行为，录音、录像内容与讯问笔录不一致等情形的，应当逐一列明并向侦查机关书面提出，要求侦查机关予以纠正、补正或者书面作出合理解释。发现讯问笔录与讯问犯罪嫌疑人录音、录像内容有重大实质性差异的，或者侦查机关不能补正或者作出合理解释的，该讯问笔录不能作为批准逮捕或者决定逮捕的依据。根据最高人民检察院《规则》第265、266条的规定，在审查批准逮捕阶段，犯罪嫌疑人及其辩护人申请排除非法证据，并提供相关线索或者材料的，人民检察院应当调查核实。发现侦查人员以刑讯逼供等非法方法收集证据的，应当依法排除相关证据并提出纠正意见。审查逮捕期限届满前，经审查无法确定存在非法取证的行为，但也不能排除非法取证可能的，该证据不作为批准逮捕的依据。检察官应当根据在案的其他证据认定案件事实和决定是否逮捕，并在作出批准或者不批准逮捕的决定后，继续对可能存在的非法取证行为进行调查核实。经调查核实确认存在以刑讯逼供等非法方法收集证据情形的，应当向公安机关提出纠正意见。审查逮捕期间，犯罪嫌疑人申请排除非法证据，但未提交相关线索或者材料，人民检察院经全面审查案件事实、证据，未发现侦查人员存在以非法方法收集证据的情形，认为符合逮捕条件的，可以批准逮捕。

5.社会危险性审查。

社会危险性条件是逮捕条件中非常重要的一个方面，也是审查批准或决定逮捕的难点。最高人民检察院《规则》第134条要求，人民检察院办理审查逮捕案件，除具有《刑事诉讼法》第81条第3款和第4款规定的情形外，都应当严格审查是否具备社会危险性条件。第135条规定，人民检察院在审查认定犯罪嫌疑人是否具有社会危险性时，应当以公安机关移送的社会危险性相关证据为依据，并结合案件具体情况综合认定。必要时，可以通过讯问犯罪嫌疑人、询问证人等诉讼参与人、听取辩护律师意见等方式，核实相关证据。依据在案证据不能认定犯罪嫌疑人符合逮捕社会危险性条件的，人民检察院可以要求公安机关补充相关证据，公安机关没有补充移送的，应当作出不批准逮捕的决定。

（二）人民检察院决定逮捕的程序

上述讯问犯罪嫌疑人、听取律师意见、排除非法证据和社会危险性审查等同样适用于人民检察院决定逮捕的程序，此外，还需要遵循下列特殊的程序。

对于人民检察院直接立案侦查的案件，需要逮捕犯罪嫌疑人的，由人民检察院负责侦查的部门制作逮捕犯罪嫌疑人意见书，连同案卷材料、讯问犯罪嫌疑人录音、录像一并移送本院负责捕诉的部门审查。犯罪嫌疑人已被拘留的，负责侦查的部门应当在拘留后7日以内将案件移送本院负责捕诉的部门审查。对本院负责侦查的部门移送审查逮捕的案件，犯罪嫌疑人已被拘留的，负责捕诉的部门应当在收到逮捕犯罪嫌疑人意见书后7日以内，报请检察长决定是否逮捕，特殊情况下，决定逮捕的时间可以延长1日至3日；犯罪嫌疑人未被拘留的，负责捕诉的部门应当在收到逮捕犯罪嫌疑人意见书后15

日以内，报请检察长决定是否逮捕，重大、复杂案件，不得超过20日。

人民检察院对于公安机关和监察机关移送审查起诉的案件认为需要逮捕犯罪嫌疑人的，可以决定逮捕。对于监察机关移送起诉的已采取留置措施的案件，人民检察院应当对犯罪嫌疑人先行拘留，留置措施自动解除。人民检察院应当在拘留后的10日以内作出是否逮捕、取保候审或者监视居住的决定。在特殊情况下，决定的时间可以延长1日至4日。人民检察院决定采取强制措施的期间不计入审查起诉期限。对于监察机关移送起诉的未采取留置措施的案件，人民检察院受理后，在审查起诉过程中根据案件情况，可以依照最高人民检察院《规则》相关规定决定是否采取逮捕、取保候审或者监视居住措施。

（三）人民法院决定逮捕的程序

对于直接受理的自诉案件，认为需要逮捕被告人时，由办案人员提交法院院长决定；对于检察机关提起公诉时未予逮捕的被告人，人民法院认为符合逮捕条件应予逮捕的，也可以决定逮捕，由法院院长决定。

人民法院决定逮捕的，由法院院长签发决定逮捕通知书，通知公安机关执行。如果是公诉案件，还应当通知人民检察院。

五、逮捕的执行程序

逮捕犯罪嫌疑人、被告人，一律由公安机关执行。公安机关在接到执行逮捕的通知后，必须立即执行，并将执行的情况通知人民检察院、人民法院。公安机关执行逮捕的程序是：

1.对于人民检察院批准或者决定，人民法院决定逮捕的犯罪嫌疑人、被告人，应当由县级以上公安机关负责人签发逮捕证，立即执行。

2.执行逮捕的人员不得少于2人。执行逮捕时，必须向被逮捕人出示逮捕证，并责令被逮捕人在逮捕证上签名、捺指印。被逮捕人拒绝在逮捕证上签字、捺指印的，应在逮捕证上注明。

3.逮捕犯罪嫌疑人、被告人后，应当立即送看守所羁押。除无法通知的以外，应当在逮捕后24小时以内，通知被逮捕人的家属。人民法院、人民检察院对于各自决定逮捕的人，公安机关对于经人民检察院批准逮捕的人，都必须在逮捕后的24小时以内进行讯问。在发现不应当逮捕的时候，必须立即释放或者变更强制措施。

4.到异地逮捕的，公安机关应当通知被逮捕人所在地的公安机关，被逮捕人所在地的公安机关应当协助执行。

六、羁押必要性审查、评估

《刑事诉讼法》第95条规定，犯罪嫌疑人、被告人被逮捕后，人民检察院仍应当对羁押的必要性进行审查。对不需要继续羁押的，应当建议予以释放或者变更强制措施。有关机关应当在10日以内将处理情况通知人民检察院。检察机关对羁押必要性的审查是依职权进行的，不以有关诉讼参与人提出审查的申请为前提。人民检察院对审查起诉阶段未经羁押必要性审查、可能判处3年有期徒刑以下刑罚的在押犯罪嫌疑人，在提起公诉前应当依职权开展一次羁押必要性审查。但犯罪嫌疑人、被告人及其法定代理人、近亲属或者辩护人也有权申请人民检察院进行羁押必要性审查，申请时应当说明不需要继续羁押的理由，有相关证据或者其他材料的，应当提供。看守所根据在押人员身体状况，也可以建议人民检察院进行羁押必要性审查。需要注意的是，已经逮捕的犯罪嫌疑人认罪认罚的，人民检察院应当及时对羁押必要性进行审查。根据《人民检察院、公安机关羁押必要性审查、评估工作规定》的规定，公安机关在移送审查起诉前，发现采取逮捕措施不当或者犯罪嫌疑人及其法定代理人、近亲属或者辩护人、值班律师申请变更羁押强制措施的，应当对羁押的必要性进行评估。不需要继续羁押的，应当及时决定释放或者变更强制措施。

根据最高人民检察院《规则》和《人民检察院、公安机关羁押必要性审查、评估工作规定》的规定，羁押必要性审查案件由办案机关对应的同级人民检察院捕诉部门办理，负责刑事执行检察的部门收到有关材料或者发现不需要继续羁押的，应当及时将有关材料和意见移送负责捕诉的部门。审查起诉阶段，负责捕诉的部门经审查认为不需要继续羁押的，应当直接释放犯罪嫌疑人或者变更强制措施。人民检察院进行羁押必要性审查，可以采取以下方式：（1）审查犯罪嫌疑人、被告人不需要继续羁押的理由和证明材料；（2）听取犯罪嫌疑人、被告人及其法定代理人、近亲属或者辩护人、值班律师意见；（3）听取被害人及其法定代理人、诉讼代理人、近亲属或者其他有关人员的意见，了解和解、谅解、赔偿情况；（4）听取公安机关、人民法院意见，必要时查阅、复制原案卷宗中有关证据材料；（5）调查核实犯罪嫌疑人、被告人的身体健康状况；（6）向看守所调取有关犯罪嫌疑人、被告人羁押期间表现的材料；（7）需要采取的其他方式。

开展羁押必要性审查、评估工作，应当全面审查、评估犯罪嫌疑人、被告人涉嫌犯罪事实、主观恶性、悔罪表现、案件进展情况、可能判处的刑罚、身体状况、有无社会危险性和继续羁押必要等因素。经审查，发现犯罪嫌疑人、被告人具有下列情形之一的，应当向公安机关、人民法院提出释放或者变更强制措施的建议：（1）案件证据发生重大变化，没有证据证明有犯罪事实或者犯罪行为系犯罪嫌疑人、被告人所为的；（2）案件事实、情节或者法律、司法解释发生变化，犯罪嫌疑人、被告人可能被判处拘役、管制、独立适用附加刑、免予刑事处罚或者判决无罪的；（3）继续羁押犯罪嫌疑人、被告人，羁押期限将超过依法可能判处的刑期的；（4）案件事实基本查清，证据已经收集固定，符合取保候审或者监视居住条件的；（5）其他对犯罪嫌疑人、被告人采取羁押强制措施不当，应当及时释放或者变更的。公安机关评估后发现符合上述情形的，应当及时决定释放或者变更强制措施。

经审查，发现犯罪嫌疑人、被告人具有下列情形之一，且具有悔罪表现，不予羁押不致发生社会危险性的，可以向公安机关、人民法院提出释放或者变更强制措施的建议：（1）预备犯或者中止犯；（2）主观恶性较小的初犯；（3）共同犯罪中的从犯或者胁从犯；（4）过失犯罪的；（5）防卫过当或者避险过当的；（6）认罪认罚的；（7）与被害方依法自愿达成和解协议或者获得被害方谅解的；（8）已经或者部分履行赔偿义务或者提供担保的；（9）患有严重疾病、生活不能自理的；（10）怀孕或者正在哺乳自己婴儿的妇女；（11）系未成年人或者已满75周岁的人；（12）系未成年人的唯一抚养人；（13）系生活不能自理的人的唯一扶养人；（14）可能被判处一年以下有期徒刑的；（15）可能被宣告缓刑的；（16）其他不予羁押不致发生社会危险性的情形。公安机关评估后发现符合上述情形的，可以决定释放或者变更强制措施。

人民检察院向办案机关发出释放或者变更强制措施建议书的，应当说明不需要继续羁押犯罪嫌疑人、被告人的理由和法律依据，并要求办案机关在10日以内回复处理情况。办案机关未在10日以内回复处理情况的，人民检察院应当提出纠正意见。对于依申请对羁押必要性进行审查的案件，人民检察院办结后，应当将提出建议的情况和公安机关、人民法院的处理情况，或者有继续羁押必要的审查意见和理由及时书面告知申请人。

七、逮捕的变更、撤销或解除

《刑事诉讼法》第96条规定，人民法院、人民检察院和公安机关如果发现对犯罪嫌疑人、被告人采取强制措施不当的，应当及时撤销或者变更。公安机关释放被逮捕的人或者变更逮捕措施的，应当通知原批准的人民检察院。对被羁押的犯罪嫌疑人、被告人需要变更强制措施或者释放的，决定机关应当将变更强制措施决定书或者释放通知书送交公安机关执行。根据有关司法解释的规定，对于已经被逮捕的犯罪嫌疑人、被告人，符合下列情形之一的，公安司法机关应当将逮捕予以变更、撤销或解除：

1.案件不能在法律规定的期限内办结的。《刑事诉讼法》第98条规定，犯罪嫌疑人、被告人被羁押的案件，不能在本法规定的侦查羁押、审查起诉、一审、二审期限内办结的，对犯罪嫌疑人、被告人应当予以释放；需要继续查证、审理的，对犯罪嫌疑人、被告人可以取保候审或者监视居住。

2.对于已经被逮捕的犯罪嫌疑人、被告人，如果具有下列情形之一的，可以变更强制措施：(1)患有严重疾病，生活不能自理的；(2)怀孕或正在哺乳自己婴儿的妇女；(3)系生活不能自理的人的唯一扶养人。

3.第一审法院判决被告人无罪、不负刑事责任或者免除刑事处罚的，被告人在押的，应当在宣判后立即释放。

4.第一审人民法院判处管制、宣告缓刑以及单独适用附加刑，判决尚未发生法律效力的。

5.被告人被羁押的时间已到第一审人民法院对其判处的刑期期限的。

6.不再符合逮捕的适用条件。逮捕所应该具有的证据、可能判处的刑罚和社会危险性等条件如果发生变化而不再符合逮捕的条件，就应当释放或者变更为其他强制措施。最高人民检察院《规则》第266条第3款规定，排除非法证据后，犯罪嫌疑人不再符合逮捕条件但案件需要继续审查起诉的，应当及时变更强制措施。

【本章主要法律规定】

1.《刑事诉讼法》第66～100条

2.全国人民代表大会常务委员会《关于〈中华人民共和国刑事诉讼法〉第七十九条第三款的解释》

3.最高人民法院、最高人民检察院、公安部、国家安全部、司法部、全国人大常委会法制工作委员会《关于实施刑事诉讼法若干问题的规定》第13～17条

4.最高人民法院《关于适用〈中华人民共和国刑事诉讼法〉的解释》第147～174条

5.《人民检察院刑事诉讼规则》第81～155条、第255～266条、第280～304条、第573～582条

6.《公安机关办理刑事案件程序规定》第78～168条

7.最高人民法院、最高人民检察院、公安部、国家安全部《关于取保候审若干问题的规定》

8.《人民检察院、公安机关羁押必要性审查、评估工作规定》

第九章 附带民事诉讼

本章主要内容提示

附带民事诉讼依附于刑事诉讼，又适用民事诉讼法的相关规定，是一种特殊的程序。本章的重点为附带民事诉讼成立的条件、附带民事诉讼当事人、附带民事诉讼的提起。

本章应注意掌握附带民事诉讼成立的条件，尤其是司法解释明确规定的不予受理的情形。附带民事诉讼的原告人不限于被害人，检察机关提起附带民事诉讼的，应将检察机关列为原告人；被告人也不限于刑事案件的被告人，对被害人的物质损失依法应当承担赔偿责任的单位和个人也可以列为被告。附带民事诉讼的赔偿范围应当依据被害人实际遭受的物质损失确定。

第一节 附带民事诉讼概述

一、附带民事诉讼的概念

附带民事诉讼是指在刑事诉讼过程中，在解决被告人刑事责任的同时，附带解决因被告人的犯罪行为所造成的物质损失的赔偿问题而进行的诉讼活动。《刑事诉讼法》第101条规定，被害人由于被告人的犯罪行为而遭受物质损失的，在刑事诉讼过程中，有权提起附带民事诉讼。被害人死亡或者丧失行为能力的，被害人的法定代理人、近亲属有权提起附带民事诉讼。如果是国家、集体财产遭受损失的，人民检察院在提起公诉的时候，可以提起附带民事诉讼。

附带民事诉讼解决的是物质损失赔偿问题，与民事诉讼解决的损害赔偿性质相同。但是，附带民事诉讼又与通常的民事诉讼有所不同。从实体上说，这种赔偿是由犯罪行为导致损失所引起的；从程序上说，它是在刑事诉讼的过程中提起的，通常由审判刑事案件的审判组织一并审判。其成立和解决都与刑事诉讼密不可分，依附于刑事诉讼。由附带民事诉讼的这种特殊性所决定，附带民事诉讼适用的法律具有复合性特点。就实体法而言，对损害事实的认定不仅要遵循刑法关于具体罪名犯罪构成要件的规定，而且要受民事法律规范调整；就程序法而言，除刑事诉讼法有特殊规定的以外，应当适用民事诉讼法的规定，如先行给付、保全、调解、和解、撤诉、反诉等，都要遵循民事诉讼法的有关规定。《刑事诉讼法》第102条规定，人民法院采取保全措施，适用民事诉讼法的有关规定。最高人民法院《解释》第201条规定，人民法院审理附带民事诉讼案件，除刑法、刑事诉讼法以及刑事司法解释已有规定的以外，适用民事法律的有关规定。

附带民事诉讼有利于正确处理刑事案件，保证人民法院审判工作的统一性和严肃性，维护国家、集体和公民个人的合法利益，能够节约诉讼资源，提高诉讼效率和便于诉讼参与人参加诉讼。

二、附带民事诉讼的成立条件

附带民事诉讼的成立必须符合以下条件：

1.附带民事诉讼成立的前提是刑事诉讼已经成立。附带民事诉讼是由刑事诉讼所追究的涉嫌犯罪的行为引起的，是在追究被告人刑事责任的同时，附带解决其应承担的民事赔偿责任问题。因此，附带民事诉讼必须以刑事诉讼的成立为前提，如果刑事诉讼不能成立，附带民事诉讼也不能成立，但可以另行提起独立的民事诉讼。最高人民法院《解释》第197条第2款规定，人民法院准许人民检察院撤回起诉的公诉案件，对已经提起的附带民事诉讼，可以进行调解；不宜调解或者经调解不能达成协议的，应当裁定驳回起诉，并告知附带民事诉讼原告人可以另行提起民事诉讼。

2.被害人遭受的必须是物质损失，且符合法律规定的具体情形。根据最高人民法院《解释》第175条的规定，附带民事诉讼的受理或赔偿范围仅限于被害人因人身权利受到犯罪侵犯或者财物被犯罪分子毁坏而遭受的物质损失。因受到犯罪侵犯，提起附带民事诉讼或者单独提起民事诉讼要求赔偿精神损失的，人民法院一般不予受理。

根据最高人民法院《解释》第176条和第177条的规定，下列两种情况人民法院不受理附带民事诉讼：(1)被告人非法占有、处置被害人财产的，应当依法予以追缴或者责令退赔。被害人提起附带民事诉讼的，人民法院不予受理。追缴、退赔的情况，可以作为量刑情节考虑。(2)国家机关工作人员在行使职权时，侵犯他人人身、财产权利构成犯罪，被害人或者其法定代理人、近亲属提起附带民事诉讼的，人民法院不予受理，但应当告知其可以依法申请国家赔偿。

3.被害人的物质损失是因被告人的犯罪行为造成的。首先，这里所指的“犯罪行为”是指被告人在刑事诉讼过程中被指控涉嫌犯罪的行为，而不要求是人民法院以生效裁判确定构成犯罪的行为。只要行为人被司法机关进行刑事追诉，因其行为遭受损失的人就可以提起附带民事诉讼。即使被告人的行为最终没有被人民法院以生效裁判确定为犯罪行为，也不影响附带民事诉讼的提起和进行。最高人民法院《解释》第197条第1款规定，人民法院认定公诉案件被告人的行为不构成犯罪，对已经提起的附带民事诉讼，经调解不能达成协议的，可以一并作出刑事附带民事判决，也可以告知附带民事原告人另行提起民事诉讼。其次，被害人遭受的物质损失与被告人的犯罪行为之间必须存在因果关系。换言之，被害人遭受的物质损失是由被告人的犯罪行为引起的。最后，被害人遭受的物质损失是指已经遭受的实际损失和必然造成的物质损失。

第二节　附带民事诉讼当事人

一、附带民事诉讼原告人的概念与范围

附带民事诉讼原告人，是指以自己的名义向司法机关提起附带民事诉讼赔偿请求的人。根据刑事诉讼法和有关司法解释的规定，以下主体有权提起附带民事诉讼：

1.因犯罪行为遭受物质损失的公民。任何公民由于被告人的犯罪行为而遭受物质损失的，在刑事诉讼过程中，都有权提起附带民事诉讼，这是附带民事诉讼中最常见的原告人。

2.因犯罪行为遭受物质损失的企业、事业单位、机关、团体等。企业、事业单位、机关、团体等也可能是受到犯罪侵害的权利主体，有权提起附带民事诉讼。

3.被害人死亡或者丧失行为能力的，其法定代理人、近亲属有权提起附带民事诉讼。法定代理人负有保护被害人的责任和代为行使其权利的权利，近亲属是与被害人有血缘关系或婚姻关系的亲属，通常享有继承或管理被害人

财产的权利。当被害人死亡或者丧失行为能力时，由其法定代理人或近亲属提起附带民事诉讼，有利于保障被害人获得赔偿的权利。

4.当被害人是未成年人或限制行为能力人时，其法定代理人可以代为提起附带民事诉讼。

5.如果是国家财产、集体财产遭受损失的，受损失的单位未提起附带民事诉讼，人民检察院可以在提起公诉时提起附带民事诉讼。人民检察院提起附带民事诉讼的，应当列为附带民事诉讼原告人。当国家财产、集体财产遭受损失，而被害单位没有提起附带民事诉讼时，人民检察院作为国家利益的维护者，有责任提起附带民事诉讼。此外，对于破坏生态环境和资源保护，食品药品安全领域侵害众多消费者合法权益，侵害英雄烈士的姓名、肖像、名誉、荣誉等损害社会公共利益的行为，人民检察院也可以提起附带民事公益诉讼。

二、附带民事诉讼被告人的概念与范围

附带民事诉讼被告人，是指对被害人因犯罪行为所造成的物质损失负有赔偿责任的人。附带民事诉讼被告人通常是刑事诉讼的被告人(包括公民、法人和其他组织)，但在有些特殊情况下，应当赔偿物质损失的附带民事诉讼被告人，可能不是承担刑事责任的被告人。根据最高人民法院《解释》第180条的规定，附带民事诉讼中依法负有赔偿责任的人包括以下自然人或者单位：

1.刑事被告人以及未被追究刑事责任的其他共同侵害人。未被追究刑事责任的其他共同侵害人，是指与被告人共同实施致使被害人遭受物质损失的行为，但因未达刑事责任年龄、不具有刑事责任能力而依法不负刑事责任，或者因犯罪情节显著轻微依法未追究其刑事责任的人。

2.刑事被告人的监护人。具体是指未成年人或限制刑事责任能力被告人的监护人。

3.死刑罪犯的遗产继承人。其应当在所继承的遗产范围内承担赔偿责任。

4.共同犯罪案件中，案件审结前死亡被告人的遗产继承人。同样应当在所继承的遗产范围内承担赔偿责任。在此种和上一种情况下对被害人的赔偿应当看作已经死亡的刑事被告人生前所负的债务，属于遗产的清偿范围。

5.对被害人的物质损失依法应当承担赔偿责任的其他单位和个人。审判实践中，依法应当对被害人因犯罪行为遭受的物质损失承担赔偿责任的人员范围可能较为广泛，难以一一列举，具体案件中需要根据《民法典》等有关法律的规定予以确定。

刑事被告人以外的附带民事诉讼被告人下落不明，或者用公告送达以外的其他方式无法送达，可能导致刑事案件审判过分迟延的，可以不将其列为附带民事诉讼被告人，告知附带民事诉讼原告人另行提起民事诉讼。附带民事诉讼被告人的亲友自愿代为赔偿的，可以准许。共同犯罪案件，同案犯在逃的，不应列为附带民事诉讼被告人。逃跑的同案犯到案后，被害人或者其法定代理人、近亲属可以对其提起附带民事诉讼，但已经从其他共同犯罪人处获得足额赔偿的除外。

第三节　附带民事诉讼的提起

一、附带民事诉讼的提起期间

附带民事诉讼应当在刑事案件立案以后及时提起。根据最高人民法院《解释》第198条的规定，第一审期间未提起附带民事诉讼，在第二审期间提起的，第二审人民法院可以依法进行调解；调解不成的，告知当事人可以在刑事判决、裁定生效后另行提起民事诉讼。第200条规定，被害人或者其法定代理人、近亲属在刑事诉讼过程中未提起附带民事诉讼，另行提起民事诉讼的，人民法院可以进行调解，或者根据物质损失情况作出判决。

需要强调的是，在刑事诉讼的侦查、审查起

诉期间，有权提起附带民事诉讼的人可以提出赔偿要求，但在刑事案件起诉后，必须向人民法院依法提起附带民事诉讼的，人民法院才按照附带民事诉讼案件受理。在侦查、审查起诉期间，经公安机关、人民检察院调解，当事人双方已经达成协议并全部履行，被害人或者其法定代理人、近亲属又提起附带民事诉讼的，人民法院不予受理，但有证据证明调解违反自愿、合法原则的除外。

二、提起附带民事诉讼的条件与方式

提起附带民事诉讼必须符合以下四个条件：(1)提起附带民事诉讼的起诉人符合法定条件；(2)有明确的被告人；(3)有请求赔偿的具体要求和事实、理由；(4)属于人民法院受理附带民事诉讼的范围。

提起附带民事诉讼应当提交刑事附带民事起诉状。附带民事起诉状应当重点写明被告人的犯罪行为给被害人造成物质损失的情况及相应证据、要求附带民事诉讼被告人赔偿的项目和具体数额。

人民法院受理刑事案件后，对符合附带民事诉讼成立条件的，可以告知被害人或者其法定代理人、近亲属有权提起附带民事诉讼。有权提起附带民事诉讼的人放弃诉讼权利的，应当准许，并记录在案。被害人或者其法定代理人、近亲属仅对部分共同侵害人提起附带民事诉讼的，人民法院应当告知其可以对其他共同侵害人，包括没有被追究刑事责任的共同侵害人，一并提起附带民事诉讼，但共同犯罪案件中同案犯在逃的除外。被害人或者其法定代理人、近亲属放弃对其他共同侵害人的诉讼权利的，人民法院应当告知其相应法律后果，并在裁判文书中说明其放弃诉讼请求的情况。

三、附带民事诉讼的财产保全

附带民事诉讼的财产保全是指在刑事诉讼过程中，在可能因被告人或其他人的行为导致将来发生法律效力的附带民事诉讼判决不能或难以得到执行时，司法机关对被告人的财产采取一定的保全措施，从而保证附带民事判决能够得到执行。

附带民事诉讼的财产保全包括两种情形：(1)诉中财产保全。人民法院对可能因被告人的行为或者其他原因，使附带民事判决难以执行的案件，根据附带民事诉讼原告人的申请，可以裁定采取保全措施，查封、扣押或者冻结被告人的财产；附带民事诉讼原告人未提出申请的，必要时，人民法院也可以采取保全措施。人民法院采取诉中财产保全措施，可以责令申请人提供担保，申请人不提供担保的，裁定驳回申请。人民法院接受申请后，对情况紧急的，必须在48小时内作出裁定；裁定采取保全措施的，应当立即开始执行。(2)诉前财产保全。有权提起附带民事诉讼的人因情况紧急，不立即申请保全将会使其合法权益受到难以弥补的损害的，可以在提起附带民事诉讼前，向被保全财产所在地、被申请人居住地或者对案件有管辖权的人民法院申请采取保全措施。申请人在人民法院受理刑事案件后15日以内未提起附带民事诉讼的，人民法院应当解除保全措施。对于诉前财产保全，申请人应当提供担保，不提供担保的，裁定驳回申请。人民法院接受申请后，必须在48小时内作出裁定；裁定采取保全措施的，应当立即开始执行。

人民法院可以采取的保全措施主要包括查封、扣押与冻结。

第四节　附带民事诉讼的审判

一、附带民事诉讼的审判组织、受理和准备程序

1.附带民事诉讼的审判组织。附带民事诉讼的审判组织原则上与刑事案件的审判组织保持同一，以便于全面查清案件事实和节省诉

讼成本。《刑事诉讼法》第104条规定，附带民事诉讼应当同刑事案件一并审判，只有为了防止刑事案件审判的过分迟延，才可以在刑事案件审判后，由同一审判组织继续审理附带民事诉讼。

可见，应当按照“先刑后民”的原则处理刑事部分与附带民事部分之间的关系。具体而言，要注意以下几个方面：(1)一般只能先审理刑事部分，后审理附带民事部分，而不能先审理附带民事部分，后审理刑事部分。(2)必须由审理刑事案件的同一审判组织继续审理附带民事部分，不得另行组成合议庭。如果同一审判组织的成员确实不能继续参加审判的，可以更换审判组织成员。(3)附带民事诉讼部分的判决对案件事实的认定不得同刑事判决相抵触。(4)附带民事诉讼部分的延期审理，一般不影响刑事判决的生效。

2.附带民事诉讼的受理和准备程序。人民法院收到附带民事起诉状后，应当进行审查，并在7日以内决定是否受理。符合法定条件的，应当受理；不符合的，应当裁定不予受理。

人民法院受理附带民事诉讼后，应当在5日以内向附带民事诉讼的被告人送达附带民事起诉状副本，或者将口头起诉的内容及时通知附带民事诉讼的被告人及其法定代理人，并制作笔录。人民法院送达附带民事起诉状副本时，应当根据刑事案件审理的期限，确定被告人及其法定代理人的答辩准备时间。

二、附带民事诉讼调解与审判

根据最高人民法院的有关司法解释，在审理刑事附带民事案件过程中还应当遵守以下特殊规定：

1.附带民事诉讼的原告人经传唤，无正当理由拒不到庭，或者未经法庭许可中途退庭的，应当按撤诉处理。刑事被告人以外的附带民事诉讼被告人经传唤，无正当理由拒不到庭，或者未经法庭许可中途退庭的，附带民事部分可以缺席判决。

2.附带民事诉讼当事人对自己提出的主张，有责任提供证据。

3.审理附带民事诉讼案件，可以进行调解。调解应当根据自愿、合法的原则进行。经调解达成协议的，审判人员应当制作调解书。调解书经双方当事人签收后即发生法律效力。调解达成协议并当庭执行完毕的，可以不制作调解书，但应当记入笔录，经双方当事人、审判人员、书记员签名或者盖章即发生法律效力。经调解无法达成协议或者调解书签收前当事人一方反悔的，附带民事诉讼应当同刑事诉讼一并判决，根据物质损失情况作出判决。

4.审理刑事附带民事诉讼案件，人民法院应当结合被告人赔偿被害人物质损失的情况认定其悔罪表现，并在量刑时予以考虑。

5.对附带民事诉讼作出判决，应当根据犯罪行为造成的物质损失，结合案件具体情况，确定被告人应当赔偿的数额。犯罪行为造成被害人人身损害的，应当赔偿医疗费、护理费、交通费等为治疗和康复支付的合理费用，以及因误工减少的收入。造成被害人残疾的，还应当赔偿残疾生活辅助具费等费用；造成被害人死亡的，还应当赔偿丧葬费等费用。驾驶机动车致人伤亡或者造成公私财产重大损失，构成犯罪的，依照《道路交通安全法》第76条的规定确定赔偿责任。附带民事诉讼当事人就民事赔偿问题达成调解、和解协议的，赔偿范围、数额不受上述规定的限制。即除驾驶机动车致人伤亡或者造成公私财产重大损失的案件外，“死亡赔偿金”和“残疾赔偿金”不在附带民事诉讼的判赔范围之内，但调解、和解的，赔偿范围、数额不受限制。

6.人民检察院提起附带民事诉讼的，人民法院经审理，认为附带民事诉讼被告人依法应当承担赔偿责任的，应当判令附带民事诉讼被告人直接向遭受损失的单位作出赔偿；遭受损失的单位已经终止，有权利义务继受人的，应当判令其向继受人作出赔偿；没有权利义务继受人的，应当判令其向人民检察院交付赔偿款，由人民检察院上缴国库。

7.人民法院审理刑事附带民事诉讼案件，

不收取诉讼费。

8.人民法院在受理刑事附带民事诉讼案件后3个月内无法审结的，经上一级人民法院批准，可以延长3个月的审理期限。

【本章主要法律规定】

1.《刑事诉讼法》第101～104条

2.最高人民法院《关于适用〈中华人民共和国刑事诉讼法〉的解释》第175～201条

第十章
期间、送达

本章主要内容提示

本章的主要内容是期间与送达。重点在于期间的计算、恢复和送达的种类。

1.刑事诉讼期间是指公安司法机关和诉讼参与人完成某项刑事诉讼行为必须遵守的法定期限。期间和期日属于不同的概念，不能混淆。

2.刑事诉讼中的送达，是指人民法院、人民检察院和公安机关依照法定程序和方式，将诉讼文件送交诉讼参与人、有关机关和单位的诉讼活动。《刑事诉讼法》主要规定了五种送达种类。

第一节　期　　间

一、期间的概念

刑事诉讼的期间，是指公安司法机关和诉讼参与人完成某项刑事诉讼行为必须遵守的法定期限。刑事诉讼期间分为法定期间和指定期间两种。所谓法定期间，是指由法律明确规定的期间，可以按照涉及的诉讼制度和诉讼阶段主要分为辩护与代理期间、强制措施期间、侦查羁押期间、审查起诉期间、一审程序期间、上诉与抗诉期间、二审程序期间、再审程序期间、执行期间等；所谓指定期间，是指由公安司法机关在具体案件办理中指定的期间。

刑事诉讼期间不能随意确定，需要考虑以下因素：(1)保证查明犯罪事实，正确处理案件；(2)能够及时惩罚犯罪；(3)保障公民依法行使诉讼权利；(4)督促公安司法机关提高办案效率，保障公民合法权利。

公安司法机关和诉讼参与人都应当严格遵守刑事诉讼法关于期间的规定，只有在规定期间内所进行的诉讼活动才是有效的。公安司法机关违反法定期间属于违法行为，将产生相应的法律后果。例如，公安机关羁押犯罪嫌疑人超过了法定期限，被羁押人或其家属有权要求释放，公安机关必须立即释放。

二、期间和期日的区别

期日是指公安司法机关和诉讼参与人共同进行刑事诉讼活动的特定时间。刑事诉讼法对期日未作具体规定，在诉讼实践中，由公安机关、人民检察院、人民法院根据法律规定的期间和案件的具体情况予以指定。期间与期日都是刑事诉讼中规范时间的规定，但二者也存在一定的区别：

1.期日是一个特定的时间单位，如某日、某时；期间则是指一定期限内的时间，即由一个期日起至另一个期日止的一段时间，既含有时间的数量，又含有时间的限度。

2.期日是公安司法机关和诉讼参与人共同进行某项刑事诉讼活动的时间；期间则是指公安司法机关和诉讼参与人各自单独进行某项诉讼活动的时间。

3.期日由公安司法机关指定，遇有重大理由时，可以另行指定期日；期间原则上由法律规定，不得任意变更。

4.期日只规定开始的时间，不规定终止的时间，以诉讼行为的开始为开始，以诉讼行为的实行完毕为结束；期间在具体案件中一旦确定开始时间，终止的时间也随之确定。

5.期日开始后，必须立即实施某项诉讼行为或开始某项诉讼活动；期间开始后不要求立即实施诉讼行为，只要是在期间届满之前，任何时候实施都是有效的。

三、期间的计算

1.期间的计算单位。《刑事诉讼法》第105条规定："期间以时、日、月计算。"除《刑事诉讼法》第283条第2款规定的附条件不起诉的考验期为6个月以上1年以下外，《刑事诉讼法》规定的所有期间都采用时、日或者月三个计算单位。

2.期间的计算方法。

以时为计算单位的期间，从期间开始的下一时起算，期间开始的时不计算在期间以内。它的届满以法定期间时数的最后一时完了为止。

以日为计算单位的期间，从期间开始的次日起算，期间开始的日不计算在期间以内。它的届满以法定期间日数的最后一日完了为止。

以月为计算单位的期间，最高人民法院《解释》第202条第1款对此作出了明确规定："以月计算的期间，自本月某日至下月同日为一个月；期限起算日为本月最后一日的，至下月最后一日为一个月；下月同日不存在的，自本月某日至下月最后一日为一个月；半个月一律按十五日计算。"

最高人民法院《解释》第202条第2款对以年和月为单位的刑期的计算作出了明确规定。以年计算的刑期，自本年本月某日至次年同月同日的前一日为一年；次年同月同日不存在的，自本年本月某日至次年同月最后一日的前一日为一年。例如，如2019年5月31日至2020年5月30日为一年，2020年2月29日至2021年2月27日为一年。以月计算的刑期，自本月某日至下月同日的前一日为一个月；刑期起算日为本月最后一日的，至下月最后一日的前一日为一个月；下月同日不存在的，自本月某日至下月最后一日的前一日为一个月；半个月一律按15日计算。这一以月计算刑期的方式与前述以月为计算单位计算期间的方式略有不同，不包括下月的同日。

3.特殊情形下期间的计算。

（1）期间的最后一日为节假日的，以节假日后的第一日为期间届满日期。节假日包括公休日（星期六、星期日）和法定假日（如元旦、春节、五一劳动节、国庆节、清明节、端午节、中秋节等）。如果节假日不是期间的最后一日，而是在期间的开始或中间则均应计算在期间以内。另外，为了保障犯罪嫌疑人、被告人的人身权利，《刑事诉讼法》第105条第4款规定，对于犯罪嫌疑人、被告人或者罪犯在押期间，应当至期间届满之日为止，不得因节假日而延长在押期限至节假日后的第一日。

（2）上诉状或者其他文件在期满前已经交邮的，不算过期。也就是说，通过邮寄的上诉状或者其他文件，只要是在法定期间内交邮的，即使司法机关收到时已过法定期间，也不算过期。上诉状或其他文件是否在法定期限内交邮以当地邮局所盖邮戳为准。

（3）法定期间不包括路途上的时间。《刑事诉讼法》第105条第3款规定，法定期间不包括路途上的时间。有关诉讼文书材料在公安司法机关之间传递过程中的时间，也应当在法定期间内予以扣除。

4.期间的重新计算。

期间的重新计算，是指由于发生了法定的情况，原来已进行的期间归于无效，而从新发生情况之时起计算期间。重新计算期间仅适用于公安司法机关的办案期限。

（1）在侦查期间，发现犯罪嫌疑人另有重要罪行的，自发现之日起，依《刑事诉讼法》第156条的规定重新计算侦查羁押期限。另有重要罪行是指与逮捕时的罪行不同种的重大犯罪和同种的影响罪名认定、量刑档次的重大犯罪。犯罪嫌疑人不讲真实姓名、住址，身份不明的，应当对其身份进行调查，侦查羁押期限自查清其身份之日起计算，但是不得停止对其犯罪行为的侦查取证。

（2）公安机关或者人民检察院补充侦查完毕移送人民检察院或者人民法院后，人民检察院或者人民法院重新计算审查起诉或者审理期限。第二审人民法院发回原审人民法院重新审判的案件，原审人民法院从收到发回案件之日起，重新计算审理期限。

（3）对人民检察院和人民法院改变管辖的公诉案件，从改变后的办案机关收到案件及有关案卷、证据材料之日起重新计算办案期限。

此外，对犯罪嫌疑人作精神病鉴定的期间不计入办案期限。犯罪嫌疑人、被告人在押的案件，除对犯罪嫌疑人、被告人做精神病鉴定期间不计入办案期限外，其他鉴定期间都应当计入办案期限。对于因鉴定时间较长，办案期限届满仍不能办结的案件，自期限届满之日起，应当对被羁押的犯罪嫌疑人、被告人变更强制措施，改为取保候审或者监视居住。

四、期间的恢复

期间的恢复，是指当事人由于不能抗拒的原因或者有其他正当理由而耽误期间的，在障碍消除后5日以内，可以申请继续进行应当在期满以前完成的诉讼活动的一种补救措施。

根据《刑事诉讼法》第106条的规定，期间的恢复必须具备以下条件：（1）当事人提出恢复期间的申请。刑事诉讼法将提出申请期间恢复的主体限定为当事人，而不是所有的诉讼参与人。（2）期间的耽误是由于不能抗拒的原因或有其他正当理由。例如，发生地震、洪水、台风、战争、大火等当事人本身无法抗拒的自然和社会现象或者是当事人发生车祸、突患严重疾病等情况，使当事人无法进行诉讼行为。（3）当事人的申请应当在障碍消除后的5日以内提出。这是对当事人申请恢复期间的时间要求。（4）期间恢复的申请经人民法院裁定批准。对有些当事人的申请，人民法院可能认为不符合法定条件而作出裁定不予批准。由此可见，当事人只有申请权，而人民法院有批准权。

第二节　送　　达

一、送达的概念

刑事诉讼中的送达，是指人民法院、人民检察院和公安机关依照法定程序和方式，将诉讼文件送交诉讼参与人、有关机关和单位的诉讼活动。送达从形式上看是向收件人交付某种诉讼文件，实质上是公安司法机关的告知行为。

根据刑事诉讼法的规定，送达具有以下特点：（1）送达是公、检、法机关所进行的诉讼活动。诉讼参与人向司法机关送交的自诉状、上诉状、答辩状等诉讼文件的行为，不属于法定的送达。（2）送达必须依照法定的程序和方式进行。送达机关违反法定程序和方式送达诉讼文件的，不能产生法律效力。（3）送达的内容是各种诉讼文件。刑事诉讼中需要送达的诉讼文件是多种多样的。如传票、通知书、起诉书、不起诉决定书、裁定书、判决书等。（4）送达的收件人可以是公民个人，也可以是机关、单位。例如，接收判决书的被告人、接收开庭通知的人民检察院等都可以成为收件人。

二、送达的种类

根据《刑事诉讼法》第107条和最高人民法院《解释》第204条至第208条的规定，送达的方式有以下几种：

1.直接送达。直接送达，是指公安司法机关派员将诉讼文件直接交给收件人，而不通过中介人或中间环节。送达诉讼文书，原则上应当采用由收件人直接签收的直接送达方式。直接送达的程序是，送达人员将诉讼文件交给收件人，收件人在送达回证上记明收到日期，并且签名或者盖章。如果收件人不在，由他的成年家属或所在单位的负责收件的人员代收，代收人也应当在送达回证上记明收到日期，并且签名或者盖章。收件人或者代收人在送达回证上签收的日期为送达的日期。

2.留置送达。留置送达，是指收件人本人或者代收人拒绝接收诉讼文件或者拒绝签名、盖章时，送达人员将诉讼文件放置在收件人或代收人的住处的一种送达方式。留置送达必须具备一定条件，即收件人或代收人拒绝接收诉讼文件或者拒绝签名、盖章时才能采用。找不到收件人，同时也找不到代收人时，不能采用留置送达。留置送达的程序是在收件人或者代收人拒绝接收或者拒绝签名、盖章的情况下，送达人邀请见证人到场，说明情况，在送达回证上记明拒收的事由和日期，由送达人、见证人签名或者盖章，并将诉讼文书留在收件人或者代收人住处或者单位；也可以把诉讼文书留在受送达人的住处，并采用拍照、录像等方式记录送达过程，即视为送达。诉讼文件的留置送达与交给收件人或代收人具有同样的法律效力。

3.委托送达。委托送达，是指承办案件的公安司法机关委托收件人所在地的公安司法机关代为送达的一种方式。委托送达一般是在收件人不住在承办案件的公安司法机关所在地，而且直接送达有困难的情况下所采用的送达方式。其程序是，委托送达的公安司法机关应当将委托函、送达的诉讼文件及送达回证，寄送受托的公安司法机关。受托的公安司法机关收到委托送达的诉讼文件，应当登记，并在10日内送交收件人，然后将送达回证及时寄送委托送达的公安司法机关。受委托的公安司法机关无法送达时，应当将不能送达的原因及时告知委托的公安司法机关，并将诉讼文件及送达回证退回。

4.邮寄送达。邮寄送达，是指公安司法机关将诉讼文件邮寄给收件人的一种送达方式。邮寄送达一般是在直接送达有困难的情况下采用的送达方式。其程序是，公安司法机关将诉讼文件、送达回证邮寄给收件人，收件人签收邮寄的诉讼文件后即认为已经送达。签收日期为送达日期。

5.转交送达。转交送达，是指对特殊的收件人由有关部门转交诉讼文件的送达方式。特殊的收件人主要是指军人、正在接受专门矫治教育等措施的人和正在服刑的犯人。根据有关司法解释，转交送达的程序是：诉讼文件的收件人是军人的，可以通过所在部队团以上单位的政治部门转交。收件人正在接受专门矫治教育等措施的，可以通过相关机构转交。收件人正在服刑的，可以通过执行机关转交。代为转交的部门、单位收到诉讼文件后，应当立即交收件人签收，并将送达回证及时寄送送达的公安司法机关。采取转交送达的方式主要是考虑到收件人的特殊情况。收件人是军人的，通过转交送达有利于维护部队的机密性，同时还有利于部队政治部门及时了解情况，做好收件人的思想工作，保持部队的稳定。对正在接受专门矫治教育措施和服刑的人通过转交送达，有利于有关单位了解情况，及时掌握收件人的思想、情绪动向，防止发生意外情况。

2018年《刑事诉讼法》修改增设的缺席审判制度，由于涉及向在境外的犯罪嫌疑人、被告人送达诉讼文书，规定了相对较为特殊的送达制度。根据《刑事诉讼法》第291、292条的规定，对于犯罪嫌疑人、被告人在境外的贪污贿赂犯罪案件和需要及时进行审判并经最高人民检察院核准的严重危害国家安全犯罪、恐怖活动犯罪案件，人民检察院提起公诉后适用缺席审判的，人民法院应当通过有关国际条约规定的或者外交途径提出的司法协助方式，或者被告人所在地法律允许的其他方式，将传票和人民检察院的起诉书副本送达被告人。根据《国际刑事司法协助法》第20、21条的规定，办案机关需要外国协助送达传票、通知书、起诉书、判决书和其他司法文书的，应当制作刑事司法协助请求书并附相关材料，经所属主管机关审核同意后，由对外联系机关及时向外国提出请求。向外国请求送达文书的，请求书应当载明受送达人的姓名或者名称、送达的地址以及需要告知受送达人的相关权利和义务。根据最高人民法院《解释》第495条的规定，对中国籍当事人，所在国法律允许或者经所在国同意的，可以委托我国驻受送达人所在国的使领馆代为送达，或者采用邮寄送达以及传真、电子邮件等能够确认被告人收悉的方式送达。此外，最高人民法院《解释》第600条规定，对上述适用缺席审判的案件，人民法院立案后除要将传票和起诉书副本送达被告人外，还应当将起诉书副本送达被告人近亲属，告知其有权代为委托辩护人，并通知其敦促被告人归案。

三、送达回证

根据有关司法解释的要求，送达诉讼文件必须有送达回证。在司法实践中，送达回证的内容包括送达诉讼文件的机关，收件人的姓名，送达诉讼文件的名称，送达的时间、地点、方式，送达人、收件人的签名、盖章，签收日期，等等。

送达回证的使用方法是，公安司法机关送达诉讼文件时，向收件人出示送达回证，由收件人、代收人在送达回证上记明收到日期，并且签名或者盖章；遇到拒收或拒绝签名、盖章等，在实施留置送达程序中，送达人应当在送达回证上注明拒绝的事由、送达的日期，并且签名或者盖章。送达程序进行完毕后，将送达回证带回入卷。采用委托送达、转交送达的也必须按照上述程序进行，并将送达回证寄送承办案件的公安司法机关。邮寄送达的，应当将送达回证和诉讼文件一起挂号邮寄给收件人，送达回证由收件人寄回。

送达回证是公安司法机关依法送达诉讼文件的证明文件，是计算期间的根据，因此，在送达诉讼文件时必须使用送达回证，并且将送达回证入卷归档。

【本章主要法律规定】

1.《刑事诉讼法》第105～107条
2.最高人民法院、最高人民检察院、公安部、国家安全部、司法部、全国人大常委会法制工作委员会《关于实施刑事诉讼法若干问题的规定》第40条
3.最高人民法院《关于适用〈中华人民共和国刑事诉讼法〉的解释》第202～211条

本编重点、难点与疑点辨析

1.刑事诉讼法概述是刑事诉讼法学的基础，也是整个学科中理论性最强的。在司法考试早期，对相关知识点曾考查过纯粹的理论题，即考查对相关理论知识的表述是否准确掌握，但随着考试整体更为偏重对考生理解与运用能力的考查，相关知识点的考查更多地偏重于如何将理论与具体制度、程序相结合，在具体的刑事诉讼场景中考查对理论的理解。例如，在理解“诉讼效率”这一刑事诉讼基本理念时可以与司法改革措施和实践中具体操作相结合：采用不予逮捕直接起诉的方法能够节约审查批准逮捕和看守所羁押所投入的司法资源，自然有助于提升诉讼效率；召开庭前会议整理证据、特殊情况下采用远程视频开庭和速裁程序同样如此；但在看守所派驻值班律师为犯罪嫌疑人提供法律帮助更多地体现了程序公正和权利保障的理念，并未提升诉讼效率，反而增加了司法资源的投入；对未成年人适用附条件不起诉，虽然不再起诉到法院而节省了法庭审理所需要的司法资源，但附条件不起诉所增加的监督考察等环节反而大幅增加了检察机关的资源投入，其秉承的是教育感化挽救的方针和使未成年人复归社会的目标，诉讼效率并不是适用附条件不起诉制度所考虑的内容。其他的诸如在自诉案件、认罪案件、侦查程序与审查起诉中对刑事诉讼构造的理解，针对专门机关和诉讼参与人在特定案件、特定诉讼阶段中所实施的诉讼行为来理解刑事诉讼职能等，也均是同样的考查思路。

事实上，刑事诉讼法的很多规定背后都有相应的理论支撑，只有将这些理论基础与法律规定结合起来思考，才能够更好地掌握理论和法律规定，进而在掌握立法原意和理论的基础上更好地开展司法实践，这也是选拔合格法律人才的必然要求。复习时不仅要明确这些具体内容在实践运用时的具体表现，还需要在学习刑事诉讼制度与程序时“自觉”联系这些理论基础以更深刻地理解法律规定。

2.我国刑事诉讼法基本原则规定了我国刑事诉讼法的一些基本问题。主要包括三方面的重点和难点：第一，几项有关职权分工与行使的原则划定了我国参与刑事诉讼国家机关的诉讼地位与相互关系，需要结合实践中不同诉讼阶段的衔接等问题进行理解，尤其是一些最新的司法改革措施可能使这些机关之间分工负责、互相配合和互相制约的关系有一些新的表现形式。例如，对检察机关在重大复杂案件中提前介入侦查的做法如何理解。第二，认罪认罚从宽既是原则又是制度，贯穿于我国刑事诉讼的主要阶段，其内容可以与侦查、审查起诉和审判程序相结合进行非常灵活的考查。第三，《刑事诉讼法》第16条规定的具有法定情形不予追究刑事责任的原则既是刑事诉讼法中非常重要的条文，也是历年司法考试和法律职业资格考试的重点，对于6种情形必须结合不同诉讼阶段在充分理解的基础上予以掌握，尤其是要结合特别不起诉（第182条）和被告人死亡情况下的缺席审判（第297条）更好地明晰这些特殊情形的处理。

3.关于刑事诉讼中的专门机关和诉讼参与人，需要注意以下两个问题：

（1）单位犯罪嫌疑人、被告人及其诉讼代表人的权利义务。由于法条并没有详细列举诉讼代表人的权利义务，学习时需要比照一般犯罪嫌疑人、被告人的权利并结合单位犯罪的特殊情形进行理解。例如，诉讼代表人本身不能也无须委托辩护人为自己辩护，法庭调查中基于对多名被告人分别讯问的要求，在讯问单位主要负责人等其他被告人时诉讼代表人不应在场，作为被告单位的代表可以进行最后陈述等。（2）有专门知识的人如何参照鉴定人确定其诉讼地位和权利义务，尤其是提供价格认定书等有关专门性报告的人是否需要出庭作证等问题。

4.关于管辖需要注意以下几个方面：一是立案管辖中公诉案件与自诉案件的区分，尤其是自诉案件与公诉案件的转换，实践中既有公诉转自诉案件，也有自诉转公诉案件。二是审判管辖中的并案管辖与分案处理，这是2021年最高人民法院《解释》新增的规定，也属于司法实践中较难处理的问题，需要与第一审程序中有关分案的规定结合起来学习。三是指定管辖常常与回避的相关知识点结合起来，考查有管辖权但不适宜管辖的情形如何处理。四是特殊情况的管辖，常常结合一般的地区管辖和级别管辖进行考查。例如，中国人和外国人一起在国外对中国人实施犯罪案件的管辖。源自司法实践经验总结的特殊情形的管辖中通常多个地点都具有管辖权，因此更需要注意哪些地点是没有管辖权的。另外，有关管辖的考查也常常与侦查程序、审查起诉程序以及审判程序一并综合考查。

5.被追诉人的辩护权如何保障不仅是刑事诉讼实践和理论研究关注的重点，也历来是考查的重点。本部分易混淆并需要重点关注的方面包括：(1)哪些人可以担任辩护人与代理人，以及是以律师身份还是以监护人、近亲属身份担任辩护人和代理人？例如，外国人能否以近亲属的身份担任在我国犯罪的外国人的辩护人？公、检、法机关的现职人员以及检察院、法院离职人员能否以近亲属身份担任辩护人？检察院、法院离职人员在什么条件下可以以律师身份担任辩护人，这还涉及与法律职业道德方面知识点的交叉。(2)辩护律师与其他辩护人在不同诉讼阶段的权利如何行使。例如，辩护律师与其他辩护人在行使阅卷权、会见权等方面的不同，辩护律师不能在侦查终结前查阅侦查机关的起诉意见书，也不能在侦查阶段向犯罪嫌疑人核实证据等。(3)公、检、法机关在不同诉讼阶段如何来保障辩护权的实现，需要结合不同诉讼阶段和辩护人所享有的系列权利来进行针对性的学习。(4)值班律师在刑事诉讼中的地位、职责和权利。例如，值班律师能否出庭、值班律师能否对定罪问题提出意见亦或只能对量刑问题提出意见、值班律师是否为我国刑事诉讼的诉讼参与人等。关于值班律师的知识点还通常与认罪认罚从宽、速裁程序、共同犯罪等具体场景相结合，需要在具体案件给出的条件下进行甄别。

6.每一个刑事案件都涉及证据问题，证据不仅几乎与每一项刑事诉讼的制度与程序相关联，而且会影响刑事诉讼各个阶段的推进。在法律职业资格考试中，不仅每年客观题要考查2~3题与证据相关的题目，而且常常在主观题考查中占据较大的比重。近年来，有关证据的考查也越来越呈现案例化和综合性的特征，即在一个较为完整的案例中，结合刑事诉讼的不同阶段考查有关对证据审查认定和证据规则的理解，这种趋势也更符合司法实践中有关证据问题的真实状况。

关于证据需要予以重点关注的方面：(1)证据规则中一些相对较为抽象的标准在司法实践中如何进行判断。例如，非法证据排除规则中有关威胁的认定需要达到“使被告人遭受难以忍受的痛苦而违背意愿”的程度，以曝光隐私可能导致家庭破裂和传唤犯罪嫌疑人的儿子作证可能影响其考试进行威胁，需要根据具体的表述和情节判断是否达到需要排除的程度。(2)在给定的具体案件背景中，如何判断特定证据能否作为定案的依据以及证明价值。例如，在幼儿园虐童案件中，4岁的被害人、证人以及他们的母亲的陈述与证言在什么条件下可以作为定案的依据以及如何进行审查认定。(3)与刑法具体罪名相结合，考查证据的审查认定、证明责任与证明标准等内容。这方面会通过给出一系列的证据，要求剔除其中不能作为定案依据的证据材料，并综合在案证据判断是否构成某一罪名。(4)与刑事诉讼制度、程序相结合进行考查。例如，要求判断在案的某些证据是否已经达到了立案、逮捕、起诉等要求的标准，将讯问措施与口供的审查认定与排除相结合，将搜查、查封、扣押措施与物证、书证的审查认定与排除相结合。(5)有关专门性问题的证据的运用。例如，有关工程重大安全事故罪中的检验报告、事故调查报告、价格认定书等，这方面可以结合诉讼参与人的权利义务与法庭调查程序进行考查。(6)电子数据、重复性供述、监察机关所收集的证据、技术调查与侦查证据等相对较新的证据类型的运用问题。

7.适用强制措施涉及被追诉者的基本权利，是刑事诉讼非常重要的环节。

关于强制措施，要重点关注的疑难问题主要包括：(1)强制措施的变更性和临时性的具体表现。强制措施在不同的诉讼阶段和不同的情形下应当适时变更，羁押性强制措施与非羁押性强制措施在特定情形下需要互相转换，案件侦查一段时间后经过羁押必要性审查、评估可以变更，人民法院作出判决尚未生效之前需要根据被告人被采取的强制措施和判决的内容进行调整，如被取保候审的被告人被宣告无罪的，取保候审自动解除，被逮捕的被告人被判决免除刑事处罚的应当解除逮捕、立即释放。(2)为了将强制措施可能对被追诉者在定罪前所造成的权利减损限制到最低的程度所设置的一系列要求，如强制措施适用的地点、拘留逮捕后要求送看守所并通知近亲属等、强制措施适用的期限要求等。(3)强制措施如何与侦查行为一并开展。例如，在实施拘留、逮捕措施的时候如何开展讯问、搜查等措施，强制措施如何与针对财产的强制性措施协调适用。

8.关于附带民事诉讼需要关注的疑难问题：(1)附带民事诉讼成立条件中司法解释明确规定不予受理所对应的实践情形，如滥用职权等渎职类的犯罪虽然对被害人造成了物质损失，但不属于附带民事诉讼的受理范围；(2)附带民事诉讼中的和解、调解与刑事案件和解的关系；(3)在目前的公益诉讼实践中，检察机关可以提起刑事附带民事公益诉讼，检察机关作为附带民事诉讼的原告人对民事部分可以单独上诉，也可以结合公益诉讼的相关知识点进行考查；(4)对附带民事部分与刑事部分单独或共同提起上诉时的程序和处理。

第二编

分　论

本编导读

与总论的内容相比，刑事诉讼法学分论按照时间顺序囊括了立案、侦查、起诉、审判及执行这五个程序阶段。如果说针对总论的考查集中于基础理论的把握，那么分论则着眼于刑事司法流程的认知及具体运用。易言之，分论的知识点更加贴近司法实践。也正因如此，分论的内容分布呈现了一定的复杂性与多元化。

在本编中，第十一章“立案”、第十二章“侦查”及第十三章“起诉”共同构成了刑事审前阶段，指向的是刑事诉讼法文本中的第二编内容。这一部分主要包含了公安机关主导的立案、侦查程序以及检察机关掌控的起诉程序，刑事审判的前期准备工作均在审前环节完成。其中，立案是刑事诉讼的程序起点，是一个独立的诉讼阶段，是极具中国特色的制度设计。如果不能准确理解立案的概念及功能，便无法合理认知公安司法机关的权力配置与运行机理。而立案的材料来源、立案的条件、立案的程序以及对立案活动的监督等章节内容，在相互结合之下充实了此一诉讼阶段的制度内涵。而侦查作为刑事诉讼中独立的诉讼阶段，亦为公诉案件的必经程序。其在刑事诉讼法中专章规定，且基于自身的强制性而极易伤及被追诉人的基本权利。故而，对于侦查的理解绝不能限于相关措施行为的技术性操作，而须将其概念、任务、工作原则以及法律控制等理论命题放在优先考量的地位。在此基础上，就讯问、询问、勘验、检查、搜查、技术侦查、辨认等诸多强制性措施的法律规范运用，才不致陷入唯结果论的误区。此外，侦查终结、检察机关直接受理案件的侦查、补充侦查、对违法侦查行为的控告申诉以及侦查监督等知识点，长期以来因司法实践中的诸多热点事件而受到高度关注。起诉活动系审前阶段的最后一环，而在刑事诉讼的整体流程中起承上启下的作用。对于检察机关而言，公诉活动先后包含了审查起诉和提起公诉两大部分。当然，随着起诉裁量主义的日益勃兴，我国的不起诉制度也逐渐具有了体系化特质，亦在实现繁简分流目标的进程中扮演着关键角色。除了公诉权运行，自诉也属于起诉活动的必要组成部分，其内容范畴与审判程序中的相关法律规范紧密契合。

第十四章“刑事审判概述”、第十五章“第一审程序”、第十六章“第二审程序”、第十七章“死刑复核程序”及第十八章“审判监督程序”共同组成了审判阶段的知识谱系。自党的十八届四中全会以来，“以审判为中心”的刑事诉讼制度改革乘势而起，并深刻地映射在一系列立法司法文本规范中。由此可见，审判程序的内涵与外延居于整个刑事诉讼体系的要津位置。故而，针对刑事审判原理的认知与把握犹如掌控了打开此一程序之理论大门的“秘钥”，非如此则难以融会贯通于各类迥异的审级阶段。其中，第一审程序中的普通程序为所有审级提供了基础性模板，而简易程序、速裁程序、第二审程序、死刑复核程序以及再审程序等则根据不同情势作了繁简不一的设计。此外，针对涉案财物的处置以及在法定刑以下判处刑罚的核准程序，在理论研究与司法实践中受到越来越多的关注和讨论，而相关司法解释亦不断得到完善。

本编还囊括了涉外刑事诉讼程序与司法协助制度，即第十九章的内容。这一部分章节之所以越发重要，原因在于中国的国际化程度不断提升。为此，涉外刑事诉讼程序与司法协助制度的实操概率相应增大，实践中的鲜活案例亦呈增多趋势，要求考生更好地把握涉外刑事诉讼程序的适用范围、涉外刑事诉讼的特有原则、司法协助主体等重要内容。

刑罚执行构成了刑事诉讼全部流程的终点。在第二十章中，执行的知识点被分解为概述，各类判决、裁定的执行程序，执行的变更程序，对新罪或申诉等事项的处理以及执行监督等具体内容，尤其是针对减刑、假释等刑罚变更活动，均需要结合法律规范与现实案例予以深刻领会。虽然此一部分在刑事诉讼法中仅占据一隅空间，却直接影响着司法权力运行的实际成效，其重要价值自然是不言而喻的。

第十一章
立　　案

本章主要内容提示

立案在我国刑事诉讼中具有特殊的意义，是开启刑事诉讼程序的标志，是一项具有中国特色的诉讼程序和制度。对于该章，要了解立案的概念、特征及功能，正确理解和掌握立案的材料来源、立案的条件，立案的程序以及对立案活动的监督。

第一节　立案的概念

一、立案的概念

刑事诉讼中的立案，是指公安机关、人民检察院、人民法院对报案、控告、举报、自首等方面的材料，依照管辖范围进行审查，以判断是否确有犯罪事实存在和应否追究刑事责任，并依法决定是否作为刑事案件进行侦查或者审判的一种诉讼活动。

二、立案的特征

立案作为刑事诉讼开始的标志，是每一个刑事案件都必须经过的法定阶段，同时，这一诉讼阶段具有相对独立性和特定的诉讼任务。简言之，就是决定是否开始刑事诉讼程序。立案作为一个独立的诉讼阶段，具有以下特征：

（一）立案是刑事诉讼的起始程序

立案、侦查、起诉、审判和执行，是刑事诉讼法所确立的五个普通诉讼程序。

通常情况下，当前一个诉讼阶段的任务完成之后，才能进行下一阶段的诉讼活动，从而真正贯彻程序法制原则。其中，立案程序是整个刑事诉讼活动的开始。

（二）立案是刑事诉讼的必经程序

按照程序法制原则，公安司法机关进行刑事诉讼，必须严格依照法定程序进行，不能随意超越、颠倒任何一个诉讼阶段，只有这样才能保证公安司法机关准确、及时、有效地处理刑事案件，保证刑事诉讼任务和目的的实现。但是，由于刑事案件的具体情况不同，不是每一个刑事案件都必须经过五个诉讼阶段。例如，自诉案件不需要经过侦查阶段，由被害人直接向人民法院起诉；还有些案件，在人民检察院作出不起诉决定后，即告终结，不需要经过审判和执行程序；有些公诉案件，如果犯罪情节轻微，依法不需要判处刑罚或者免除刑罚，在审查起诉阶段，人民检察院可以作出不起诉的决定，从而终结已经开始的诉讼程序。但是，任何刑事案件进入刑事诉讼程序都必须经过立案阶段。只有经过立案，其他诉讼阶段才能依次进行，公安司法机关进行侦查、起诉和审判活动才有法律依据，才能产生法律效力。因此，立案程序是刑事诉讼的必经程序。

（三）立案是法定机关的专门活动

刑事案件的立案，是法律赋予特定机关的职权行为，侦查立案是法律赋予侦查机关的专属权力，其他任何机关或个人都无权立案。而且，公安机关、国家安全机关、人民检察院和人民法院必须按照法律规定的管辖范围行使立案权。

三、立案的功能

立案在刑事诉讼中的功能，主要体现在以下几个方面：

（一）开启刑事诉讼程序

立案是刑事诉讼中必须首先解决的一个程序性环节，只有经过立案，其他诉讼阶段才能依次进行，公安司法机关进行侦查、起诉和审判活动才有法律依据，才能产生法律效力。没有立案程序，便不能开始刑事诉讼。尤其需要注意的是，立案之前也不存在侦查活动，而只能根据情况开展调查核实工作。根据公安部《规定》第174条的规定，对接受的案件，或者发现的犯罪线索，公安机关应当迅速进行审查。发现案件事实或者线索不明的，必要时，经办案部门负责人批准，可以进行调查核实。调查核实过程中，公安机关可以依照有关法律和规定采取询问、查询、勘验、鉴定和调取证据材料等不限制被调查对象人身、财产权利的措施。但是，不得对被调查对象采取强制措施，不得查封、扣押、冻结被调查对象的财产，不得采取技术侦查措施。根据最高人民检察院《规则》第167~169条的规定，对于人民检察院直接受理侦查案件的线索，上级人民检察院在必要时，可以直接调查核实或者组织、指挥、参与下级人民检察院的调查核实，可以将下级人民检察院管辖的案件线索指定辖区内其他人民检察院调查核实，也可以将本院管辖的案件线索交由下级人民检察院调查核实；下级人民检察院认为案件线索重大、复杂，需要由上级人民检察院调查核实的，可以提请移送上级人民检察院调查核实。调查核实一般不得接触被调查对象。必须接触被调查对象的，应当经检察长批准。进行调查核实，可以采取询问、查询、勘验、检查、鉴定、调取证据材料等不限制被调查对象人身、财产权利的措施。不得对被调查对象采取强制措施，不得查封、扣押、冻结被调查对象的财产，不得采取技术侦查措施。

（二）为侦查提供依据和基础

公安司法机关通过刑事诉讼同犯罪行为作斗争，主要依靠侦查活动的展开，而立案又是开展侦查的前提。通过立案，侦查活动才具有合法性，可以依法开展各项侦查行为，使公安司法机关的侦查部门遵照法定程序办案，做到执法有据、严格执法，保障侦查活动顺利进行。此外，立案还对侦查起着过滤作用，将那些无需启动侦查或者管辖需要再进行调整的案件予以分流。（1）经过审查，认为有犯罪事实，但不属于自己管辖的案件，应当立即报经县级以上公安机关负责人批准，制作移送案件通知书，在24小时以内移送有管辖权的机关处理，并告知扭送人、报案人、控告人、举报人。对于不属于自己管辖而又必须采取紧急措施的，应当先采取紧急措施，然后办理手续，移送主管机关。（2）对不属于公安机关职责范围的事项，在接报案时能够当场判断的，应当立即口头告知扭送人、报案人、控告人、举报人向其他主管机关报案。（3）对于重复报案、案件正在办理或者已经办结的，应当向扭送人、报案人、控告人、举报人作出解释，不再登记，但有新的事实或者证据的除外。（4）经过审查，对告诉才处理的案件，公安机关应当告知当事人向人民法院起诉。对被害人有证据证明的轻微刑事案件，公安机关应当告知被害人可以向人民法院起诉；被害人要求公安机关处理的，公安机关应当依法受理。（5）经过审查，对于不够刑事处罚需要给予行政处理的，依法予以处理或者移送有关部门。

（三）保障公民合法权益

立案的任务是通过审查和核实案件材料，确定有无犯罪事实和是否需要追究刑事责任。公安司法机关一旦发现预备实施、正在实施或已经实施的犯罪行为，并需要追究刑事责任的，必须迅速组织力量，严格按照法定立案条件进行审查，准确、及时立案，积极开展侦查或审判，发现、收集证据，揭露犯罪、证实犯罪和惩罚犯罪，使依法应当追究刑事责任的犯罪分子不能逃避法律的制裁，切实维护公民权利和其他合法权益。同时，如果发现不具有犯罪事实或者依法不应当追究被控告人刑事责任的情形，就不应当立案，从而避免对不应当追究刑事责任的无辜者进行刑事追究，防止和减少冤假错案，从刑事诉讼的第一道关口上保障公民合法权益不受侵犯。

第二节 立案的材料来源和条件

一、立案的材料来源

立案作为刑事诉讼的起点，必须具备说明犯罪事实和犯罪嫌疑人存在的材料，这些材料是公安司法机关决定是否立案的根据。

立案的材料来源，是指公安司法机关获取有关犯罪事实以及犯罪嫌疑人情况的材料的渠道或途径。根据法律规定和司法实践，立案的材料来源主要有：

（一）侦查机关自行发现的犯罪事实或者获得的犯罪线索

根据《刑事诉讼法》第109条的规定，公安机关或者人民检察院发现犯罪事实或者犯罪嫌疑人，应当按照管辖范围，立案侦查。最高人民检察院、公安部《关于刑事立案监督有关问题的规定（试行）》第3条规定，公安机关对于接受的案件或者发现的犯罪线索，应当及时进行审查，依照法律和有关规定作出立案或者不予立案的决定。公安机关与人民检察院应当建立刑事案件信息通报制度，定期相互通报刑事发案、报案、立案、破案和刑事立案监督、侦查活动监督、批捕、起诉等情况，重大案件随时通报。有条件的地方，应当建立刑事案件信息共享平台。

公安机关是国家的治安保卫机关，处在同犯罪作斗争的第一线，在日常的执勤和执行任务过程中有可能发现犯罪，在侦查、预审等工作中也可能发现犯罪事实、犯罪线索，这些都是公安机关立案的材料来源。国家安全机关、军队内部的保卫部门、监狱等执行职务过程中，发现犯罪事实或者犯罪线索，对于符合立案条件的，也应当立案。

（二）单位和个人的报案或者举报

《刑事诉讼法》第110条第1款规定：任何单位和个人发现有犯罪事实或者犯罪嫌疑人，有权利也有义务向公安机关、人民检察院或者人民法院报案或者举报。

单位和个人的报案或者举报，是公安司法机关决定是否立案的最主要、最普遍的材料来源，其中报案是指单位和个人以及被害人发现有犯罪事实发生，但尚不知犯罪嫌疑人为何人时，向公安机关、人民检察院、人民法院告发的行为；举报则是指单位和个人对其发现的犯罪事实或者犯罪嫌疑人向公安机关、人民检察院、人民法院进行告发、揭露的行为。举报较报案相比，举报的案件事实以及证据材料要详细、具体。

向公安司法机关报案或者举报，既是任何单位和个人依法享有的权利，也是其依法应当履行的义务。

（三）被害人的报案或者控告

《刑事诉讼法》第110条第2款规定：被害人对侵犯其人身、财产权利的犯罪事实或者犯罪嫌疑人，有权向公安机关、人民检察院或者人民法院报案或者控告。《刑事诉讼法》第114条规定：对于自诉案件，被害人有权向人民法院直接起诉。被害人死亡或者丧失行为能力的，被害人的法定代理人、近亲属有权向人民法院起诉。人民法院应当依法受理。根据这一规定，自诉案件的被害人及其法定代理人、近亲属向人民法院起诉，也是立案材料的来源之一。

被害人是犯罪行为的直接受害者，一方面，具有揭露犯罪、惩罚犯罪的强烈愿望和积极主动性；另一方面，在许多案件中，因为被害人与犯罪嫌疑人有过接触，能够提供较为详细、具体的有关犯罪事实和犯罪嫌疑人的情况，所以其控告对于追究犯罪具有重要的价值。因此，被害人的报案或者控告也是重要的立案材料来源。

控告是指被害人（包括自诉人和被害单位）就其人身权利、财产权利遭受不法侵害的事实及犯罪嫌疑人的有关情况，向公安司法机关揭露和告发，要求依法追究其刑事责任的诉讼行为。

报案、控告和举报是公民的民主权利，受国家法律保护，任何单位或个人都不得以任何借口对报案人、控告人、举报人进行阻止、压制或者打击报复。对报案人、控告人、举报人进行报复、陷害构成犯罪的，依法追究刑事责任。

（四）犯罪人的自首

自首，是指犯罪人作案以后自动投案，如实供述自己罪行，并接受公安司法机关的审查和裁判的行为。犯罪人的自首也是立案的材料来源之一。

《刑事诉讼法》第110条第4款明确规定：犯罪人向公安机关、人民检察院或者人民法院自首的，适用第3款规定。即公安机关、人民检察院或者人民法院对于犯罪人的自首，都应当接受。对于不属于自己管辖的，应当移送主管机关处理；对于不属于自己管辖而又必须采取紧急措施的，应当先采取紧急措施，然后移送主管机关。由于自首能得到依法从轻、减轻或者免除处罚，因此，有不少犯罪人实施犯罪后即投案自首。刑事诉讼法将自首作为立案材料的重要来源之一，含有鼓励犯罪分子主动投案自首、争取宽大处理的意旨。

二、立案的条件

立案必须有一定的事实材料为依据，但这并不意味着有了一定的事实材料就能立案。只有当这些材料所反映的事实符合立案的条件时，才能做到正确、及时、合法立案。

立案的条件，是指立案必须具备的基本条件，也就是决定刑事案件成立、开始启动刑事追究所必须具备的法定条件。正确把握立案的条件，是准确、及时地解决应否立案问题的关键。

根据《刑事诉讼法》第112条的规定，人民法院、人民检察院或者公安机关对于报案、控告、举报和自首的材料，应当按照管辖范围，迅速进行审查，认为有犯罪事实需要追究刑事责任的时候，应当立案；认为没有犯罪事实，或者犯罪事实显著轻微，不需要追究刑事责任的时候，不予立案，并且将不立案的原因通知控告人。控告人如果不服，可以申请复议。最高人民检察院《规则》第171条规定，人民检察院对于直接受理的案件，经审查认为有犯罪事实需要追究刑事责任的，应当制作立案报告书，经检察长批准后予以立案。符合立案条件，但犯罪嫌疑人尚未确定的，可以依据已查明的犯罪事实作出立案决定。根据上述规定，立案必须同时具备两个条件：一是有犯罪事实，称为事实条件；二是需要追究刑事责任，称为法律条件。

（一）有犯罪事实

有犯罪事实，是指客观上存在某种危害社会的犯罪行为。这是立案的首要条件，如果没有犯罪事实存在，也就谈不到立案的问题了。有犯罪事实，包含两个方面的内容。

1.要立案追究的，必须是依照刑法的规定构成犯罪的行为。根据刑法的规定，犯罪行为是指触犯刑律的、应受刑罚处罚的危害社会的行为。立案应当而且只能对犯罪行为进行。如果不是犯罪的行为，就不能立案。没有犯罪事实，或者根据《刑事诉讼法》第16条第1项的规定，有危害社会的违法行为，但是情节显著轻微，危害不大，不认为是犯罪的，就不应立案。比如，在道路上驾驶机动车，经呼气酒精含量检测，显示血液酒精含量达到80毫克/100毫升以上的，公安机关应当依照刑事诉讼法和《关于办理醉酒危险驾驶刑事案件的意见》等规定决定是否立案。其中对于符合《关于办理醉酒危险驾驶刑事案件的意见》第12条规定之情形的，即可认定为情节显著轻微、危害不大，并依照《刑法》第13条、《刑事诉讼法》第16条的规定进行处理。

需要指出的是，由于立案是追究犯罪的开

始，此时所说的有犯罪事实，仅是指发现有某种危害社会而又触犯刑法的犯罪行为发生。至于整个犯罪的过程、犯罪的具体情节、犯罪人是谁等，并不要求在立案时就全部弄清楚。这些问题应当通过立案后的侦查或审理活动来解决。

2.要有一定的事实材料证明犯罪事实确已发生。所谓确已发生就是指犯罪事实确已存在，包括犯罪行为已经实施、正在实施和预备犯罪。犯罪事实确已发生，必须有一定的事实材料予以证明，而不能是道听途说、凭空捏造或者捕风捉影。当然，立案仅仅是刑事诉讼的初始阶段，在这一阶段，尚不能要求证据达到能够证实犯罪嫌疑人为何人以及犯罪的目的、动机、手段、方法等一切案情的情节。但是，在这一阶段必须有一定的证据证明犯罪事实确已发生。

（二）需要追究刑事责任

需要追究刑事责任，是指依法应当追究犯罪行为人的刑事责任。这是立案必须具备的另一个条件。只有存在依法需要追究行为人刑事责任的犯罪事实，才具有立案的价值。只有当有犯罪事实发生，并且依法需要追究行为人刑事责任时，才有必要而且应当立案。

根据《刑事诉讼法》第16条的规定，虽有犯罪事实发生，但犯罪已过追诉时效期限的；经特赦令免除刑罚的；依照刑法告诉才处理的犯罪，没有告诉或者撤回告诉的；犯罪嫌疑人、被告人死亡的；其他法律规定免予追究刑事责任的，均不追究刑事责任。因此，凡犯罪行为人具有上述法定不追究刑事责任的情形之一的，就不应当立案。

有犯罪事实，需要追究刑事责任，是《刑事诉讼法》规定的立案的两个条件，司法机关办理立案时必须严格遵守，才能保证立案的正确性。但是，《刑事诉讼法》规定的立案条件，只是从刑事案件的总体上作出的原则性规定，适用于所有的刑事案件，至于具体到某个刑事案件是否应当立案，还必须结合刑法分则规定的该种犯罪的构成要件来确定。由于犯罪行为多种多样，在实践中准确把握立案条件比较困难。为了统一执行国家的刑事法律，正确把握立案的条件，公安司法机关根据刑事诉讼法的有关规定，对各自管辖的刑事案件，分别或者联合制定了一些具体的立案标准，如最高人民法院、最高人民检察院2013年4月2日发布的《关于办理盗窃刑事案件适用法律若干问题的解释》等。

由于自诉案件不经过侦查，自诉人向人民法院提起诉讼后，如果符合立案条件，人民法院就应当予以受理，并直接进入审判程序。因此，自诉案件的立案条件除了应当具备公诉案件的两个立案条件以外，根据最高人民法院《解释》第316条的规定，还应当具备下列条件：（1）属于刑事自诉案件的范围；（2）属于该人民法院管辖；（3）刑事案件的被害人告诉的；（4）有明确的被告人、具体的诉讼请求和能证明被告人犯罪事实的证据。

第三节 立案程序和立案监督

一、立案程序

立案程序，是指立案阶段中各种诉讼活动的步骤和形式。根据《刑事诉讼法》的规定，立案程序包括对立案材料的接受、审查和处理三个部分。

（一）对立案材料的接受

对立案材料的接受，是指公安机关、人民检察院或者人民法院对报案、控告、举报和自首材料的受理。它是立案程序的开端。接受立案材料，应当注意以下几点：

1.公安机关、人民法院对于报案、控告、举报和自首，都应当先接受下来，然后依法处理，而不得以任何理由拒绝或推诿。根据《刑事诉讼法》第110条第3款的规定，公安机关、人民检察院或者人民法院对于报案、控告、举报，都应当接受。对于不属于自己管辖的，应当移送主管机关处理，并且通知报案人、控告人、举报人；对于不属于自己管辖而又必须采取紧急措施的，应当先采取紧急措施，然后移送主管机关。这里“紧急措施”是指保护现场、先行拘留嫌疑人、扣押证据等措施。

2.报案、控告和举报可以用书面或口头形式提出。《刑事诉讼法》第111条第1款规定：报案、控告、举报可以用书面或者口头提出。接受口头报案、控告、举报的工作人员，应当写成笔录，经宣读无误后，由报案人、控告人、举报人签名或者盖章。根据这一规定，报案、控告和举报可以采取书面形式，也可以口头提出，这是为了方便群众，有利于群众同犯罪行为作斗争。接受口头报案、控告、举报时，应当注意尽量问清犯罪的时间、地点、方法、后果、犯罪嫌疑人的特征等情况，做好笔录，并向报案人、控告人、举报人宣读，经确认无误后，由其签名或者盖章。根据公安部《规定》第169、170条的规定，必要时，应当对上述接受过程录音录像。而公安机关对扭送人、报案人、控告人、举报人、投案人提供的有关证据材料等应当登记，制作接受证据材料清单，由扭送人、报案人、控告人、举报人、投案人签名，并妥善保管。必要时，应当拍照或者录音录像。

3.接受控告、举报的工作人员应当向控告人、举报人说明诬告应负的法律责任。《刑事诉讼法》第111条第2款规定：接受控告、举报的工作人员，应当向控告人、举报人说明诬告应负的法律责任。但是，只要不是捏造事实，伪造证据，即使控告、举报的事实有出入，甚至是错告的，也要和诬告严格加以区别。为了保证控告、举报的真实性，接受控告、举报的工作人员应当向控告人、举报人说明控告、举报应当实事求是，不得诬告陷害他人，否则将依照刑法关于诬告陷害罪的规定追究刑事责任。同时，应当严格区分错告和诬告。二者的主要区别是：错告是没有捏造事实、陷害他人的故意，而是由于个人认识片面或错误造成的控告、举报与事实不符，甚至错误；而诬告则是故意捏造事实，伪造证据，目的在于陷害他人。

4.公安司法机关应当为报案人、控告人、举报人保密，并保障他们及其近亲属的安全。为了鼓励人民群众积极同犯罪行为作斗争，保障单位和个人行使控告、举报的权利，《刑事诉讼法》第111条第3款规定，公安机关、人民检察院或者人民法院应当保障报案人、控告人、举报人及其近亲属的安全。即当他们的安全受到威胁时，公安司法机关应当主动采取保护措施或者经要求而采取相应的保护措施。为了防止事后对报案人、控告人、举报人及其近亲属的打击报复，该款还规定，报案人、控告人、举报人如果不愿公开自己的姓名和报案、控告、举报的行为，应当为他保密。

（二）对立案材料的审查

对立案材料的审查，是指公安机关、人民法院、人民检察院对自己发现的或者接受的立案材料进行核对、调查的活动。其任务是正确认定有无犯罪事实发生、依法应否追究行为人的刑事责任，为正确作出立案或者不立案的决定打下基础。对立案材料的审查，是立案程序的中心环节，是能否正确、及时立案的关键。因为立案或者不立案，取决于公安司法机关对立案材料审查的结果。而审查材料的过程，也就是根据法律所规定的立案条件，确认有无犯罪事实并分析、评断这种犯罪事实是否需要追究刑事责任的过程。因此，对立案材料的审查是一项十分重要的工作。

根据《刑事诉讼法》第112条的规定，人民法院、人民检察院或者公安机关对于报案、控告、举报和自首的材料，应当按照管辖范围，迅速进行审查。通过审查，应当查明：材料所反映的事件是否属于犯罪行为；如果属于犯罪行为，有无证据材料证明；依法是否需要追究行为人的刑事责任；有无法定不追究刑事责任的情形。在司法实践中，公安机关、人民检察院或者人民法院对立案材料进行审查时，可以要求报案、控告、举报的单位和个人提供补充材料，或者要求他们作补充说明，也可以进行必要的调查。公安司法机关对立案材料的审查，只要求所取得的证据足以证明有犯罪事实发生，并且依法需要追究刑事责任而应当立案时；或者依法不需要追究刑事责任而不应当立案时，立案前的审查工作就完成了。对于应当立案的，并不要求查清全部犯罪事实和查获犯罪嫌疑人。

人民检察院直接受理侦查案件的线索，由负责侦查的部门统一受理、登记和管理。负责控告申诉检察的部门接受的控告、举报，或者本院其他办案部门发现的案件线索，属于人民检察院直接受理侦查案件线索的，应当在7日以内移送负责侦查的部门。负责侦查的部门对案件线索进行审查后，认为属于本院管辖，需要进一步调查核实的，应当报检察长决定。

对于自诉案件，由于法律要求自诉人在提起自诉时，应当同时提出证明犯罪事实发生的各种证据。因此，人民法院在审查过程中，如果认为自诉人提出的证据不充分，可以要求自诉人提出补充证实有关犯罪事实的材料，但在立案前法院不得进行调查。

（三）对立案材料的处理

对立案材料的处理，是指公安机关、人民检察院或者人民法院通过对立案材料审查后，分别针对不同情况作出立案或者不立案的决定。这是立案程序的结果。

根据《刑事诉讼法》第112条的规定，人民法院、人民检察院或者公安机关对立案材料审查后，认为有犯罪事实需要追究刑事责任的时候，应当立案；认为没有犯罪事实，或者犯罪事实显著轻微，不需要追究刑事责任的时候，不予立案。根据这一规定，对立案材料的处理，包括立案决定和不立案决定两种形式。

1.立案决定及应办的法律手续。公安机关、人民检察院或者人民法院经过对立案材料的审查，认为符合立案条件的，即有犯罪事实发生，对行为人依法需要追究刑事责任时，应当作出立案的决定。

公安机关接受案件后，经审查，认为有犯罪事实需要追究刑事责任，且属于自己管辖的，经县级以上公安机关负责人批准，予以立案。人民检察院对于直接受理的案件，经审查认为有犯罪事实需要追究刑事责任的，应当制作立案报告书，经检察长批准后予以立案；符合立案条件，但犯罪嫌疑人尚未确定的，可以依据已查明的犯罪事实作出立案决定。对自诉案件，人民法院应当在15日以内审查完毕。经审查，符合受理条件的，应当决定立案，并书面通知自诉人或者代为告诉人。

2.不立案决定及相关的法律手续。公安机关经审查认为没有犯罪事实，或者犯罪事实显著轻微不需要追究刑事责任，或者具有其他依法不追究刑事责任情形的，经县级以上公安机关负责人批准，不予立案。对有控告人的案件，决定不予立案的，公安机关应当制作不予立案通知书，并在3日以内送达控告人。决定不予立案后又发现新的事实或者证据，或者发现原认定事实错误，需要追究刑事责任的，应当及时立案处理。控告人对不予立案决定不服的，可以在收到不予立案通知书后7日以内向作出决定的公安机关申请复议；公安机关应当在收到复议申请后30日以内作出决定，并将决定书送达控告人。控告人对不予立案的复议决定不服的，可以在收到复议决定书后7日以内向上一级公安机关申请复核；上一级公安机关应当在收到复核申请后30日以内作出决定。对上级公安机关撤销不予立案决定的，下级公安机关应当执行。案情重大、复杂的，公安机关可以延长复议、复核时限，但是延长时限不得超过30日，并书面告知申请人。

人民检察院对于直接受理的案件，对具有下列情形之一的，报请检察长决定不予立案：具有《刑事诉讼法》第16条规定情形之一的；认为没有犯罪事实的；事实或者证据尚不符合立案条件的。对于其他机关或者本院其他办案部门移送的案件线索，决定不予立案的，负责侦查的部门应当制作不立案通知书，写明案由和案件来源、决定不立案的原因和法律依据，自作出不立案决定之日起10日以内送达移送案件线索的机关或者部门。对于控告和实名举报，决定不予立案的，应当制作不立案通知书，写明案由和案件来源、决定不立案的原因和法律依据，由负责侦查的部门在15日以内送达控告人、举报人，同时告知本院负责控告申诉检察的部门。控告人如果不服，可以在收到不立案通知书后10日以内向上一级人民检察院申请复议。不立案的复议，由上一级人民检察院负责侦查的部门审查办理。人民检察院认为被控告人、被举报人的行为未构成犯罪，决定不予立案，但需要追究其党纪、政纪、违法责任的，应当移送有管辖权的主管机关处理。错告对被控告人、被举报人造成不良影响的，人民检察院应当自作出不立案决定之日起1个月以内向其所在单位或者有关部门通报调查核实的结论，澄清事实。属于诬告陷害的，应当移送有关机关处理。

3.行政执法机关移送案件的处置。对行政执法机关移送的案件，公安机关应当自接受案件之日起3日以内进行审查，认为有犯罪事实，需要追究刑事责任，依法决定立案的，应当书面通知移送案件的行政执法机关；认为没有犯罪事实，或者犯罪事实显著轻微，不需要追究刑事责任，依法不予立案的，应当说明理由，并将不予立案通知书送达移送案件的行政执法机关，相应退回案件材料。公安机关认为行政执法机关移送的案件材料不全的，应当在接受案件后24小时以内通知移送案件的行政执法机关在3日以内补正，但不得以材料不全为由不接受移送案件。公安机关认为行政执法机关移送的案件不属于公安机关职责范围的，应当书面通知移送案件的行政执法机关向其他主管机关移送案件，并说明理由。移送案件的行政执法机关对不予立案决定不服的，可以在收到不予立案通知书后3日以内向作出决定的公安机关申请复议；公安机关应当在收到行政执法机关的复议申请后3日以内作出决定，并书面通知移送案件的行政执法机关。

（四）撤案

公安机关经过侦查，发现具有下列情形之一的，应当撤销案件：没有犯罪事实的；情节显著轻微、危害不大，不认为是犯罪的；犯罪已过追诉时效期限的；经特赦令免除刑罚的；犯罪嫌疑人死亡的；其他依法不追究刑事责任的。对于经过侦查，发现有犯罪事实需要追究刑事责任，但不是被立案侦查的犯罪嫌疑人实施的，或者共同犯罪案件中部分犯罪嫌疑人不够刑事处罚的，应当对有关犯罪嫌疑人终止侦查，并对该案件继续侦查。

需要撤销案件或者对犯罪嫌疑人终止侦查的，办案部门应当制作撤销案件或者终止侦查报告书，报县级以上公安机关负责人批准。公安机关决定撤销案件或者对犯罪嫌疑人终止侦查时，原犯罪嫌疑人在押的，应当立即释放，发给释放证明书。原犯罪嫌疑人被逮捕的，应当通知原批准逮捕的人民检察院。对原犯罪嫌疑人采取其他强制措施的，应当立即解除强制措施；需要行政处理的，依法予以处理或者移交有关部门。对查封、扣押的财物及其孳息、文件，或者冻结的财产，除按照法律和有关规定另行处理的以外，应当解除查封、扣押、冻结，并及时返还或者通知当事人。

犯罪嫌疑人自愿如实供述涉嫌犯罪的事实，有重大立功或者案件涉及国家重大利益，需要撤销案件的，应当层报公安部，由公安部商请最高人民检察院核准后撤销案件。报请撤销案件的公安机关应当同时将相关情况通报同级人民检察院。公安机关根据前述规定撤销案件的，应当对查封、扣押、冻结的财物及其孳息作出处理。公安机关作出撤销案件决定后，应当在3日以内告知原犯罪嫌疑人、被害人或者其近亲属、法定代理人以及案件移送机关。

公安机关作出终止侦查决定后，应当在3日以内告知原犯罪嫌疑人。公安机关撤销案件以后又发现新的事实或者证据，或者发现原认定事实错误，认为有犯罪事实需要追究刑事责任的，应当重新立案侦查。对犯罪嫌疑人终止侦查后又发现新的事实或者证据，或者发现原认定事实错误，需要对其追究刑事责任的，应当继续侦查。

二、立案监督

（一）立案监督的概念

立案监督，是指检察机关对公安机关的立案活动进行的监督，它是人民检察院对刑事诉讼进行监督的一种。广义的立案监督还包括其他单位和个人对立案活动进行的监督。

《刑事诉讼法》第113条规定：人民检察院认为公安机关对应当立案侦查的案件而不立案侦查的，或者被害人认为公安机关对应当立案侦查的案件而不立案侦查，向人民检察院提出的，人民检察院应当要求公安机关说明不立案的理由。人民检察院认为公安机关不立案理由不能成立的，应当通知公安机关立案，公安机关接到通知后应当立案。

（二）立案监督的程序

立案监督的程序，是指法律规定的人民检察院对立案活动实施监督的方法和步骤。具体而言，人民检察院对公安机关立案活动的监督应注意以下几点：

人民检察院对公安机关立案活动的监督的材料来源有两方面：（1）通过人民检察院的各种业务活动发现公安机关有应当立案而不立案的情况；（2）通过被害人的申诉获得。被害人及其法定代理人、近亲属或者行政执法机关，认为公安机关对其控告或者移送的案件应当立案侦查而不立案侦查，或者当事人认为公安机关不应当立案而立案，向人民检察院提出的，人民检察院应当受理并进行审查。人民检察院负责控告申诉检察的部门对公安机关应当立案而不立案或者不应当立案而立案的控告、申诉，应当根据事实和法律进行审查，认为需要公安机关说明不立案或者立案理由的，应当及时将案件移送负责捕诉的部门办理。

人民检察院经审查，认为需要公安机关说明不立案理由的，应当要求公安机关书面说明不立案的理由。对于有证据证明公安机关可能存在违法动用刑事手段插手民事、经济纠纷，或者利用立案事实报复陷害、敲诈勒索以及谋取其他非法利益等违法立案情形，尚未提请批准逮捕或者移送起诉的，人民检察院应当要求公安机关书面说明立案理由。

人民检察院要求公安机关说明不立案或者立案理由，应当书面通知公安机关，并且告知公安机关在收到通知后7日以内，书面说明不立案或者立案的情况、依据和理由，连同有关证据材料回复人民检察院。公安机关说明不立案或者立案的理由后，人民检察院应当进行审查，认为公安机关不立案或者立案理由不能成立的，经检察长决定，应当通知公安机关立案或者撤销案件。人民检察院认为公安机关不立案或者立案理由成立的，应当在10日以内将不立案或者立案的依据和理由告知被害人及其法定代理人、近亲属或者行政执法机关。人民检察院通知公安机关立案或者撤销案件，应当制作通知立案书或者通知撤销案件书，说明依据和理由，连同证据材料送达公安机关，并且告知公安机关应当在收到通知立案书后15日以内立案，对通知撤销案件书没有异议的应当立即撤销案件，并将立案决定书或者撤销案件决定书及时送达人民检察院。

人民检察院通知公安机关立案或者撤销案件的，应当依法对执行情况进行监督。公安机关在收到通知立案书或者通知撤销案件书后超过15日不予立案或者未要求复议、提请复核也不撤销案件的，人民检察院应当发出纠正违法通知书。公安机关仍不纠正的，报上一级人民检察院协商同级公安机关处理。公安机关立案后3个月内未侦查终结的，可以向公安机关发出立案监督案件催办函，要求公安机关及时向人民检察院反馈侦查工作进展情况。

公安机关认为人民检察院撤销案件通知有错误要求同级人民检察院复议的，人民检察院应当重新审查。在收到要求复议意见书和案卷材料后7日以内作出是否变更的决定，并通知公安机关。公安机关不接受人民检察院复议决定提请上一级人民检察院复核的，上级人民检察院应当在收到提请复核意见书和案卷材料后15日以内作出是否变更的决定，通知下级人民检察院和公安机关执行。上级人民检察院复核认为撤销案件通知有错误的，下级人民检察院应当立即纠正；上级人民检察院复核认为撤销案件通知正确的，应当作出复核决定并送达下级公安机关。

案例分析　能力训练

此外，人民检察院与公安机关应当注重发挥侦查监督与协作配合机制的作用。譬如在办理轻伤害案件期间，人民检察院、公安机关就应加强案件会商与协作配合，确保案件定性、法律适用准确；把矛盾化解贯穿侦查、起诉全过程，促进当事人达成刑事和解，协同落实少捕慎诉慎押刑事司法政策；共同开展类案总结分析，剖析案发原因，促进犯罪预防，同时要注意查找案件办理中存在的问题，强化监督制约，提高办案质量和效果。对于不批捕、不起诉的犯罪嫌疑人，人民检察院、公安机关也要加强协作配合，并与其所在单位、现居住地村（居）委会等进行沟通，共同做好风险防范工作。

【本章主要法律规定】

1.《刑事诉讼法》第109～114条

2.《人民检察院刑事诉讼规则》第166～175条、第557～566条

3.《公安机关办理刑事案件程序规定》第169～190条

第十二章
侦　　查

本章主要内容提示

侦查是公安机关、人民检察院及其他具有侦查职能的机关对于刑事案件，依照法律进行的收集证据、查明案情的工作和有关的强制性措施。要掌握刑事诉讼法关于各种侦查行为的程序性规定以及特殊要求。要理解和把握侦查活动的申诉、控告以及技术侦查措施等内容及关于侦查终结、补充侦查、侦查监督的规定。

第一节　侦查概述

一、侦查的概念

侦查，是指公安机关、人民检察院及其他具有侦查职能的机关对于刑事案件，依照法律进行的收集证据、查明案情的工作和采取有关的强制性措施。

侦查是刑事诉讼的一个基本的、独立的诉讼阶段，是公诉案件的必经程序。一般情况下，公诉案件只有经过侦查，才能决定是否进行起诉和审判。因此，《刑事诉讼法》第115条规定，公安机关对已经立案的刑事案件，应当进行侦查。侦查的目的是收集、调取犯罪嫌疑人有罪或者无罪、罪轻或者罪重的证据材料。

侦查既不同于行政调查和一般的社会调查，也不同于其他诉讼调查，如人民法院在办案过程中的调查等。它是刑事案件立案后，由侦查机关进行的旨在查明案情、查获犯罪嫌疑人并收集各种证据，确定对犯罪嫌疑人是否起诉的准备活动。它是一种强制性措施，因而在整个刑事诉讼过程中，对人权保障最不易、最薄弱的环节就是侦查阶段。不同于强制措施以保证诉讼活动顺利进行——进而限制或剥夺人身自由——作为功能目标，侦查的任务则是收集证据，查明犯罪事实和查获犯罪嫌疑人。而在司法实践中，强制措施往往为侦查活动的顺利开展提供必要支持。根据《刑事诉讼法》第115条规定，公安机关对已经立案的刑事案件，应当进行侦查，收集、调取犯罪嫌疑人有罪或者无罪、罪轻或者罪重的证据材料。而对现行犯或者重大嫌疑分子可以依法先行拘留，对符合逮捕条件的犯罪嫌疑人，应当依法逮捕。

对侦查的概念，应从以下几个方面来理解：

1.侦查是法律赋予公安机关、人民检察院以及其他具有侦查职能的机关或部门的专门职权。根据《刑事诉讼法》的规定，有权进行侦查的机关和部门包括：公安机关、人民检察院、国家安全机关、军队保卫部门、中国海警局和监狱。只有这些机关和部门才能进行侦查工作，其他任何机关、团体和个人都无权行使侦查权。

尤其需要注意的是，刑事诉讼中的侦查应与《监察法》所规定的“调查”做严格区分。

2.侦查机关必须严格依法行使侦查权。侦查机关和侦查人员的侦查活动，必须依照法定程序和方式进行。只有这样，才能保证依法查明案件事实，准确及时地惩罚和制止犯罪，切实保障公民的合法权益不受侵犯。例如，根据公安部《规定》第193条的规定，公安机关侦查犯罪，应当严格依照法律规定的条件和程序采取强制措施和侦查措施，严禁在没有证据的情况下，仅凭怀疑就对犯罪嫌疑人采取强制措施和侦查措施。

3.侦查活动具有法定的内容和方式，即收集证据、查明案情的工作和有关的强制性措施，如《刑事诉讼法》第二编第二章“侦查”中所规定的讯问犯罪嫌疑人，询问证人、被害人，勘验，检查，搜查，查封、扣押物证、书证，鉴定，技术侦查措施，通缉等活动。

二、侦查工作的任务

侦查工作的任务，就是依照法定程序发现和收集有关案件的各种证据，查明犯罪事实，查获和确定犯罪嫌疑人。具体而言，侦查机关依照法定程序对已经立案的刑事案件进行侦查，收集调取犯罪嫌疑人有罪或者无罪、罪轻或者罪重的各种证据材料，准确及时地查明犯罪事实，查获犯罪嫌疑人，并根据案件的具体情况采取必要的强制措施，防止犯罪分子逃避侦查或者毁灭、伪造证据，串供等，以便将犯罪嫌疑人顺利交付起诉和审判，保证诉讼活动的顺利进行，保护国家、集体和公民个人的合法权益不受侵犯。

三、侦查工作的原则

侦查工作的原则，是指侦查机关在刑事诉讼活动中应当遵守的基本原则，它是一系列的基本行为准则，侦查人员在刑事诉讼活动中必须予以遵守。

（一）迅速及时原则

这一原则要求侦查机关接到报案后要立即组织侦查力量，制定侦查方案，及时采取侦查措施，收集案件的各种证据。侦查工作必须迅速及时，这是由侦查工作本身的特点所决定的。侦查工作迅速及时，是顺利完成侦查任务的一个极其重要的条件。侦查工作是一项时间性很强的诉讼活动。犯罪分子作案以后，为了掩盖罪行、逃避罪责，总是想方设法隐匿、毁灭、伪造证据，或者与同案人订立攻守同盟，有的还可能继续危害社会。另外，由于自然的或者其他一些原因，证据难以收集。由此，为了顺利完成侦查工作，侦查人员必须贯彻迅速及时原则。

（二）客观全面原则

所谓客观，就是指一切从实际情况出发，尊重客观事实、按照客观事实的本来面目去认识它并如实反映它。所谓全面，就是要全面地调查了解和反映案件的情况，不能仅仅根据案件的某个情节或部分材料就下结论。依据公安部《规定》第191条的规定，公安机关对已经立案的刑事案件，应当及时进行侦查，全面、客观地收集、调取犯罪嫌疑人有罪或者无罪、罪轻或者罪重的证据材料。最高人民检察院《规则》第176条也规定，人民检察院办理直接受理侦查的案件，应当全面、客观地收集、调取犯罪嫌疑人有罪或者无罪、罪轻或者罪重的证据材料，并依法进行审查、核实。办案过程中必须重证据，重调查研究，不轻信口供。严禁刑讯逼供和以威胁、引诱、欺骗以及其他非法方法收集证据，不得强迫任何人证实自己有罪。因此，这一原则要求侦查人员一切从案件的实际情况出发，实事求是地收集证据。办案过程中必须重证据，重调查研究，不轻信口供。既要收集能够证明犯罪嫌疑人有罪、罪重的证据，又要收集能够证明犯罪嫌疑人无罪、罪轻的证据；既要认真听取控诉方的意见，也要认真听取辩护方的意见，从而保证侦查案件的质量。在处理认罪认罚案件时，需要严格把握本项原则，应当坚持法定证明标准，通过客观、全面地调查案情和收集证据，保证犯罪事实清楚，证据确实、充分，防止因犯罪嫌疑人、被告人认罪而降低证据要求和证明标准。

（三）深入细致原则

刑事案件千变万化，十分复杂。在侦查过程中，为了准确查明案件的真实情况，侦查人员还必须坚持深入细致的原则。这一原则要求侦查人员必须做深入细致的调查研究，对犯罪的具体情节要全部查清，并要求有相应的证据证明。根据《刑事诉讼法》第116条及公安部《规定》第192条规定，公安机关经过侦查，对有证据证明有犯罪事实的案件，应当进行预审，对收集、调取的证据材料的真实性、合法性、关联性及证明力予以审查、核实。

（四）依靠群众原则

这一原则要求在侦查工作中，不仅要充分发挥专门机关的作用，而且要善于依靠群众的力量。犯罪嫌疑人生活在广大人民群众之间，群众对于犯罪嫌疑人的经历、表现都比较了解，可以为侦查人员提供线索；并且由于人民群众对犯罪的深恶痛绝，人民群众也会主动同犯罪作斗争。所以在侦查工作中，侦查人员应当充分注意依靠人民群众的力量。此外，部分侦查活动的开展需要人民群众的见证，以支持其实施的合法性与有效性。例如，公安机关开展勘验、检查、搜查、辨认、查封、扣押等侦查活动，应当邀请有关公民作为见证人。而下列人员不得担任这些侦查活动的见证人：生理上、精神上有缺陷或者年幼，不具有相应辨别能力或者不能正确表达的人；与案件有利害关系，可能影响案件公正处理的人；公安机关的工作人员或者其聘用的人员。如果确因客观原因无法由符合条件的人员担任见证人的，应当对有关侦查活动进行全程录音录像，并在笔录中注明有关情况。

（五）程序法制原则

程序法制原则是刑事诉讼的一项基本原则，旨在将刑事诉讼活动纳入法治轨道，以防止国家专门机关滥用职权，恣意妄为，保证刑事诉讼的民主性、公开性，从而顺利实现刑事诉讼的目的和任务。侦查是一项严肃的执法活动，侦查机关和侦查人员进行侦查活动，必须严格遵守法定的程序。侦查机关所适用的各种专门侦查手段和采取的强制性措施，稍有不慎，就会侵犯公民的人身权利、民主权利或者其他诉讼权利。因此，在侦查工作中，侦查人员必须增强法治观念，严格依照《刑事诉讼法》的规定收集证据。严禁刑讯逼供，严禁以威胁、引诱、欺骗以及其他非法方法收集证据。采取逮捕、拘留等强制措施，也必须依照法定的条件和程序进行。

（六）保守秘密原则

侦查是同各种刑事犯罪嫌疑人进行的尖锐而复杂的斗争。侦查与反侦查的矛盾，存在于整个侦查的过程。侦查工作的这种性质和特点，决定了在侦查工作中要注意保守侦查工作秘密，严厉禁止将案情、证据、当事人及诉讼参与人的情况向无关人员泄露，以保证侦查活动的顺利进行。此外，公安机关及其他有权机关侦查犯罪，涉及国家秘密、商业秘密、个人隐私的，应当保密。

（七）比例原则

比例原则，是指侦查权在侵犯公民权利时，必须在法律规定范围内选择侵害公民权利最小的方式。侦查阶段是刑事诉讼中国家权力与公民基本权利对抗最严重的一个阶段。在这一阶段中，侦查权的行使可能涉及对公民个人权利和自由的限制或者剥夺，国家权力与公民个人权利之间的对抗比其他领域更为尖锐。基于侦查阶段的这一特性，现代法治国家普遍确立了比例原则，将侦查权对公民个人权利的侵犯设定在合理的范围之内。

四、侦查的法律控制

一方面，由于侦查行为的实施大都涉及公民权益，对其进行合理制约显得尤为重要；另一方面，侦查是为了查清案件事实真相，为最终将犯罪嫌疑人交付法院审判做好准备工作。因此侦查权的运行应主动适应司法的要求，司法权也应介入侦查程序中，对侦查行为进行适当约束，防止侦查权滥用，从而保护公民基本权利。

目前，侦查活动存在的主要问题：一是侦查手段的滥用；二是违法行为的存在和缺乏制裁。而公民对于侦查机关在侦查过程中对其合法权益的侵害，可以寻求专门途径进行救济。比如当事人和辩护人、诉讼代理人、利害关系人对于司法机关及其工作人员的下列行为，有权向该机关申诉或者控告：对与案件无关的财物采取查封、扣押、冻结措施的；应当解除查封、扣押、冻结不解除的；贪污、挪用、私分、调换、违反规定使用查封、扣押、冻结的财物的。受理申诉或者控告的机关应当及时处理。对处理不服的，可以向同级人民检察院申诉；人民检察院直接受理的案件，可以向上一级人民检察院申诉。人民检察院对申诉应当及时进行审查，情况属实的，通知有关机关予以纠正。

第二节　侦查行为

侦查行为，是指侦查机关在办理案件过程中，依照法律进行的收集证据、查明案情的活动。《刑事诉讼法》规定的侦查行为有以下九种。

一、讯问犯罪嫌疑人

(一) 讯问犯罪嫌疑人的概念和意义

讯问犯罪嫌疑人，是指侦查人员依照法定程序以言词方式向犯罪嫌疑人查问案件事实的一种侦查行为。

讯问犯罪嫌疑人，一方面有利于查明犯罪事实，扩大收集证据的线索，发现新的犯罪和其他应当追究刑事责任的犯罪分子；另一方面可以通过听取犯罪嫌疑人的陈述和申辩，保证无罪的人和其他依法不应追究的人不受刑事追究。

(二) 讯问犯罪嫌疑人的程序和方法

1.讯问犯罪嫌疑人必须由公安机关及其他具有侦查职能的机关的侦查人员负责进行。为了提高讯问效率，保证讯问质量，防止违法乱纪，确保讯问安全，讯问的时候，侦查人员不得少于2人。讯问同案的犯罪嫌疑人，应当分别进行。人民检察院对于直接受理案件的侦查，讯问犯罪嫌疑人由检察人员负责进行，且讯问时检察人员或者检察人员和书记员不得少于2人。

2.对于不需要逮捕、拘留的犯罪嫌疑人，可以传唤到犯罪嫌疑人所在市、县内的执法办案场所或者到他的住处进行讯问，但是应当出示侦查机关的证明文件，并责令其在传唤证上签名、捺指印。对在现场发现的犯罪嫌疑人，经出示工作证件，可以口头传唤，但应当在讯问笔录中注明。

犯罪嫌疑人到案后，应当由其在传唤证上填写到案时间。传唤结束时，应当由其在传唤证上填写传唤结束时间。犯罪嫌疑人拒绝填写的，侦查人员应当在传唤证上注明。对自动投案或者群众扭送到公安机关的犯罪嫌疑人，可以依法传唤。检察机关传唤犯罪嫌疑人时，其家属在场的，应当当场将传唤的原因和处所口头告知其家属，并在讯问笔录中注明。其家属不在场的，应当及时将传唤的原因和处所通知被传唤人家属。无法通知的，应当在讯问笔录中注明。

犯罪嫌疑人被送交看守所羁押以后，侦查人员对其进行讯问，应当在看守所讯问室内进行。事实上，公安机关讯问犯罪嫌疑人，除下列情形外，均应在执法办案场所的讯问室进行：紧急情况下在现场进行讯问的；对有严重伤病或者残疾、行动不便的，以及正在怀孕的犯罪嫌疑人，在其住处或者就诊的医疗机构进行讯问的。对于正在被执行行政拘留、强制隔离戒毒的人员以及正在监狱服刑的罪犯，可以在其执行场所进行讯问。人民检察院因辨认、鉴定、侦查实验或者追缴犯罪有关财物的需要，经检察长批准，可以提押犯罪嫌疑人出所，并应当由两名以上司法警察押解。不得以讯问为目的将犯罪嫌疑人提押出所进行讯问。

传唤、拘传持续的时间最长不得超过12小时，案情特别重大、复杂，需要采取拘留、逮捕措施的，传唤、拘传持续的时间不得超过24小时。两次传唤间隔的时间一般不得少于12小时，不得以连续传唤、拘传的形式变相拘禁犯罪嫌疑人。传唤、拘传犯罪嫌疑人，应当保证犯罪嫌疑人的饮食和必要的休息时间。

对于已经被拘留或者逮捕的犯罪嫌疑人，应当在拘留或者逮捕后的24小时以内讯问，在发现不应当拘留或者逮捕的时候，必须立即释放，并发放释放证明。

3.侦查人员在讯问犯罪嫌疑人的时候，应当先讯问犯罪嫌疑人是否有犯罪行为。如果犯罪嫌疑人承认有犯罪行为，即让其陈述有罪的情节；如果犯罪嫌疑人否认有犯罪事实，则让其陈述无罪的辩解，然后根据其陈述，向犯罪嫌疑人提出问题。

犯罪嫌疑人对侦查人员的提问，应当如实回答。但是对与本案无关的问题，有权拒绝回答。是否与本案无关，应以是否对查明本案的全部事实情节，即时间、地点、方法、手段、动机、目的、作案人的情况等有实际意义或有证据价值为准。

侦查人员在讯问犯罪嫌疑人的时候应当告知犯罪嫌疑人享有的诉讼权利，如实供述自己罪行可以从宽处理的法律规定。

4.讯问聋、哑犯罪嫌疑人，应当有通晓聋、哑手势的人参加，并且将这种情况记明笔录。公安机关讯问不通晓当地语言文字的犯罪嫌疑人，应当配备翻译人员。

5.讯问犯罪嫌疑人应当制作讯问笔录。笔录应当如实记载提问、回答和其他在场人的情况。笔录应当交犯罪嫌疑人核对，对于没有阅读能力的，应当向他宣读。如果记载有遗漏或差错，犯罪嫌疑人可以提出补充或改正。犯罪嫌疑人承认笔录没有错误后，应当签名或者盖章。侦查人员、翻译人员也应当在笔录上签名。犯罪嫌疑人请求自行书写供述的，应当准许。必要时，侦查人员也可以要求犯罪嫌疑人亲笔书写供词。

6.讯问录音录像。《刑事诉讼法》第123条规定，侦查人员在讯问犯罪嫌疑人的时候，可以对讯问过程进行录音或者录像；对于可能判处无期徒刑、死刑的案件或者其他重大犯罪案件，应当对讯问过程进行录音或者录像。录音或者录像应当全程进行，保持完整性。而根据最高人民检察院《规则》第190条的规定，人民检察院办理直接受理侦查的案件，应当在每次讯问犯罪嫌疑人时，对讯问过程实行全程录音、录像，并在讯问笔录中注明。根据六机关《规定》第19条的规定，侦查人员对讯问过程进行录音或者录像的，应当在讯问笔录中注明。根据公安部《规定》第208条第2款的规定，“可能判处无期徒刑、死刑的案件”，是指应当适用的法定刑或者量刑档次包含无期徒刑、死刑的案件。“其他重大犯罪案件”，是指致人重伤、死亡的严重危害公共安全犯罪、严重侵犯公民人身权利犯罪，以及黑社会性质组织犯罪、严重毒品犯罪等重大故意犯罪案件。此外，对讯问过程录音录像的，应当对每一次讯问全程不间断进行，不得选择性地录制，不得剪接、删改。

7.讯问犯罪嫌疑人，必须严格遵守法律规定的程序，切实保障犯罪嫌疑人的诉讼权利，严禁刑讯逼供或以威胁、引诱、欺骗以及其他非法方法进行讯问，不得强迫任何人证实自己有罪。对于实行刑讯逼供的人，犯罪嫌疑人有权提出控告；构成犯罪的，应当依法追究其刑事责任。

二、询问证人、被害人

（一）询问证人的概念和意义

询问证人，是指侦查人员依照法定程序以言词方式向证人调查了解案件情况的一种侦查行为。

询问证人的目的在于取得能够证明案件事实情况的证言，通过证言发现案件线索，查找犯罪嫌疑人，查明案情。询问证人对于发现和收集证据，侦破案件，证实犯罪具有重要意义。

（二）询问证人的程序和方式

1.询问证人只能由侦查人员进行。在询问前，侦查人员应当熟悉案件的有关情况和材料，了解证人的身份及同案件和犯罪嫌疑人的关系，明确询问的目的，确定需要查清的问题，做好充分准备。

2.侦查人员询问证人，可以在现场进行，但应当出示工作证件；也可以到证人的所在单位、住处或者证人提出的地点进行，但是必须出示侦查机关的证明文件。在必要的时候，侦查人员可以书面、电话或当场通知证人到侦查机关提供证言。侦查人员询问证人，不得另行指定其他地点。侦查人员询问证人地点的选择，应当从有利于获取证言、保证证人作证的积极性方面考虑。询问证人，侦查人员不得少于2人。

3.询问证人应当个别进行。这样做有利于避免证人之间互相影响，保证证言的真实性。不能让多名证人共同出具一份书面证词。

4.为了保证证人如实提供证据，询问证人时，应当告知他应当如实地提供证据、证言和有意作伪证或者隐匿、包庇罪证要负的法律责任。同时，侦查人员也应当告知证人依法享有的各种诉讼权利，保障证人及其近亲属的安全。对证人及其近亲属进行威胁、侮辱、殴打或者打击报复，构成犯罪的，应当依法追究刑事责任，尚不够刑事处罚的，依法给予治安管理处罚。应当保证一切与案件有关或者了解案情的公民有客观充分地提供证据的条件，并为他们保守秘密。

5.询问未成年证人，应当通知其法定代理人到场，无法通知、法定代理人不能到场或者法定代理人是共犯的，也可以通知未成年人的其他成年亲属，所在学校、单位、居住地的村民委员会、居民委员会或者未成年人保护组织的代表到场。询问的地点也可以选择未成年人所熟悉和习惯的场所。这样有利于保护未成年人的权益，减少其思想顾虑，消除心理压力，达到询问的目的。询问聋、哑证人，应当有通晓聋、哑手势的人做翻译，并将这种情况记入笔录。询问不通晓当地语言文字的人、外国人，应当为其聘请翻译。

6.询问证人，一般应先让证人就他们所知道的情况作连续的详细叙述，并问明所叙述的事实的来源，然后根据其叙述结合案件中应当判明的事实和有关情节，向证人提出问题，让证人回答。提出的问题应当明确、清楚，不得用提示性、暗示性的方式询问，不得泄露案情或者表示对案件的看法，更不得以暴力、胁迫、引诱、欺骗等非法的方法逼取证人证言。询问证人必须保证其有客观、充分地提供证言的条件。人民检察院询问重大或者有社会影响的案件的重要证人，应当对询问过程实行全程录音、录像，并在询问笔录中注明。

7.对证人的叙述，应当制作笔录，交证人核对或者向他宣读。如果记载有遗漏或者差错，证人可以提出补充或者改正。证人承认笔录没有错误，应当签名或者盖章，侦查人员也应当在笔录上签名。证人请求自行书写证言的，应当允许。必要时，侦查人员也可以要求证人写出书面证言。

8. 在办理信息网络犯罪等类型案件时，询（讯）问异地证人、被害人以及与案件有关联的犯罪嫌疑人的，可以由办案地公安机关通过远程网络视频等方式进行并制作笔录。远程询（讯）问的，应当由协作地公安机关事先核实被询（讯）问人的身份。办案地公安机关应当将询（讯）问笔录传输至协作地公安机关。询（讯）问笔录经被询（讯）问人确认并逐页签名、捺指印后，由协作地公安机关协作人员签名或者盖章，并将原件提供给办案地公安机关。询（讯）问人员收到笔录后，应当在首页右上方写明“于某年某月某日收到”，并签名或者盖章。异地证人、被害人以及与案件有关联的犯罪嫌疑人亲笔书写证词、供词的，亦参照上述规定执行。远程询（讯）问的，应当对询（讯）问过程同步录音录像，并随案移送。

（三）询问被害人

询问被害人，是指侦查人员依照法定程序向直接遭受犯罪行为侵害的人就其受害及犯罪嫌疑人的有关情况进行调查的侦查活动。

询问被害人适用询问证人的程序。但是，被害人是刑事诉讼的当事人，与其他证人的诉讼地位不同，因此询问时，既要看到他是犯罪行为直接侵害的对象，对犯罪事实和犯罪分子的情况有更多的了解，又要考虑到他与案件有利害关系。对被害人的陈述，既要认真听取，又要注意分析是否合乎情理，有无夸大情节。对于被害人的个人隐私，应当为其保守秘密。对被害人的人身安全，应采取切实措施予以保障。

三、勘验、检查

（一）勘验、检查的概念和意义

勘验、检查，是侦查人员对与犯罪有关的场

所、物品、尸体、人身进行勘查和检验的一种侦查行为。勘验和检查的性质是相同的，只是对象有所不同。勘验的对象是现场、物品和尸体，而检查的对象是活人的身体。

勘验、检查，是一种极其重要的侦查行为，是发现和获取证据、查明案情的重要手段，对侦查破案有着特别重要的作用。任何犯罪都是在一定时间和空间内进行的活动，所以，犯罪嫌疑人在实施犯罪行为时，必然会在犯罪现场留下一定的痕迹、物品，会对被害人人身或财物造成一定的伤害，有时作案人自己也会遭到被害人的反抗而受伤，在作案人身上，也可能留下犯罪痕迹。在有些情况下，犯罪嫌疑人还可能对犯罪现场加以伪装或掩盖，并在此过程中，留下痕迹。所以，通过勘验、检查，可以发现和取得犯罪活动留下的种种痕迹和物品。而对这些证据材料加以分析研究，就可以了解犯罪人实施犯罪的情况，判断案件的性质以及犯罪嫌疑人的特征，发现侦破案件的各种线索，明确侦查方向和范围，从而为彻底查明犯罪事实、查获犯罪嫌疑人提供依据。

案例分析 能力训练

（二）勘验、检查的种类和程序

根据《刑事诉讼法》的规定，侦查人员对于与犯罪有关的场所、物品、人身、尸体应当进行勘验或者检查。在必要的时候，可以指派或者聘请具有专门知识的人，在侦查人员的主持下进行勘验、检查。勘验、检查可以分为现场勘验、物证检验、尸体检验、人身检查和侦查实验等。

1.现场勘验。现场勘验，是侦查人员对刑事案件的犯罪现场进行勘查和检验的一种侦查活动。犯罪现场，是指犯罪人实施犯罪的地点和其他遗留有与犯罪有关的痕迹和物证的场所。

（1）保护好现场。《刑事诉讼法》第129条规定，任何单位和个人都有义务保护犯罪现场，并且立即通知公安机关派员勘验。接案后，侦查人员应当迅速赶到案发现场，并保护好现场。

（2）侦查人员勘验现场，必须持有公安机关或者人民检察院的证明文件。公安机关对案件现场进行勘查，侦查人员不得少于2人。

（3）勘验现场在必要时可以指派或聘请具有专门知识的人在侦查人员的主持下进行。为了保护勘验的客观性，还应邀请2名与案件无关的见证人在场。

（4）在勘验现场时，侦查人员还应当及时向被害人、目睹人、报案人和其他群众调查访问，以便了解发案前和发案当时的状况，发现和收集同案件有关的各种情况，并及时采取紧急措施收集证据。

（5）勘验现场应当拍摄现场照片、绘制现场图、制作笔录，由侦查人员、其他参加勘验的人员和见证人签名或者盖章。对于重大案件、特别重大案件的现场，应当录音录像。

2.物证检验。物证检验是指对在侦查活动中收集到的物品或者痕迹进行检查、验证，以确定该物证与案件事实之间的关系的一种侦查活动。

检验物证，必须认真、细致。需要经专门技术人员进行检验和鉴定的，应指派或聘请鉴定人进行。

检验物证，应制作检验笔录，参加检验的人员和见证人均应签名或者盖章。

3.尸体检验。尸体检验是指由侦查机关指派或聘请的法医或医师对非正常死亡的尸体进行尸表检验或者尸体解剖的一种侦查活动。尸体检验的目的在于确定死亡的时间和原因，致死的工具和手段、方法，为查明案情和犯罪人提供根据。

根据《刑事诉讼法》第131条以及公安部《规定》的规定，对于死因不明的尸体，为了确定死因，经县级以上公安机关负责人批准，可以解剖尸体，并通知死者家属到场，让其在解剖尸体通知书上签名。死者家属无正当理由拒不到场或者拒绝签名的，侦查人员应当在解剖尸体通知书上注明。对身份不明的尸体，无法通知死者家属的，应当在笔录中注明。对已查明死因，没有继续保存必要的尸体，应当通知家属领回处理，对于无法通知或者通知后家属拒绝领回的，经县级以上公安机关负责人批准，可以及时处理。

4.人身检查。人身检查是指为了确定被害人、犯罪嫌疑人的某些特征、伤害情况或者生理状态，依法对其身体进行检验、查看，提取、采集肖像、指纹等人体生物识别信息，采集血液、尿液等生物样本的侦查行为。人身检查是对活人身体进行的一种特殊检验。

根据《刑事诉讼法》第132条及公安部《规定》的规定，为了确定被害人、犯罪嫌疑人的某些特征、伤害情况或者生理状态，可以对人身进行检查，依法提取指纹、采集肖像等人体生物识别信息，采集血液、尿液等生物样本。被害人死亡的，应当通过被害人近亲属辨认、提取生物样本鉴定等方式确定被害人身份。犯罪嫌疑人拒绝检查、提取、采集的，侦查人员认为必要的时候，经办案部门负责人批准，可以强制检查、提取、采集。检查妇女的身体，应当由女工作人员或者医师进行。

检查的情况应当制作笔录，由参加检查的侦查人员、检查人员、被检查人员和见证人签名。被检查人员拒绝签名的，侦查人员应当在笔录中注明。

5.侦查实验。侦查实验，是指侦查人员为了确定与案件有关的某一事实在某种情况下能否发生或者是怎样发生的，而按当时的情况和条件进行试验的一种侦查活动。

根据刑事诉讼法以及公安部《规定》的有关规定，为了查明案情，在必要的时候，经公安机关负责人批准，可以进行侦查实验。进行侦查实验时，禁止一切足以造成危险、侮辱人格或者有伤风化的行为。

在侦查过程中，遇有下列情况，可以进行侦查实验：

（1）确定在一定条件下能否听到或者看见；

（2）确定在一定时间内能否完成某种行为；

（3）确定在什么条件下能够发生某种现象；

（4）确定在某种条件下，某种行为和某种痕迹是否吻合一致；

（5）确定在某种条件下，使用某种工具可能或者不可能留下某种痕迹；

（6）确定某种痕迹在什么条件下会发生变异；

（7）确定某种事件是怎样发生的。

侦查实验应当由侦查人员进行，并应当邀请其他见证人在场，在必要的时候可以聘请有关人员参加，也可以要求犯罪嫌疑人、被害人、证人参加。

侦查实验，应当制作笔录，记明侦查实验的条件、经过和结果，由参加侦查实验的人员签名或者盖章。公安机关进行侦查实验时，应当全程录音录像。

6.复验、复查。《刑事诉讼法》第134条规定，人民检察院审查案件时，对公安机关的勘验、检查，认为需要复验、复查时，可以要求公安机关复验、复查，并且可以派检察人员参加。这一程序的规定，目的在于保证和提高勘验、检查的质量，防止和纠正可能出现的或已经出现的差错。同时也是检察机关依法实施侦查监督的具体形式。

复验、复查可以退回公安机关进行，也可以由人民检察院自己进行。对于退回公安机关的，人民检察院也可以派员参加。

复验、复查可以多次进行，但是每次都要制作笔录，并由参加复验、复查的人员签名或者盖章。

四、搜查

（一）搜查的概念

搜查，是指侦查人员对犯罪嫌疑人以及可能隐藏罪犯或者罪证的人的身体、物品、住处和其他有关的地方进行搜索、检查的一种侦查行为。

搜查是一种强制性的侦查措施，是侦查机关同犯罪作斗争的重要手段。它对于及时收集犯罪证据，防止其逃跑、毁灭证据，揭露和证实犯罪，查获犯罪嫌疑人，打击和制止犯罪，保证侦查和审判的顺利进行，有着十分重要的意义。

（二）搜查的程序和要求

搜查直接关系公民的人身自由和住宅不受侵犯的权利。我国宪法明确规定，禁止非法搜查公民的身体和住宅。因此，搜查必须严格依照法律规定的程序进行。

1.搜查只能由侦查机关的侦查人员进行，

其他任何机关、单位和个人都无权对公民人身和住宅进行搜查。搜查的对象，可以是犯罪嫌疑人，也可以是其他可能隐藏罪犯或者犯罪证据的人；可以对人身进行，也可以对被搜查人的住处、物品和其他有关场所进行。搜查的目的是发现和收集有关犯罪的证据，查获隐藏的犯罪嫌疑人。因此，不能为了其他目的而滥用搜查措施。

2.根据《刑事诉讼法》第137条的规定，任何单位和个人，有义务按照侦查机关的要求，交出可以证明犯罪嫌疑人有罪或者无罪的物证、书证、视听资料等证据。根据公安部《规定》第225条第2款的规定，遇到阻碍搜查的，侦查人员可以强制搜查。

3.搜查时，必须向被搜查人出示搜查证，否则，被搜查人有权拒绝搜查。公安机关的搜查证，要由县级以上公安机关负责人签发。但是侦查人员“在执行逮捕、拘留的时候，遇有紧急情况，不另用搜查证也可以进行搜查”。这里所说的紧急情况，在侦查实践中是指：(1)可能随身携带凶器的；(2)可能隐藏爆炸、剧毒等危险物品的；(3)可能隐匿、毁弃、转移犯罪证据的；(4)可能隐匿其他犯罪嫌疑人的；(5)其他突然发生的紧急情况。在这些紧急情况下，来不及办理搜查的审批手续，所以，允许以拘留证、逮捕证进行搜查。但搜查结束后，搜查人员应当尽快补办有关手续。

4.搜查的时候，应当有被搜查人或者他的家属、邻居或者其他见证人在场。

5.搜查妇女的身体，应当由女工作人员进行。搜查时，不得无故损坏被搜查人的财物。对搜查中发现的与案件无关的个人私生活情况，不得泄露。

6.搜查的情况应当写成笔录，由侦查人员和被搜查人或者他的家属、邻居或者其他见证人签名或者盖章。如果被搜查人或者他的家属在逃或者拒绝签名、盖章，应当在笔录上注明。

五、查封、扣押物证、书证

(一)查封、扣押物证、书证的概念和意义

查封、扣押物证、书证，是指侦查机关依法对与案件有关的物品、文件、款项等强制查封、扣留或者冻结的一种侦查行为。

查封、扣押物证、书证的目的在于取得和保全证据，防止其损毁或者被隐匿。及时依法查封、扣押物证、书证，对核实证据、查明案情、查获犯罪嫌疑人或否定犯罪、保障无罪公民不受刑事追究都具有重要意义。

(二)查封、扣押物证、书证的程序和要求

查封、扣押物证、书证，直接关系公民的财产及通信自由等权利，因此必须严格依照法定程序进行。

1.查封、扣押物证、书证通常是在勘验、搜查时进行的。根据《刑事诉讼法》第141条的规定，在侦查活动中发现的可用以证明犯罪嫌疑人有罪或者无罪的各种财物、文件，应当查封、扣押；与案件无关的财物、文件，不得查封、扣押。根据公安部《规定》第227条第2款及最高人民检察院《规则》第210条第3款的规定，持有人拒绝交出应当查封、扣押的财物、文件的，可以强制查封、扣押。

2.公安机关在侦查过程中需要扣押财物、文件的，应当经办案部门负责人批准，制作扣押决定书；在现场勘查或者搜查中需要扣押财物、文件的，由现场指挥人员决定；但扣押财物、文件价值较高或者可能严重影响正常生产经营的，应当经县级以上公安机关负责人批准，制作扣押决定书。在侦查过程中需要查封土地、房屋等不动产，或者船舶、航空器 以及其他不宜移动的大型机器、设备等特定动产的，应当经县级以上公安机关负责人批准并制作查封决定书。

3.对查封、扣押的财物、文件，应当会同在场见证人和被查封、扣押财物、文件持有人查点清楚，当场开列清单一式两份，由侦查人员、见证人和持有人签名或者盖章，一份交给持有人，另一份附卷备查。依法扣押文物、贵金属、珠宝、字画等贵重财物的，应当拍照或者录音录像，并及时鉴定、估价。

4.对于查封、扣押的财物、文件，要妥善保管或者封存，不得使用、调换或者损毁。执行查封、扣押时，应当为犯罪嫌疑人及其所扶养的亲

属保留必需的生活费用和物品。能够保证侦查活动正常进行的，可以允许有关当事人继续合理使用有关涉案财物，但应当采取必要的保值、保管措施。

5.侦查人员认为需要扣押犯罪嫌疑人的邮件、电报的时候，经侦查机关批准，即可通知邮电机关将有关的邮件、电报检交扣押。不需要继续扣押的时候，应立即通知邮电机关。

6.侦查机关根据侦查犯罪的需要，可以依照规定查询、冻结犯罪嫌疑人的存款、汇款、债券、股票、基金份额等财产。有关单位和个人应当配合。犯罪嫌疑人的存款、汇款、债券、股票、基金份额等财产已被冻结的，不得重复冻结，但可以轮候冻结。对冻结的债券、股票、基金份额等财产，应当告知当事人或者其法定代理人、委托代理人有权申请出售。公安机关冻结存款、汇款、证券交易结算资金、期货保证金等财产的期限为6个月。每次续冻期限最长不得超过6个月。对于重大、复杂案件，经设区的市一级以上公安机关负责人批准，冻结存款、汇款、证券交易结算资金、期货保证金等财产的期限可以为1年。每次续冻期限最长不得超过1年。冻结债券、股票、基金份额等证券的期限为2年。每次续冻期限最长不得超过2年。冻结股权、保单权益或者投资权益的期限为6个月。每次续冻期限最长不得超过6个月。

7.对于扣押的物品、文件、邮件、电报或者冻结的存款、汇款，经查明确实与案件无关的，应当在3日以内解除查封、扣押、冻结，退还原主或者原邮电机关。

8.在侦查期间，对于易损毁、灭失、腐烂、变质而不宜长期保存，或者难以保管的物品，经批准可以在拍照或者录音录像后委托有关部门变卖、拍卖，变卖、拍卖的价款暂予保存，待诉讼终结后一并处理。对于违禁品，应当依照国家有关规定处理；需要作为证据使用的，应当在诉讼终结后处理。

9.有关犯罪事实查证属实后，对于有证据证明权属明确且无争议的被害人合法财产及其孳息，且返还不损害其他被害人或者利害关系人的利益，不影响案件正常办理的，应当在登记、拍照或者录音录像和估价后，开具发还清单返还。侦查人员或者其他工作人员不得代为领取。查找不到被害人，或者通知被害人后，无人领取的，应当将有关财产及其孳息随案移送。

人民检察院在侦查活动中，对犯罪嫌疑人使用违法所得与合法收入共同购置的不可分割的财产，可以先行查封、扣押、冻结。对无法分割退还的财产，应当在结案后予以拍卖、变卖，对不属于违法所得的部分予以退还。

六、鉴定

（一）鉴定的概念和在侦查中的意义

鉴定，是指侦查机关为了查明案情，指派或者聘请具有专门知识的人对案件中的某些专门性问题进行鉴别和判断的一种侦查活动。

在侦查实践中，鉴定适用的范围十分广泛。凡是与案件有关的物品、文件、痕迹、人身、尸体，都可以进行鉴定。侦查机关常用的鉴定有：法医鉴定、司法精神病鉴定、毒性鉴定、刑事科学技术鉴定、会计鉴定、一般技术鉴定，等等。

鉴定以其活动的科学性，对揭示物证、书证的证明作用具有重要的意义，并且鉴定意见本身就是一种证据。因此，鉴定作为一种侦查手段，对于查明案件事实，查获犯罪嫌疑人，解脱无辜，具有重要作用。

（二）鉴定的程序和要求

1.选定鉴定人。鉴定人的选定有两种方式：一是指派，即由侦查机关指派其内部的刑事技术鉴定部门具有鉴定资格的专业人员进行鉴定；二是聘请，即由侦查机关聘请其他部门的专业人员进行鉴定。指派、聘请的鉴定人应当是具有某项专门知识，而且与本案和本案当事人没有利害关系，能够保证客观、公正地进行鉴定的人。

2.侦查机关应当为鉴定人进行鉴定提供必要条件，及时向鉴定人送交有关检材和对比样本等原始材料，介绍与鉴定有关的情况，并且明确提出要求鉴定解决的问题，但是不得暗示或者强迫鉴定人作出某种鉴定意见。

3.鉴定人应当遵守自己的职业道德，坚持

实事求是的原则，按照鉴定规则，运用科学方法独立进行鉴定。鉴定人故意作虚假鉴定的，应当承担法律责任。

4.鉴定人进行鉴定后，应当写出鉴定意见，并且签名。鉴定意见应当对侦查人员提出的问题作出明确的回答，并说明其科学或者技术上的根据。多人参加鉴定，鉴定人有不同意见的，应当注明。实践中，鉴定意见一般用鉴定书的形式制作。鉴定人故意作虚假鉴定的，应当承担法律责任。

5.侦查人员对鉴定人作出的鉴定意见，应当进行审查，如果有疑问，可以要求鉴定人作补充鉴定。必要时，也可以另行指派或者聘请鉴定人重新鉴定。其中，发现有下列情形之一的，应当进行补充鉴定：(1)鉴定内容有明显遗漏的；(2)发现新的有鉴定意义的证物的；(3)对鉴定证物有新的鉴定要求的；(4)鉴定意见不完整，委托事项无法确定的；(5)其他需要补充鉴定的情形。发现有下列情形之一的，应当重新鉴定：(1)鉴定程序违法或者违反相关专业技术要求的；(2)鉴定机构、鉴定人不具备鉴定资质和条件的；(3)鉴定人故意作虚假鉴定或者违反回避规定的；(4)鉴定意见依据明显不足的；(5)检材虚假或者被损坏的；(6)其他应当重新鉴定的情形。重新鉴定，应当另行指派或者聘请鉴定人。

根据《刑事诉讼法》第148条的规定，侦查机关应当将用作证据的鉴定意见告知犯罪嫌疑人、被害人。如果犯罪嫌疑人、被害人提出申请，可以补充鉴定或者重新鉴定，以保障犯罪嫌疑人、被害人的合法权益。另外，公诉人、当事人或者辩护人、诉讼代理人对鉴定意见有异议，经人民法院依法通知的，公安机关鉴定人应当出庭作证。

6.对犯罪嫌疑人作精神病鉴定的时间不计入办案期限，其他鉴定时间都应当计入办案期限。

七、辨认

（一）辨认的概念和意义

辨认，是指为了查明案情，在必要的时候，侦查人员可以让被害人、证人或者犯罪嫌疑人对与犯罪有关的物品、文件、尸体、场所或者犯罪嫌疑人进行辨认的一种侦查行为。

辨认，作为一种侦查行为，刑事诉讼法没有明确规定，公安部《规定》以及最高人民检察院《规则》对此作出了专门规定。辨认是侦查程序中经常采用的一种手段，对于查明案件真实情况、核实证据、查获犯罪嫌疑人都具有重要意义。

（二）辨认的程序

根据有关规定，辨认应当遵循下列程序：

1.辨认应当在侦查人员的主持下进行。主持辨认的侦查人员不得少于2人。在辨认前，应当向辨认人详细询问被辨认对象的具体特征，尤其是要避免辨认人见到被辨认对象，并应当告知辨认人有意做虚假辨认应当承担的法律责任。

2.多个辨认人对同一辨认对象进行辨认时，应当由每位辨认人单独进行辨认。必要时，可以有见证人在场。

3.辨认时，应当将辨认对象混杂在其他人员或物品中，不得在辨认前向辨认人展示辨认对象及其影视资料，不得给辨认人以任何暗示。公安机关侦查的案件，在辨认犯罪嫌疑人时，被辨认的人数不得少于7人；辨认照片时，不得少于10人的照片；辨认物品时，混杂的同类物品不得少于5件，对物品的照片进行辨认的，不得少于10个物品的照片；对场所、尸体等特定辨认对象进行辨认，或者辨认人能够准确描述物品独有特征的，陪衬物不受数量的限制。人民检察院侦查的案件，辨认犯罪嫌疑人时，被辨认的人数不得少于7人，照片不得少于10张；辨认物品时，同类物品不得少于5件，照片不得少于5张。

4.对犯罪嫌疑人的辨认，辨认人不愿公开进行的，可以在不暴露辨认人的情况下进行，侦查人员应当为其保密。

5.对于辨认的情况，应当制作笔录，由主持和参加辨认的侦查人员、辨认人、见证人签名或盖章。公安机关侦查的案件，必要时，应当对辨认过程进行录音录像。

八、技术侦查

（一）技术侦查的概念和意义

技术侦查，是公安机关、人民检察院和国家安全机关为了侦查犯罪而采取的特殊侦查措施，包括电子侦听、电话监听、电子监控、秘密拍照或录像、秘密获取某些物证、邮件等秘密的专门技术手段。

技术侦查措施是随着经济社会的发展和犯罪情况的变化而产生的一种特殊侦查手段，我国侦查机关在实践中早已广泛运用，但立法上缺少具体规定，以致实际操作中存在诸多问题。社会控制的转型与打击隐形犯罪的需要凸显出扩大运用技侦手段的必要性，因而自2012年起在刑事诉讼法中单独设立一节规定技术侦查措施。一方面，完善侦查行为的种类，赋予侦查机关必要的侦查手段，加强打击犯罪的力度；另一方面，强化对技术侦查这种特殊措施的规范、制约与监督。

（二）技术侦查的程序和要求

1.技术侦查措施的使用主体只能是公安机关、人民检察院和国家安全机关。

2.根据《刑事诉讼法》第150条的规定，技术侦查的适用范围包括两种情况：（1）在公安机关、人民检察院侦查过程中，“公安机关在立案后，对于危害国家安全犯罪、恐怖活动犯罪、黑社会性质的组织犯罪、重大毒品犯罪或者其他严重危害社会的犯罪案件，根据侦查犯罪的需要，经过严格的批准手续，可以采取技术侦查措施。人民检察院在立案后，对于利用职权实施的严重侵犯公民人身权利的重大犯罪案件，根据侦查犯罪的需要，经过严格的批准手续，可以采取技术侦查措施，按照规定交有关机关执行”。（2）被通缉或者被批准、决定逮捕的在逃的犯罪嫌疑人、被告人，经过批准，可以采取追捕所必需的技术侦查措施。

3.采取技术侦查措施，必须严格按照批准的措施种类、适用对象和期限执行。批准机关应当根据侦查犯罪的需要作出采取技术侦查措施决定，并确定采取的措施种类和适用对象。批准决定自签发之日起3个月以内有效。对于不需要继续采取技术侦查措施的，应当及时解除；对于复杂、疑难案件，期限届满仍有必要继续采取技术侦查措施的，经过批准，有效期可以延长，每次不得超过3个月。

4.为了维护无关信息的安全性，侦查人员对采取技术侦查措施过程中知悉的国家秘密、商业秘密和个人隐私，应当保密；对采取技术侦查措施获取的与案件无关的材料，必须及时销毁。并且采取技术侦查措施获取的材料，只能用于对犯罪的侦查、起诉和审判，不得用于其他用途。

5.相关单位与个人的配合义务。根据《刑事诉讼法》第152条的规定，公安机关依法采取技术侦查措施，有关单位和个人应当配合，并对有关情况予以保密。

6.刑事诉讼法特别强调了两种秘密侦查措施的使用。

一是“隐匿身份”的侦查。为了查明案情，在必要的时候，经公安机关负责人决定，可以由有关人员隐匿其身份实施侦查。但采取该措施不得诱使他人犯罪，不得采用可能危害公共安全或者发生重大人身危险的方法。

二是在毒品犯罪等违禁品流转过程中经常使用的秘密监控类措施控制下交付。主要针对的是涉及给付毒品等违禁品或者财物的犯罪活动，公安机关根据侦查犯罪的需要，可以依照规定实施控制下交付。

7.根据《刑事诉讼法》第154条的规定，依法采取技术侦查措施收集的材料可以在刑事诉讼中作为证据使用。需要特别注意的是，使用这些证据不能危及有关人员的人身安全，或者可能产生其他严重后果。有关机关应当采取不暴露有关人员身份、技术方法等保护措施；必要的时候，还可以由审判人员采取“庭外核实”的方式，即由审判人员在庭外对证据进行核实，无须经过当庭质证。

九、通缉

（一）通缉的概念和意义

通缉，是公安机关通令缉拿应当逮捕而在逃的犯罪嫌疑人的一种侦查行为。

通缉对公安机关通力合作，动员和依靠广大群众捕获犯罪嫌疑人，打击和制止犯罪，保障侦查和审判的顺利进行，具有重要意义。

（二）通缉的程序和要求

1.只有公安机关有权发布通缉令。其他任何机关、单位和个人都无权自行发布通缉令。人民检察院办理直接受理侦查的案件，应当逮捕的犯罪嫌疑人在逃，或者已被逮捕的犯罪嫌疑人脱逃的，经检察长批准，可以通缉，但是应通过公安机关进行。

公安机关在发布通缉令时，有发布范围的限制。根据《刑事诉讼法》第155条第2款的规定，各级公安机关在自己管辖的地区以内，可以直接发布通缉令；超出自己管辖的地区，应当报请有权决定的上级机关发布。在实践中，县级以上的公安机关在自己管辖的范围内，可以直接发布通缉令；毗邻的和有固定协作关系任务的省、地、县级公安机关，可以相互抄发通缉令，并报上级公安机关备案；需要在全国范围或跨协作区通缉重要逃犯的，由省、自治区、直辖市公安厅、局报请公安部，由公安部发布通缉令。

2.通缉的对象只能是依法应当逮捕而在逃的犯罪嫌疑人，当然包括已被逮捕而在羁押期间逃跑的犯罪嫌疑人。

3.通缉令中应当写明被通缉人的姓名、性别、年龄、籍贯、衣着和体貌特征，并应附上照片。除了必须保密的事项外，应当写明发案时间、地点、案情性质等简要情况。通缉令必须加盖发布机关的印章。

4.通缉令发出后，如果发现新的重要情况，可以补发通报。通报应注明原通缉令的编号和日期。

5.各级公安机关在接到通缉令后，必须及时布置，组织力量，采取有效措施，做好调查缉拿工作。需要对犯罪嫌疑人在口岸采取边控措施的，应当按照有关规定制作边控对象通知书，并附有关法律文书，经县级以上公安机关负责人审核后，层报省级公安机关批准，办理全国范围内的边控措施。需要限制犯罪嫌疑人人身自由的，应当附有关限制人身自由的法律文书。紧急情况下，需要采取边控措施的，县级以上公安机关可以出具公函，先向有关口岸所在地出入境边防检查机关交控，但应当在7日以内按照规定程序办理全国范围内的边控措施。

6.为发现重大犯罪线索，追缴涉案财物、证据，查获犯罪嫌疑人，必要时，经县级以上公安机关负责人批准，可以发布悬赏通告。悬赏通告应当写明悬赏对象的基本情况和赏金的具体数额。通缉令、悬赏通告应当广泛张贴，并可以通过广播、电视、报刊、计算机网络等方式发布。

7.被通缉的人已经归案、死亡或者通缉的原因已经消失而无通缉必要的，发布通缉令的公安机关应当在原发布范围内立即通知撤销通缉令。

第三节 侦查终结

一、侦查终结的概念

侦查终结，是侦查机关对于自己立案侦查的案件，经过一系列的侦查活动，根据已经查明的事实、证据，依照法律规定，足以对案件作出起诉、不起诉或者撤销案件的结论，决定不再进行侦查，并对犯罪嫌疑人作出处理的一种诉讼活动。

二、侦查终结的条件和对案件的处理

（一）侦查终结的条件

《刑事诉讼法》第162条规定：公安机关侦查终结的案件，应当做到犯罪事实清楚，证据确实、充分，并且写出起诉意见书，连同案卷材料、证据一并移送同级人民检察院审查决定；同时将案件移送情况告知犯罪嫌疑人及其辩护律师。犯罪嫌疑人自愿认罪的，应当记录在案，随案移送并在起诉意见中写明有关情况。根据法律规定和实践中的做法，侦查终结的条件是：

1.犯罪事实已经查清。犯罪事实已经查清，这是侦查终结的首要条件。犯罪事实已经查清

是指对犯罪人、犯罪时间和地点、犯罪动机和目的、犯罪手段、犯罪后果都已经查清，并且没有遗漏犯罪罪行，没有遗漏应当追究刑事责任的其他人。犯罪事实没有查清，侦查不能终结。

2.案件的证据确实、充分。证据的确实、充分是侦查终结的一个重要条件。证据确实、充分，是指案件的证据材料来源可靠，经核对无误，证据与案件事实之间的联系、案内各种证据之间能够相互印证，足以确实证明犯罪嫌疑人的行为已经构成犯罪。

3.法律手续完备。侦查终结时，各种法律手续必须齐全、完备。法律手续是侦查机关办案的依据，是对侦查工作的一种监督，也是侦查工作质量的保证，所以，只有法律手续完备，才可侦查终结。

以上三个条件必须同时具备，缺一不可。此外，《刑事诉讼法》第163条规定：在侦查过程中，发现不应对犯罪嫌疑人追究刑事责任的，应当撤销案件；犯罪嫌疑人已被逮捕的，应当立即释放，发给释放证明，并且通知原批准逮捕的人民检察院。其中"不应对犯罪嫌疑人追究刑事责任的"，是指查明案件不存在犯罪事实或者犯罪嫌疑人的行为符合《刑事诉讼法》第16条的规定。侦查机关经过侦查，发现不应对犯罪嫌疑人追究刑事责任时，应当及时终结侦查，并立即释放在押的犯罪嫌疑人，通知原批准逮捕的人民检察院。

（二）对案件的处理

公安机关侦查的案件，侦查终结后，对于犯罪事实、情节清楚，证据确实、充分，依法应当追究犯罪嫌疑人刑事责任的，即应制作起诉意见书，然后连同案卷材料、证据一并移送同一级人民检察院审查决定。犯罪嫌疑人自愿认罪的，应当记录在案，随案移送并在起诉意见中写明有关情况。公安机关认为案件符合速裁程序适用条件的，可以向人民检察院提出适用速裁程序的建议。对于不应当对犯罪嫌疑人追究刑事责任的，应当撤销案件；犯罪嫌疑人已经被逮捕的，应当立即释放，发给释放证明，并且通知原批准的人民检察院。

在案件侦查终结前，辩护律师提出要求的，侦查机关应当听取辩护律师的意见，并记录在案。辩护律师提出书面意见的，应当附卷。

对于犯罪嫌疑人在境外，需要及时进行审判的严重危害国家安全犯罪、恐怖活动犯罪案件，应当在侦查终结后层报公安部批准，移送同级人民检察院审查起诉。在审查起诉或者缺席审理过程中，犯罪嫌疑人、被告人向公安机关自动投案或者被公安机关抓获的，公安机关应当立即通知人民检察院、人民法院。

共同犯罪案件的起诉意见书，应当写明每个犯罪嫌疑人在共同犯罪中的地位、作用、具体罪责和认罪态度，并分别提出处理意见。被害人提出附带民事诉讼的，应当记录在案；移送审查起诉时，应当在起诉意见书末页注明。

（三）涉案财物的处置

公安机关侦查的案件，对查封、扣押的犯罪嫌疑人的财物及其孳息、文件或者冻结的财产，作为证据使用的，应当随案移送，并制作随案移送清单。制作清单时，应当根据已经查明的案情，写明对涉案财物的处理建议。对于实物不宜移送的，应当将其清单、照片或者其他证明文件随案移送。待人民法院作出生效判决后，按照人民法院送达的生效判决书、裁定书依法作出处理，并向人民法院送交回执。人民法院在判决、裁定中未对涉案财物作出处理的，公安机关应当征求人民法院意见，并根据人民法院的决定依法作出处理。

三、侦查的羁押期限

侦查中的羁押期限，是指犯罪嫌疑人在侦查中被逮捕以后到侦查终结的期限。我国《刑事诉讼法》对侦查羁押期限明确加以规定，目的是切实保障犯罪嫌疑人的人身自由和合法权益，防止案件久拖不决，提高侦查工作效率，保证侦查工作顺利进行。

根据刑事诉讼法和六机关《规定》，侦查中的羁押期限可以分为一般羁押期限、特殊羁押期限和重新计算羁押期限三种。

（一）一般羁押期限

根据《刑事诉讼法》第156条的规定：对犯罪嫌疑人逮捕后的侦查羁押期限不得超过2个

月。这是对一般刑事案件侦查羁押期限的规定。如果犯罪嫌疑人在逮捕以前已被拘留的，拘留的期限不包括在侦查羁押期限内。一般情况下，侦查机关应当在法律规定的侦查羁押期间内侦查终结案件。

（二）特殊羁押期限

特殊羁押期限，是刑事诉讼法根据案件的特殊需要，规定在符合法定条件时履行相应的审批手续，便可延长侦查羁押期限。

1.根据《刑事诉讼法》第156条的规定，案情复杂、期限届满不能终结的案件，可以经上一级人民检察院批准延长1个月。

2.根据《刑事诉讼法》第157条的规定，因为特殊原因，在较长时间内不宜交付审判的特别重大复杂的案件，由最高人民检察院报请全国人大常委会批准延期审理。

3.根据《刑事诉讼法》第158条的规定，下列案件在《刑事诉讼法》第156条规定的期限届满仍不能侦查终结的，经省、自治区、直辖市人民检察院批准或者决定，可以延长2个月：(1)交通十分不便的边远地区的重大复杂案件；(2)重大的犯罪集团案件；(3)流窜作案的重大复杂案件；(4)犯罪涉及面广，取证困难的重大犯罪案件。

4.根据《刑事诉讼法》第159条的规定，对犯罪嫌疑人可能判处10年有期徒刑以上刑罚，依照《刑事诉讼法》第158条规定延长期限届满，仍不能侦查终结的，经省、自治区、直辖市人民检察院批准或者决定，可以再延长2个月。

根据六机关《规定》第21条的规定，公安机关对案件提请延长羁押期限时，应当在羁押期间届满7日前提出，并书面呈报延长羁押期限案件的主要案情和延长羁押期限的具体理由，人民检察院应当在羁押期限届满前作出决定。

（三）重新计算羁押期限

根据《刑事诉讼法》和六机关《规定》的规定，遇有下列情况不计入原有侦查羁押期限，即重新计算侦查羁押期限：

1.在侦查期间，发现犯罪嫌疑人另有重要罪行的，自发现之日起依照《刑事诉讼法》第156条的规定重新计算侦查羁押期限。但是公安机关在侦查羁押期间，发现犯罪嫌疑人另有重要罪行，重新计算侦查羁押期限的，由公安机关决定，不再经人民检察院批准。但须报人民检察院备案，并受人民检察院监督。

2.犯罪嫌疑人不讲真实姓名、住址，身份不明的，应当对其身份进行调查，侦查羁押期限自查清其身份之日起计算，但不得停止对犯罪行为的侦查取证。对于犯罪事实清楚，证据确实、充分的，确实无法查明其身份的，也可以按其自报的姓名起诉、审判。

第四节　人民检察院对直接受理案件的侦查

人民检察院对直接受理案件的侦查，又称自侦案件的侦查，是指人民检察院对自己受理的案件，依法进行的收集证据、查明案情的工作和采取的有关强制性措施。根据《刑事诉讼法》第164条规定，人民检察院对直接受理的案件的侦查适用该法第二编第二章的规定，即《刑事诉讼法》关于侦查的一般规定均适用于人民检察院的自侦案件。但考虑到人民检察院法律监督的性质和自侦案件本身所具有的特殊性，我国法律又对人民检察院在自侦案件中的侦查权限及侦查终结案件做了一些特殊规定。

一、人民检察院在自侦案件中的权限

根据《刑事诉讼法》第165条的规定，人民检察院直接受理的案件中符合该法第81条、第82条第4项、第5项规定情形，需要逮捕、拘留犯罪嫌疑人的，由人民检察院作出决定，由公安机关执行。

人民检察院对于自行决定拘留的人应当尽快审查，根据《刑事诉讼法》第166条的规定，人民检察院对直接受理的案件中被拘留的人，应当在拘留后的24小时以内进行讯问。在发现不应当拘留的时候，必须立即释放，发给释放证明。

为了提高侦查工作的效率，保证侦查案件的质量，防止“以拘代侦”等违反法律规定的情形出现，《刑事诉讼法》还明确规定了人民检察院对于自行决定拘留的人需要转为逮捕的期限限制。根据《刑事诉讼法》第167条规定，人民检察院对直接受理的案件中被拘留的人，认为需要逮捕的，应当在14日以内作出决定。在特殊情况下，决定逮捕的时间可以延长1日至3日。对不需要逮捕的，应当立即释放；对需要继续侦查，并且符合取保候审、监视居住条件的，依法取保候审或者监视居住。

二、侦查终结后的处理

根据《刑事诉讼法》第168条的规定，人民检察院侦查终结的案件，应当作出提起公诉、不起诉或者撤销案件的决定。据此，人民检察院对侦查终结的案件可做如下处理：

1.人民检察院经过侦查，认为犯罪事实清楚，证据确实、充分，依法应当追究刑事责任的，应当写出侦查终结报告，并且制作起诉意见书，报请检察长批准。犯罪嫌疑人自愿认罪的，应当记录在案，随案移送，并在起诉意见书中写明有关情况。

2.对于犯罪情节轻微，依照刑法规定不需要判处刑罚或者免除刑罚的案件，应当写出侦查终结报告，并且制作不起诉意见书，报请检察长批准。

人民检察院在侦查过程中或者侦查终结后，发现具有下列情形之一的，负责侦查的部门应当制作拟撤销案件意见书，报请检察长决定：具有《刑事诉讼法》第16条规定情形之一的；没有犯罪事实的，或者依照刑法规定不负刑事责任或者不是犯罪的；虽有犯罪事实，但不是犯罪嫌疑人所为的。对于共同犯罪的案件，如有符合前述情形的犯罪嫌疑人，应当撤销对该犯罪嫌疑人的立案。人民检察院决定撤销案件的，应当告知控告人、举报人，听取其意见并记明笔录。

人民检察院直接受理侦查的案件，撤销案件以后，又发现新的事实或者证据，认为有犯罪事实需要追究刑事责任的，可以重新立案侦查。

3.负责侦查的部门应当将起诉意见书或者不起诉意见书，查封、扣押、冻结的犯罪嫌疑人的财物及其孳息、文件清单以及对查封、扣押、冻结的涉案财物的处理意见和其他案卷材料，一并移送本院负责捕诉的部门审查。国家或者集体财产遭受损失的，在提出提起公诉意见的同时，可以提出提起附带民事诉讼的意见。

4.在案件侦查过程中，犯罪嫌疑人委托辩护律师的，检察人员可以听取辩护律师的意见。辩护律师要求当面提出意见的，检察人员应当听取意见，并制作笔录附卷。辩护律师提出书面意见的，应当附卷。侦查终结前，犯罪嫌疑人提出无罪或者罪轻的辩解，辩护律师提出犯罪嫌疑人无罪或者依法不应当追究刑事责任意见的，人民检察院应当依法予以核实。案件侦查终结移送起诉时，人民检察院应当同时将案件移送情况告知犯罪嫌疑人及其辩护律师。

5.人民检察院侦查终结的案件，需要在异地起诉、审判的，应当在移送起诉前与人民法院协商指定管辖的相关事宜。上级人民检察院侦查终结的案件，依照《刑事诉讼法》的规定应当由下级人民检察院提起公诉或者不起诉的，应当将有关决定、侦查终结报告连同案卷材料交由下级人民检察院审查。下级人民检察院认为上级人民检察院的决定有错误的，可以向上级人民检察院报告。上级人民检察院维持原决定的，下级人民检察院应当执行。

6.人民检察院撤销案件时，对犯罪嫌疑人的违法所得及其他涉案财产应当区分不同情形，作出相应处理：(1)因犯罪嫌疑人死亡而撤销案件，依照刑法规定应当追缴其违法所得及其他涉案财产的，按照最高人民检察院《规则》第十二章第四节的规定办理；(2)因其他原因撤销案件，对于查封、扣押、冻结的犯罪嫌疑人违法所得及其他涉案财产需要没收的，应当提出检察意见，移送有关主管机关处理；(3)对于冻结的犯罪嫌疑人存款、汇款、债券、股票、基金份额等财产需要返还被害人的，可以通知金融机构、邮政部门返还被害人。

对于查封、扣押的犯罪嫌疑人的违法所得及其他涉案财产需要返还被害人的，直接决定返还被害人。人民检察院申请人民法院裁定处理犯罪嫌疑人涉案财产的，应当向人民法院移送有关案卷材料。人民检察院撤销案件时，对查封、扣押、冻结的犯罪嫌疑人的涉案财物需要返还犯罪嫌疑人的，应当解除查封、扣押或者书面通知有关金融机构、邮政部门解除冻结，返还犯罪嫌疑人或者其合法继承人。查封、扣押、冻结的财物，除依法应当返还被害人或者经查明确实与案件无关的以外，不得在诉讼程序终结之前处理。法律或者有关规定另有规定的除外。此外，处理查封、扣押、冻结的涉案财物，应当由检察长决定。

7.由于同案犯罪嫌疑人在逃，在案犯罪嫌疑人的犯罪事实无法查清的，对在案犯罪嫌疑人应当根据案件的不同情况分别报请延长侦查羁押期限、变更强制措施或者解除强制措施。

8.人民检察院直接受理侦查的案件，对犯罪嫌疑人没有采取取保候审、监视居住、拘留或者逮捕措施的，负责侦查的部门应当在立案后2年以内提出移送起诉、移送不起诉或者撤销案件的意见；对犯罪嫌疑人采取取保候审、监视居住、拘留或者逮捕措施的，负责侦查的部门应当在解除或者撤销强制措施后1年以内提出移送起诉、移送不起诉或者撤销案件的意见。

第五节 补充侦查

一、补充侦查的概念和意义

补充侦查，是指公安机关依照法定程序，在原有侦查工作的基础上进行补充收集证据的一种侦查活动。补充侦查并不是每个案件都必须进行的活动，它只适用于事实不清、证据不足或者遗漏罪行、遗漏同案犯罪嫌疑人的案件。

补充侦查，并不是每一个刑事案件都必须经过的诉讼程序，它只适用于没有完成原有侦查任务，部分事实、情节尚未查明的某些刑事案件。因此，正确、及时进行补充侦查，对于公、检、法三机关查清犯罪，防止和纠正在诉讼过程中可能发生或已经发生的错误和疏漏，保证不枉不纵、不错不漏，准确适用国家法律，具有十分重要的意义。

二、补充侦查的种类

根据《刑事诉讼法》第90条、第175条和第204条的规定，补充侦查在程序上有三种，即审查批捕阶段的补充侦查、审查起诉阶段的补充侦查和法庭审理阶段的补充侦查。

（一）审查批捕阶段的补充侦查

根据《刑事诉讼法》第90条的规定，人民检察院对于公安机关提请批准逮捕的案件进行审查后，应当根据情况分别作出批准逮捕或者不批准逮捕的决定。对于批准逮捕的决定，公安机关应当立即执行，并且将执行情况通知人民检察院。对于不批准逮捕的，人民检察院应当说明理由，需要补充侦查的，应当同时通知公安机关。

（二）审查起诉阶段的补充侦查

1.补充侦查的形式。根据《刑事诉讼法》第175条第2款的规定，人民检察院审查案件，对于需要补充侦查的，可以退回公安机关补充侦查，也可以自行侦查。

2.补充侦查的期限和次数。根据《刑事诉讼法》第175条第3款的规定，对于补充侦查的案件，应当在1个月以内补充侦查完毕。补充侦查以两次为限。

3.经过一次补充侦查的案件，人民检察院仍然认为证据不足，不符合起诉条件，且没有再次退回补充调查或者补充侦查必要的，可以作出不起诉决定。如果案件经过两次补充侦查，仍然证据不足，不符合起诉条件的，人民检察院应当作出不起诉决定。

4.公安机关对人民检察院退回补充侦查的案件，根据不同情况，报县级以上公安机关负责人批准，分别作如下处理：（1）原认定犯罪事实不清或者证据不够充分的，应当在查清事实、补充证据后，制作补充侦查报告书，移送人民检察院审查；对确实无法查明的事项或者无法补充的证据，应当书面向人民检察院说明情况。（2）在补充侦查过程中，发现新的同案犯或者新的罪行，需要追究刑事责任的，应当重新制作起诉意见书，移送人民检察院审查。（3）发现原认定的犯罪事实有重大变化，不应当追究刑事责任的，应当撤销案件或者对犯罪嫌疑人终止侦查，并将有关情况通知退查的人民检察院。（4）原认定犯罪事实清楚，证据确实、充分，人民检察院退回补充侦查不当的，应当说明理由，移送人民检察院审查。

（三）法庭审理阶段的补充侦查

1.补充侦查的形式。（1）根据《刑事诉讼法》第204条的规定，在法庭审判过程中，检察人员发现提起公诉的案件需要补充侦查，提出延期审理建议的，法院可以延期审理。根据最高人民法院《解释》第274条的规定，审判期间，公诉人发现案件需要补充侦查，建议延期审理的，合议庭可以同意，但建议延期审理不得超过两次。（2）根据最高人民法院《解释》第277条的规定，审判期间，合议庭发现被告人可能有自首、坦白、立功等法定量刑情节，而人民检察院移送的案卷中没有相关证据材料的，应当通知人民检察院在指定时间内移送。审判期间，被告人提出新的立功线索的，人民法院可以建议人民检察院补充侦查。根据最高人民检察院《规则》第425条的规定，人民检察院应当审查有关理由，并作出是否补充侦查的决定。人民检察院不同意的，可以要求人民法院就起诉指控的犯罪事实依法作出裁判。

2.补充侦查的期限。根据《刑事诉讼法》第205条的规定，依照《刑事诉讼法》第204条第2项的规定延期审理的案件，人民检察院应当在1个月以内补充侦查完毕。

3.对公安机关的要求。对于人民检察院在审查起诉过程中以及在人民法院作出生效判决前，要求公安机关提供法庭审判所必需的证据材料的，后者应当及时收集和提供。

第六节　对违法侦查行为的申诉、控告

一、对特定违法侦查行为的申诉、控告概述

申诉、控告是当事人、辩护人、诉讼代理人及利害关系人依法享有的一项诉讼权利。对特定违法侦查行为的申诉、控告是其应有的一项重要内容。在我国，侦查权非常庞大，却又缺乏有效的监督、制约机制，在权利与权力的抗衡中，侦查权无疑占据了不可抗拒的优势。在实践中，违法采取侦查行为，随意侵犯公民权利的情形非常普遍。对这些被侵害的权利而言，却没有一个有效的救济机制，从而加剧了违法侦查行为的恶化。2012年《刑事诉讼法》修改时，在第二编第二章“侦查”第一节“一般规定”部分专门新增加了一条，明确了当事人、辩护人、诉讼代理人及利害关系人对特定范围的违法侦查行为的申诉、控告制度，这就确立了对违法侦查行为的救济机制。

二、申诉、控告的范围

《刑事诉讼法》第117条明确了当事人、辩护人、诉讼代理人及利害关系人有权申诉、控告的范围。根据该条的规定，对于司法机关及其工作人员有下列行为之一的，有权向该机关申诉或者控告：（1）采取强制措施法定期限届满，不予以释放、解除或者变更的；（2）应当退还取保候审保证金不退还的；（3）对与案件无关的财物采取查封、扣押、冻结措施的；（4）应当解除查封、扣押、冻结不解除的；（5）贪污、挪用、私分、调换、违反规定使用查封、扣押、冻结的财物的。

三、申诉、控告的提起以及处理

1.申诉、控告的提起主体。

根据《刑事诉讼法》第117条的规定，有权提起申诉、控告的主体包括四类，即当事人、辩

护人、诉讼代理人以及利害关系人。

2.申诉、控告的受理主体。

申诉、控告所针对的对象是有《刑事诉讼法》第117条所规定的五种情形的司法机关及其工作人员，这就决定了接受申诉、控告的主体只能是该司法机关。需要说明的是，这里的司法机关，并不是通常意义上的司法机关，还包括公安机关。

3.对申诉、控告的处理。

受理申诉或者控告的公安机关应当及时进行调查核实，并在收到申诉、控告之日起30日以内作出处理决定，书面回复申诉人、控告人。发现公安机关及其侦查人员有《刑事诉讼法》第117条规定的违法情形之一的，应当立即纠正。公安机关发现下级公安机关存在前述违法行为或者对申诉、控告事项不按照规定处理的，应当责令下级公安机关限期纠正，下级公安机关应当立即执行。必要时，上级公安机关可以就申诉、控告事项直接作出处理决定。

对处理不服的，当事人、辩护人、诉讼代理人以及利害关系人还可以向同级人民检察院申诉；人民检察院直接受理的案件，可以向上一级人民检察院申诉。人民检察院对于当事人、辩护人、诉讼代理人以及利害关系人的申诉应当及时进行审查，情况属实的，要通知有关机关予以纠正。

未向办案机关申诉或者控告，或者办案机关在规定时间内尚未作出处理决定，直接向人民检察院申诉的，人民检察院应当告知其向办案机关申诉或者控告。人民检察院在审查逮捕、审查起诉中发现有《刑事诉讼法》第117条规定的违法情形的，可以直接监督纠正。当事人和辩护人、诉讼代理人、利害关系人对《刑事诉讼法》第117条规定情形之外的违法行为提出申诉或者控告的，人民检察院应当受理，并及时审查，依法处理。

第七节 侦查监督

一、侦查监督的概念

侦查监督，是指人民检察院依法对侦查机关的侦查活动是否合法进行的监督。根据《刑事诉讼法》的规定，除公安机关、人民检察院外，国家安全机关、监狱、军队保卫部门和中国海警局也依法行使侦查权。因此，人民检察院对上述机关或部门的侦查活动是否合法同样行使侦查监督职权。侦查监督是人民检察院刑事诉讼法律监督的重要组成部分，在刑事诉讼中具有十分重要的意义。

二、侦查监督的范围

根据《刑事诉讼法》和最高人民检察院《规则》的有关规定，人民检察院应当对侦查活动中是否存在以下违法行为进行监督：

1.采用刑讯逼供以及其他非法方法收集犯罪嫌疑人供述的；

2.讯问犯罪嫌疑人依法应当录音或者录像而没有录音或者录像，或者未在法定羁押场所讯问犯罪嫌疑人的；

3.采用暴力、威胁以及非法限制人身自由等非法方法收集证人证言、被害人陈述，或者以暴力、威胁等方法阻止证人作证或者指使他人作伪证的；

4.伪造、隐匿、销毁、调换、私自涂改证据，或者帮助当事人毁灭、伪造证据的；

5.违反刑事诉讼法关于决定、执行、变更、撤销强制措施的规定，或者强制措施法定期限届满，不予释放、解除或者变更的；

6.应当退还取保候审保证金不退还的；

7.违反刑事诉讼法关于讯问、询问、勘验、检查、搜查、鉴定、采取技术侦查措施等规定的；

8.对与案件无关的财物采取查封、扣押、冻结措施，或者应当解除查封、扣押、冻结而不解除的；

9.贪污、挪用、私分、调换、违反规定使用查封、扣押、冻结的财物及其孳息的；

10.不应当撤案而撤案的；

11.侦查人员应当回避而不回避的；

12.依法应当告知犯罪嫌疑人诉讼权利而不告知，影响犯罪嫌疑人行使诉讼权利的；

13.对犯罪嫌疑人拘留、逮捕、指定居所监视居住后依法应当通知家属而未通知的；

14.阻碍当事人、辩护人、诉讼代理人、值班律师依法行使诉讼权利的；

15.应当对证据收集的合法性出具说明或者提供证明材料而不出具、不提供的；

16.侦查活动中的其他违反法律规定的行为。

三、侦查监督的途径和措施

侦查监督的途径，是人民检察院发现侦查活动中违法行为的具体方式；而侦查监督措施则是人民检察院为实现侦查监督职能而使用的监督手段。

一般而言，人民检察院主要通过和采取以下途径和措施，对公安机关的侦查活动实行法律监督：

1.人民检察院通过审查逮捕、审查起诉来审查公安机关的侦查活动是否合法。发现违法情况应当通知公安机关纠正。

2.人民检察院根据案件需要，通过派员参加公安机关对于重大案件的讨论和其他侦查活动，发现公安机关在侦查活动中的违法行为。人民检察院发现后，情节较轻的可以口头纠正，情节较重的应当报请检察长批准后，向公安机关发出纠正违法通知书。

对于带有普遍性的违法情形，经检察长决定，向相关机关提出检察建议。构成犯罪的，移送有关机关、部门依法追究刑事责任。

3.人民检察院通过接受诉讼参与人对侦查机关或侦查人员侵犯其诉讼权利和人身侮辱的行为提出的控告，行使侦查监督权。根据最高人民检察院《规则》的规定，当事人和辩护人、诉讼代理人、利害关系人对《刑事诉讼法》第117条规定情形之外的违法行为提出申诉或者控告的，人民检察院应当受理，并及时审查，依法处理。

4.人民检察院对于涉嫌违法的事实，可以采取以下方式进行调查核实：讯问、询问犯罪嫌疑人；询问证人、被害人或者其他诉讼参与人；询问办案人员；询问在场人员或者其他可能知情的人员；听取申诉人或者控告人的意见；听取辩护人、值班律师意见；调取、查询、复制相关登记表册、法律文书、体检记录及案卷材料等；调取讯问笔录、询问笔录及相关录音、录像或其他视听资料；进行伤情、病情检查或者鉴定；其他调查核实方式。人民检察院在调查核实过程中不得限制被调查对象的人身、财产权利。

5.人民检察院发出纠正违法通知书的，应当监督落实。被监督单位在纠正违法通知书规定的期限内没有回复纠正情况的，人民检察院应当督促回复。经督促被监督单位仍不回复或者没有正当理由不纠正的，人民检察院应当向上一级人民检察院报告。被监督单位对纠正意见申请复查的，人民检察院应当在收到被监督单位的书面意见后7日以内进行复查，并将复查结果及时通知申请复查的单位。经过复查，认为纠正意见正确的，应当及时向上一级人民检察院报告；认为纠正意见错误的，应当及时予以撤销。上一级人民检察院经审查，认为下级人民检察院纠正意见正确的，应当及时通报被监督单位的上级机关或者主管机关，并建议其督促被监督单位予以纠正；认为下级人民检察院纠正意见错误的，应当书面通知下级人民检察院予以撤销，下级人民检察院应当执行，并及时向被监督单位说明情况。

【本章主要法律规定】

1.《刑事诉讼法》第115～168条

2.《人民检察院刑事诉讼规则》第176～254条、第551～556条、第567～569条

3.《公安机关办理刑事案件程序规定》第191～297条

第十三章 起　诉

本章主要内容提示

本章内容为起诉及其相关法律制度。我国刑事诉讼实行以公诉为主、自诉为辅的犯罪追诉机制。公诉和自诉两种控诉形式互相补充，构成了我国刑事起诉的完整体系。在起诉原则上，我国采用以起诉法定主义为主，兼采起诉便宜主义，检察官的起诉裁量权受到严格限制。审查起诉制度对保证人民检察院正确地提起公诉，发现和纠正侦查活动中的违法行为，具有重要意义。人民检察院经过审查起诉，应当根据案件的不同情况，依法作出提起公诉、不起诉或撤销案件的决定。提起公诉是人民检察院的基本诉讼职能。不起诉是人民检察院审查案件的结果之一，具有终止诉讼的法律效力。提起自诉的程序能够充分、有效地保护当事人的合法权益。

本章的难点在于人民检察院提起公诉必须具备三个条件，即犯罪事实已经查清、证据确实充分和依法应当追究刑事责任。另外，不起诉的种类也是本章的另一难点。不起诉包括五种不同类别，其中每种又包含了多种不同的情形，需要注意区分。

第一节　起诉的概念和意义

一、起诉的概念

刑事起诉，是指享有控诉权的国家机关和公民依法向法院提起诉讼，请求法院对指控的内容进行审判，以确定被告人刑事责任并依法予以刑事制裁的诉讼活动。起诉是刑事诉讼程序的重要环节。根据我国《刑事诉讼法》的有关规定，刑事起诉可分为两种，即自诉和公诉。自诉是指刑事被害人及其法定代理人、近亲属等，以个人的名义向法院起诉，要求保护被害人的合法权益，追究被告人刑事责任的诉讼活动。公诉则是指依法享有刑事起诉权的国家专门机关代表国家向法院提起诉讼，要求法院通过审判确定被告人犯有被指控的罪行并给予相应的刑事制裁的诉讼活动。

二、刑事公诉的一般理论

现代各国的刑事公诉制度主要分两种类型：一种是刑事公诉独占主义，即刑事案件的起诉权被国家垄断，排除被害人自诉；另一种是刑事公诉兼自诉制度，即较为严重的刑事案件的起诉权由检察机关代表国家行使，而少数轻微的刑事案件允许公民自诉。对于符合起诉条件的刑事公诉案件是否必须向审判机关起诉的问题，也存在两种不同的原则：一是起诉法定主义或起诉合法主义，即只要被告人的行为符合法定起诉条件，公诉机关就必须起诉，不享有自由裁量的权力，且不论具体情节；二是起诉便宜主义或起诉裁量主义，即被告人的行为在具备起诉条件时，是否起诉，由检察官根据被告人及其行为的具体情况以及刑事政策等因素自由裁量。现代刑事诉讼普遍强调起诉法定主义与起诉便宜主义的二元并存、相互补充的起诉原则。

我国刑事诉讼实行以公诉为主、自诉为辅的犯罪追诉机制，即在对刑事犯罪实行国家追诉的同时，兼采被害人追诉主义。绝大多数刑事案件由人民检察院代表国家向人民法院提起公诉，只有部分刑事案件由被害人及其法定代理人、近亲属直接向人民法院提起自诉，由人民法院直接受理。我国实行公诉为主、自诉为辅的起诉机制的目的是在保护国家利益、社会利益的同时，最大限度地保护被害人等的个人合法权益。公诉和自诉两种控诉形式互相补充，构成了我国刑事起诉的完整体系。在起诉原则上，我国采用以起诉法定主义为主，兼采起诉便宜主义，检察官的起诉裁量权受到严格限制。

在我国《刑事诉讼法》中，提起公诉是指行使国家公诉权的检察机关，对公安机关侦查终结移送起诉的案件或者对监察机关移送起诉的案件，经过全面审查，确认侦查阶段所收集的证据已经确实、充分，犯罪嫌疑人的行为已经构成犯罪，依法应当追究刑事责任而提请人民法院审判的一项诉讼活动。提起公诉是我国刑事诉讼程序中的重要阶段，是人民检察院的重要职权。提起公诉是侦查终结后的一个独立的诉讼阶段，属于人民检察院单独行使权力的范畴。与其他诉讼阶段相比，提起公诉的人民检察院具有下列特定任务：

1.代表国家对公安机关侦查终结移送起诉的案件和监察机关移送起诉的案件，进行全面审查。

2.根据事实和法律，对案件分别决定起诉、不起诉或者撤销案件，并制作相应的法律文书。

3.通过对公安机关移送案件的审查，实行侦查监督，纠正违法的侦查行为。

4.对于决定提起公诉交付审判的案件，做好出庭支持公诉的准备工作；对于决定不起诉或者撤销的案件，从综合治理的目的出发做好善后工作。

三、起诉的意义

起诉连接侦查与审判，是刑事诉讼的关键性程序之一，具有非常重要的意义。首先，起诉是审判程序之前的必经程序。不告不理是现代刑事诉讼的一项基本原则，这就意味着起诉是刑事审判的前提，没有起诉，也就没有审判。由此可见，起诉具有主动性，而审判具有被动性。在任何时候，审判都不能超越起诉范围。其次，当社会主体的权益受到犯罪行为侵害时，需要借助国家审判力量予以保护，惩罚犯罪，恢复权益的正常状态。而起诉正是向审判提供审理对象的活动。因此，起诉对于有效地惩罚犯罪和保障人权，都具有重要意义。最后，起诉程序对于保证准确地惩罚犯罪，保障无辜的人及依法不受刑事追究的人免受刑事追诉，实现程序公正都具有非常重要的意义。

在我国刑事诉讼公诉案件中，人民检察院通过审查起诉和提起公诉活动，可以对侦查机关侦查终结后移送起诉的案件从认定事实到适用法律进行全面审查，同时对侦查工作负有法律监督的法定职责；将符合起诉条件的被告人起诉到人民法院，保障准确惩罚犯罪，并使无辜的人和依法不受追诉的人尽早从刑事诉讼程序中解脱出来，切实保障人权。在自诉案件中，通过提起自诉，既能够保障自诉人的合法诉求，解决人民群众“告状难”等问题，也可以保证案件能够得到及时的、公正的处理，实现刑事诉讼公正与高效的双重价值目标。因此，我国刑事诉讼采取以公诉为主、自诉为辅的犯罪追诉机制是非常必要的。

第二节　提起公诉的程序

一、审查起诉

（一）审查起诉的概念

审查起诉，是指人民检察院在提起公诉阶段，为了确定经侦查终结和调查终结的刑事案件是否应当提起公诉，而对侦查机关确认的犯罪事实和证据、犯罪性质和罪名进行审查核实，或对监察机关移送起诉的案件，依照《刑事诉讼法》和《监察法》的有关规定进行审查，并作出处理决定的一项诉讼活动。它是实现人民检察院公诉职能的一项最基本的准备工作，也是人民检察院对侦查及调查活动实行法律监督的一项重要手段。因此，它对保证人民检察院正确地提起公诉，发现和纠正侦查活动中的违法行为，具有重要意义。

（二）移送审查起诉案件的受理

人民检察院收到公安机关的起诉意见书后，应当指定检察人员审查案件是否属于本院管辖，起诉意见书以及案卷材料是否齐备，案卷装订、移送是否符合有关规定和要求，诉讼文书、技术性鉴定材料是否单独装订成卷，作为证据使用的实物是否随案移送及移送的实物与物品清单是否相符，犯罪嫌疑人是否在案及采取强制措施的情况。经过审查，对具备受理条件的，填写受理审查起诉登记表。对移送的起诉意见书及其他材料不符合有关规定和要求或者有遗漏的，应当要求公安机关按照要求制作后移送或者在3日内补送。对于犯罪嫌疑人在逃的，应当要求公安机关采取措施保证在逃的犯罪嫌疑人到案后另案移送审查起诉，对在案的犯罪嫌疑人的审查起诉应当照常进行。

根据我国《监察法》的规定，对涉嫌职务犯罪的，监察机关经调查认为犯罪事实清楚，证据确实、充分的，制作起诉意见书，连同案卷材料、证据一并移送人民检察院依法审查，提起公诉。

根据最高人民检察院《规则》的规定，人民检察院立案侦查时认为属于直接受理侦查的案件，在审查起诉阶段发现属于监察机关管辖的，应当及时商监察机关办理。属于公安机关管辖，案件事实清楚，证据确实、充分，符合起诉条件的，可以直接起诉；事实不清、证据不足的，应当及时移送有管辖权的机关办理。

此外，在审查起诉阶段，如果发现公安机关移送起诉的案件属于监察机关管辖，或者监察机关移送起诉的案件属于公安机关管辖，但案件事实清楚，证据确实、充分，符合起诉条件的，经征求监察机关、公安机关意见后，没有不同意见的，可以直接起诉；提出不同意见，或者事实不清、证据不足的，应当将案件退回移送案件的机关并说明理由，建议其移送有管辖权的机关办理。

（三）审查起诉的内容

人民检察院办理审查起诉案件，应当全面审查证明犯罪嫌疑人有罪或者无罪、罪轻或者罪重的证据。而根据《刑事诉讼法》第171条的规定，人民检察院审查案件的时候，必须查明以下内容：

1.犯罪事实、情节是否清楚，证据是否确实、充分，犯罪性质和罪名的认定是否正确。查明犯罪事实、情节，是正确定罪量刑的前提；查明证据是否确实、充分，是正确定罪量刑的依据和基础。

在查明犯罪事实和取得确实、充分证据的基础上，应当对犯罪的性质和罪名的认定是否恰当进行鉴别。犯罪的性质与罪名互相联系，密不可分，如果只认定了犯罪性质，而不认定具体的罪名，性质也难以定准，因为在同一性质的犯罪中，法律又规定了若干罪名。可见，审查犯罪性质与审查具体的罪名，应当同时进行。

2.有无遗漏罪行和其他应当追究刑事责任的人。人民检察院追诉犯罪应当客观、全面，因此，在审查起诉时要注意审查有无遗漏犯罪嫌疑人的罪行和其他应当追究刑事责任的人。要查清案件的全部犯罪事实，就必须查清犯罪嫌疑人的全部罪行，对共同犯罪案件要查获所有实施犯罪的人。例如，在审查盗窃、诈骗、走私案件时，要注意追查销赃犯和包庇、窝藏犯，对于已构成窝赃、销赃罪的，也应对窝赃、销赃者一并提起公诉；在审查未成年人犯罪案件时，要注意审查有无教唆犯；审查个人犯罪案件时要注意发现团伙犯罪活动；审查团伙犯罪时更应注意审查有无漏诉其他犯罪成员。在共同犯罪案件中，还应审查共同犯罪嫌疑人在共同犯罪活动中责任的认定是否恰当。

3.是否属于不应追究刑事责任的情形。保障无罪的人不受刑事追究是人民检察院的职责之一，因此，人民检察院在审查案件时，必须查明犯罪嫌疑人有无不应追究刑事责任的情形。《刑事诉讼法》第16条对不应追究刑事责任的情形作了明确的规定。

4.有无附带民事诉讼。《刑事诉讼法》第101条规定，被害人由于被告人的犯罪行为而遭受物质损失的，在刑事诉讼过程中，有权提起附带民事诉讼。被害人死亡或者丧失行为能力的，被害人的法定代理人、近亲属有权提起附带民事诉讼。刑事附带民事诉讼制度，对于全面追究被告人的法律责任，保护国家、集体利益和公民的合法权益，具有十分重要的意义。为此，人民检察院在审查起诉时，首先，要审查犯罪嫌疑人的犯罪行为是否给被害人造成了物质损失；被害人是否提起了附带民事诉讼。已提起的，要保护被害人的这项权利；没有提起的，应主动告知被害人，或者告知其法定代理人、近亲属有权提起附带民事诉讼。其次，还要查明国家、集体财产是否因犯罪而遭受损失，如果造成了损失，人民检察院可以在提起公诉时一并提起附带民事诉讼。

5.侦查活动是否合法。人民检察院审查起诉的过程，也是对侦查工作进行法律监督的过程。因此，人民检察院对案件进行审查时，要注意审查侦查人员的侦查活动是否符合法定程序，法律手续是否完备，特别要查明在讯问犯罪嫌疑人和询问证人的过程中是否有刑讯逼供和以威胁、引诱、欺骗以及其他非法方法收集证据的情况。一旦发现侦查活动中有违反法律的行为时，应当及时提出纠正意见。构成犯罪的，应依法追究刑事责任。

此外，检察人员审查时发现存在前述情形的，可以调取公安机关讯问犯罪嫌疑人的录音、录像并审查相关的录音、录像。对于重大、疑难、复杂的案件，必要时可以审查全部录音、录像。对于监察机关移送起诉的案件，认为需要调取有关录音、录像的，可以商监察机关调取。经审查讯问犯罪嫌疑人录音、录像，发现公安机关、本院负责侦查的部门讯问不规范，讯问过程存在违法行为，录音、录像内容与讯问笔录不一致等情形的，应当逐一列明并向公安机关、本院负责侦查的部门书面提出，要求其予以纠正、补正或者书面作出合理解释。发现讯问笔录与讯问犯罪嫌疑人录音、录像内容有重大实质性差异的，或者公安机关、本院负责侦查的部门不能补正或者作出合理解释的，该讯问笔录不能作为提起公诉的依据。

在司法实践中，人民检察院的审查起诉，还要注意审查以下内容：(1)案件是否属于本院管辖。按照《刑事诉讼法》关于管辖的规定，对于不属于自己管辖的案件，就不能提起公诉，而应该将案件移送有管辖权的检察机关审查起诉。(2)证据是否随案移送，不宜移送证据的清单、照片或者其他证明文件是否随案移送。人民检察院审查案件，决定是否起诉，需要确实充分的证据，因此，侦查机关移送案件时，应当将案件的所有证据一并移送，对不宜移送的证据，要附有不宜移送的证据的清单、照片或者其他证明文件。(3)与犯罪有关的财物及其孳息是否扣押、冻结并妥善保管，以供核查。对被害人合法财产的返还和对违禁品或者不宜长期保存的物品的处理是否妥当，移送的证明文件是否完备，等等。

最高人民检察院《规则》第330条将审查起诉需要查明的内容进一步细化为13项，具体包括：(1)犯罪嫌疑人身份状况是否清楚，包括姓名、性别、国籍、出生年月日、职业和单位等。单位犯罪的，单位的相关情况是否清楚。(2)犯罪事实、情节是否清楚；实施犯罪的时间、地点、手段、危害后果是否明确。(3)认定犯罪性质和罪名的意见是否正确；有无法定的从重、从轻、减轻或者免除处罚情节及酌定从重、从轻情节；共同犯罪案件的犯罪嫌疑人在犯罪活动中的责任认定是否恰当。(4)犯罪嫌疑人是否认罪认罚。(5)证明犯罪事实的证据材料是否随案移送；证明相关财产系违法所得的证据材料是否随案移送；不宜移送的证据的清单、复制件、照片或者其他证明文件是否随案移送。(6)证据是否确实、充分，是否依法收集，有无应当排除非法证据的情形。(7)采取侦查措施包括技术侦查措施的法律手续和诉讼文书是否完备。(8)有无遗漏罪行和其他应当追究刑事责任的人。(9)是否属于不应当追究刑事责任的。(10)有无附带民事诉讼；对于国家财产、集体财产遭受损失的，是否需要由人民检察院提起附带民事诉讼；对于破坏生态环境和资源保护，食品药品安全领域侵害众多消费者合法权益，侵害英雄烈士的姓名、肖像、名誉、荣誉等损害社会公共利益的行为，是否需要由人民检察院提起附带民事公益诉讼。(11)采取的强制措施是否适当，对于已经逮捕的犯罪嫌疑人，有无继续羁押的必要。(12)侦查活动是否合法。(13)涉案财物是否查封、扣押、冻结并妥善保管，清单是否齐备；对被害人合法财产的返还和对违禁品或者不宜长期保存的物品的处理是否妥当，移送的证明文件是否完备。

对于监察机关移送起诉的案件，人民检察院审查起诉的内容，可以参照《刑事诉讼法》第171条、第172条、第173条、第174条和第176条等规定，主要审查监察机关移送起诉的案件犯罪事实、情节是否清楚，证据是否确实、充分，犯罪性质和罪名的认定是否正确；有无遗漏罪行和其他应当追究刑事责任的人；是否属于不应追究刑事责任的情形等。这里的犯罪事实已经查清，是指犯罪的主要事实已经查清，实践中因为各种原因，一些个别细节无法查清或没有必要查清，且不影响定罪量刑的，应当视为犯罪事实已经查清。对一人犯有数罪的，如果有一罪已经查清，而其他罪一时难以查清的，也可以就已经查清的罪提起公诉。证据确实、充分，是指用以证明案件事实的证据真实可靠，取得的证据足以证实调查认定的犯罪事实和情节。《刑事诉讼法》第55条第2款对证据确实、充分的条件做了明确规定。所谓证据确实、充分，应当符合以下条件：(1)定罪量刑的事实都有证据证明；(2)据以定案的证据均经法定程序查证属实；(3)综合全案证据，对所认定事实已排除合理怀疑。

(四)审查起诉的步骤和方法

审查起诉是一项重要的诉讼活动，在整个刑事诉讼过程中，处于承前启后的中间环节。为保证审查起诉得以顺利进行，审查起诉的具体方法和步骤应当符合以下要求：

1.各级人民检察院审查起诉的案件应与人民法院审判管辖相适应。

负责捕诉的部门收到移送起诉的案件后，经审查认为不属于本院管辖的，应当在发现之日起5日以内经由负责案件管理的部门移送有管辖权的人民检察院。属于上级人民法院管辖的第一审案件，应当报送上级人民检察院，同时通知移送起诉的公安机关；属于同级其他人民法院管辖的第一审案件，应当移送有管辖权的人民检察院或者报送共同的上级人民检察院指定管辖，同时通知移送起诉的公安机关。上级人民检察院受理同级公安机关移送起诉的案件，认为属于下级人民法院管辖的，可以交下级人民检察院审查，由下级人民检察院向同级人民法院提起公诉，同时通知移送起诉的公安机关。

一人犯数罪、共同犯罪和其他需要并案审理的案件，只要其中一人或者一罪属于上级人民检察院管辖的，全案由上级人民检察院审查起诉。

公安机关移送起诉的案件，需要依照《刑事诉讼法》的规定指定审判管辖的，人民检察院应当在公安机关移送起诉前协商同级人民法院办理指定管辖有关事宜。监察机关移送起诉的案件，需要依照《刑事诉讼法》的规定指定审判管辖的，人民检察院应当在监察机关移送起诉20日前协商同级人民法院办理指定管辖有关事宜。

2.审阅案卷材料。办案人员接到案件后，应当及时地审查公安机关移送的案件材料是否齐备，有无《起诉意见书》、证据材料和其他法律文书。如果犯罪嫌疑人被拘留、逮捕和被搜查过，审查有无拘留证、逮捕证和搜查证。然后，全面分析起诉意见书，了解犯罪嫌疑人的犯罪事实、情节，犯罪性质和罪名以及要求起诉的理由，详细审阅案卷中的证据材料，按照法定审查起诉的五项内容，逐项进行审查。人民检察院审查案件，可以要求公安机关提供法庭审判所必需的证据材料；发现疑问，可以向侦查人员询问；认为可能存在以刑讯逼供等非法方法收集证据情形的，可以书面要求监察机关或者公安机关对证据收集的合法性作出说明。审阅案卷要认真细致，并应制作阅卷笔录。

人民检察院认为需要对案件中某些专门性问题进行鉴定而监察机关或者公安机关没有鉴定的，应当要求监察机关或者公安机关进行鉴定。必要时，也可以由人民检察院进行鉴定，或者由人民检察院聘请有鉴定资格的人进行鉴定。人民检察院自行进行鉴定的，可以商请监察机关或者公安机关派员参加，必要时可以聘请有鉴定资格或者有专门知识的人参加。人民检察院对鉴定意见有疑问的，可以询问鉴定人或者有专门知识的人并制作笔录附卷，也可以指派有鉴定资格的检察技术人员或者聘请其他有鉴定资格的人进行补充鉴定或者重新鉴定。人民检察院对鉴定意见等技术性证据材料需要进行专门审查的，按照有关规定交检察技术人员或者其他有专门知识的人进行审查并出具审查意见。

人民检察院审查案件时，对监察机关或者公安机关的勘验、检查，认为需要复验、复查的，应当要求其复验、复查，人民检察院可以派员参加；也可以自行复验、复查，商请监察机关或者公安机关派员参加，必要时也可以指派检察技术人员或者聘请其他有专门知识的人参加。

人民检察院对物证、书证、视听资料、电子数据及勘验、检查、辨认、侦查实验等笔录存在疑问的，可以要求调查人员或者侦查人员提供获取、制作的有关情况，必要时也可以询问提供相关证据材料的人员和见证人并制作笔录附卷，对物证、书证、视听资料、电子数据进行鉴定。

3.讯问犯罪嫌疑人。根据最高人民检察院《规则》第331条的规定，人民检察院办理审查起诉案件应当讯问犯罪嫌疑人。可见，讯问犯罪嫌疑人是人民检察院审查起诉的必经程序。这是人民检察院核实证据，正确认定案件事实，监督侦查活动是否合法所必需的。讯问犯罪嫌疑人还有助于直接了解犯罪嫌疑人的精神状态和悔罪态度，为其提供辩解的机会，倾听其辩解理由。因此，在审查起诉阶段讯问犯罪嫌疑人有重要意义，必须依法进行。根据《刑事诉讼法》及最高人民检察院《规则》的规定，讯问犯罪嫌疑人只能由检察人员负责进行，应当查明犯罪嫌疑人的基本情况，依法告知犯罪嫌疑人诉讼权利和义务，以及认罪认罚的法律规定。检察人员在讯问时首先应当讯问犯罪嫌疑人是否有犯罪行为，让其陈述有罪的情节或无罪的辩解，然后根据犯罪嫌疑人的陈述情况和阅卷确定复核证据的重点，向犯罪嫌疑人提出问题让其回答。除对质外，讯问犯罪嫌疑人应当个别进行，并注意做好笔录，交犯罪嫌疑人核对或者向其宣读。经核对无误后逐页签名或者盖章，并捺指印后附卷。犯罪嫌疑人请求自行书写供述的，应当准许，但不得以自行书写的供述代替讯问笔录。犯罪嫌疑人翻供的，应当讯问其原因。犯罪嫌疑人申请排除非法证据的，应当告知其提供相关线索或者材料。犯罪嫌疑人检举揭发他人犯罪的，应当予以记录，并依照有关规定移送有关机关、部门处理。犯罪嫌疑人被羁押的，讯问应当在看守所讯问室进行。

4.听取辩护人或者值班律师、被害人及其诉讼代理人的意见。根据《刑事诉讼法》第34条第2款规定，被告人有权随时委托辩护人。人民检察院自收到移送审查起诉的案件材料之日起3日内，应当告知犯罪嫌疑人有权委托辩护人，并应当告知被害人及其法定代理人或者近亲属有权委托诉讼代理人。听取辩护人或者值班律师、被害人及其诉讼代理人的意见，这是人民检察院审查起诉的必经程序。刑事案件中的被害人是犯罪行为的受害者，对案件情况比较了解，因而听取被害人的意见，既有助于查清案件事实，又有利于对被害人合法权益的保护。而根据最高人民检察院《规则》第259条的规定，办理审查起诉案件，可以询问证人、被害人、鉴定人等诉讼参与人，并制作笔录附卷。询问时，应当告知其诉讼权利和义务。

案例分析 能力训练

在司法实践中，有许多被害人、犯罪嫌疑人缺乏法律知识或受其文化水平限制，不能准确地陈述和回答检察人员的问题，需要委托他人代为诉讼。因此，《刑事诉讼法》规定人民检察院审查案件，应当听取被害人和犯罪嫌疑人、被害人委托的人的意见，这样更有助于检察人员核实证据，查明案件事实。询问被害人和犯罪嫌疑人、被害人委托的人时，应当由检察人员负责进行，询问前还要告知他们应当如实提供证据和陈述，询问时应个别进行，同时记录在案。直接听取辩护人、被害人及其诉讼代理人的意见有困难的，可以通过电话、视频等方式听取意见并记录在案，或者通知辩护人、被害人及其诉讼代理人提出书面意见。无法通知或者在指定期限内未提出意见的，应当记录在案。辩护人或者值班律师、被害人及其诉讼代理人提出书面意见的，人民检察院应当附卷。

5.补充侦查。补充侦查，在提起公诉阶段是指人民检察院对公安机关侦查终结移送起诉的案件，在审查起诉中，发现有事实不清、证据不足或者遗漏了罪行或同案人，需要补充进行有关专门调查等工作的一项诉讼活动。补充侦查的目的在于查清有关事实和证据，以决定是否将犯罪嫌疑人交付人民法院审判。根据《刑事诉讼法》第175条的规定，审查起诉期间的补充侦查有两种形式：一种是由人民检察院退回公安机关的补充侦查。这种形式一般适用于主要犯罪事实不清、证据不足，或者遗漏了重要犯罪事实及应追究刑事责任的同案犯的案件。人民检察院对需要退回补充侦查的案件，应当制作补充侦查提纲，连同案卷材料一并退回公安机关补充侦查。另一种是由人民检察院自行侦查。这种方式一般适用于只有某些次要的犯罪事实、情节不清，证据不足，公安机关侦查活动中有违法情况，在认定事实和证据上与公安机关有较大分歧或者已经退查过但仍未查清的案件。

人民检察院在补充侦查中，对各种证据有疑问的都要进行重新收集或鉴定。比如，人民检察院对鉴定意见有疑问或依照当事人的请求，应当自行对犯罪嫌疑人或被害人进行医学鉴定，必要时可以聘请医学机构或专门鉴定机构有鉴定资格的人员参加。人民检察院对物证、书证、视听资料、勘验、检查笔录存在疑问的，应当要求办案人员提供物证、书证、视听资料、勘验、检查笔录获取、制作的有关情况，必要时应当重新收集和制作，对物证、书证、视听资料可以进行鉴定。对证人证言有疑问的，也应当重新进行询问。

根据《刑事诉讼法》第175条的规定，对于补充侦查的案件，应当在1个月以内补充侦查完毕。补充侦查以两次为限。这一规定是为了防止拖延结案时间，避免对犯罪嫌疑人超期羁押、久押不决的情况，有利于保护犯罪嫌疑人的合法权益，规范侦查机关的侦查行为。

对于在审查起诉期间改变管辖的案件，改变后的人民检察院对于符合《刑事诉讼法》第175条第2款规定的案件，可以经原受理案件的人民检察院协助，直接退回原侦查案件的公安机关补充侦查，也可以自行侦查。改变管辖前后退回补充侦查的次数总共不得超过二次。

退回补充侦查的案件，如果在主要事实或证据上发生了重大变化，侦查机关就应当重新制作起诉意见书；如果只是在个别情节上补充了有关材料，可以书面意见的形式移送人民检察院；如果认为应当撤销案件的，侦查机关应当将撤销案件的决定通知人民检察院。

6.作出决定。一般来说，人民检察院的检察人员审查起诉，应当首先全面阅卷，找出疑点、矛盾后，再有的放矢地讯问犯罪嫌疑人，听取被害人和犯罪嫌疑人、被害人委托人的意见，以解决案卷中存在的问题。如果发现新情况，根据需要作进一步的调查和补充侦查。检察机关对案件经过一系列审查活动，查清全部案件事实以后，应当根据审查的具体情况，作出起诉或者不起诉以及是否需要提起附带民事诉讼、附带民事公益诉讼的决定。

7.监检衔接。根据我国《监察法》和《刑事诉讼法》的规定，对监察机关移送的案件，人民检察院依照《刑事诉讼法》对被调查人员采取强制措施。即，对于监察机关移送起诉的已采取留置措施的案件，人民检察院应当对犯罪嫌疑人先行拘留，留置措施自动解除。人民检察院应当在拘留后的10日以内作出是否逮捕、取保候审或者监视居住的决定。在特殊情况下，决定的时间可以延长1日至4日。人民检察院决定采取强制措施的期间不计入审查起诉期限。人民检察院经审查，认为犯罪事实已经查清，证据确实、充分，依法应当追究刑事责任的，应当作出起诉决定。人民检察院经审查，认为需要补充核实的，应当退回监察机关补充调查，必要时可以自行补充侦查，对于补充调查的案件，应当在1个月内补充调查完毕。补充调查以2次为限。人民检察院决定退回补充调查的案件，犯罪嫌疑人已被采取强制措施的，应当将退回补充调查情况书面通知强制措施执行机关。监察机关需要讯问的，人民检察院应当予以配合。

退回补充调查，是检察机关对监察机关进行监督制约的重要体现和制度措施。需要注意的是，退回补充调查和自行补充侦查，是有先后顺序的，通常情况下，检察机关审查后认为需要补充证据的，应当先退回监察机关进行补充调查；必要时，才由检察机关自行补充侦查。一般而言，检察机关认为监察机关移送的案件定罪量刑的基本犯罪事实已经查清，但具有下列情形之一的，可以自行补充侦查：一是证人证言、犯罪嫌疑人供述和辩解、被害人陈述的内容中主要情节一致，个别情节不一致的。二是书证、物证等证据材料需要补充鉴定的。三是其他由检察机关查证更为便利、更有效率、更有利于查清案件事实的情形。

《监察法》第47条对于人民检察院审查案件后的处理作了规定，即人民检察院经审查，认为犯罪事实已经查清，证据确实、充分，依法应当追究刑事责任的，应当作出起诉决定。人民检察院对已经退回监察机关二次补充调查或者退回公安机关二次补充侦查的案件，在审查起诉中又发现新的犯罪事实，应当将线索移送监察机关或者公安机关。对已经查清的犯罪事实，应当依法提起公诉。人民检察院对有《刑事诉讼法》规定的不起诉的情形的，经上一级人民检察院批准，依法作出不起诉的决定。监察机关认为不起诉的决定有错误的，可以向上一级人民检察院提请复议。

（五）审查起诉的期限

《刑事诉讼法》第172条规定，人民检察院对于监察机关、公安机关移送起诉的案件，应当在1个月内作出决定，重大、复杂的案件，可以延长15日；犯罪嫌疑人认罪认罚，符合速裁程序适用条件的，应当在10日以内作出决定，对可能判处的有期徒刑超过1年的，可以延长至15日。人民检察院审查起诉的案件，改变管辖的，从改变后的人民检察院收到案件之日起计算审查起诉的期限。该条对审查起诉的期限以及改变管辖后审查起诉期限的计算，都作出了明确的规定。这一规定是长期审查起诉经验的总结，是符合准确、及时办案要求的。根据《刑事诉讼法》第175条的规定，对补充侦查的案件，补充侦查完毕移送人民检察院后，人民检察院也要重新计算审查起诉期限。以上规定的审查起诉的期限是针对犯罪嫌疑人被羁押的案件来说的，对犯罪嫌疑人未被羁押的案件，人民检察院不受1个月至1个月15日期限的限制，既可以在1个月至1个月15日内完成，也可以超过这个期限。但是，必须贯彻迅速、及时原则，不得中断对案件的审查。

（六）认罪认罚案件的审查起诉

对于犯罪嫌疑人认罪认罚案件，人民检察院在审查起诉时，还应当做到以下要求：

第一，告知犯罪嫌疑人享有的诉讼权利和认罪认罚的法律规定。这里的“诉讼权利”是指《刑事诉讼法》和其他法律规定的，犯罪嫌疑人在刑事诉讼中享有的程序性的权利，如有权委托辩护人，符合条件的可以向法律援助机构申请提供辩护，约见值班律师为其提供法律咨询、申请变更强制措施、对案件处理提出意见等法律帮助的权利，申请回避的权利等。“认罪认罚的法律规定”是指《刑法》和《刑事诉讼法》有关认罪认罚从宽处理及其他实体性和程序性的规定，如对有关犯罪的刑罚，从轻、减轻、免除处罚，自首和立功等；犯罪嫌疑人如实供述自己的罪行，承认指控的犯罪事实，愿意接受处罚的，可以依法从宽处理；认罪认罚的要签署具结书；适用简易程序或速裁程序等。

第二，明确有关事项必须听取犯罪嫌疑人、辩护人或者值班律师、被害人及其诉讼代理人的意见，并记录在案。为保证认罪认罚案件的自愿性、真实性，法律明确要求以下事项，人民检察院在审查起诉阶段必须听取犯罪嫌疑人、辩护人或者值班律师、被害人及其诉讼代理人的意见，并把有关意见记录在案。具体包括以下四项：一是涉嫌的犯罪事实、罪名及适用的法律规定。二是从轻、减轻或者免除处罚等从宽处罚的建议。三是认罪认罚后案件审理适用的程序。四是其他需要听取意见的事项。这是一个兜底条款，人民检察院在审查案件时候，对于需要听取犯罪嫌疑人、辩护人或者值班律师、被害人及其诉讼代理人的意见的其他情形。人民检察院未采纳辩护人、值班律师意见的，应当说明理由。此外，根据《刑事诉讼法》第173条第3款的规定，人民检察院听取值班律师意见的，应当提前为值班律师了解案件有关情况提供必要的便利。

第三，审查犯罪嫌疑人认罪认罚的自愿性、合法性。人民检察院应当重点审查以下内容：（1）犯罪嫌疑人是否自愿认罪认罚，有无因受到暴力、威胁、引诱而违背意愿认罪认罚；（2）犯罪嫌疑人认罪认罚时的认知能力和精神状态是否正常；（3）犯罪嫌疑人是否理解认罪认罚的性质和可能导致的法律后果；（4）侦查机关是否告知犯罪嫌疑人享有的诉讼权利，如实供述自己罪行可以从宽处理和认罪认罚的法律规定，并听取意见；（5）起诉意见书中是否写明犯罪嫌疑人认罪认罚情况；（6）犯罪嫌疑人是否真诚悔罪，是否向被害人赔礼道歉。经审查，犯罪嫌疑人违背意愿认罪认罚的，人民检察院可以重新开展认罪认罚工作。存在刑讯逼供等非法取证行为的，依照法律规定处理。

第四，犯罪嫌疑人自愿认罪，同意量刑建议和程序适用的，应当在辩护人或者值班律师在场的情况下签署认罪认罚具结书。犯罪嫌疑人认罪认罚，有下列情形之一的，不需要签署认罪认罚具结书：（1）犯罪嫌疑人是盲、聋、哑人，或者是尚未完全丧失辨认或者控制自己行为能力的精神病人的；（2）未成年犯罪嫌疑人的法定代理人、辩护人对未成年人认罪认罚有异议的；（3）其他不需要签署认罪认罚具结书的情形。

上述情形犯罪嫌疑人未签署认罪认罚具结书的，不影响认罪认罚从宽制度的适用。

第五，犯罪嫌疑人认罪认罚的，人民检察院应当就主刑、附加刑、是否适用缓刑等提出量刑建议。人民检察院提出量刑建议前，应当充分听取犯罪嫌疑人、辩护人或者值班律师的意见，尽量协商一致。办理认罪认罚案件，人民检察院一般应当提出确定刑量刑建议。对新类型、不常见犯罪案件，量刑情节复杂的重罪案件等，也可以提出幅度刑量刑建议。提出量刑建议，应当说明理由和依据。办理认罪认罚案件，人民检察院应将犯罪嫌疑人是否与被害方达成和解或者调解协议，或者赔偿被害方损失，取得被害方谅解，或者自愿承担公益损害修复、赔偿责任，作为提出量刑建议的重要考虑因素。犯罪嫌疑人自愿认罪并且愿意积极赔偿损失，但由于被害方赔偿请求明显不合理，未能达成和解或者调解协议的，一般不影响对犯罪嫌疑人从宽处理。对于符合当事人和解程序适用条件的公诉案件，犯罪嫌疑人认罪认罚的，人民检察院应当积极促使当事人自愿达成和解。和解协议书和被害方出具的谅解意见应当随案移送。被害方符合司法救助条件的，人民检察院应当积极协调办理。犯罪嫌疑人认罪认罚，人民检察院拟提出适用缓刑或者判处管制的量刑建议，可以委托犯罪嫌疑人居住地的社区矫正机构进行调查评估，也可以自行调查评估。人民检察院提出量刑建议前，充分听取犯罪嫌疑人、辩护人或者值班律师的意见，尽量协商一致。

2021年12月，最高人民检察院专门印发《人民检察院办理认罪认罚案件开展量刑建议工作的指导意见》，其中明确强调对认罪认罚案件人民检察院应当在全面审查证据、查明事实、准确认定犯罪的基础上提出量刑建议。同时还要坚持以下原则：(1)宽严相济。应当根据犯罪的具体情况，综合考虑从重、从轻、减轻或者免除处罚等各种量刑情节提出量刑建议，做到该宽则宽，当严则严，宽严相济，轻重有度。(2)依法建议。应当根据犯罪的事实、性质、情节和对于社会的危害程度等，依照刑法、刑事诉讼法以及相关司法解释的规定提出量刑建议。(3)客观公正。应当全面收集、审查有罪、无罪、罪轻、罪重、从宽、从严等证据，依法听取犯罪嫌疑人、被告人、辩护人或者值班律师、被害人及其诉讼代理人的意见，客观公正提出量刑建议。(4)罪责刑相适应。提出量刑建议既要体现认罪认罚从宽，又要考虑犯罪嫌疑人、被告人所犯罪行的轻重、应负的刑事责任和社会危险性的大小，确保罚当其罪，避免罪责刑失衡。(5)量刑均衡。涉嫌犯罪的事实、情节基本相同的案件，提出的量刑建议应当保持基本均衡。而人民检察院对认罪认罚案件提出量刑建议，应当符合以下条件：犯罪事实清楚，证据确实、充分；提出量刑建议所依据的法定从重、从轻、减轻或者免除处罚等量刑情节已查清；提出量刑建议所依据的酌定从重、从轻处罚等量刑情节已查清。人民检察院办理认罪认罚案件提出量刑建议，还应当按照有关规定对听取意见情况进行同步录音录像。

第六，犯罪嫌疑人认罪认罚，人民检察院经审查，认为符合速裁程序适用条件的，应当在10日以内作出是否提起公诉的决定；对可能判处的有期徒刑超过1年的，可以在15日以内作出是否提起公诉的决定。犯罪嫌疑人认罪认罚，人民检察院依照《刑事诉讼法》第177条第2款作出不起诉决定后，犯罪嫌疑人反悔的，人民检察院应当进行审查，并区分下列情形依法作出处理：(1)发现犯罪嫌疑人没有犯罪事实，或者符合《刑事诉讼法》第16条规定的情形之一的，应当撤销原不起诉决定，依照《刑事诉讼法》第177条第1款的规定重新作出不起诉决定；(2)犯罪嫌疑人犯罪情节轻微，依照刑法不需要判处刑罚或者免除刑罚的，可以维持原不起诉决定；(3)排除认罪认罚因素后，符合起诉条件的，应当根据案件具体情况撤销原不起诉决定，依法提起公诉。

二、提起公诉

《刑事诉讼法》第176条规定，人民检察院认为犯罪嫌疑人的犯罪事实已经查清，证据确实、充分，依法应当追究刑事责任的，应当作出起诉决定，按照审判管辖的规定，向人民法院提起公诉，并将案卷材料、证据移送人民法院。犯罪嫌疑人认罪认罚的，人民检察院应当就主刑、附加刑、是否适用缓刑等提出量刑建议，并随案移送认罪认罚具结书等材料。这一规定包含以下内容：

(一)提起公诉应向同级人民法院提出

人民检察院决定起诉的时候，应当依法按照审判管辖的规定，向同级人民法院提出，不允许越级起诉。如果人民检察院受理不属于同级人民法院管辖的案件，应当分别情况报送相应的上级或者移送相应的下级人民检察院，由它向其同级人民法院提起公诉。例如，县(市、区)人民检察院受理的属于中级人民法院管辖的案件，应当报送地市级人民检察院审查决定后，由它向其同级的中级人民法院提起公诉；反之，地市级人民检察院受理的属于县级人民法院管辖的案件，应移送县(市、区)人民检察院，由它向其同级的县级人民法院提起公诉。

(二)提起公诉的条件

根据《刑事诉讼法》第176条的规定，人民检察院提起公诉时，必须具备以下条件：

1.犯罪嫌疑人的犯罪事实已经查清。犯罪事实是对犯罪嫌疑人正确定罪和处刑的基础，只有查清犯罪事实，才能正确定罪量刑。因此，人民检察院提起公诉，必须首先查清犯罪嫌疑人的犯罪事实。这里的“犯罪事实”，是指影响定罪量刑的犯罪事实，包括：(1)确定犯罪嫌疑人实施的行为是犯罪，而不是一般违法行为的事实；(2)确定犯罪嫌疑人是否负刑事责任或者免除刑事责任的事实，如犯罪嫌疑人的主观状态(包括故意、过失、动机和目的)，犯罪嫌疑人的年龄、精神状态等；(3)确定对犯罪嫌疑人应当从轻、减轻或者从重处罚的事实。查清上述各项事实就符合犯罪嫌疑人的犯罪事实已经查清的条件。

实践中，从具体案件来说，具有下列情形之一的，就可以确认犯罪事实已经查清：(1)属于单一罪行的案件，与定罪量刑有关的事实已经查清，不影响定罪量刑的事实无法查清的；(2)属于数个罪行的案件，部分罪行已经查清并符合起诉条件，其他罪行无法查清的；(3)无法查清作案工具、赃物去向，但有其他证据足以对被告人定罪量刑的；(4)言词证据中主要情节一致，只有个别情节不一致且不影响定罪的。对于符合上述第(2)种情况的，应当以已经查清的罪行起诉。因此，对那些并不影响定罪量刑的事实，则没有必要查清，司法实践中查清案件的一切事实后才提起公诉的做法是不可取的。

2.证据确实、充分。证据是认定犯罪事实的客观依据。因此，人民检察院指控犯罪嫌疑人实施的犯罪行为，必须要有确实、充分的证据。证据确实，是对证据质的要求，是指用以证明犯罪事实的每一证据必须是客观真实存在的事实，同时又与犯罪事实有内在的联系，能够证明案件的事实真相。证据充分，是对证据量的要求，只要一定数量的证据足够证明犯罪事实，就达到了证据充分性的要求。

证据确实与充分是相互联系、不可分割的两个方面，证据确实必须以证据充分为条件，如果证据不充分，证据确实也无法达到；反之，如果证据不确实，而证据再充分，也不能证明案件真实。因此，证据确实、充分是提起公诉的一个必要条件。

3.依法应当追究刑事责任。依照法律规定，犯罪嫌疑人实施了某种犯罪，并非一定要负刑事责任。根据《刑法》《刑事诉讼法》的有关规定，有些犯罪行为法定为不予追究刑事责任的情形。因此，决定对犯罪嫌疑人提起公诉，还必须排除法定不予追究刑事责任的情形。依法应当追究犯罪嫌疑人的刑事责任，就成为对其提起公诉的又一必要条件。

需要注意的是，在审查起诉阶段，如果检察机关发现公安机关移送起诉的案件属于监察机关管辖，或者监察机关移送起诉的案件属于公安机关管辖，但案件事实清楚，证据确实、充分，符合起诉条件的，经征求监察机关、公安机关意见后，没有不同意见的，可以直接起诉；提出不同意见，或者事实不清、证据不足的，应当将案件退回移送案件的机关并说明理由，建议其移送有管辖权的机关办理。

总之，对犯罪嫌疑人决定提起公诉，必须同时具备上述三项条件，缺少上述三项条件中的任何一项，都不能对犯罪嫌疑人提起公诉。

(三)起诉书的制作和移送

起诉书，是人民检察院依照法定的诉讼程序代表国家对被告人向人民法院提起诉讼的文书。这种文书是检察机关以国家公诉人的名义制作的，因而通常又称为公诉书。起诉书是人民检察院重要的司法文书，它具有揭露犯罪、证实犯罪的功效，是将被告人交付人民法院审判的书面凭证，是人民法院对被告人得以行使审判权的法律依据，也是宣传法制、教育群众的生动教材。因此，它的制作无疑是一项十分严肃的工作。根据《刑事诉讼法》和最高人民检察院的相关规定，起诉书由下列部分组成：

1.首部。

(1)标题。主要写明“×人民检察院起诉书”字样。其右下方注明案号：(年度)×检×字第×号。

(2)被告人的基本情况。主要写明被告人的姓名、性别、年龄、籍贯、身份证号码、民族、文化程度、职业、住址、主要简历(包括有无前科)、何时被拘留、逮捕、在押被告人的关押处所等。共同犯罪的案件，应当逐个写明被告人的上述情况。

(3)案由和案件来源。这部分是说明人民检察院对案件所认定的罪名和案件从何处来的。采用何种方式表述，可根据具体情况决定，但必须将“案由”、“案件来源”和“查明的犯罪事实”这三个项目交代清楚。

2.犯罪事实和证据。犯罪事实和证据是起诉书的主要部分。起诉书要写明被告人的罪名、罪状、罪证以及认罪态度。在记叙被告人的犯罪事实时，一定要写明犯罪的时间、地点、经过、手段、动机、目的、危害后果七大要素。起诉书所写的内容是经过人民检察院严格审查和核实后所认定的，而不是公安机关起诉意见书所写内容的复述、照搬，也不是它的缩写或改写。因此，起诉书的犯罪事实和证据部分与起诉意见书相比有自己的特点：(1)在审核事实上，起诉书严于起诉意见书。起诉书产生于起诉意见书之后，是人民检察院代表国家作出的正式文书。起诉书所认定的事实是人民检察院严格审查、核实之后作出的结论。因此，起诉书不仅是人民法院审判被告人的依据，而且也是被告人及其辩护人在法庭审理中进行辩护的依据。(2)在记叙事实上，起诉书简于起诉意见书。起诉意见书在记叙犯罪事实时，一般涉及面较宽，只要无碍于记叙主罪，就无可非议。因为它是提请审查是否起诉的意见，事实摆得详尽些，便于审查决定；而起诉书则要求突出主要犯罪事实，要求明晰而简略地列出犯罪事实。(3)在排列事实上，起诉书要有严密的逻辑性和很强的说明力。一般有四种排列方法：一是按犯罪时间先后顺序交代犯罪事实。这样叙述较清楚，也能说明其犯罪的连续性。二是按突出主罪的方法排列。这适用于一人犯数罪的起诉，先叙述主罪，突出重点，再叙述次罪，主次分明。三是按综合归纳方法排列。这适用于被告人作案次数较多，而罪名、情节又大致相同的案件。四是在记叙犯罪事实时，一般可采用罪、证分述，使罪、证分明，一目了然。但在一定条件下，也可以罪、证合并记叙。

3.结论。这部分即起诉的理由和法律根据，是人民检察院对被告人犯罪事实的分析、认定，直接反映对被告人所犯罪行追究法律责任的具体意见，因而十分重要。其具体内容主要包括：被告人触犯的刑法条款、犯罪的性质、对社会危害性大小；有从重、从轻或减轻的情节，还应根据被告人认罪态度及其他原因，说明从宽或从严处罚的理由；共同犯罪各被告人应负的罪责；在公诉案件中，如果被告人的罪行给被害人造成了物质损失，有附带民事诉讼情况的，也应写明。

这部分结束时，还应写明：此致，×××人民法院。并由检察长(员)署名，注明具文的时间，加盖公章。

4.附项。这部分应写明：被告人的住址或羁押处所；证据目录、主要证据复印件或者照片；证人名单及其住址或单位地址；鉴定人的住址或单位地址；随案移送案卷的册数、页数；随卷移送的赃物、证物。

人民检察院在制作起诉书时，如果被告人真实姓名、住址无法查清的，应当按其绰号或者自报的姓名、自报的年龄制作起诉书，并在起诉书中注明。如果被告人自报的姓名可能造成损害他人名誉、败坏道德风俗等不良影响的，可以对被告人编号并按编号制作起诉书，在起诉书中附具被告人的照片。

人民检察院提起公诉的案件，应当向人民法院移送起诉书、案卷材料、证据和认罪认罚具结书等材料。人民检察院对于犯罪嫌疑人、被告人或者证人等翻供、翻证的材料以及对犯罪嫌疑人、被告人有利的其他证据材料，应当移送人民法院。人民检察院提起公诉的案件，可以向人民法院提出量刑建议。除有减轻处罚或者免除处罚情节外，量刑建议应当在法定量刑幅度内提出。建议判处有期徒刑、管制、拘役的，可以具有一定的幅度，也可以提出具体确定的建议。提出量刑建议的，可以制作量刑建议书，与起诉书一并移送人民法院。量刑建议书的主要内容应当包括被告人所犯罪行的法定刑、量刑情节、建议人民法院对被告人判处刑罚的种类、刑罚幅度、可以适用的刑罚执行方式以及提出量刑建议的依据和理由等。

三、不起诉

(一)不起诉的概念

不起诉，是指人民检察院对公安机关侦查终结移送起诉的案件，经过审查后，认为犯罪嫌疑人没有犯罪事实或者具有《刑事诉讼法》第16条规定的不追究刑事责任的情形，或者犯罪嫌疑人犯罪情节轻微依法不需要判处刑罚或免除刑罚，或者经两次补充侦查尚未达到起诉条件，而作出的不将案件移送人民法院进行审判的决定。不起诉是人民检察院审查案件的结果之一，具有终止诉讼的法律效力。

（二）不起诉的种类

根据《刑事诉讼法》第175条、第177条、第282条的规定，不起诉包括法定不起诉、酌定不起诉、存疑不起诉和附条件不起诉。此外，《刑事诉讼法》第182条规定，对符合特殊条件的犯罪嫌疑人可以撤销案件、不起诉或者部分不起诉。

1.法定不起诉，又称绝对不起诉或应当不起诉。法定不起诉，是指犯罪嫌疑人没有犯罪事实或者具有《刑事诉讼法》第16条规定的不追究刑事责任情形之一的，人民检察院应当作出的不起诉决定。法定不起诉是法律规定的应当不起诉，《刑事诉讼法》第177条第1款规定，犯罪嫌疑人没有犯罪事实，或有本法第16条规定的情形之一的，人民检察院应当作出不起诉决定。这里规定的“应当作出不起诉决定”，是指人民检察院遇到犯罪嫌疑人没有犯罪事实或者《刑事诉讼法》第16条规定的情形之一时，只能依法作出不起诉决定，没有自由裁量的余地。根据《刑事诉讼法》的规定，法定不起诉有以下七种情形：

（1）犯罪嫌疑人没有犯罪事实；

（2）犯罪嫌疑人实施的行为情节显著轻微，危害不大，不认为是犯罪的；

（3）犯罪嫌疑人的犯罪已过追诉时效期限的；

（4）犯罪嫌疑人的犯罪经特赦令免除刑罚的；

（5）依照刑法告诉才处理的犯罪，没有告诉或者撤回告诉的；

（6）犯罪嫌疑人、被告人死亡的；

（7）其他法律规定免予刑事责任的。

以上七种情形，有的没有犯罪事实，有的不认为是犯罪，有的是不应追究刑事责任或无法追究刑事责任，都不具备起诉的法定条件。因此，人民检察院在审查起诉中，对于具有上述七种情形之一的，经检察长批准，都应当作出不起诉决定，这是法定不起诉不同于酌定不起诉的重要特征。

2.酌定不起诉，又称相对不起诉。酌定不起诉，是指人民检察院认为犯罪嫌疑人的犯罪情节轻微，依照刑法规定不需要判处刑罚或者免除刑罚的案件，可以作出的不起诉决定。

《刑事诉讼法》第177条第2款规定，对于犯罪情节轻微，依照刑法规定不需要判处刑罚或者免除刑罚的，人民检察院可以作出不起诉决定。根据这一规定，酌定不起诉必须同时具备两个条件：一是犯罪嫌疑人实施的行为触犯了刑律，符合犯罪构成的要件，已经构成犯罪。二是犯罪行为情节轻微，依照刑法规定不需要判处刑罚或者免除刑罚。《刑法》第37条规定，对于犯罪情节轻微不需要判处刑罚的，可以免予刑事处罚，但是可以根据案件的不同情况，予以训诫或责令具结悔过、赔礼道歉、赔偿损失，或者由主管部门予以行政处罚或者行政处分。这是刑法规定的不需要判处刑罚的情形。依照刑法规定免除刑罚的情形主要是指：

（1）犯罪嫌疑人在中华人民共和国领域外犯罪，依照我国《刑法》规定应当负刑事责任，但在外国已经受过刑事处罚的；

（2）犯罪嫌疑人又聋又哑，或者是盲人犯罪的；

（3）犯罪嫌疑人因防卫过当或紧急避险超过必要限度，并造成不应有危害而犯罪的；

（4）为犯罪准备工具，制造条件的；

（5）在犯罪过程中自动中止或自动有效地防止犯罪结果发生的；

（6）在共同犯罪中，起次要或辅助作用的；

（7）被胁迫、被诱骗参加犯罪的；

（8）犯罪嫌疑人自首或者在自首后有立功表现的。

在司法实践中，人民检察院在确认犯罪嫌疑人具有上述情形之一时，还必须在其犯罪情节轻微的前提条件下才可以作出不起诉决定。人民检察院要根据犯罪嫌疑人的年龄、犯罪动机和目的、手段、危害后果等情节以及一贯表现进行综合考虑，在确实认为作出不起诉的决定更为有利时，才可以作出不起诉决定。

3.存疑不起诉，又称证据不足的不起诉。存疑不起诉，是指人民检察院对于经过补充侦查的案件，仍然认为证据不足，不符合起诉条件的，经检察长批准，可依法作出不起诉决定。《刑事诉讼法》第175条第4款规定，对于补充侦查的案件，人民检察院仍然认为证据不足，不符合起诉条件的，应当作出不起诉的决定。而根据《刑事诉讼法》第175条规定的精神，补充侦查的案件应在1个月内补充侦查完毕，补充侦查以两次为限。因此，经过两次补充侦查，对于事实仍未查清、证据不足的案件，人民检察院应当作出不起诉的决定。案件经过两次补充侦查，具有下列情形之一，不能确定犯罪嫌疑人构成犯罪和需要追究刑事责任的，属于证据不足，不符合起诉条件：

（1）犯罪构成要件事实缺乏必要的证据予以证明的；

（2）据以定罪的证据存在疑问，无法查证属实的；

（3）据以定罪的证据之间、证据与案件事实之间的矛盾不能合理排除的；

（4）根据证据得出的结论具有其他可能性，不能排除合理怀疑的；

（5）根据证据认定案件事实不符合逻辑和经验法则，得出的结论明显不符合常理的。

人民检察院根据上述情形作出不起诉决定后，如果发现了新的证据，证明案件符合起诉条件时，可以撤销不起诉决定，提起公诉。

对于存疑不起诉应当注意的是，人民检察院应当严格执行有关存疑不起诉的规定，杜绝久侦不决、久押不放的现象，更好地保护公民的合法权益。

4.附条件不起诉。根据《刑事诉讼法》第282条的规定，附条件不起诉是指检察机关在审查起诉时，对于未成年人涉嫌刑法分则第四章、第五章、第六章规定的侵犯人身权利、民主权利、侵犯财产、妨害社会管理秩序犯罪，可能判处1年有期徒刑以下刑罚，符合起诉条件，但有悔罪表现的，人民检察院可以作出附条件不起诉的决定。在附条件不起诉的考验期内，由人民检察院对被附条件不起诉的未成年犯罪嫌疑人进行监督考察。未成年犯罪嫌疑人的监护人，应当对犯罪嫌疑人加强管教，配合人民检察院做好监督考察工作。附条件不起诉的考验期为6个月以上1年以下，从人民检察院作出附条件不起诉的决定之日起计算。被附条件不起诉的未成年犯罪嫌疑人，应当遵守下列规定：（1）遵守法律、行政法规，服从监督；（2）按照考察机关的规定报告自己的活动情况；（3）离开所居住的市、县或者迁居，应当报经考察机关批准；（4）按照考察机关的要求接受矫治和教育。

对附条件不起诉的决定，公安机关要求复议、提起复核或者被害人申诉的，适用《刑事诉讼法》第179条、第180条的规定。未成年犯罪嫌疑人及其法定代理人对人民检察院决定附条件不起诉有异议的，人民检察院应当作出起诉的决定。

被附条件不起诉的未成年犯罪嫌疑人，在考验期内发现有下列情形之一的，人民检察院应当撤销附条件不起诉的决定，提起公诉：（1）实施新的犯罪或者发现决定附条件不起诉以前还有其他犯罪需要追诉的；（2）违反治安管理规定或者考察机关有关附条件不起诉的监督管理规定，情节严重的。被附条件不起诉的未成年犯罪嫌疑人，在考验期内没有上述情形，考验期满的，人民检察院应当作出不起诉的决定。

5.犯罪嫌疑人符合特殊条件的，公安机关可以撤销案件，人民检察院可以不起诉或者部分不起诉。根据《刑事诉讼法》第182条的规定，具体而言，需满足以下几个条件：

一是犯罪嫌疑人自愿如实供述涉嫌犯罪的事实。这里的"犯罪嫌疑人"，是指在侦查、审查起诉阶段，被认为涉嫌犯罪，并被公安机关以及人民检察院立案侦查和审查起诉的人。需要注意的是，根据《监察法》和《刑事诉讼法》的规定，人民检察院直接立案侦查的案件范围发生了变化。因此，由监察机关负责的涉嫌职务犯罪的人在被调查阶段和由人民检察院自行立案侦查的犯罪嫌疑人在被侦查阶段，不适用本条的规定。但是，当监察机关将负责调查的案件移送人民检察院依法审查起诉，以及人民检察院自行立案侦查的案件进入审查起诉阶段的，可以对符合条件的犯罪嫌疑人适用本条的规定。

二是犯罪嫌疑人要有重大立功或者案件涉及国家重大利益的情形。这里的“重大立功”，是指犯罪嫌疑人有检举、揭发司法机关尚未掌握或者尚未完全掌握的其他犯罪嫌疑人的重大犯罪行为，提供侦破其他重大案件的重要线索，阻止他人重大犯罪活动，协助司法机关抓捕其他重大犯罪嫌疑人等。一般情况下，构成“重大犯罪”“重大案件”“重大犯罪嫌疑人”的，是指被检举揭发的犯罪嫌疑人、被告人可能被判处无期徒刑以上刑罚或者案件在省、自治区、直辖市或者全国范围内有较大影响等。这里的“案件涉及国家重大利益”，是指人民法院对案件的审理以及对犯罪嫌疑人的宣判和惩处，将会直接或间接地影响国家政治、外交、国防、科技、经济等领域特别重大的利益。

三是需经最高人民检察院核准。在符合本款规定的特殊情形下，无论是公安机关撤销案件还是人民检察院作出不起诉决定或者部分不起诉的决定，都需要经过最高人民检察院核准。

（三）不起诉的程序

同起诉决定一样，人民检察院对犯罪嫌疑人作出的不起诉决定，也是对案件处理的一种结果，因而是一项十分严肃的工作。不起诉决定一经作出，即具有法律效力。为了保证人民检察院不起诉决定的质量，及时发现和纠正可能发生的差错，《刑事诉讼法》第177～181条规定了不起诉的具体程序，其具体内容如下：

1.制作不起诉决定书。凡是不起诉的案件，人民检察院都应当制作《不起诉决定书》，这是人民检察院代表国家依法确认不追究犯罪嫌疑人刑事责任的决定性法律文书，具有法律效力。不起诉决定书应当包括以下主要内容：(1)不起诉决定书的名称、编号；(2)犯罪嫌疑人的基本情况，包括犯罪嫌疑人的姓名、出生年月日、出生地、民族、文化程度、职业、住址、身份证号码，是否受过刑事处罚，拘留、逮捕的年月日等；(3)案由和案件来源；(4)案件事实，包括否定或者指控犯罪嫌疑人构成犯罪的事实以及其他作为不起诉决定根据的事实；(5)不起诉的理由和法律根据，写明作出不起诉决定适用的刑事诉讼法条款；(6)检察长署名，制作日期和加盖院印；(7)附注事项。

2.不起诉决定书的宣布和送达。依照《刑事诉讼法》的规定，不起诉的决定书应当公开宣布，同时应当将不起诉决定书分别送达下列机关和人员：(1)被不起诉人和他的所在单位。如果被不起诉人在押的，应当立即释放。(2)对于公安机关移送起诉的案件，应当将不起诉决定书送达公安机关。(3)对于有被害人的案件，应当将不起诉决定书送达被害人。

根据《关于依法妥善办理轻伤害案件的指导意见》第15条规定，人民检察院宣布不起诉决定，一般应当在人民检察院的宣告室等场所进行。根据案件的具体情况，也可以到当事人所在村、社区、单位等场所宣布，并邀请社区、单位有关人员参加。宣布不起诉决定时，应当就案件事实、法律责任、不起诉依据、理由等释法说理。对于犯罪嫌疑人系未成年人的刑事案件，应当以不公开方式宣布不起诉决定，并结合案件具体情况对未成年犯罪嫌疑人予以训诫和教育。

3.解除查封、扣押、冻结。侦查中对犯罪嫌疑人的财物采取查封、扣押、冻结是一种强制侦查措施，其目的在于防止犯罪嫌疑人转移财物，保证判决的执行。人民检察院对案件作出不起诉决定后，就终止了刑事诉讼，应当同时对侦查中查封、扣押、冻结的财物解除查封、扣押、冻结。对于公安机关作出的查封、扣押、冻结，人民检察院应当在作出不起诉决定的同时书面通知作出查封、扣押、冻结决定的机关或者执行查封、扣押、冻结决定的机关解除查封、扣押、冻结。

4.移送有关主管机关处理。根据《刑事诉讼法》第177条第3款的规定，人民检察院决定不起诉的案件，对被不起诉人需要给予行政处罚、处分或者需要没收其违法所得的，人民检察院应当提出检察意见，连同不起诉决定书一并移送有关主管机关处理。有关主管机关应当将处理结果及时通知人民检察院。此外，根据最高人民检察院《规则》第373条第1款的规定，人民检察院决定不起诉的案件，也可以根据案件的不同情况，直接对被不起诉人予以训诫或者责令具结悔过、赔礼道歉、赔偿损失。

根据《关于依法妥善办理轻伤害案件的指导意见》第18条规定，人民检察院决定不起诉的轻伤害案件，可以根据案件的不同情况，对被不起诉人予以训诫或者责令具结悔过、赔礼道歉、赔偿损失。被不起诉人在不起诉前已被刑事拘留、逮捕的，或者当事人双方已经和解并承担了民事赔偿责任的，人民检察院作出不起诉决定后，一般不再提出行政拘留的检察意见。

5.对公安机关、监察机关的意见进行复议、复核。根据《刑事诉讼法》第179条以及最高人民检察院《规则》的相关规定，对于公安机关移送起诉的案件，人民检察院决定不起诉的，应当将不起诉决定书送达公安机关。公安机关认为不起诉决定有错误的时候，可以要求复议，人民检察院负责捕诉的部门应当另行指派检察官或者检察官办案组进行审查，并在收到要求复议意见书后30日以内，经检察长批准，作出复议决定，通知公安机关。如果公安机关认为复议决定有错误的，还可以向上一级人民检察院申请复核，上一级人民检察院应当在收到提请复核意见书后30日以内，经检察长批准，作出复核决定，通知提请复核的公安机关和下级人民检察院。经复核认为下级人民检察院不起诉决定错误的，应当指令下级人民检察院纠正，或者撤销、变更下级人民检察院作出的不起诉决定。

监察机关认为不起诉的决定有错误，向上一级人民检察院提请复议的，上一级人民检察院应当在收到提请复议意见书后30日以内，经检察长批准，作出复议决定，通知监察机关。

6.对被害人、被不起诉人的申诉进行复查。根据《刑事诉讼法》第180条和第181条的规定，对于有被害人的案件，决定不起诉的，人民检察院应当将不起诉决定书送达被害人。被害人如果不服，可以自收到决定书后7日以内向上一级人民检察院申诉，请求提起公诉。人民检察院应当将复查决定告知被害人。对于人民检察院依照《刑事诉讼法》第177条第2款规定作出的不起诉决定，被不起诉人如果不服，可以自收到决定书后7日以内向人民检察院申诉。人民检察院应当作出复查决定，通知被不起诉的人，同时抄送公安机关。被害人在收到不起诉决定书7日以内提出申诉的，由作出不起诉决定的人民检察院的上一级人民检察院负责捕诉的部门进行复查。被害人向作出不起诉决定的人民检察院提出申诉的，作出决定的人民检察院应当将申诉材料连同案卷一并报送上一级人民检察院。上一级人民检察院作出的复查决定，应当送达被害人和作出不起诉决定的下级人民检察院。如果上一级人民检察院经复查作出起诉决定的，应当撤销下级人民检察院的不起诉决定，交由下级人民检察院提起公诉。并将复查决定抄送移送起诉的监察机关或公安机关。被害人在收到不起诉决定书7日以后向人民检察院提出申诉的，由人民检察院的控告申诉检察部门受理。经审查，认为不起诉决定正确的，出具审查结论直接答复申诉人，并做好释法说理工作；认为不起诉决定可能存在错误的，移送负责捕诉的部门进行复查。人民检察院应当将复查决定书送达被害人、被不起诉人和作出不起诉决定的人民检察院。上级人民检察院经复查作出起诉决定的，应当撤销下级人民检察院的不起诉决定，交由下级人民检察院提起公诉，并将复查决定抄送移送起诉的监察机关或者公安机关。

对于人民检察院依照《刑事诉讼法》第177条第2款规定作出的不起诉决定，被不起诉人不服，在收到不起诉决定书后7日以内提出申诉的，应当由作出决定的人民检察院负责捕诉的部门进行复查；被不起诉人在收到不起诉决定书7日以后提出申诉的，由负责控告申诉检察的部门进行审查。经审查，认为不起诉决定正确的，出具审查结论直接答复申诉人，并做好释法说理工作；认为不起诉决定可能存在错误的，移送负责捕诉的部门复查。人民检察院应当将复查决定书送达被不起诉人、被害人。复查后，撤销不起诉决定，变更不起诉的事实或者法律依据的，应当同时将复查决定书抄送移送起诉的监察机关或者公安机关。

人民检察院复查不服不起诉决定的申诉，应当在立案后3个月以内报经检察长批准作出复查决定。案情复杂的，不得超过6个月。人民检察院发现不起诉决定确有错误，符合起诉条件的，应当撤销不起诉决定，提起公诉。最高人民检察院对地方各级人民检察院的起诉、不起诉决定，上级人民检察院对下级人民检察院的起诉、不起诉决定，发现确有错误的，应当予以撤销或者指令下级人民检察院纠正。

此外，《刑事诉讼法》第180条还规定，对人民检察院维持不起诉决定的，被害人可以向人民法院起诉。被害人也可以不经申诉，直接向人民法院起诉。人民法院受理案件后，人民检察院应当将有关案件材料移送人民法院。根据这一规定，人民检察院接到人民法院受理被害人起诉的通知后，人民检察院应当终止复查，将诉讼文书和有关的证据材料移送人民法院。法律的这一规定既体现了对被害人合法权益的充分保护，同时也完善了对人民检察院不起诉决定的制约。不起诉决定同样是人民检察院对案件的处理结果，一旦作出，就具有法律约束力，因此保证它的正确性、合法性至关重要。如果人民检察院的不起诉决定缺乏一种有效的制约方式，就难以保证错误的不起诉决定得到及时纠正，从而不利于保护被害人的合法权益。人民检察院的不起诉决定受到人民法院的制约，这样就能够使不正确的不起诉决定通过人民法院的判决予以纠正。

需要注意的是，人民检察院办理未成年人刑事案件，在作出附条件不起诉的决定以及考验期满作出不起诉的决定以前，应当听取被害人的意见。被害人对人民检察院对未成年犯罪嫌疑人作出的附条件不起诉的决定和不起诉的决定，可以向上一级人民检察院申诉，不适用《刑事诉讼法》第180条关于被害人可以向人民法院起诉的规定。

案例分析 能力训练

第三节 提起自诉的程序

一、自诉案件的范围

根据我国《刑事诉讼法》第210条的规定和有关司法解释，自诉案件范围有以下几类：

（一）告诉才处理的案件

所谓告诉才处理的案件，是指由被害人及其法定代理人、近亲属等提起诉讼，人民法院才予以受理的案件。告诉才处理的刑事案件具体包括以下四种：

1.《刑法》第246条规定的侮辱、诽谤案，但是严重危害社会秩序和国家利益的除外。

2.《刑法》第257条第1款规定的暴力干涉婚姻自由案。

3.《刑法》第260条第1款规定的虐待案，但被害人没有能力告诉或因受到强制、威吓无法告诉的除外。

4.《刑法》第270条规定的侵占案。

（二）被害人有证据证明的轻微刑事案件

所谓轻微刑事案件，是指犯罪事实、情节较为轻微，可能判处3年以下有期徒刑以及拘役、管制等较轻刑罚的案件。应当注意的是，这类案件强调被害人的举证责任，自诉能否成立在一定程度上取决于被害人等有无证据或者证据是否充分，如果被害人等没有证据，人民法院将不予受理。如果被害人等提出的证据不充分，不足以支持其起诉主张的，人民法院将裁定驳回自诉。被害人有证据证明的轻微刑事案件具体包括以下八种：

1.《刑法》第234条第1款规定的故意伤害案。通常这类案件被称为轻伤案。

2.《刑法》第245条规定的非法侵入住宅案。

3.《刑法》第252条规定的侵犯通信自由案。

4.《刑法》第258条规定的重婚案。

5.《刑法》第261条规定的遗弃案。

6.《刑法》分则第三章第一节规定的生产、销售伪劣商品案，但是严重危害社会秩序和国家利益的除外。

7.《刑法》分则第三章第七节规定的侵犯知识产权案，但是严重危害社会秩序和国家利益的除外。

8.属于《刑法》分则第四章、第五章规定的，可能判处3年有期徒刑以下刑罚的案件。

以上八种案件，被害人直接向人民法院起诉的，人民法院应当依法受理。对于其中证据不足、可由公安机关受理的，或者认为对被告人可能判处3年有期徒刑以上刑事处罚的，应当移送公安机关立案侦查。被害人向公安机关控告的，公安机关应当受理。

伪证罪、拒不执行判决裁定罪由公安机关立案侦查。

（三）被害人有证据证明对被告人侵犯自己人身、财产权利的行为应当依法追究刑事责任，而公安机关或者人民检察院不予追究被告人刑事责任的案件

依据有关司法解释，所谓公安机关或者人民检察院不予追究被告人刑事责任的案件，是指公安机关或人民检察院已作出不予追究的书面决定的案件，即公安机关、人民检察院已经作出不立案、撤销案件、不起诉等书面决定。

与公诉案件相比，自诉案件有以下特点：

1.从犯罪客体来看，主要是侵犯公民个人权益方面的犯罪，比如侵犯公民的人身权利、财产权利、名誉权、婚姻自主权等。

2.从起诉对象来看，自诉案件多数是性质不太严重、给社会造成的危害相对于公诉案件较小的案件。国家将追诉犯罪的权利交给被害人等自己行使，不但不会危害国家利益、集体利益和社会利益，而且可以节省人力、物力、财力，可以使国家侦查机关和提起公诉的机关集中力量打击较为严重的刑事犯罪，将有限的司法资源进行更为合理的分配。

3.从诉讼程序来看，被害人及其法定代理人等有能力依靠自己的力量承担诉讼。自诉案件一般有明确的被告人，案情比较清楚，情节相对简单，无须专门的取证手段和侦查措施，被害人及其法定代理人有能力自行提起诉讼和支持诉讼。如果案情复杂需要专门的侦查手段，被害人及其法定代理人没有能力查清案情或者收集证据、提供证据的，不宜作为刑事自诉案件。

二、提起自诉的条件

依据自诉案件的特征和法律的有关规定，自诉案件提起诉讼的条件有以下几点：

（一）有适格的自诉人

在法律规定的自诉案件范围内，遭受犯罪行为直接侵害的被害人有权向人民法院提起自诉。被害人死亡、丧失行为能力或者因受强制威吓等原因无法告诉，或者是限制行为能力以及由于年老、患病、盲、聋、哑等原因不能亲自告诉的，被害人的法定代理人、近亲属有权向人民法院起诉。

（二）有明确的被告人和具体的诉讼请求

自诉案件的刑事诉讼程序由于自诉人的起诉而引起，对于自诉案件，公安机关和人民检察院均不介入，因此没有公安机关的侦查和人民检察院的审查起诉。自诉人起诉时应明确提出控诉的对象，如果不能提出明确的被告人或者被告人下落不明的，自诉案件不能成立。自诉人起诉时还应提出具体的起诉请求，包括指明控诉的罪名和要求人民法院追究被告人何种刑事责任。如果提起刑事自诉附带民事诉讼，还应提出具体的赔偿请求。

（三）属于自诉案件范围

自诉案件范围，就是属于《刑事诉讼法》第210条规定的告诉才处理的案件；被害人有证据证明的轻微刑事案件；被害人有证据证明对被告人侵犯自己人身权利、财产权利的行为应当依法追究刑事责任，而公安机关或者人民检察院不予追究被告人刑事责任等三类案件。

（四）被害人有证据证明

被害人提起刑事自诉必须有能够证明被告人犯有被指控的犯罪事实的证据。

（五）属于受诉人民法院管辖

自诉人应当依据刑事诉讼法关于级别管辖和地区管辖的规定，向有管辖权的人民法院提起自诉。

三、提起自诉的程序

自诉人应当向人民法院提交刑事自诉状。提起附带民事诉讼的，还应当提交刑事附带民事自诉状。自诉人书写自诉状确有困难的，可

以口头告诉，由人民法院工作人员作出告诉笔录，向自诉人宣读，自诉人确认无误后，应当签名或者盖章。

自诉状或者告诉笔录应当包括以下内容：

（1）自诉人、被告人、代为告诉人的姓名、性别、年龄、民族、出生地、文化程度、职业、工作单位、住址。（2）被告人犯罪行为的时间、地点、手段、情节和危害后果等。（3）具体的诉讼请求。（4）致送人民法院的名称及具状时间。（5）证人的姓名、住址及其他证据的名称、来源等。如果被告人是2人以上的，自诉人在自诉时需按照被告人的人数提供自诉状副本。

【本章主要法律规定】

1.《刑事诉讼法》第169～182条，第210、214、215条，第282～284条

2.最高人民法院、最高人民检察院、公安部、国家安全部、司法部、全国人大常委会法制工作委员会《关于实施刑事诉讼法若干问题的规定》第23、24条

3.《人民检察院刑事诉讼规则》第328～389条，第430、431条

4.最高人民法院《关于适用〈中华人民共和国刑事诉讼法〉的解释》第1条、第316～319条

5.最高人民法院、最高人民检察院、公安部、国家安全部、司法部《关于适用认罪认罚从宽制度的指导意见》第26～34条

6.《人民检察院办理认罪认罚案件开展量刑建议工作的指导意见》

第十四章 刑事审判概述

本章主要内容提示

学习本章，要了解刑事审判的概念，刑事审判各项原则的概念，审判组织的概念。需要理解刑事审判的特征、任务和意义，我国刑事审判模式改革问题，各项审判原则的内容，两审终审制，审判组织的组成和运行规则。要掌握我国刑事审判模式的特征，几项刑事审判原则的内容，以及各种审判组织的组成和运行规则。

第一节 刑事审判的概念和任务

一、审判和刑事审判的概念

审判是国家解决法律纠纷的一种专门活动，审判权也是一种专门的国家权力。根据现代法治原则，法院独立行使审判权。所谓审判，是指法院在当事人和其他诉讼参与人的参加下，依照法定程序，对纠纷进行审理并作出裁判的活动。由于所要解决的纠纷性质不同，现代审判大致分为刑事审判、民事审判和行政审判三种。刑事审判解决涉嫌犯罪的主体与国家之间刑法上的纠纷；民事审判解决公民、法人或其他组织之间民事权利义务关系方面的纠纷；行政审判解决行政机关与行政管理相对人之间行政法律关系方面的纠纷。

刑事审判作为审判的一种，有其特殊的原则、制度和程序。在我国，刑事审判是指人民法院在控辩双方和其他诉讼参与人的参加下，依照法定的程序对于提交审判的刑事案件进行审理并作出裁判的活动。刑事审判活动由审理和裁判两部分活动所组成。所谓审理，是指人民法院在控辩双方和其他诉讼参与人的参加下，调查核实证据、查明案件事实并确定如何适用法律的活动。所谓裁判，是指人民法院依据认定的证据、查明的案件事实和有关法律，对案件的实体和程序问题作出处理结论的活动。审理是裁判的前提和基础，裁判是审理的目的和结果。

二、刑事审判的特征

在整个刑事诉讼过程中，审判是一个居于中心地位，具有决定意义的诉讼阶段。它决定着案件的最终处理结果，决定着刑事追诉的成功与否以及国家刑罚权能否实现。人民法院行使刑事审判权具有以下几个基本特征：

1.审判程序启动的被动性，是指人民法院审判案件奉行“不告不理”原则，即没有起诉，就没有审判。而公安机关、检察机关行使追诉权则具有主动性，即当发现犯罪事实，需要追究刑事责任的时候，必须立案并进行侦查以及提起公诉。审判程序启动的被动性表现在很多方面，如没有检察机关或者自诉人的起诉，法院不能主动审判一个案件；法院不能审判控方未指控的犯罪事实；自诉案件的被告人没有提起反诉，法院不能主动审理反诉案件；没有被告人一方的上诉或检察机关的抗诉，上一级法院不得启动第二审程序；等等。

2.独立性，是指人民法院依法独立行使审判权，不仅如此，法官也具有独立性，在评议时有权独立地、平等地发表意见。正如马克思所言，法官“除了法律没有别的上司”。

3.中立性，是指法院在审判中相对于控辩双方保持中立的诉讼地位。法院在社会利益（检察官）和个人利益（被指控人）之间保持中立，只代表法律。审判中立，是被告人获得公正审判的重要保证。《世界人权宣言》第10条规定，“人人于其权利与义务受到判定时及被刑事控告时，有权享受独立无私法庭之绝对平等不偏且公开之听审”。中立性有一些具体要求，如与案件有牵连的人不能担任该案件的法官，法官不得与案件的结果或纠纷各方有利益上或其他方面的关系，法官不应存有支持或反对某一方诉讼参与者的偏见，等等。

4.职权性，是指刑事案件一经起诉到法院，就产生诉讼系属的法律效力，法院就有义务、有权力进行审理并作出裁判。

5.程序性，是指审判活动应当严格遵循法定的程序，否则，可能导致审判活动无效并需要重新进行的法律后果。

6.亲历性，是指案件的裁判者必须自始至终参与审理，审查所有证据，对案件作出判决须以充分听取控辩双方的意见为前提。

7.公开性，是指审判活动应当公开进行，法庭的大门永远是敞开的，除为了保护特定的社会利益依法不公开审理的案件外，都应当公开审理。公开性要求将审判活动置于公众和社会的监督之下。即使依法不公开审理的案件，宣告判决也应当公开。这是摒除司法不公的最有力的手段。

8.公正性，公正是诉讼的终极目标，是诉讼的生命。审判应依照公正的程序进行，进而最大限度地实现实体上的公正。审判的公正性也源自裁判者的独立性与中立性。

9.终局性，是指法院的生效裁判对于案件的解决具有最终决定意义。判决一旦生效，诉讼的任何一方原则上不能要求法院再次审判该案件，其他任何机关也不得对该案重新处理，有关各方都有履行裁判或不妨害裁判执行的义务。审判是现代法治国家解决社会纠纷和争端的最后一道机制，这一性质决定了审判必然具有终局性。

三、刑事审判的任务

刑事审判的任务包括以下三个方面：

1.审查判断证据与案件事实。刑事审判的任务也即内容之一就是审查控辩双方提出的证据，判断指控的犯罪事实是否存在，是否为被告人所为，证据是否确实、充分。

2.审查有关程序性事项。审判的对象不限于实体意义上的犯罪事实，还包括一些程序性事项。如法庭审理中，被告人提出口供系遭受刑讯逼供而来，以及辩护人提出侦查取证行为违法，因此请求排除证据等事项，也都属于法院审判的范围。法院此时可以通知侦查人员出庭接受质证。

3.适用法律，对案件作出裁判。在认定指控的犯罪事实是否成立、证据是否确实充分之后，法院必须依据《刑法》和《刑事诉讼法》的相关规定，对被告人的行为是否构成犯罪、构成什么罪、是否需要判处刑罚、判处何种刑罚、刑罚如何执行、判决生效的时间和条件等作出裁判并予以公开宣告。

刑事审判的三项任务紧密联系。法律适用是审查判断证据与犯罪事实以及进行程序性审查的结果，而在审查判断事实和证据以及进行程序性审查的过程中，同样存在法律适用问题。

四、刑事审判的意义

党的十八届四中全会通过的《中共中央关于全面推进依法治国若干重大问题的决定》提出：“推进以审判为中心的诉讼制度改革，确保侦查、审查起诉的案件事实证据经得起法律的检验。全面贯彻证据裁判规则，严格依法收集、固定、保存、审查、运用证据，完善证人、鉴定人出庭制度，保证庭审在查明事实、认定证据、保护诉权、公正裁判中发挥决定性作用。”这一表述，强调了审判、庭审的功能与价值。在现代法治社会，刑事审判具有维护追诉正当性、保护被告人不受错误追究、保障辩护权实现等多方面的意义。

1.审判具有维护追诉正当性的意义。在现代社会，侦查机关、检察机关承担追诉犯罪维护社会秩序的职责，这种追诉必须具有正当性，即依法律规定的正当程序进行。然而，追诉行为本身极具攻击性，易偏离法律程序进而侵犯公民权利，从而破坏法律秩序。法院通过审判，排除非法证据，能够起到纠正与遏制侦查机关、检察机关的违法行为，维护追诉行为合法性与正当性的作用，从而维护法治。

2.审判具有保护被告人不受错误追究的意义。检察机关、自诉人对被告人的指控，只是提出罪与刑的请求。法院通过审理，对检察机关以及自诉人的指控进行全面审查，审查的内容包括证据的充分性、法律适用的准确性等方面的内容。法院的审判活动可以实现定罪量刑的准确性，最大限度地避免冤枉无辜之人。

3.审判具有保障辩护权实现的意义。被告人享有辩护权，审判为辩护权的行使提供了平台。只有通过审判，才能保障被告人的辩护权获得实现，使其获得公正的对待，这也能体现刑事司法制度的公信力。

五、刑事审判程序

刑事审判程序，是指人民法院审判刑事案件的步骤和方式、方法的总和。我国《刑事诉讼法》规定了以下几种基本的审判程序：

1.第一审程序。这是指人民法院根据审判管辖的规定，对人民检察院提起公诉和自诉人自诉的案件进行初次审判的程序。

2.第二审程序。这是指人民法院对上诉、抗诉案件进行审判的程序。

3.特殊案件的复核程序。包括死刑复核程序以及人民法院根据《刑法》第63条第2款的规定在法定刑以下判处刑罚的案件的复核程序。

4.审判监督程序。这是对已经发生法律效力的判决、裁定，在发现确有错误时，进行重新审判的程序。根据审判监督程序进行审判的案件，如果原来是第一审案件，依照第一审程序进行审判；如果原来是第二审案件，则依照第二审程序进行审判。

第二节　刑事审判的模式

刑事诉讼模式，又称刑事诉讼形式、刑事诉讼结构、刑事诉讼构造，是指控诉、辩护、审判三方在刑事诉讼中的法律地位和相互关系。所谓刑事审判模式，是指控诉、辩护、审判三方在刑事审判程序中的诉讼地位和相互关系，以及与之相适应的审判程序组合方式。刑事审判模式是刑事诉讼模式在审判阶段的体现。

诉讼史上最初出现的刑事审判模式为弹劾式审判模式，它实行于奴隶制社会时期。随着封建集权专制的形成，又出现了纠问式审判模式。现代刑事审判模式大体上分为当事人主义和职权主义两种，前者主要实行于英美法系国家，后者主要实行于大陆法系国家。两种审判模式各有所长，长期以来，相互之间取长补短。此外，还出现了兼采当事人主义和职权主义审判模式优点的混合式审判模式。

一、当事人主义审判模式

当事人主义审判模式，又称对抗制审判模式、抗辩式审判模式，是指法官（陪审团）居于中立且被动的裁判者地位，法庭审判的进行由控方的举证和辩方的反驳共同推动和控制的一种审判模式。当事人主义审判模式有三个基本特征：

1.法官消极中立。法官对于案件事实的调

查持消极态度，即不主动查明案件事实。其态度的消极和地位的中立主要表现在两个方面：一是在开庭审理前不接触证据，起诉方起诉时不移送卷宗材料，以免法官形成预断；二是法官不主动出示证据、询问证人、调查事实，尤其不参与证据的收集。法官的作用主要是主持审判的进行，司掌控辩双方举证、质证和辩论的规则。同时，根据双方提出的证据和辩论对案件事实作出判断，并作出裁决。

2.控辩双方积极主动且平等对抗。控辩双方积极主动地举证、质证并相互辩论，目的在于使法官（陪审团）形成有利于己方的判断。当事人之间的平等对抗得到了充分实现，表现为控方提出指控后，辩方享有充分反驳的权利；控辩双方都有权收集、提供证据，以证明自己的主张，反驳对方的主张；任何一方提供的证人都必须接受“交叉询问”，即举证方对证人进行主询问后，由另一方进行反询问；双方都有权当庭反驳对方提出的任何一项事实主张；围绕案件事实和法律适用问题，双方可以进行平等的辩论。

3.控辩双方共同控制法庭审理的进程。尽管法官主持审判，但控辩双方控制法庭审理的进程。主要表现在两个方面：一是事实和证据的调查范围、调查方式取决于控辩双方，只要不违反规则，法官不主动干预；二是实行辩诉交易，控辩双方可在庭前进行交易。达成协议后，法官通常会尊重双方的选择，开庭时只要查明被告人认罪是在自愿、明知法律后果的情况下理智作出的，一般就不再进行事实和证据的调查，而径行宣告判决。

二、职权主义审判模式

职权主义审判模式，又称审问式审判模式，是指法官在审判程序中居于主导和控制地位，而限制控辩双方积极性的审判模式。职权主义审判模式也有三个基本特征：

1.法官居于中心地位，主导法庭审理的进行。法官不仅是一个裁判者，而且是一个积极的事实调查者。为了查明案件事实，法官有权而且有责任积极地行使调查权和审判指挥权。法官的中心地位和主导作用主要表现在三个方面：一是公诉机关向法院提起诉讼时向法院随案移送案件的卷宗材料，以便法官开庭前对案件事实有所了解和制定庭审计划；二是法官可以主动询问证人、鉴定人，主动出示并核实证据；三是案件的审理范围、审理方式、证人出庭、进程安排等均由法官决定。

2.控辩双方的积极性受到抑制，处于消极被动的地位。检察机关将案卷材料和证据移送给法院以后，检察官出庭支持公诉只是当庭陈述公诉主张，并不需要主动向辩方出击。控辩双方需要向诉讼参与人发问或出示某项证据，必须在法官讯问和示证结束之后，而且要先征得法官的同意。在整个事实与证据调查过程中，控辩双方都处在被动、辅助、补充的地位。

3.法官掌握程序控制权。尽管这种模式也重视并保障检察官和辩护人、被告人对法庭审理程序的参与权，但这种参与权只是参与法官的调查程序而已，作为参与者的被动角色决定了他们并不分享程序的控制权。在审判程序中，控辩双方不仅要遵守法律规则，也要服从法官的安排和指挥。庭审通常按法官事先制定的计划进行，而法官如果认为有必要，则可临时改变事先确定的案件事实和证据的调查范围。而控方或辩方试图调取新的证据、提供新的证人出庭或重新勘验、鉴定等，都只能向法官提出申请，法官有权依法拒绝申请。

三、混合式审判模式

当事人主义实行控辩双方当事人主导推进庭审进程的模式，赋予被告人与检控方进行平等对抗的权利，具有鲜明的诉讼民主与程序公正的特点。但是，法官的过分消极被动和控辩双方享有的对审判程序的较强控制权，又容易造成审判效率的降低以及诉讼成本的高昂。职权主义庭审模式因强调庭审阶段法官的职权作用从而突出了国家的审判职能，这固然有利于提高诉讼效率以及发现事实真相，但在一定程度上抑制了检控方与辩护方参与诉讼的积极性，程序的正义性略显不足。正是由于这两种审判模式都有优点和缺点，第二次世界大战后出现了互相借鉴吸收的改革趋势。英美法系国家一定程度上开始强化法官对审判程序的控制作用，不再完全放任控辩双方对审判程序的主导；大陆法系国家则通过立法加强了诉讼程序中被告人的人权保障，允许庭审中控辩双方的交叉询问等。如今，纯粹的当事人主义审判模式或纯粹的职权主义审判模式已经不复存在。

一方面，一国的审判模式受其历史传统和法律文化的影响很大，因而尽管两种审判模式互相学习借鉴，取长补短，但当事人主义审判模式和职权主义审判模式依然保持了自己最主要的程序特征。另一方面，世界范围内出现了一种混合式审判模式。这种审判模式是指吸收当事人主义审判模式和职权主义审判模式的长处，使两种审判模式融合的一种审判模式。即使在这种混合的审判模式中，还是可以看出其更多地体现了当事人主义审判模式或职权主义审判模式的一些程序特征。采用混合式审判模式的国家以日本和意大利为代表。

当然，混合式审判模式也并非完美无缺，也都存在一些问题，近年来也都处于进一步改革之中。

四、我国刑事审判模式

我国1979年《刑事诉讼法》确立的刑事审判模式体现出超职权主义的特点。这一方面是因为我国漫长的封建社会一直实行纠问式诉讼模式，司法程序缺乏民主性和当事人缺乏主体地位已成传统；另一方面是因为新中国的刑事诉讼制度受苏联影响，基本上以苏联的模式构建了我国的刑事审判制度，而苏联的审判模式则与职权主义有着密切的联系。

1979年《刑事诉讼法》确立的超职权主义审判模式具有以下四个特点：

1.庭前审查为实体性审查。人民检察院提起公诉时，全案移送案卷和证据。负责案件审判的法官不仅阅卷，还要预先讯问被告人，询问证人、鉴定人，而且必要时进行勘验、检查、搜查、扣押等一系列补充收集证据、审查核实证据的活动。

2.法官完全主导和控制法庭审判程序，审判程序以法官积极主动的证据调查为中心。法庭调查以法官讯问被告人、询问证人、被害人和出示证据、宣读作为证据的文书为主。在法庭审判过程中，合议庭认为案件证据不充分，或者发现新的事实，可以退回人民检察院补充侦查，也可以自行调查。

3.被告人诉讼地位弱化，辩护权受到抑制。被告人实际上成为法官的审问对象，负有回答法官提问、配合法庭查明案件事实真相的义务，辩护律师的作用受限，辩护权受到抑制。

4.控审不分，法官协助检察官行使控诉职能。由于法官积极履行查明案件事实并提供相应证据的职责，特别是由于《刑事诉讼法》规定了开庭的前提是法官认为案件事实清楚，证据确实充分，因此，一旦决定开庭审判，法官便更多地充当了第二公诉人的角色，履行证实犯罪的控诉职能。法官与检察官实质上站在同一方共同对付被告人及其辩护人。

传统的超职权主义审判模式存在严重弊端，如庭前审查为实体审查，混淆了庭前审查和法庭审判的任务，造成了法官先入为主、先定后审的现象，使开庭审判成为走过场；法官控审职能不分，使辩护权萎缩，审判的公正价值受到损害。1996年修正的《刑事诉讼法》对审判模式进行了重大改革，主要是吸收了英美法系当事人主义的对抗性因素，并保留了职权主义的某些特征。我国刑事审判模式的当事人主义改革主要体现在以下几个方面：

1.庭前审查由实体性审查改为程序性审查。开庭前检察机关不再向法院移送全部案卷证据材料，而只移送有明确指控犯罪事实的起诉书、证据目录、证人名单以及主要证据复印件或照片。只要符合程序要件，法官必须开始审判程序。

2.强化了控方的举证责任和辩方的辩护职能，弱化了法官的事实调查功能。控辩双方的证据都必须当庭由自己向法庭出示，而不再由法官出示；证人由控辩双方进行交叉询问，然后法官才可以询问；法官在法庭上不再主动调查事实和证据，将由法官对被告人的审问作为庭审调查的开始改为由公诉人对被告人进行讯问；除非具有核实证据的必要和辩护方提出了理由正当的证据调查申请，法官一般不再主动收集证据；法官也不再对查明案件事实负实质性的责任，如果庭审后案件事实不清、证据不足，法官只能作出证据不足、指控的罪名不能成立的无罪判决，而不能将案件退回补充侦查或主动收集补充新的证据。

3.扩大了辩护方的权利范围，强化了庭审的对抗性。表现在辩护方有权收集和当庭提出证据，控辩双方可以在法庭调查阶段进行辩论，控辩双方的积极活动对审判程序和裁判结果的影响有所增强。

上述改革使我国刑事审判模式具有了当事人主义的某些特征，学界一般称为“控辩式”审判模式。但是，这些改革还只是初步的，只是弱化了超职权主义而已，职权主义色彩仍然相当严重，平等对抗机制还没有完全形成。由于庭审程序的设置还比较粗疏，加之实践中证人出庭率低、辩护人参与率低等现实原因，使控辩对抗无法有效进行，控辩式审判模式的功能还没有充分地发挥出来。为此，刑事审判程序和审判方式的改革还须继续深化。

2012年《刑事诉讼法》的再次修改，沿着控辩式庭审方式改革的方向取得了新的进展。如完善了回避制度，规定辩护人有权申请回避及复议；完善了辩护制度，强化了律师权利的保障力度，具体而言，包括：在基本原则部分明确提出保障辩护权行使原则，扩大了法律援助的范围，扩大了聘请律师辩护的主体范围，将辩护的时间提前至侦查阶段，吸收并完善了《律师法》中规定的律师会见权、阅卷权，完善了追究律师伪证罪的责任条款并设置了追究律师证伪责任的特殊保护程序，明确了辩方对于阻碍辩护职责履行的救济渠道等；完善侦查措施，将技术侦查纳入法治化进程，并且为了有效遏制刑讯逼供等违法取证行为，明确规定拘留后应当立即送往看守所羁押，对在押人员的讯问只能在看守所进行，并建立了讯问录音录像制度，明确规定了讯问中应当保证被讯问人的饮食和必要休息时间等基本需求，此外，还规定了对司法机关及其工作人员的违法行为进行申诉或者控告的权利，以维护当事人、辩护人等有关主体的合法权益；修改证据制度，证据的概念由“事实”修改为“材料”，在证据种类方面，鉴定结论更改为“鉴定意见”，2012年《刑事诉讼法》规定了“公诉案件中被告人有罪的举证责任由人民检察院承担”的规则，明确了举证责任的分担并修改了证明标准，对“证据确实、充分”作了细化规定，规定了非法证据排除的范围以及排除的程序等内容，明确了特定案件中证人作证的保护措施，并将证人的补助、奖金以及其他福利待遇等问题也纳入了保障范围；完善审判程序，2012年《刑事诉讼法》建立了强制证人出庭作证制度，此外，辩护人有权申请法庭通知有专门知识的人出庭就鉴定人作出的鉴定意见提出意见，辩护人可以就定罪、量刑问题进行辩论；在二审程序部分，进一步明确发回重审原则上不得加重被告人的刑罚，以确保上诉不加刑原则得到全面落实，从而更周全地保障被告人的上诉权；就死刑复核程序而言，增加规定辩护方对死刑复核的参与等。上述新规定都有助于控辩式庭审方式改革的深化。

2018年《刑事诉讼法》再次修改，庭审程序有了新变化，确立了刑事缺席审判制度，同时规定了缺席审判案件被告人权利的保障措施；增加了速裁程序。上述新规定都有助于控辩式庭审方式改革的深化。

第三节　刑事审判的原则

一、审判公开原则

（一）审判公开原则的概念

审判公开原则，是指人民法院审理案件和宣告判决，都公开进行，允许公民到法庭旁听，允许新闻记者采访和报道，即除休庭评议案件外，把法庭审判的全部过程，都公之于众。审判公开是一项民主的审判原则，已为现代各国立法所普遍规定，《世界人权宣言》和《公民权利和政治权利国际公约》也予以确认，从而成为国际性的刑事司法准则。我国《宪法》第130条规定，人民法院审理案件，除法律规定的特别情况外，一律公开进行。《刑事诉讼法》第11条也规定，人民法院审判案件，除本法另有规定的以外，一律公开进行。这就是我国刑事诉讼中公开审判原则的法律依据。

就公开的内容而言，审判公开包括审理过程公开和审判结果公开，也可以说审理公开和判决公开。审理过程公开就是要公开开庭，当庭调查事实和证据，当庭进行辩论；审判结果公开就是要公开宣告判决，包括公开判决的内容、判决的理由和依据。

就公开的对象而言，审判公开包括向当事人公开和向社会公开。向当事人公开要求法庭开庭审理，而不得进行书面审理，案件事实与证据的调查应当在当事人的参加下进行。向社会公开就是允许公民到场旁听审判过程，允许新闻记者向社会公开报道审判活动和审判结果。实际上，允许公民旁听和允许记者公开报道也可以理解为审判公开的形式。

（二）审判公开原则的意义

审判公开是诉讼民主的重要表现，是实现诉讼公正的重要保证。审判公开原则的意义主要体现在以下三个方面：

1.审判公开将审判活动置于当事人和社会的监督之下，有利于实现审判的公正性。当事人和社会的监督，可以促使法院严格遵守法定程序，贯彻各项审判制度，尊重和保障诉讼参与人的诉讼权利，准确适用法律，作出公正的裁判。

2.有利于增强刑事司法的公信力和权威性。审判公开增强了刑事司法的透明度，并且将刑事审判过程和审判结果置于当事人和公众的监督之下，不仅有助于防止司法腐败和司法权的滥用或专横行使，而且有利于当事人和公众对国家刑事司法活动的认同、信任和尊重，从而有利于提升刑事司法的公信力，增加刑事司法的权威性。

3.审判公开有利于加强法制宣传，增强民众的法律意识。审判公开，公民有权旁听审判，记者可以报道，这也是让公民参与司法过程的一种形式。这种形式可以培育公众的法律意识，增强民主参与的积极性。同时，审判公开使审判过程成为教育当事人和公众增强法治观念的重要形式，通过从审判过程中获得的信息，当事人和公众可以丰富法律知识，增强权利意识和义务观念，提高公民同犯罪作斗争的自觉性和积极性。

（三）审判公开原则的例外

为了保护更重要的利益，各国法律都规定了审判公开原则限制适用的特别情形。这种限制主要表现在两个方面：一是法庭评议不公开；二是对部分案件不公开审理。

我国刑事诉讼法对审判公开原则适用的限制性规定与国外基本上相同。根据《刑事诉讼法》第188条的规定，下列案件不公开审理：（1）有关国家秘密的案件。其目的是防止泄露国家秘密，危害国家利益。是否属于国家秘密根据保密法确认。（2）有关个人隐私的案件。如强奸案件等。其目的是保护被害人或者其他人的名誉，防止对社会产生不利影响。（3）当事人申请不公开审理的涉及商业秘密的案件。不公开审理的案件，应当当庭宣布不公开审理的理由。不公开审理的案件，宣告判决一律公开进行。

（四）公开审判的基本要求

为实现公开审判，人民法院应做到以下两点：

1.对于依法应当公开审判的案件，应在开庭前将案件的案由、被告人姓名以及开庭的时间、地点，以适当的方式、方法公之于众，以便群众能够到庭旁听，记者到庭采访。刑事诉讼法要求凡是公开审判的案件，应当在开庭3日以前公布案由、被告人姓名、开庭时间和地点。司法实践中，公布多是采用在法院门前公告牌公告的形式。对于影响较大或者教育意义深刻的案件，可采取新闻媒体报道等其他适当方式。

2.建立一套与公开审判原则相配套的，便

于群众旁听、记者采访的具体的工作制度，如旁听证发放制度、安全检查以及法庭安全保卫制度等，为群众旁听、记者采访提供切实的便利条件。

二、直接言词原则

（一）直接言词原则的概念

直接言词原则，是指法官必须在法庭上亲自听取当事人、证人及其他诉讼参与人的口头陈述，案件事实和证据必须由控辩双方当庭口头提出并以口头辩论和质证的方式进行调查。直接言词原则包括直接原则和言词原则，因二者均以有关诉讼主体出席法庭为先决条件，故而紧密联系，理论上合称为直接言词原则。

所谓直接原则，是指法官必须与诉讼当事人和诉讼参与人直接接触，直接审查案件事实材料和证据。直接原则又可分为直接审理原则和直接采证原则。前者的含义是，法官审理案件时，公诉人、当事人及其他诉讼参与人应当在场，除法律另有特别规定外，如果上述人员不在场，不得进行法庭审理，否则，审判活动无效。在这一意义上，直接审理原则也称为在场原则。直接采证原则，是指法官对证据的调查必须亲自进行，不能由他人代为实施，而且必须当庭直接听证和直接查证，不得将未经当庭亲自听证和查证的证据加以采纳，不得以书面审查方式采信证据。

所谓言词原则，是指法庭审理须以口头陈述的方式进行。包括控辩双方要以口头进行陈述、举证和辩论，证人、鉴定人要口头作证或陈述，法官要以口头的形式进行询问调查。除非法律有特别规定，凡是未经口头调查之证据，不得作为定案的根据采纳。

（二）直接言词原则的意义

直接言词原则对于实现公正审判有着重要的意义。

1.有利于实现程序公正。当事人尤其是被告人直接参与法庭审理，其他诉讼参与人亲自到庭，使控辩双方能够平等地行使举证、质证和辩论的权利，保障当事人的审判参与权，并使法律规定的各项审判制度、原则和程序得到贯彻，有利于实现程序公正。

2.有利于查明案件事实真相。法官参加证据调查，直接听取控辩双方的陈述和辩论，有利于实现审查判断证据的真实性，对案件事实作出准确的判断，形成可靠的心证，作出公正的裁判。

（三）直接言词原则的适用

我国《刑事诉讼法》虽然没有明确规定直接言词原则，但第一审程序和第二审程序中关于通知证人、鉴定人出庭的规定，关于控辩双方和被害人当庭质证的规定，关于公诉人、被害人、被告人、辩护人经审判长许可可以直接向证人、鉴定人发问的规定以及控辩双方当庭进行辩论和被告人有权进行最后陈述的规定等，都体现了审理的直接性和言词性原则。依据《刑事诉讼法》的规定，贯彻直接言词原则，人民法院应做到以下几点：

1.及时通知并保证有关人员出庭。证人出庭作证应作为一般原则，不出庭只能是例外。

2.开庭审理过程中，合议庭的审判人员必须始终在庭，参加庭审的全过程。

3.所有证据包括法庭依当事人申请或依职权收集的证据，都必须当庭出示，当庭质证。

4.保证控辩双方有充分的陈述和辩论的机会和时间。

直接言词原则在按普通程序审理的过程中应当严格遵循，而按简易程序审理时可有例外。

三、辩论原则

（一）辩论原则的含义

辩论原则是指在法庭审理中，控辩双方应以口头的方式进行辩论，法院裁判的作出应以充分的辩论为必经程序。

辩论原则包括以下几方面的内容：

1.辩论的主体是控辩双方和其他当事人。处于对抗地位的控诉方和辩护方、附带民事诉讼的原告方和被告方是辩论的主体，都享有辩论的权利。

2.辩论的内容包括证据问题、事实问题、程序问题和法律适用问题。辩论的内容包括实体问题和程序问题。围绕案件实体事实和程序事实的辩论，主要针对证据能力和证据的证明力、证据的充分性以及程序的合法性展开。实体法和程序法的适用问题也是辩论的内容。

（二）辩论原则的意义

贯彻辩论原则，其重要意义主要有：

1.保障被告人的辩护权。在侦查和审查起诉阶段，被告人的辩护缺乏有效的形式和手段。法庭审理是刑事诉讼的中心，贯彻公开原则，最利于辩论。辩论原则保障被告人及其辩护人能够充分地表达辩护意见。

2.有利于准确认定事实和证据，适用法律，作出公正的判决。通过法庭充分的辩论，法官可以充分听取关于案件事实和法律适用的不同意见，作出公正的判决。

（三）辩论原则在我国的适用

适用辩论原则，需要注意以下两点：

1.除了在法庭辩论阶段集中进行辩论以外，在法庭调查过程中，控辩双方也可以围绕某一证据的合法性、相关性问题进行辩论。

2.法庭应当保障控辩双方有平等、充分的辩论机会。法庭应当引导辩论双方围绕案件争议焦点进行辩论。实践中有的法官预先规定辩护人发言的时间，构成对辩护方辩论权的限制，这是错误的。

四、集中审理原则

（一）集中审理原则的含义

集中审理原则，又称不中断审理原则，是指“法院开庭审理案件，应在不更换审判人员的条件下连续进行，不得中断审理的诉讼原则”。[①]

该原则要求法庭对每个刑事案件的审理，除了必要的休息时间外，原则上应当是不中断地连续进行。换言之，法庭审理案件从开庭到判决应当尽可能地一气呵成，不应中断。

集中审理原则的内容主要包括：

1.一个案件组成一个审判庭进行审理，每起案件自始至终亦应由同一法庭进行审判，而且在案件审理已经开始尚未结束以前不允许法庭再审理任何其他案件。这是为了防止因交叉审理而使法官、陪审员在不同案件之间造成混淆，保证合议庭对每个案件都能够形成系统完整的印象并作出准确的判断，从而保证裁判质量。

2.法庭成员不可更换。法庭成员（包括法官和陪审员）必须始终在场参加审理。对于法庭成员因故不能继续参加审理的，应由始终在场的候补法官、候补陪审员替换之。如果没有足够的法官、陪审员可以替换，则应重新审判。[②]这也是直接原则的要求。因为参与裁判制作的法官、陪审员必须参与案件的全部审理活动，接触所有的证据，全面听取法庭辩论，否则无以对案件形成全面的认知并作出公正的裁判。

3.集中证据调查与法庭辩论。证据调查必须在法庭成员与控辩双方以及有关诉讼参与人均在场的情况下进行，证据调查与辩论应在法庭内集中完成。这体现了直接言词原则的要求，有利于贯彻审判公开原则、实现平等辩论、平等武装理念，也是保证法庭整体全面地发现事实、形成完整“心证”，并作出正确裁判的重要条件。

4.庭审不中断并迅速作出裁判。法庭审理应不中断地进行，法庭因故延期审理较长时间者，应重新进行以前的庭审。庭审结束后，应迅速作出裁判并予以宣告。这不仅是提高诉讼效率、及时实现刑罚权的需要，也是保障被告人迅速审判权的必然要求。

（二）集中审理原则的意义

集中审理原则与直接言词原则、公开原则、平等辩论、平等武装、迅速审判等现代刑事审判特别是控辩式庭审诸原则密切相关。具体而言，集中审理原则的意义在于：

1.通过以上系统的保障措施保证法庭审理顺利、迅速、公正地进行，有利于实现刑事审判公正与效率的双重价值目标。集中审理不仅是通过公正审判获得实体正义的保证，而且以高效率来获得公正价值的实现。集中审

---

① 《中国大百科全书·法学卷》，中国大百科全书出版社1984年版，第29页。

② 参见程荣斌：《不中断审理和延期审理》，载蔡礅铭主编：《两岸比较刑事诉讼法》，台北，五南图书出版公司1996年版，第321页。

理原则无疑是加速审判终结、尽快实现正义所必要的技术要求，因此具有程序与实体的双重价值。

2.有利于实现被告人的辩护权以及迅速审判权。集中审理原则要求集中所有的证据调查与法庭辩论，由此可以实现控辩平等对抗，避免法庭单方面接触控方证据而形成片面认识，而为被告人针对指控充分行使辩护权，发挥辩护职能提供了平台。许多国家法律明确规定被告人享有迅速审判权，这是维护被告人利益的需要，是人权保障理念高度发展的体现。为防止案件久拖不决，切实维护被告人的利益，我国也应赋予被告人迅速审判权，而集中审理原则通过实现案件的快速审结，为被告人迅速审判权的实现提供保障。

3.能让法官、陪审员通过集中、全面地接触证据对案件形成全面、准确的认识从而作出正确的裁判。在大陆法系国家，集中审理是法官形成“心证”的最佳方式，也是保证法官形成正确“心证”的手段和程序。[①]我国台湾地区学者林山田则指出，“在此审理密集原则下，可促使法官在对其审理诉讼客体之内容记忆尚极清新时，即行判决，一方面可及早结案；另一方面亦可以免因中断后，续行审理时，因为法官对于诉讼客体已是记忆模糊，而未能作成公平合理之判决”。[②]由此，集中审理被认为是诉讼上为发现实体真实，形成正确“心证”，提升裁判品质的技术要求，与审判的基本原则言词辩论、直接主义之事实审理密不可分，是实现司法公正，维系程序正义不可或缺的一环。[③]

4.有利于实现审判监督，防止司法不公。集中进行证据调查与法庭辩论，有助于深入贯彻审判公开原则，让审判过程充满阳光，更利于当事人以及社会公众监督审判活动，对于消除“暗箱操作”、防止司法不公具有积极意义。

（三）集中审理原则的适用

集中审理原则所体现出的理念，无疑是符合人类认识规律的，是对诉讼规律的科学总结，是人类认识成果的结晶，是审判活动应当遵循的基本原则。

最高人民法院于2002年8月12日公布的《关于人民法院合议庭工作的若干规定》第3条关于合议庭成员不得更换的规定、第9条关于合议庭评议案件时限的规定以及第14条关于裁判文书制作期限的规定，体现了集中审理原则的精神，是一个巨大的进步，对于实现审判公正、提高审判效率具有重要意义。

第四节　审级制度

一、审级制度的概念

审级制度是指法律规定案件起诉后最多经过几级法院审判必须终结的诉讼制度。

在刑事诉讼中，各国法院设置的级别不尽相同，有的设置四级，也有的设置三级。但就审级制度而言，基本上分为两类：一类是两审终审制，指不论法院组织设置几级，案件最多经过两级法院的审判即告终结；另一类是三审终审制，指不论法院组织设置几级，案件最多经过三级法院的审判即告终结。无论哪一类，最后一级法院对案件作出的判决、裁定均为终审判决、裁定，一经作出即发生法律效力。

① Winfried Platzgummer, Grundzuege des Oesterreich-ischen Strafverfahrens, S.21, Springer Verlag, 1984.转引自吕阿福：《集中审理在刑事诉讼法上之展开》，载蔡墩铭主编：《两岸比较刑事诉讼法》，台北，五南图书出版公司1996年版，第308页。

② 林山田：《刑事诉讼程序之基本原则》，载中国政法大学刑诉教研室编：《程序法论》，中国政法大学出版社1996年版，第360页。

③ 参见吕阿福：《集中审理在刑事诉讼法上之展开》，载蔡墩铭主编：《两岸比较刑事诉讼法》，台北，五南图书出版公司1996年版，第304页。

我国人民法院分为四级，即最高人民法院、高级人民法院、中级人民法院和基层人民法院。我国实行两审终审制的审级制度。

二、两审终审制

《刑事诉讼法》第10条规定，人民法院审判案件，实行两审终审制。两审终审制，是指一个案件至多经过两级人民法院审判即告终结的制度，对于第二审人民法院作出的终审判决、裁定，当事人等不得再提出上诉，人民检察院不得按照上诉审程序提出抗诉。

根据两审终审制的要求，地方各级人民法院按照第一审程序对案件审理后所作的判决、裁定，尚不能立即发生法律效力；只有在法定上诉期限内，有上诉权的人没有上诉，同级人民检察院也没有抗诉，第一审法院所作出的判决、裁定才发生法律效力。在法定期限内，如果有上诉权的人提出上诉，或者同级人民检察院提出了抗诉，上一级人民法院应依照第二审程序对该案件进行审判。上一级人民法院审理第二审案件作出的判决、裁定，是终审的判决、裁定，立即发生法律效力。这样经过两级法院对案件审判后，该案的审判即告终结。

两审终审制的实质是允许一个案件经过两级法院审理，也最多只能经过两级法院审理的审级限制。但我国的两审终审制有以下三种例外：(1)最高人民法院审理的第一审案件为一审终审，其判决、裁定一经作出，立即发生法律效力，不存在启动二审程序的问题。(2)判处死刑的案件，必须依法经过死刑复核程序核准后，判处死刑的裁判，才能发生法律效力，交付执行。(3)地方各级人民法院根据《刑法》第63条第2款规定在法定刑以下判处刑罚的案件，必须经最高人民法院的核准，其判决、裁定才能发生法律效力并交付执行。

第五节　审判组织

一、审判组织的概念和种类

审判组织，是指人民法院审判案件的组织形式。

根据《刑事诉讼法》和《人民法院组织法》的规定，人民法院审判刑事案件的组织形式有三种，即独任庭、合议庭和审判委员会。

二、独任庭

独任庭，是指由审判员1人独任审判的制度。

根据《刑事诉讼法》第183条第1款的规定，独任庭仅限于基层人民法院适用简易程序、速裁程序审判的案件。因为这类案件案情比较简单，情节比较轻微，由审判员1人进行审判，既可以保证办案质量，又可以节省司法资源，便于法院集中力量处理比较重大、复杂的案件。

审判员依法独任审判时，行使与审判长同样的职权。适用独任审判，须按照《刑事诉讼法》规定的简易程序、速裁程序进行，依法应当公开审理的案件，都应当公开审理，并要认真执行回避、辩护、上诉等各项审判制度，切实保障当事人和其他诉讼参与人的诉讼权利。

三、合议庭

合议庭是人民法院的基本审判组织。除基层人民法院适用简易程序、速裁程序审判案件可以采用独任庭外，人民法院审判刑事案件均须采取合议庭的组织形式。

(一)合议庭的组成方式

由于各级人民法院管辖的第一审刑事案件的情况不同，第一审和第二审的任务亦不同，法律对合议庭的组成有不同的规定。根据《刑事诉讼法》第183条、第249条的规定，合议庭的组成方式如下：

1.基层人民法院和中级人民法院审判第一审案件，应当由审判员3人或者审判员和人民陪审员共3人或者7人组成合议庭进行。但是基层人民法院适用简易程序、速裁程序的案件可以由审判员1人独任审判。

2.高级人民法院审判第一审案件，应当由审判员3人至7人或者由审判员和人民陪审员共3人或者7人组成合议庭进行。最高人民法院审判第一审案件，应当由审判员3人至7人组成合议庭进行。

3.人民法院审判上诉和抗诉案件，由审判员3人或者5人组成合议庭进行。

4.最高人民法院复核死刑案件，高级人民法院复核死刑缓期执行的案件，应当由审判员3人组成合议庭进行。

（二）人民陪审员制度

《刑事诉讼法》第13条规定，人民法院审判案件，依照本法实行人民陪审员陪审的制度。人民陪审员是指从人民群众中产生的非专职的参加合议庭的审判人员。根据《刑事诉讼法》第183条的规定，基层人民法院、中级人民法院和高级人民法院审判第一审案件，均可吸收人民陪审员作为合议庭成员参与审判，人民陪审员在人民法院执行职务期间，同审判员有同等的权利义务。这是人民群众参与国家管理的一种形式，体现了司法民主精神。党的十八届四中全会通过的《中共中央关于全面推进依法治国若干重大问题的决定》明确提出："保障人民群众参与司法。坚持人民司法为人民，依靠人民推进公正司法，通过公正司法维护人民权益。在司法调解、司法听证、涉诉信访等司法活动中保障人民群众参与。完善人民陪审员制度，保障公民陪审权利，扩大参审范围，完善随机抽选方式，提高人民陪审制度公信度。逐步实行人民陪审员不再审理法律适用问题，只参与审理事实认定问题。"

2018年4月27日通过了《人民陪审员法》，该法进一步完善了人民陪审员制度，有利于保障公民依法参加审判活动，促进司法公正。其主要内容包括：

1.陪审的案件范围。《人民陪审员法》第15条规定，人民法院审判第一审刑事、民事、行政案件，有下列情形之一的，由人民陪审员和法官组成合议庭进行：（1）涉及群体利益、公共利益的；（2）人民群众广泛关注或者其他社会影响较大的；（3）案情复杂或者有其他情形，需要由人民陪审员参加审判的。人民法院审判前款规定的案件，法律规定由法官独任审理或者由法官组成合议庭审理的，从其规定。第16条规定，人民法院审判下列第一审案件，由人民陪审员和法官组成7人合议庭进行：（1）可能判处10年以上有期徒刑、无期徒刑、死刑、社会影响重大的刑事案件；（2）根据民事诉讼法、行政诉讼法提起的公益诉讼案件；（3）涉及征地拆迁、生态环境保护、食品药品安全，社会影响重大的案件；（4）其他社会影响重大的案件。第17条规定，第一审刑事案件被告人、民事案件原告或者被告、行政案件原告申请由人民陪审员参加合议庭审判的，人民法院可以决定由人民陪审员和法官组成合议庭审判。

最高人民法院2019年4月24日发布的《关于适用〈中华人民共和国人民陪审员法〉若干问题的解释》进一步规定，对于《人民陪审员法》第15条、第16条规定之外的第一审普通程序案件，人民法院应当告知刑事案件被告人、民事案件原告和被告、行政案件原告，在收到通知5日内有权申请由人民陪审员参加合议庭审判案件。人民法院接到当事人在规定期限内提交的申请后，经审查决定由人民陪审员和法官组成合议庭审判的，合议庭成员确定后，应当及时告知当事人。人民法院应当在开庭7日前从人民陪审员名单中随机抽取确定人民陪审员。人民法院可以根据案件审判需要，从人民陪审员名单中随机抽取一定数量的候补人民陪审员，并确定递补顺序，一并告知当事人。因案件类型需要具有相应专业知识的人民陪审员参加合议庭审判的，可以根据具体案情，在符合专业需求的人民陪审员名单中随机抽取确定。7人合议庭开庭前，应当制作事实认定问题清单，根据案件具体情况，区分事实认定问题与法律适用问题，对争议事实问题逐项列举，供人民陪审员在庭审时参考。事实认定问题和法律适用问题难以区分的，视为事实认定问题。合议庭评议案件时，先由承办法官介绍案件涉及的相关法律、证据规则，然后由人民陪审员和法官依次发表意见，审判长最后发表意见并总结合议庭意见。7人合议庭评议时，审判长应当归纳和介绍需要通过评议讨论决定的案件事实认定问题，并列出案件事实问题清单。人民陪审员全程参加合议庭评议，对于事实认定问题，由人民陪审员和法官在共同评议的基础上进行表决。对于法律适用问题，人民陪审员不参加表决，但可以发表意见，并记录在卷。

2.人民陪审员的条件。公民担任人民陪审员，应当具备下列条件：（1）拥护中华人民共和国宪法；（2）年满28周岁；（3）遵纪守法、品行良好、公道正派；（4）具有正常履行职责的身体条件。担任人民陪审员，一般应当具有高中以上文化程度。

3.不得担任人民陪审员的情形。（1）人民代表大会常务委员会的组成人员，监察委员会、人民法院、人民检察院、公安机关、国家安全机关、司法行政机关的工作人员；（2）律师、公证员、仲裁员、基层法律服务工作者；（3）其他因职务原因不适宜担任人民陪审员的人员。

有下列情形之一的，不得担任人民陪审员：（1）受过刑事处罚的；（2）被开除公职的；（3）被吊销律师、公证员执业证书的；（4）被纳入失信被执行人名单的；（5）因受惩戒被免除人民陪审员职务的；（6）其他有严重违法违纪行为，可能影响司法公信的。

4.人民陪审员的产生与任期。司法行政机关会同基层人民法院、公安机关，从辖区内的常住居民名单中随机抽选拟任命人民陪审员5倍以上的人员作为人民陪审员候选人，对人民陪审员候选人进行资格审查，征求候选人意见。司法行政机关会同基层人民法院，从通过资格审查的人民陪审员候选人名单中随机抽选确定人民陪审员人选，由基层人民法院院长提请同级人民代表大会常务委员会任命。因审判活动需要，可以通过个人申请和所在单位、户籍所在地或者经常居住地的基层群众性自治组织、人民团体推荐的方式产生人民陪审员候选人，经司法行政机关会同基层人民法院、公安机关进行资格审查，确定人民陪审员人选，由基层人民法院院长提请同级人民代表大会常务委员会任命。依照此规定产生的人民陪审员，不得超过人民陪审员名额数的1/5。人民陪审员经人民代表大会常务委员会任命后，应当公开进行就职宣誓。宣誓仪式由基层人民法院会同司法行政机关组织。

人民陪审员的任期为5年，一般不得连任。

5.人民陪审员的职务保障。依法参加审判活动是人民陪审员的权利和义务。人民陪审员依法参加审判活动，受法律保护。人民法院应当依法保障人民陪审员参加审判活动。人民陪审员所在单位、户籍所在地或者经常居住地的基层群众性自治组织应当依法保障人民陪审员参加审判活动。

6.人民陪审员在合议庭中的比例。人民陪审员和法官组成合议庭审判案件，由法官担任审判长，可以组成3人合议庭，也可以由法官3人与人民陪审员4人组成7人合议庭。

7.人民陪审员的权利。人民陪审员参加3人合议庭审判案件，对事实认定、法律适用，独立发表意见，行使表决权。人民陪审员参加7人合议庭审判案件，对事实认定，独立发表意见，并与法官共同表决；对法律适用，可以发表意见，但不参加表决。

合议庭评议案件时，实行少数服从多数的原则。人民陪审员同合议庭其他组成人员有意见分歧的，应当将其意见写入笔录，合议庭组成人员意见有重大分歧的，人民陪审员或者法官可以要求合议庭将案件提请院长决定是否提交审判委员会讨论决定。人民陪审员列席审判委员会讨论其参加审理的案件时，可以发表意见。

案件审判过程中，人民陪审员依法有权参加案件调查和调解工作。庭审过程中，人民陪审员依法有权向诉讼参加人发问，审判长应当提示人民陪审员围绕案件争议焦点进行发问。

8.人民陪审员的回避。人民陪审员的回避，适用审判人员回避的法律规定。人民陪审员回避事由经审查成立的，人民法院应当及时确定递补人选。

9.人民陪审员的抽选。基层人民法院审判案件依法应当由人民陪审员参加合议庭审判的，应当在人民陪审员名单中随机抽取确定。

10.人民陪审员的培训。人民陪审员的培训、考核和奖惩等日常管理工作，由基层人民法院会司法行政机关负责。对人民陪审员应当有计划地进行培训。人民陪审员应当按照要求参加培训。

11.人民陪审员的奖励与免除。对于在审判工作中有显著成绩或者有其他突出事迹的人民陪审员，按照有关规定给予表彰和奖励。

人民陪审员有下列情形之一，经所在基层人民法院会同司法行政机关查证属实的，由院长提请同级人民代表大会常务委员会免除其人民陪审员职务：（1）本人因正当理由申请辞去人民陪审员职务的。（2）具有《人民陪审员法》第6条、第7条情形之一的。（3）无正当理由，拒绝参加审判活动，影响审判工作正常进行的。（4）违反与审判工作有关的法律及相关规定，徇私舞弊，造成错误裁判或者其他严重后果的。人民陪审员有第（3）项、第（4）项所列行为的，可以采取通知其所在单位、户籍所在地或者经常居住地的基层群众性自治组织、人民团体，在辖区范围内公开通报等措施进行惩戒；构成犯罪的，依法追究刑事责任。

12.人民陪审员的费用与补助。人民陪审员参加审判活动期间，由人民法院依照有关规定按实际工作日予以补助。人民陪审员因参加审判活动而支出的交通、就餐等费用，由人民法院依照有关规定给予补助。人民陪审员参加审判活动期间，所在单位不得克扣或者变相克扣其工资、奖金及其他福利待遇。

人民陪审员因参加审判活动应当享受的补助，人民法院和司法行政机关为实施人民陪审员制度所必需的开支，列入人民法院和司法行政机关业务经费，由相应政府财政予以保障。具体办法由最高人民法院、国务院司法行政部门会同国务院财部门制定。

（三）合议庭的组成原则

合议庭的组成，应遵守以下原则：

1.合议庭的成员人数应当是单数。该原则有利于合议庭在评议意见分歧时作出决定。

2.合议庭由审判员或者人民陪审员随机组成。合议庭成员相对固定的，应当定期交流。人民陪审员参加合议庭的，应当从人民陪审员名单中随机抽取确定。合议庭的组成人员，只能由经过合法任命的本院的审判员和在本院执行职务的人民陪审员充任。

3.合议庭由院长或者庭长指定审判员1人担任审判长；院长或者庭长参加审判案件的时候，自己担任审判长。人民陪审员参加合议庭审判案件时，不能担任审判长。

4.不得随意更换合议庭成员。根据最高人民法院2002年8月12日发布的《关于人民法院合议庭工作的若干规定》第3条的规定，合议庭组成人员确定后，除因回避或者其他特殊情况，不能继续参加案件审理的之外，不得在案件审理过程中更换。更换合议庭成员，应当报请院长或者庭长决定。合议庭成员的更换情况应当及时通知诉讼当事人。

（四）审判长选任制

为了充分发挥合议庭的作用，最高人民法院于2000年7月11日发布了《人民法院审判长选任办法（试行）》，从而建立起了审判长选任制。

审判长的职责是：（1）担任案件承办人，或指定合议庭其他成员担任案件承办人；（2）组织合议庭成员和有关人员做好庭审准备及相关工作；（3）主持庭审活动；（4）主持合议庭对案件进行评议，作出裁判；（5）对重大疑难案件和合议庭意见有重大分歧的案件，依照规定程序报请院长提交审判委员会讨论决定；（6）依照规定权限审核、签发诉讼文书；（7）依法完成其他审判工作。

实行审判长选任制度，是为了进一步强化合议庭的法定职能作用，而不是削弱合议庭的职责。虽然审判长在合议庭审理案件时具有不可替代的作用，但合议庭审理案件时必须实行少数服从多数的原则，审判长不能以自己的意见代替合议庭多数成员的意见。审判长与合议庭其他成员意见有重大分歧时，应当提请院长提交审判委员会讨论决定。

（五）合议庭的活动原则

1.合议庭成员地位与权责平等原则。根据《关于人民法院合议庭工作的若干规定》第4条的规定，合议庭的审判活动由审判长主持，全体成员平等参与案件的审理、评议、裁判，共同对案件认定事实和适用法律负责。上述关于合议庭成员地位与权责的平等性的规定，有助于强化合议庭的功能。

最高人民法院《关于进一步加强合议庭职责的若干规定》第3条规定，承办法官履行下列职责：（1）主持或者指导审判辅助人员进行庭前调解、证据交换等庭前准备工作；（2）拟定庭审提纲，制作阅卷笔录；（3）协助审判长组织法庭审理活动；（4）在规定期限内及时制作审理报告；（5）案件需要提交审判委员会讨论的，受审判长指派向审判委员会汇报案件；（6）制作裁判文书提交合议庭审核；（7）办理有关审判的其他事项。

最高人民法院《关于人民法院合议庭工作的若干规定》第6条规定，审判长履行下列职责：（1）指导和安排审判辅助人员做好庭前调解、庭前准备及其他审判业务辅助性工作；（2）确定案件审理方案、庭审提纲、协调合议庭成员的庭审分工以及做好其他必要的庭审准备工作；（3）主持庭审活动；（4）主持合议庭对案件进行评议；（5）依照有关规定，提请院长决定将案件提交审判委员会讨论决定；（6）制作裁判文书，审核合议庭其他成员制作的裁判文书；（7）依照规定权限签发法律文书；（8）根据院长或者庭长的建议主持合议庭对案件复议；（9）对合议庭遵守案件审理期限制度的情况负责；（10）办理有关审判的其他事项。

2.合议庭全体成员参加审理与评议原则。开庭审理时，合议庭全体成员应当共同参加，不得缺席、中途退庭或者从事与该庭审无关的活动。合议庭成员未参加庭审、中途退庭或者从事与该庭审无关的活动，当事人提出异议的，应当纠正。合议庭仍不纠正的，当事人可以要求休庭，并将有关情况记入庭审笔录。

合议庭全体成员均应当参加案件评议。评议案件时，合议庭成员应当针对案件的证据采信、事实认定、法律适用、裁判结果以及诉讼程序等问题充分发表意见。必要时，合议庭成员还可提交书面评议意见。合议庭成员评议时发表意见不受追究。

依法不开庭审理的案件，合议庭全体成员均应当阅卷，必要时提交书面阅卷意见。

3.审判长最后发表评议意见原则。《关于人民法院合议庭工作的若干规定》第7条规定，合议庭接受案件后，应当根据有关规定确定案件承办法官，或者由审判长指定案件承办法官。第10条规定，合议庭评议案件时，先由承办法官对认定案件事实、证据是否确实、充分以及适用法律等发表意见，审判长最后发表意见；审判长作为承办法官的，由审判长最后发表意见。对案件的裁判结果进行评议时，由审判长最后发表意见。审判长应当根据评议情况总结合议庭评议的结论性意见。

上述关于合议庭在评议时发表意见的先后顺序的技术性规定，有助于避免合议庭其他成员受审判长意见影响而导致审判长个人主导合议庭审判工作的弊端，对于充分发挥合议庭成员尤其是审判长以外成员的积极性，正确发挥审判长的应有作用，具有重要的意义。附带指出，开庭审理和评议案件，应当由同一合议庭进行。另外，根据规定，合议庭成员在评议案件时，应当认真负责，充分陈述意见，独立行使表决权，不得拒绝陈述意见或者仅作同意与否的简单表态。同意他人意见的，也应当提出事实根据和法律依据，进行分析论证。合议庭成员对评议结果的表决，以口头表决的形式进行。

4.少数服从多数原则。合议庭成员在评议案件的时候，应当表明自己的意见。意见分歧的，应当按多数意见作出决定，但少数意见应当写入笔录。评议笔录由书记员制作，由合议庭的组成人员在审阅确认无误后签名。评议情况应当保密。

5.审理并且评议后作出判决原则。合议庭审理并且评议后，应当及时作出判决或者裁定。对合议庭成员意见有重大分歧的案件、新类型案件、社会影响重大的案件以及其他疑难、复杂、重大的案件，合议庭认为难以作出决定的，可以提请院长决定提交审判委员会讨论决定。院长认为不必要的，可以建议合议庭复议一次。审判委员会的决定，合议庭应当执行。合议庭有不同意见的，可以建议院长提交审判委员会复议。

根据《关于人民法院合议庭工作的若干规

定》第9条的规定，合议庭评议案件应当在庭审结束后5个工作日内进行。根据第14条的规定，合议庭一般应当在作出评议结论或者审判委员会作出决定后5个工作日内制作裁判文书。

裁判文书一般由审判长或者承办法官制作。但是审判长或者承办法官的评议意见与合议庭评议结论或者审判委员会的决定有明显分歧的，也可以由其他合议庭成员制作裁判文书。对制作的裁判文书，合议庭成员应当共同审核，确认无误后签名。

院长、庭长可以对合议庭的评议意见和制作的裁判文书进行审核，但是不得改变合议庭的评议结论。对评议结论有异议的，可以建议合议庭复议，同时应当对要求复议的问题及理由提出书面意见。合议庭复议后，庭长仍有异议的，可以将案件提请院长审核，院长可以提交审判委员会讨论决定。

合议庭对审判委员会的决定有异议，可以提请院长决定提交审判委员会复议一次。

四、审判委员会

审判委员会是人民法院内部设立的对审判工作实行集体领导的组织。

根据《人民法院组织法》的规定，各级人民法院均设立审判委员会。审判委员会由院长、副院长和若干资深法官组成，成员应当为单数。审判委员会会议分为全体会议和专业委员会会议。中级以上人民法院根据审判工作的需要，可以按照审判委员会委员专业和工作分工，召开刑事审判、民事行政审判等专业委员会会议。

审判委员会的职能是总结审判经验，讨论决定重大、疑难或者复杂的案件的法律适用，讨论决定本院已经发生法律效力的判决、裁定、调解书是否应当再审，讨论决定其他有关审判工作的重大问题。最高人民法院对属于审判工作中具体应用法律的问题进行解释，应当由审判委员会全体会议讨论通过；发布指导性案例，可以由审判委员会专业委员会会议讨论通过。根据《刑事诉讼法》第185条的规定，对于疑难、复杂、重大的案件，合议庭认为难以作出决定的，由合议庭提请院长决定提交审判委员会讨论决定。审判委员会在对案件的实质处理上的职权，决定了它在诉讼中的地位，表明它具有审判组织的性质。

根据最高人民法院《解释》的规定，拟判处死刑的案件、本院已经发生法律效力的判决裁定确有错误需要再审的案件、人民检察院抗诉的案件，合议庭应当提请院长决定提交审判委员会讨论决定。对合议庭成员意见有重大分歧的案件、新类型案件、社会影响重大的案件以及其他疑难、复杂、重大的案件，合议庭认为难以作出决定的，可以提请院长决定提交审判委员会讨论决定。人民陪审员可以要求合议庭将案件提请院长决定是否提交审判委员会讨论决定。对提请院长决定提交审判委员会讨论决定的案件，院长认为不必要的，可以建议合议庭复议一次。独任审判的案件，审判员认为有必要的，也可以提请院长决定提交审判委员会讨论决定。审判委员会召开全体会议和专业委员会会议，应当有其组成人员的过半数出席。

审判委员会会议由院长或者院长委托的副院长主持。审判委员会实行民主集中制。审判委员会举行会议时，同级人民检察院检察长或者检察长委托的副检察长可以列席。审判委员会表决案件，应当在合议庭审理的基础之上进行，并应充分听取合议庭成员关于审理和评议情况的说明，慎重地考虑合议庭的评议结论。审判委员会的决定，合议庭、独任审判员应当执行；有不同意见的，可以建议院长提交审判委员会复议。复议后作出的决定，合议庭必须执行。

【本章主要法律规定】

1.《刑事诉讼法》第183 ~ 185条
2. 最高人民法院《关于适用〈中华人民共和国刑事诉讼法〉的解释》第212 ~ 217条
3. 最高人民法院《关于人民法院合议庭工作的若干规定》
4. 最高人民法院《关于进一步加强合议庭职责的若干规定》
5.《人民陪审员法》
6. 最高人民法院《关于适用〈中华人民共和国人民陪审员法〉若干问题的解释》

第十五章
第一审程序

本章主要内容提示

学习本章，要理解并掌握庭前审查程序，强制证人出庭作证制度，人民法院审判公诉案件人民检察院应当派员出席法庭支持公诉，中止审理的情形，简易程序，速裁程序。

第一节　第一审程序概述

一、第一审程序的概念

第一审程序，是指人民法院对人民检察院提起公诉、自诉人提起自诉的案件进行初次审判时应当遵循的步骤和方式、方法。

依据起诉主体的不同，第一审刑事案件可划分为公诉案件和自诉案件。公诉案件是指由人民检察院向人民法院提起公诉的案件；自诉案件是指由被害人或其法定代理人向人民法院起诉并由人民法院直接受理的案件。

二、第一审程序的分类

第一审程序可以划分为第一审普通程序、简易程序和速裁程序三大类。其中，第一审普通程序包括本章第二节"公诉案件第一审程序"和本章第三节"自诉案件第一审程序"的内容。而简易程序则是简化的第一审程序，适用于基层人民法院审判符合法定条件的公诉案件和自诉案件，这是本章第四节的内容。速裁程序是由基层人民法院审判符合法定条件的公诉案件时，所适用的一种比简易程序更为简化的审判程序，这是本章第五节的内容。

第二节　公诉案件第一审程序

公诉案件第一审程序，是指人民法院对人民检察院提起公诉的案件进行初次审判时应当遵循的步骤和方式、方法。公诉案件第一审程序包括庭前审查、庭前准备、法庭审判等诉讼环节。

一、公诉案件庭前审查

（一）公诉案件庭前审查的概念

公诉案件的庭前审查，是指人民法院对人民检察院提起公诉的案件进行审查，以决定是否开庭审判的活动。

《刑事诉讼法》第186条规定:“人民法院对提起公诉的案件进行审查后,对于起诉书中有明确的指控犯罪事实的,应当决定开庭审判。”这一规定表明,人民法院对人民检察院提起公诉的案件,并非径直开庭审判,而是需要经过初步审查,然后才能决定是否开庭审判。因此,对公诉案件的审查是公诉案件第一审程序中的一个必经阶段。

审查公诉案件主要是查明人民检察院提起公诉的案件是否具备开庭审判的条件,即起诉书是否符合《刑事诉讼法》第186条规定的要求。对公诉案件的审查,是一种程序性审查,并不是对案件进行审理,它不解决对被告人的定罪量刑问题。

(二)庭前审查的内容和方式

对提起公诉的案件,人民法院应当在收到起诉书(一式八份,每增加一名被告人,增加起诉书五份)和案卷、证据后,审查以下内容:

1.是否属于本院管辖。

2.起诉书是否写明被告人的身份,是否受过或者正在接受刑事处罚、行政处罚、处分,被采取留置措施的情况,被采取强制措施的时间、种类、羁押地点,犯罪的时间、地点、手段、后果以及其他可能影响定罪量刑的情节;有多起犯罪事实的,是否在起诉书中将事实分别列明。

3.是否移送证明指控犯罪事实及影响量刑的证据材料,包括采取技术调查、侦查措施的法律文书和所收集的证据材料。

4.是否查封、扣押、冻结被告人的违法所得或者其他涉案财物,查封、扣押、冻结是否逾期;是否随案移送涉案财物、附涉案财物清单;是否列明涉案财物权属情况;是否就涉案财物处理提供相关证据材料。

5.是否列明被害人的姓名、住址、联系方式;是否附有证人、鉴定人名单;是否申请法庭通知证人、鉴定人、有专门知识的人出庭,并列明有关人员的姓名、性别、年龄、职业、住址、联系方式;是否附有需要保护的证人、鉴定人、被害人名单。

6.当事人已委托辩护人、诉讼代理人或者已接受法律援助的,是否列明辩护人、诉讼代理人的姓名、住址、联系方式。

7.是否提起附带民事诉讼;提起附带民事诉讼的,是否列明附带民事诉讼当事人的姓名、住址、联系方式等,是否附有相关证据材料。

8.监察调查、侦查、审查起诉程序的各种法律手续和诉讼文书是否齐全。

9.被告人认罪认罚的,是否提出量刑建议、移送认罪认罚具结书等材料。

10.有无《刑事诉讼法》第16条第2项至第6项规定的不追究刑事责任的情形。

庭前审查的方式,应为书面审查,即通过审阅起诉书等书面材料,并围绕上述内容逐项予以审查。

(三)审查后的处理

人民法院对提起公诉的案件审查后,应当按照下列情形分别处理:

1.不属于本院管辖的,应当退回人民检察院。

2.属于《刑事诉讼法》第16条第2项至第6项规定情形的,应当退回人民检察院;属于告诉才处理的案件,应当同时告知被害人有权提起自诉。

3.被告人不在案的,应当退回人民检察院;但是,对人民检察院按照缺席审判程序提起公诉的,应当依照最高人民法院《解释》第24章(关于缺席审判程序)的规定作出处理。

4.需要补充材料的,应当通知人民检察院在3日以内补送。

5.依照《刑事诉讼法》第200条第3项规定宣告被告人无罪后,人民检察院根据新的事实、证据重新起诉的,应当依法受理。

6.依照最高人民法院《解释》第296条规定裁定准许撤诉的案件,没有新的影响定罪量刑的事实、证据,重新起诉的,应当退回人民检察院。

7.被告人真实身份不明,但符合《刑事诉讼法》第160条第2款规定的,应当依法受理。

另外,还需要注意一审程序中的分案审理问题。

同案同审是诉讼的一般原则,但从实践看,

有的案件，同案被告人多达几十人甚至上百人，如作为一个案件审理，势必会大大加长诉讼周期，既影响庭审质量和效率，也会大大增加当事人等诉讼参与人的诉累。对此类案件，分案审理，有其现实必要性。但是，分案审理不能随意为之，更不能通过分案审理的方式变相剥夺当事人质证权。为规范分案处理问题，2021年的最高人民法院《解释》增设规定：对一案起诉的共同犯罪或者关联犯罪案件，被告人人数众多、案情复杂，人民法院经审查认为，分案审理更有利于保障庭审质量和效率的，可以分案审理。分案审理不得影响当事人质证权等诉讼权利的行使。同时，审理过程中，法庭认为有必要的，可以传唤同案被告人、分案审理的共同犯罪或者关联犯罪案件的被告人等到庭对质。

实践中，还存在起诉分案不当的现象，即本应作为一案起诉、一案审理的案件被分拆为两个甚至多个案件起诉。为此，最高人民法院《解释》也规定，对分案起诉的共同犯罪或者关联犯罪案件，人民法院经审查认为，合并审理更有利于查明案件事实、保障诉讼权利、准确定罪量刑的，可以并案审理。

（四）审查的期限

对公诉案件是否受理，应当在7日以内审查完毕。人民法院对提起公诉的案件进行审查的期限，计入审理期限。

二、开庭审判前的准备

开庭审判是人民法院在公诉人、被害人、被告人、法定代理人、辩护人、诉讼代理人、证人等的参加下，依照法律规定的审判制度和程序，当庭进行全面审理，查清案件事实，并依法对案件作出判决的诉讼活动。为了保证法庭审判的顺利进行，开庭前必须做好必要的准备工作。

开庭审理前，人民法院应当进行下列工作：

1.确定审判长及合议庭组成人员。

2.开庭10日以前将起诉书副本送达被告人、辩护人。

3.通知当事人、法定代理人、辩护人、诉讼代理人在开庭5日以前提供证人、鉴定人名单，以及拟当庭出示的证据；申请证人、鉴定人、有专门知识的人出庭的，应当列明有关人员的姓名、性别、年龄、职业、住址、联系方式。

4.开庭3日以前将开庭的时间、地点通知人民检察院。

5.开庭3日以前将传唤当事人的传票和通知辩护人、诉讼代理人、法定代理人、证人、鉴定人等出庭的通知书送达；通知有关人员出庭，也可以采取电话、短信、传真、电子邮件、即时通讯等能够确认对方收悉的方式；对被害人人数众多的涉众型犯罪案件，可以通过互联网公布相关文书，通知有关人员出庭。

6.公开审理的案件，在开庭3日以前公布案由、被告人姓名、开庭时间和地点。

上述工作情况应当记录在案。

为了便于法官把握庭审重点，提高庭审效率，保证庭审质量，刑事诉讼法也允许审判人员在开庭前，在控辩双方的参与下，对案件的程序性争议问题集中听取意见。根据最高人民法院《解释》，案件具有下列情形之一的，人民法院可以决定召开庭前会议：（1）证据材料较多、案情重大复杂的；（2）控辩双方对事实、证据存在较大争议的；（3）社会影响重大的；（4）需要召开庭前会议的其他情形。

控辩双方可以申请人民法院召开庭前会议，提出申请应当说明理由。人民法院经审查认为有必要的，应当召开庭前会议；决定不召开的，应当告知申请人。

庭前会议可以就下列事项向控辩双方了解情况，听取意见：（1）是否对案件管辖有异议；（2）是否申请有关人员回避；（3）是否申请不公开审理；（4）是否申请排除非法证据；（5）是否提供新的证据材料；（6）是否申请重新鉴定或者勘验；（7）是否申请收集、调取证明被告人无罪或者罪轻的证据材料；（8）是否申请证人、鉴定人、有专门知识的人、调查人员、侦查人员或者其他人员出庭，是否对出庭人员名单有异议；（9）是否对涉案财物的权属情况和人民检察院的处理建议有异议；（10）与审判相关的其他问题。庭前会议中，人民法院可以开展附带民事调解。对可能导致庭审中断的程序性事项，人民法院可以在庭前会议后依法作出处理，并在庭审中说明处理决定和理由。控辩双方没有新的理由，在庭审中再次提出有关申请或者异议的，法庭可以在说明庭前会议情况和处理决定理由后，依法予以驳回。庭前会议情况应当制作笔录，由参会人员核对后签名。

庭前会议中，审判人员可以询问控辩双方对证据材料有无异议，对有异议的证据，应当在庭审时重点调查；无异议的，庭审时举证、质证可以简化。

庭前会议的组成人员：庭前会议由审判长主持，合议庭的其他审判员也可以主持庭前会议。从另外一方面来说，合议庭的陪审员不能主持庭前会议，但是可以参加；法官助理属于审判辅助人员，不属于“审判人员”，也不能由其主持庭前会议。

召开庭前会议应当通知公诉人、辩护人到场，但被告人不是必须到场。只有庭前会议准备就非法证据排除了解情况、听取意见，或者准备询问控辩双方对证据材料的意见的，才应当通知被告人到场。有多名被告人的案件，可以根据情况确定参加庭前会议的被告人。庭前会议一般不公开进行。根据案件情况，可以采用视频等方式进行。

人民法院在庭前会议中听取控辩双方对案件事实、证据材料的意见后，对明显事实不清、证据不足的案件，可以建议人民检察院补充材料或者撤回起诉。建议撤回起诉的案件，人民检察院不同意的，开庭审理后，没有新的事实和理由，一般不准许撤回起诉。

对召开庭前会议的案件，可以在开庭时告知庭前会议情况。对庭前会议中达成一致意见的事项，法庭在向控辩双方核实后，可以当庭予以确认；未达成一致意见的事项，法庭可以归纳控辩双方争议焦点，听取控辩双方意见，依法作出处理。控辩双方在庭前会议中就有关事项达成一致意见，在庭审中反悔的，除有正当理由外，法庭一般不再进行处理。

三、法庭审判

法庭审判由合议庭的审判长主持。合议庭审判案件时，审判长所处的地位和所起的作用十分重要。法庭调查、辩论等活动，都由审判长负责指挥。公诉人、当事人、辩护人、诉讼代理人经审判长许可，可以对被告人、证人、鉴定人发问，审判长认为发问的内容与案件无关的时候，有权制止。司法警察和其他值庭人员维持法庭秩序，也受审判长指挥。合议庭的其他成员则应协助审判长。诉讼参与人也都应当听从审判长的指挥，遵守法庭秩序。

根据《刑事诉讼法》的规定，法庭审判程序大体可分为开庭、法庭调查、法庭辩论、被告人最后陈述、评议和宣判五个阶段。但值得注意的是，为深入推进以审判为中心的刑事诉讼制度改革，落实认罪认罚从宽制度，进一步规范量刑程序，促进量刑活动的公开、公正，最高人民法院、最高人民检察院、公安部、国家安全部、司法部于2020年11月联合印发了《关于规范量刑程序若干问题的意见》。依据该规定，人民法院审理刑事案件，应当保障量刑活动的相对独立性。

（一）开庭

根据最高人民法院《解释》的规定，开庭阶段的活动程序是：

1.开庭审理前，书记员应当依次进行下列工作：（1）受审判长委托，查明公诉人、当事人、辩护人、诉讼代理人、证人及其他诉讼参与人是否到庭；（2）核实旁听人员中是否有证人、鉴定人、有专门知识的人；（3）请公诉人、辩护人、诉讼代理人及其他诉讼参与人入庭；（4）宣读法庭规则；（5）请审判长、审判员、人民陪审员入庭；（6）审判人员就座后，向审判长报告开庭前的准备工作已经就绪。

2.审判长宣布开庭，传被告人到庭后，应当查明被告人的下列情况：（1）姓名、出生日期、民族、出生地、文化程度、职业、住址，或者被告单位的名称、住所地、法定代表人、实际控制人以及诉讼代表人的姓名、职务。（2）是否受过刑事处罚、行政处罚、处分及其种类、时间。（3）是否被采取留置措施及留置的时间，是否被采取强制措施及强制措施的种类、时间。（4）收到起诉书副本的日期；有附带民事诉讼的，附带民事诉讼被告人收到附带民事起诉状的日期。

被告人较多的，可以在开庭前查明上述情况，但开庭时审判长应当作出说明。

3.审判长宣布案件的来源、起诉的案由、附带民事诉讼当事人的姓名及是否公开审理；不公开审理的，应当宣布理由。

4.审判长宣布合议庭组成人员、法官助理、书记员、公诉人的名单，以及辩护人、诉讼代理人、鉴定人、翻译人员等诉讼参与人的名单。

5.审判长应当告知当事人及其法定代理人、辩护人、诉讼代理人在法庭审理过程中依法享有下列诉讼权利：(1)可以申请合议庭组成人员、法官助理、书记员、公诉人、鉴定人和翻译人员回避；(2)可以提出证据，申请通知新的证人到庭、调取新的证据，申请重新鉴定或者勘验；(3)被告人可以自行辩护；(4)被告人可以在法庭辩论终结后作最后陈述。

6.审判长应当询问当事人及其法定代理人、辩护人、诉讼代理人是否申请回避，申请何人回避和申请回避的理由。当事人及其法定代理人、辩护人、诉讼代理人申请回避的，依照刑事诉讼法及最高人民法院《解释》的有关规定处理。同意或者驳回申请的决定及复议决定，由审判长宣布，并说明理由。必要时，也可以由院长到庭宣布。

对于共同犯罪案件，应将各被告人同时传唤到庭，逐一查明身份及基本情况后，集中宣布上述事项和被告人在法庭审理过程中享有的权利，询问是否申请回避，以避免重复，节省开庭时间。

被告人认罪认罚的，审判长应当告知被告人享有的诉讼权利和认罪认罚的法律规定，审查认罪认罚的自愿性和认罪认罚具结书内容的真实性、合法性。

(二)法庭调查

开庭阶段的事项进行完毕后，由审判长宣布开始法庭调查。

法庭调查，是指在公诉人、当事人和其他诉讼参与人的参加下，由合议庭主持对案件事实和证据进行调查核对的诉讼活动。法庭调查是案件进入实体审理的一个重要阶段，是法庭审判的中心环节。法庭调查中，法庭不仅要调查与定罪有关的案件事实，还应当查明对被告人适用特定法定刑幅度以及其他从重、从轻、减轻或免除处罚的法定或者酌定量刑情节。能否确认案件事实，被告人是否承担刑事责任，以及如何进行量刑，关键在于法庭调查的结论如何。最高人民法院《解释》第278条规定，对被告人认罪的案件，在确认被告人了解起诉书指控的犯罪事实和罪名，自愿认罪且知悉认罪的法律后果后，法庭调查可以主要围绕量刑和其他有争议的问题进行。对被告人不认罪或者辩护人作无罪辩护的案件，法庭调查应当在查明定罪事实的基础上，查明有关量刑事实。

根据《刑事诉讼法》第191～197条的规定，法庭调查的程序是：

1.公诉人宣读起诉书。审判长宣布法庭调查开始后，由公诉人宣读起诉书；公诉人宣读起诉书后，审判长应当讯问被告人对起诉书指控的犯罪事实和罪名有无异议。有附带民事诉讼的，公诉人宣读起诉书后，再由附带民事诉讼原告人或者其法定代理人、诉讼代理人宣读附带民事起诉状。

起诉书是人民法院审判的合法依据，没有起诉，就没有辩护和审判；起诉书又是法庭审判的基础，法庭对案件的审判仅限于起诉的内容和范围。宣读起诉书，表明人民检察院将被告人提请法庭审判，并提供了审判的内容和范围，同时也可使旁听公民了解案件的基本情况，便于他们监督法庭的审判活动，并起到法制宣传的作用。

宣读起诉书时，如果一案有数名被告人，应同时在场。

起诉书指控的被告人的犯罪事实为两起以上的，法庭调查一般应当分别进行。

2.被告人、被害人就起诉书指控的犯罪事实分别陈述。公诉人宣读起诉书后，审判长应当询问被告人对起诉书指控的犯罪事实和罪名有无异议。被告人、被害人可以就起诉书指控的犯罪事实分别进行陈述。

被告人如果承认起诉书指控的犯罪事实，则应就自己的犯罪行为进行陈述；如果否认指控，应允许其陈述辩解意见。被告人陈述之后，应允许被害人根据起诉书对犯罪的指控陈述自己受害的经过。被告人、被害人就起诉书指控的犯罪事实分别进行陈述，有助于合议庭了解当事人对指控的基本意见。

3.讯问、发问被告人、被害人。

（1）公诉人讯问被告人。在审判长主持下，公诉人可以就起诉书指控的犯罪事实讯问被告人。讯问的目的是揭露、证实犯罪，支持其指控，使审判人员对其指控的犯罪事实清楚明了，采纳其指控意见。讯问被告人，一般应围绕下列事实进行：

第一，被告人的身份；

第二，指控的犯罪事实是否存在，是否为被告人所实施；

第三，实施犯罪行为的时间、地点、方法、手段、结果，被告人犯罪后的表现等；

第四，犯罪集团或者其他共同犯罪案件中参与犯罪人员的各自地位和应负的责任；

第五，被告人有无刑事责任能力，有无故意或者过失，行为的动机、目的；

第六，有无依法不应当追究刑事责任的情况，有无法定的从重或者从轻、减轻以及免除处罚的情节；

第七，犯罪对象、作案工具的主要特征，与犯罪有关的财物的来源、数量以及去向；

第八，被告人全部或者部分否认起诉书指控的犯罪事实的，否认的根据和理由能否成立；

第九，与定罪、量刑有关的其他事实。如对被告人适用特定法定刑幅度以及其他从重、从轻、减轻或免除处罚的法定或者酌定量刑情节等。

讯问被告人，应当避免可能影响陈述客观真实的诱导性讯问以及其他不当讯问。

（2）经审判长准许，被害人及其法定代理人、诉讼代理人、附带民事诉讼原告人及其法定代理人、诉讼代理人、被告人的法定代理人、辩护人、附带民事诉讼被告人及其法定代理人、诉讼代理人，可以向被告人发问。被害人及其法定代理人、诉讼代理人经审判长准许，可以就公诉人讯问的犯罪事实补充发问。被害人作为犯罪行为的直接受害者，为了解案情，通过被害人及其诉讼代理人的发问，能够补充公诉人的讯问，当庭揭露被告人的虚假陈述，增强控诉的力度。附带民事诉讼原告人及其法定代理人、诉讼代理人就附带民事诉讼部分的事实向被告人发问，可以证实被告人的犯罪行为给自己造成的物质损失、精神损害和其应承担的赔偿责任。被告人的法定代理人、辩护人、附带民事诉讼被告人及其法定代理人、诉讼代理人可以在控诉方、附带民事诉讼原告方就某一问题讯问、发问完毕后向被告人发问。通过发问，揭示有利于被告人的事实和情节，以达到辩护的目的。根据案件情况，就证据问题对被告人的讯问、发问可以在举证、质证环节进行。审判长主持讯问、发问被告人时，对于同案审理的被告人，应当分别进行，以免被告人相互影响。同案被告人供述之间存在实质性差异的，可以传唤同案被告人等到庭对质。根据案件情况，就证据问题对被告人的讯问、发问可以在举证、质证环节进行。

（3）经审判长准许，控辩双方可以向被害人、附带民事诉讼原告人发问。对被害人、附带民事诉讼原告人的发问，有利于进一步揭示案情。讯问、发问被告人和发问被害人，必须在审判长主持下进行。起诉书指控的被告人的犯罪事实为两起以上的，一般应当就每一起犯罪事实分别进行讯问与发问。控辩双方的讯问、发问方式不当或者内容与本案无关的，对方可以提出异议，申请审判长制止，审判长应当判明情况予以支持或者驳回；对方未提出异议的，审判长也可以根据情况予以制止。

（4）审判人员讯问被告人，向被害人、附带民事诉讼当事人发问。我国的审判人员并不是完全消极的仲裁者，为了澄清疑问，必要时，审判人员可以讯问被告人，也可以向被害人、附带民事诉讼当事人发问。“必要时”一般是指审判人员对审理过程中有疑问的地方或者当事人在陈述时有表述不清的地方。审判人员的讯问、发问是建立在各方陈述、讯问、发问的基础之上，有针对性地进行的，其目的是消除疑点。

4.出示、核实证据。根据《刑事诉讼法》的规定，证据只有经过查证属实才能成为定案的根据。因此，在讯问、发问当事人以后，应当核查各种证据。

《刑事诉讼法》第51条明确规定了公诉案件中人民检察院的举证责任，在公诉案件中，人民检察院负有举证证明被告人有罪的责任。因此，核查证据应从控方向法庭举证开始。公诉人可以提请法庭通知证人、鉴定人、有专门知识的人、调查人员、侦查人员或者其他人员出庭，或者出示证据。被害人及其法定代理人、诉讼代理人，附带民事诉讼原告人及其诉讼代理人也可以提出申请。

最高人民检察院《规则》第399条规定，在法庭审理中，公诉人应当客观、全面、公正地向法庭出示与定罪、量刑有关的证明被告人有罪、罪重或者罪轻的证据。按照审判长要求，或者经审判长同意，公诉人可以按照以下方式举证、质证：（1）对于可能影响定罪量刑的关键证据和控辩双方存在争议的证据，一般应当单独举证、质证；（2）对于不影响定罪量刑且控辩双方无异议的证据，可以仅就证据的名称及其证明的事项、内容作出说明；（3）对于证明方向一致、证明内容相近或者证据种类相同，存在内在逻辑关系的证据，可以归纳、分组示证、质证。公诉人出示证据时，可以借助多媒体设备等方式出示、播放或者演示证据内容。定罪证据与量刑证据需要分开的，应当分别出示。

在控诉一方举证后，被告人及其法定代理人、辩护人可以提请法庭通知证人、鉴定人、有专门知识的人、调查人员、侦查人员或者其他人员出庭作证，或者出示证据。

控辩双方申请证人出庭作证，出示证据，应当说明证据的名称、来源和拟证明的事实。法庭认为有必要的，应当准许；对方提出异议，认为有关证据与案件无关或者明显重复、不必要，法庭经审查异议成立的，可以不予准许。

《刑事诉讼法》规定，人民检察院在提起公诉时应将所有的案卷和证据材料移送人民法院，但实践中有检察院在移送案卷之后向法院要求借阅材料以备支持公诉。为此，最高人民法院《解释》明确规定，已经移送人民法院的证据，控辩双方需要出示的，可以向法庭提出申请，法庭可以准许。案卷和证据材料应当在质证后当庭归还。需要播放录音录像或者需要将证据材料交由法庭、公诉人或者诉讼参与人查看的，法庭可以指令值庭法警或者相关人员予以协助。因此，实践中，控辩双方只能申请当庭借用。对于控辩双方提出取回已移送人民法院的案卷和证据材料的，法庭应当不予准许。

控辩双方向法庭提供的证据，都应当经当庭质证、辨认和辩论。具体程序是：

（1）询问证人。根据《刑事诉讼法》第192条的规定，并非所有的证人都出庭作证，证人出庭作证主要适用于控辩双方对证人证言有异议，而且该证人证言对案件定罪量刑有重大影响的情形。第192条第1款规定："公诉人、当事人或者辩护人、诉讼代理人对证人证言有异议，且该证人证言对案件定罪量刑有重大影响，人民法院认为证人有必要出庭作证的，证人应当出庭作证。"可见，证人出庭作证需同时满足如下几个条件：第一，公诉人、当事人或者辩护人、诉讼代理人对证人证言有异议。控辩双方对证人证言没有异议的，当庭宣读证人证言即可，无需证人出庭。第二，该证人证言对案件定罪量刑有重大影响。如果该证人证言对案件定罪量刑没有重大影响，即便控辩双方对证人证言存在异议，该证人也无出庭作证必要。现实中证人出庭作证率非常低，强行要求所有证人出庭是不现实的，因此，该条规定证人证言对案件定罪量刑有重大影响的证人必须出庭作证。第三，人民法院认为证人有必要出庭作证的。该条实际上是赋予人民法院在决定证人是否出庭时一定的裁量权，只有人民法院认为有必要出庭的证人才被允许出庭。

此外，控辩双方也可申请调查人员、侦查人员或者有关人员出庭，但这些人员出庭需满足两个条件：一是"控辩双方对侦破经过、证据来源、证据真实性或者合法性等有异议"；二是"人民法院认为有必要"。为了查明案件事实、调查核实证据，人民法院也可以依职权通知调查人员、侦查人员或者其他人员出庭。此外，人民警察还可就其执行职务时目击的犯罪情况出庭作证。调查人员、侦查人员或者有关人员出庭作证时，参照适用证人出庭作证的规定。

六机关《规定》第28条规定，人民法院依法通知证人、鉴定人出庭作证的，应当同时将证人、鉴定人出庭通知书送交控辩双方，控辩双方应当予以配合。最高人民法院《解释》第253条规定，证人具有下列情形之一，无法出庭作证的，人民法院可以准许其不出庭：①庭审期间身患严重疾病或者行动极为不便的；②居所远离开庭地点且交通极为不便的；③身处国外短期无法回国的；④有其他客观原因，确实无法出庭的。具有前款规定情形的，可以通过视频等方式作证。

经人民法院通知，证人没有正当理由不出庭作证的，人民法院可以强制其到庭，但是被告人的配偶、父母、子女除外。强制证人出庭的，应当由院长签发强制证人出庭令，并由法警执行，必要时，可以商请公安机关协助执行。证人没有正当理由拒绝出庭或者出庭后拒绝作证的，予以训诫，情节严重的，经院长批准，处以10日以下的拘留。被处罚人对拘留决定不服的，可以向上一级人民法院申请复议。复议期间不停止执行。

证人到庭后，法庭应当核实其身份、与当事人以及本案的关系，告知其有关权利义务，并告知其应当如实地提供证言和有意作伪证或者隐匿罪证要负的法律责任。证人应当保证向法庭如实提供证言，并在保证书上签名。

证人出庭后，一般先向法庭陈述证言，其后，经审判长许可，由申请通知证人出庭的一方发问，发问完毕后，对方也可以发问。法庭依职权通知证人出庭的，发问顺序由审判长根据案件情况决定。

向证人发问应当遵循以下规则：第一，发问的内容应当与本案事实有关；第二，不得以诱导方式发问；第三，不得威胁证人；第四，不得损害证人的人格尊严。控辩双方的讯问、发问方式不当或者内容与本案无关的，对方可以提出异议，申请审判长制止，审判长应当判明情况予以支持或者驳回；双方未提出异议的，审判长也可以根据情况予以制止。审判人员认为必要时，可以询问证人。向证人发问应当分别进行。证人经控辩双方发问或者审判人员询问后，审判长应当告其退庭。证人不得旁听对本案的审理。

（2）询问鉴定人。《刑事诉讼法》第192条第3款规定了鉴定人出庭作证的情形，公诉人、当事人或者辩护人、诉讼代理人对鉴定意见有异议，人民法院认为鉴定人有必要出庭的，鉴定人应当出庭作证。经人民法院通知，鉴定人拒不出庭作证的，鉴定意见不得作为定案的根据。鉴定人由于不能抗拒的原因或者有其他正当理由无法出庭的，人民法院可以根据情况决定延期审理或者重新鉴定。鉴定人无正当理由拒不出庭作证的，人民法院应当通报司法行政机关或者有关部门。

鉴定人到庭后，对鉴定人的身份确认、权利义务告知、询问等事项，适用以上关于证人出庭的程序和规则。

证人、鉴定人、被害人因出庭作证，本人或者其近亲属的人身安全面临危险的，人民法院应当采取不公开其真实姓名、住址和工作单位等个人信息，或者不暴露其外貌、真实声音等保护措施。辩护律师经法庭许可，查阅对证人、鉴定人、被害人使用化名情况的，应当签署保密承诺书。审判期间，证人、鉴定人、被害人提出保护请求的，人民法院应当立即审查；认为确有保护必要的，应当及时决定采取相应保护措施。必要时，可以商请公安机关协助。决定对出庭作证的证人、鉴定人、被害人采取不公开个人信息的保护措施的，审判人员应当在开庭前核实其身份，对证人、鉴定人如实作证的保证书不得公开，在判决书、裁定书等法律文书中可以使用化名等代替其个人信息。审理涉及未成年人的刑事案件，询问未成年被害人、证人，通知未成年被害人、证人出庭作证，适用最高人民法院《解释》第22章关于未成年人刑事诉讼程序的有关规定。

（3）申请有专门知识的人出庭作证。为核实鉴定人的鉴定意见，刑事诉讼法还规定了控辩双方申请有专门知识的人出庭作证的制度。《刑事诉讼法》第197条第2款至第4款规定，公诉人、当事人和辩护人、诉讼代理人可以申请法庭通知有专门知识的人出庭，就鉴定人作出的鉴定意见提出意见。法庭对于上述申请，应当作出是否同意的决定。有专门知识的人出庭，适用鉴定人的有关规定。最高人民法院《解释》规定，申请法庭通知有专门知识的人出庭，就鉴定意见提出意见的，应当说明理由。法庭认为有必要的，应当通知有专门知识的人出庭。申请有专门知识的人出庭，不得超过2人。有多种类鉴定意见的，可以相应增加人数。

（4）出示、宣读证据。举证方应当向法庭出示物证，让当事人辨认，对未到庭的证人的证言笔录、鉴定人的鉴定意见、勘验笔录和其他作为证据的文书，应当当庭宣读。

举证方当庭出示证据后，由对方发表质证意见。对可能影响定罪量刑的关键证据和控辩双方存在争议的证据，一般应当单独举证、质证，充分听取质证意见。对控辩双方无异议的非关键证据，举证方可以仅就证据的名称及拟证明的事实作出说明。召开庭前会议的案件，举证、质证可以按照庭前会议确定的方式进行。根据案件和庭审情况，法庭可以对控辩双方的举证、质证方式进行必要的指引。当庭出示的证据，尚未移送人民法院的，应当在质证后当庭移交。

法庭审理过程中，对与量刑有关的事实、证据，应当进行调查。人民法院应在查明定罪事实的基础上，查明有关量刑事实。除应当审查被告人是否具有法定量刑情节外，还应当根据案件情况审查以下影响量刑的情节：①案件起因；②被害人有无过错及过错程度，是否对矛盾激化负有责任及责任大小；③被告人的近亲属是否协助抓获被告人；④被告人平时表现，有无悔罪态度；⑤退赃、退赔及赔偿情况；⑥被告人是否取得被害人或者其近亲属谅解；⑦影响量刑的其他情节。

公诉人申请出示开庭前未移送或者提交人民法院的证据，辩护方提出异议的，审判长应当要求公诉人说明理由；理由成立并确有出示必要的，应当准许。辩护方提出需要对新的证据作辩护准备的，法庭可以宣布休庭，并确定准备辩护的时间。辩护方申请出示开庭前未提交的证据，适用以上规定。

5.调取新证据。法庭审理过程中，控辩双方申请通知新的证人到庭，调取新的证据，申请重新鉴定或者勘验的，应当提供证人的基本信息、证据的存放地点，说明拟证明的事项，申请重新鉴定或者勘验的理由。法庭认为有必要的，应当同意，并宣布休庭；根据案件情况，可以决定延期审理。人民法院决定重新鉴定的，应当及时委托鉴定，并将鉴定意见告知人民检察院、当事人及其辩护人、诉讼代理人。

审判期间，合议庭发现被告人可能有自首、坦白、立功等法定量刑情节，而人民检察院移送的案卷中没有相关证据材料的，应当通知人民检察院在指定时间内移送。被告人提出新的立功线索的，人民法院可以建议人民检察院补充侦查。

审判期间，公诉人发现案件需要补充侦查，建议延期审理的，合议庭可以同意，但建议延期审理不得超过两次。人民检察院将补充收集的证据移送人民法院的，人民法院应当通知辩护人、诉讼代理人查阅、摘抄、复制。补充侦查期限届满后，人民检察院未将补充的证据材料移送人民法院的，人民法院可以根据在案证据作出判决、裁定。

人民法院向人民检察院调取需要调查核实的证据材料，或者根据被告人、辩护人的申请，向人民检察院调取在调查、侦查、审查起诉期间收集的有关被告人无罪或者罪轻的证据材料，应当通知人民检察院在收到调取证据材料决定书后3日以内移交。

6.合议庭调查核实证据。法庭对证据有疑问的，可以告知公诉人、当事人及其法定代理人、辩护人、诉讼代理人补充证据或者作出说明；必要时，可以宣布休庭，对该证据调查核实。人民法院调查核实证据时，可以进行勘验、检查、查封、扣押、鉴定和查询、冻结。必要时，可以通知检察人员、辩护人到场。上述人员未到场的，应当记录在案。在法庭审理过程中，审判人员对量刑证据有疑问的，可以宣布休庭，对证据进行调查核实，必要时也可以要求人民检察院补充调查核实。人民检察院补充调查核实有关证据，必要时可以要求侦查机关提供协助。

人民法院调查核实证据时，发现对定罪量刑有重大影响的新的证据材料的，应当告知检察人员、辩护人。必要时，也可以直接提取，并及时通知检察人员、辩护人查阅、摘抄、复制。

对公诉人、当事人及其法定代理人、辩护人、诉讼代理人补充的和审判人员庭外调查核实取得的证据，应当经过当庭质证才能作为定案的根据。但是，对不影响定罪量刑的非关键证据、有利于被告人的量刑证据以及认定被告人有犯罪前科的裁判文书等证据，经庭外征求意见，控辩双方没有异议的除外。有关情况，应当记录在案。

法庭审理过程中，应当对查封、扣押、冻结财物及其孳息的权属、来源等情况，是否属于违法所得或者依法应当追缴的其他涉案财物进行调查，由公诉人说明情况、出示证据、提出处理建议，并听取被告人、辩护人等诉讼参与人的意见。案外人对查封、扣押、冻结的财物及其孳息提出权属异议的，人民法院应当听取案外人的意见；必要时，可以通知案外人出庭。经审查，不能确认查封、扣押、冻结的财物及其孳息属于违法所得或者依法应当追缴的其他涉案财物的，不得没收。

（三）法庭辩论

法庭辩论，是在法庭调查的基础上，控诉方与辩护方就被告人的行为是否构成犯罪、犯罪的性质、罪责轻重、证据是否确实充分，以及如何适用刑罚等问题，进行互相争论和反驳的一种诉讼活动。它是庭审的一个重要环节。通过控辩双方的辩论，将进一步揭示案情，明确如何适用法律，为案件的正确裁判奠定基础。

合议庭认为案件事实已经调查清楚的，应当由审判长宣布法庭调查结束，开始就定罪、量刑、涉案财物处理的事实、证据、适用法律等问题进行法庭辩论。需要注意的是，《刑事诉讼法》特别强调了对量刑事实的调查与辩论，第198条第1款规定，“法庭审理过程中，对与定罪、量刑有关的事实、证据都应当进行调查、辩论”。最高人民法院、最高人民检察院、公安部、国家安全部、司法部《关于规范量刑程序若干问题的意见》第15条也规定：“对于被告人不认罪或者辩护人作无罪辩护的案件，法庭调查和法庭辩论分别进行……在法庭辩论阶段，审判人员引导控辩双方先辩论定罪问题。在定罪辩论结束后，审判人员告知控辩双方可以围绕量刑问题进行辩论，发表量刑建议或意见，并说明依据和理由。被告人及其辩护人参加量刑问题的调查的，不影响做无罪辩解或者辩护。”

法庭辩论应当在审判长的主持下，按照下列顺序进行：（1）公诉人发言；（2）被害人及其诉讼代理人发言；（3）被告人自行辩护；（4）辩护人辩护；（5）控辩双方进行辩论。

在司法实践中，公诉人的首轮发言被称作发表公诉词。公诉词是公诉人根据控诉职能，对案件事实、证据和适用法律发表的总结性意见。其内容一般包括：（1）对法庭调查结果的简单概括；（2）进行证据分析，认定被告人的犯罪行为；（3）指出被告人犯罪的动机、目的、手段、性质和犯罪行为的社会危害性；（4）分析被告人犯罪的思想根源和社会根源；（5）进行法律上的论证，指出被告人触犯的刑事法律条款和应负的法律责任；（6）提出对被告人依法处理的要求。公诉词在写法上没有统一的格式，一般来说，内容可分为标题和正文两个部分。标题应写明“×××人民检察院公诉词”字样，也可写作“×××人民检察院关于××案的公诉词”。正文部分，可分为引言、主体和结尾三部分。引言的开头，一般应先写称呼语，即顶格写“审判长、审判员（人民陪审员）”。在行文中，有时为了宣读的需要，可以在重要的地方或需要提醒法庭注意的地方，相应插入称呼语。引言内容，需要写明对法庭调查情况的简要概括。如“在以上法庭调查中，通过宣读证人证言、技术鉴定意见、现场勘查笔录，证人出庭作证，出示物证以及讯问被告，已清楚地证明本院起诉书中所列被告人×××所犯罪行，事实清楚，证据确实、充分。现在，我就本案发表以下几点意见，请法庭在判决时予以考虑”。主体部分是公诉词写作的核心部分，可视上面谈到的第（2）~（6）项内容进行有侧重的分析、论述。最后是公诉词的结尾部分，即正文分析论证后的结束语言。一审公诉词可写为：“以上几点意见请法庭结合全案情节，考虑被告人的认罪态度，依照我国刑法的有关规定，作出正确的判决。”最后注明制作的年月日。

人民检察院可以提出量刑建议并说明理由；建议判处管制、宣告缓刑的，一般应当附有调查评估报告，或者附有委托调查函。当事人及其辩护人、诉讼代理人可以对量刑提出意见并说明理由。根据《关于规范量刑程序若干问题的意见》第6条的规定，量刑建议包括主刑、附加刑、是否适用缓刑等。主刑可以具有一定的幅度，也可以根据案件具体情况，提出确定刑期的量刑建议。建议判处财产刑的，可以提出确定的数额。

辩护人的首轮发言被称作发表辩护词。辩护词是辩护人以法庭调查查明的案情为基础，提出的维护被告人合法权益的总结性意见。辩护词的内容由序言、辩护理由和结论三部分组成。序言包括五项内容：(1)标题，写出“辩护词”三字，也可写作“×××(被告人)××一案的辩护词”。(2)称呼语，顶格写“审判长、审判员(人民陪审员)”。(3)写明辩护人出庭辩护的法律依据和责任，如“根据《中华人民共和国刑事诉讼法》第33条的规定，我经××市××律师事务所的委派，担任被告人的辩护人”。(4)简要说明辩护人开庭前做的主要工作。(5)表明对本案的基本观点，包括：或认为被告人无罪，或认为被告人罪轻，或认为被告人应当减轻处罚，或认为被告人应当免除刑事责任。辩护理由是辩护词的核心部分，可以从以下几个方面提出：①事实辩；②证据辩；③无罪辩；④罪轻辩；⑤罪轻免刑辩；⑥适用法律辩；⑦管辖辩；⑧诉讼时效辩；等等。结论又称结束语。首先应对辩护理由作一概要小结，其次提出对被告人从轻、减轻、免除刑事责任或宣告无罪的意见，最后还要使用适当的结束语表示发言的完结。

对被告人认罪的案件，法庭辩论时，应当指引控辩双方主要围绕量刑和其他有争议的问题进行。对被告人不认罪或者辩护人作无罪辩护的案件，法庭辩论时，可以指引控辩双方先辩论定罪问题，后辩论量刑问题和其他问题。

附带民事诉讼部分的辩论应当在刑事部分的辩论结束后进行，其辩论顺序是：先由附带民事诉讼原告人及其诉讼代理人发言，后由附带民事诉讼被告人及其诉讼代理人答辩。总之，法庭辩论的次序应是自控方发言始，至辩方发言止为一轮，反复进行。

法庭辩论应在审判长主持下进行。法庭辩论过程中，审判长应当充分听取控辩双方的意见，对控辩双方与案件无关、重复或者指责对方的发言应当提醒、制止。

法庭辩论过程中，合议庭发现与定罪、量刑有关的新的事实，有必要调查的，审判长可以宣布恢复法庭调查，在对新的事实调查后，继续法庭辩论。那么，公诉人当庭发表与起诉书不同的意见如何处理？最高人民法院《解释》规定，属于变更、追加、补充或者撤回起诉的，人民法院应当要求人民检察院在指定时间内以书面方式提出；必要时，可以宣布休庭。人民检察院在指定时间内未提出的，人民法院应当根据法庭审理情况，就起诉书指控的犯罪事实依法作出判决、裁定。人民检察院变更、追加、补充起诉的，人民法院应当给予被告人及其辩护人必要的准备时间。需要注意的是：

其一，“公诉人当庭发表与起诉书不同的意见”，是指在起诉后未出现新的事实证据情况下，公诉人发表与起诉书不同意见的情形。对于出现的新的事实、特别是体现被告人认罪悔罪态度的新事实，直接由法庭根据新的事实证据作出认定即可。例如，自首的被告人在开庭后翻供的，法庭可以直接不认定自首；认罪认罚的被告人在开庭后不认罪、不接受量刑建议的，法庭可以直接不认定认罪认罚；有的被告人在起诉后才退赃退赔，法庭可以直接认定退赃退赔这一情节。对于上述情形，无须由公诉人对起诉书作出变更，法庭在听取双方意见后直接认定即可。

其二，公诉人当庭发表与起诉书不同的意见，情况较为复杂。有的变更不影响定罪量刑，如对作案时间发表不同意见，直接变更即可。

更多情形下则对定罪量刑会产生影响，但具体情况又会存在差异：有的是直接变更罪名，如由职务侵占罪调整为贪污罪；有的涉及法定刑幅度的调整，如盗窃金额由10万元调整为1万元；有的只是涉及具体犯罪情节的认定，如盗窃金额由3500元调整为3000元。如果属于变更、追加、补充或者撤回起诉等重大事项的，应当以书面方式提出。而且，上述情形下，是否应当休庭，也不能简单作出统一规定，而应当交由实践裁量处理。例如，起诉书认定的盗窃金额是3500元，公诉人当庭发现计算有误，应当为3000元，量刑档次未发生变化，且所作变更有利于被告人，法庭可以继续开庭审理，但应当在庭后要求人民检察院以书面方式作出变更；相反，如果公诉人当庭改变起诉罪名，特别是由轻罪名改重罪名的，则休庭为宜，以更好地保障被告人的辩护权。又如，公诉人当庭追加起诉的，则可以以起诉书指控的罪行先行开庭，休庭后待人民检察院以书面方式追加起诉后，再行开庭就追加的起诉进行审理。

其三，人民检察院变更、追加、补充起诉的，人民法院应当给予被告人及其辩护人必要的准备时间，以充分保障被告人合法权益。

经过几轮辩论，审判长认为控辩双方的发言中已经没有新的问题和意见提出，没有继续辩论必要时，即应终止双方发言，宣布辩论终结。

(四)被告人最后陈述

《刑事诉讼法》第198条第3款规定，审判长在宣布辩论终结后，被告人有最后陈述的权利。这是被告人的一项重要诉讼权利。审判长应当告知被告人享有此项权利。被告人最后陈述也是法庭审判中一个独立的阶段。审判长宣布法庭辩论终结后，合议庭应当保证被告人充分行使最后陈述的权利。被告人在最后陈述中多次重复自己的意见时，审判长可以制止。陈述内容蔑视法庭、公诉人，损害他人及社会公共利益，或者与本案无关的，应当制止。在公开审理的案件中，被告人最后陈述的内容涉及国家秘密、个人隐私或者商业秘密的，也应当制止。被告人在最后陈述中提出新的事实、证据，合议庭认为可能影响正确裁判的，应当恢复法庭调查；被告人提出新的辩解理由，合议庭认为可能影响正确裁判的，应当恢复法庭辩论。

附带指出，附带民事诉讼部分可以在法庭辩论结束后当庭调解。不能达成协议的，可以同刑事部分一并判决。

近年来，人民法院主动适应互联网时代发展要求，回应人民群众公正、高效、便捷、多元解纷的司法需求，稳妥有序地推进完善案件在线审理机制。各地法院依托"中国移动微法院"诉讼平台，逐步推广适用在线诉讼，实现审判模式转型升级。尤其在疫情特定期间，在线诉讼大显身手，实现了"审判执行不停摆，公平正义不止步"，为统筹推进疫情防控和经济社会发展作出了积极贡献。为了规范实践中存在的在线诉讼效力不确定、规则不明确、标准不清晰、程序不统一、操作不规范等问题，最高人民法院于2021年6月发布的《人民法院在线诉讼规则》(以下本部分简称《规则》)明确了在线诉讼的法律效力、基本原则、适用条件，内容涵盖在线立案、调解、证据交换、庭审、宣判、送达等诉讼环节，首次从司法解释层面构建形成系统完备、指向清晰、务实管用的在线诉讼规则体系。

《规则》第3条规定，人民法院综合考虑案件情况、当事人意愿和技术条件等因素，可以对以下案件适用在线诉讼：(1)民事、行政诉讼案件；(2)刑事速裁程序案件，减刑、假释案件，以及因其他特殊原因不宜线下审理的刑事案件；(3)民事特别程序、督促程序、破产程序和非诉执行审查案件；(4)民事、行政执行案件和刑事附带民事诉讼执行案件；(5)其他适宜采取在线方式审理的案件。

《规则》充分考虑到刑事案件的特殊性，针对刑事案件在线诉讼的适用条件、适用环节、庭审要求等方面作出专门规定。在适用条件上，人民法院对符合《规则》第3条第2项规定的刑事案件，在征得公诉人、当事人、辩护人同意的基础上，可以采取在线方式审理。刑事案件与民事、行政案件存在一定差异，除当事人外，作为控方的公诉人和具有独立诉讼权利的辩护人均是重要的诉讼主体，享有相应的程序利益，因此适用在线诉讼应当征得其同意。在适用环节上，刑事案件在线审理主要适用于讯问被告人、开庭审理、宣判环节。《规则》关于立案、证据交换、证据认定、送达、签名等诉讼活动的规定，原则上均不适用于刑事案件。在庭审要求上，《规则》区分被告人、罪犯是否在押的不同情形，分别明确在线出庭的具体场所和方式。刑事案件的诉讼主体原则上不得在非指定场所以外的地点在线出庭，以确保刑事案件在线审理的规范性、严肃性和可操作性。即符合《规则》第3条第2项规定的刑事案件，经公诉人、当事人、辩护人同意，可以根据案件情况，采取在线方式讯问被告人、开庭审理、宣判等。案件采取在线方式审理的，按照以下情形分别处理：(1)被告人、罪犯被羁押的，可以在看守所、监狱等羁押场所在线出庭；(2)被告人、罪犯未被羁押的，因特殊原因确实无法到庭的，可以在人民法院指定的场所在线出庭；(3)证人、鉴定人一般应当在线下出庭，但法律和司法解释另有规定的除外。

(五)评议和宣判

被告人最后陈述后，审判长应当宣布休庭，由合议庭进行评议。

1.评议。合议庭评议案件，应当根据已经查明的事实、证据和有关法律规定，在充分考虑控辩双方意见的基础上，确定被告人是否有罪、构成何罪，有无从重、从轻、减轻或者免除处罚的情节，应否处以刑罚、判处何种刑罚，附带民事诉讼如何解决，查封、扣押、冻结的财物及其孳息如何处理等，并依法作出判决、裁定。对第一审公诉案件，人民法院审理后，应当按照下列情形分别作出判决、裁定：

(1)起诉指控的事实清楚，证据确实、充分，依据法律认定指控被告人的罪名成立的，应当作出有罪判决。

(2)起诉指控的事实清楚，证据确实、充分，但指控的罪名不当的，应当依据法律和审理认定的事实作出有罪判决。

(3)案件事实清楚，证据确实、充分，依据法律认定被告人无罪的，应当判决宣告被告人无罪。

(4)证据不足，不能认定被告人有罪的，应当以证据不足、指控的犯罪不能成立，判决宣告被告人无罪。

(5)案件部分事实清楚，证据确实、充分的，应当作出有罪或者无罪的判决；对事实不清、证据不足部分，不予认定。

(6)被告人未达到刑事责任年龄，不予刑事处罚的，应当判决宣告被告人不负刑事责任。

(7)被告人是精神病人，在不能辨认或者不能控制自己行为时造成危害结果，不予刑事处罚的，应当判决宣告被告人不负刑事责任；被告人符合强制医疗条件的，应当依照最高人民法院《解释》第26章关于依法不负刑事责任的精神病人的强制医疗程序的相关规定进行审理并作出判决。

(8)犯罪已过追诉时效期限且不是必须追诉，或者经特赦令免除刑罚的，应当裁定终止审理。

(9)属于告诉才处理的案件，应当裁定终止审理，并告知被害人有权提起自诉。

(10)被告人死亡的，应当裁定终止审理；但有证据证明被告人无罪，经缺席审理确认无罪的，应当判决宣告被告人无罪。

对涉案财物，人民法院应当根据审理查明的情况，依照最高人民法院《解释》第18章关于涉案财物处理的规定作出处理。

具有上述第(2)项情形的，人民法院应当在判决前听取控辩双方的意见，保障被告人、辩护人充分行使辩护权。必要时，可以再次开庭，组织控辩双方围绕被告人的行为构成何罪及如何量刑进行辩论。

需要注意的是，最高人民法院《解释》还规定，“辩护人应当及时将书面辩护意见提交人民法院”。在刑事诉讼中，辩论原则是审判阶段应当遵循的基本原则，辩护人庭审发表的意见都是辩护意见，庭审笔录中应予载明，而且辩护人要在庭审笔录上签名。因此，书面辩护意见仅是庭审辩护的一个补充，如果庭审中辩护人已经充分发表了辩护意见，并记录在案，庭后不提交书面辩护意见对审判人员裁判没有影响。基于此，对于经人民法院告知后仍不提交辩护意见的，以当庭发表的意见为准。

辩护人提交的书面辩护意见与当庭发表的意见不一致时，原则上应当以当庭发表的意见为准，但是，如果当庭发表的意见明显不妥当，书面辩护意见确有道理的，也可以采纳书面辩护意见。在裁判文书中，可以客观反映辩护意见的前后变化。鉴于相关问题比较复杂，有关文件也未作统一规定，而是交由司法实践裁量处理。

宣告判决前，人民检察院发现被告人的真实身份或者犯罪事实与起诉书中叙述的身份或者指控犯罪事实不符的，或者事实、证据没有变化，但罪名、适用法律与起诉书不一致的，可以变更起诉。发现遗漏同案犯罪嫌疑人或者罪行的，应当要求公安机关补充移送起诉或者补充侦查；对于犯罪事实清楚，证据确实、充分的，可以直接追加、补充起诉。在开庭后、宣告判决前，人民检察院要求撤回起诉的，人民法院应当审查撤回起诉的理由，作出是否准许的裁定。

实践中，人民法院在审理案件过程中不少情形下需要人民检察院补查补证、甚至补充侦查，但是，根据以审判为中心的刑事诉讼制度改革的要求，法院应当坚持裁判中立原则，不能成为控诉方，因此，最高人民法院《解释》规定，审判期间，人民法院发现新的事实，可能影响定罪量刑的，或者需要补查补证的，应当通知人民检察院，由其决定是否补充、变更、追加起诉或者补充侦查。人民检察院不同意或者在指定时间内未回复书面意见的，人民法院应当就起诉指控的事实作出判决、裁定。对根据《刑事诉讼法》第200条第3项规定宣告被告人无罪后，人民检察院根据新的事实、证据重新起诉，人民法院受理的案件，应当在判决中写明被告人曾被人民检察院提起公诉，因证据不足，指控的犯罪不能成立，被人民法院依法判决宣告无罪的情况；前案依照《刑事诉讼法》第200条第3项规定作出的判决不予撤销。

合议庭成员、法官助理、书记员应当在评议笔录上签名，在判决书、裁定书等法律文书上署名。

裁判文书应当写明裁判依据，阐释裁判理由，反映控辩双方的意见并说明采纳或者不予采纳的理由。人民法院的刑事裁判文书中应当说明量刑理由。量刑说理主要包括：①已经查明的量刑事实及其对量刑的作用；②是否采纳公诉人、当事人和辩护人、诉讼代理人发表的量刑建议、意见及理由；③人民法院判处刑罚的理由和法律依据。适用普通程序审理的被告人认罪的案件，裁判文书可以适当简化。

在庭审过程中，还存在部分合议庭成员因故不能继续履行审判职责的情况。对此应注意，庭审结束后、评议前，部分合议庭成员不能继续履行审判职责的，人民法院应当依法更换合议庭组成人员，重新开庭审理。部分合议庭成员因调动、退休等正常原因，不能参加宣判，在不改变原来评议结论的情况下，可以由审判本案的其他审判员宣判，裁判文书上仍应署审判本案的合议庭成员的姓名。此外，合议庭成员不能参加宣判的情形比较复杂，如因为接受监察调查或者被立案侦查等，此种情形下，宜重新组成合议庭进行审理。

2.宣判。合议庭经过评议作出裁判后，应当宣判。宣判有当庭宣判和定期宣判两种形式。

当庭宣告判决的，应当在5日以内送达判决书。定期宣告判决的，应当在宣判前，先期公告宣判的时间和地点，传唤当事人并通知公诉人、法定代理人、辩护人和诉讼代理人；判决宣告后，应当立即送达判决书。判决书应当送达人民检察院、当事人、法定代理人、辩护人、诉讼代理人，并可以送达被告人的近亲属。被害人死亡，其近亲属申请领取判决书的，人民法院应当及时提供。判决生效后，还应当送达被告人的所在单位或者原户籍地的公安派出所，或者被告单位的注册登记机关。被告人系外国人，且在境内有居住地的，应当送达居住地的公安派出所。

宣告判决，一律公开进行。公诉人、辩护人、诉讼代理人、被害人、自诉人或者附带民事诉讼原告人未到庭的，不影响宣判的进行。宣告判决结果时，法庭内全体成员应当起立。

地方各级人民法院在宣告第一审判决、裁定时，应当告知被告人、自诉人及其法定代理人不服判决和准许撤回起诉、中止审理等裁定的，有权在法定期限内以书面或者口头形式，通过本院或者直接向上一级人民法院提出上诉；被告人的辩护人、近亲属经被告人同意，也可以提出上诉；附带民事诉讼当事人及其法定代理人，可以对判决、裁定中的附带民事部分提出上诉。被告人、自诉人、附带民事诉讼当事人及其法定代理人是否提出上诉，以其在上诉期满前最后一次的意思表示为准。

四、认罪认罚案件的审理

人民法院对认罪认罚案件的审理程序并不唯一，对该类案件，人民法院应当根据案件情况，依法适用速裁程序、简易程序或者普通程序审理。

对人民检察院提起公诉的认罪认罚案件，人民法院应当重点审查以下内容：(1)人民检察院讯问犯罪嫌疑人时，是否告知其诉讼权利和认罪认罚的法律规定；(2)是否随案移送听取犯罪嫌疑人、辩护人或者值班律师、被害人及其诉讼代理人意见的笔录；(3)被告人与被害人达成调解、和解协议或者取得被害人谅解的，是否随案移送调解、和解协议、被害人谅解书等相关材料；(4)需要签署认罪认罚具结书的，是否随案移送具结书。未随案移送前述材料的，人民法院应当要求人民检察院补充。

对认罪认罚案件，法庭审理时应当告知被告人享有的诉讼权利和认罪认罚的法律规定，审查认罪认罚自愿性和认罪认罚具结书内容的真实性、合法性。对人民检察院起诉指控的事实清楚，但指控的罪名与审理认定的罪名不一致的，人民法院应当听取人民检察院、被告人及其辩护人对审理认定罪名的意见，依法作出判决。

对于认罪认罚案件，人民法院依法作出判决时，一般应当采纳人民检察院指控的罪名和量刑建议，但有下列情形的除外：(1)被告人的行为不构成犯罪或者不应当追究其刑事责任的；(2)被告人违背意愿认罪认罚的；(3)被告人否认指控的犯罪事实的；(4)起诉指控的罪名与审理认定的罪名不一致的；(5)其他可能影响公正审判的情形。

人民法院经审理认为量刑建议明显不当，或者被告人、辩护人对量刑建议提出异议的，人民检察院可以调整量刑建议。人民检察院不调整或者调整后仍然明显不当的，人民法院应当依法作出判决。对量刑建议是否明显不当，应当根据审理认定的犯罪事实、认罪认罚的具体情况，结合相关犯罪的法定刑、类似案件的刑罚适用等作出审查判断。

对认罪认罚案件，人民法院一般应当对被告人从轻处罚；符合非监禁刑适用条件的，应当适用非监禁刑；具有法定减轻处罚情节的，可以减轻处罚。对认罪认罚案件，应当根据被告人认罪认罚的阶段早晚以及认罪认罚的主动性、稳定性、彻底性等，在从宽幅度上体现差异。共同犯罪案件，部分被告人认罪认罚的，可以依法对该部分被告人从宽处罚，但应当注意全案的量刑平衡。

被告人在人民检察院提起公诉前未认罪认罚，在审判阶段认罪认罚的，人民法院可以不再通知人民检察院提出或者调整量刑建议。对此类案件，人民法院应当就定罪量刑听取控辩双方意见，根据《刑事诉讼法》第15条和最高人民法院《解释》第355条的规定作出判决。

案件审理过程中，被告人不再认罪认罚的，人民法院应当根据审理查明的事实，依法作出裁判。需要转换程序的，依照最高人民法院《解释》的相关规定处理。

五、单位犯罪案件的审理程序

我国《刑事诉讼法》所规定的刑事诉讼基本原则、诉讼制度、诉讼权利与义务同样适用于公、检、法机关处理单位犯罪的案件。此外，最高人民法院《解释》还就单位犯罪案件的审理程序作了以下特别规定：

1.人民法院受理单位犯罪案件，除依照有关规定进行审查外，还应当审查起诉书是否列明被告单位的名称、住所地、联系方式，法定代表人、实际控制人、主要负责人以及代表被告单位出庭的诉讼代表人的姓名、职务、联系方式。需要人民检察院补充材料的，应当通知人民检察院在3日以内补送。

2.被告单位的诉讼代表人，应当是法定代表人、实际控制人或者主要负责人；法定代表人、实际控制人或者主要负责人被指控为单位犯罪直接责任人员或者因客观原因无法出庭的，应当由被告单位委托其他负责人或者职工作为诉讼代表人。但是，有关人员被指控为单位犯罪直接责任人员或者知道案件情况、负有作证义务的除外。依据前述方式难以确定诉讼代表人的，可以由被告单位委托律师等单位以外的人员作为诉讼代表人。诉讼代表人不得同时担任被告单位或者被指控为单位犯罪直接责任人员的有关人员的辩护人。

3.开庭审理单位犯罪案件，应当通知被告单位的诉讼代表人出庭。诉讼代表人不符合前述规定的，应当要求人民检察院另行确定。被告单位的诉讼代表人不出庭的，应当按照下列情形分别处理：(1)诉讼代表人系被告单位的法定代表人、实际控制人或者主要负责人，无正当理由拒不出庭的，可以拘传其到庭；因客观原因无法出庭，或者下落不明的，应当要求人民检察院另行确定诉讼代表人。(2)诉讼代表人系其他人员的，应当要求人民检察院另行确定诉讼代表人。

4.被告单位的诉讼代表人享有《刑事诉讼法》规定的有关被告人的诉讼权利。开庭时，诉讼代表人席位置于审判台前左侧，与辩护人席并列。被告单位委托辩护人的，参照有关规定办理。

5.对应当认定为单位犯罪的案件，人民检察院只作为自然人犯罪起诉的，人民法院应当建议人民检察院对犯罪单位追加起诉。人民检察院仍以自然人犯罪起诉的，人民法院应当依法审理，按照单位犯罪中的直接负责的主管人员或者其他直接责任人员追究刑事责任，并援引刑法分则关于追究单位犯罪中直接负责的主管人员和其他直接责任人员刑事责任的条款。

6.被告单位的违法所得及其他涉案财物，尚未被依法追缴或者查封、扣押、冻结的，人民法院应当决定追缴或者查封、扣押、冻结。人民法院为了保证判决的执行，根据案件具体情况，可以先行查封、扣押、冻结被告单位的财产，或者由被告单位提供担保。

7.采取查封、扣押、冻结等措施，应当严格依照法定程序进行，最大限度降低对被告单位正常生产经营活动的影响。司法适用中需要注意的是，无论是对被告人，还是对被告单位，都要慎用查封、扣押、冻结等措施，对能“活封”的财产，不进行“死封”。

8.审判期间，被告单位被吊销营业执照、宣告破产但尚未完成清算、注销登记的，应当继续审理；被告单位被撤销、注销的，对单位犯罪直接负责的主管人员和其他直接责任人员应当继续审理。

9.审判期间，被告单位合并、分立的，应当将原单位列为被告单位，并注明合并、分立情况。对被告单位所判处的罚金以其在新单位的财产及收益为限。

六、拒绝辩护

被告人当庭拒绝辩护人辩护，要求另行委托辩护人或者指派律师的，合议庭应当准许。被告人拒绝辩护人辩护后，没有辩护人的，应当宣布休庭；仍有辩护人的，庭审可以继续进行。有多名被告人的案件，部分被告人拒绝辩护人辩护后，没有辩护人的，根据案件情况，可以对该部分被告人另案处理，对其他被告人的庭审继续进行。

重新开庭后，被告人再次当庭拒绝辩护人辩护的，可以准许，但被告人不得再次另行委托辩护人或者要求另行指派律师，由其自行辩护。被告人属于应当提供法律援助的情形，重新开庭后再次当庭拒绝辩护人辩护的，不予准许。

法庭审理过程中，辩护人拒绝为被告人辩护，有正当理由的，应当准许；是否继续庭审，参照前述规定。

依照上述规定另行委托辩护人或者通知法

律援助机构指派律师的，自案件宣布休庭之日起至第15日止，由辩护人准备辩护，但被告人及其辩护人自愿缩短时间的除外。

庭审结束后、判决宣告前另行委托辩护人的，可以不重新开庭；辩护人提交书面辩护意见的，应当接受。

实践中，被告人在开庭前、开庭后拒绝辩护人辩护或者更换辩护人的现象时有发生。频繁更换辩护人，会造成法院反复多次开庭和过分的诉讼迟延，影响审判顺利进行。基于此，对于在非开庭时间更换辩护人或者拒绝辩护人辩护的，应当在充分保障辩护权的前提下作出适当规范，以兼顾诉讼效率，因此，司法解释还规定，被告人在一个审判程序中更换辩护人一般不得超过两次。

七、法庭秩序

在以往的司法实践中，被告人出庭受审会身着带有监管机构标识的衣服，有的还会带上戒具。为了贯彻无罪推定原则，2021年生效的最高人民法院《解释》第305条新增规定："在押被告人出庭受审时，不着监管机构的识别服。庭审期间不得对被告人使用戒具，但法庭认为其人身危险性大，可能危害法庭安全的除外。"

庭审期间，全体人员应当服从法庭指挥，遵守法庭纪律，尊重司法礼仪，不得实施下列行为：（1）鼓掌、喧哗、随意走动；（2）吸烟、进食；（3）拨打、接听电话，或者使用即时通讯工具；（4）对庭审活动进行录音、录像、拍照或者使用即时通讯工具等传播庭审活动；（5）其他危害法庭安全或者扰乱法庭秩序的行为。旁听人员不得进入审判活动区，不得随意站立、走动，不得发言和提问。记者经许可传播庭审活动的，应当在指定的时间及区域进行，不得干扰庭审活动。

根据《刑事诉讼法》第199条和最高人民法院《解释》的规定，有关人员危害法庭安全或者扰乱法庭秩序的，审判长应当按照下列情形分别处理：

1.情节较轻的，应当警告制止；根据具体情况，也可以进行训诫。

2.训诫无效的，责令退出法庭；拒不退出的，指令法警强行带出法庭。

3.情节严重的，报经院长批准后，可以对行为人处1000元以下的罚款或者15日以下拘留。

有关人员对人民法院罚款、拘留的决定不服的，可以直接向上一级人民法院申请复议，也可以通过决定罚款、拘留的人民法院向上一级人民法院申请复议。通过决定罚款、拘留的人民法院申请复议的，该人民法院应当自收到复议申请之日起3日以内，将复议申请、罚款或者拘留决定书和有关事实、证据材料一并报上一级人民法院复议。复议期间，不停止决定的执行。

担任辩护人、诉讼代理人的律师严重扰乱法庭秩序，被强行带出法庭或者被处以罚款、拘留的，人民法院应当通报司法行政机关，并可以建议依法给予相应处罚。

4.未经许可对庭审活动进行录音、录像、拍照或者使用即时通讯工具等传播庭审活动的，可以暂扣相关设备及存储介质，删除相关内容。

5.实施下列行为之一，危害法庭安全或者扰乱法庭秩序，构成犯罪的，依法追究刑事责任：（1）非法携带枪支、弹药、管制刀具或者爆炸性、易燃性、毒害性、放射性以及传染病病原体等危险物质进入法庭；（2）哄闹、冲击法庭；（3）侮辱、诽谤、威胁、殴打司法工作人员或者诉讼参与人；（4）毁坏法庭设施，抢夺、损毁诉讼文书、证据；（5）其他危害法庭安全或者扰乱法庭秩序的行为。

6.辩护人严重扰乱法庭秩序，被责令退出法庭、强行带出法庭或者被处以罚款、拘留，被告人自行辩护的，庭审继续进行；被告人要求另行委托辩护人，或者被告人属于应当提供法律援助情形的，应当宣布休庭。辩护人、诉讼代理人被责令退出法庭、强行带出法庭或者被处以罚款后，具结保证书，保证服从法庭指挥、不再扰乱法庭秩序的，经法庭许可，可以继续担任辩护人、诉讼代理人。

辩护人、诉讼代理人具有下列情形之一的，不得继续担任同一案件的辩护人、诉讼代理人：

(1)擅自退庭的;(2)无正当理由不出庭或者不按时出庭,严重影响审判顺利进行的;(3)被拘留或者具结保证书后再次被责令退出法庭、强行带出法庭的。

八、法庭审判笔录

开庭审理的全部活动,应当由书记员制作成笔录。笔录经审判长审阅后,分别由审判长和书记员签名。

法庭笔录应当在庭审后交由当事人、法定代理人、辩护人、诉讼代理人阅读或者向其宣读。法庭笔录中的出庭证人、鉴定人、有专门知识的人、调查人员、侦查人员或者其他人员的证言、意见部分,应当在庭审后分别交由有关人员阅读或者向其宣读。上述人员认为记录有遗漏或者差错的,可以请求补充或者改正;确认无误后,应当签名;拒绝签名的,应当记录在案;要求改变庭审中陈述的,不予准许。

法庭审判笔录不仅对于分析案情,查核审判活动的进行情况具有重要意义,而且也是以后复查案件以及法院系统内部检查办案质量的依据,同时还是第二审程序、死刑复核程序和审判监督程序不可缺少的书面材料。因此,必须重视法庭审判笔录的制作工作。

九、延期审理、中止审理和终止审理

(一)延期审理

延期审理,是指在法庭审判过程中,遇有足以影响审判进行的情形时,法庭决定延期审理,待影响审判进行的原因消失后,再行开庭审理的一项制度。

根据《刑事诉讼法》第204条的规定,延期审理有以下三种情形:

1.需要通知新的证人到庭,调取新的物证,重新鉴定或者勘验的;

2.检察人员发现提起公诉的案件需要补充侦查,提出建议的;

3.由于申请回避而不能进行审判的。

最高人民检察院《规则》规定了建议延期审理的若干情形。第420条规定,法庭审判过程中遇有下列情形之一的,公诉人可以建议法庭延期审理:(1)发现事实不清、证据不足,或者遗漏罪行、遗漏同案犯罪嫌疑人,需要补充侦查或者补充提供证据的;(2)被告人揭发他人犯罪行为或者提供重要线索,需要补充侦查进行查证的;(3)发现遗漏罪行或者遗漏同案犯罪嫌疑人,虽不需要补充侦查和补充提供证据,但需要补充、追加起诉的;(4)申请人民法院通知证人、鉴定人出庭作证或者有专门知识的人出庭提出意见的;(5)需要调取新的证据,重新鉴定或者勘验的;(6)公诉人出示、宣读开庭前移送人民法院的证据以外的证据,或者补充、追加、变更起诉,需要给予被告人、辩护人必要时间进行辩护准备的;(7)被告人、辩护人向法庭出示公诉人不掌握的与定罪量刑有关的证据,需要调查核实的;(8)公诉人对证据收集的合法性进行证明,需要调查核实的。在人民法院开庭审理前发现具有上述情形之一的,人民检察院可以建议人民法院延期审理。

最高人民法院《解释》明确规定,审判期间,公诉人发现案件需要补充侦查,建议延期审理的,合议庭可以同意,但建议延期审理不得超过两次。

延期审理的开庭日期,可以当庭确定,也可以另行确定。当庭确定的,应公开宣布下次开庭的时间。当庭不能确定的,可以另行确定并通知公诉人、当事人和其他诉讼参与人。

(二)中止审理

中止审理,是指人民法院在审判案件过程中,因发生某种情况影响了审判的正常进行,而决定暂停审理,待其消失后,再行开庭审理的一项制度。

依据《刑事诉讼法》第206条的规定,在审判过程中,有下列情形之一,致使案件在较长时间内无法继续审理的,可以中止审理:

1.被告人患有严重疾病,无法出庭的;

2.被告人脱逃的;

3.自诉人患有严重疾病,无法出庭,未委托诉讼代理人出庭的;

4.由于不能抗拒的原因。

中止审理的原因消失后,应当恢复审理。中止审理的期间不计入审理期限。

有多名被告人的案件，部分被告人具有《刑事诉讼法》第206条规定情形的，人民法院可以对全案中止审理；根据案件情况，也可以对该部分被告人中止审理，对其他被告人继续审理。对中止审理的部分被告人，可以根据案件情况另案处理。

中止审理与延期审理不同。二者的主要区别是：（1）时间不同。延期审理仅适用于法庭审理过程中，而中止审理适用于人民法院受理案件后至作出判决前。（2）原因不同。导致延期审理的原因是诉讼自身出现了障碍，其消失依赖于某种诉讼活动的完成，因此，延期审理不能停止法庭审理以外的诉讼活动。而导致中止审理的原因是出现了不能抗拒的情况，其消除与诉讼本身无关，因此，中止审理将暂停一切诉讼活动。（3）再行开庭的可预见性不同。延期审理的案件，再行开庭的时间可以预见，甚至当庭即可决定，但中止审理的案件，再行开庭的时间往往无法预见。

（三）终止审理

终止审理，是指人民法院在审判案件过程中，遇有法律规定的情形致使审判不应当或者不需要继续进行时终结案件的一项制度。终止审理的法定情形是指《刑事诉讼法》第16条第2～6项所规定的内容。

终止审理与中止审理不同。二者的主要区别是：（1）原因不同。终止审理是因为审理中出现不应当或者不需要继续进行审理的情形，而中止审理则是因为出现了使案件无法继续审理的情形。（2）法律后果不同。终止审理后，诉讼即告终结，不再恢复，而中止审理只是暂停诉讼活动，一旦中止原因消失，即应恢复审理。

十、第一审程序的期限

人民法院审理公诉案件，应当在受理后2个月以内宣判，至迟不得超过3个月。对于可能判处死刑的案件或者附带民事诉讼的案件，以及有《刑事诉讼法》第158条规定的情形之一的，经上一级人民法院批准，可以延长3个月。因特殊情况还需要延长的，报请最高人民法院批准。

人民法院改变管辖的案件，从改变后的人民法院收到案件之日起计算审理期限。

人民检察院补充侦查的案件，补充侦查完毕移送人民法院后，人民法院重新计算审理期限。

十一、人民检察院对审判活动的监督

《刑事诉讼法》第209条规定，人民检察院发现人民法院审理案件违反法律规定的诉讼程序，有权向人民法院提出纠正意见。人民检察院对审判活动进行监督，是检察机关履行法律监督职能的一项重要内容。根据最高人民检察院《规则》第570条的规定，人民检察院应当对审判活动中是否存在以下违法行为进行监督：（1）人民法院对刑事案件的受理违反管辖规定的；（2）人民法院审理案件违反法定审理和送达期限的；（3）法庭组成人员不符合法律规定的，或者依照规定应当回避而不回避的；（4）法庭审理案件违反法定程序的；（5）侵犯当事人、其他诉讼参与人的诉讼权利和其他合法权利的；（6）法庭审理时对有关程序问题所作的决定违反法律规定的；（7）违反法律规定裁定发回重审的；（8）故意毁弃、篡改、隐匿、伪造、偷换证据或者其他诉讼材料，或者依据未经法定程序调查、质证的证据定案的；（9）依法应当调查收集相关证据而不收集的；（10）徇私枉法，故意违背事实和法律作枉法裁判的；（11）收受、索取当事人及其近亲属或者其委托的律师等人财物或者其他利益的；（12）违反法律规定采取强制措施或者采取强制措施法定期限届满，不予释放、解除或者变更的；（13）应当退还取保候审保证金不退还的；（14）对与案件无关的财物采取查封、扣押、冻结措施，或者应当解除查封、扣押、冻结而不解除的；（15）贪污、挪用、私分、调换、违反规定使用查封、扣押、冻结的财物及其孳息的；（16）其他违反法律规定的行为。人民检察院在审判活动监督中，发现人民法院或者审判人员审理案件违反法律规定的诉讼程序，应当向人民法院提出纠正意见。人民检察院对违反程序的庭审活动提出纠正意见，应当由人民检察院在庭审后提出。

出席法庭的检察人员发现法庭审判违反法

律规定的诉讼程序，应当在休庭后及时向本院检察长报告。人民检察院认为人民法院审理案件违反法定程序，在庭审后提出书面纠正意见，人民法院认为正确的，应当采纳。

第三节 自诉案件第一审程序

一、自诉案件第一审程序

（一）自诉案件的受理程序

对自诉案件，人民法院应当在15日以内审查完毕。经审查，符合受理条件的，应当决定立案，并书面通知自诉人或者代为告诉人。对犯罪事实清楚，有足够证据的自诉案件，应当开庭审理。

具有下列情形之一的，应当说服自诉人撤回起诉；自诉人不撤回起诉的，裁定不予受理：（1）不属于最高人民法院《解释》第1条规定的案件的；（2）缺乏罪证的；（3）犯罪已过追诉时效期限的；（4）被告人死亡的；（5）被告人下落不明的；（6）除因证据不足而撤诉的以外，自诉人撤诉后，就同一事实又告诉的；（7）经人民法院调解结案后，自诉人反悔，就同一事实再行告诉的；（8）属于最高人民法院《解释》第1条第2项规定的案件，公安机关正在立案侦查或者人民检察院正在审查起诉的；（9）不服人民检察院对未成年犯罪嫌疑人作出的附条件不起诉决定或者附条件不起诉考验期满后作出的不起诉决定，向人民法院起诉的。

需要注意的是：人民法院对提起的自诉应当进行全面审查，既要审查自诉材料是否符合形式要求，也要审查犯罪事实是否清楚，证据是否足够。但是，对于自诉的审查并非实体审查，更不是判断被告人是否构成犯罪，因此，不得以“被告人的行为不构成犯罪”为由，说服自诉人撤回起诉或者裁定不予受理，对于此类自诉案件，仍然应当开庭审判并作出判决。

对已经立案、经审查缺乏罪证的自诉案件，自诉人提不出补充证据，人民法院应当说服其撤回自诉或者裁定驳回起诉。自诉人撤回起诉或者被驳回起诉后，又提出了新的足以证明被告人有罪的证据，再次提起自诉的，人民法院应当受理。自诉人对不予受理或者驳回起诉的裁定不服的，可以提起上诉。第二审人民法院查明第一审人民法院作出的不予受理裁定有错误的，应当在撤销原裁定的同时，指令第一审人民法院立案受理；查明第一审人民法院驳回起诉裁定有错误的，应当在撤销原裁定的同时，指令第一审人民法院进行审理。

自诉人明知有其他共同侵害人，但只对部分侵害人提起自诉的，人民法院应当受理，并告知其放弃告诉的法律后果；自诉人放弃告诉，判决宣告后又对其他共同侵害人就同一事实提起自诉的，人民法院不予受理。

共同被害人中只有部分人告诉的，人民法院应当通知其他被害人参加诉讼，并告知其不参加诉讼的法律后果。被通知人接到通知后表示不参加诉讼或者不出庭的，视为放弃告诉。第一审宣判后，被通知人就同一事实又提起自诉的，人民法院不予受理。但是，当事人另行提起民事诉讼的，不受最高人民法院《解释》限制。

自诉案件当事人因客观原因不能取得的证据，申请人民法院调取的，应当说明理由，并提供相关线索或者材料。人民法院认为有必要的，应当及时调取。对通过信息网络实施的侮辱、诽谤行为，被害人向人民法院告诉，但提供证据确有困难的，人民法院可以要求公安机关提供协助。司法实践中，需要注意的是，通过信息网络实施的侮辱、诽谤行为并非一律属于公诉案件的范畴，除“严重危害社会秩序和国家利益的”外，应当告诉才处理。对通过信息网络实施的侮辱、诽谤行为，一般应当由自诉人提起自诉。此种情形下，人民检察院提起公诉，人民法院经审查认为尚未“严重危害社会秩序和国家利益的”，应当退回人民检察院，同时告知被害人有权提起自诉；已经立案的，应当裁定终止审理，并告知被害人有权提起自诉。

（二）自诉案件的第一审审判程序

自诉案件，符合简易程序适用条件的，可以适用简易程序审理。不适用简易程序审理的自诉案件，参照适用公诉案件第一审普通程序的有关规定。此外，还应注意以下几点：

1.自诉人经两次传唤，无正当理由拒不到庭，或者未经法庭准许中途退庭的，人民法院应当裁定按撤诉处理。部分自诉人撤诉或者被裁定按撤诉处理的，不影响案件的继续审理。

2.在自诉案件审判过程中，审判人员对证据有疑问，需要调查核实的，可以宣布休庭，对证据进行调查核实，必要时，可以通知自诉人及其法定代理人到场。上述人员未到场的，应当记录在案。人民法院调查核实证据，可以进行勘验、检查、查封、扣押、鉴定和查询、冻结。人民法院调查核实证据时，发现对定罪量刑有重大影响的新的证据材料的，应当告知自诉人及其法定代理人。必要时，也可以直接提取，并及时通知自诉人及其法定代理人查阅、摘抄、复制。人民法院受理自诉案件后，对于当事人因客观原因不能取得并提供相关线索或者材料而申请人民法院调取证据的，人民法院认为必要的，可以依法调取。

3.被告人实施两个以上犯罪行为，分别属于公诉案件和自诉案件，人民法院可以一并审理。对自诉部分的审理，适用自诉的规定。

4.被告人在自诉案件审判期间，下落不明的，人民法院可以裁定中止审理；符合条件的，可以对被告人依法决定逮捕。

5.对依法宣告无罪的案件，有附带民事诉讼的，其附带民事部分可以依法进行调解或者一并作出判决，也可以告知附带民事诉讼原告人另行提起民事诉讼。

二、自诉案件第一审程序的特点

除适用简易程序审理的或者法律另有规定的以外，自诉案件第一审审判程序参照刑事诉讼法关于公诉案件第一审程序的规定进行。此外，刑事诉讼法及其司法解释对自诉案件的审判程序作了一些特殊性规定。据此，自诉案件第一审程序有以下特点：

1.对于告诉才处理的案件或者被害人有证据证明的轻微刑事案件，可以适用简易程序，由审判员一人独任审判。适用简易程序审理自诉案件，宣读起诉书后，经审判人员许可，被告人及其辩护人可以同自诉人及其诉讼代理人互相辩论。不适用简易程序审理的，审判程序应当参照公诉案件第一审程序的规定进行。需要注意的是，自诉案件不适用速裁程序审理。

2.人民法院审理自诉案件，可以在查明事实、分清是非的基础上，根据自愿、合法的原则进行调解。但对于被害人有证据证明对被告人侵犯自己人身、财产权利的行为应当追究刑事责任，而公安机关或者人民检察院不予追究被告人刑事责任的自诉案件，不适用调解。调解是人民法院审理案件的一种方式，应当在自愿、合法，不损害国家、集体和其他公民利益的前提下进行。调解达成协议的，应当制作刑事调解书，由审判人员、法官助理、书记员署名，并加盖人民法院印章。调解书经双方当事人签收后，即具有法律效力。调解没有达成协议，或者调解书签收前当事人反悔的，应当及时作出判决。

3.判决宣告前，自诉案件的当事人可以自行和解，自诉人可以撤回自诉。自行和解是刑事诉讼法赋予自诉案件双方当事人的一项诉讼权利，在法律允许的范围内，他们可以互谅互让、互相协商，以达成和解协议的方式解决纠纷，而后撤诉。人民法院经审查，认为和解、撤回自诉确属自愿的，应当裁定准许；认为系被强迫、威吓等，并非出于自愿的，不予准许。

裁定准许撤诉的自诉案件，被告人被采取强制措施的，人民法院应当立即解除。虽然应"立即解除强制措施"，但是，这并不意味着当事人自行和解的，人民法院就一律裁定准许撤诉或者出具刑事调解书。如重婚案件，即使自诉人谅解并与被告人达成和解，人民法院仍然可能会作出刑事判决。

自诉人经两次依法传唤，无正当理由拒不

到庭，或者未经法庭准许中途退庭的，人民法院应当裁定按撤诉处理。部分自诉人撤诉或者被裁定按撤诉处理的，不影响案件的继续审理。

4.自诉案件的审理期限不同于普通公诉案件第一审的审理期限。依据《刑事诉讼法》第212条第2款的规定，人民法院审理自诉案件的期限，被告人被羁押的，适用《刑事诉讼法》第208条第1款、第2款的规定，即与普通公诉案件第一审的审理期限相同；未被羁押的，应当在受理后6个月以内宣判。

5.告诉才处理和被害人有证据证明的轻微刑事案件的被告人或者其法定代理人在诉讼过程中，可以对自诉人提起反诉。

所谓反诉是相对于自诉而言的，是指在自诉过程中，自诉案件的被告人作为被害人控诉自诉人犯有与本案有联系的犯罪行为，向人民法院提出请求，要求追究其刑事责任的诉讼行为。在有反诉发生的自诉案件中，诉讼双方当事人都同时具有双重身份，既是自诉人又是被告人，形成互诉。

反诉必须符合下列条件：（1）反诉的对象必须是本案自诉人；（2）反诉的内容必须是与本案有关的行为；（3）反诉的案件属于《刑事诉讼法》第210条第1项、第2项规定的范围；（4）反诉应在诉讼过程中即最迟在自诉案件宣告判决以前提出。

反诉案件适用自诉的规定，即在反诉的审理和处理程序上，适用自诉的所有规定。反诉人的诉讼地位、诉讼权利、诉讼义务等与自诉人完全相同。反诉案件应当与自诉案件一并审理。由于反诉又是一个相对独立的诉，自诉人撤诉的，不影响反诉案件的继续审理。如果对双方当事人都必须判处刑罚，应根据各自应负的罪责分别判处，不能互相抵销刑罚。

第四节　简易程序

一、简易程序的概念和意义

简易程序，是指基层人民法院审理某些事实清楚、被告人承认自己所犯罪行并对起诉书指控的犯罪事实没有异议的刑事案件时，所适用的比普通程序相对简化的审判程序。

简易程序的设置在当今世界十分普遍，而且适用范围有不断扩大的趋势。近年来，我国刑事案件发案率呈上升趋势。为合理分配有限的司法资源，提高审判效率，我国1996年修正《刑事诉讼法》时增设了简易程序，符合司法实践的客观需要。2012年《刑事诉讼法》再次修改，进一步扩大了简易程序的适用范围，将简易程序审判的案件范围修改为“基层人民法院管辖的认罪案件”。

二、我国刑事诉讼简易程序的特点

我国刑事诉讼中的简易程序有以下特点：

1.只适用于第一审程序。简易程序不适用于第二审程序、死刑复核程序和审判监督程序。相比之下，第二审程序、死刑复核程序和审判监督程序审理的刑事案件相对复杂、重大。

2.只适用于基层人民法院。按照《刑事诉讼法》的规定，基层人民法院管辖案情简单、影响较小、处罚较轻的刑事案件。只有这些案件才具备适用简易程序审判的条件。刑事诉讼法将性质严重、影响较大的案件划归中级人民法院、高级人民法院和最高人民法院管辖，因此相对重大、复杂、疑难的刑事案件，不适用简易程序。

3.简易程序的具体内容是对第一审普通程序的相对简化。比如，简化审判组织、简化审判程序等。这些简化都由刑事诉讼法明文规定，并不是由人民法院、人民检察院或者当事人任意决定的。

4.审理期限短。适用简易程序审理案件，人民法院应当在受理后20日以内审结；对可能判处的有期徒刑超过3年的，可以延长至一个半月。

三、简易程序的适用范围

《刑事诉讼法》第214条规定，基层人民法院管辖的案件，符合下列条件的，可以适用简易程序审判：

1.案件事实清楚、证据充分的。无论公诉案件还是自诉案件，适用简易程序时，都必须具备“事实清楚、证据充分”这一条件。案件事实不清、证据不充分的，不应当适用简易程序。

2.被告人承认自己所犯罪行，对指控的犯罪事实没有异议的。2012年《刑事诉讼法》大幅修改了简易程序的适用范围，将简易程序审判的案件范围修改为基层人民法院管辖的“认罪”案件，即可能判处无期徒刑以下刑罚、被告人承认自己所犯罪行的案件。因此，适用简易程序必须满足被告人承认自己所犯罪行，对起诉书指控的犯罪事实没有异议的要求。

3.被告人对适用简易程序没有异议的。普通程序是第一审程序的基本设计，是基于保障人权和惩罚犯罪的双重目的而构造的基本程序。依据程序法定原则，刑事诉讼只能依据既定的法律程序进行。但考虑到诉讼效率等要求，刑事诉讼法又对普通程序进行简化而构造了简易程序。简易程序虽然有利于提高诉讼效率，但由于简化了相关诉讼程序，可能侵犯被告人的部分诉讼权利。因此，适用简化程序必须获得被告人的同意，即要求被告人对适用简易程序没有异议。

此外，根据《刑事诉讼法》第215条和最高人民法院《解释》第360条的规定，具有下列情形之一的，不适用简易程序：(1)被告人是盲、聋、哑人的；(2)被告人是尚未完全丧失辨认或者控制自己行为能力的精神病人的；(3)案件有重大社会影响的；(4)共同犯罪案件中部分被告人不认罪或者对适用简易程序有异议的；(5)辩护人作无罪辩护的；(6)被告人认罪但经审查认为可能不构成犯罪的；(7)不宜适用简易程序审理的其他情形。

四、简易审判程序的特点

简易程序作为第一审普通程序的简化程序，具有以下特点：

1.审判组织形式的简化。《刑事诉讼法》第216条第1款规定，适用简易程序审理案件，对可能判处3年有期徒刑以下刑罚的，可以组成合议庭进行审判，也可以由审判员一人独任审判；对可能判处的有期徒刑超过3年的，应当组成合议庭进行审判。

2.公诉案件中，人民检察院应当派员出庭。《刑事诉讼法》第216条第2款规定，适用简易程序审理公诉案件，人民检察院应当派员出席法庭。该条修改了原先刑事诉讼法中人民检察院可以不派员出庭的规定，要求人民检察院必须派员出庭支持公诉。

3.简化法庭调查和法庭辩论程序。根据《刑事诉讼法》第219条的规定，适用简易程序审理案件，不受公诉案件第一审程序关于送达期限、讯问被告人、询问证人、鉴定人、出示证据、法庭辩论程序规定的限制。但在判决宣告前应当听取被告人的最后陈述意见。

4.简易程序在必要时应当变更为普通程序。根据《刑事诉讼法》第221条的规定，人民法院在审理过程中，发现不宜适用简易程序的，应当按照刑事诉讼法其他有关规定重新审理。也就是说，简易程序在必要时应当变更为普通程序，这是简易程序和普通程序的转换问题。应当指出，适用简易程序审理的案件，在审理过程中如果发现不宜适用简易程序的情形，可以由简易程序转换为普通程序。但是，一经确定为适用普通程序审理的案件，不得转换为适用简易程序。因为，第一审普通程序是法律设置的相对完善的正当程序，具有排他性。

依据有关规定，适用简易程序审理案件，在法庭审理过程中，具有下列情形之一的，应当转为普通程序审理：(1)被告人的行为可能不构成犯罪的；(2)被告人可能不负刑事责任的；(3)被告人当庭对起诉指控的犯罪事实予以否认的；(4)案件事实不清、证据不足的；(5)不应当或者不宜适用简易程序的其他情形。

决定转为普通程序审理的案件，审理期限应当从作出决定之日起计算。

五、简易程序的决定适用和审判程序

（一）简易程序的决定适用程序

基层人民法院受理公诉案件后，经审查认为案件事实清楚、证据充分的，在将起诉书副本送达被告人时，应当询问被告人对指控的犯罪事实的意见，告知其适用简易程序的法律规定。被告人对指控的犯罪事实没有异议并同意适用简易程序的，可以决定适用简易程序，并在开庭前通知人民检察院和辩护人。

对人民检察院建议或者被告人及其辩护人申请适用简易程序审理的案件，依照上述规定处理；不符合简易程序适用条件的，应当通知人民检察院或者被告人及其辩护人。

适用简易程序审理的案件，符合《刑事诉讼法》第35条第1款规定的，人民法院应当告知被告人及其近亲属可以申请法律援助。

适用简易程序审理案件，人民法院应当在开庭前，将开庭的时间、地点通知人民检察院、自诉人、被告人、辩护人，也可以通知其他诉讼参与人。通知可以采用简便方式，但应当记录在案。

（二）简易程序的审判程序

1.公诉案件的审判程序。适用简易程序审理公诉案件，人民检察院应当派员出庭。

适用简易程序审理的案件，审判人员宣布开庭，传被告人到庭后，应当查明被告人的基本情况，然后依次宣布案由、审判员、书记员、公诉人、被害人、辩护人、诉讼代理人、鉴定人和翻译人员的名单，并告知各项诉讼权利。审判长或者独任审判员应当当庭询问被告人对指控的犯罪事实的意见，告知被告人适用简易程序审理的法律规定，确认被告人是否同意适用简易程序。

适用简易程序审理案件，可以对庭审作如下简化：（1）公诉人可以摘要宣读起诉书。（2）公诉人、辩护人、审判人员对被告人的讯问、发问可以简化或者省略。（3）对控辩双方无异议的证据，可以仅就证据的名称及所证明的事项作出说明；对控辩双方有异议，或者法庭认为有必要调查核实的证据，应当出示，并进行质证。（4）控辩双方对与定罪量刑有关的事实、证据没有异议的，法庭审理可以直接围绕罪名确定和量刑问题进行。

适用简易程序审理案件，经审判人员许可，被告人及其辩护人可以同公诉人、被害人及其诉讼代理人互相辩论。在判决宣告前应当听取被告人的最后陈述意见。

适用简易程序独任审判过程中，发现对被告人可能判处的有期徒刑超过3年的，应当转由合议庭审理。

适用简易程序审理案件，裁判文书可以简化，且一般应当当庭宣判，并在5日内将判决书送达被告人和提起公诉的人民检察院。

2.自诉案件的审判程序。适用简易程序审理的自诉案件，自诉人宣读起诉书后，被告人可以就起诉书指控的犯罪事实进行陈述，并自行辩护。自诉人应当出示主要证据。被告人有证据出示的，审判员应当准许。经审判员准许，被告人及其辩护人可以同自诉人及其诉讼代理人进行辩论。适用简易程序审理的案件，将普通程序中的许多程序予以简化，唯独被告人最后陈述这一程序未予简化。被告人可以就起诉书所指控的犯罪事实、性质和情节、所适用的法律以及对法庭的请求等进行陈述。被告人作最后陈述后，人民法院一般应当当庭宣判。

第五节　速裁程序

一、速裁程序的概念和意义

速裁程序，是指基层人民法院审理可能判处3年有期徒刑以下刑罚，事实清楚、证据确实、充分，被告人认罪认罚且民事赔偿问题已经解决的案件，在被告人同意的前提下，所适用的比简易程序更为简化的审判程序。

速裁程序是对简易程序的简化，有利于进一步合理分配司法资源，提高审判效率。2018

年《刑事诉讼法》增设速裁程序，使我国刑事一审程序形成了普通程序、简易程序、速裁程序并存、多元化繁简分流的模式。

二、速裁程序的特点

我国刑事诉讼中的速裁程序有以下特点：

1.只适用于第一审程序。与简易程序一样，速裁程序不适用于第二审程序、死刑复核程序和审判监督程序。

2.只适用于基层人民法院。速裁程序仅适用于判处3年有期徒刑以下刑罚的案件，这类案件皆由基层人民法院管辖。

3.速裁程序是对第一审简易程序的进一步简化。如实行独任审判，一般不进行法庭调查、法庭辩论。

4.审理期限短。适用速裁程序审理案件，人民法院应当在受理后10日以内审结；对可能判处的有期徒刑超过1年的，可以延长至15日。

三、速裁程序的适用范围

《刑事诉讼法》第222条规定，基层人民法院管辖的可能判处3年有期徒刑以下刑罚的案件，案件事实清楚，证据确实、充分，被告人认罪认罚并同意适用速裁程序的，可以适用速裁程序，由审判员一人独任审判。人民检察院在提起公诉的时候，可以建议人民法院适用速裁程序。

根据《刑事诉讼法》第223条的规定，有下列情形之一的，不适用速裁程序：(1)被告人是盲、聋、哑人，或者是尚未完全丧失辨认或者控制自己行为能力的精神病人；(2)被告人是未成年人的；(3)案件有重大社会影响的；(4)共同犯罪案件中部分被告人对指控的犯罪事实、罪名、量刑建议或者适用速裁程序有异议的；(5)被告人与被害人或者其法定代理人没有就附带民事诉讼赔偿等事项达成调解或者和解协议的；(6)其他不宜适用速裁程序审理的。

四、速裁程序的审理与转处

速裁程序的启动方式有三种：一是人民检察院建议适用，二是人民法院决定适用，三是被告人及其辩护人申请适用。第一，对人民检察院在提起公诉时建议适用速裁程序的案件，基层人民法院经审查认为案件事实清楚，证据确实、充分，可能判处3年有期徒刑以下刑罚的，在将起诉书副本送达被告人时，应当告知被告人适用速裁程序的法律规定，询问其是否同意适用速裁程序。被告人同意适用速裁程序的，可以决定适用速裁程序，并在开庭前通知人民检察院和辩护人。第二，对人民检察院未建议适用速裁程序的案件，人民法院经审查认为符合速裁程序适用条件的，可以决定适用速裁程序，并在开庭前通知人民检察院和辩护人。第三，被告人及其辩护人可以向人民法院提出适用速裁程序的申请。

根据《刑事诉讼法》第224条的规定，适用速裁程序审理案件，不受送达期限的限制。因此，适用速裁程序审理案件，人民法院应当在开庭前将开庭的时间、地点通知人民检察院、被告人、辩护人，也可以通知其他诉讼参与人，但通知时间并不受“开庭三日前”的时间限制。通知可以采用简便方式，但应当记录在案。实践中，法院也通常只在开庭日公告和通知控辩双方和其他诉讼参与人。

需要注意的是，适用速裁程序的案件，人民法院应当通知人民检察院派员出庭。这是因为，公诉人代表人民检察院履行国家公诉职能，而且速裁程序中可能出现调整量刑建议的情形，如公诉人不出庭，则无法当庭调整量刑建议，影响速裁程序的适用。此外，被告人有辩护人的，也应当通知其出庭。

速裁程序的主要价值为“速”。因此，最高人民法院《解释》规定，适用速裁程序审理的案件可以集中开庭，逐案审理。根据最高人民法院《解释》，公诉人简要宣读起诉书后，审判人员应当当庭询问被告人对指控事实、证据、量刑建议以及适用速裁程序的意见，核实具结书签署的自愿性、真实性、合法性，并核实附带民事诉讼赔偿等情况。

总之，虽无法庭调查和法庭辩论环节，但审判人员仍应当庭询问被告人对指控的证据有无异议，被告人无异议的，即应当视为经过了庭审质证程序。所以，速裁程序中作为定案根据的证据，实际上也经过了庭审举证、质证程序。

适用速裁程序审理案件，不受公诉案件一审程序关于送达期限规定的限制，一般不进行法庭调查、法庭辩论，裁判文书也可以简化，但在判决宣告前应当听取辩护人的意见和被告人的最后陈述意见。适用速裁程序审理案件，应当当庭宣判。

适用速裁程序审理案件，在法庭审理过程中，具有下列情形之一的，应当转为普通程序或者简易程序审理：（1）被告人的行为可能不构成犯罪或者不应当追究刑事责任的；（2）被告人违背意愿认罪认罚的；（3）被告人否认指控的犯罪事实的；（4）案件疑难、复杂或者对适用法律有重大争议的；（5）其他不宜适用速裁程序的情形。决定转为普通程序或者简易程序审理的案件，审理期限应当从作出决定之日起计算。

适用速裁程序审理的案件，第二审人民法院因为原判决事实不清楚或者证据不足发回原审人民法院重新审判的，原审人民法院应当适用第一审普通程序重新审判。

第六节 判决、裁定和决定

判决、裁定和决定，是人民法院在审理案件过程中或者审理结束后，根据事实和法律，解决案件实体问题和诉讼程序问题，对当事人及其他诉讼参与人所作的具有拘束力的处理决定。

一、判决

（一）判决的概念、特点

判决是法院就案件的实体问题所作的决定。我国刑事案件的判决，是人民法院经过法庭审理，根据已经查明的事实、证据和有关的法律规定，就被告人是否犯罪、犯了什么罪、应否处以刑罚和处以什么刑罚的问题所作的一种结论。从程序上说，它标志着案件审理的结束；从内容上说，它解决的是案件的实体事项，所以是实体裁判。

判决是人民法院行使国家审判权和执行国家法律的具体结果。判决一经发生法律效力，就具有强制性。如拒不执行已经发生法律效力的判决，就要受到法律的追究。判决除人民法院外，任何机关、团体或者个人都无权加以变更或者撤销。即使是判决有错误，也只有法院经过严格的法定程序才能变更或者撤销。因此，判决具有极高的权威性、严肃性和稳定性。

（二）判决书的制作要求和内容

判决必须制作判决书。判决书是判决的书面表现形式，是重要的法律文书。其制作是一项严肃且慎重的活动，必须严格按照规定的格式和要求制作。总的要求是：格式规范；事实叙述清楚、具体，层次清楚，重点突出；说理透彻，论证充分；结论明确，法律条文的引用正确、无误；逻辑结构严谨，无前后矛盾之处；行文通俗易懂，繁简得当，标点符号正确。根据《刑事诉讼法》第53条的规定，审判人员制作判决书时，必须忠实于事实真相。故意隐瞒事实真相的，应当追究责任。

具体而言，根据最高人民法院审判委员会通过的《法院刑事诉讼文书样式（样本）》的规定，判决书的制作要求和内容有以下几方面：

1.首部。首部包括人民法院名称、判决书类别、案号；公诉机关和公诉人、当事人、辩护人、诉讼代理人基本情况；案由和案件来源；开庭审理，审判组织的情况等。

2.事实部分。事实是判决的基础，是判决理由和判决结果的根据。这部分包括三个方面的内容：人民检察院指控被告人犯罪的事实和证据；被告人的供述、辩护和辩护人的辩护意见；经法庭审理查明的事实和据以定案的证据。其中，对认定事实的证据必须做到：（1）依法公开审理的案件，除无须举证的事实外，证明案件事实的证据必须是指经过法庭公开举证、质证的，未经法庭公开举证、质证的不能认证；(2)要通过对证据的具体分析、认证来证明判决所确认的犯罪事实，防止并杜绝用“以上事实清楚、证据充分，被告人也供认不讳，足以认定”等抽象、笼统的说法或简单地罗列证据的方法来代替对证据的具体分析、认证，法官认证和采证的过程应当在判决书中充分体现出来；(3)证据的叙写要尽可能明确、具体。此外，叙述证据时，还应当注意保守国家秘密，保护报案人、控告人、举报人、被害人、证人的安全和名誉。

3.理由部分。理由是判决的灵魂，是将事实和判决结果有机联系在一起的纽带，是判决书说服力的基础。其核心内容是针对具体案件的特点，运用法律规定、犯罪构成和刑事诉讼理论，阐明控方的指控是否成立，被告人的行为是否构成犯罪，犯什么罪，情节轻重与否，依法应当如何处理。书写判决理由时应注意：(1)理由的论述要结合具体案情有针对性和个性，说理力求透彻，使理由具有较强的思想性和说服力。切忌说空话、套话。(2)罪名确定准确。一人犯数罪的，一般先定重罪，后定轻罪，共同犯罪案件应在分清各被告人在共同犯罪中的地位、作用和刑事责任的前提下，依次确定首要分子、主犯、从犯或者胁从犯、教唆犯的罪名。(3)被告人具有从轻、减轻、免除处罚或从重处罚情节的，应当分别或者综合予以认定。(4)对控辩双方适用法律方面的意见应当有分析地表明是否予以采纳，并阐明理由。(5)法律条文(包括司法解释)的引用要完整、准确、具体。此外，《关于规范量刑程序若干问题的意见》第25条规定，人民法院应当在刑事裁判文书中应当说明量刑理由。量刑说理主要包括：①已经查明的量刑事实及其对量刑的影响；②是否采纳公诉人、自诉人、被告人及其辩护人、被害人及其诉讼代理人发表的量刑建议、意见及理由；③人民法院判处刑罚的理由和法律依据。

4.结果部分。判决结果是依照有关法律的具体规定，对被告人作出的定性处理的结论。书写时应当字斟句酌、认真推敲，力求文字精练、表达清楚、准确无误。其中有罪判决应写明判处的罪名、刑种、刑期或者免除刑罚，数罪并罚的应分别写明各罪判处的刑罚和决定执行的刑罚；被告人已被羁押的，应写明刑期折抵情况和实际执行刑期的起止时间；缓刑的应写明缓刑考验期限；附带民事诉讼案件，应写明附带民事诉讼的处理情况；有赃款赃物的，应写明处理情况。无罪判决要写明认定被告人无罪以及所根据的事实和法律依据；对证据不足、不能认定被告人有罪的应写明证据不足、指控的犯罪不能成立，并宣告无罪。

5.尾部。这部分写明被告人享有上诉权利、上诉期限、上诉法院、上诉方式和途径；合议庭组成人员或独任审判员、法官助理和书记员姓名；判决书制作、宣判日期；最后要加盖人民法院印章。

附：几种主要的第一审刑事判决书样式

×××人民法院
刑事判决书

(一审公诉案件适用普通程序用)

(××)×刑初字第×号

公诉机关×××人民检察院。

被告人……(写明姓名、性别、出生年月日、民族、出生地、文化程度、职业或者工作单位和职务、住址和因本案所受强制措施情况等，现羁押处所)

辩护人……(写明姓名、工作单位和职务)

×××人民检察院以×检×诉［年度］×号起诉书指控被告人×××犯××罪，于××××年××月××日向本院提起公诉。本院依法组成合议庭，公开(或者不公开)开庭审理了本案。×××人民检察院指派检察员×××出庭支持公诉，被害人×××及其法定代理人×××、诉讼代理人×××，被告人×××及其法定代理人×××、辩护人×××，证人×××，鉴定人×××，翻译人员×××等到庭参加诉讼。现已审理终结。

×××人民检察院指控……（概述人民检察院指控被告人犯罪的事实、证据和适用法律的意见）

被告人×××辩称……（概述被告人对指控的犯罪事实予以供述、辩解、自行辩护的意见和有关证据）。辩护人×××提出的辩护意见是……（概述辩护人的辩护意见和有关证据）

经审理查明……（首先写明经庭审查明的事实，其次写明经举证、质证定案的证据及其来源，最后对控辩双方有异议的事实、证据进行分析、认证）

本院认为……（根据查证属实的事实、证据和有关法律规定，论证公诉机关指控的犯罪是否成立，被告人的行为是否构成犯罪，犯的什么罪，是否应从轻、减轻、免除处罚或者从重处罚。对于控辩双方关于适用法律方面的意见，应当有分析地表示是否予以采纳，并阐明理由）依照……（写明判决的法律依据）的规定，判决如下：

……[写明判决结果。分三种情况：

第一，定罪判刑的，表述为：

"一、被告人×××犯××罪，判处……（写明主刑、附加刑）

（刑期从判决执行之日起计算。判决执行以前先行羁押的，羁押1日折抵刑期1日，即自××××年××月××日起至××××年××月××日）

二、被告人×××……（写明决定追缴、退赔或者发还被害人、没收财物的名称、种类和数额）"

第二，定罪免刑的，表述为：

"被告人×××犯××罪，免予刑事处罚（如有追缴、退赔或者没收财物的，续写第2项）。"

第三，宣告无罪的，无论是适用《刑事诉讼法》第200条第2项还是第3项，均应表述为：

"被告人×××无罪。"]

如不服本判决，可在接到判决书的第二日起10日内，通过本院或者直接向×××人民法院提出上诉。书面上诉的，应当提交上诉状正本1份，副本×份。

审判长×××

审判员×××

审判员×××

年 月 日

（院印）

法官助理×××

书记员×××

本件与原本核对无异

说明：

1.法院名称，一般应与院印的文字一致，但是基层人民法院的名称前应冠以省、自治区、直辖市的名称；判处涉外案件时，各级人民法院均应冠以"中华人民共和国"的国名。

2.案号，由立案年度、制作法院、案件性质、审判程序的代字和案件的顺序号组成。如四川省成都市金牛区人民法院1998年立案的第18号刑事案件，表述为"（1998）金刑初字第18号"。案号写在文书名称下一行的右端，其最末一字与下面的正文右端各行看齐。案号上下各空一行。

3.被害人和法定代理人、诉讼代理人出庭参加诉讼的，在审判经过段的"出庭人员"中写明（未出庭的不写）。

4.被告人因本案所受强制措施情况，应写明被拘留、逮捕等羁押时间，以便于折抵刑期。

5.同案被告人有2人以上的，按主从关系的顺序列项书写。被告人是未成年人的，应当在写明被告人基本情况后，另行续写法定代理人的姓名、与被告人的关系、工作单位和职务及住址。

6.辩护人是被告人的监护人、亲友的，除写明姓名、工作单位、职务外，还应写明其与被告人的关系；辩护人如果是人民法院指定的，写为"指定辩护人"，并在审判阶段中做相应的改动。

7.按照样式规定，事实部分包括的四部分内容，应分四个自然段书写，以充分体现控辩式的审理方式。

8.合议庭成员有陪审员的，署名为"人民陪审员"。

×××人民法院
刑事附带民事判决书

（一审公诉案件适用普通程序用）

（××××）×刑初字第××号

公诉机关×××人民检察院。

附带民事诉讼原告人……（写明姓名、性别、出生年月日、民族、出生地、文化程度、职业或者工作单位和职务、住址等）

被告人……（写明姓名、性别、出生年月日、民族、出生地、文化程度、职业或者工作单位和职务、住址、因本案所受强制措施情况等，现羁押处所）

辩护人……（写明姓名、工作单位和职务）

×××人民检察院以×检×诉［年度］××号起诉书指控被告人×××犯××罪，于××××年××月××日向本院提起公诉。在诉讼过程中，附带民事诉讼原告人向本院提起附带民事诉讼。本院依法组成合议庭，公开（或者不公开）开庭进行了合并审理。×××人民检察院指派检察员×××出庭支持公诉，附带民事诉讼原告人×××及其法定（诉讼）代理人×××，被告人×××及其法定代理人×××、辩护人×××，证人×××，鉴定人×××，翻译人员×××等到庭参加诉讼。现已审理终结。

×××人民检察院指控……（概述人民检察院指控被告人犯罪的事实、证据和适用法律的意见）附带民事诉讼原告人诉称……（概述附带民事诉讼原告人的诉讼请求和有关证据）

被告人×××辩称……（概述被告人对人民检察院指控的犯罪事实和附带民事诉讼原告人的诉讼请求予以供述、辩解、自行辩护、答辩的意见和有关证据）。辩护人×××提出的辩护意见是……（概述辩护人的辩护意见和有关证据）

经审理查明……（首先，写明经法庭审理查明的事实，既要写明经法庭查明的全部犯罪事实，又要写明由于被告人的犯罪行为使被害人遭受经济损失的事实；其次，写明据以定案的证据及其来源；最后，对控辩双方有异议的事实、证据进行分析、认证）

本院认为……（根据查证属实的事实、证据和法律规定，论证公诉机关指控的犯罪是否成立，被告人的行为是否构成犯罪，犯的什么罪，应否追究刑事责任；论证被害人是否由于被告人的犯罪行为而遭受经济损失，被告人对被害人的经济损失应否负民事赔偿责任；应否从轻、减轻、免除处罚或者从重处罚。对于控辩双方关于适用法律方面的意见，应当有分析地表示是否予以采纳，并阐明理由）依照……（写明判决的法律依据）的规定，判决如下：

……［写明判决结果。分四种情况：

第一，定罪判刑并应当赔偿经济损失的，表述为：

“一、被告人×××犯××罪……（写明主刑、附加刑）

（刑期从判决执行之日起计算。判决执行以前先行羁押的，羁押1日折抵刑期1日，即自××××年××月××日起至××××年××月××日）

二、被告人×××赔偿附带民事诉讼原告人×××……（写明受偿人的姓名、赔偿的金额和支付的日期）”

第二，定罪免刑并应当赔偿经济损失的，表述为：

“一、被告人×××犯××罪，免予刑事处罚；

二、被告人×××赔偿附带民事诉讼原告人×××……（写明受偿人的姓名、赔偿的金额和支付的日期）”

第三，宣告无罪但应当赔偿经济损失的，表述为：

“一、被告人×××无罪；

二、被告人×××赔偿附带民事诉讼原告人×××……（写明受偿人的姓名、赔偿的金额和支付的日期）”

第四，宣告无罪且不赔偿经济损失的，表述为：

“一、被告人×××无罪；

二、被告人×××不承担民事赔偿责任。”］

如不服本判决，可在接到判决书的第二日

起10日内，通过本院或者直接向×××人民法院提出上诉。书面上诉的，应当提交上诉状正本1份，副本×份。

审判长×××
审判员×××
审判员×××
××××年××月××日
（院印）
法官助理×××
书记员×××
本件与原本核对无异

×××人民法院
刑事附带民事判决书

（一审公诉案件适用简易程序用）

（××××）×刑初字第××号

公诉机关×××人民检察院。

被告人……（写明姓名、性别、出生年月日、民族、出生地、文化程度、职业或者工作单位和职务、住址、因本案所受强制措施情况等，现羁押处所）

辩护人……（写明姓名、工作单位和职务）

×××人民检察院以×检×诉［年度］××号起诉书指控被告人×××犯××罪，于××××年××月××日向本院提起公诉。本院依法适用简易程序，实行独任审判，公开（或者不公开）开庭审理了本案。×××人民检察院检察员×××、被告人×××、辩护人×××等到庭参加诉讼。现已审理终结。

×××人民检察院指控……（概述人民检察院指控被告人犯罪的事实和适用法律的意见）

被告人×××的供述、辩解和辩护人×××的辩护意见……（予以概述）

经审理查明……（写明经法庭审理查明的被告人的犯罪事实和据以定案的证据）

本院认为……（写明判决的理由）依照……（写明判决的法律依据）的规定，判决如下：

被告人×××犯××罪，判处……（写明判处的具体内容）

（刑期从判决执行之日起计算。判决执行以前先行羁押的，羁押1日折抵刑期1日。即自××××年××月××日起至××××年××月××日止）

如不服本判决，可在接到判决书的第二日起10日内，通过本院或者直接向×××人民法院提出上诉。书面上诉的，应当提交上诉状正本1份，副本×份。

审判员×××
××××年××月××日
（院印）
法官助理×××
书记员×××
本件与原本核对无异

说明：

1.适用简易程序审理自诉案件的，按“自诉案件用”的文书样式，参照本样式制作刑事判决书。

2.对有附带民事诉讼内容且控辩双方没有异议的，可以参阅刑事附带民事判决书样式，在本样式的相应部分增加有关内容。

3.人民法院对公诉案件的被告人可能判处免予刑事处罚的，可以适用简易程序。对这类案件制作判决书时，判决理由和判决结果部分的表述应当作相应改动。

4.审理单位犯罪案件不适用简易程序，因而也不适用本样式。

×××人民法院
刑事判决书

（一审自诉案件用）

（××××）×刑初字第××号

自诉人……（写明姓名、性别、出生年月日、民族、出生地、文化程度、职业或者工作单位和职务、住址等）

诉讼代理人……（写明姓名、工作单位和职务）

被告人……（写明姓名、性别、出生年月日、

民族、出生地、文化程度、职业或者工作单位和职务、住址等）

辩护人……（写明姓名、工作单位和职务）

自诉人×××以被告人×××犯罪，于××××年××月××日向本院提起控诉。本院受理后，依法实行独任审判（或者组成合议庭），公开（或者不公开）开庭审理了本案。自诉人×××及其诉讼代理人×××、被告人×及其辩护人×××等到庭参加诉讼。现已审理终结。

自诉人×××诉称……（概述自诉人指控被告人犯罪的事实、证据和诉讼请求）

被告人×××辩称……（概述被告人对自诉人的指控予以供述、辩解、自行辩护的意见和有关证据）。辩护人×××提出的辩护意见是……（概述辩护人的辩护意见和有关证据）

经审理查明……（首先，写明经法庭审理查明的事实；其次，写明据以定案的证据及其来源；最后，对控辩双方有异议的事实、证据进行分析、认证）

本院认为……（写明根据查证属实的事实、证据和法律规定，论证自诉人的指控是否成立，被告人的行为是否构成犯罪，犯的什么罪，是否从轻、减轻、免除处罚或者从重处罚。对于控辩双方有关适用法律方面的意见，应当有分析地表示是否予以采纳，并阐明理由）依照……（写明判决的法律依据）的规定，判决如下：

……[写明判决结果。分三种情况：

第一，定罪判刑的，表述为：

“被告人×××犯××罪，判处……（写明判处的刑罚）

（刑期从判决执行之日起计算。判决执行以前先行羁押的，羁押1日折抵刑期1日，即自××××年××月××日起至××××年××月××日）”

第二，定罪免刑的，表述为：

“被告人×××犯××罪，免予刑事处罚。”

第三，宣告无罪的，表述为：

“被告人×××无罪。”]

如不服本判决，可在接到判决书的第二日起10日内，通过本院或者直接向×××人民法院提出上诉。书面上诉的，应当提交上诉状正本1份，副本×份。

审判员×××

××××年××月××日

（院印）

法官助理×××

书记员×××

本件与原本核对无异

说明：

1.自诉人如有诉讼代理人的，应当在“自诉人”项后另起一行列项书写；自诉人、被告人如系未成年人，其法定代理人同样应在各自的项后另起一行列项书写。

2.对于《刑事诉讼法》第210条第3项规定的被害人有证据证明对被告人侵犯自己人身、财产权利的行为应当依法追究刑事责任，而公安机关或者人民检察院不予追究被告人刑事责任的自诉案件，人民法院在审理终结制作本判决书时，应当按照《刑事诉讼法》第112条、第180条的规定，将公安机关或者人民检察院作出不予追究的书面决定的内容在“案件由来”部分表述清楚。

3.判决结果中“宣告无罪”的表述，是按经开庭审理后决定宣告无罪设计的。如果在开庭前的审查阶段即确认被告人无罪的，则应当按驳回起诉用的刑事裁定书样式制作刑事裁定书。

4.按本样式制作判决书时，注意参阅一审公诉案件适用普通程序用的刑事判决书样式。

×××人民法院

刑事判决书

（一审自诉、反诉并案审理用）

（××××）×刑初字第××号

自诉人（反诉被告人）……（写明姓名、性别、出生年月日、民族、出生地、文化程度、职业或者工作单位和职务、住址等）

诉讼代理人（辩护人）……（写明姓名、工作

单位和职务）

被告人（反诉自诉人）……（写明姓名、性别、出生年月日、民族、出生地、文化程度、职业或者工作单位和职务、住址等）

辩护人（诉讼代理人）……（写明姓名、工作单位和职务）

自诉人×××以被告人×××犯××罪，于××××年××月××日向本院提起控诉。被告人×××于××××年××月××日以自诉人×××犯××罪提起反诉。本院受理后，依法组成合议庭（或者实行独任审判），公开（或者不公开）开庭进行了合并审理。自诉人（反诉被告人）×××及其诉讼代理人（辩护人）×××、被告人（反诉自诉人）×××及其辩护人（诉讼代理人）×××等到庭参加诉讼。现已审理终结。

自诉人×××诉称……（概述自诉人指控被告人犯罪的事实、证据和诉讼请求）

被告人×××辩称……（概述被告人对自诉人的指控予以供述、辩解、自行辩护的意见和有关证据）。辩护人×××提出的辩护意见是……（概述辩护人的辩护意见和有关证据）

反诉自诉人×××诉称……（概述反诉自诉人指控反诉被告人犯罪的事实、证据和诉讼请求）

反诉被告人×××辩称……（概述反诉被告人对反诉自诉人的指控予以供述、辩解、自行辩护的意见和有关证据）。辩护人×××提出的辩护意见是……（概述辩护人的辩护意见和有关证据）

经审理查明……（首先写明经法庭审理查明的事实；其次写明据以定案的证据及其来源；最后对自诉、反诉各方有异议的事实、证据进行分析、认证）

本院认为……（写明根据查证属实的事实、证据和有关法律规定，论证自诉人、反诉自诉人的指控是否成立，被告人或者反诉被告人或者双方的行为是否构成犯罪，犯的什么罪，应当如何处罚。对于控辩双方有关适用法律方面的意见，应当有分析地表示是否予以采纳，并阐明理由）依照……（写明判决的法律依据）的规定，判决如下：

……［写明判决结果。分四种情况：

第一，被告人构成犯罪，反诉被告人无罪的，表述为：

“一、被告人×××犯××罪……（写明判决结果）；

（刑期从……）

二、反诉被告人无罪。”

第二，被告人无罪，反诉被告人构成犯罪的，表述为：

“一、被告人×××无罪；

二、反诉被告人×××犯××罪……（写明判决结果）

（刑期从……）”

第三，双方都构成犯罪的，表述为：

“一、被告人×××犯××罪……（写明判决结果）；

（刑期从……）

二、反诉被告人×××犯××罪……（写明判决结果）

（刑期从……）”

第四，双方都不构成犯罪的，表述为：

“一、被告人×××无罪；

二、反诉被告人×××无罪。”］

如不服本判决，可在接到判决书的第二日起10日内，通过本院或者直接向×××人民法院提出上诉。书面上诉的，应当提交上诉状正本1份，副本×份。

审判长×××

审判员×××

审判员×××

××××年××月××日

（院印）

法官助理×××

书记员×××

本件与原本核对无异

二、裁定

裁定是人民法院在审理案件或者判决执行过程中对有关诉讼程序和部分实体问题所作的一种处理。人民法院用裁定处理的刑事程序问题主要有：诉讼期限的延展；中止审理；维持原判或者发回重新审判；驳回起诉；核准死刑等。人民法院用裁定处理的实体问题主要针对执行中的问题，如减刑、假释等。

裁定和判决之间的区别是：

1.判决只解决案件的实体问题，而裁定既解决实体问题，也解决程序问题。适用裁定解决的实体问题，如在执行期间依法减刑、假释等；解决的程序问题，如驳回自诉，撤销原判，发回原审人民法院重新审判，以及当事人耽误期限，人民法院对其提出的继续进行应当在期满以前完成的诉讼活动的申请是否准许时，可以适用裁定处理。

2.在一个案件中，发生法律效力并被执行的判决只有一个，而发生法律效力的裁定可以有若干个。

3.判决必须用书面形式表现出来，而裁定既可用书面形式，又可用口头形式。口头裁定作出后，记入笔录即可。

4.上诉、抗诉期限不同。不服第一审刑事判决的上诉、抗诉期限为10日，而不服第一审裁定的上诉、抗诉期限为5日。

裁定书是裁定的书面形式。其格式、写法和署名，与判决书基本相同，只是内容相对简单。

三、决定

决定是用于解决诉讼程序问题的一种法院裁判形式。例如，对回避申请决定是否同意，对当事人、辩护人提出的通知新的证人到庭、调取新的物证、重新鉴定或者勘验的申请，应由法庭作出是否同意的决定，等等。

决定可以是口头的，也可以是书面的。口头决定应记录在卷，书面决定应制作决定书。人民法院的决定一经作出，立即生效，不准上诉、抗诉，但有些决定可以申请复议，如对驳回申请回避的决定，当事人及其法定代理人可以申请复议一次。

决定与判决和裁定的区别如下：

1.适用对象不同。判决用于解决实体问题，裁定部分用于解决程序问题，部分用于解决实体问题，而决定只用于解决程序问题。

2.只有人民法院有权作出判决和裁定，而决定可以由人民法院、人民检察院、公安机关分别作出。

3.效力不同。第一审人民法院所作的判决或者裁定，有关机关和人员依法可以上诉或者抗诉，并不立即发生法律效力。而决定无论由哪一级、哪一个公、检、法机关作出，均立即发生法律效力，不得上诉和抗诉。

【本章主要法律规定】

1.《刑事诉讼法》第186～226条
2.最高人民法院、最高人民检察院、公安部、国家安全部、司法部、全国人大常委会法制工作委员会《关于实施刑事诉讼法若干问题的规定》第25～32条
3.最高人民法院《关于适用〈中华人民共和国刑事诉讼法〉的解释》第218～377条
4.《人民检察院刑事诉讼规则》第390～444条
5.最高人民法院、最高人民检察院、公安部、国家安全部、司法部《关于规范量刑程序若干问题的意见》
6.《人民法院在线诉讼规则》第3条、第37条

第十六章 第二审程序

本章主要内容提示

学习本章，要了解上诉与抗诉的概念，全面审查原则、上诉不加刑原则的概念。要理解上诉、抗诉的主体范围、理由、期限，全面审查原则、上诉不加刑原则的内容，第二审程序的审理方式、程序和审理后的处理，二审对刑事附带民事诉讼案件和自诉案件的处理，以及查封、扣押、冻结财物及其处理程序。

第一节 第二审程序的概念

第二审程序，又称上诉审程序，是指第二审人民法院根据上诉人的上诉或者人民检察院的抗诉，对第一审人民法院尚未发生法律效力的判决或裁定进行审判所应遵循的程序。

第二审程序并不是审理刑事案件的必经程序。一个案件是否经过第二审程序，关键在于上诉权人或第一审人民法院的同级人民检察院是否依法提起了上诉或抗诉。提起上诉或抗诉的，该案就应由第一审人民法院的上一级人民法院依第二审程序进行审理，否则即不产生第二审程序。

第二节 第二审程序的提起

上诉和抗诉是引起第二审程序发生的两种不同的诉讼机制。上诉，是指上诉权主体不服地方各级人民法院尚未发生法律效力的第一审判决或者裁定，要求上一级人民法院对案件重新进行审判的诉讼活动。上诉权人在法定期限内依法提起上诉，就必然引起第二审程序。这里所讲的抗诉是指地方各级人民检察院认为同级人民法院第一审尚未发生法律效力的判决或者裁定确有错误时，提请上一级人民法院进行第二次审判的诉讼活动。抗诉必然引起第二审程序。

一、上诉与抗诉的主体

上诉主体，又称上诉权人，是指依法享有上诉权的人。根据《刑事诉讼法》第227条的规定，有权提起上诉的主体有：被告人、自诉人和他们的法定代理人；经被告人同意的辩护人、近亲属；以及附带民事诉讼的当事人及其法定代理人。但由于上述主体所处的诉讼地位不同，《刑事诉讼法》对他们的上诉权限作了不同的规定。

1.被告人、自诉人及其法定代理人是享有独立上诉权的主体。被告人、自诉人在刑事诉讼中分别处于被告与原告的诉讼地位，人民法院的判决、裁定与他们有切身的利害关系，因此，法律赋予他们独立的上诉权。只要他们在法定期限内提出上诉，就引起第二审程序。《刑事诉讼法》第227条第3款还特别规定，对被告人的上诉权，不得以任何借口加以剥夺。法定代理人作为未成年人、无行为能力人或者限制行为能力人的合法权益维护者，法律也赋予他们独立的上诉权。

2.被告人的辩护人和近亲属，经被告人同意方可上诉。也就是说，被告人的辩护人和近亲属没有独立的上诉权。允许被告人的辩护人和近亲属提出上诉，是让他们帮助被告人行使上诉权。是否上诉，应由被告人自己决定。如果被告人不同意上诉，其辩护人或近亲属就无权提起上诉。对经被告人同意提出上诉的，应当以被告人为上诉人。

3.附带民事诉讼的当事人和他们的法定代理人是对判决、裁定中的附带民事诉讼部分享有独立上诉权的主体。根据《刑事诉讼法》第227条第2款的规定，附带民事诉讼的当事人和他们的法定代理人，可以对地方各级人民法院第一审的判决、裁定中的附带民事诉讼部分，提出上诉。上诉的内容，只限于附带民事诉讼部分，对刑事判决、裁定部分无权提出上诉，且不影响刑事判决、裁定在上诉期满后发生法律效力和执行。

被害人及其法定代理人对一审刑事判决不服，没有上诉权，只能请求人民检察院抗诉。《刑事诉讼法》第229条规定，被害人及其法定代理人不服地方各级人民法院第一审的判决的，自收到判决书后5日以内，有权请求人民检察院提出抗诉。人民检察院自收到被害人及其法定代理人的请求后5日以内，应当作出是否抗诉的决定并且答复请求人。应当指出的是，被害人及其法定代理人只对未生效的第一审判决享有请求抗诉权，而对未生效的第一审裁定则不享有这项权利。

二审抗诉权主体是地方各级人民检察院。根据《刑事诉讼法》第228条的规定，地方各级人民检察院认为本级人民法院第一审的判决、裁定确有错误的时候，应当向上一级人民法院提出抗诉。人民检察院是国家法律监督机关，对于地方各级人民法院的一审判决、裁定，依照二审程序提出抗诉，这是地方各级人民检察院依法行使职权，对本级人民法院的审判活动实行监督的一种重要形式。最高人民法院是国家的最高审判机关，它的一审判决和裁定就是终审的判决和裁定，对它既不能上诉，也不能按照二审程序抗诉。最高人民检察院如果认为最高人民法院的裁判确有错误，只能按照审判监督程序提出抗诉。

二、上诉、抗诉的理由

关于上诉的理由，刑事诉讼法未作规定。上诉主体只要不服第一审判决、裁定，并在法定期限内依法提出上诉，人民法院就应当受理，并引起第二审程序。

关于抗诉的理由，刑事诉讼法作了规定。《刑事诉讼法》第228条规定，地方各级人民检察院认为本级人民法院第一审判决、裁定确有错误的时候，才能提出抗诉。换言之，抗诉的理由是认为一审判决或裁定确有错误，具体表现为：

1.认定的事实确有错误或者据以定罪量刑的证据不确实、充分的；

2.有确实、充分证据证明有罪而判无罪，或者无罪判有罪的；

3.重罪轻判，轻罪重判，适用刑罚明显不当的；

4.认定罪名不正确，一罪判数罪、数罪判一罪，影响量刑或者造成严重的社会影响的；

5.免除刑事处罚或者适用缓刑、禁止令、限制减刑等错误的；

6.人民法院在审理过程中严重违反法律规定的诉讼程序的。

此外，准许撤回起诉、终止审理等裁定可能对被告人的实体权益造成影响，因此，最高人民法院《解释》规定上述情形允许上诉。

三、上诉、抗诉的期限

对地方各级人民法院第一审判决、裁定的上诉或者抗诉，应当在法定的上诉或抗诉期间内提出。《刑事诉讼法》第230条对上诉、抗诉的期限作了明确规定，即不服判决的上诉和抗诉期限为10日，不服裁定的上诉和抗诉的期限为5日，从接到判决书、裁定书的第二日起算。最高人民法院《解释》第380条第2款还规定，对附带民事判决、裁定的上诉、抗诉期限，应当按照刑事部分的上诉、抗诉期限确定。附带民事部分另行审判的，上诉期限也应当按照《刑事诉讼法》规定的期限确定。

四、上诉、抗诉的方式和程序

上诉可以书状形式，也可以口头形式提出。口头上诉与书状上诉具有同等效力，人民法院都应当受理。用上诉状提出上诉的，应向人民法院提交上诉状正本及副本；对于口头上诉，第一审人民法院应当根据上诉人陈述的理由和请求制作笔录，由上诉人阅读或者向其宣读后，上诉人应当签名或者盖章。

上诉既可以通过原审人民法院提出，也可直接向第二审人民法院提出。上诉人通过第一审人民法院提出上诉的，第一审人民法院应当审查。上诉符合法律规定的，应当在上诉期满后3日以内将上诉状连同案卷、证据移送上一级人民法院，并将上诉状副本送交同级人民检察院和对方当事人。上诉人直接向第二审人民法院提出上诉的，第二审人民法院应当在收到上诉状后3日以内将上诉状交第一审人民法院。第一审人民法院应当审查上诉是否符合法律规定。符合法律规定的，应当在接到上诉状后3日以内将上诉状连同案卷、证据移送上一级人民法院，并将上诉状副本送交同级人民检察院和对方当事人。

上诉人在上诉期限内要求撤回上诉的，人民法院应当准许。上诉主体是否提出上诉，以其在上诉期满前最后一次的意思表示为准。上诉人在上诉期满后要求撤回上诉的，第二审人民法院经审查，认为原判认定事实和适用法律正确，量刑适当的，应当裁定准许；认为原判确有错误的，应当不予准许，继续按照上诉案件审理。

抗诉应以书面形式提出，即必须制作抗诉书。根据《刑事诉讼法》的规定，地方各级人民检察院对同级人民法院第一审判决、裁定的抗诉，应当通过第一审人民法院提交抗诉书，并将抗诉书副本连同案件材料报送上一级人民检察院。第一审人民法院应当在抗诉期满后3日以内将抗诉书连同案卷、证据移送上一级人民法院，并将抗诉书副本送交当事人。上一级人民检察院认为抗诉正确的，应当支持抗诉；认为抗诉不当的，应当听取下级人民检察院的意见。听取意见后，仍然认为抗诉不当的，应当向同级人民法院撤回抗诉，并且通知下级人民检察院。上一级人民检察院在上诉、抗诉期限内，发现下级人民检察院应当提出抗诉而没有提出抗诉的案件，可以指令下级人民检察院依法提出抗诉。上一级人民检察院支持或者部分支持抗诉意见的，可以变更、补充抗诉理由，及时制作支持抗诉意见书，并通知提出抗诉的人民检察院。

人民检察院在抗诉期限内要求撤回抗诉的，人民法院应当准许。人民检察院在抗诉期满后要求撤回抗诉的，第二审人民法院可以裁定准许，但是认为原判存在将无罪判为有罪、轻罪重判等情形的，应当不予准许，继续审理。需要注意的是，“继续审理”是指继续按照抗诉案件开庭审理。此种案件本由抗诉启动，虽已提出撤回抗诉但法院因故不予准许，这属于诉讼程序上的重大事项，并且在实体上也可能发生重大变化（原判有罪改判无罪，或原审重判改为轻判），因此应当一律开庭审理。

上级人民检察院认为下级人民检察院抗诉不当，向第二审人民法院要求撤回抗诉的，也适用前述程序要求。

在上诉、抗诉期满前撤回上诉、抗诉的，第一审判决、裁定在上诉、抗诉期满之日起生效。在上诉、抗诉期满后要求撤回上诉、抗诉，第二审人民法院裁定准许的，第一审判决、裁定应当自第二审裁定书送达上诉人或者抗诉机关之日起生效。

五、上诉状、抗诉书的内容与制作

（一）上诉状的内容与制作

上诉状的内容一般包括：第一审判决书、裁

定书的文号和上诉人收到的时间，第一审人民法院的名称，上诉的请求和理由，提出上诉的时间，上诉人签名或者盖章。如果是被告人的辩护人、近亲属经被告人同意提出上诉的，还应当写明其与被告人的关系，并应当以被告人作为上诉人。

上诉状主要由三个部分组成：

1.首部。这部分应写明以下事项：

（1）标题，写明“刑事上诉状”字样。

（2）在上诉人栏内，写明上诉人的姓名、性别、年龄、民族、籍贯、职业、住址。

（3）在被上诉人栏内，写明被上诉人的姓名、性别、年龄、民族、籍贯、职业、住址（刑事公诉案件被告人提出上诉者不列被上诉人）。

（4）案由，写明不服原审判决（或裁定）的事由：“上诉人因××一案，于××××年××月××日收到×××人民法院××××年××月××日（××××）×字第××号刑事×××，现因不服该×××提出上诉。”

2.上诉请求和理由。上诉请求，主要写明上诉人不服原审裁判，要求二审法院撤销、变更原审裁判，或请求重新审理。

上诉理由部分主要是针对原审裁判的不当，采用驳论手法，在反驳中正面说理，阐述上诉的根据。

这部分写完，正文即结束，下面写：“……为此，特向你院上诉，请求依法撤销原判决（或裁定）予以改判（或重新审判）。

此致

×××人民法院”

3.附项及尾部。附项按规定写明下列事项：本上诉状副本×份。

尾部为，在右下角由上诉人签名盖章，注明具状年月日。

（二）抗诉书的内容与制作

刑事抗诉书规定格式和内容要素如下：

×××人民检察院

刑事抗诉书

×检×抗字［年度］第××号

原审被告人……（依次写明姓名、性别、年龄、出生年月日、民族、籍贯、职业、单位及职务、住址、被采取强制措施或服刑情况。有数名被告人的，依从重至轻顺序分别列出）

原审被告人×××……一案（写明姓名、案由），由×××公安局侦查终结移送本院审查起诉，本院××××年××月××日提起公诉（对自诉案件，相应改写为“自诉人××××年××月××日向×人民法院提起诉讼”）。×××人民法院以号刑事判决书（裁定书）作出判决（裁定）：……（判决、裁定结果）经依法审查（如果是被害人及其法定代理人不服地方各级法院第一审的判决而请求人民检察院提出抗诉的，应当写明这一程序。如果是按审判监督程序提出抗诉的，应当写明生效的一审判决或二审判决情况、有关人民检察院提请抗诉的程序。然后再写“经依法审查，本案的事实如下”）：

概括叙写检察机关认定的事实、情节。应当根据具体案件事实、证据情况，围绕刑法规定该罪构成要件特别是争议问题，简明扼要叙写案件事实、情节。一般应当具备时间、地点、动机、目的、关键行为、情节、数额、危害结果、作案后表现等有关定罪量刑的事实、情节要素。一案有数罪、各罪有数次作案的，应依由重至轻或时间顺序叙写。但是，文字应当简明扼要。

原审被告人上述犯罪事实清楚，证据确实、充分，足以认定。

本院认为……［以下写明对判决（裁定）的审查意见和抗诉理由。层次是：（1）“本院认为”之后，先概括指出被告人行为危害程度、情节轻重程度，依法应当如何判决。（2）再明确指出判决（裁定）错误的核心之处，明确写明抗诉焦点，如“认定事实有误”“适用法律不当”“量刑畸轻”等。（3）集中阐述抗诉理由，具体分析原审判决、裁定错误所在，论证检察机关的正确意见。］

理由写完之后，另起一段，写明适用提起抗诉的法律依据，依法提出予以抗诉、请求改判的请求。其写作格式如下：综上所述，为严肃国法，准确惩治犯罪（或保障公民的合法权益），依照《刑事诉讼法》第××条的规定，特提出抗诉，请依法改判。

尾部部分，首先写明致送单位名称：“此致”“×××人民法院”。接下来是检察人员署名。最后写明制作该文书的时间，并在其上加盖检察机关的印章。

附项部分应写明以下几点：(1)被告人现在何处；(2)证据目录；(3)证人名单。证据目录、证人名单与一审无异，可注明“证据目录、证人名单与一审无异”，不必另行移送。

第三节 第二审程序的审判

一、第二审程序的审判原则

(一)全面审查原则

《刑事诉讼法》第233条规定，第二审人民法院应当就第一审判决认定的事实和适用法律进行全面审查，不受上诉或者抗诉范围的限制。共同犯罪的案件只有部分被告人上诉的，应当对全案进行审查，一并处理。这就是第二审程序中全面审查的原则。其内容包括：

1.既要对原审法院所认定的事实是否正确进行审查，又要对其适用法律是否正确进行审查。

2.既要对上诉或抗诉的部分进行审查，又要对未上诉或抗诉的部分进行审查。

3.共同犯罪案件，只有部分被告人提出上诉，或者自诉人只对部分被告人的判决提出上诉，或者人民检察院只对部分被告人的判决提出抗诉的，第二审人民法院应当对全案进行审查，一并处理。既要对已上诉的被告人的问题进行审查，又要对未上诉的被告人的问题进行审查；既要对被提起上诉或被抗诉的被告人的问题进行审查，又要对未被提起上诉或未被抗诉的被告人的问题进行审查。概言之，就是应对共同犯罪中的所有被告人的问题进行审查。

共同犯罪案件，上诉的被告人死亡，其他被告人未上诉的，第二审人民法院应当对死亡的被告人终止审理；但有证据证明被告人无罪，经缺席审理确认无罪的，应当判决宣告被告人无罪。在这种情况下，第二审人民法院仍应对全案进行审查，对其他同案被告人作出判决、裁定。

4.刑事附带民事诉讼案件，只有附带民事诉讼当事人及其法定代理人上诉的，第二审人民法院应当对全案进行审查。经审查，第一审判决的刑事部分并无不当的，第二审人民法院只需就附带民事部分作出处理；第一审判决的附带民事部分事实清楚，适用法律正确的，应当以刑事附带民事裁定维持原判，驳回上诉。

刑事附带民事诉讼案件，只有附带民事诉讼的当事人及其法定代理人上诉的，第一审刑事部分的判决在上诉期满后即发生法律效力。应当送监执行的第一审刑事被告人是第二审附带民事诉讼被告人的，在第二审附带民事诉讼案件审结前，可以暂缓送监执行。

根据司法实践，第二审人民法院的审查包括对案卷材料的程序性审查以及对案件的实体性审查。

程序性审查是指第二审人民法院对第一审人民法院移送上诉、抗诉的案卷、证据，应当审查是否包括下列内容：

1.移送上诉、抗诉案件函；

2.上诉状或者抗诉书；

3.第一审判决书、裁定书8份(每增加1名被告人增加1份)及其电子文本；

4.全部案卷材料、证据，包括案件审理报告和其他应当移送的材料。

上述材料齐全的，第二审人民法院应当收案；材料不全的，应当通知第一审人民法院及时补送。

实体性审查是指第二审人民法院对于上诉、抗诉案件，应当着重审查下列内容：

1.第一审判决认定的事实是否清楚，证据是否确实、充分；

2.第一审判决适用法律是否正确，量刑是否适当；

3.在调查、侦查、审查起诉、第一审程序中，有无违反法定程序的情形；

4.上诉、抗诉是否提出新的事实、证据；

5.被告人的供述和辩解情况；

6.辩护人的辩护意见及采纳情况；

7.附带民事部分的判决、裁定是否合法、适当；

8.对涉案财物的处理是否正确；

9.第一审人民法院合议庭、审判委员会讨论的意见。

（二）上诉不加刑原则

上诉不加刑原则是第二审人民法院审判只有被告人一方上诉的案件，在作出新的判决时，不得对被告人判处重于原判的刑罚的一项原则。《刑事诉讼法》第237条第1款规定，第二审人民法院审理被告人或者他的法定代理人、辩护人、近亲属上诉的案件，不得加重被告人的刑罚。第二审人民法院发回原审人民法院重新审判的案件，除有新的犯罪事实，人民检察院补充起诉的以外，原审人民法院也不得加重被告人的刑罚。这就是我国关于上诉不加刑的法律规定。该原则旨在保护被告人的上诉权，防止因上诉而招致不利的后果。

上诉不加刑原则只适用于被告人和他的法定代理人、辩护人、近亲属提起的上诉案件。而人民检察院提出抗诉的或者自诉案件自诉人提出上诉的，第二审人民法院对案件进行判决时，不受该原则的限制，这是《刑事诉讼法》第237条第2款所规定的上诉不加刑原则的例外情况。

最高人民法院《解释》对上诉不加刑原则进行了细化，明确审理被告人或者其法定代理人、辩护人、近亲属提出上诉的案件，不得对被告人的刑罚作出实质不利的改判，并应当执行下列具体规定：

1.同案审理的案件，只有部分被告人上诉的，既不得加重上诉人的刑罚，也不得加重其他同案被告人的刑罚。

2.原判认定的罪名不当的，可以改变罪名，但不得加重刑罚或者对刑罚执行产生不利影响。例如，二审将一审认定的盗窃罪改判为抢劫罪，仍维持12年有期徒刑的刑罚，但根据《刑法》第81条第2款规定，对抢劫犯罪被判处10年以上有期徒刑、无期徒刑的犯罪分子，不得假释。这就对被告人产生了不利影响。

3.原判认定的罪数不当的，可以改变罪数，并调整刑罚，但不得加重决定执行的刑罚或者对刑罚执行产生不利影响。

4.原判对被告人宣告缓刑的，不得撤销缓刑或者延长缓刑考验期。

5.原判没有宣告职业禁止、禁止令的，不得增加宣告；原判宣告职业禁止、禁止令的，不得增加内容、延长期限。

6.原判对被告人判处死刑缓期执行没有限制减刑、决定终身监禁的，不得限制减刑、决定终身监禁。

7.原判判处的刑罚不当、应当适用附加刑而没有适用的，不得直接加重刑罚、适用附加刑。原判判处的刑罚畸轻，必须依法改判的，应当在第二审判决、裁定生效后，按照审判监督程序重新审判。

此外，人民检察院只对部分被告人的判决提出抗诉，或者自诉人只对部分被告人的判决提出上诉的，第二审人民法院不得对其他同案被告人加重刑罚。被告人或者其法定代理人、辩护人、近亲属提出上诉，人民检察院未提出抗诉的案件，第二审人民法院发回重新审判后，除有新的犯罪事实且人民检察院补充起诉的以外，原审人民法院不得加重被告人的刑罚。

对前述案件，原审人民法院对上诉发回重新审判的案件依法作出判决后，人民检察院抗诉的，第二审人民法院不得改判为重于原审人民法院第一次判处的刑罚。

需要注意的是，对于被告人上诉、人民检察院未提出抗诉的案件，发回重审后人民检察院没有补充起诉新的犯罪事实的，原审人民法院作出的判决，相比原判减轻刑罚和减少罪名的，人民检察院可以提出抗诉。二审法院经审理认为人民检察院抗诉成立的，可以在原判刑罚和罪名范围内改判加重刑罚和增加罪名。例如，对于原判以盗窃罪、故意伤害罪判处7年有期徒刑的案件，被告人上诉、人民检察院未提出抗诉，发回重审后人民检察院没有补充起诉新的犯罪事实的，原审人民法院以故意伤害罪判处被告人有期徒刑3年，对盗窃罪未予认定。此种情形下，检察机关抗诉，二审法院经审查认定抗诉成立的，可以对被告人加重刑罚、增加罪名，但不得超过原判“以盗窃罪、故意伤害罪判处七年有期徒刑”，另行增加其他罪名和判处更高的刑罚。

二、第二审程序的审理

《刑事诉讼法》第234条第1款和第2款规定：第二审人民法院对于下列案件，应当组成合议庭，开庭审理：（1）被告人、自诉人及其法定代理人对第一审认定的事实、证据提出异议，可能影响定罪量刑的上诉案件；（2）被告人被判处死刑的上诉案件；（3）人民检察院抗诉的案件；（4）其他应当开庭审理的案件。被判处死刑的被告人没有上诉，同案的其他被告人上诉的案件，第二审人民法院应当开庭审理。

第二审人民法院决定不开庭审理的，应当讯问被告人，听取其他当事人、辩护人、诉讼代理人的意见。根据上述规定，第二审的审理有两种方式：一种是开庭审理的方式；另一种是不开庭审理的方式。此外，还需要注意认罪认罚案件的二审审理。

（一）开庭审理的方式和程序

根据《刑事诉讼法》第234条第1款的规定，第二审案件必须开庭审理的有四类：（1）被告人、自诉人及其法定代理人对第一审认定的事实、证据提出异议，可能影响定罪量刑的上诉案件；（2）被告人被判处死刑的上诉案件；（3）人民检察院抗诉的案件；（4）其他应当开庭审理的案件。

第二审期间，人民检察院或者被告人及其辩护人提交新证据的，人民法院应当及时通知对方查阅、摘抄或者复制。根据最高人民检察院《规则》第445条的规定，人民检察院提出抗诉的案件或者第二审人民法院决定开庭审理的上诉案件，同级人民检察院应当指派检察官出席第二审法庭，检察官助理可以协助检察官出庭，同时根据需要可以配备书记员担任记录。抗诉案件，人民检察院接到开庭通知后不派员出庭，且未说明原因的，人民法院可以裁定按人民检察院撤回抗诉处理。第二审人民法院应当在决定开庭审理后及时通知人民检察院查阅案卷。人民检察院应当在1个月以内查阅完毕。自通知后的第二日起，人民检察院查阅案卷的时间不计入审理期限。检察人员在审查第一审案卷材料时，应当复核主要证据，可以讯问原审被告人。检察人员出席第二审法庭前，应当制作讯问原审被告人，询问被害人、证人、鉴定人和出示、宣读、播放证据计划，拟写答辩提纲，并制作出庭意见。检察官出席第二审法庭的任务是：（1）支持抗诉或者听取上诉意见，对原审人民法院作出的错误判决或者裁定提出纠正意见；（2）维护原审人民法院正确的判决或者裁定，建议法庭维持原判；（3）维护诉讼参与人的合法权利；（4）对法庭审理案件有无违反法律规定诉讼程序的情况记明笔录；（5）依法从事其他诉讼活动。在法庭审理中，检察官应当针对原审判决或者裁定认定事实或适用法律、量刑等方面的问题，围绕抗诉或者上诉理由以及辩护人的辩护意见，讯问原审被告人，询问被害人、证人、鉴定人，出示和宣读证据，并提出意见和进行辩论。

第二审人民法院开庭审理上诉、抗诉案件，可以到案件发生地或者原审人民法院所在地进行。第二审期间，被告人除自行辩护外，还可以继续委托第一审辩护人或者另行委托辩护人辩护。共同犯罪案件，只有部分被告人提出上诉，或者自诉人只对部分被告人的判决提出上诉，或者人民检察院只对部分被告人的判决提出抗诉的，其他同案被告人也可以委托辩护人辩护。

二审开庭不是对第一审程序的简单重复，而是要围绕第二审程序的任务，采取适合二审特点的开庭审理方式，既要全面审查，又要突出重点。根据最高人民法院《解释》的规定，开庭审理上诉或者抗诉案件，除参照适用第一审程序的有关规定外，应当按照下列规定进行：

1.法庭调查阶段，审判人员宣读第一审判决书、裁定书后，上诉案件由上诉人或者辩护人先宣读上诉状或者陈述上诉理由，抗诉案件由检察员宣读抗诉书；既有上诉又有抗诉的案件，先由检察员宣读抗诉书，再由上诉人或者辩护人宣读上诉状或者陈述上诉理由。

2.法庭辩论阶段，上诉案件，先由上诉人、辩护人发言，后由检察员、诉讼代理人发言；抗诉案件，先由检察员、诉讼代理人发言，后由被告人、辩护人发言；既有上诉又有抗诉的案件，先由检察员、诉讼代理人发言，后由上诉人、辩护人发言。

开庭审理上诉、抗诉案件，可以重点围绕对第一审判决、裁定有争议的问题或者有疑问的部分进行。根据案件情况，可以按照下列方式审理：(1)宣读第一审判决书，可以只宣读案由、主要事实、证据名称和判决主文等。(2)法庭调查应当重点围绕对第一审判决提出异议的事实、证据以及提交的新的证据等进行；对没有异议的事实、证据和情节，可以直接确认。(3)对同案审理案件中未上诉的被告人，未被申请出庭或者人民法院认为没有必要到庭的，可以不再传唤到庭。(4)被告人犯有数罪的案件，对其中事实清楚且无异议的犯罪，可以不在庭审时审理。同案审理的案件，未提出上诉、人民检察院也未对其判决提出抗诉的被告人要求出庭的，应当准许。出庭的被告人可以参加法庭调查和辩论。

(二)不开庭审理的方式和程序

除《刑事诉讼法》第234条第1款规定的应当开庭审理的案件外，可以适用不开庭审理的方式。最高人民法院《解释》第394条规定，对上诉、抗诉案件，第二审人民法院经审查，认为原判事实不清、证据不足，或者具有《刑事诉讼法》第238条规定的违反法定诉讼程序情形，需要发回重新审判的，可以不开庭审理。

采用这种审理方式审理案件，应当遵循以下程序：

1.合议庭全体成员应当阅卷，必要时应当提交书面阅卷意见。

2.讯问被告人，听取其供述和辩解以及对一审裁判的意见。共同犯罪案件，对没有上诉的被告人也应当讯问。

3.听取其他当事人、辩护人、诉讼代理人的意见。

4.合议庭评议和宣判。

经过上述程序，合议庭认定的事实与第一审认定的没有变化，证据充分的，可以不开庭审理即作出相应的处理决定，并予以公开宣判。

此外，对于认罪认罚的案件而言，被告人在第一审程序中未认罪认罚，在第二审程序中认罪认罚的，审理程序依照《刑事诉讼法》规定的第二审程序进行。第二审人民法院应当根据其认罪认罚的具体情况决定是否从宽，并依法作出裁判。确定从宽幅度时应当与第一审程序认罪认罚有所区别。

三、对上诉、抗诉案件审理后的处理

根据《刑事诉讼法》第236条、第238条及相关规范性文件的规定，第二审人民法院对不服第一审判决的上诉、抗诉案件，经过审理后，应当分别作出如下处理。

(一)裁定驳回上诉或者抗诉，维持原判

第二审人民法院对上诉或抗诉案件进行审理后，认为原判决认定事实清楚，证据确实、充分，适用法律正确、量刑适当，且不存在影响公正审判的违反法定诉讼程序的情形，提出上诉或抗诉的理由不能成立的，应当裁定驳回上诉或者抗诉，维持原判。

(二)改判

改判是指第二审人民法院直接作出判决，改变一审判决的内容。属于第二审人民法院改判的有三种情形：(1)原判认定事实没有错误，但适用法律有错误；(2)原判认定事实没有错误，但量刑不当；(3)原判事实不清楚或者证据不足，二审法院可以在查清事实后改判，也可以裁定撤销原判，发回原审人民法院重新审判。

(三)裁定撤销原判，发回重审

属于裁定撤销原判、发回重审的有两种情形。

第一种情形，是指对事实不清楚或者证据不足的第一审判决，除第二审人民法院通过自行调查核实或者通知原审人民法院补充材料即可将事实查清，直接改判外，第二审人民法院一般应裁定撤销原判，发回原审人民法院重新审理。根据《刑事诉讼法》第236条第2款的规定，原审人民法院对于依照上述规定发回重新审判的案件作出判决后，被告人、自诉人及其法定代理人、辩护人、近亲属对重审后的判决再次提出

上诉或者人民检察院提出抗诉的，第二审人民法院应当依法作出判决或者裁定，不得再发回原审人民法院重新审判。

第二种情形，是指第二审人民法院发现第一审人民法院的审理有下列违反法律规定的诉讼程序的情形之一的，应当裁定撤销原判，发回原审人民法院重新审判：

1.违反有关公开审判的规定的；

2.违反回避制度的；

3.剥夺或者限制了当事人的法定诉讼权利，可能影响公正审判的；

4.审判组织的组成不合法的；

5.其他违反法律规定的诉讼程序，可能影响公正审判的。

根据《刑事诉讼法》第239条的规定，原审人民法院对于发回重新审判的案件，应当另行组成合议庭，依照第一审程序进行审判。对于重新审判后的判决，可以上诉、抗诉。最高人民法院《解释》第406条规定，第二审人民法院发现原审人民法院有《刑事诉讼法》第283条规定的情形之一，或者违反《刑事诉讼法》第239条规定的，应当裁定撤销原判，发回重新审判。

此外，有多名被告人的案件，部分被告人的犯罪事实不清、证据不足或者有新的犯罪事实需要追诉，且有关犯罪与其他同案被告人没有关联的，第二审人民法院根据案件情况，可以对该部分被告人分案处理，将该部分被告人发回原审人民法院重新审判。原审人民法院重新作出判决后，被告人上诉或者人民检察院抗诉，其他被告人的案件尚未作出第二审判决、裁定的，第二审人民法院可以并案审理。

案例分析　能力训练

需要特别指出的是，对于人民检察院抗诉的案件，经第二审人民法院审查后，认为应当判处被告人死刑的，按照《刑事诉讼法》第236条的规定处理，即第二审人民法院认为原判决认定事实没有错误，但适用法律有错误，或者量刑不当的，应当改判；认为原判决事实不清楚或者证据不足的，可以在查清事实后改判或者发回重审。其中，对于第二审人民法院直接改判死刑的案件，应当报请最高人民法院核准。

第二审人民法院对不服第一审裁定的上诉或者抗诉，经过审查后，应当参照《刑事诉讼法》第236条、第238条和第239条的规定，分别情形用裁定驳回上诉、抗诉，或者撤销、变更原裁定。

第二审人民法院发回原审人民法院重新审判的案件，原审人民法院从收到发回的案件之日起，重新计算审理期限。

第二审的判决、裁定（死刑案件以及在法定刑以下判处刑罚的必须报经最高人民法院核准的除外）和最高人民法院的判决、裁定，都是终审的判决、裁定，一经宣告即发生法律效力，不得对其再行上诉或按二审程序提起抗诉。

四、二审对刑事附带民事诉讼案件和自诉案件的处理

最高人民法院《解释》还对第二审人民法院审理刑事附带民事案件以及自诉案件作了以下补充规定：

1.第二审人民法院审理对刑事部分提出上诉、抗诉，附带民事部分已经发生法律效力的案件，发现第一审判决、裁定中的附带民事部分确有错误的，应当依照审判监督程序对附带民事部分予以纠正。

2.第二审人民法院审理对附带民事部分提出上诉，刑事部分已经发生法律效力的案件，应当对全案进行审查，并按照下列情形分别处理：（1）第一审判决的刑事部分并无不当的，只需就附带民事部分作出处理；（2）第一审判决的刑事部分确有错误的，依照审判监督程序对刑事部分进行再审，并将附带民事部分与刑事部分一并审理。

需要注意的是，对于仅对附带民事诉讼部分提出上诉，刑事部分已经发生法律效力的，第二审人民法院应当进行全案审查。发现刑事部分有错误的，应当依照审判监督程序提审或者指令再审。由于刑事部分的审理系民事部分的基础，应当将附带民事部分和刑事部分一并审理。如果二审法院对刑事部分提审的，则应由其对刑事再审与附带民事二审合并审理；如二

审法院指令一审法院对刑事部分再审的，则应当将附带民事部分发回后与刑事再审并案审理。

3.第二审期间，第一审附带民事诉讼原告人增加独立的诉讼请求或者第一审附带民事诉讼被告人提出反诉的，第二审人民法院可以根据当事人自愿、合法的原则进行调解；调解不成的，告知当事人另行起诉。

4.对第二审自诉案件，必要时可以进行调解，当事人也可以自行和解。调解结案的，应当制作调解书，第一审判决、裁定视为自动撤销；当事人自行和解的，人民法院经审查，认为和解、（自诉案件当事人）撤回自诉确属自愿的，应当裁定准许；认为系被强迫、威吓等，并非出于自愿的，不予准许。裁定准许撤回自诉的，应当撤销第一审判决、裁定。

5.第二审期间，自诉案件的当事人提出反诉的，应当告知其另行起诉。

五、关于委托宣判

第二审人民法院可以委托第一审人民法院代为宣判，并向当事人送达第二审判决书、裁定书。第一审人民法院应当在代为宣判后5日以内将宣判笔录送交第二审人民法院，并在送达完毕后及时将送达回证送交第二审人民法院。

委托宣判的，第二审人民法院应当直接向同级人民检察院送达第二审判决书、裁定书。

附：几种主要的第二审裁判文书样式

×××人民法院

刑事判决书

（二审改判用）

（××××）×刑终字第××号

原公诉机关×××人民检察院。

上诉人（原审被告人）……（写明姓名、性别、出生年月日、民族、出生地、文化程度、职业或工作单位和职务、住址和因本案所受强制措施情况等，现羁押处所）

辩护人……（写明姓名、工作单位和职务）

×××人民法院审理×××人民检察院指控原审被告人×××犯××罪一案，于××××年××月××日作出（××××）×刑初字第××号刑事判决。原审被告人×××不服，提出上诉。本院依法组成合议庭，公开（或者不公开）开庭审理了本案。×××人民检察院指派检察员×××出庭履行职务。上诉人（原审被告人）×××及其辩护人×××等到庭参加诉讼。现已审理终结。

……（首先，概述原判决认定的事实、证据、理由和判处结果；其次，概述上诉、辩护的意见；最后，概述人民检察院在二审中提出的新意见）

经审理查明……（首先，写明经二审审理查明的事实；其次，写明二审据以定案的证据；最后，针对上诉理由中与原判认定的事实、证据有异议的问题进行分析、认证）

本院认为……（根据二审查明的事实、证据和有关法律规定，论证原审法院判决认定的事实、证据和适用法律是否正确。对于上诉人、辩护人或者出庭履行职务的检察人员等在适用法律、定性处理方面的意见，应当有分析地表示是否予以采纳，并阐明理由）依照……（写明判决的法律依据）的规定，判决如下：

……［写明判决结果。分两种情况：

第一，全部改判的，表述为：

“一、撤销×××人民法院（××××）×刑初字第××号刑事判决；

二、上诉人（原审被告人）×××……（写明改判的具体内容）

（刑期从……）”

第二，部分改判的，表述为：

“一、维持×××人民法院（××××）×刑初字第××号刑事判决的第×项，即……（写明维持的具体内容）；

二、撤销×××人民法院（××××）×刑初字第××号刑事判决的第×项，即……（写明撤销的具体内容）；

三、上诉人（原审被告人）×××……（写明部分改判的具体内容）

（刑期从……）”］

本判决为终审判决。

审判长×××

审判员×××

审判员×××

××××年××月××日

（院印）

法官助理×××

书记员×××

本件与原本核对无异

说明：

1.本样式根据《刑事诉讼法》第236条第2项、第3项的规定制定，供第二审人民法院在受理当事人不服一审判决提出上诉或者公诉机关提出抗诉的刑事案件后，经审理查明原判决在适用法律上有错误或者量刑不当，或者原判决事实不清楚、证据不足，经二审查清事实后予以改判时使用。

2.本样式是按公诉案件的被告人提出上诉的模式设计的。如果条件变换，首部各项，应作如下改动：

在公诉案件中：（1）被告人的辩护人或者近亲属经被告人同意而提出上诉的，上诉人仍为原审被告人，但应将审理经过段中"原审被告人×××不服，提出上诉"一句改为"原审被告人×××的近亲属（或者辩护人）×××经征得原审被告人×××同意，提出上诉"。

（2）检察机关提出抗诉的，第1项"原公诉机关"改为"抗诉机关"项；第2项改为"原审被告人"项；第3项为"辩护人"项。如果在同一案件中，既有被告人上诉，又有检察机关抗诉的，第1项改为"抗诉机关"项，第2项、第3项不变。

被害人及其法定代理人请求人民检察院提出抗诉，人民检察院根据《刑事诉讼法》第229条规定决定抗诉的，应在审理经过段中的"原审被告人×××不服，提出上诉"一句之后，续写"被害人（或者其法定代理人）×××不服，请求×××人民检察院提出抗诉。×××人民检察院决定并于××××年××月××日向本院提出抗诉"。

在自诉案件中：（1）自诉人提出上诉的，第1项写"上诉人（原审自诉人）"，第2项写"原审被告人"；被告人提出上诉的，第1项写"上诉人（原审被告人）"，第2项写"原审自诉人"；自诉人和被告人都提出上诉的，第1项写"上诉人（原审自诉人）"，第2项写"上诉人（原审被告人）"。（2）如果自诉人有诉讼代理人、被告人有辩护人的，应当分别在各自的项下增写"诉讼代理人"项或者"辩护人"项。（3）如果自诉人、被告人系未成年人，其法定代理人或者指定代理人提出上诉的，应当把"上诉人（原审人的×定代理人）"项增写在被代理人之前，随后续写"原审自诉人"项或者"原审被告人"项。在共同犯罪案件的数个被告人中，有的上诉，有的不上诉的，前面列写提出上诉的"上诉人（原审被告人）"项，后面续写未提出上诉的"原审被告人"项。首部的原公诉机关和诉讼参与人项作了改动之后，案件的由来和审判经过段以及其他有关各处，应当注意作相应的改动。

3.对于第二审人民法院未开庭审理的，在本院依法组成合议庭之后，将"公开开庭审理了本案"，改写为："经过阅卷，讯问被告人、听取其他当事人、辩护人、诉讼代理人的意见，认为事实清楚，决定不开庭审理。"

4.书写判决书的事实和理由部分时，注意掌握以下几点：

（1）二审改判用的刑事判决书写作的重点，应当针对一审判决中的错误以及上诉、抗诉的意见和理由，进行叙事和说理。

（2）对各方意见有分歧的要详写，没有异议的可以略写；对上诉、抗诉意见都应当进行分析、论证，充分阐明肯定或者否定的理由。

（3）注意避免文字上不必要的重复。二审判决认定的事实和证据与原判没有变动的，可采取"此繁彼简"的方法，重点叙述原判认定的事实和证据，而对第二审"审理查明"的事实和证据，则进行概括叙述。

（4）判决理由中的"法律依据"，包括程序法和实体法。在具体引用时，应当先引用程序法的有关规定，再引用实体法的有关规定。如适用司法解释的，应在其后一并引用。

5.判决结果应当根据对原审判决结果的改

判情况作相应改动。如果原审判决主文未分项表述，第二审人民法院依法对该主文内容作部分改判的，可表述为：

“一、维持×××人民法院(××××)×刑×字第××号刑事判决中……(写明维持的内容)；

二、撤销×××人民法院(××××)×刑×字第××号刑事判决中……(写明撤销的内容)；

三、……(写明改判的内容)”

6.第二审人民法院对原判认定事实清楚、证据充分，只是认定的罪名不当的，在不加重原判刑罚的情况下，可以判决变更罪名。

×××人民法院

刑事裁定书

(二审维持原判用)

(××××)×刑终字第××号

原公诉机关×××人民检察院。

上诉人(原审被告人)……(写明姓名、性别、出生年月日、民族、出生地、文化程度、职业或者工作单位和职务、住址和因本案所受强制措施情况等，现羁押处所)

辩护人……(写明姓名、工作单位和职务)

×××人民法院审理×××人民检察院指控原审被告人×××犯××罪一案，于××××年××月××日作出(××××)×××刑初字第××号刑事判决。原审被告人×××不服，提出上诉。本院依法组成合议庭，公开(或者不公开)开庭审理了本案。×××人民检察院指派检察员×××出庭履行职务。上诉人(原审被告人)×××及其辩护人×××等到庭参加诉讼。现已审理终结。

……(首先，概述原判决认定的事实、证据、理由和判决结果；其次，概述上诉、辩护的意见；最后，概述人民检察院在二审中提出的新意见)

经审理查明……(首先，写明经二审审理查明的事实；其次，写明二审据以定案的证据；最后，针对上诉理由中与原判认定的事实、证据有异议的问题进行分析、认证)

本院认为……(根据二审查明的事实、证据和有关法律规定，论证原审法院判决认定事实、证据和适用法律是正确的。对于上诉人、辩护人或者出庭履行职务的检察人员等在适用法律、定性处理方面的意见，应当逐一作出回答，阐明不予采纳的理由)依照……(写明裁定的法律依据)的规定，裁定如下：

驳回上诉，维持原判。

本裁定为终审裁定。

审判长×××

审判员×××

审判员×××

××××年××月××日

(院印)

法官助理×××

书记员×××

本件与原本核对无异

说明：

1.本样式根据《刑事诉讼法》第236条第1项的规定制定，供第二审人民法院在受理当事人不服第一审人民法院判决提出上诉，或者公诉机关提出抗诉的案件后，经审理查明原审法院判决在认定事实和适用法律方面没有错误，量刑适当，决定驳回上诉、抗诉，维持原判时使用。

2.制作本裁定书主要应当针对上诉、抗诉等提出的意见，进行分析、论证，阐明原判认定的事实、证据和适用法律、定性处理为什么正确，上诉、抗诉的理由为什么不能成立。驳回的理由应当具体、充分，有理有据，说服力强。

3.为了避免文字上不必要的重复，在叙述原判决的基本内容时，可以采取“此繁彼简”的方法，重点叙述原判认定的事实和证据，而对第二审“审理查明”的事实和证据进行概括叙述。

4.本样式是按公诉案件的被告人提出上诉的模式设计的。如果条件变化，首部各项和其他相关各处应作相应改动。

×××人民法院
刑事裁定书

（二审发回重审用）

（××××）×刑终字第××号

原公诉机关×××人民检察院。

上诉人（原审被告人）……（写明姓名、性别、出生年月日、民族、出生地、文化程度、职业或者工作单位和职务、住址和因本案所受强制措施情况等，现羁押处所）

辩护人……（写明姓名、工作单位和职务）

×××人民法院审理×××人民检察院指控原审被告人×××犯××罪一案，于××××年××月××日作出（××××）×刑初字第××号刑事判决，认定被告人×××犯××罪，判处……（写明判决结果）被告人×××不服，以……（概述上诉的理由）为由，提出上诉。本院依法组成合议庭审理了本案。现已审理终结。

本院认为……（具体写明原判事实不清、证据不足，或者违反法律规定的诉讼程序的情形，阐明发回重审的理由）依照……（写明裁定的法律依据）的规定，裁定如下：

一、撤销×××人民法院（××××）×刑初字第××号刑事判决；

二、发回×××人民法院重新审判。

本裁定为终审裁定。

审判长×××
审判员×××
审判员×××
××××年××月××日
（院印）
法官助理×××
书记员×××
本件与原本核对无异

说明：

1.本样式根据《刑事诉讼法》第236条第3项、第238条和最高人民法院《关于严格执行公开审判制度的若干规定》第7条第1款第2项的规定制定，供第二审人民法院在受理当事人不服一审判决提出上诉或者人民检察院提出抗诉的刑事案件后，经审理认为，原判决事实不清楚或者证据不足，或者违反法律规定的诉讼程序，决定撤销原判，发回重新审判时使用。

2.由于发回重审的裁定只解决程序问题，没有对案件的实体问题作出处理，因此，不需具体叙述原判认定的事实、证据、理由和上诉、抗诉的意见和理由等。对于其核心内容，只需在案件的由来段中，用最精练的文字，即“以……为由，提出上诉（或者抗诉）”表述即可。

3.本样式是按公诉案件的被告人提出上诉且未经开庭审理而设计的。如果条件变化，首部各项如何改动，可参阅第二审改判用的刑事判决书样式及其说明。

六、第二审程序的审理期限

根据《刑事诉讼法》第243条的规定，第二审人民法院受理上诉、抗诉案件，应当在2个月以内审结。对于可能判处死刑的案件或者附带民事诉讼的案件，以及有本法第158条规定情形之一的，经省、自治区、直辖市高级人民法院批准或者决定，可以延长2个月；因特殊情况还需要延长的，报请最高人民法院批准。最高人民法院受理上诉、抗诉案件的审理期限，由最高人民法院决定。

第四节　查封、扣押、冻结财物及其处理

一、查封、扣押、冻结财物及其处理

根据《刑事诉讼法》第245条、最高人民法院《解释》及有关规定，公安机关、人民检察院和人民法院对查封、扣押、冻结的财物，应做以

下处理：

对查封、扣押、冻结的犯罪嫌疑人、被告人的财物及其孳息，应当妥善保管，以供核查，并制作清单，随案移送。任何单位和个人不得挪用或者自行处理。

查封不动产、车辆、船舶、航空器等财物，应当扣押其权利证书，经拍照或者录像后原地封存，或者交持有人、被告人的近亲属保管，登记并写明财物的名称、型号、权属、地址等详细信息，并通知有关财物的登记、管理部门办理查封登记手续。

扣押物品，应当登记并写明物品名称、型号、规格、数量、重量、质量、成色、纯度、颜色、新旧程度、缺损特征和来源等。扣押货币、有价证券，应当登记并写明货币、有价证券的名称、数额、面额等，货币应当存入银行专门账户，并登记银行存款凭证的名称、内容。扣押文物、金银、珠宝、名贵字画等贵重物品以及违禁品，应当拍照，需要鉴定的，应当及时鉴定。对扣押的物品应当根据有关规定及时估价。

冻结存款、汇款、债券、股票、基金份额等财产，应当登记并写明编号、种类、面值、张数、金额等。

对被害人的合法财产，权属明确的，应当依法及时返还，但须经拍照、鉴定、估价，并在案卷中注明返还的理由，将原物照片、清单和被害人的领取手续附卷备查；权属不明的，应当在人民法院判决、裁定生效后，按比例返还被害人，但已获退赔的部分应予扣除。

审判期间，对不宜长期保存、易贬值或者市场价格波动大的财产，或者有效期即将届满的票据等，经权利人申请或者同意，并经院长批准，可以依法先行处置，所得款项由人民法院保管。涉案财物先行处置应当依法、公开、公平。

对作为证据使用的实物，应当随案移送。第一审判决、裁定宣告后，被告人上诉或者人民检察院抗诉的，第一审人民法院应当将上述证据移送第二审人民法院。对实物未随案移送的，应当根据情况，分别审查以下内容：(1)大宗的、不便搬运的物品，是否随案移送查封、扣押清单，并附原物照片和封存手续，注明存放地点等；(2)易腐烂、霉变和不易保管的物品，查封、扣押机关变卖处理后，是否随案移送原物照片、清单、变价处理的凭证(复印件)等；(3)枪支弹药、剧毒物品、易燃易爆物品以及其他违禁品、危险物品，查封、扣押机关根据有关规定处理后，是否随案移送原物照片和清单等。未随案移送的实物，应当依法鉴定、估价的，还应当审查是否附有鉴定、估价意见。对查封、扣押的货币、有价证券等，未移送实物的，应当审查是否附有原物照片、清单或者其他证明文件。

法庭审理过程中，应当依法对查封、扣押、冻结的财物及其孳息进行审查。被告人将依法应当追缴的涉案财物用于投资或者置业的，对因此形成的财产及其收益，应当追缴。被告人将依法应当追缴的涉案财物与其他合法财产共同用于投资或者置业的，对因此形成的财产中与涉案财物对应的份额及其收益，应当追缴。

对查封、扣押、冻结的财物及其孳息，应当在判决书中写明名称、金额、数量、存放地点及其处理方式等。涉案财物较多，不宜在判决主文中详细列明的，可以附清单。判决追缴违法所得或者责令退赔的，应当写明追缴、退赔的金额或者财物的名称、数量等情况；已经发还的，应当在判决书中写明。

查封、扣押、冻结的财物及其孳息，经审查，确属违法所得或者依法应当追缴的其他涉案财物的，应当判决返还被害人，或者没收上缴国库，但法律另有规定的除外。对判决时尚未追缴到案或者尚未足额退赔的违法所得，应当判决继续追缴或者责令退赔。判决返还被害人的涉案财物，应当通知被害人认领；无人认领的，应当公告通知；公告满1年无人认领的，应当上缴国库；上缴国库后有人认领，经查证属实的，应当申请退库予以返还；原物已经拍卖、变卖的，应当返还价款。对侵犯国有财产的案件，被害单位已经终止且没有权利义务继受人，或者损失已经被核销的，查封、扣押、冻结的财物及其孳息应当上缴国库。

第二审期间，发现第一审判决未对随案移送的涉案财物及其孳息作出处理的，可以裁定撤销原判，发回原审人民法院重新审判，由原审人民法院依法对涉案财物及其孳息一并作出处理。判决生效后，发现原判未对随案移送的涉案财物及其孳息作出处理的，由原审人民法院依法对涉案财物及其孳息另行作出处理。

随案移送的或者人民法院查封、扣押的财物及其孳息，由第一审人民法院在判决生效后负责处理。实物未随案移送、由扣押机关保管的，人民法院应当在判决生效后10日以内，将判决书、裁定书送达扣押机关，并告知其在1个月以内将执行回单送回，确因客观原因无法按时完成的，应当说明原因。

对冻结的存款、汇款、债券、股票、基金份额等财产判决没收的，第一审人民法院应当在判决生效后，将判决书、裁定书送达相关金融机构和财政部门，通知相关金融机构依法上缴国库并在接到执行通知书后15日以内，将上缴国库的凭证、执行回单送回。

查封、扣押、冻结的财物与本案无关但已列入清单的，应当由查封、扣押、冻结机关依法处理。查封、扣押、冻结的财物属于被告人合法所有的，应当在赔偿被害人损失、执行财产刑后及时返还被告人。

二、违法处理查封、扣押、冻结财物的法律责任

司法工作人员贪污、挪用或者私自处理被查封、扣押、冻结的财物及其孳息的，依法追究刑事责任；不构成犯罪的，给予处分。

第五节 在法定刑以下判处刑罚的核准程序

最高人民法院《解释》规定，报请最高人民法院核准在法定刑以下判处刑罚的案件，应当按照下列情形分别处理：

1.被告人未上诉、人民检察院未抗诉的，在上诉、抗诉期满后3日以内报请上一级人民法院复核。上一级人民法院同意原判的，应当书面层报最高人民法院核准；不同意的，应当裁定发回重新审判，或者按照第二审程序提审。

2.被告人上诉或者人民检察院抗诉的案件，上一级人民法院维持原判，或者改判后仍在法定刑以下判处刑罚的，应当依照上述第1项规定层报最高人民法院核准。

对符合《刑法》第63条第2款规定的案件，第一审人民法院未在法定刑以下判处刑罚的，第二审人民法院可以在法定刑以下判处刑罚，并层报最高人民法院核准。

报请最高人民法院核准在法定刑以下判处刑罚的案件，应当报送判决书、报请核准的报告各5份，以及全案卷宗、证据。

对在法定刑以下判处刑罚的案件，最高人民法院予以核准的，应当作出核准裁定书；不予核准的，应当作出不核准裁定书，并撤销原判决、裁定，发回原审人民法院重新审判或者指定其他下级人民法院重新审判。

依照规定发回第二审人民法院重新审判的案件，第二审人民法院可以直接改判；必须通过开庭查清事实、核实证据或者纠正原审程序违法的，应当开庭审理。

最高人民法院和上级人民法院复核在法定刑以下判处刑罚案件的审理期限，参照第二审程序的审理期限。

【本章主要法律规定】

1.《刑事诉讼法》第227～245条

2.最高人民法院、最高人民检察院、公安部、国家安全部、司法部、全国人大常委会法制工作委员会《关于实施刑事诉讼法若干问题的规定》第36条

3.最高人民法院《关于适用〈中华人民共和国刑事诉讼法〉的解释》第378～422条、第437～450条

4.《人民检察院刑事诉讼规则》第445～453条、第583～590条

第十七章
死刑复核程序

本章主要内容提示

学习本章，需要了解死刑复核程序的概念、特点和意义；还需要理解死刑立即执行的核准权和死刑缓期二年执行的核准权，报请复核的要求，复核的具体程序，复核后的处理方式。

死刑复核程序包括判处死刑立即执行案件的复核程序和判处死刑缓期二年执行案件的复核程序。最高人民法院复核死刑案件，应当由审判员3人组成合议庭进行。复核死刑案件应当讯问被告人、审查核实案卷材料，对于辩护律师提出要求的应当听取辩护律师的意见，应当听取最高人民检察院提出的意见、制作复核审理报告、向最高人民检察院通报死刑复核结果等。最高人民法院复核死刑案件，应当作出核准或者不核准死刑的裁定。对于不核准死刑的，最高人民法院可以发回重新审判或者予以改判。高级人民法院核准死刑缓期二年执行的案件。高级人民法院复核死刑缓期执行案件，不得加重被告人的刑罚。

第一节　死刑复核程序概述

一、死刑复核程序的概念

死刑复核程序，是我国《刑事诉讼法》规定的一种独立于普通审判程序之外的特别审查核准程序。这一特别程序体现了立法者对死刑案件极其审慎的态度，能够最大限度地防止和纠正死刑案件可能发生的偏差和错误，从程序上保证死刑案件的质量，统一死刑适用标准，贯彻少杀、慎杀，防止错杀的方针。

死刑复核程序是指有核准权的人民法院对已经判处死刑的案件进行复查核准应遵循的一种特别审判程序。我国死刑复核程序的任务是，由享有复核权的人民法院对下级人民法院报请复核的死刑判决、裁定，在认定事实和适用法律上是否正确进行全面审查，依法作出是否核准死刑的决定。因此，对死刑案件进行复核时，必须完成两项任务：一是查明原审裁判认定的犯罪事实是否清楚，据以定罪的证据是否确实、充分，罪名是否准确，量刑（死刑、死缓）是否适当，程序是否合法；二是依据事实和法律，作出是否核准死刑的决定并制作相应的司法文书，以核准正确的死刑判决、裁定，纠正不适当或错误的死刑判决、裁定。死刑复核程序以其独特的审判对象和核准权的专属性等特征既区别于普通程序，又不同于其他特殊程序。

二、死刑复核程序的特点

1.审理对象特定。死刑复核程序只适用于判处死刑的案件，包括判处死刑立即执行和判处死刑缓期二年执行的案件。只有死刑案件才需要经过死刑复核程序，没有被判处死刑的案件无需经过这一程序。这种审理对象的特定性使死刑复核程序既不同于普通审判程序——一审和二审程序，也不同于另外一种特殊审判程序——审判监督程序。

2.死刑复核程序是死刑案件的终审程序。一般刑事案件经过第一审、第二审程序以后，判决就发生法律效力。而死刑案件除经过第一审、第二审程序以外，还必须经过死刑复核程序。只有经过复核并核准的死刑判决才发生法律效力。从这一意义上说，死刑复核程序是两审终审制的一种例外。

3.所处的诉讼阶段特殊。死刑复核程序的进行一般是在死刑判决作出之后，发生法律效力并交付执行之前。相较而言，第一审程序、第二审程序审理时间是在起诉之后，二审判决之前；审判监督程序则是在判决、裁定发生法律效力之后。

4.核准权具有专属性。依据《刑事诉讼法》的规定，有权进行死刑复核的机关只有最高人民法院和高级人民法院。

5.程序启动上具有自动性。第一审程序和第二审程序的启动都遵循不告不理原则：只有检察机关提起公诉或者自诉人提起自诉，人民法院才能启动第一审程序；只有检察机关提起抗诉或者被告人、自诉人提起上诉，人民法院才能启动二审程序。而死刑复核程序的启动既不需要检察机关提起公诉或者抗诉，也不需要当事人提起自诉或上诉，只要二审法院审理完毕或者一审后经过法定的上诉期或抗诉期被告人没有提出上诉、检察院没有提起抗诉，人民法院就应当自动将案件报送高级人民法院或最高人民法院核准。

6.报请复核方式特殊。依照法律有关规定，报请复核应当按照法院的组织系统逐级上报，不得越级报核。

第二节　判处死刑立即执行案件的复核程序

一、判处死刑立即执行案件的报请复核

根据《刑事诉讼法》、六机关《规定》以及最高人民法院《解释》的规定，最高人民法院核准的死刑立即执行案件的报请复核应当遵循以下要求：

1.中级人民法院判处死刑的第一审案件，被告人未上诉、人民检察院未抗诉的，在上诉、抗诉期满后10日内报请高级人民法院复核。高级人民法院同意判处死刑的，应当在作出裁定后10日内报请最高人民法院核准；认为原判认定的某一具体事实或者引用的法律条款等存在瑕疵，但判处被告人死刑并无不当的，可以在纠正后作出核准的判决、裁定；不同意的，应当依照第二审程序提审或者发回重新审判。

中级人民法院一审判处死刑的案件，被判处死刑的被告人未提出上诉，共同犯罪的其他被告人提出上诉的，高级人民法院应当适用第二审程序对全案进行审查，并对涉及死刑之罪的事实和适用法律依法开庭审理，一并处理；中级人民法院一审判处死刑的案件，被判处死刑的被告人未提出上诉，仅附带民事诉讼原告人提出上诉的，高级人民法院应当适用第二审程序对附带民事诉讼依法审理，并由同一审判组织对未提出上诉的被告人的死刑判决进行复核，作出是否同意判处死刑的裁判。

2.中级人民法院判处死刑的第一审案件，被告人上诉或者人民检察院抗诉，高级人民法院裁定维持的，应当在作出裁定后10日内报请最高人民法院核准。

3.高级人民法院判处死刑的第一审案件，被告人未上诉、人民检察院未抗诉的，应当在上诉、抗诉期满后10日内报请最高人民法院核准。

二、判处死刑立即执行案件报请复核的材料及要求

报请复核的死刑案件（包括死刑缓期执行

案件)，应当一案一报。报送的材料包括报请复核的报告，第一、二审裁判文书，死刑案件综合报告各5份以及全部案卷、证据。案件综合报告，第一、二审裁判文书和审理报告应当附送电子文本。同案审理的案件应当报送全案案卷、证据。曾经发回重新审判的案件，原第一、二审案卷应当一并报送。

1.报请复核报告应当包括下列内容:(1)案由;(2)简要案情;(3)审理过程;(4)判决结果。

2.死刑案件综合报告包括下列内容:(1)被告人、被害人的基本情况。被告人有前科或者曾受过行政处罚的，应当写明。(2)案件的由来和审理经过。案件曾经发回重新审判的，应当写明发回重新审判的原因、时间、案号等。(3)案件侦破情况。通过技术侦查措施抓获被告人、侦破案件，以及与自首、立功认定有关的情况，应当写明。(4)第一审审理情况。包括控辩双方意见，第一审认定的犯罪事实，合议庭和审判委员会意见。(5)第二审审理或者高级人民法院复核情况。包括上诉理由、检察机关意见，第二审审理或者高级人民法院复核认定的事实，证据采信情况及理由，控辩双方意见及采纳情况。(6)需要说明的问题。包括共同犯罪案件中另案处理的同案犯的定罪量刑情况，案件有无重大社会影响，以及当事人的反应等情况。(7)处理意见。写明合议庭和审判委员会的意见。

3.诉讼案卷和证据，根据具体案件情况应当包括下列内容:(1)拘留证、逮捕证、搜查证的复印件;(2)扣押赃款、赃物和其他在案物证的清单;(3)起诉意见书或者人民检察院的侦查终结报告;(4)人民检察院的起诉书;(5)案件审查报告、法庭审查笔录、合议庭评议笔录和审判委员会讨论决定笔录;(6)上诉状、抗诉状;(7)人民法院的判决书、裁定书和宣判笔录、送达回证;(8)能够证明案件具体情况并经过查证属实的各种肯定的和否定的证据，包括物证或者物证照片、书证、证人证言、被害人陈述、被告人供述和辩解、鉴定意见以及勘验检查笔录等。

三、判处死刑立即执行案件的复核程序

最高人民法院复核死刑案件，应当由审判员3人组成合议庭进行。复核死刑案件一般要进行以下活动:

1.讯问被告人。讯问被告人是死刑复核程序的重要环节。讯问被告人不仅有利于使其得到最后辩解的机会，而且有利于查明案件真实情况，发现和纠正错判，切实保障被告人的辩护权，因此对核准死刑的案件，应当讯问被告人，当面听取被告人的辩护意见。需要注意的是，高级人民法院复核死刑案件，应当讯问被告人。

2.审查核实案卷材料，简称“阅卷”。阅卷是非常重要的复核方式，通过全面审查案卷，可以发现原判认定犯罪事实是否清楚，证据是否确实、充分，定性是否准确，法律手续是否完备，对被告人判处死刑是否正确，以便结合提审被告人对案件作出正确的处理。审阅案卷应当全面审查以下内容:(1)被告人的年龄，有无责任能力，是否为正在怀孕的妇女;(2)原判决认定的主要事实是否清楚，证据是否确实、充分;(3)犯罪情节、后果及危害程度;(4)原审判决适用法律是否正确，是否必须判处死刑，是否必须立即执行;(5)有无法定、酌定从轻或者减轻处罚的情节;(6)诉讼程序是否合法;(7)其他应当审查的情况。此外，复核死刑案件，应当重视审查被告人及其辩护人的辩解、辩护意见。

3.听取辩护人的意见。《刑事诉讼法》第251条第1款规定，最高人民法院复核死刑案件，应当讯问被告人，辩护律师提出要求的，应当听取辩护律师的意见。因此，只要辩护律师提出要求，最高人民法院复核死刑案件就必须听取其辩护意见。根据最高人民法院《解释》第434条的规定，死刑复核期间，辩护律师要求当面反映意见的，最高人民法院有关合议庭应当在办公场所听取其意见，并制作笔录;辩护律师提出书面意见的，应当附卷。最高人民法院《关于死刑复核及执行程序中保障当事人合法权益的若干规定》对辩护律师提交辩护意见的期限作出规定，指出:最高人民法院复核死刑案件，辩护律师应当自接受委托或者受指派之日起10日内向最高人民法院提交有关手续，并自接受委托或者指派之日起一个半月内提交辩护意见。最高人民法院复核裁定作出后，律师提交辩护意见及证据材料的，

应当接收并出具接收清单；经审查，相关意见及证据材料可能影响死刑复核结果的，应当暂停交付执行或者停止执行，但不再办理接收委托辩护手续。为了保障死刑复核案件被告人的辩护律师依法行使辩护权，确保死刑复核的质量，最高人民法院《关于办理死刑复核案件听取辩护律师意见的办法》第1条明确指出：死刑复核案件的辩护律师可以向最高人民法院立案庭查询立案信息。辩护律师查询时，应当提供本人姓名、律师事务所名称、被告人姓名、案由，以及报请复核的高级人民法院的名称及案号。最高人民法院立案庭能够立即答复的，应当立即答复，不能立即答复的，应当在2个工作日内答复，答复内容为案件是否立案及承办案件的审判庭。

4.最高人民检察院提出意见。《刑事诉讼法》第251条第2款规定，在复核死刑案件过程中，最高人民检察院可以向最高人民法院提出意见。根据最高人民法院《解释》第425条的规定，死刑复核期间，最高人民检察院提出意见的，最高人民法院应当审查，并将采纳情况及理由反馈最高人民检察院。

5.制作复核审理报告。对报请复核的死刑案件进行全面审查后，合议庭应当进行评议并写出复核审理报告。复核审理报告应当包括下列内容：(1)案件的由来和审理经过；(2)被告人和被害人简况；(3)案件的侦破情况；(4)原判决要点和控辩双方意见；(5)对事实和证据复核后的分析和认定；(6)合议庭评议意见和审判委员会讨论决定意见；(7)其他需要说明的问题。

6.向最高人民检察院通报死刑复核结果。《刑事诉讼法》第251条第2款规定，最高人民法院应当将死刑复核结果通报最高人民检察院。最高人民法院《解释》第436条规定，最高人民法院应当根据有关规定向最高人民检察院通报死刑案件复核结果。最高人民检察院《规则》第611条第2款规定，最高人民检察院同意最高人民法院核准或者不核准意见的，应当经检察长批准，书面回复最高人民法院。检察机关依法对死刑复核活动进行监督，有利于全面履行法律监督职能，确保死刑复核过程及结果的公正合法。此外，为发挥好人民检察院的死刑复核监督作用，该规则第607条特别规定，对于适用死刑存在较大分歧或者在全国有重大影响的死刑第二审案件，省级人民检察院应当及时报最高人民检察院备案。

四、判处死刑立即执行案件复核后的处理

为了保证死刑立即执行案件复核的顺利进行，《刑事诉讼法》第250条规定了死刑立即执行案件复核后的处理，最高人民法院《解释》第429条又作了进一步细化规定。对于死刑立即执行案件，最高人民法院复核后应当按照下列情形分别处理：

(1)原判认定事实和适用法律正确、量刑适当、诉讼程序合法的，应当裁定核准。

(2)原判认定的某一具体事实或者引用的法律条款等存在瑕疵，但判处被告人死刑并无不当的，可以在纠正后作出核准的判决、裁定。

(3)原判事实不清、证据不足的，应当裁定不予核准，并撤销原判，发回重新审判。

(4)复核期间出现新的影响定罪量刑的事实、证据的，应当裁定不予核准，并撤销原判，发回重新审判。

(5)原判认定事实正确、证据充分，但依法不应当判处死刑的，应当裁定不予核准，并撤销原判，发回重新审判；根据案件情况，必要时，也可以依法改判。

(6)原审违反法定诉讼程序，可能影响公正审判的，应当裁定不予核准，并撤销原判，发回重新审判。

最高人民法院裁定不予核准死刑的，根据案件情况，可以发回第二审人民法院或者第一审人民法院重新审判。对最高人民法院发回第二审人民法院重新审判的案件，第二审人民法院一般不得发回第一审人民法院重新审判。第一审人民法院重新审判的，应当开庭审理。第二审人民法院重新审判的，可以直接改判；必须通过开庭查清事实、核实证据或者纠正原审程序违法的，应当开庭审理。

最高人民法院裁定不予核准死刑，发回重新审判的案件，原审人民法院应当另行组成合议庭审理，但以下两种情形除外：复核期间出现新的

影响定罪量刑的事实、证据的，应当裁定不予核准，并撤销原判，发回重新审判的案件；原判认定事实正确，但依法不应当判处死刑的，应当裁定不予核准，并撤销原判，发回重新审判的案件。

根据最高人民法院《解释》第433条的规定，依照该解释第430条、第431条发回重新审判的案件，第一审人民法院判处死刑、死刑缓期执行的，上一级人民法院依照第二审程序或者复核程序审理后，应当依法作出判决或者裁定，不得再发回重新审判。但是，第一审人民法院有《刑事诉讼法》第238条规定的情形或者违反《刑事诉讼法》第239条规定的除外。

案例分析　能力训练

第三节　判处死刑缓期二年执行案件的复核程序

《刑事诉讼法》第248条规定：中级人民法院判处死刑缓期二年执行的案件，由高级人民法院核准。根据这一规定，死刑缓期二年执行案件的核准权由高级人民法院统一行使。

高级人民法院核准死刑缓期二年执行的案件，应当由审判员3人组成合议庭。

合议庭在审查时应当提审被告人。根据《刑事诉讼法》以及最高人民法院《解释》的规定，高级人民法院核准死刑缓期二年执行的案件，应当按照下列情形分别办理：

（1）原判认定事实和适用法律正确、量刑适当、诉讼程序合法的，应当裁定核准；

（2）原判认定的某一具体事实或者引用的法律条款等存在瑕疵，但判处被告人死刑缓期执行并无不当的，可以在纠正后作出核准的判决、裁定；

（3）原判认定事实正确，但适用法律有错误，或者量刑过重的，应当改判；

（4）原判事实不清、证据不足的，可以裁定不予核准，并撤销原判，发回重新审判，或者依法改判；

（5）复核期间出现新的影响定罪量刑的事实、证据的，可以裁定不予核准，并撤销原判，发回重新审判，或者依照最高人民法院《解释》第271条的规定审理后依法改判；

（6）原审违反法定诉讼程序，可能影响公正审判的，应当裁定不予核准，并撤销原判，发回重新审判。

高级人民法院复核死刑缓期执行案件，不得加重被告人的刑罚。

此外，根据最高人民法院《关于死刑缓期执行限制减刑案件审理程序若干问题的规定》的规定，对被判处死刑缓期执行的累犯以及因故意杀人、强奸、抢劫、绑架、放火、爆炸、投放危险物质或者有组织的暴力性犯罪被判处死刑缓期执行的犯罪分子，人民法院根据犯罪情节、人身危险性等情况，可以在作出裁判的同时决定对其限制减刑。高级人民法院审理或者复核判处死刑缓期执行并限制减刑的案件，认为原判对被告人判处死刑缓期执行适当，但判决限制减刑不当的，应当改判，撤销限制减刑。高级人民法院复核判处死刑缓期执行没有限制减刑的案件，认为应当限制减刑的，不得以提高审级等方式对被告人限制减刑。

【本章主要法律规定】

1.《刑事诉讼法》第246～251条

2.最高人民法院《关于适用〈中华人民共和国刑事诉讼法〉的解释》第423～436条

3.最高人民检察院《人民检察院刑事诉讼规则》第602～611条

4.最高人民法院《关于死刑缓期执行限制减刑案件审理程序若干问题的规定》

5.最高人民法院《关于死刑复核及执行程序中保障当事人合法权益的若干规定》

6.最高人民法院《关于办理死刑复核案件听取辩护律师意见的办法》

第十八章
审判监督程序

本章主要内容提示

学习本章，要了解审判监督程序的概念、提起审判监督程序的材料来源、申诉的概念。要理解审判监督程序的特点，提起审判监督程序的主体范围，提起审判监督程序的理由和方式，以及依照审判监督程序对案件的重新审判程序。

第一节　审判监督程序的概念和特点

一、审判监督程序的概念

审判监督程序，又称再审程序，是指人民法院、人民检察院对于已经发生法律效力的判决、裁定，发现在认定事实或者适用法律上确有错误，予以提出并由人民法院对该案重新审判所应遵循的步骤和方式、方法。

审判监督程序并不是每个案件的必经程序，只有对于已经发生法律效力而且确有错误的判决、裁定才能适用。因此，它是一种特殊程序。

二、审判监督程序的特点

审判监督程序有以下特点：

1.审判监督程序的审理对象是已经发生法律效力的判决、裁定，包括正在执行和已经执行完毕的判决、裁定。

2.审判监督程序的提起主体具有特定性。审判监督程序是由最高人民法院、上级人民法院及各级人民法院院长提交审判委员会讨论决定提起，或者由最高人民检察院、上级人民检察院抗诉提起；不能直接由当事人及其法定代理人或经其同意的辩护人、近亲属的申诉提起。

3.审判监督程序必须经有权的人民法院或者人民检察院审查，认为已生效的判决、裁定在认定事实或者适用法律上确有错误时，才能提起。

4.提起审判监督程序没有期限限制。这是由我国审判监督程序作为对错误生效裁判进行救济的特别程序的特点决定的。

5.按照审判监督程序审判案件的法院，既可以是原审人民法院，也可以是提审的任何上级人民法院。此外，上级人民法院还有权依法指定下级人民法院进行再审。

6.按照审判监督程序审判案件将根据原来是第一审案件或第二审案件而分别依照第一审程序和第二审程序进行。

7.实行再审不加刑原则。除人民检察院抗诉的以外，再审一般不得加重原审被告人的刑罚。再审决定书或者抗诉书只针对部分原审被告人的，不得加重其他同案原审被告人的刑罚。

第二节　审判监督程序的提起

一、提起审判监督程序的材料来源

提起审判监督程序的材料来源主要有：当事人及其法定代理人、近亲属的申诉；人民法院、人民检察院在办案过程中和检查工作时发现的错误裁判；各级人民代表大会代表提出的纠正错案的议案；机关、团体、企事业单位、新闻媒体、人民群众等对生效判决、裁定提出的质疑、意见和情况反映等。上述材料来源并不必然引起审判监督程序，是否提起审判监督程序，取决于是否具有法定的理由。

在上述提起审判监督程序的材料来源中，当事人及其法定代理人、近亲属的申诉是一种最主要的形式。

（一）申诉的概念

审判监督程序中的申诉，是当事人及其法定代理人、近亲属认为人民法院已经发生法律效力的判决、裁定有错误，要求人民法院或者人民检察院进行审查处理的一种请求。《刑事诉讼法》第252条规定：当事人及其法定代理人、近亲属，对已经发生法律效力的判决、裁定，可以向人民法院或者人民检察院提出申诉，但是不能停止判决、裁定的执行。由于当事人及其法定代理人、近亲属与案件的结局有直接的利害关系，为维护其合法权益，法律赋予了他们对已经发生法律效力的判决、裁定提出申诉的权利。最高人民法院《解释》第451条规定，案外人认为已经发生法律效力的判决、裁定侵害其合法权益，提出申诉的，人民法院应当审查处理。申诉可以委托律师代为进行。

审判监督程序中的申诉不同于上诉。两者的主要区别有：

1.对象不同。申诉的对象是已经发生法律效力的判决、裁定，而上诉的对象是尚未发生法律效力的一审判决、裁定。

2.主体范围不同。申诉的主体是当事人及其法定代理人、近亲属；上诉的主体是被告人、自诉人、附带民事诉讼当事人及其法定代理人、经被告人同意的被告人的辩护人及近亲属。

3.受理的机关不同。受理申诉的机关既包括原审人民法院及其上级人民法院，也包括与上述各级人民法院对应的人民检察院；而受理上诉的机关只能是原审人民法院及其上一级人民法院。

4.期限不同。对于申诉，《刑事诉讼法》没有规定期限，但2002年9月10日颁布、自2002年11月1日施行的最高人民法院《关于规范人民法院再审立案的若干意见（试行）》（以下简称《若干意见》）规定了申诉的期限，一般为刑罚执行完毕后2年内；而对于上诉，《刑事诉讼法》规定了期限，即对判决、裁定提起上诉的期限分别是10日和5日。

5.后果不同。申诉只是提起审判监督程序的一种材料来源，不能停止生效判决、裁定的执行；而上诉必然引起第二审程序，导致一审判决、裁定不能生效。

注意：（1）被害人没有上诉权但有申诉权。（2）近亲属没有独立的上诉权，只能在被告人同意的情况下上诉；但近亲属却有独立的申诉权，近亲属进行申诉时无需被告人同意。

（二）申诉的提出、受理及审查处理

1.申诉的提出和受理。根据《刑事诉讼法》的规定，当事人及其法定代理人、近亲属的申诉，既可以向人民法院提出，也可以向人民检察院提出。以下仅叙述向人民法院提出申诉的程序。

（1）申诉的提出。向人民法院申诉，应当提交以下材料：①申诉状。应当写明当事人的基本情况、联系方式以及申诉的事实与理由。②原一、二审判决书、裁定书等法律文书。经过人民法院复查或者再审的，应当附有驳回申诉通知书、再审决定书、再审判决书、裁定书。③其他相关材料。以有新的证据证明原判决、裁定认定的事实确有错误为由申诉的，应当同时附有相关证据材料；申请人民法院调查取证的，应当附有相关线索或者材料。申诉符合前述规定的，人民法院应当出具收到申诉材料的

回执。申诉不符合前述规定的，人民法院应当告知申诉人补充材料；申诉人拒绝补充必要材料且无正当理由的，不予审查。

（2）申诉的受理。人民法院对刑事案件的申诉人在刑罚执行完毕后2年内提出的申诉，应当受理；超过2年提出申诉，具有下列情形之一的，应当受理：①可能对原审被告人宣告无罪的；②原审被告人在《若干意见》规定的期限内向人民法院提出申诉，人民法院未受理的；③属于疑难、复杂、重大案件的。

不符合前述规定的，人民法院不予受理。此外，以下情形下亦不予受理：①人民法院对不符合法定主体资格的申诉，不予受理。②上级人民法院对经终审法院的上一级人民法院依照审判监督程序审理后维持原判或者经两级人民法院依照审判监督程序复查均驳回的申诉案件，一般不予受理。但申诉人提出新的理由，且符合《刑事诉讼法》第253条及《若干意见》规定条件的，以及刑事案件的原审被告人可能被宣告无罪的除外。③最高人民法院再审裁判或者复查驳回的案件，申诉人仍不服提出申诉的，不予受理。

2.申诉的审查处理。

（1）人民法院对申诉的审查处理。申诉由终审人民法院审查处理。但是，第二审人民法院裁定准许撤回上诉的案件，申诉人对第一审判决提出申诉的，可以由第一审人民法院审查处理。上一级人民法院对未经终审人民法院审查处理的申诉，可以告知申诉人向终审人民法院提出申诉，或者直接交终审人民法院审查处理，并告知申诉人；案件疑难、复杂、重大的，也可以直接审查处理。对未经终审人民法院及其上一级人民法院审查处理，直接向上级人民法院申诉的，上级人民法院应当告知申诉人向下级人民法院提出。

最高人民法院或者上级人民法院可以指定终审人民法院以外的人民法院对申诉进行审查。被指定的人民法院审查后，应当制作审查报告，提出处理意见，层报最高人民法院或者上级人民法院审查处理。

对死刑案件的申诉，可以由原核准的人民法院直接审查处理，也可以交由原审人民法院审查。原审人民法院应当制作审查报告，提出处理意见，层报原核准的人民法院审查处理。

对立案审查的申诉案件，人民法院可以听取当事人和原办案单位的意见，也可以对原判据以定罪量刑的证据和新的证据进行核实。必要时，可以进行听证。

对立案审查的申诉案件，应当在3个月以内作出决定，至迟不得超过6个月。因案件疑难、复杂、重大或者其他特殊原因需要延长审查期限的，参照最高人民法院《解释》第210条的规定处理。

经审查，具有下列情形之一的，应当根据《刑事诉讼法》第253条的规定，决定重新审判：①有新的证据证明原判决、裁定认定的事实确有错误，可能影响定罪量刑的；②据以定罪量刑的证据不确实、不充分、依法应当予以排除的；③证明案件事实的主要证据之间存在矛盾的；④主要事实依据被依法变更或者撤销的；⑤认定罪名错误的；⑥量刑明显不当的；⑦对违法所得或者其他涉案财物的处理确有明显错误的；⑧违反法律关于溯及力规定的；⑨违反法定诉讼程序，可能影响公正审判的；⑩审判人员在审理该案件时有贪污受贿、徇私舞弊、枉法裁判行为的。

申诉不具有上述情形的，应当说服申诉人撤回申诉；对仍然坚持申诉的，应当书面通知驳回。申诉人对驳回申诉不服的，可以向上一级人民法院申诉。上一级人民法院经审查认为申诉不符合规定的，应当说服申诉人撤回申诉；对仍然坚持申诉的，应当驳回或者通知不予重新审判。

此外，《若干意见》第11条还规定，人民法院对刑事附带民事案件中仅就民事部分提出申诉的，一般不予再审立案。但有证据证明民事部分明显失当且原审被告人有赔偿能力的除外。

（2）人民检察院对申诉的审查处理。根据最高人民检察院《规则》及《人民检察院办理刑事申诉案件规定》的规定，当事人及其法定代理人、近亲属对已经发生法律效力的判决、裁定，认为有错误向人民检察院申诉的，由人民检察院控告申诉检察部门接收，对属于本院管辖并符合受理条件的，予以受理并应当进行审查。经复查认为人民法院已经发生法律效力的刑事判决、裁定确有错误，经检察长决定，可以向人民法院提出再审检察建议。再审检察建议未被人民法院采纳的，可以提请上一级人民检察院抗诉。

人民检察院审查结案和复查终结的刑事申诉案件，应当制作刑事申诉结果通知书，于10日以内送达申诉人，并做好释法说理工作。对提请抗诉的案件，提请抗诉的人民检察院应当在上一级人民检察院作出是否抗诉的决定后制作刑事申诉结果通知书。

二、提起审判监督程序的主体

为维护已经发生法律效力的判决和裁定的严肃性和稳定性，《刑事诉讼法》对提起审判监督程序的主体及其权限作了明确规定。根据《刑事诉讼法》第254条的规定，有权提起审判监督程序的主体有：

（一）各级人民法院院长和审判委员会

《刑事诉讼法》第254条第1款规定：各级人民法院院长对本院已经发生法律效力的判决和裁定，如果发现在认定事实上或者在适用法律上确有错误，必须提交审判委员会处理。这是各级人民法院院长和审判委员会提起审判监督程序的法律依据。

需要指出的是，各级人民法院院长和审判委员会提起审判监督程序的对象只能是本院的已经发生法律效力的判决、裁定，而不能是上级或者其他同级人民法院的已经发生法律效力的判决、裁定。如果院长发现原属本院第一审，但又经上一级人民法院二审的判决或裁定确有错误，则只能向二审人民法院提出意见，由第二审人民法院决定是否再审。而且对本院已经发生法律效力的判决、裁定提起审判监督程序的权力，应由院长和审判委员会共同行使，即院长提交审判委员会处理，由审判委员会讨论决定是否再审。

根据《若干意见》第1条的规定，各级人民法院、专门人民法院对本院作出的终审裁判，经复查认为符合再审立案条件的，应当决定或裁定再审。

（二）最高人民法院和上级人民法院

《刑事诉讼法》第254条第2款规定：最高人民法院对各级人民法院已经发生法律效力的判决和裁定，上级人民法院对下级人民法院已经发生法律效力的判决和裁定，如果发现确有错误，有权提审或者指令下级人民法院再审。这是最高人民法院和上级人民法院提起审判监督程序的法律依据。根据《若干意见》第4条的规定，上级人民法院对下级人民法院作出的终审裁判，认为确有必要的，可以直接立案复查，经复查认为符合再审立案条件的，可以决定或裁定再审。最高人民法院《解释》第461条第1款规定，上级人民法院发现下级人民法院已经发生法律效力的判决、裁定确有错误的，可以指令下级人民法院再审；原判决、裁定认定事实正确但适用法律错误，或者案件疑难、复杂、重大，或者有不宜由原审人民法院审理情形的，也可以提审。

（三）最高人民检察院和上级人民检察院

《刑事诉讼法》第254条第3款规定：最高人民检察院对各级人民法院已经发生法律效力的判决和裁定，上级人民检察院对下级人民法院已经发生法律效力的判决和裁定，如果发现确有错误，有权按照审判监督程序向同级人民法院提出抗诉。这是最高人民检察院和上级人民检察院提起审判监督程序的法律依据。人民检察院是我国的法律监督机关，对人民法院已经发生法律效力的判决和裁定，如果发现确有错误，有权按照审判监督程序提出抗诉，这是人民检察院行使审判监督权的重要方式。必须指出的是，有权按照审判监督程序提起抗诉的只能是最高人民检察院和上级人民检察院。最高人民检察院《规则》第591条第2款规定：对于同级人民法院已经发生法律效力的判决、裁定，人民检察院认为可能有错误的，应当另行指派检察官或者检察官办案组进行审查。经审查，认为确有错误的，应当提请上一级人民检察院提出抗诉。即地方各级人民检察院发现同级人民法院已经发生法律效力的判决和裁定确有错误时，无权按照审判监督程序提出抗诉，应当报请上级人民检察院按照审判监督程序，向它的同级人民法院提出抗诉。

三、提起审判监督程序的理由

提起审判监督程序的理由，又称提起审判监督程序的条件。为了维护生效判决、裁定的严肃性及稳定性，《刑事诉讼法》对提起审判监督程序的理由，作了严格的限制性规定。

只有经过认真审查，发现已经生效的判决、裁定在认定事实上或者在适用法律上确有错误，才具备提起审判监督程序的理由。具体而言，提起审判监督程序的理由有以下几种：

1.原判决、裁定在认定事实上确有错误。这主要是指原判决、裁定认定的主要事实或重大情节不清楚或者失实。主要有以下两种情况：(1)有新的证据证明原判决、裁定认定的事实确有错误；(2)据以定罪量刑的证据不确实、不充分或者证明案件事实的主要证据之间存在矛盾。

2.原判决、裁定在适用法律上确有错误。这主要是指没有正确地适用刑事实体法和执行刑事政策，导致定罪不准，量刑显失公正。主要表现是：(1)有罪判无罪，无罪判有罪，混淆罪与非罪的界限。(2)重罪轻判，轻罪重判，量刑不当。(3)认定罪名不正确，一罪判数罪，数罪判一罪，影响定罪量刑或者造成严重的社会影响。(4)免予刑事处罚或者适用缓刑错误。(5)对具有法定从重、从轻、减轻处罚情节的，没有依法从重、从轻、减轻处罚，使量刑显失公正。

3.严重违反法律规定的诉讼程序，影响了对案件的正确裁判。主要情形包括：违反《刑事诉讼法》关于公开审判、回避制度的规定，审判组织的组成不合法，剥夺或限制当事人的法定权利可能影响公正审判等。

4.审判人员在审理该案件时，有贪污受贿、徇私舞弊、枉法裁判的行为。

四、提起审判监督程序的方式

根据《刑事诉讼法》第254条的规定，提起审判监督程序的方式有：决定再审、指令再审、决定提审和提出抗诉。

(一)决定再审

决定再审，是指各级人民法院院长对本院已经发生法律效力的判决和裁定，如果发现在认定事实或者在适用法律上确有错误，经提交审判委员会讨论决定再审从而提起审判监督程序的一种方式。它是各级人民法院对本院发生法律效力的判决和裁定提起审判监督程序所采取的方式。

(二)指令再审

指令再审，是指最高人民法院对各级人民法院已经发生法律效力的判决和裁定，上级人民法院对下级人民法院已经发生法律效力的判决和裁定，如果发现确有错误，可以指令下级人民法院再审从而提起审判监督程序的一种方式。它是最高人民法院对各地方人民法院、上级人民法院对下级人民法院实行审判监督的一种方式。

根据《刑事诉讼法》第255条的规定，上级人民法院指令下级人民法院再审的，应当指令原审人民法院以外的下级人民法院审理；由原审人民法院审理更为适宜的，即更有利于查明案件事实、纠正裁判错误的，也可以指令原审人民法院审理。

根据最高人民法院《关于审理人民检察院按照审判监督程序提出的刑事抗诉案件若干问题的规定》第5条的规定，对于指令原审人民法院再审的案件，如果原来是第一审案件，接受抗诉的人民法院应当指令第一审人民法院依照第一审程序进行审判，所作的判决、裁定，可以上诉、抗诉；如果原来是第二审案件，接受抗诉的人民法院应当指令第二审人民法院依照第二审程序进行审判，所作的判决、裁定，是终审的判决、裁定。

(三)决定提审

决定提审，是指最高人民法院对各级人民法院发生法律效力的判决和裁定，上级人民法院对下级人民法院发生法律效力的判决和裁定，如果发现确有错误，需要重新审理，而直接组成合议庭，调取原审案卷和材料，并进行审判从而提起审判监督程序的一种方式。它是最高人民法院对地方各级人民法院、上级人民法院对下级人民法院已经发生法律效力的判决、裁定，向该院提起审判监督程序的方式。

应当指出，指令再审和决定提审都是上级人民法院对下级人民法院发生法律效力的判决和裁定提起审判监督程序的方式。为便于再审案件审理时传唤当事人和其他诉讼参与人出庭以及就地复查证据，核实案情，一般应由最高人民法院和上级人民法院指令原终审人民法院再审。对于原判决、裁定认定事实正确，但是在适用法律上有错误，或者案情疑难、复杂、重大的，或者有其他不宜由原审人民法院审理的情况的案件，也可以提审。

决定再审、指令再审和决定提审，都是人民法院提起审判监督程序的方式。人民法院根据上述方式重新审判的案件，应当制作再审决定书。

(四)提出抗诉

提出抗诉，是指最高人民检察院对各级人民法院发生法律效力的判决和裁定，上级人民检察院对下级人民法院已经发生法律效力的判决和裁定，如果发现确有错误，向同级人民法院提出抗诉从而提起审判监督程序的一种方式。它是人民检察院提起审判监督程序的方式。最高人民检察院《规则》第591条规定，人民检察院认为人民法院已经发生法律效力的判决、裁定确有错误，具有下列情形之一的，应当按照审判监督程序向人民法院提出抗诉：(1)有新的证据证明原判决、裁定认定的事实确有错误，可能影响定罪量刑的；(2)据以定罪量刑的证据不确实、不充分的；(3)据以定罪量刑的证据依法应当予以排除的；(4)据以定罪量刑的主要证据之间存在矛盾的；(5)原判决、裁定的主要事实依据被依法变更或者撤销的；(6)认定罪名错误且明显影响量刑的；(7)违反法律关于追诉时效期限的规定的；(8)量刑明显不当的；(9)违反法律规定的诉讼程序，可能影响公正审判的；(10)审判人员在审理案件的时候有贪污受贿、徇私舞弊、枉法裁判行为的。

人民检察院对已经发生法律效力的判决、裁定的申诉复查后，认为需要提请或者提出抗诉的，报请检察长决定。人民法院开庭审理时，同级人民检察院应当派员出席法庭。

最高人民检察院发现各级人民法院已经发生法律效力的判决或者裁定，上级人民检察院发现下级人民法院已经发生法律效力的判决或者裁定确有错误时，可以直接向同级人民法院提出抗诉，或者指令作出生效判决、裁定人民法院的上一级人民检察院向同级人民法院提出抗诉。人民检察院按照审判监督程序向人民法院提出抗诉的，应当将抗诉书副本报送上一级人民检察院。

对人民检察院依照审判监督程序提出抗诉的案件，人民法院应当在收到抗诉书后1个月以内立案。但是，有下列情形之一的，应当区别情况予以处理：(1)不属于本院管辖的，应当将案件退回人民检察院。(2)按照抗诉书提供的住址无法向被抗诉的原审被告人送达抗诉书的，应当通知人民检察院在3日以内重新提供原审被告人的住址；逾期未提供的，将案件退回人民检察院。(3)以有新的证据为由提出抗诉，但未附相关证据材料或者有关证据不是指向原起诉事实的，应当通知人民检察院在3日以内补送相关材料；逾期未补送的，将案件退回人民检察院。决定退回的抗诉案件，人民检察院经补充相关材料后再次抗诉，经审查符合受理条件的，人民法院应当受理。

对人民检察院依照审判监督程序提出抗诉的案件，接受抗诉的人民法院应当组成合议庭进行审理。对原判事实不清、证据不足，包括有新的证据证明原判可能有错误，需要指令下级人民法院再审的，应当在立案之日起1个月以内作出决定，并将指令再审决定书送达提出抗诉的人民检察院。

所谓“新证据”，是指具有下列情形之一，可能改变原判决、裁定据以定罪量刑的事实的证据：

1.原判决、裁定生效后新发现的证据。

2.原判决、裁定生效前已经发现，但未予收集的证据。

3.原判决、裁定生效前已经收集，但未经质证的证据。

4.原判决、裁定所依据的鉴定意见、勘验、检查等笔录被改变或者否定的。

5.原判决、裁定所依据的被告人供述、证人证言等证据发生变化，影响定罪量刑，且有合理理由的。

人民检察院依据审判监督程序提起的抗诉，亦称再审抗诉，它与人民检察院依照第二审程序提出的二审抗诉，都是人民检察院对人民法院的审判活动实施法律监督的重要方式。两种抗诉主要有以下区别：

1.抗诉的对象不同。二审抗诉的对象是地方各级人民法院尚未发生法律效力的一审判决、裁定；而再审抗诉的对象是已经发生法律效力的判决和裁定。

2.抗诉的权限不同。除最高人民检察院外，任何一级人民检察院都有权对同级人民法院的一审判决、裁定提出二审抗诉。而除最高人民检察院有权对同级的最高人民法院发生法律效力的判决、裁定提出再审抗诉外，其他各级人民检察院只能对其下级人民法院发生法律效力的判决、裁定提出再审抗诉。可见，基层人民检察院只能提出二审抗诉，无权提出再审抗诉；而最高人民检察院只能提出再审抗诉，无权提出二审抗诉。

3.接受抗诉的审判机关不同。接受二审抗诉的是提出抗诉的人民检察院的上一级人民法院；而接受再审抗诉的是提出抗诉的人民检察院的同级人民法院。

4.抗诉的期限不同。二审抗诉必须在法定期限内提出，而法律对再审抗诉的提起没有规定期限。

5.抗诉的效力不同。二审抗诉将阻止第一审判决、裁定发生法律效力；而再审抗诉并不导致原判决、裁定在人民法院按照审判监督程序重新审判期间执行的停止。

第三节 依照审判监督程序对案件的重新审判

一、再审立案

地方各级人民法院、专门人民法院负责下列案件的再审立案：（1）本院作出的终审裁判，符合再审立案条件的；（2）下一级人民法院复查驳回或者再审改判，符合再审立案条件的；（3）上级人民法院指令再审的；（4）人民检察院依法提出抗诉的。

最高人民法院负责下列案件的再审立案：（1）本院作出的终审裁判，符合再审立案条件的；（2）高级人民法院复查驳回或者再审改判，符合再审立案条件的；（3）最高人民检察院依法提出抗诉的；（4）最高人民法院认为应由自己再审的。

二、重新审判的程序

（一）再审和提审

人民法院依照审判监督程序对已经发生法律效力的判决、裁定重新审判有再审和提审两种情形。

再审，是指作出生效判决、裁定的人民法院根据再审决定或者再审指令对案件重新审判的程序。人民法院进行再审，应当严格遵守《刑事诉讼法》的有关规定：（1）由原审人民法院审理的，应当另行组成合议庭进行。原来审判该案的合议庭成员，应当回避。（2）原来是第一审案件，应当依照第一审程序进行审判，所作的判决、裁定可以上诉、抗诉；原来是第二审案件，应当依照第二审程序进行审判，所作的判决、裁定是终审的判决、裁定。

提审，是指最高人民法院对各级人民法院、上级人民法院对下级人民法院已经发生法律效力的判决、裁定发现确有错误，或者接受同级人民检察院的再审抗诉后，直接调取原审案卷和材料，并组成合议庭对案件进行审判的程序。上级人民法院按照审判监督程序提审的案件，应当依照第二审程序进行审判，所作的判决、裁定，是终审的判决、裁定。

对决定依照审判监督程序重新审判的案件，人民法院应当制作再审决定书。

（二）开庭审理、并案审理与不得加重刑罚的情形

根据《刑事诉讼法》第256条第2款的规定，人民法院开庭审理的再审案件，同级人民检察院应当派员出席法庭。

对依照审判监督程序重新审判的案件，人民法院在依照第一审程序进行审判的过程中，发现原审被告人还有其他犯罪的，一般应当并案审理，但分案审理更为适宜的，可以分案审理。

开庭审理再审案件，再审决定书或者抗诉书只针对部分原审被告人，其他同案原审被告人不出庭不影响审理的，可以不出庭参加诉讼。

除人民检察院抗诉的以外，再审一般不得加重原审被告人的刑罚。再审决定书或者抗诉书只针对部分原审被告人的，不得加重其他同案原审被告人的刑罚。

（三）开庭前的工作

人民法院在开庭审理前，应当进行下列工作：

1.确定合议庭的组成人员；

2.将再审决定书、申诉书副本至迟在开庭30日前，重大、疑难案件至迟在开庭60日前送达同级人民检察院并通知其查阅案卷和准备出庭；

3.将再审决定书或抗诉书副本至迟在开庭30日以前送达原审被告人（原审上诉人），告知其可以委托辩护人或者依法为其指定承担法律援助义务的律师担任辩护人；

4.至迟在开庭15日前，重大、疑难案件至迟在开庭60日前，通知辩护人查阅案卷和准备出庭；

5.将开庭的时间、地点在开庭7日以前通知人民检察院；

6.传唤当事人，通知辩护人、诉讼代理人、证人、鉴定人和翻译人员，传票和通知书至迟在开庭7日以前送达；

7.公开审判的案件，在开庭7日以前先期公布案由、原审被告人（原审上诉人）姓名、开庭时间和地点。

控辩双方收到再审决定书或抗诉书后，人民法院通知开庭之日前，可以提交新的证据。开庭后，除对原审被告人（原审上诉人）有利的外，人民法院不再接纳新证据。

人民法院应当在开庭30日前通知人民检察院、当事人或者辩护人查阅、复制双方提交的新证据目录及新证据复印件、照片；应当在开庭15日前通知控辩双方查阅、复制人民法院调取的新证据目录及新证据复印件、照片等证据。

（四）强制措施与中止执行

人民法院决定再审的案件，需要对被告人采取强制措施的，由人民法院依法决定；人民检察院提出抗诉的再审案件，需要对被告人采取强制措施的，由人民检察院依法决定。

再审期间不停止原判决、裁定的执行，但被告人可能经再审改判无罪，或者可能经再审减轻原判刑罚而致刑期届满的，可以决定中止原判决、裁定的执行，必要时，可以对被告人采取取保候审、监视居住措施。

（五）审理程序

人民法院审理人民检察院抗诉的再审案件，人民检察院在开庭审理前撤回抗诉的，应当裁定准许。

人民法院审理申诉人申诉的再审案件，申诉人在再审期间撤回申诉的，可以裁定准许；但认为原判确有错误的，应当不予准许，继续按照再审案件审理。申诉人经依法通知无正当理由拒不到庭，或者未经法庭许可中途退庭的，可以裁定按撤回申诉处理，但申诉人不是原审当事人的除外。

参与过本案第一审、第二审、复核程序审判的合议庭组成人员，不得参与本案的再审程序的审判。依照审判监督程序重新审判的案件，人民法院应当重点针对申诉、抗诉和决定再审的理由进行审理。必要时，应当对原判决、裁定认定的事实、证据和适用法律进行全面审查。

开庭审理前，合议庭应当核实原审被告人（原审上诉人）何时因何案被人民法院依法裁判，在服刑中有无重新犯罪，有无减刑、假释，

何时刑满释放等情形。原审被告人(原审上诉人)到达开庭地点后,合议庭应当查明原审被告人(原审上诉人)基本情况,告知原审被告人(原审上诉人)享有辩护权和最后陈述权,制作笔录后,分别由该合议庭成员和书记员签名。

开庭审理时,审判长宣布合议庭组成人员及书记员,检察人员、辩护人、鉴定人和翻译人员的名单,并告知当事人、法定代理人享有申请回避的权利。人民法院审理人民检察院提出抗诉的再审案件,对人民检察院接到出庭通知后不派员出庭,且未说明原因的,可以裁定按撤回抗诉处理,并通知诉讼参与人。

开庭审理的再审案件,系人民法院决定再审的,由合议庭组成人员宣读再审决定书;系人民检察院抗诉的,由检察员宣读抗诉书;系申诉人申诉的,由申诉人或者其辩护人、诉讼代理人陈述申诉理由。

在审判长主持下,控辩双方应就案件的事实、证据和适用法律等问题分别进行陈述。合议庭对控辩双方无争议和有争议的事实、证据及适用法律问题进行归纳,予以确认。

在审判长主持下,就控辩双方有争议的问题,进行法庭调查和辩论;控辩双方对提出的新证据或者有异议的原审据以定罪量刑的证据进行质证。

进入辩论阶段,原审被告人(原审上诉人)及其法定代理人、近亲属提出申诉的,先由原审被告人(原审上诉人)及其辩护人发表辩护意见,然后由检察员发言,被害人及其代理人发言;被害人及其法定代理人、近亲属提出申诉的,先由被害人及其代理人发言,检察员发言,然后由原审被告人(原审上诉人)及其辩护人发表辩护意见;人民检察院提出抗诉的,先由检察员发言,被害人及其代理人发言,然后由原审被告人(原审上诉人)及其辩护人发表辩护意见;既有申诉又有抗诉的,先由检察员发言,后由申诉方当事人及其代理人或者辩护人发言或者发表辩护意见,然后由对方当事人及其代理人或辩护人发言或者发表辩护意见。检察人员、当事人和辩护人、诉讼代理人经审判长许可,可以互相辩论。

合议庭根据控辩双方举证、质证和辩论情况,可以当庭宣布认证结果。

按照审判监督程序进行再审的刑事自诉案件,应当依法作出判决、裁定;附带民事部分可以调解结案。

再审改判宣告无罪并依法享有申请国家赔偿权利的当事人,宣判时合议庭应当告知其该判决发生法律效力后即有申请国家赔偿的权利。

(六)中止审理、终止审理与缺席审理

原审被告人(原审上诉人)收到再审决定书或者抗诉书后下落不明或者收到抗诉书后未到庭的,人民法院应当中止审理;原审被告人(原审上诉人)到案后,恢复审理;如果超过2年仍查无下落的,应当裁定终止审理。

因被告人患有严重疾病无法出庭,中止审理超过6个月,被告人仍无法出庭,被告人及其法定代理人、近亲属申请或者同意恢复审理的,人民法院可以在被告人不出庭的情况下缺席审理,依法作出判决。被告人死亡的,人民法院可以缺席审理,依法作出判决。

三、重新审判后的处理

再审案件经过重新审理后,应当按照下列情形分别处理:

1.原判决、裁定认定事实和适用法律正确、量刑适当的,应当裁定驳回申诉或者抗诉,维持原判决、裁定。

2.原判决、裁定定罪准确、量刑适当,但在认定事实、适用法律等方面有瑕疵的,应当裁定纠正并维持原判决、裁定。

3.原判决、裁定认定事实没有错误,但适用法律错误,或者量刑不当的,应当撤销原判决、裁定,依法改判。

4.依照第二审程序审理的案件,原判决、裁定事实不清、证据不足的,可以在查清事实后改判,也可以裁定撤销原判,发回原审人民法院重新审判。

原判决、裁定事实不清或者证据不足,经审理事实已经查清的,应当根据查清的事实依法裁判;事实仍无法查清,证据不足,不能认定被

告人有罪的，应当撤销原判决、裁定，判决宣告被告人无罪。

原判决、裁定认定被告人姓名等身份信息有误，但认定事实和适用法律正确、量刑适当的，作出生效判决、裁定的人民法院可以通过裁定对有关信息予以更正。

对再审改判宣告无罪并依法享有申请国家赔偿权利的当事人，人民法院宣判时，应当告知其在判决发生法律效力后可以依法申请国家赔偿。

四、重新审判的期限

根据《刑事诉讼法》第258条以及司法解释的规定，人民法院按照审判监督程序重新审判的案件，应当在作出提审、再审决定之日起3个月以内审结，需要延长期限的，经本院院长批准，可以延长3个月。

案例分析 能力训练

接受抗诉的人民法院按照审判监督程序审判抗诉的案件，审理期限适用上述规定，自接受抗诉之日起计算；对需要指令下级人民法院再审的，应当自接受抗诉之日起1个月以内作出决定，下级人民法院审理案件的期限亦适用上述规定，并自收到指令再审决定之日起计算。自接到阅卷通知后的第二日起，人民检察院查阅案卷超过7日后的期限，不计入再审审理期限。

【本章主要法律规定】

1.《刑事诉讼法》第252～258条
2.最高人民法院《关于适用〈中华人民共和国刑事诉讼法〉的解释》第451～474条
3.《人民检察院刑事诉讼规则》第454～456条、第591～601条
4.最高人民法院《关于刑事再审案件开庭审理程序的具体规定（试行）》
5.《人民检察院办理刑事申诉案件规定》
6.最高人民法院《关于规范人民法院再审立案的若干意见（试行）》

第十九章
涉外刑事诉讼程序与司法协助制度

本章主要内容提示

对于本章，要了解涉外刑事诉讼程序的概念，理解涉外刑事诉讼程序的适用范围以及涉外刑事诉讼的特有原则。要注重理解司法协助的概念、主体以及程序、方式。

第一节　涉外刑事诉讼程序

一、涉外刑事诉讼程序的概念

涉外刑事诉讼程序，是指诉讼活动涉及外国人（包括无国籍人，下同）或需要在国外进行的刑事诉讼所特有的方式、方法和步骤。简言之，涉外刑事诉讼程序，就是涉外刑事诉讼所特有的方式、方法和步骤。

涉外刑事诉讼与涉外案件的刑事诉讼（又称涉外刑事案件的诉讼）不同。根据有关规定，涉外刑事案件是指以下两类案件：(1)在中华人民共和国领域内，外国人犯罪的或者中国公民对外国、外国人犯罪的刑事案件。(2)在中华人民共和国领域外，符合《刑法》第7、8、10条规定情形的，中国公民犯罪或者外国人对中华人民共和国国家和公民犯罪的案件；符合《刑法》第9条规定的情形，中华人民共和国在所承担国际条约义务范围内行使管辖权的案件。涉外案件的刑事诉讼，是指中国司法机关处理涉外刑事案件的方式、方法和步骤。涉外刑事诉讼是指刑事诉讼活动涉及外国人或者某些诉讼活动需要在国外进行这两种情况。涉外刑事诉讼包括涉外案件的刑事诉讼，但又不仅指涉外案件的刑事诉讼。在司法实践中，有些案件不是涉外案件，但由于案发时或案发后的一些特殊情况，使这些案件的诉讼活动涉及外国人或者需要在国外进行。例如，目击案件发生的证人是外国人或虽是中国人，但诉讼时身在国外；案件发生后，犯罪嫌疑人、被告人潜逃国外等。随着中国对外开放的不断深入，此类案件数量势必逐年增多。这些案件，在诉讼时所采取的方式、方法和步骤不同于其他非涉外案件，可能要请求外国司法机关协助调查，或者需要向外国申请引渡犯罪嫌疑人等。从这方面讲，这些案件的刑事诉讼与涉外案件的刑事诉讼有共同的地方，故应一并予以研究；但把涉外刑事诉讼程序等同于涉外刑事案件的诉讼程序是不正确的。

涉外刑事诉讼在程序上有涉外因素，因而在处理案件时需要采取特殊的方式、方法和步骤。例如，在调查取证，羁押犯罪嫌疑人、被告人，送达等方面，都要采取与非涉外刑事诉讼不同的方式、方法和步骤。

二、涉外刑事诉讼程序所适用的案件范围

由于涉外刑事诉讼是诉讼活动涉及外国人或者某些诉讼活动需要在国外进行的刑事诉讼，所以，只有以下几种案件才可能适用涉外刑事诉讼程序：

1.中国公民在中华人民共和国领域内对外国公民、无国籍人及外国法人犯罪的案件。在这种案件中，外国人、无国籍人或者外国法人是被害人，诉讼活动涉及外国人，故应适用涉外刑事诉讼程序。

2.外国公民、无国籍人或外国法人在中华人民共和国领域内对中国国家、组织或者公民实施犯罪的案件。这种案件的犯罪嫌疑人、被告人是外国公民或法人，诉讼活动涉及外国人，也应适用涉外刑事诉讼程序。

3.外国公民、无国籍人或者外国法人在中华人民共和国领域内侵犯外国公民、无国籍人或者外国法人的合法权利、触犯中国《刑法》，构成犯罪的案件。这种案件，犯罪行为没有危害中国国家、组织和公民的利益，但犯罪地点在中国境内，中国司法机关具有管辖权。这种案件的被害人、犯罪嫌疑人、被告人都是外国人，其侵害行为也可能是多种多样的，但只有那些根据我国《刑法》规定构成犯罪的行为，才适用涉外刑事诉讼程序予以追究。

4.中华人民共和国缔结或者参加的国际条约所规定的，中国有义务管辖的国际犯罪行为。自改革开放以来，中国缔结和参加了不少国际条约。例如，1980年加入了《关于制止非法劫持航空器的公约》(《海牙公约》)和《关于制止危害民用航空安全的非法行为的公约》(《蒙特利尔公约》)；1989年加入了《联合国禁止非法贩运麻醉药品和精神药物公约》等，这些条约规定了一些国际犯罪行为。根据这些公约和中国国内法的有关规定，凡中国有义务管辖的国际犯罪案件，均适用涉外刑事诉讼程序。

5.外国人、无国籍人、外国法人在中华人民共和国领域外对中国国家或公民实施按照中国《刑法》规定最低刑为3年以上有期徒刑的犯罪案件，但按照犯罪地法律不受处罚的除外。这类案件的犯罪嫌疑人、被告人是外国人，犯罪地也不在中国境内，但因为犯罪行为是针对中国国家或中国公民实施的，按照保护管辖原则，我国有权依照涉外刑事诉讼程序追究其刑事责任。

6.某些刑事诉讼活动需要在国外进行的非涉外刑事案件。包括中国《刑法》第7条规定的中国公民在中国领域之外犯罪的案件；中国公民在中国领域内犯罪，犯罪后潜逃出境的案件；犯罪嫌疑人、被告人、被害人均为中国公民，但证人是外国人且诉讼时已出境的案件。在上述案件的诉讼过程中，某些诉讼活动如查缉犯罪嫌疑人、被告人或者收集证据等活动需要在国外进行，而中国的司法机关又不能直接到国外去行使职权，故需要按照国际条约或者互惠原则等规定，请求外国司法机关予以协助。

7.外国司法机关管辖的，根据国际条约或者互惠原则，外国司法机关请求中国司法机关为其提供刑事司法协助的案件。承办这类案件的主体是外国司法机关，中国的司法机关只是在为其查缉罪犯或调查取证方面给予协助。提供协助的方式、步骤也要按照涉外刑事诉讼程序进行。

三、涉外刑事诉讼所适用的法律

涉外刑事诉讼是中国刑事诉讼活动的一个组成部分，因而它所适用的实体法和程序法都应是中国的法律以及中国参加或者缔结的国际条约或国际公约，不存在适用外国实体法和程序法的问题。即使中国司法机关接受外国司法机关的请求，协助他们调查取证、查缉罪犯，也应按照中国《刑事诉讼法》规定的方法、步骤进行。

中国关于涉外刑事诉讼的法律规定尚不完备。现行《刑法》和《刑事诉讼法》只有7个条文涉及涉外刑事诉讼问题。这7个条文是:《刑法》第7条至第11条,《刑事诉讼法》第17、18条。这些条文只是对涉外刑事诉讼的原则性规定，并未明确规定涉外刑事诉讼的具体方式、方法和步骤。

在司法实践中，中国司法机关进行涉外刑事诉讼，主要依照最高人民法院、最高人民检察院颁布的司法解释以及公安部、国家安全部和司法部颁发的部门行政规章。这些司法解释和部门行政规章目前有20多种，其中除外交部、最高人

民法院、最高人民检察院、公安部、国家安全部、司法部发布的《关于处理涉外案件若干问题的规定》，最高人民法院《解释》、最高人民检察院《规则》以及公安部《规定》等文件系统规定了涉外刑事案件程序外，其他均是对个别问题的规定。

四、涉外刑事诉讼的特有原则

涉外刑事诉讼的特有原则，是指司法机关及诉讼参与人进行涉外刑事诉讼时所应遵守的行为准则。

我国目前尚没有系统的涉外刑事诉讼立法，现行《刑事诉讼法》对涉外刑事诉讼的规定也不完善，所以至今并未有法定的涉外刑事诉讼原则。根据有关规定及司法实践经验，涉外刑事诉讼具有以下原则：（1）适用中国刑事法律和信守国际条约相结合的原则；（2）外籍犯罪嫌疑人、被告人享有中国法律规定的诉讼权利并承担诉讼义务原则；（3）使用中国通用的语言文字进行诉讼的原则；（4）外籍当事人委托中国律师辩护和代理的原则。

（一）适用中国刑事法律和信守国际条约相结合的原则

适用中国刑事法律和信守国际条约相结合原则，是指司法机关及诉讼参与人在进行涉外刑事诉讼时，除了要遵守我国《刑法》和《刑事诉讼法》外，还应当遵守中国缔结或者参加的国际条约中有关刑事诉讼程序的具体规定，除非中国对该条款有保留。如果中国的刑事法律与中国缔结或者参加的国际条约有冲突，应当适用国际条约的有关规定。

涉外刑事诉讼适用中国刑事法律，是我国《刑法》和《刑事诉讼法》明确规定的。我国《刑法》第6条至第11条规定，在中华人民共和国领域内犯罪及在中华人民共和国领域外犯罪，需要依照我国《刑法》追究刑事责任的，都适用我国《刑法》对其定罪量刑。我国《刑事诉讼法》第17条规定，对于外国人犯罪应当追究刑事责任的，除非该外国人享有外交特权或者豁免权，均适用我国《刑事诉讼法》的规定。涉外刑事诉讼适用中国法律，是我国独立行使刑事司法管辖权的标志，也是国际公认的国家主权原则的基本要求。

国际条约是主权国家之间订立的多边或双边协议。我国对于自己参加或者缔结的国际条约，历来是认真信守的。我国《刑事诉讼法》虽然没有明确规定司法机关及诉讼参与人在涉外刑事诉讼中，在遵守中国刑事诉讼法律的同时也要遵守中国参加或缔结的国际条约，但是，司法机关在刑事诉讼实践中一贯坚持了这一原则。外交部、最高人民法院、最高人民检察院、公安部、国家安全部、司法部在1995年6月20日发布的《关于处理涉外案件若干问题的规定》中指出，“处理涉外案件，必须维护我国所承担的国际条约义务。当国内法或者我内部规定同我国所承担的国际条约义务发生冲突时，应当适用国际条约的有关规定（我国声明保留的除外）”。

（二）外国籍犯罪嫌疑人、被告人享有中国法律规定的诉讼权利并承担诉讼义务的原则

外国籍犯罪嫌疑人、被告人享有中国法律规定的诉讼权利并承担诉讼义务原则，是指具有外国国籍的犯罪嫌疑人、被告人（包括无国籍以及外国籍法人）在涉外刑事诉讼中，依照中国《刑事诉讼法》和其他法律的有关规定，享有诉讼权利，承担诉讼义务，他们既不能享有本国法规定的诉讼权利，也不必承担本国法所规定的诉讼义务。

中国《刑事诉讼法》虽然没有明确规定这项原则，但根据《刑事诉讼法》第17条的规定，中国的立法是认可这项原则的。根据最高人民法院《解释》规定，在刑事诉讼中，外国籍当事人享有我国法律规定的诉讼权利并承担相应义务。司法实践中，司法机关既不能迁就外国籍犯罪嫌疑人、被告人，也不应对其加以歧视，应当依法保障他们行使诉讼权利，强制他们履行刑事诉讼义务。

（三）使用中国通用的语言文字进行诉讼的原则

使用本国通用的语言文字进行涉外刑事诉讼，是国家司法主权独立和尊严的象征，是各国涉外刑事诉讼立法普遍采用的一项原则。

最高人民法院《解释》和公安部《规定》，对办理涉外刑事案件如何适用这项原则作了明确

规定。根据这些规定的内容及司法实践经验，使用中国通用语言文字进行诉讼原则包括以下内容：(1)司法机关在进行涉外刑事诉讼时，使用中国通用的语言进行预审、法庭审判和调查、讯问。(2)司法机关在涉外刑事诉讼中制作的诉讼文书为中文本。(3)司法机关在涉外刑事诉讼中，应当为外国籍当事人提供翻译。翻译人员应当在翻译文件上签名。如果外国籍当事人通晓中国语言文字，拒绝为其提供翻译的，应当由本人出具书面声明。拒绝出具书面说明的，应当记录在案；必要时，应当录音录像。(4)为便于诉讼的顺利进行，司法机关在送达外国籍当事人的中文本诉讼文书时，应当附有外国籍当事人通晓的外文译本。但外文译本不加盖司法机关印章，送达的文书内容以中文本为准。

司法机关在遵守这项原则时，要注意以下两个问题：(1)不能以使用中国通用的语言文字进行诉讼为理由，强迫外国籍当事人尤其是懂中国通用的语言文字的外国籍当事人使用中国通用的语言文字来回答公安、司法人员的审(讯)问、询问和书写诉讼文书、发表辩护意见等；应当允许他们使用国籍国通用的或他们通晓的语言文字。(2)不能在使用中国通用的语言文字方面无原则地迁就外国籍犯罪嫌疑人、被告人，如果外国籍当事人以不懂中国通用的语言文字为由拒收诉讼文书，送达人应当在有见证人在场的情况下，把文件留在他的住处或者羁押场所，并记录在卷。该诉讼文书即认为已经送达。

(四)外国籍当事人委托中国律师辩护或代理的原则

根据中国《刑事诉讼法》的规定，犯罪嫌疑人、被告人和其他当事人可以委托律师担任其辩护人或诉讼代理人。律师担任辩护人或诉讼代理人，有利于充分保护刑事案件当事人的合法权益。律师制度是国家司法制度的重要组成部分。一国的司法制度只能在本国领域内适用，不能延伸至他国，这是公认的准则。因此，任何主权国家都禁止外国律师在本国法院以律师名义从事诉讼业务。中国历来不允许外国律师在中国法院以律师名义执行职务，一贯坚持外国籍当事人如欲委托律师必须委托中国律师辩护或代理的原则。

根据上述规定及司法实际情况，外国籍当事人委托中国律师辩护或代理原则的含义是：外国籍当事人如欲委托律师辩护或代理，必须委托在中国注册的律师，不允许委托外国律师。外国律师接受委托担任辩护人或诉讼代理人参加诉讼，不以律师的名义或身份出庭，不享有中国法律赋予律师的权利，人民法院只将其视为一般的辩护人或诉讼代理人；人民法院为没有委托辩护人的外国籍被告人指定辩护人，应当指定中国律师。

在司法实践中，为了保证外国籍当事人委托中国律师辩护或代理合法有效，外国籍当事人从中华人民共和国领域外寄交或者托交给中国律师或者中国公民的委托书，以及外国籍当事人的监护人、近亲属提供的与当事人关系的证明，必须经所在国公证机关证明，所在国中央外交主管机关或者其授权机关认证，并经我国驻该国使领馆认证，或履行我国与该国所订立的有关条约中规定的证明手续，但我国与该国之间有互免认证协定的除外。

第二节　刑事司法协助

一、刑事司法协助的概念

刑事司法协助，是指一国的法院或者其他司法机关，根据另一国的法院或者其他司法机关的请求，代为或者协助实行与刑事诉讼有关的司法行为。刑事司法协助是司法协助的一种。司法协助除了刑事司法协助外，还有民事司法协助。

国际社会对刑事司法协助有狭义和广义两种理解。狭义的刑事司法协助是指与审判有关的刑事司法协助，它包括送达刑事司法文书、询问证人和鉴定人、搜查、扣押、有关物品的移交以及提供有关法律资料等。广义的刑事司法协助除了狭义的刑事司法协助外，还包括引渡等内容。所谓引渡，是指一国把在其境内而被他国指控为犯罪或已被定罪判刑的人，根据有管辖权的国家的请求，在条约或互惠的基础上，移交给请求国，以便追究其刑事责任或执行刑罚的一项制度。

我国对司法的理解为广义的，司法不仅包括审判，而且包括对案件的侦查、审查起诉甚至判决的执行。因此，学者主张的刑事司法协助也是广义的。“刑事司法协助包括各国为最终实现对罪犯的制裁而开展的各种类型的国际刑事合作。”《刑事诉讼法》第18条规定：根据中华人民共和国缔结或者参加的国际条约，或者按照互惠原则，我国司法机关和外国司法机关可以互相请求刑事司法协助。这一规定确立了我国刑事诉讼中实行刑事司法协助的基本原则。

我国《国际刑事司法协助法》第2条规定：本法所称国际刑事司法协助，是指中华人民共和国和外国在刑事案件调查、侦查、起诉、审判和执行等活动中相互提供协助，包括送达文书，调查取证，安排证人作证或者协助调查，查封、扣押、冻结涉案财物，没收、返还违法所得及其他涉案财物，移管被判刑人以及其他协助。

二、刑事司法协助的法律依据

国家间开展刑事司法协助的法律依据，大体上有四种：第一，国家间共同参加的国际公约，如1959年欧洲一些国家签订的《欧洲刑事司法协助公约》，2005年10月27日我国第十届全国人大常委会第十八次会议审议并批准、2005年12月14日正式生效的《联合国反腐败公约》等。第二，国家间签订的刑事司法协助条约，如1987年我国与波兰人民共和国签订的《关于民事和刑事司法协助的协定》。第三，国家间临时达成的关于刑事司法协助的互惠协议，如1990年2月我国向日本提出引渡劫机到日本的犯罪分子张振海，因两个国家间没有刑事司法协助协定，我国在提出引渡的同时，承诺在今后类似案件中，将向日方提供类似的协助，这就是一次两个国家达成的关于刑事司法协助的互惠协议。第四，国内的法律规定，如《刑事诉讼法》第18条规定：“根据中华人民共和国缔结或者参加的国际条约，或者按照互惠原则，我国司法机关和外国司法机关可以相互请求刑事司法协助。”在我国，司法机关对外国提供刑事司法协助或者请求外国司法机关提供刑事司法协助，除了遵守上述中华人民共和国缔结或者参加的国际条约及《刑事诉讼法》第18条的规定外，还需要遵守有关的法律法规、司法解释、行政法规。《国际刑事司法协助法》、最高人民法院《解释》第二十章“涉外刑事案件的审理和刑事司法协助”、最高人民检察院《规则》第十六章“刑事司法协助”、公安部《规定》第十三章“刑事司法协助”都是有关司法机关进行刑事司法协助时应当遵守的规定。

对请求书的签署机关、请求书及所附材料的语言文字、有关办理期限和具体程序等事项，在不违反中华人民共和国法律的基本原则的情况下，可以按照刑事司法协助条约规定或者双方协商办理。

三、刑事司法协助的主体

刑事司法协助的主体，是指请求提供刑事司法协助和接受请求提供刑事司法协助的司法机关。它包括请求国的司法机关和接受请求国的司法机关。在主张刑事司法协助狭义说的国家，刑事司法协助的主体一般仅指法院；在主张刑事司法协助广义说的国家，刑事司法协助的主体，除法院外，还有检察机关、政府的法务部门。我国主张刑事司法协助广义说，我国《国际刑事司法协助法》第6条规定，国家监察委员会、最高人民法院、最高人民检察院、公安部、国家安全部等部门是开展国际刑事司法协助的主管机关，按照职责分工，审核向外国提出的刑事司法协助请求，审查处理对外联系机关转递的外国提出的刑事司法协助请求，承担其他与国际刑事司法协助相关的工作。在移管被判刑人案件中，司法部按照职责分工，承担相应的主管机关职责。

办理刑事司法协助相关案件的机关是国际

刑事司法协助的办案机关，负责向所属主管机关提交需要向外国提出的刑事司法协助请求、执行所属主管机关交办的外国提出的刑事司法协助请求。据此，国家监察委员会、最高人民法院、最高人民检察院、公安部、国家安全部都是刑事司法协助的主体，此外，在移管被判刑人案件中，司法部也可以成为刑事司法协助的主体。

四、刑事司法协助的程序

人民法院请求外国提供司法协助的，应当层报最高人民法院，经最高人民法院审核同意后交由有关对外联系机关及时向外国提出请求。

外国法院请求我国提供司法协助，有关对外联系机关认为属于人民法院职权范围的，经最高人民法院审核同意后转有关人民法院办理。

人民法院请求外国提供司法协助的请求书，应当依照刑事司法协助条约的规定提出；没有条约或者条约没有规定的，应当载明法律规定的相关信息并附相关材料。请求书及其所附材料应当以中文制作，并附有被请求国官方文字的译本。

外国请求我国法院提供司法协助的请求书，应当依照刑事司法协助条约的规定提出；没有条约或者条约没有规定的，应当载明我国法律规定的相关信息并附相关材料。请求书及所附材料应当附有中文译本。

人民法院通过外交途径向在中华人民共和国领域外居住的受送达人送达刑事诉讼文书的，所送达的文书应当经高级人民法院审查后报最高人民法院审核。最高人民法院认为可以发出的，由最高人民法院交外交部主管部门转递。外国法院通过外交途径请求人民法院送达刑事诉讼文书的，由该国驻华使馆将法律文书交我国外交部主管部门转最高人民法院。最高人民法院审核后认为属于人民法院职权范围，且可以代为送达的，应当转有关人民法院办理。

五、刑事司法协助的方式

人民法院向在中华人民共和国领域外居住的当事人送达刑事诉讼文书，可以采用下列方式：(1)根据受送达人所在国与中华人民共和国缔结或者共同参加的国际条约规定的方式送达。(2)通过外交途径送达。(3)对中国籍当事人，所在国法律允许或者经所在国同意的，可以委托我国驻受送达人所在国的使领馆代为送达。(4)当事人是自诉案件的自诉人或者附带民事诉讼原告人的，可以向有权代其接受送达的诉讼代理人送达。(5)当事人是外国单位的，可以向其在中华人民共和国领域内设立的代表机构或者有权接受送达的分支机构、业务代办人送达。(6)受送达人所在国法律允许的，可以邮寄送达；自邮寄之日起满3个月，送达回证未退回，但根据各种情况足以认定已经送达的，视为送达。(7)受送达人所在国法律允许的，可以采用传真、电子邮件等能够确认受送达人收悉的方式送达。

【本章主要法律规定】

1.《刑事诉讼法》第17、18条
2.最高人民法院《关于适用〈中华人民共和国刑事诉讼法〉的解释》第475～496条
3.《人民检察院刑事诉讼规则》第671～679条
4.《公安机关办理刑事案件程序规定》第346～373条
5.《国际刑事司法协助法》

第二十章 执　行

本章主要内容提示

学习本章，要了解执行程序的概念，需要理解执行的依据，执行机关，各种判决、裁定的执行程序，执行的变更程序，对新罪和申诉的处理程序，人民检察院对执行的监督程序。

第一节　执行概述

一、执行的概念

执行，是指把人民法院已经发生法律效力的判决、裁定付诸实施的活动。执行程序是指将已经发生法律效力的判决、裁定所确定的内容付诸实施以及在此过程中处理与之有关的减刑、假释等刑罚执行变更问题时应遵循的步骤、方式和方法。

执行是刑事诉讼的最后阶段。执行程序包括两方面的内容：一是将已经发生法律效力的判决、裁定所确定的内容付诸实施的程序；二是处理执行过程中刑罚变更等问题的程序。

二、执行的依据

《刑事诉讼法》第259条规定：判决和裁定在发生法律效力后执行。

下列判决和裁定是发生法律效力的判决和裁定：

1.已过法定期限没有上诉、抗诉的判决和裁定。

2.终审的判决和裁定。包括第二审的判决、裁定和最高人民法院的判决、裁定。终审的判决和裁定自宣告之日起发生法律效力。

3.高级人民法院核准的死刑缓期二年执行的判决。

4.最高人民法院核准死刑的判决。

据此，执行的依据是已经发生法律效力的判决和裁定。

三、执行机关

执行机关，是指将人民法院已经发生法律效力的判决、裁定付诸实施的机关。生效判决和裁定因内容不同，执行机关也不相同。根据《刑事诉讼法》的规定，执行机关包括：

1.人民法院。人民法院负责死刑立即执行、罚金和没收财产的判决以及无罪或者免除刑罚的判决的执行。

2.监狱。对于被判处死刑缓期二年执行、无期徒刑、有期徒刑（余刑3个月以下的由看守所代为执行）的罪犯，由公安机关送交监狱执行刑罚。未成年犯管教所负责未成年犯被判处刑罚的执行。

3.公安机关。公安机关负责拘役、剥夺政治权利、驱逐出境的执行。

4.社区矫正机构。根据《刑事诉讼法》第269条的规定，对被判处管制、宣告缓刑、假释或者暂予监外执行的罪犯，依法实行社区矫正，由社区矫正机构负责执行。

第二节　各种判决、裁定的执行程序

一、死刑立即执行判决的执行

死刑是依法剥夺罪犯生命的最严厉的一种刑罚，为了严格防止错杀，避免造成无法弥补的错误，《刑事诉讼法》及其司法解释对死刑执行程序，作了严密的规定。

（一）执行死刑命令的签发

执行死刑判决，必须有执行死刑命令才能进行。根据《刑事诉讼法》第261条的规定，最高人民法院判处和核准的死刑立即执行的判决，应当由最高人民法院院长签发执行死刑的命令。

（二）执行死刑的机关和期限

最高人民法院的执行死刑命令，由高级人民法院交付第一审人民法院执行。第一审人民法院接到死刑执行命令后，应当在7日以内执行。

在死刑缓期执行期间故意犯罪，最高人民法院核准执行死刑的，由罪犯服刑地的中级人民法院执行。

（三）执行死刑的场所和方法

死刑可以在刑场或者指定的羁押场所内执行。

死刑采用枪决或者注射等方法执行。采用注射方法执行死刑的，应当在指定的刑场或者羁押场所内执行。采用枪决、注射以外的其他方法执行死刑的，应当事先层报最高人民法院批准。

（四）执行死刑的具体程序

1.第一审人民法院在执行死刑前，应当告知罪犯有权会见其近亲属。罪犯申请会见并提供具体联系方式的，人民法院应当通知其近亲属。确实无法与罪犯近亲属取得联系，或者其近亲属拒绝会见的，应当告知罪犯。罪犯申请通过录音录像等方式留下遗言的，人民法院可以准许。罪犯近亲属申请会见的，人民法院应当准许并及时安排，但罪犯拒绝会见的除外。罪犯拒绝会见的，应当记录在案并及时告知其近亲属；必要时，应当录音录像。罪犯申请会见近亲属以外的亲友，经人民法院审查，确有正当理由的，在确保安全的情况下可以准许。罪犯申请会见未成年子女的，应当经未成年子女的监护人同意；会见可能影响未成年人身心健康的，人民法院可以通过视频方式安排会见，会见时监护人应当在场。会见一般在罪犯羁押场所进行。会见情况应当记录在案，附卷存档。

2.第一审人民法院在执行死刑3日以前，应当通知同级人民检察院派员临场监督。

3.执行死刑前，指挥执行的审判人员对罪犯应当验明正身，即认真核对被执行人的姓名、性别、年龄、籍贯、基本犯罪事实及其他情况，确保被执行的人就是判决所确定的死刑罪犯，以防止错杀；还要讯问罪犯有无遗言、信札，并制作笔录，再交执行人员执行死刑。

4.执行死刑应当公布，禁止游街示众或者其他有辱罪犯人格的行为。

5.执行死刑后，应当由法医验明罪犯确实死亡，在场书记员制作笔录。负责执行的人民法院应当在执行死刑后15日以内将执行情况，包括罪犯被执行死刑前后的照片，上报最高人民法院。

（五）执行死刑后的处理

执行死刑后，负责执行的人民法院应当办理以下事项：

1.对罪犯的遗书、遗言笔录，应当及时审查，涉及财产继承、债务清偿、家事嘱托等内容的，将遗书、遗言笔录交给家属，同时复制附卷备查；涉及案件线索等问题的，抄送有关机关。

2.通知罪犯家属在限期内领取罪犯骨灰；没有火化条件或者因民族、宗教等原因不宜火化的，通知领取尸体；过期不领取的，由人民法院通知有关单位处理，并要求有关单位出具处理情况的说明；对罪犯骨灰或者尸体的处理情况，应当记录在案。

3.对外国籍罪犯执行死刑后，通知该国驻华使领馆的程序和时限，根据有关规定办理。

二、死刑缓期二年执行、无期徒刑、有期徒刑和拘役判决的执行

（一）执行机关

根据《刑事诉讼法》第264条的规定，被判处死刑缓期二年执行、无期徒刑、有期徒刑的罪犯，执行机关是监狱。对于被判处有期徒刑的罪犯，在被交付执行刑罚前，剩余刑期在3个月以下的，由看守所代为执行。被判处拘役的罪犯，由公安机关执行。

对未成年犯应当在未成年犯管教所执行刑罚。未成年犯年满18周岁，剩余刑期不超过2年的，仍可以留在未成年犯管教所执行剩余刑期。

（二）执行程序

《刑事诉讼法》第264条规定，罪犯被交付执行刑罚的时候，应当由交付执行的人民法院在判决生效后10日以内将有关的法律文书送达公安机关、监狱或者其他执行机关。根据最高人民法院《解释》的规定，被判处死刑缓期执行、无期徒刑、有期徒刑、拘役的罪犯，第一审人民法院应当在判决、裁定生效后10日以内，将判决书、裁定书、起诉书副本、自诉状复印件、执行通知书、结案登记表送达公安机关、监狱或者其他执行机关。同案审理的案件中，部分被告人被判处死刑，对未被判处死刑的同案被告人需要羁押执行刑罚的，应当根据前述规定及时交付执行。但是，该同案被告人参与实施有关死刑之罪的，应当在复核讯问被判处死刑的被告人后交付执行。

以上各种判决、裁定执行通知书回执，经看守所盖章后应当附卷备查。

根据公安部《规定》，公安机关接到人民法院生效的判处死刑缓期二年执行、无期徒刑、有期徒刑的判决书、裁定书以及执行通知书后，应当在1个月以内将罪犯送交监狱执行。对未成年犯应当送交未成年犯管教所执行刑罚。对被判处拘役的罪犯，由看守所执行。

执行机关在接收罪犯时，有收押审查权。收押审查的内容包括：（1）判决书、裁定书是否已发生法律效力；（2）法律文书是否齐全和是否有误；（3）罪犯是否患有严重疾病需要保外就医，是否怀孕或者是正在哺乳自己婴儿的妇女等。对符合收押条件的，执行机关应当将罪犯及时收押，并且通知罪犯家属。对不符合收押条件的，执行机关有权拒绝收押。人民法院收到社区矫正机构的收监执行建议书后，经审查，确认暂予监外执行的罪犯具有最高人民法院《解释》第516条规定相应情形的，应当作出收监执行的决定。人民法院应当将收监执行决定书送达社区矫正机构和公安机关，并抄送人民检察院，由公安机关将罪犯交付执行。

判处有期徒刑、拘役的罪犯，执行期满，应当由执行机关发给释放证明书。

三、管制、有期徒刑缓刑、拘役缓刑判决的执行

（一）执行机关及交付执行

管制、有期徒刑缓刑、拘役缓刑的执行机关是社区矫正机构。

对被判处管制、宣告缓刑的罪犯，人民法院应当依法确定社区矫正执行地。社区矫正执行地为罪犯的居住地；罪犯在多个地方居住的，可以确定其经常居住地为执行地；罪犯的居住地、经常居住地无法确定或者不适宜执行社区矫正的，应当根据有利于罪犯接受矫正、更好地融入社会的原则，确定执行地。社区矫正决定机关根据需要，可以委托社区矫正机构或者有关社会组织对被告人或者罪犯的社会危险性和对所居住社区的影响，进行调查评估，提出意见，供决定社区矫正时参考。居民委员会、村民委员会等组织应当提供必要的协助。

宣判时，人民法院应当告知罪犯自判决、裁定生效之日起10日以内到执行地社区矫正机构报到，以及不按期报到的后果。人民法院应当自判决、裁定生效之日起5日以内通知执行地社

区矫正机构，并在10日以内将判决书、裁定书、执行通知书等法律文书送达执行地社区矫正机构，同时抄送人民检察院和执行地公安机关。人民法院与社区矫正执行地不在同一地方的，由执行地社区矫正机构将法律文书转送所在地的人民检察院和公安机关。

（二）对管制、缓刑罪犯的考察与处理

社区矫正对象在社区矫正期间应当遵守法律、行政法规，履行判决、裁定、暂予监外执行决定等法律文书确定的义务，遵守国务院司法行政部门关于报告、会客、外出、迁居、保外就医等监督管理规定，服从社区矫正机构的管理。

社区矫正机构应当根据裁判内容和社区矫正对象的性别、年龄、心理特点、健康状况、犯罪原因、犯罪类型、犯罪情节、悔罪表现等情况，制定有针对性的矫正方案，实现分类管理、个别化矫正。矫正方案应当根据社区矫正对象的表现等情况相应调整。

社区矫正机构根据社区矫正对象的表现，依照有关规定对其实施考核奖惩。社区矫正对象认罪悔罪、遵守法律法规、服从监督管理、接受教育表现突出的，应当给予表扬。社区矫正对象违反法律法规或者监督管理规定的，应当视情节依法给予训诫、警告、提请公安机关予以治安管理处罚，或者依法提请撤销缓刑。对社区矫正对象的考核结果，可以作为认定其是否确有悔改表现或者是否严重违反监督管理规定的依据。

社区矫正对象矫正期满或者被赦免的，社区矫正机构应当向社区矫正对象发放解除社区矫正证明书，并通知社区矫正决定机关、所在地的人民检察院、公安机关。

对于在缓刑考验期限内犯新罪或者发现判决宣告以前还有其他罪没有判决的，应当由审理该案件的人民法院撤销缓刑，并书面通知原审人民法院和执行地社区矫正机构。

人民法院收到社区矫正机构的撤销缓刑建议书后，经审查，确认罪犯在缓刑考验期限内具有下列情形之一的，应当作出撤销缓刑的裁定：（1）违反禁止令，情节严重的；（2）无正当理由不按规定时间报到或者接受社区矫正期间脱离监管，超过1个月的；（3）因违反监督管理规定受到治安管理处罚，仍不改正的；（4）受到社区矫正机构二次警告，仍不改正的；（5）违反有关法律、行政法规和监督管理规定，情节严重的其他情形。人民法院收到社区矫正机构的撤销假释建议书后，经审查，确认罪犯在假释考验期限内具有前述第2项、第4项规定情形之一，或者有其他违反监督管理规定的行为，尚未构成新的犯罪的，应当作出撤销假释的裁定。

被提请撤销缓刑、假释的罪犯可能逃跑或者可能发生社会危险，社区矫正机构在提出撤销缓刑、假释建议的同时，提请人民法院决定对其予以逮捕的，人民法院应当在48小时以内作出是否逮捕的决定。决定逮捕的，由公安机关执行。逮捕后的羁押期限不得超过30日。

人民法院应当在收到社区矫正机构撤销缓刑建议书后30日以内作出裁定。撤销缓刑的裁定一经作出，立即生效。人民法院应当将撤销缓刑、假释裁定书送达社区矫正机构和公安机关，并抄送人民检察院，由公安机关将罪犯送交执行。执行以前被逮捕的，羁押一日折抵刑期一日。

被宣告缓刑的犯罪分子，在缓刑考验期限内，如果没有《刑法》第77条规定的情形，缓刑考验期满，原判的刑罚就不再执行，并公开予以宣告。

四、剥夺政治权利判决的执行

（一）执行机关

所谓剥夺政治权利，是指剥夺犯罪人参加国家管理和政治活动的权利。对被判处剥夺政治权利的罪犯，由公安机关执行。实践中，由罪犯居住地的派出所负责执行。

（二）执行程序

依照《刑法》第54条的规定，剥夺政治权利是剥夺下列权利：选举权和被选举权；言论、出版、集会、结社、游行、示威自由的权利；担任国家机关职务的权利；担任国有公司、企业、事业单位和人民团体领导职务的权利。

根据最高人民法院《解释》第520条的规定，对单处剥夺政治权利的罪犯，人民法院应当在判决、裁定生效后10日以内，将判决书、裁定书、执行通知书等法律文书送达罪犯居住地的县级公安机关，并抄送罪犯居住地的县级人民检察院。负责执行剥夺政治权利的派出所应当按照人民法院的判决，向罪犯及其原所在单位、居住地基层组织宣布其犯罪事实、被剥夺政治权利的期限，以及罪犯在执行期间应当遵守的规定。被剥夺政治权利的罪犯，执行期满，公安机关应当书面通知本人及其所在单位、居住地基层组织。

五、刑事裁判涉财产部分和附带民事裁判的执行

（一）执行机关

罚金、没收财产刑可以附加适用，也可以独立适用。根据《刑事诉讼法》第271条、第272条的规定，罚金和没收财产刑的执行机关都是人民法院。执行没收财产刑时，必要时可以会同公安机关执行。

刑事裁判涉财产部分的执行，是指发生法律效力的刑事裁判中下列判项的执行：（1）罚金、没收财产；（2）追缴、责令退赔违法所得；（3）处置随案移送的赃款赃物；（4）没收随案移送的供犯罪所用本人财物；（5）其他应当由人民法院执行的相关涉财产的判项。

最高人民法院《解释》第522条规定，刑事裁判涉财产部分和附带民事裁判应当由人民法院执行的，由第一审人民法院负责裁判执行的机构执行。第一审人民法院可以委托财产所在地的同级人民法院执行。

（二）执行程序

罚金在判决规定的期限内一次或者分期缴纳。期满无故不缴纳或者未足额缴纳的，人民法院应当强制缴纳。经强制缴纳仍不能全部缴纳的，在任何时候，包括主刑执行完毕后，发现被执行人有可供执行的财产的，应当追缴。行政机关对被告人就同一事实已经处以罚款的，人民法院判处罚金时应当折抵，扣除行政处罚已执行的部分。因遭遇不能抗拒的灾祸等原因缴纳罚金确有困难，被执行人申请延期缴纳、酌情减少或者免除罚金的，应当提交相关证明材料。人民法院应当在收到申请后1个月以内作出裁定。符合法定条件的，应当准许；不符合条件的，驳回申请。判处没收财产的，判决生效后，应当立即执行。

执行财产刑，应当参照被扶养人住所地政府公布的上年度当地居民最低生活费标准，保留被执行人及其所扶养人的生活必需费用。

被判处财产刑，同时又承担附带民事赔偿责任的被执行人，应当先履行民事赔偿责任。

执行刑事裁判涉财产部分、附带民事裁判过程中，当事人、利害关系人认为执行行为违反法律规定，或者案外人对被执行标的书面提出异议的，人民法院应当参照《民事诉讼法》的有关规定处理。

执行刑事裁判涉财产部分、附带民事裁判过程中，具有下列情形之一的，人民法院应当裁定终结执行：

（1）据以执行的判决、裁定被撤销的；

（2）被执行人死亡或者被执行死刑，且无财产可供执行的；

（3）被判处罚金的单位终止，且无财产可供执行的；

（4）依照《刑法》第53条规定免除罚金的；

（5）应当终结执行的其他情形。

裁定终结执行后，发现被执行人的财产有被隐匿、转移等情形的，应当追缴。

被执行财产在外地的，第一审人民法院可以委托财产所在地的同级人民法院执行。

刑事裁判涉财产部分、附带民事裁判全部或者部分被撤销的，已经执行的财产应当全部或者部分返还被执行人；无法返还的，应当依法赔偿。

刑事裁判涉财产部分、附带民事裁判的执行，《刑事诉讼法》及有关刑事司法解释没有规定的，参照适用民事执行的有关规定。

六、无罪和免除刑罚判决的执行

无罪和免除刑罚判决的执行机关是人民法院。根据《刑事诉讼法》第260条的规定，第一审人民法院判决被告人无罪、免除刑事处罚的，如果被告人在押，在宣判后应当立即释放。

对人民法院作出无罪或者免除刑事处罚的

判决，如果被告人在押，公安机关在收到相应的法律文书后应当立即办理释放手续；对人民法院建议给予行政处理的，应当依照有关规定处理或者移送有关部门。

第三节 执行的变更程序

在刑事判决、裁定的执行中，由于出现了法定情形，需要对已确定的刑罚内容或刑罚的执行方法加以变更，其处理程序亦是执行程序的组成部分。下面介绍几种主要的执行变更程序。

一、死刑执行的变更

死刑执行的变更指《刑事诉讼法》规定的“停止执行”和“暂停执行”。《刑事诉讼法》第262条规定，下级人民法院接到最高人民法院执行死刑的命令后，应当在7日以内交付执行。但是发现有下列情形之一的，应当停止执行，并且立即报告最高人民法院，由最高人民法院作出裁定：（1）在执行前发现判决可能有错误的；（2）在执行前罪犯揭发重大犯罪事实或者有其他重大立功表现，可能需要改判的；（3）罪犯正在怀孕。上述前两种情况下停止执行的原因消失后，必须报请最高人民法院院长再签发执行死刑命令才能执行；对于因上述第三种原因停止执行的，应当报请最高人民法院依法改判。《刑事诉讼法》第263条第4款规定，指挥执行的审判人员在执行前，如果发现可能有错误，应暂停执行，报请最高人民法院裁定。

最高人民法院《解释》对“暂停执行”和“停止执行”的情形作了更为详细的规定。第500条第1款规定，下级人民法院在接到执行死刑命令后、执行前，发现有下列情形之一的，应当暂停执行，并立即将请求停止执行死刑的报告和相关材料层报最高人民法院：（1）罪犯可能有其他犯罪的；（2）共同犯罪的其他犯罪嫌疑人到案，可能影响罪犯量刑的；（3）共同犯罪的其他罪犯被暂停或者停止执行死刑，可能影响罪犯量刑的；（4）罪犯揭发重大犯罪事实或者有其他重大立功表现，可能需要改判的；（5）罪犯怀孕的；（6）判决、裁定可能有影响定罪量刑的其他错误的。第500条第2款则规定，最高人民法院经审查，认为可能影响罪犯定罪量刑的，应当裁定停止执行死刑；认为不影响的，应当决定继续执行死刑。

最高人民法院在执行死刑命令签发后、执行前，发现有最高人民法院《解释》第500条第1款规定的情形的，应当立即裁定停止执行死刑，并将有关材料移交下级人民法院。下级人民法院接到最高人民法院停止执行死刑的裁定后，应当会同有关部门调查核实停止执行死刑的事由，并及时将调查结果和意见层报最高人民法院审核。对下级人民法院报送的停止执行死刑的调查结果和意见，由最高人民法院原作出核准死刑判决、裁定的合议庭负责审查；必要时，另行组成合议庭进行审查。

最高人民法院对停止执行死刑的案件，应当按照下列情形分别处理：（1）确认罪犯怀孕的，应当改判；（2）确认罪犯有其他犯罪，依法应当追诉的，应当裁定不予核准死刑，撤销原判，发回重新审判；（3）确认原判决、裁定有错误或者罪犯有重大立功表现，需要改判的，应当裁定不予核准死刑，撤销原判，发回重新审判；（4）确认原判决、裁定没有错误，罪犯没有重大立功表现，或者重大立功表现不影响原判决、裁定执行的，应当裁定继续执行死刑，并由院长重新签发执行死刑的命令。

二、死刑缓期二年执行的变更

根据《刑法》第50条和《刑事诉讼法》第261条的规定，被判处死刑缓期二年执行的罪犯，根据其在死刑缓期执行期间的表现，死缓判决可作两种变更：

（1）被判处死刑缓期二年执行的罪犯，在死刑缓期执行期间，如果没有故意犯罪，2年期满以后，减为无期徒刑；如果确有重大立功表现，2年期满以后，减为25年有期徒刑。对判处死刑缓期执行的累犯以及因故意杀人、强奸、抢劫、绑架、放火、爆炸、投放危险物质或者有组织的暴力性犯罪被判处死刑缓期执行的犯罪分子，人民法院根据犯罪情节等情况可以同时决定对其限制减刑。

另需指出的是，被判处死刑缓期二年执行的罪犯，死刑缓期二年执行期满后，裁定减刑前又犯罪的，应当在依法减刑后对其所犯新罪另行审判。根据《刑事诉讼法》《监狱法》的有关规定，对死刑缓期执行罪犯减刑的管辖法院是罪犯服刑地的高级人民法院。对死刑缓期执行罪犯减刑案件的审理程序是：在死刑缓期二年期满时，罪犯所在监狱及时提出减刑建议，报经省、自治区、直辖市监狱管理机关审核后，提请高级人民法院裁定。高级人民法院在收到同级监狱管理机关审核同意的减刑建议书后1个月以内作出裁定。作出裁定后，应当在7日以内送达提请减刑的执行机关、同级人民检察院以及罪犯本人。死刑缓期执行期满减为无期徒刑、有期徒刑的，刑期自死刑缓期执行期满之日起计算。

（2）被判处死刑缓期二年执行的罪犯，在死刑缓期执行期间，如果故意犯罪，情节恶劣，查证属实，应当执行死刑。其程序是：由罪犯服刑监狱及时侦查，侦查终结后移送人民检察院审查起诉。经人民检察院提起公诉，服刑地的中级人民法院依法审判，所作的判决可以上诉、抗诉。认定构成故意犯罪，情节恶劣，应当执行死刑的，在判决、裁定发生法律效力后，应当层报最高人民法院核准执行死刑。核准后，由罪犯服刑地的中级人民法院执行。对故意犯罪未执行死刑的，不再报高级人民法院核准，死刑缓期执行的期间重新计算，并层报最高人民法院备案。备案不影响判决、裁定的生效和执行。最高人民法院经备案审查，认为原判不予执行死刑错误，确需改判的，应当依照审判监督程序予以纠正。

三、暂予监外执行

（一）暂予监外执行的概念

暂予监外执行，是指对被判处无期徒刑、有期徒刑或者拘役的罪犯，具有法律规定的某种特殊情况，不适宜在监狱或者拘役所等场所执行刑罚，暂时采取不予关押的一种变通执行方法。

（二）暂予监外执行的适用对象

适用暂予监外执行的对象，是被判处无期徒刑、有期徒刑或者拘役的罪犯。

（三）暂予监外执行的适用情形

对于暂予监外执行的适用条件，《刑事诉讼法》第265条作了明确规定，对被判处有期徒刑或者拘役的罪犯，必须具备下列情形之一：

1.罪犯有严重疾病需保外就医。对罪犯确有严重疾病，必须保外就医的，由省级人民政府指定的医院诊断并开具证明文件。

2.罪犯怀孕或者正在哺乳自己的婴儿。哺乳期限按婴儿出生后1年计算。

3.罪犯生活不能自理，适用暂予监外执行不致危害社会。

对被判处无期徒刑的罪犯，有上述第2项规定情形的，可以暂予监外执行。

对适用保外就医可能有社会危险性的罪犯，或者自伤自残的罪犯，不得保外就医。

（四）暂予监外执行的适用程序

在交付执行前，暂予监外执行由交付执行的人民法院决定。对于被告人可能被判处拘役、有期徒刑、无期徒刑，符合暂予监外执行条件的，被告人及其辩护人有权向人民法院提出暂予监外执行的申请，看守所可以将有关情况通报人民法院。有关病情诊断、妊娠检查和生活不能自理的鉴别，由人民法院负责组织进行。人民法院决定暂予监外执行的，应当制作暂予监外执行决定书，写明罪犯基本情况、判决确定的罪名和刑罚、决定暂予监外执行的原因、依据等。人民法院在作出暂予监外执行决定前，应当征求人民检察院的意见。

在交付执行后，暂予监外执行由监狱或者看守所提出书面意见，报省级以上监狱管理机关或者设区的市一级以上公安机关批准。监狱、看守所提出暂予监外执行的书面意见的，应当将书面意见的副本抄送人民检察院。人民检察院可以向决定或者批准机关提出书面意见。批准机关应当将批准的暂予监外执行决定通知公安机关和原判人民法院，并抄送人民检察院。

对暂予监外执行的罪犯，依法实行社区矫正。人民法院决定暂予监外执行的，由看守所或者执行取保候审、监视居住的公安机关自收到决定之日起10日以内将罪犯移送社区矫正机构。监狱管理机关、公安机关批准暂予监外执行的社区矫正对象，由监狱或者看守所自收到批准决定之日起10日内将社区矫正对象移送社区矫正机构。暂予监外执行的罪犯，由居住地公安机关执行。原关押监狱应当及时将罪犯在监内改造情况通报负责执行的公安机关。社区矫正决定机关应当对社区矫正对象进行教育，告知其在社区矫正期间应当遵守的规定以及违反规定的法律后果，责令其按时报到。

根据《刑事诉讼法》第268条的规定，对暂予监外执行的罪犯，有下列情形之一的，应当及时收监：

（1）发现不符合暂予监外执行条件的；

（2）严重违反有关暂予监外执行监督管理规定的；

（3）暂予监外执行的情形消失后，罪犯刑期未满的。

最高人民法院《解释》第516条则规定：人民法院收到社区矫正机构的收监执行建议书后，经审查，确认暂予监外执行的罪犯具有下列情形之一的，应当作出收监执行的决定：（1）不符合暂予监外执行条件的；（2）未经批准离开所居住的市、县，经警告拒不改正，或者拒不报告行踪，脱离监管的；（3）因违反监督管理规定受到治安管理处罚，仍不改正的；（4）受到执行机关两次警告，仍不改正的；（5）保外就医期间不按规定提交病情复查情况，经警告拒不改正的；（6）暂予监外执行的情形消失后，刑期未满的；（7）保证人丧失保证条件或者因不履行义务被取消保证人资格，不能在规定期限内提出新的保证人的；（8）违反法律、行政法规和监督管理规定，情节严重的其他情形。

暂予监外执行的社区矫正对象具有《刑事诉讼法》规定的应当予以收监情形的，社区矫正机构应当向执行地或者原社区矫正决定机关提出收监执行建议，并将建议书抄送人民检察院。社区矫正决定机关应当在收到建议书后30日内作出决定，将决定书送达社区矫正机构和公安机关，并抄送人民检察院。人民法院、公安机关对暂予监外执行的社区矫正对象决定收监执行的，由公安机关立即将社区矫正对象送交监狱或者看守所收监执行。监狱管理机关对暂予监外执行的社区矫正对象决定收监执行的，监狱应当立即将社区矫正对象收监执行。

被决定收监执行的社区矫正对象逃跑的，由公安机关追捕，社区矫正机构、有关单位和个人予以协助。

不符合暂予监外执行条件的罪犯通过贿赂等非法手段被暂予监外执行的，在监外执行的期间不计入执行刑期。罪犯在暂予监外执行期间脱逃的，脱逃的期间不计入执行刑期。对于人民法院决定暂予监外执行的罪犯具有上述情形的，人民法院应当在作出收监决定时，确定不计入执行刑期的具体时间。被收监执行的罪犯有法律规定的不计入执行刑期情形的，社区矫正机构应当在收监执行建议书中说明情况，并附有关证明材料。批准机关进行审核后，应当及时通知监狱、看守所向所在地的中级人民法院提出不计入执行刑期的建议书。人民法院应当自收到建议书之日起1个月以内依法对罪犯的刑期重新计算作出裁定。

罪犯在暂予监外执行期间死亡的，执行机关应当及时通知监狱或者看守所。

暂予监外执行的社区矫正人员刑期届满的，由监狱、看守所依法为其办理刑满释放手续。

四、减刑、假释

（一）减刑、假释的概念

减刑，是指被判处管制、拘役、有期徒刑、

无期徒刑的犯罪分子，在执行期间，认真遵守监规，接受教育改造，确有悔改或者立功表现，由人民法院依法适当减轻其原判刑罚的制度。

假释，是指对于被判处有期徒刑、无期徒刑的犯罪分子经过一定期限的服刑改造，确有悔改表现，没有再犯罪的危险的，附条件地将其提前释放的一种制度。

（二）减刑、假释的对象

减刑的对象必须是被判处管制、拘役、有期徒刑、无期徒刑的犯罪分子。死刑缓期执行罪犯的减刑，是依照法律的特别规定进行的，是死刑缓期执行制度的组成部分，不属于减刑制度的适用范围。

假释的对象必须是被判处有期徒刑、无期徒刑的犯罪分子，对累犯以及因故意杀人、强奸、抢劫、绑架、放火、爆炸、投放危险物质或者有组织的暴力性犯罪被判处10年以上有期徒刑、无期徒刑的罪犯，不得假释，因前述情形和犯罪被判处死刑缓期执行的罪犯，被减为无期徒刑、有期徒刑后，也不得假释。

（三）减刑、假释的条件

根据《刑法》第78条的规定，被判处管制、拘役、有期徒刑、无期徒刑的犯罪分子，在执行期间，如果认真遵守监规，接受教育改造，确有悔改表现的，或者有立功表现的，可以减刑；有重大立功表现的，应当减刑。最高人民法院《关于办理减刑、假释案件具体应用法律的规定》进一步明确了“确有悔改表现”“立功表现”“重大立功表现”的认定方法，并规定了各种刑罚的减刑幅度、减刑起始时间和间隔时间等内容。

假释的条件有二：一是已实际执行一定的刑期，即被判处有期徒刑的犯罪分子，实际执行原判刑期1/2以上，被判处无期徒刑的犯罪分子，实际执行13年以上；二是认真遵守监规，接受教育改造，确有悔改表现，没有再犯罪的危险。以上两个条件须同时具备。但根据《刑法》第81条的规定，如果有特殊情况，经最高人民法院核准，可以不受上述执行刑期的限制。所谓特殊情况，是指与国家、社会利益有重要关系的情况。

（四）减刑、假释案件的审理

对减刑、假释案件，应当按照下列情形分别处理：

（1）对被判处死刑缓期执行的罪犯的减刑，由罪犯服刑地的高级人民法院在收到同级监狱管理机关审核同意的减刑建议书后1个月以内作出裁定；

（2）对被判处无期徒刑的罪犯的减刑、假释，由罪犯服刑地的高级人民法院在收到同级监狱管理机关审核同意的减刑、假释建议书后1个月以内作出裁定，案情复杂或者情况特殊的，可以延长1个月；

（3）对被判处有期徒刑和被减为有期徒刑的罪犯的减刑、假释，由罪犯服刑地的中级人民法院在收到执行机关提出的减刑、假释建议书后1个月以内作出裁定，案情复杂或者情况特殊的，可以延长1个月；

（4）对被判处管制、拘役的罪犯的减刑，由罪犯服刑地中级人民法院在收到同级执行机关审核同意的减刑建议书后1个月以内作出裁定。

对社区矫正对象的减刑，由社区矫正执行地的中级以上人民法院在收到社区矫正机构减刑建议书后30日以内作出裁定。

人民法院受理减刑、假释案件，应当审查执行机关移送的材料是否包括下列内容：（1）减刑、假释建议书；（2）原审法院的裁判文书、执行通知书、历次减刑裁定书的复制件；（3）罪犯确有悔改、立功或者重大立功表现的具体事实的书面证明材料；（4）罪犯评审鉴定表、奖惩审批表等；（5）罪犯假释后对所居住社区影响的调查评估报告；（6）刑事裁判涉财产部分、附带民事裁判的执行、履行情况；（7）根据案件情况需要移送的其他材料。人民检察院对报请减刑、假释案件提出意见的，执行机关应当一并移送受理减刑、假释案件的人民法院。经审查，材料不全的，应当通知提请减刑、假释的执行机关在3日以内补送；逾期未补送的，不予立案。

人民法院审理减刑、假释案件，对罪犯积极履行刑事裁判涉财产部分、附带民事裁判确定的义务的，可以认定有悔改表现，在减刑、假释时从宽掌握；对确有履行能力而不履行或者不全部履行的，在减刑、假释时从严掌握。

人民法院审理减刑、假释案件，应当在立案后5日以内对下列事项予以公示：(1)罪犯的姓名、年龄等个人基本情况；(2)原判认定的罪名和刑期；(3)罪犯历次减刑情况；(4)执行机关的减刑、假释建议和依据。公示应当写明公示期限和提出意见的方式。

人民法院审理减刑、假释案件，应当组成合议庭，可以采用书面审理的方式，但下列案件应当开庭审理：(1)因罪犯有重大立功表现提请减刑的；(2)提请减刑的起始时间、间隔时间或者减刑幅度不符合一般规定的；(3)被提请减刑、假释罪犯系职务犯罪罪犯，组织、领导、参加、包庇、纵容黑社会性质组织罪犯，破坏金融管理秩序罪犯或者金融诈骗罪犯的；(4)社会影响重大或者社会关注度高的；(5)公示期间收到不同意见的；(6)人民检察院提出异议的；(7)有必要开庭审理的其他案件。

人民法院作出减刑、假释裁定后，应当在7日以内送达提请减刑、假释的执行机关、同级人民检察院以及罪犯本人。人民检察院认为减刑、假释裁定不当，在法定期限内提出书面纠正意见的，人民法院应当在收到意见后另行组成合议庭审理，并在1个月以内作出裁定。

减刑、假释裁定作出前，执行机关书面提请撤回减刑、假释建议的，人民法院可以决定是否准许。

人民法院发现本院已经生效的减刑、假释裁定确有错误的，应当另行组成合议庭审理；发现下级人民法院已经生效的减刑、假释裁定确有错误的，可以指令下级人民法院另行组成合议庭审理，也可以自行组成合议庭审理。

此外，根据《刑法》第81条第1款规定报请最高人民法院核准因罪犯具有特殊情况，不受执行刑期限制的假释案件，应当按照下列情形分别处理：(1)中级人民法院依法作出假释裁定后，应当报请高级人民法院复核。高级人民法院同意的，应当书面报请最高人民法院核准；不同意的，应当裁定撤销中级人民法院的假释裁定。(2)高级人民法院依法作出假释裁定的，应当报请最高人民法院核准。

报请最高人民法院核准因罪犯具有特殊情况，不受执行刑期限制的假释案件，应当报送报请核准的报告、罪犯具有特殊情况的报告、假释裁定书各5份，以及全部案卷。

对因罪犯具有特殊情况，不受执行刑期限制的假释案件，最高人民法院予以核准的，应当作出核准裁定书；不予核准的，应当作出不核准裁定书，并撤销原裁定。

（五）对被假释罪犯的考察与处理

根据《刑事诉讼法》第269条的规定，对被假释的罪犯，依法实行社区矫正，由社区矫正机构负责执行。

罪犯在考验期限内犯新罪或者被发现在判决宣告前还有其他罪没有判决，应当撤销假释的，由审判新罪的人民法院撤销原判决、裁定宣告的假释，并书面通知原审人民法院和执行机关。

对于罪犯有其他需要撤销假释情形的，社区矫正机构应当向原审人民法院或者执行地人民法院提出撤销假释建议，并将建议书抄送人民检察院。社区矫正机构提出撤销假释建议时，应当说明理由，并提供有关证据材料。其他需要撤销假释的情形包括：(1)违反禁止令，情节严重的；(2)无正当理由不按规定时间报到或者接受社区矫正期间脱离监管，超过1个月的；(3)因违反监督管理规定受到治安管理处罚，仍不改正的；(4)受到执行机关二次警告仍不改正的；(5)违反法律、行政法规和监督管理规定，情节严重的其他情形。

人民法院应当在收到社区矫正机构的撤销缓刑、假释建议书后30日以内作出裁定。撤销缓刑、假释的裁定一经作出，立即生效。

人民法院应当将撤销缓刑、假释裁定书送达社区矫正机构和公安机关，并抄送人民检察院，由公安机关将罪犯送交执行。执行以前被逮捕的，羁押一日折抵刑期一日。被假释的犯罪分子，在假释考验期限内，如果没有上述情形，假释考验期满，就认为原判刑罚已经执行完毕，并公开予以宣告。

第四节　对新罪和申诉的处理

一、对新罪、漏罪的处理

新罪是指罪犯在服刑期间实施的犯罪。漏罪是指判决生效后在执行过程中发现的，罪犯在判决宣告以前所犯的尚未判决的罪行。

《刑事诉讼法》第273条第1款规定：罪犯在服刑期间又犯罪的，或者发现了判决的时候所没有发现的罪行，由执行机关移送人民检察院处理。

二、发现错判和对申诉的处理

《刑事诉讼法》第275条规定：监狱和其他执行机关在刑罚执行中，如果认为判决有错误或者罪犯提出申诉，应当转请人民检察院或者原判人民法院处理。根据规定，执行机关如果认为判决有错误，应提出具体意见，并附有关材料，转送原起诉的人民检察院或者原判人民法院处理；如果认为事实出入比较重大或者确有必要的，也可以转送原起诉人民检察院的上级人民检察院、原审人民法院的上级人民法院处理。

监狱和其他执行机关对于罪犯提出的申诉材料应当及时转递，不得扣压。罪犯的申诉材料已明确要求人民检察院或者人民法院处理的，可按其要求转递。如无明确要求，则由执行机关根据案件情况决定向人民法院或者人民检察院转递。

人民法院或者人民检察院收到执行机关意见和材料或罪犯的申诉后，应当认真进行审查。如认为原判决或裁定在认定事实或者适用法律上确有错误，应按审判监督程序予以处理。如认为原裁判正确，应及时答复执行机关或申诉人。

《监狱法》第24条规定，人民检察院或者人民法院应当自收到监狱提请处理意见书之日起6个月内将处理结果通知监狱。

第五节　人民检察院对执行的监督

一、对执行死刑的监督

《刑事诉讼法》第263条第1款规定：人民法院在交付执行死刑前，应当通知同级人民检察院派员临场监督。根据最高人民法院《解释》第506条的规定，第一审人民法院在执行死刑3日以前，应当通知同级人民检察院派员临场监督。

被判处死刑立即执行的罪犯在被执行死刑时，人民检察院应当指派检察官临场监督。死刑执行临场监督由人民检察院负责刑事执行检察的部门承担。人民检察院派驻看守所、监狱的检察人员应当予以协助，负责捕诉的部门应当提供有关情况。人民检察院收到同级人民法院执行死刑临场监督通知后，应当查明同级人民法院是否收到最高人民法院核准死刑的裁定或者作出的死刑判决、裁定和执行死刑的命令。

在执行死刑前，人民检察院发现具有下列情形之一的，应当建议人民法院立即停止执行，并层报最高人民检察院负责死刑复核监督的部门：（1）被执行人并非应当执行死刑的罪犯的；（2）罪犯犯罪时不满18周岁，或者审判的时候已满75周岁，依法不应当适用死刑的；（3）罪犯正在怀孕的；（4）共同犯罪的其他犯罪嫌疑人到案，共同犯罪的其他罪犯被暂停或者停止执行死刑，可能影响罪犯量刑的；（5）罪犯可能有其他犯罪的；（6）罪犯揭发他人重大犯罪事实或者有其他重大立功表现，可能需要改判的；（7）判决、裁定可能有影响定罪量刑的其他错误的。

执行死刑过程中，人民检察院临场监督人员根据需要可以进行拍照、摄像。执行死刑后，人民检察院临场监督人员应当检查罪犯是否确已死亡，并填写死刑执行临场监督笔录，签名后入卷归档。

在执行死刑活动中，发现人民法院有侵犯被执行死刑罪犯的人身权、财产权或者其近亲属、继承人合法权利等违法情形的，人民检察院应当依法提出纠正意见。

二、对暂予监外执行的监督

《刑事诉讼法》第266条规定，监狱、看守所提出暂予监外执行的书面意见的，应当将书面意见的副本抄送人民检察院。人民检察院可以向决定或者批准机关提出书面意见。《刑事诉讼法》第267条规定，决定或者批准暂予监外执行的机关应当将暂予监外执行决定抄送人民检察院。人民检察院认为暂予监外执行不当的，应当自接到通知之日起1个月以内将书面意见送交决定或者批准暂予监外执行的机关，决定或者批准暂予监外执行的机关接到人民检察院的书面意见后，应当立即对该决定进行重新核查。最高人民检察院《规则》第629条对此作了具体规定。人民检察院发现人民法院、监狱、看守所、公安机关暂予监外执行的活动具有下列情形之一的，应当依法提出纠正意见：(1)将不符合法定条件的罪犯提请、决定暂予监外执行的；(2)提请、决定暂予监外执行的程序违反法律规定或者没有完备的合法手续，或者对于需要保外就医的罪犯没有省级人民政府指定医院的诊断证明和开具的证明文件的；(3)监狱、看守所提出暂予监外执行书面意见，没有同时将书面意见副本抄送人民检察院的；(4)罪犯被决定或者批准暂予监外执行后，未依法交付罪犯居住地社区矫正机构实行社区矫正的；(5)对符合暂予监外执行条件的罪犯没有依法提请暂予监外执行的；(6)人民法院在作出暂予监外执行决定前，没有依法征求人民检察院意见的；(7)发现罪犯不符合暂予监外执行条件，在暂予监外执行期间严重违反暂予监外执行监督管理规定，或者暂予监外执行的条件消失且刑期未满，应当收监执行而未及时收监执行的；(8)人民法院决定将暂予监外执行的罪犯收监执行，并将有关法律文书送达公安机关、监狱、看守所后，监狱、看守所未及时收监执行的；(9)对不符合暂予监外执行条件的罪犯通过贿赂、欺骗等非法手段被暂予监外执行以及在暂予监外执行期间脱逃的罪犯，监狱、看守所未建议人民法院将其监外执行期间、脱逃期间不计入执行刑期或者对罪犯执行刑期计算的建议违法、不当的；(10)暂予监外执行的罪犯刑期届满，未及时办理释放手续的；(11)其他违法情形。

人民检察院收到监狱、看守所抄送的暂予监外执行书面意见副本后，应当逐案进行审查，发现罪犯不符合暂予监外执行法定条件或者提请暂予监外执行违反法定程序的，应当在10日以内报经检察长批准，向决定或者批准机关提出书面检察意见，同时抄送执行机关。

人民检察院接到决定或者批准机关抄送的暂予监外执行决定书后，应当及时审查下列内容：(1)是否属于被判处有期徒刑或者拘役的罪犯；(2)是否属于有严重疾病需要保外就医的罪犯；(3)是否属于怀孕或者正在哺乳自己婴儿的妇女；(4)是否属于生活不能自理，适用暂予监外执行不致危害社会的罪犯；(5)是否属于适用保外就医可能有社会危险性的罪犯，或者自伤自残的罪犯；(6)决定或者批准机关是否符合《刑事诉讼法》第265条第5款的规定；(7)办理暂予监外执行是否符合法定程序。

人民检察院经审查认为暂予监外执行不当的，应当自接到通知之日起1个月以内，向决定或者批准暂予监外执行的机关提出纠正意见。下级人民检察院认为暂予监外执行不当的，应当立即层报决定或者批准暂予监外执行的机关的同级人民检察院，由其决定是否向决定或者批准暂予监外执行的机关提出纠正意见。

人民检察院向决定或者批准暂予监外执行的机关提出不同意暂予监外执行的书面意见后，应当监督其对决定或者批准暂予监外执行的结果进行重新核查，并监督重新核查的结果是否符合法律规定。对核查不符合法律规定的，应当依法提出纠正意见，并向上一级人民检察院报告。

对于暂予监外执行的罪犯，人民检察院发现罪犯不符合暂予监外执行条件、严重违反有关暂予监外执行的监督管理规定或者暂予监外执行的情形消失而罪犯刑期未满的，应当通知执行机关收监执行，或者建议决定或者批准暂予监外执行的机关作出收监执行决定。

三、对减刑、假释的监督

《刑事诉讼法》第273条第2款规定，执行机关提出减刑、假释建议书，报请人民法院审核裁定的，应将建议书副本抄送人民检察院。人民检察院可以向人民法院提出书面意见。

人民检察院收到执行机关抄送的减刑、假释建议书副本后，应当逐案进行审查，发现减刑、假释建议不当或者提请减刑、假释违反法定程序的，应当在10日以内报经检察长批准，向审理减刑、假释案件的人民法院提出书面检察意见，同时也可以向执行机关提出书面纠正意见。案情复杂或者情况特殊的，可以延长10日。

人民检察院发现监狱等执行机关提请人民法院裁定减刑、假释的活动具有下列情形之一的，应当依法提出纠正意见：(1)将不符合减刑、假释法定条件的罪犯，提请人民法院裁定减刑、假释的；(2)对依法应当减刑、假释的罪犯，不提请人民法院裁定减刑、假释的；(3)提请对罪犯减刑、假释违反法定程序，或者没有完备的合法手续的；(4)提请对罪犯减刑的减刑幅度、起始时间、间隔时间或者减刑后又假释的间隔时间不符合有关规定的；(5)被提请减刑、假释的罪犯被减刑后实际执行的刑期或者假释考验期不符合有关法律规定的；(6)其他违法情形。

人民法院开庭审理减刑、假释案件，人民检察院应当指派检察人员出席法庭，发表意见。

人民检察院收到人民法院减刑、假释的裁定书副本后，应当及时审查下列内容：(1)被减刑、假释的罪犯是否符合法定条件，对罪犯减刑的减刑幅度、起始时间、间隔时间或者减刑后又假释的间隔时间、罪犯被减刑后实际执行的刑期或者假释考验期是否符合有关规定；(2)执行机关提请减刑、假释的程序是否合法；(3)人民法院审理、裁定减刑、假释的程序是否合法；(4)人民法院对罪犯裁定不予减刑、假释是否符合有关规定；(5)人民法院减刑、假释裁定书是否依法送达执行并向社会公布。

根据《刑事诉讼法》第274条的规定，人民检察院经审查认为人民法院减刑、假释的裁定不当，应当在收到裁定书副本后20日以内，向作出减刑、假释裁定的人民法院提出书面纠正意见。对人民法院减刑、假释裁定的纠正意见，由作出减刑、假释裁定的人民法院的同级人民检察院书面提出。下级人民检察院发现人民法院减刑、假释裁定不当的，应当向作出减刑、假释裁定的人民法院的同级人民检察院报告。

人民检察院对人民法院减刑、假释的裁定提出纠正意见后，应当监督人民法院是否在收到纠正意见后1个月以内重新组成合议庭进行审理，并监督重新作出的裁定是否符合法律规定。对最终裁定不符合法律规定的，应当向同级人民法院提出纠正意见。

四、对执行刑罚活动的监督

《刑事诉讼法》第276条规定，人民检察院对执行机关执行刑罚的活动是否合法实行监督。如果发现有违法的情况，应当通知执行机关纠正。这是《刑事诉讼法》关于人民检察院对执行刑罚活动进行监督的原则性规定。人民检察院根据工作需要，可以对监狱、看守所等场所采取巡回检察、派驻检察等方式进行监督。

除上述《刑事诉讼法》已有专条规定的对执行刑罚活动的监督外，人民检察院对执行机关执行刑罚活动的监督还包括：人民法院判决被告人无罪、免予刑事处罚、判处管制、宣告缓刑、单处罚金或者剥夺政治权利，被告人被羁押的，被告人是否被立即释放；人民法院的交付执行活动是否合法；看守所收押活动和监狱收监活动是否合法；执行机关的狱政管理、教育改造等活动是否合法；看守所、监狱等监管机构是否有侵犯在押人员人身权利的情形；看守所、监狱是否有违反监管规定的情形；对于死刑缓期二年执行的罪犯，死刑缓期执行期满，符合减刑条件的是否依法减刑；在缓期执行期间故意犯罪的，监狱是否依法侦查和移送起诉，人民法院是否依法核准或者裁定执行死刑；执行机关对服刑期满或依法应当予以释放的人员是否按期释放；对服刑未满又无合法释放根据的罪犯是否有予以释放的违法行为；对被判处剥夺政治权利的罪犯，公安机关监督管理措施是否落实或者监督管理措施是否得当；对于罚金、没收财产判决的执行是否合法，罚没钱物是否依法处理；对于被判处管制、拘役、有期徒刑适用缓刑的罪犯、被假释的罪犯和暂予监外执行的罪犯，社区矫正机构对罪犯的监督管理和考察措施是否落实，对依法不负刑事责任的精神病人的强制医疗决定是否错误，交付执行、医疗和解除活动是否符合规定；等等。

人民检察院在对执行机关执行刑罚的活动进行监督的过程中，如果发现有违法的情况，应当通知执行机关纠正。

【本章主要法律规定】

1.《刑事诉讼法》第259～276条
2.《社区矫正法》第17～50条
3.最高人民法院、最高人民检察院、公安部、国家安全部、司法部、全国人大常委会法制工作委员会《关于实施刑事诉讼法若干问题的规定》第33～35条
4.最高人民法院《关于适用〈中华人民共和国刑事诉讼法〉的解释》第497～545条
5.《人民检察院刑事诉讼规则》第621～663条
6.最高人民法院《关于办理减刑、假释案件具体应用法律的规定》
7.《人民检察院办理减刑、假释案件规定》
8.《公安机关办理刑事案件程序规定》第298～316条

本编重点、难点与疑点辨析

与总论部分相比，分论集中于程序机制的设计。一方面，分论在知识点的分布上较为琐碎；另一方面，此部分内容更偏重于技术操作层面，要求考生在充分理解的同时，能够结合实战加以娴熟运用。具体来说，可以区分为如下三个领域的知识加以分别把握。

1.审前程序的知识要点

这一部分包括立案、侦查以及起诉三大流程。乍看起来，立案程序的内容在刑事诉讼法的全部知识体系中似乎并不显眼，但是其作为程序起点的理论价值却是不容忽视的。在法律职业资格考试中，这一部分的知识点常结合审前环节的其他内容在案例中呈现，既具有隐蔽性又富于综合性。考生尤其需要注意立案条件的相关规定，并与之将其他程序阶段的证明标准予以区别。司法实践中屡屡出现的"不破不立""先破后立"等现象，也可从此角度予以切入，进而发现破题思路。什么情况下应予立案，而何种情形又不应立案或者予以撤案，都需要考生结合法律规范和现实情节加以判定。除此之外，立案监督构成了检察监督原则在程序环节的具体呈现，可满足综合性、体系性考查的命题标准。当学科交叉日臻成为热点考查内容时，针对民事、经济纠纷和刑事犯罪的区别，相关案例也多以本部分的知识内容作为逻辑起点。因此，看似不起眼的立案，却蕴藏着极其丰厚的考点资源。

侦查程序的内容体系相对繁杂，涉及这一领域的争议点也相对较多。由此，围绕侦查程序的命题数量始终居于高位。其中的重点内容无疑与具体的侦查行为相关，而其与证据制度的天然联系则增加了命题难度。对于考生而言，侦查程序内容绝非死记硬背便可轻松应对，而必须诉诸基础理论环节的知识理解程度，如非法证据排除的意涵等。此外，由于监察体制改革导致职务犯罪案件的侦查程序为调查所替代，进而产生了一系列权力配置层面的变化，需要考生在对比中加以清晰辨析。侦查程序中的法律操作从来不是单向、孤立的，而需要结合其他领域的知识点，尤其要求考生能站在系统论的高度综合运用刑事诉讼法条文。譬如，侦查程序在适用强制性措施的同时，该如何操作逮捕、取保候审等强制措施，后者对于侦查目标的实际意义究竟是什么。具体来说，强制措施可以事实上对强制性措施的运用起到支持作用，却不能混同二者的功能趋向。再如，代表着程序倒流的补充侦查机制，究竟应当见诸于何种前提条件方可实施，可否将其用于解决公安司法机关的办案期限紧张问题。对于这些问题的正确把握，都需要考生回归总则中的基本原理去寻找答案。

对于检察机关而言，无论是审查起诉抑或提起公诉，都与宪法赋予其的法律监督权有着千丝万缕的关联。因此，考生把握起诉程序的知识分布体系，不仅需要准确把握相关的技术性规定，更应以司法改革对检察权的定位作为立足点。值得关注的是，起诉阶段作为整个程序中承上启下的中间环节，可以凸显出配合制约原则在刑事诉讼中的统辖作用。对于公安机关移送的案卷，检察机关应当审查哪些内容，自己又能实施哪些权力行为；随着案件流转进入审判程序，作为公诉一方的检察机关又是如何完成指控任务的，考生可以尝试着代入身份，进而体味其中的重点、难点问题。尤其是随着认罪认罚从宽的入法以及大力推广，起诉程序也呈现了某些新的特征。从归口管理的角度审视，由于检察机关在此类案件中承担了更多的责任，其需要诉诸的程序行为也随之增多，可考查的知识点自然越发集聚。比如，代表认罪认罚从宽达成的具结文书包含了怎样的细节点，其是否具有不可或缺的属性；再如，检察官与值班律师之间如何互动，后者在保证认罪认罚自愿性上又该如何作为。归结起来，考生对于此类问题的把握，还应回归至认罪认罚从宽的改革初衷，立足于刑事程序中公正与效率的关系加以认知。

2.审判程序的知识要点

对于审判程序的把握，首先应当立足于相关的基础理论知识，包括刑事审判理论与审级制度、审判组织等问题。审判理论包括刑事审判的概念和任务、刑事审判模式、刑事审判原则等。人民法院行使刑事审判权具有九个基本特征，刑事审判具有三项任务，具有维护追诉正当性、保护被告人不受错误追究、保障辩护权实现等多方面的意义。现代刑事审判模式大体上分为当事人主义和职权主义两种，此外还出现了混合式审判模式。我国审判模式伴随刑事诉讼法的修改，确立了控辩式庭审方式，并不断发展完善。刑事审判的原则包括审判公开原则、直接言词原则、辩论原则和集中审理原则，各有其含义及要求，需要予以准确理解。我国实行两审终审制的审级制度。在我国刑事审判组织形式中，合议庭是主要的审判组织，需要掌握其组成和运行规则，审判委员会作为特殊的审判组织形式，对于其职权行使，立法作出了明确规定，也需要准确理解与运用。

对于一审公诉程序而言，需要准确把握某些程序机制的基本功能。譬如，庭前会议可以讨论的内容有哪些以及是否可以就讨论事项作出实质处理，需要考生予以重点关注，即庭前会议讨论的内容是有关审判的程序性问题。而根据2021年最高人民法院《解释》规定，对可能导致庭审中断的程序性事项，人民法院可以在庭前会议后依法作出处理，并在庭审中说明处理决定和理由。又如，公诉人、当事人及其法定代理人、辩护人、诉讼代理人补充的和审判人员庭外调查核实取得的证据，是否可以直接作为定案依据？也是根据2021年最高人民法院《解释》，这类证据应当经过当庭质证才能作为定案的根据。但是，对不影响定罪量刑的非关键证据、有利于被告人的量刑证据以及认定被告人有犯罪前科的裁判文书等证据，经庭外征求意见，控辩双方没有异议的除外。再如，公诉人当庭发表与起诉书不同的意见该如何处理？根据最高人民法院《解释》规定，属于变更、追加、补充或者撤回起诉的，人民法院应当要求人民检察院在指定时间内以书面方式提出；必要时，可以宣布休庭。人民检察院在指定时间内未提出的，人民法院应当根据法庭审理情况，就起诉书指控的犯罪事实依法作出判决、裁定。人民检察院变更、追加、补充起诉的，人民法院应当给予被告人及其辩护人必要的准备时间。

对于第二审程序，特别需要注意我国刑事诉讼法确立的上诉不加刑原则的适用范围。我国刑事诉讼法确立的上诉不加刑原则只适用于被告人和他的法定代理人、辩护人、近亲属提起的上诉案件。而人民检察院提出抗诉的或者自诉案件自诉人提出上诉的，第二审人民法院对案件进行判决时，不受该原则的限制。另外，二审不开庭审理是否等于书面审理也是常常混淆的问题。其实，二审不开庭审理不等于书面审理，不仅必须组成合议庭而不能由承办人独自审判，合议庭还必须阅卷，对被告人讯问，听取其他当事人、辩护人、诉讼代理人的意见。这里，一些细节性的操作尤其需要引起考生重视，譬如，第二审人民法院审理对附带民事部分提出上诉，刑事部分已经发生法律效力的案件，又该如何处理？根据相关条款，应当对全案进行审查，并按照下列情形分别处理：（1）第一审判决的刑事部分并无不当的，只需就附带民事部分作出处理；（2）第一审判决的刑事部分确有错误的，依照审判监督程序对刑事部分进行再审，并将附带民事部分与刑事部分一并审理。再如，人民检察院在抗诉期满要求撤回抗诉的问题。人民检察院在抗诉其满后要求撤回抗诉的，第二审人民法院可以裁定准许，但是认为原判存在将无罪判为有罪、轻罪重判等情形的，应当不予准许，继续审理。

针对死刑复核程序，则有必要结合某些背景知识。表面上看，自最高人民法院收回死刑复核权以来，此程序的现实操作也并未经历过大规模的改变。但不可否认的是，最高人民法院对于此特别程序的运用却依然会受到高度关注，与其相关的典型个案亦从不鲜见。毕竟，死刑案件的特殊性不言而喻。对于考生来说，对于此程序领域的学习不能沉湎于程序运转的细枝末节，而应从死刑复核程序的存在价值出发。换言之，无论司法解释层面呈现何种增减态势，都无法游离于少杀慎杀的刑事司法基调之外。此外，死刑缓期案件的复核近年来出现了一些争议点，特别是与其他刑事诉讼法的知识点可形成衔接关系，需要考生对相应的程序流转加以熟悉。

审判监督程序作为一种特殊的救济程序，相较于第一审程序、第二审程序而言，在法律职业资格考试中看似并不突出，但该程序中包含着的丰富诉讼法律问题是不容忽视的。作为刑事诉讼程序的一种，审判监督程序往往与一审程序、二审程序进行比较考查，对考生知识的系统化、综合性要求较高。“申诉与上诉”“二审抗诉与再审抗诉”等基础内容需要考生结合刑事诉讼基础理论和相关法律规范进行判定与运用。尤其是随着审判监督程序在依法纠错方面的明显成效，依照审判监督程序对案件进行重新审判的程序也形成了丰富的考查内容，诸如审理级别、审理方式、审查原则、审理后的处理等可以形成单独的、比较的，乃至综合性的命题方式，相关案例也可能成为考查的主要方式。此外，与审判监督程序相关的“禁止双重危险”“一事不再理”“既判力”等诉讼原则和诉讼理念也需要考生理解与掌握，以此体味我国审判监督程序的立法理念与司法实践。因此，作为一种独立于普通程序的特别程序，需要考生充分认识到审判监督程序在功能定位、程序启动、具体程序适用等方面的特殊性。

3.其他程序类型的知识要点

一是涉外刑事诉讼程序与司法协助制度。尽管刑事诉讼法对于涉外刑事诉讼以及司法协助仅做了原则性阐释，但是公安部《规定》、最高人民检察院《规则》以及最高人民法院《解释》均从法律适用的层面作出了专章规定。考生尤其要对涉外刑事诉讼程序的适用范围、涉外刑事诉讼的特有原则以及司法协助的主体等问题予以准确把握。对于相关知识点出现于案例考查中的形式，要考虑其与国际法、民事诉讼法等其他部门法学的相互交叉。

二是执行程序。作为刑事诉讼程序的一个诉讼阶段，刑事执行同样是一种诉讼活动，是国家刑罚权实现的重要过程。刑罚的种类不同，执行主体不同、具体执行程序也不同，因此，考生需要掌握各种刑罚的执行方式、方法。刑罚执行程序不仅直接适用《刑事诉讼法》的相关规定，还与《刑法》《监狱法》《社区矫正法》等法律规范相关。因此，执行程序的重点内容必然与《刑法》规定的刑罚种类相关，亦与其他相关法律规范的内容密不可分。由此，考生需要综合、系统掌握执行相关知识，这也增加了考题难度。同时，鉴于死刑刑罚的严重性与适用的慎重性，死刑立即执行判决的执行、死刑立即执行的变更等相关内容需要考生准确掌握、运用。需要强调的是，为解决刑事裁判涉财产部分执行实践中存在的突出问题，最高人民法院《解释》中对刑事裁判涉财产部分的执行程序作出了较为详细的规定，需要考生对比掌握。此外，基于刑事判决、裁定的执行中的法定情形所带来的刑罚内容或刑罚执行方式的变更，亦是执行程序的重要组成部分，其变更的情形、程序及后果等需要考生进行掌握。

第三编
特别程序

本编导读

本编包含了五项特别程序，分别是未成年人刑事案件诉讼程序，当事人和解的公诉案件诉讼程序，缺席审判程序，犯罪嫌疑人、被告人逃匿、死亡案件违法所得的没收程序，以及依法不负刑事责任的精神病人的强制医疗程序。这其中，除了缺席审判肇始于2018年《刑事诉讼法》修改以外，其余四项特别程序均脱胎于2012年的《刑事诉讼法》修改。未成年人刑事案件诉讼程序创设了诸多新的理论点，并为司法实践提供了诸多制度探索的新契机，如合适成年人、犯罪记录封存、附条件不起诉等。而从时序覆盖范围来看，这一特别程序的重点内容亦覆盖了刑事诉讼全程。当事人和解的公诉案件诉讼程序集中了实践探索刑事和解期间形成的一系列改革成果，其中尤以适用范围与程序规则最能体现其特质。缺席审判程序尚在不断完善进程中，而在案件范围、送达等方面均有新的突破。在案件审理上，2021年最高人民法院《解释》进行了进一步阐释。需要注意的是，一旦被告人到案，也会引发相应的程序后果。犯罪嫌疑人、被告人逃匿、死亡案件违法所得的没收程序带有普遍性、特殊性和公正性特征，其适用条件、没收对象、启动程序、管辖与公告及其他审理程序均因其独特之处而需予以把握。依法不负刑事责任的精神病人的强制医疗程序与《刑法》中关于依法不负刑事责任的精神病人相关条款衔接，为后续的强制医疗提供了程序保障，涉及适用条件、启动方式、决定、救济、解除以及监督等诸多方面。

第二十一章 未成年人刑事案件诉讼程序

本章主要内容提示

与成年人相比，未成年人及其实施的犯罪有自身的特点，因此，较之刑事诉讼中的普通程序，未成年人刑事案件诉讼程序有特殊的方针、原则、程序和制度。在理解未成年人刑事案件诉讼程序特点并明确未成年人刑事案件诉讼程序适用范围的基础上，本章应重点掌握以下内容：

1.未成年人刑事案件诉讼程序的方针与原则：最有利于未成年人与保护未成年人权利原则，教育、感化、挽救方针，教育为主、惩罚为辅原则，分案处理原则，审理不公开原则与保密原则，全面调查原则，社会参与原则。

2.未成年人刑事案件诉讼制度与程序：办案主体专门化，立案程序，辩护与法律援助制度，侦查程序，适用强制措施，审查起诉程序，审判程序，执行程序，犯罪记录封存。

第一节 未成年人刑事案件诉讼程序概述

一、未成年人刑事案件诉讼程序的概念与特殊功能

未成年人刑事案件诉讼程序有狭义和广义之分，狭义的未成年人刑事案件诉讼程序是指依法对涉嫌犯罪的未成年人确定其刑事责任和适当的处遇措施时所适用的一系列诉讼程序和制度的总称；广义的未成年人刑事案件诉讼程序还包括涉及未成年被害人、证人的程序与制度。《刑法修正案（十一）》规定，对于已满12周岁不满14周岁的人，犯故意杀人、故意伤害罪，致人死亡或者以特别残忍手段致人重伤造成严重残疾，情节恶劣，经最高人民检察院核准追诉的，应当负刑事责任。对此类案件的核准追诉程序也属于广义的未成年人刑事案件诉讼程序，都需要体现出未成年人及其犯罪的特殊性。在我国司法实践中，未成年人刑事案件诉讼程序是广义的。

之所以设置区别于成年人刑事诉讼程序的专门的未成年人刑事案件诉讼程序，是因为未成年人及其犯罪具有明显区别于成年人的特点。首先，未成年人生理和心理发育尚未成熟，大脑处于发育期，不完全具备正确认知、情绪管理和行为控制的能力，社会经验匮乏，缺乏独立辨别是非的能力。其次，未成年人通常犯罪动机简单、主观恶性不大，实施犯罪行为具有较大的冲动性、盲目性和突发性，受成长背景、家庭环境和不良朋辈等社会因素影响较大。即使是未成年人实施的一些严重暴力犯罪，也具有不

同于成年人的特点，并与其成长的不良环境密切相关。再次，涉嫌犯罪的未成年人还处于向成年人过渡的关键阶段，可塑性强，复归社会可能性较大。最后，未成年人自我保护的能力相对较弱，对于法律和诉讼行为难以有正确和全面的理解，需要予以特殊的支持和保护。鉴于未成年人的身心特点，未成年人司法的目的、功能与成年人司法有根本的区别。未成年人司法关注行为人而不是行为本身，关注未成年人回归社会和恢复正常生活状态，以避免其成年后实施犯罪对社会造成更大的影响，而不是对犯罪行为本身的报应和制裁。因此，教育和保护贯穿未成年人司法保护程序的始终，也是其基本立场。

设立未成年人刑事案件诉讼程序有其特殊功能：第一，在于为涉罪未成年人提供着眼于其未来发展的处理、分流和矫治机制，避免简单的刑罚惩罚等不适当的干预方式对其人格形成带来负面影响。例如，对未成年人尽量不予以羁押和监禁是为了防止中断学业及羁押场所内的交叉感染对未成年人复归社会造成负面影响，专门适用于未成年人的附条件不起诉制度则为涉罪未成年人提供了更为符合教育、感化、挽救方针的转处途径。第二，需要为进入刑事诉讼程序的未成年人提供特定的保护和协助机制。例如，讯问、询问和审判未成年人时必须有其法定代理人或合适成年人到场，未成年犯罪嫌疑人、被告人没有委托辩护人的，应当通知法律援助机构指派律师为其提供辩护，这些都属于为未成年人提供特定的保护和协助机制。第三，未成年人刑事案件诉讼程序还注重对未成年被害人及证人的保护，避免因诉讼活动给他们带来伤害。例如，对未成年被害人询问应尽量减少询问的次数，必要时提供心理疏导等帮助，法庭审理过程中未成年被害人和证人一般不出庭作证。

二、未成年人刑事案件诉讼程序适用的案件范围

未成年人刑事案件诉讼程序适用于未成年人涉嫌犯罪的案件。根据我国《刑法》有关刑事责任年龄的规定，具体是指犯罪嫌疑人、被告人实施涉嫌犯罪行为时已满14周岁未满18周岁的刑事案件，以及《刑法修正案（十一）》所规定的已满12周岁不满14周岁犯故意杀人、故意伤害罪，致人死亡或者以特别残忍手段致人重伤造成严重残疾，情节恶劣，经最高人民检察院核准追诉的案件。按照《刑事诉讼法》和司法解释的规定，并非所有未成年人涉嫌犯罪案件都必须适用未成年人刑事案件诉讼程序，是否适用这一程序除了考虑犯罪嫌疑人、被告人实施犯罪行为时的年龄外，还必须考虑处理案件时的年龄。最高人民法院《解释》第550条规定，被告人实施被指控的犯罪时不满18周岁、人民法院立案时不满20周岁的案件，由未成年人案件审判组织审理。除此之外，下列案件可以由未成年人案件审判组织审理：（1）人民法院立案时不满22周岁的在校学生犯罪案件；（2）强奸、猥亵、虐待、遗弃未成年人等侵害未成年人人身权利的犯罪案件；（3）由未成年人案件审判组织审理更为适宜的其他案件。共同犯罪案件有未成年被告人的或者其他涉及未成年人的刑事案件，是否由未成年人案件审判组织审理，由院长根据实际情况决定。最高人民检察院《规则》第489条规定，未成年人刑事案件，是指犯罪嫌疑人实施涉嫌犯罪行为时已满14周岁（《刑法》降低刑事责任年龄后应为12周岁）未满18周岁的刑事案件，但在有关法律援助、讯问、认罪认罚等有关未成年人诉讼权利和体现对未成年人程序上特殊保护的条文中，未成年犯罪嫌疑人是指在诉讼过程中未满18周岁的人。犯罪嫌疑人实施涉嫌犯罪行为时未满18周岁，在诉讼过程中已满18周岁的，人民检察院可以根据案件的具体情况适用这些特殊保护的规定。可见，实施犯罪行为和处理案件时均未满18周岁的未成年人犯罪案件必须适用未成年人刑事案件诉讼程序；实施犯罪行为时未满18周岁，处理案件时已满18周岁的未成年人犯罪案件，根据情况也可以适用未成年人刑事案件诉讼程序。人民法院立案时不满22周岁的在校学生犯罪案件审理时也可以参照适用未成年人刑事案件诉讼程序。

此外，《刑事诉讼法》等法律及司法解释中还有关于未成年被害人、证人参与刑事诉讼的

特殊规定，包括询问、法律援助、心理干预和出庭作证等方面的内容。司法实践中，侵害未成年人的案件一般也都由未成年人检察部门和未成年人审判组织办理。

三、未成年人刑事案件诉讼程序与普通刑事诉讼程序的关系

我国1979年、1996年《刑事诉讼法》并没有针对未成年人刑事案件设置专门的程序，仅在个别条文中作出了有别于成年人的规定。2012年《刑事诉讼法》修改，我国未成年人刑事案件诉讼程序从分散立法发展为专章立法，在《刑事诉讼法》第五编"特别程序"予以专章规定，从而大幅提升了未成年人刑事案件诉讼程序的容量、独立性和整体性，强化了对未成年人权利的程序保障，也更为符合未成年人身心特点及其犯罪的特点。2020年修订的《未成年人保护法》与《预防未成年人犯罪法》对未成年人刑事案件诉讼程序进行了补充完善。我国《刑事诉讼法》关于"未成年人刑事案件诉讼程序"的专章只是规定了有别于普通刑事诉讼程序的特殊规定，专章中未予规定的内容，适用《刑事诉讼法》有关普通刑事诉讼程序的规定，同时贯彻最有利于未成年人与保护未成年人权利的原则，适用《未成年人保护法》与《预防未成年人犯罪法》相关规定。

第二节　未成年人刑事案件诉讼程序的方针与原则

一、最有利于未成年人与保护未成年人权利原则

2020年修订的《未成年人保护法》第4条规定，保护未成年人，应当坚持最有利于未成年人的原则。处理涉及未成年人事项，应当符合下列要求：（1）给予未成年人特殊、优先保护；（2）尊重未成年人人格尊严；（3）保护未成年人隐私权和个人信息；（4）适应未成年人身心健康发展的规律和特点；（5）听取未成年人的意见；（6）保护与教育相结合。作为处理所有涉及未成年人事项的基本原则，最有利于未成年人的原则是《联合国儿童权利公约》所规定的"儿童最大利益原则"的中国本土化表达，同样是未成年人刑事案件诉讼程序的指导原则，上述六个方面的具体要求在未成年人刑事案件诉讼程序中都有所体现。

保护未成年人权利原则是最有利于未成年人原则在未成年人刑事案件诉讼程序中的直接体现，是指公安司法机关在处理未成年人刑事案件的过程中，应当充分保障未成年犯罪嫌疑人、被告人和未成年被害人、证人依法享有的各项权利。《刑事诉讼法》第277条第2款规定，人民法院、人民检察院和公安机关办理未成年人刑事案件，应当保障未成年人行使其诉讼权利，保障未成年人得到法律帮助，并由熟悉未成年人身心特点的审判人员、检察人员、侦查人员承办。最高人民检察院《规则》第457条规定，人民检察院办理未成年人刑事案件，应当坚持优先保护、特殊保护和双向保护，以帮助教育和预防重新犯罪为目的。其中，优先保护和特殊保护是指应当根据未成年人的身心特点并针对未成年人所享有的特殊权利给予优先和特殊的保护，对于确有特殊困难、特殊需求的未成年人，应当予以特殊帮助；双向保护是指既要注重保护未成年犯罪嫌疑人、被告人的合法权益，也要注重维护社会利益，积极化解矛盾，使被害人得到平等保护，尤其要注重对未成年被害人的权利维护和帮扶救助。《未成年人保护法》要求公安机关、人民检察院、人民法院、司法行政机关履行更大范围的未成年人权利保护职责，即发现有关单位未尽到未成年人教育、管理、救助、看护等保护职责的，应当向该单位提出建议。

在刑事诉讼中，未成年犯罪嫌疑人、被告人除享有成年犯罪嫌疑人、被告人享有的各项诉讼权利外，还享有一些特殊的权利。例如，《刑事诉讼法》第281条规定，未成年人被讯问和审

判时有法定代理人或合适成年人在场的权利。再如，原则上不得对未成年犯罪嫌疑人、被告人使用戒具。最高人民检察院《规则》第466条规定，讯问未成年犯罪嫌疑人一般不得使用戒具。对于确有人身危险性，必须使用戒具的，在现实危险消除后，应当立即停止使用。这些特殊权利及其保障将在后面详述。

未成年被害人与证人在刑事诉讼中也享有一些特殊的权利。上述《刑事诉讼法》第281条规定的法定代理人和合适成年人在场的规定同样适用于未成年被害人与证人。根据《未成年人保护法》第111条的规定，公安司法机关应当加强同政府有关部门、人民团体、社会组织等的配合，对遭受性侵害或者暴力伤害的未成年被害人及其家庭实施必要的心理干预、经济救助、法律援助、转学安置等保护措施。最高人民法院《解释》第548条也有类似的规定。《人民检察院办理未成年人刑事案件的规定》还要求，对于未成年被害人，应及时启动被害人救助程序，并可以适当放宽救助条件、扩大救助的案件范围，并可以根据需要，对未成年犯罪嫌疑人、未成年被害人进行心理疏导。

二、教育、感化、挽救方针与教育为主、惩罚为辅原则

教育、感化、挽救方针，是指公安司法机关在未成年人刑事案件诉讼程序中，应当坚持教育为主，惩罚为辅，对犯罪的未成年人动之以情、晓之以理，寓教于情，寓教于行，促使未成年人认识其行为的危害性，促其悔罪并重新回归社会。教育、感化、挽救方针引申出的一个重要原则就是“教育为主、惩罚为辅”。这一原则贯穿于中国未成年人刑事案件诉讼程序的整个过程。在侦查阶段，侦查人员讯问未成年犯罪嫌疑人时需要将获取口供与教育未成年犯罪嫌疑人密切结合起来，全面了解未成年犯罪嫌疑人的生活、学习环境、成长经历、性格特点、心理状态及社会交往等情况，采取适合未成年犯罪嫌疑人特点的方式进行讯问。在审查起诉阶段，检察官需要结合未成年犯罪嫌疑人的情况进行有针对性的教育，对符合不起诉条件的未成年犯罪嫌疑人，检察机关作出不起诉决定时需要对其进行教育或开展相应的监督考察，防止重新犯罪。在审判阶段，法庭教育是审理未成年人案件不可或缺的环节，法官要在掌握未成年被告人的生理和心理特点的基础上，对于构成犯罪的未成年人，帮助其认识犯罪原因和犯罪行为的社会危害性，做到寓教于审，惩教结合。对未成年人的教育还可以邀请有利于感化、挽救未成年人的成年亲属和社会力量代表参与。理解教育为主、惩罚为辅原则还必须注意到，惩罚和教育并不是矛盾的，对犯罪的未成年人进行教育和感化，并不是说对应当追究刑事责任的不予追究刑事责任，或无原则地不予处罚，但应当坚持教育为主、惩罚为辅的原则，可罚可不罚的尽量不罚，以利于犯罪的未成年人今后改过自新、重返社会作为是否惩罚以及如何惩罚的标准。

教育、感化、挽救方针与教育为主、惩罚为辅原则被《刑事诉讼法》及相关司法解释明确规定。《刑事诉讼法》第277条第1款规定，对犯罪的未成年人实行教育、感化、挽救的方针，坚持以教育为主、惩罚为辅的原则。最高人民法院《解释》第546条、最高人民检察院《规则》第457条和公安部《规定》第317条均对此作出了明确规定。

三、分案处理原则

分案处理原则，是指公安司法机关在刑事诉讼过程中应当对未成年人案件与成年人案件实行诉讼程序分离、分案处理，对犯罪的未成年人与犯罪的成年人分别关押、分别执行。分案处理原则的内容主要包括以下三个方面：一是在刑事诉讼中运用拘留、逮捕等强制措施关押未成年犯罪嫌疑人时，必须与成年犯罪嫌疑人分开看管；二是在处理未成年人与成年人共同犯罪或者有牵连的案件时，尽量适用不同的诉讼程序，在不妨碍审理的前提下，坚持分案处理，包括分案侦查、分案起诉和分案审理；三是在未成年人犯罪案件处理完毕、交付执行阶段，不得与成年罪犯同处一个监所。分案处理的目的，是充分保护进入诉讼阶段的未成年人，使其

免受来自成年犯罪人的不良影响。

《刑事诉讼法》第280条第2款规定，对被拘留、逮捕和执行刑罚的未成年人与成年人应当分别关押、分别管理、分别教育。《社区矫正法》规定，对未成年人的社区矫正，应当与成年人分别进行。公安部《规定》第328条规定，对被羁押的未成年人应当与成年人分别关押、分别管理、分别教育，并根据其生理和心理特点在生活和学习方面给予照顾。最高人民检察院《规则》第459条规定，人民检察院办理未成年人与成年人共同犯罪案件，一般应当对未成年人与成年人分案办理、分别起诉。不宜分案处理的，应当对未成年人采取隐私保护、快速办理等特殊保护措施。最高人民法院《解释》第551条规定，对分案起诉至同一人民法院的未成年人与成年人共同犯罪案件，可以由同一个审判组织审理；不宜由同一个审判组织审理的，可以分别审理。未成年人与成年人共同犯罪案件，由不同人民法院或者不同审判组织分别审理的，有关人民法院或者审判组织应当互相了解共同犯罪被告人的审判情况，注意全案的量刑平衡。

四、审理不公开原则与保密原则

审理不公开原则，是指人民法院在开庭审理未成年人刑事案件时，不允许旁听，不允许记者采访，新闻媒体报道不得刊登未成年被告人的姓名、年龄、职业、住址及照片等。《刑事诉讼法》第285条第1款规定：审判的时候被告人不满18周岁的案件，不公开审理。但是，经未成年被告人及其法定代理人同意，未成年被告人所在学校和未成年人保护组织可以派代表到场。最高人民法院《解释》第557条规定，到场代表的人数和范围，由法庭决定。到场代表经法庭同意，可以参与对未成年被告人的法庭教育工作。对依法公开审理，但可能需要封存犯罪记录的案件，不得组织人员旁听，有旁听人员的，应当告知其不得传播案件信息。需要注意的是，根据《刑事诉讼法》第202条第1款的规定，不公开审理的案件宣判应当一律公开，对依法应当封存犯罪记录的未成年人案件，即使公开宣判，也不得组织人员旁听，有旁听人员的，应当告知其不得传播案件信息。

保密原则要求办理未成年人刑事案件时应当对涉案未成年人的资料予以保密，不得向外界泄露。涉案未成年人既包括犯罪嫌疑人、被告人，也包括被害人、证人等。《未成年人保护法》第103条规定，公安机关、人民检察院、人民法院、司法行政部门以及其他组织和个人不得披露有关案件中未成年人的姓名、影像、住所、就读学校以及其他可能识别出其身份的信息，但查找失踪、被拐卖未成年人等情形除外。最高人民法院《解释》第559条规定，审理涉及未成年人刑事案件，不得向外界披露该未成年人的姓名、住所、照片以及可能推断出该未成年人身份的其他资料。查阅、摘抄、复制的案卷材料，涉及未成年人的，不得公开和传播。最高人民检察院《规则》第481条规定，人民检察院办理未成年人刑事案件过程中，应当对涉案未成年人的资料予以保密，不得公开或者传播涉案未成年人的姓名、住所、照片、图像及可能推断出该未成年人的其他资料。对于社会调查过程中可能通过向案外人了解未成年人成长经历和背景资料这一情况，最高人民检察院《规则》第461条第2款明确要求，开展社会调查应当尊重和保护未成年人隐私，不得向不知情人员泄露未成年犯罪嫌疑人的涉案信息。公安部《规定》第318条也做了类似的规定。保密原则的要求还覆盖社区矫正的执行阶段。《社区矫正法》第54条要求，社区矫正机构工作人员和其他依法参与社区矫正工作的人员对履行职责过程中获得的未成年人身份信息应当予以保密。除司法机关办案需要或者有关单位根据国家规定查询外，未成年社区矫正对象的档案信息不得提供给任何单位或者个人。依法进行查询的单位，应当对获得的信息予以保密。

审理不公开和保密原则的意义在于，防止公开审理或泄露资料对未成年人造成负面影响，进而不利于其未来回归社会和恢复正常生活。

五、全面调查原则与社会调查制度

全面调查原则，是指公安司法机关在办理

未成年人刑事案件的过程中，不仅要调查案件事实，还要对未成年犯罪嫌疑人、被告人的生理与心理特征、性格特点、成长经历、社会交往、犯罪原因、监护教育和犯罪后的表现等情况进行调查，必要时还要进行医疗检查和心理学、精神病学的调查分析。全面调查的目的在于通过对未成年犯罪嫌疑人、被告人的人格、素质、生活经历和所处环境进行调查分析，查清未成年犯罪嫌疑人、被告人涉罪的原因，明确其复归社会的支持因素、可能面临的困难和再次违法犯罪的风险点，为教育、挽救涉罪未成年人确定有针对性的方案和具体方法，以取得良好的教育矫治效果。

《刑事诉讼法》第279条对全面调查原则进行了规定：公安机关、人民检察院、人民法院办理未成年人刑事案件，根据情况可以对未成年犯罪嫌疑人、被告人的成长经历、犯罪原因、监护教育等情况进行调查。全面调查原则主要通过社会调查制度予以落实。社会调查制度是指在未成年人刑事案件办理过程中由专门人员对未成年人的成长经历、犯罪原因、监护教育等情况开展调查并记录整理的制度，其核心是形成一份全面反映未成年人情况的社会调查报告，并在未成年人刑事案件诉讼程序中提供给公安司法人员作为案件办理的重要依据。社会调查报告既可以由公、检、法机关自行开展调查并制作，也可以委托其他的主体进行，辩护人也可以提交反映未成年人全面情况的书面材料。最高人民法院《解释》第568条第2款规定，必要时，人民法院可以委托社区矫正机构、共青团、社会组织等对未成年被告人的上述情况进行调查，或者自行调查。最高人民检察院《规则》第461条第2款规定，人民检察院开展社会调查，可以委托有关组织和机构进行。

基于未成年人司法的特点，社会调查报告以及其他反映未成年人全面情况的材料的运用应当贯穿于整个未成年人刑事案件诉讼程序，应当作为审查批捕、审查起诉以及作出不起诉决定和开展帮教的依据，在法庭审理中则应当进行质证，并可以作为法庭教育和量刑的依据。最高人民检察院《规则》第461条规定，人民检察院应当对公安机关移送的社会调查报告进行审查。必要时，可以进行补充调查。人民检察院制作的社会调查报告应当随案移送人民法院。最高人民法院《解释》第575条规定，对未成年被告人情况的调查报告，以及辩护人提交的有关未成年被告人情况的书面材料，法庭应当审查并听取控辩双方意见。上述报告和材料可以作为办理案件和教育未成年人的参考。人民法院还可以通知作出调查报告的人员出庭说明情况，接受控辩双方和法庭的询问。

六、社会参与原则

社会参与，是指在未成年人刑事案件诉讼程序中融入社会因素，由普通民众和社会组织等社会力量在刑事诉讼各个环节对未成年人提供辅助和支持，包括将社会调查、讯问和审判时在场、观护帮教和相关教育辅导等委托给社会力量承担或由社会力量参与。社会参与原则本就是现代刑事诉讼的一项基本原则，但基于未成年人犯罪的特殊性，社会参与在未成年人刑事案件诉讼程序中具有更为重要的作用。从理论上来说，未成年人之所以会实施违法犯罪行为，其中一个重要的原因是其在向成年人过渡时社会化未能充分完成，社会参与和社会环境有助于涉罪未成年人完成其社会化的过程。社会参与不仅有助于更好地维护未成年人的诉讼权利与其他合法权益，还能帮助保持未成年人与社会的正常联系，减少刑事诉讼程序对未成年人产生的消极影响，有助于其重新回归社会。

《刑事诉讼法》所规定的合适成年人讯问和审判时到场、社会背景调查和附条件不起诉的监督考察等都强调社会参与。最高人民法院《解释》第547条规定，人民法院应当加强同政府有关部门、人民团体、社会组织等的配合，推动未成年人刑事案件人民陪审、情况调查、安置帮教等工作的开展，充分保障未成年人的合法权益，积极参与社会治安综合治理。最高人民检察院《规则》第457条也规定，人民检察院可以借助社会力量开展帮助教育未成年人的工作。

第三节　未成年人刑事案件诉讼制度与程序的具体规定

一、办案主体专门化

办案主体专门化是未成年人刑事案件诉讼程序特殊性的基础和首要内容，未成年人刑事案件诉讼程序有别于成年人案件的规定及其背后蕴含的特殊理念与原则能否实现，很大程度上取决于办案主体能否实现专门化。《刑事诉讼法》第277条第2款规定，人民法院、人民检察院和公安机关办理未成年人刑事案件，应当保障未成年人行使其诉讼权利，保障未成年人得到法律帮助，并由熟悉未成年人身心特点的审判人员、检察人员、侦查人员承办。《未成年人保护法》第101条进一步作出了明确的要求：公安机关、人民检察院、人民法院和司法行政部门应当确定专门机构或者指定专门人员，负责办理涉及未成年人案件。办理涉及未成年人案件的人员应当经过专门培训，熟悉未成年人身心特点。专门机构或者专门人员中，应当有女性工作人员。公安机关、人民检察院、人民法院和司法行政部门应当对上述机构和人员实行与未成年人保护工作相适应的评价考核标准。此外，办案主体专门化也包括对提供法律援助的律师的要求，法律援助机构应当指派熟悉未成年人身心特点的律师为未成年人提供法律援助服务。

最高人民法院《解释》第549条、最高人民检察院《规则》第458条和公安部《规定》第319条也作出了类似的规定。最高人民法院《解释》还要求，参加审理未成年人刑事案件的人民陪审员，可以从熟悉未成年人身心特点、关心未成年人保护工作的人民陪审员名单中随机抽取确定。《社区矫正法》第52条也要求，社区矫正机构为未成年社区矫正对象确定矫正小组，应当吸收熟悉未成年人身心特点的人员参加。

总结起来，办案主体专门化包括以下几方面内容：(1)办案机构或者办案队伍独立与专门化，即公安机关、检察机关、法院和刑罚执行机关内部都应该设立专门办理未成年人案件的部门或者人员，并采用区别于成年人案件的评价机制；(2)办案机关内部相关职能的整合与统一，即每个办案机关内部与未成年人相关的职能与业务都应当进行整合，由专门办理未成年人案件的部门负责，实现对未成年人的整体性保护；(3)办案人员的专门化与专业化，即办案人员应当熟悉未成年人的身心特点，具有办理未成年人案件的专业能力，尤其是开展帮教、监督考察以及链接社会资源推动社会参与的能力。

二、立案程序

未成年人刑事案件的立案程序中需重点审查其出生的年、月、日，并查清是否达到刑事责任年龄。根据《刑法》和公安部《规定》第321条的规定，公安机关办理未成年人刑事案件时，应当重点查清未成年犯罪嫌疑人实施犯罪行为时是否已满12周岁、14周岁、16周岁、18周岁的临界年龄。

经过审查，对不符合立案条件，如未达刑事责任年龄，情节显著轻微、危害不大，不认为是犯罪的，不予刑事立案。对于符合《预防未成年人犯罪法》规定的严重不良行为或不良行为的，应当进行分级干预。对符合立案条件的，制作立案报告，应当着重写明犯罪嫌疑人、被告人的确切出生时间，生活、居住环境，心理、性格特征，走上犯罪道路的原因等有关情况。

三、辩护与法律援助制度

《刑事诉讼法》第278条规定，未成年犯罪嫌疑人、被告人没有委托辩护人的，人民法院、人民检察院、公安机关应当通知法律援助机构指派律师为其提供辩护。根据该条规定，在侦查、起诉、审判阶段，只要未成年犯罪嫌疑人、被告人没有委托辩护人，公、检、法机关就有义务通知法律援助机构指定律师为其提供辩护，无论该未成年人是否因经济困难而没有委托辩护人。需要说明的是，判断是否需要通知法律援助机构为其指定律师是以到案和审判时的年龄为标准，而不是以实施涉嫌犯罪行为时的年龄为标准。

根据最高人民检察院《规则》第465条第1款的规定，人民检察院在审查逮捕和审查起诉中，应当听取辩护人的意见。辩护人提出书面意见的，应当附卷。对于辩护人提出犯罪嫌疑人无罪、罪轻或者减轻、免除刑事责任、不适宜羁押或者侦查活动有违法情形等意见的，检察人员应当进行审查，并在相关工作文书中叙明辩护人提出的意见，说明是否采纳的情况和理由。

最高人民法院《解释》第564条规定，审判时不满18周岁的未成年被告人没有委托辩护人的，人民法院应当通知法律援助机构指派熟悉未成年人身心特点的律师为其提供辩护。在法庭审理过程中，未成年被告人或者其法定代理人当庭拒绝辩护人辩护的，适用最高人民法院《解释》第311条第2、3款的规定。重新开庭后，未成年被告人或者其法定代理人再次当庭拒绝辩护人辩护的，不予准许。重新开庭时被告人已满18周岁的，可以准许，但不得再另行委托辩护人或者要求另行指派律师，由其自行辩护。

四、侦查程序

未成年人刑事案件的侦查程序，除了贯彻上述全面调查、保密等原则外，尤其应当注意采用与未成年人身心特点相适应的传唤和讯问方法。传唤未成年犯罪嫌疑人、被告人，可以采用较为缓和的方式，比如通过其父母、监护人进行。

讯问、询问未成年人应当采取适当方式，在适当场所进行，保障未成年人的名誉权、隐私权和其他合法权益。根据《刑事诉讼法》第281条、《未成年人保护法》第110条及有关司法解释的规定：在讯问和审判未成年犯罪嫌疑人、被告人时，应当通知其法定代理人或者其成年亲属、所在学校的代表等合适成年人到场，并将有关情况记录在案。到场的法定代理人可以代为行使未成年犯罪嫌疑人、被告人的诉讼权利，代为行使权利时不得侵犯未成年犯罪嫌疑人的合法权益。未成年犯罪嫌疑人明确拒绝法定代理人以外的合适成年人到场，且有正当理由的，可以准许，但应当在征求其意见后通知其他合适成年人到场。到场的法定代理人或者其他人员认为办案人员在讯问、审判中侵犯未成年人合法权益的，可以提出意见。对合理意见，应当接受并纠正。讯问未成年犯罪嫌疑人应当耐心细致地听取其供述或者辩解，认真审核、查证与案件有关的证据和线索，并针对其思想顾虑、恐惧心理、抵触情绪进行疏导和教育。讯问女性未成年犯罪嫌疑人，应当有女性工作人员在场。讯问笔录应当交给到场的法定代理人或者其他人员阅读或者向他宣读，并由其在笔录上签名、盖章或者捺指印确认。讯问未成年犯罪嫌疑人一般不得使用戒具。对于确有人身危险性，必须使用戒具的，在现实危险消除后，应当立即停止使用。

在侦查过程中询问未成年被害人、证人同样适用上述有关讯问未成年犯罪嫌疑人的规定，应当采取同步录音录像等措施，并以一次询问为原则，避免多次反复询问对其可能造成的伤害。未成年被害人、证人是女性的，应当由女性工作人员进行询问。

五、适用强制措施

对未成年犯罪嫌疑人、被告人采取强制措施时，要慎重对待，尽量不采用或少采用强制措施，尤其是长时间的羁押措施。《刑事诉讼法》第280条第1款规定，对未成年犯罪嫌疑人、被告人应当严格限制适用逮捕措施。为确保对未成年犯罪嫌疑人、被告人慎用逮捕措施，最高人民检察院《规则》第462、463条对未成年犯罪嫌疑人适用逮捕措施的原则和条件进行了细化。人民检察院对未成年犯罪嫌疑人审查逮捕，应当根据未成年犯罪嫌疑人涉嫌犯罪的性质、情节、主观恶性、有无监护与社会帮教条件、认罪认罚等情况，综合衡量其社会危险性，严格限制适用逮捕措施。对于罪行较轻，具备有效监护条件或者社会帮教措施，没有社会危险性或者社会危险性较小的未成年犯罪嫌疑人，应当不批准逮捕。对于罪行比较严重，但主观恶性不大，有悔罪表现，具备有效监护条件或者社会帮教措施，具有下列情形之一，不逮捕不致发生社会危险性的未成年犯罪嫌疑人，可以不批准逮捕：(1)初次犯罪、过失犯罪的；(2)犯罪预备、中止、未遂的；(3)防卫过当、避险过当的；(4)有自首或者立功表现的；(5)犯罪后认罪认罚，或者积极退赃，尽力减少和赔偿损失，被害人谅解的；(6)不属于共同犯罪的主犯或者集团犯罪中的首要分子的；(7)属于已满14周岁不满16周岁的未成年人或者系在校学生的；(8)其他可以不批准逮捕的情形。此外，鉴于实践中涉嫌犯罪的多为流动、失管未成年人，《预防未成年人犯罪法》、最高人民检察院《规则》和最高人民法院《解释》均要求对于没有固定住所、无法提供保证人的未成年犯罪嫌疑人适用取保候审的，可以指定合适的成年人作为保证人，以扩大取保候审措施的适用和减少审前羁押，并在必要时可以安排取保候审的未成年人接受社会观护。对未成年人取保候审，应当优先适用保证人保证。

为严格限制逮捕措施的适用，最高人民检察院《规则》和《人民检察院办理未成年人刑事案件的规定》对审查逮捕未成年犯罪嫌疑人的程序也进行了规范：(1)审查逮捕未成年犯罪嫌疑人，应当审查公安机关依法提供的证据和社会调查报告等材料。公安机关没有提供社会调查报告的，人民检察院根据案件情况可以要求公安机关提供，也可以自行或者委托有关组织和机构进行调查。(2)审查逮捕未成年犯罪嫌疑人，应当重点审查其是否已满12、14、16、18周岁。对犯罪嫌疑人实际年龄难以判断，影响对该犯罪嫌疑人是否应当负刑事责任认定的，应当不批准逮捕。需要补充侦查的，同时通知公安机关。(3)人民检察院办理未成年犯罪嫌疑人审查逮捕案件，应当讯问未成年犯罪嫌疑人，听取辩护律师的意见，并制作笔录附卷。对于不予批准逮捕的案件，应当说明理由，连同案卷材料送达公安机关执行。需要补充侦查的，应当同时通知公安机关。必要时可以向被害方作说明解释。(4)在作出不批准逮捕决定前，应当审查其监护情况，参考其法定代理人、学校、居住地公安派出所及居民委员会、村民委员会的意见，并在审查逮捕意见书中对未成年犯罪嫌疑人是否具备有效监护条件或者社会帮教措施进行具体说明。(5)未成年犯罪嫌疑人、被告人被逮捕后，应当做好跟踪帮教、感化挽救工作，发现对未成年在押人员不予羁押不致发生社会危险性的，应当及时启动羁押必要性审查、评估工作，依法作出释放或者变更决定。最高人民法院《解释》第553条也要求，对未成年被告人应当严格限制适用逮捕措施。人民法院决定逮捕，应当讯问未成年被告人，听取辩护律师的意见。对被逮捕且没有完成义务教育的未成年被告人，人民法院应当与教育行政部门互相配合，保证其接受义务教育。

六、审查起诉程序

(一)听取意见与讯问未成年人

人民检察院审查起诉未成年犯罪嫌疑人，应当听取其父母或者其他法定代理人、辩护人、未成年被害人及其法定代理人的意见；应当讯问未成年犯罪嫌疑人的，讯问程序同上述侦查程序中的讯问。

(二)安排会见、通话

移送审查起诉的案件具备以下条件之一，且其法定代理人、近亲属等与本案无牵连的，经公安机关同意，检察人员可以安排在押的未成年犯罪嫌疑人与其法定代理人、近亲属等进行会见、通话：(1)案件事实已基本查清，主要证据确实、充分，安排会见、通话不会影响诉讼活动正常进行；(2)未成年犯罪嫌疑人有认罪、悔罪表现，或者虽尚未认罪、悔罪，但通过会见、通话有可能促使其转化，或者通过会见、通话有利于社会、家庭稳定；(3)未成年犯罪嫌疑人的法定代理人、近亲属对其犯罪原因、社会危害性以及后果有一定的认识，并能配合司法机关进行教育。在押的未成年犯罪嫌疑人同其法定代理人、近亲属等进行会见、通话时，检察人员应当告知其会见、通话不得有串供或者其他妨碍诉讼的内容。会见、通话时检察人员可以在场。会见、通话结束后，检察人员应当将有关内容及时整理并记录在案。

(三)酌定不起诉

为体现对未成年人的特殊保护，《人民检察

院办理未成年人刑事案件的规定》对未成年人刑事案件适用酌定不起诉进行了特别规定，鼓励对未成年人适用酌定不起诉进行审前转处，包括一般应当酌定不起诉和可以酌定不起诉两种情形。

1.一般应当酌定不起诉。对于犯罪情节轻微，具有下列情形之一，依照《刑法》规定不需要判处刑罚或者免除刑罚的未成年犯罪嫌疑人，一般应当依法作出酌定不起诉决定：（1）被胁迫参与犯罪的；（2）犯罪预备、中止、未遂的；（3）在共同犯罪中起次要或者辅助作用的；（4）系又聋又哑的人或者盲人的；（5）因防卫过当或者紧急避险过当构成犯罪的；（6）有自首或者立功表现的；（7）其他依照《刑法》规定不需要判处刑罚或者免除刑罚的情形。即只要具有上述七种情形之一，人民检察院一般“应当”作出不起诉的决定，而不是在成年人案件中适用《刑事诉讼法》第177条第2款“可以”作出不起诉的决定。

2.可以酌定不起诉。对于未成年人实施的轻伤害案件、初次犯罪、过失犯罪、犯罪未遂的案件以及被诱骗或者被教唆实施的犯罪案件等，情节轻微，犯罪嫌疑人确有悔罪表现，当事人双方自愿就民事赔偿达成协议并切实履行或者经被害人同意并提供有效担保，符合《刑法》第37条规定的，人民检察院可以作出酌定不起诉，并可以根据案件的不同情况，予以训诫或者责令具结悔过、赔礼道歉、赔偿损失，或者由主管部门予以行政处罚。

（四）附条件不起诉

2012年《刑事诉讼法》修改专门针对未成年人刑事案件增设了附条件不起诉制度，为未成年犯罪嫌疑人的审前分流提供了新的途径。

1.附条件不起诉的适用条件。同时符合下列四个条件可以适用附条件不起诉：（1）不满18周岁的未成年人涉嫌实施《刑法》分则第四章（侵犯公民人身权利、民主权利罪）、第五章（侵犯财产罪）和第六章（妨害社会管理秩序罪）规定的犯罪；（2）根据具体犯罪事实、情节，可能判处1年有期徒刑以下刑罚；（3）犯罪事实清楚，证据确实、充分，符合起诉条件；（4）有悔罪表现的。

2.附条件不起诉的决定程序。人民检察院在作出附条件不起诉的决定以前，应当听取公安机关、被害人、未成年犯罪嫌疑人及其法定代理人、辩护人的意见，并制作笔录附卷。被害人是未成年人的，还应当听取被害人的法定代理人、诉讼代理人的意见。未成年犯罪嫌疑人及其法定代理人对人民检察院拟作出附条件不起诉决定有异议的，人民检察院应当作出起诉的决定。但是，未成年犯罪嫌疑人及其法定代理人提出无罪辩解，人民检察院经审查认为无罪辩解理由成立的，应当作出法定不起诉的决定。未成年犯罪嫌疑人及其法定代理人对案件作附条件不起诉处理没有异议，仅对所附条件及考验期有异议的，人民检察院可以依法采纳其合理的意见，对考察的内容、方式、时间等进行调整；其意见不利于对未成年犯罪嫌疑人帮教，人民检察院不采纳的，应当进行释法说理。人民检察院作出起诉决定前，未成年犯罪嫌疑人及其法定代理人撤回异议的，人民检察院可以依法作出附条件不起诉决定。公安机关或者被害人对附条件不起诉有异议或争议较大的案件，人民检察院可以召集侦查人员、被害人及其法定代理人、诉讼代理人、未成年犯罪嫌疑人及其法定代理人、辩护人举行不公开听证会，充分听取各方的意见和理由。

3.附条件不起诉决定的监督程序。人民检察院作出附条件不起诉的决定后，应当制作附条件不起诉决定书，并在3日以内送达公安机关、被害人或者其近亲属及其诉讼代理人、未成年犯罪嫌疑人及其法定代理人、辩护人。送达时，应当告知被害人或者其近亲属及其诉讼代理人，如果对附条件不起诉决定不服，可以自收到附条件不起诉决定书后7日以内向上一级人民检察院申诉。

公安机关认为附条件不起诉决定有错误，要求复议的，人民检察院应当在收到要求复议意见书后的30日以内作出复议决定，通知公安机关。上一级人民检察院收到公安机关对附条件不起诉决定提请复核的意见书后，应当在

30日以内作出决定，制作复核决定书送交提请复核的公安机关和下级人民检察院。经复核改变下级人民检察院附条件不起诉决定的，应当撤销下级人民检察院作出的附条件不起诉决定。

被害人不服附条件不起诉决定，在收到附条件不起诉决定书后7日以内申诉的，由作出附条件不起诉决定的人民检察院的上一级人民检察院未成年人刑事检察机构立案复查。上级人民检察院经复查作出起诉决定的，应当撤销下级人民检察院的附条件不起诉决定，由下级人民检察院提起公诉，并将复查决定抄送移送审查起诉的公安机关。根据全国人民代表大会常务委员会《关于〈中华人民共和国刑事诉讼法〉第二百七十一条第二款的解释》，被害人对人民检察院对未成年犯罪嫌疑人作出的附条件不起诉的决定和不起诉的决定，可以向上一级人民检察院申诉，不适用《刑事诉讼法》第180条关于被害人可以向人民法院起诉的规定。因此，被害人不服附条件不起诉决定的，不能直接向人民法院提起自诉。

4.对被附条件不起诉的未成年犯罪嫌疑人的监督考察。（1）考验期。检察院决定附条件不起诉的，应当确定考验期。考验期为6个月以上1年以下，从人民检察院作出附条件不起诉的决定之日起计算。考验期不计入案件审查起诉期限。考验期的长短应当与未成年犯罪嫌疑人所犯罪行的轻重、主观恶性的大小和人身危险性的大小、一贯表现及帮教条件等相适应，根据未成年犯罪嫌疑人在考验期的表现，可以在法定期限范围内适当缩短或者延长。（2）附带的条件。被附条件不起诉的未成年犯罪嫌疑人，应当遵守下列规定：①遵守法律法规，服从监督；②按照考察机关的规定报告自己的活动情况；③离开所居住的市、县或者迁居，应当报经考察机关批准；④按照考察机关的要求接受矫治和教育。人民检察院可以根据案件具体情况，要求被附条件不起诉的未成年犯罪嫌疑人接受下列有针对性的矫治和教育：①完成戒瘾治疗、心理辅导或者其他适当的处遇措施；②向社区或者公益团体提供公益劳动；③不得进入特定场所，与特定的人员会见或者通信，从事特定的活动；④向被害人赔偿损失、赔礼道歉等；⑤接受相关教育；⑥遵守其他保护被害人安全以及预防再犯的禁止性规定。（3）监督考察的具体方式。在附条件不起诉的考验期内，人民检察院应当对被附条件不起诉的未成年犯罪嫌疑人进行监督考察。未成年犯罪嫌疑人的监护人应当对未成年犯罪嫌疑人加强管教，配合人民检察院做好监督考察工作。人民检察院可以会同未成年犯罪嫌疑人的监护人、所在学校、单位、居住地的村民委员会、居民委员会、未成年人保护组织等的有关人员定期对未成年犯罪嫌疑人进行考察、教育，实施跟踪帮教。未成年犯罪嫌疑人经批准离开所居住的市、县或者迁居，作出附条件不起诉决定的人民检察院可以要求迁入地的人民检察院协助进行考察，并将考察结果函告作出附条件不起诉决定的人民检察院。

5.附条件不起诉的适用结果。被附条件不起诉的未成年犯罪嫌疑人，在考验期内有下列情形之一的，人民检察院应当撤销附条件不起诉的决定，提起公诉：（1）实施新的犯罪的；（2）发现决定附条件不起诉以前还有其他犯罪需要追诉的；（3）违反治安管理规定，造成严重后果，或者多次违反治安管理规定的；（4）违反有关附条件不起诉的监督管理规定，造成严重后果，或者多次违反有关附条件不起诉的监督管理规定的。对于未成年犯罪嫌疑人在考验期内实施新的犯罪或者在决定附条件不起诉以前还有其他犯罪需要追诉的，人民检察院应当移送侦查机关立案侦查。附条件不起诉的未成年犯罪嫌疑人，在考验期内没有上述情形，考验期满的，人民检察院应当作出不起诉的决定。考验期满作出不起诉决定以前，应当听取被害人意见。

七、审判程序

未成年人刑事案件的审判程序，除了贯彻基本方针与原则外，在以下方面还需遵循特殊的程序：

1.人民法院向未成年被告人送达起诉书副

本时，应当向其讲明被指控的罪行和有关法律规定，并告知审判程序和其所享有的诉讼权利、义务。

2.对未成年人刑事案件决定适用简易程序审理的，人民法院应当征求未成年被告人及其法定代理人、辩护人的意见。上述人员提出异议的，不适用简易程序。

3.通知法定代理人或合适成年人审判时到场。人民法院审理未成年人刑事案件，在讯问和开庭时，应当通知未成年被告人的法定代理人到场。法定代理人无法通知、不能到场或者是共犯的，也可以通知合适成年人到场，并将有关情况记录在案。到场的法定代理人或者其他人员，除依法行使《刑事诉讼法》第281条第2款规定的权利外，经法庭同意，可以参与对未成年被告人的法庭教育等工作。被告人实施被指控的犯罪时不满18周岁，开庭时已满18周岁不满20周岁的，人民法院开庭时，一般应当通知其近亲属到庭。经法庭同意，近亲属可以发表意见。近亲属无法通知、不能到场或者是共犯的，应当记录在案。

4.法庭设置。人民法院应当在辩护台靠近旁听区一侧为未成年被告人的法定代理人或合适成年人设置席位。审理可能判处5年有期徒刑以下刑罚或者过失犯罪的未成年人刑事案件，可以采取适合未成年人特点的方式设置法庭席位。很多地区采用圆桌审判方式审理未成年人案件，以消除未成年被告人的恐慌、抵触心理，帮助未成年被告人更好更易接受判决结果，更有利于审判人员对青少年的教育。

5.庭审语言。法庭审理过程中，审判人员应当根据未成年被告人的智力发育程度和心理状态，使用适合未成年人的语言表达方式。发现有对未成年被告人威胁、训斥、诱供或者讽刺等情形的，审判长应当制止。

6.量刑建议。控辩双方提出对未成年被告人判处管制、宣告缓刑等量刑建议的，应当向法庭提供有关未成年被告人能够获得监护、帮教以及对所居住社区无重大不良影响的书面材料。

7.法庭教育。法庭辩论结束后，法庭可以根据未成年人的生理、心理特点和案件情况，对未成年被告人进行法治教育；判决未成年被告人有罪的，宣判后，应当对未成年被告人进行法治教育。对未成年被告人进行教育，其法定代理人以外的成年亲属或者教师、辅导员等参与有利于感化、挽救未成年人的，人民法院应当邀请其参加有关活动。适用简易程序审理的案件，同样需要按照上述规定对未成年被告人进行法庭教育。需要注意的是，法庭审理中未成年被告人及其法定代理人或者辩护人提出无罪意见的，一般不在庭审中进行法庭教育，而是在判决宣告有罪后进行教育。

8.法定代理人的补充陈述。未成年被告人最后陈述后，法庭应当询问其法定代理人是否补充陈述。

9.宣判。对未成年人刑事案件宣告判决应当公开进行，但不得采取召开大会等形式。对依法应当封存犯罪记录的案件，宣判时，不得组织人员旁听；有旁听人员的，应当告知其不得传播案件信息。定期宣告判决的未成年人刑事案件，未成年被告人的法定代理人无法通知、不能到庭或者是共犯的，法庭可以通知合适成年人到庭，并在宣判后向未成年被告人的成年亲属送达判决书。

10.心理疏导与心理测评。人民法院根据情况，可以对未成年被告人、被害人、证人进行心理疏导；根据实际需要并经未成年被告人及其法定代理人同意，可以对未成年被告人进行心理测评。心理疏导、心理测评可以委托专门机构、专业人员进行。心理测评报告可以作为办理案件和教育未成年人的参考。

11.亲情会见。开庭前和休庭时，法庭根据情况，可以安排未成年被告人与其法定代理人或合适成年人会见。

12.未成年被害人、证人作证。开庭审理涉及未成年人的刑事案件，未成年被害人、证人一般不出庭作证；必须出庭的，应当采取保护其隐私的技术手段和心理干预等保护措施。审理未成年人遭受性侵害或者暴力伤害案件，在询问未成年被害人、证人时，应当通知法定代理人或者合适成年人到场，采取同步录音录像等措施，尽量一次完成；未成年被害人、证人是女性的，应当由女性工作人员进行。

八、未成年人刑事案件适用认罪认罚从宽制度

认罪认罚从宽制度所关注的促进犯罪者的认罪悔罪与教育改造，实现预防再犯的刑罚目的与未成年人刑事案件诉讼程序所秉承的教育、感化、挽救的原则在一定程度上具有相通性，可以适用于未成年人刑事案件。但基于未成年人身心发育未臻健全的情况，其适用认罪认罚从宽制度存在一些不同于成年人案件之处：

1.听取意见。人民法院、人民检察院办理未成年人认罪认罚案件，应当告知未成年人及其法定代理人有关认罪认罚的法律规定，并听取未成年犯罪嫌疑人、被告人的法定代理人的意见，法定代理人无法到场的，应当听取合适成年人的意见，但受案时犯罪嫌疑人已经成年的除外。

2.签署具结书。未成年犯罪嫌疑人签署认罪认罚具结书时，其法定代理人、辩护人应当到场并签字确认。法定代理人无法到场的，合适成年人应当到场签字确认。法定代理人无法到场的，合适成年人可以代替法定代理人行使到场的权利、了解案件情况和有关认罪认罚法律规定的权利，以及对认罪认罚提出异议的权利等。法定代理人未到场的原因以及听取合适成年人意见等情况应当记录在案。

未成年人及其法定代理人、辩护人都对认罪认罚没有异议且愿意签署具结书的，应当签署具结书。未成年人本人同意认罪认罚，但法定代理人或辩护人对未成年人认罪认罚有异议的，不需要签署认罪认罚具结书。因法定代理人或辩护人有异议而未签署具结书的，不影响认罪认罚从宽制度的适用，但人民检察院应当对未成年人认罪认罚情况，法定代理人、辩护人的异议情况如实记录。提起公诉的，应当将该材料与其他案卷材料一并移送人民法院。

3.程序适用。未成年人认罪认罚案件，不适用速裁程序，但应当贯彻教育、感化、挽救的方针，坚持从快从宽原则，确保案件及时办理，最大限度保护未成年人合法权益。

4.法治教育。办理未成年人认罪认罚案件，应当做好未成年犯罪嫌疑人、被告人的认罪服法、悔过教育工作，实现惩教结合。

九、执行程序

最高人民法院《解释》第580条至第586条对未成年罪犯执行程序中的特殊要求进行了规定：

1.交付执行。将未成年罪犯送监执行刑罚或者送交社区矫正时，人民法院应当将有关未成年罪犯的调查报告及其在案件审理中的表现材料，连同有关法律文书，一并送达执行机关。

2.帮教考察。人民法院可以与未成年犯管教所等服刑场所建立联系，了解未成年罪犯的改造情况，协助做好帮教、改造工作，并可以对正在服刑的未成年罪犯进行回访考察。人民法院认为必要时，可以督促被收监服刑的未成年罪犯的父母或者其他监护人及时探视。对被判处管制、宣告缓刑、裁定假释、决定暂予监外执行的未成年罪犯，人民法院可以协助社区矫正机构制定帮教措施。人民法院可以适时走访被判处管制、宣告缓刑、免予刑事处罚、裁定假释、决定暂予监外执行等的未成年罪犯及其家庭，了解未成年罪犯的管理和教育情况，引导未成年罪犯的家庭承担管教责任，为未成年罪犯改过自新创造良好环境。

3.就学、就业安置。被判处管制、宣告缓刑、免除刑事处罚、裁定假释、决定暂予监外执行等的未成年罪犯，具备就学、就业条件的，人民法院可以就其安置问题向有关部门提出司法建议，并附送必要的材料。

根据《预防未成年人犯罪法》的规定，未成年犯管教所、社区矫正机构应当对未成年犯、未成年社区矫正对象加强法治教育，并根据实际情况对其进行职业教育。对刑满释放的未成年人，未成年犯管教所应当提前通知其父母或者其他监护人按时接回，并协助落实安置帮教措施。没有父母或者其他监护人、无法查明其父母或者其他监护人的，未成年犯管教所应当提前通知未成年人原户籍所在地或者居住地的司

法行政部门安排人员按时接回，由民政部门或者居民委员会、村民委员会依法对其进行监护。未成年人的父母或者其他监护人和学校、居民委员会、村民委员会对接受社区矫正、刑满释放的未成年人，应当采取有效的帮教措施，协助司法机关以及有关部门做好安置帮教工作。刑满释放和接受社区矫正的未成年人，在复学、升学、就业等方面依法享有与其他未成年人同等的权利，任何单位和个人不得歧视。

《社区矫正法》则对未成年人社区矫正作出了特别要求，包括：社区矫正机构应当根据未成年社区矫正对象的年龄、心理特点、发育需要、成长经历、犯罪原因、家庭监护教育条件等情况，采取针对性的矫正措施；对未完成义务教育的未成年社区矫正对象，社区矫正机构应当通知并配合教育部门为其完成义务教育提供条件，未成年社区矫正对象的监护人应当依法保证其按时入学接受并完成义务教育；年满16周岁的社区矫正对象有就业意愿的，社区矫正机构可以协调有关部门和单位为其提供职业技能培训，给予就业指导和帮助；未成年社区矫正对象在复学、升学、就业等方面依法享有与其他未成年人同等的权利，任何单位和个人不得歧视。

十、未成年人犯罪记录封存

为防止服刑期满、羁押释放的未成年人在复学、升学、就业时受到歧视，帮助其更好地回归社会，《刑法修正案（八）》规定，犯罪的时候不满18周岁被判处5年有期徒刑以下刑罚的人，在入伍、就业的时候，免除其向有关单位报告自己曾受过刑事处罚的义务。《刑事诉讼法》第286条则相应地规定了未成年人犯罪记录封存制度。根据该条规定，犯罪的时候不满18周岁，被判处5年有期徒刑以下刑罚的，应当对相关犯罪记录予以封存。犯罪记录被封存的，不得向任何单位和个人提供，但司法机关为办案需要或者有关单位根据国家规定进行查询的除外。依法进行查询的单位，应当对被封存的犯罪记录的情况予以保密。

为更好地贯彻未成年人犯罪记录封存制度，最高人民法院、最高人民检察院、公安部和司法部于2022年发布《关于未成年人犯罪记录封存的实施办法》，对未成年人犯罪记录封存制度进行改了细化，主要包括如下内容：

1.封存的记录范围。应当封存的未成年人犯罪记录，包括侦查、起诉、审判及刑事执行过程中形成的有关未成年人犯罪或者涉嫌犯罪的全部案卷材料与电子档案信息，也包括不予刑事处罚、不追究刑事责任、不起诉、采取刑事强制措施的记录，以及对涉罪未成年人进行社会调查、帮教考察、心理疏导、司法救助等工作的记录。

2.封存的案件范围。犯罪的时候不满18周岁，被判处5年有期徒刑以下刑罚以及免予刑事处罚的未成年人犯罪记录，应当依法予以封存。对在年满18周岁前后实施数个行为，构成一罪或者一并处理的数罪，主要犯罪行为是在年满18周岁前实施的，被判处或者决定执行5年有期徒刑以下刑罚以及免予刑事处罚的未成年人犯罪记录，应当对全案依法予以封存。未成年人因事实不清、证据不足被宣告无罪的案件，应当对涉罪记录予以封存，但未成年被告人及其法定代理人申请不予封存或者解除封存的，经人民法院同意，可以不予封存或者解除封存。对于2012年12月31日以前办结的案件符合犯罪记录封存条件的案件，同样应当予以封存。

3.封存的方式。对于需要封存的未成年人犯罪记录，应当遵循《个人信息保护法》不予公开，建立专门的未成年人犯罪档案库，执行严格的保管制度。对于电子信息系统中需要封存的未成年人犯罪记录数据，应当加设封存标记，未经法定查询程序，不得进行信息查询、共享及复用。封存的未成年人犯罪记录数据不得向外部平台提供或对接。

4.封存的效果。犯罪记录封存贯彻及时、有效的原则。对于犯罪记录被封存的未成年人，在入伍、就业时免除犯罪记录的报告义务。被封存犯罪记录的未成年人本人或者其法定代理人申请为其出具无犯罪记录证明的，受理单位应当出具无犯罪记录的证明。

5.封存后的保密义务与责任。对于司法机

关为办案需要或者有关单位根据国家规定申请查询犯罪记录被许可查询的，应当告知查询犯罪记录的单位及相关人员严格按照查询目的和使用范围使用有关信息，严格遵守保密义务，不按规定使用所查询的犯罪记录或者违反规定泄露相关信息，情节严重或者造成严重后果的，应当依法追究相关人员的责任。因工作原因获知未成年人封存信息的司法机关、教育行政部门、未成年人所在学校、社区等单位组织及其工作人员、诉讼参与人、社会调查员、合适成年人等，应当做好保密工作，不得泄露被封存的犯罪记录，不得向外界披露该未成年人的姓名、住所、照片，以及可能推断出该未成年人身份的其他资料。违反法律规定披露被封存信息的单位或个人，应当依法追究其法律责任。

案例分析　能力训练

6.解封的情形。对被封存犯罪记录的未成年人，符合下列条件之一的，封存机关应当对其犯罪记录解除封存：（1）在未成年时实施新的犯罪，且新罪与封存记录之罪数罪并罚后被决定执行刑罚超过5年有期徒刑的；（2）发现未成年时实施的漏罪，且漏罪与封存记录之罪数罪并罚后被决定执行刑罚超过5年有期徒刑的；（3）经审判监督程序改判5年有期徒刑以上刑罚的。

【本章主要法律规定】

1.《刑事诉讼法》第277～287条

2.《社区矫正法》第52～58条

3.全国人民代表大会常务委员会《关于〈中华人民共和国刑事诉讼法〉第二百七十一条第二款的解释》

4.最高人民法院《关于适用〈中华人民共和国刑事诉讼法〉的解释》第546～586条

5.《人民检察院刑事诉讼规则》第457～491条

6.《人民检察院办理未成年人刑事案件的规定》

7.《公安机关办理刑事案件程序规定》第317～332条

第二十二章 当事人和解的公诉案件诉讼程序

本章主要内容提示

学习当事人和解的公诉案件诉讼程序，要掌握公诉案件和解与自诉案件和解、附带民事诉讼和解的区别，公诉案件和解程序的适用范围与适用条件，公诉案件和解的法律效果。

一、刑事和解的概念

刑事和解有广义和狭义之分。广义的刑事和解既包括刑事公诉案件的和解也包括刑事自诉案件以及附带民事诉讼案件的和解；狭义的刑事和解仅指刑事公诉案件的和解。1996年《刑事诉讼法》及相关司法解释中均有关于刑事自诉案件以及附带民事诉讼案件和解的规定，但对于刑事公诉案件的和解则予以禁止。2012年《刑事诉讼法》修改，在特别程序一编单独设立“当事人和解的公诉案件诉讼程序”一章，规定了刑事公诉案件的和解程序。本章所指的刑事和解，如无特殊说明，仅指狭义的刑事和解，即公诉案件的刑事和解。

二、刑事和解的适用条件

根据《刑事诉讼法》第288条的规定，适用刑事和解的公诉案件应当满足以下四个方面的条件：

1.犯罪嫌疑人、被告人真诚悔罪，向被害人赔偿损失、赔礼道歉等。

当前，刑罚的目的已经从报应性惩罚转变为教育改造为主。刑事和解虽然以犯罪嫌疑人、被告人最终获得宽缓处理为结果，但并非“以钱买刑”，其同样关注对犯罪嫌疑人、被告人的教育、改造，从而帮助其顺利回归社会。因此，和解必然要以犯罪嫌疑人、被告人的真诚悔罪为必要条件。所谓真诚悔罪，是指犯罪嫌疑人、被告人已经充分认识到自己的犯罪行为给被害人等相关人员和组织带来的损害，并且通过积极赔偿、赔礼道歉等方式所表现出来。根据最高人民检察院《规则》第494条的规定，犯罪嫌疑人系限制行为能力人的，其法定代理人可以代为和解；犯罪嫌疑人在押的，经犯罪嫌疑人同意，其法定代理人、近亲属可以代为和解。根据最高人民法院《解释》第589条的规定，被告人的近亲属经被告人同意，可以代为和解。被告人系限制行为能力人的，其法定代理人可以代为和解。被告人的法定代理人、近亲属代为和解的，和解协议约定的赔礼道歉等事项，应当由被告人本人履行。

2.被害人明确表示对犯罪嫌疑人予以谅解。

被害人谅解是达成刑事和解的决定性条件。刑事和解以当事人双方，特别是被害人的和解意愿为前提，而被害人谅解是被害人表达和解意愿的行为方式。如果只有犯罪嫌疑人、被告人表示悔罪，而被害人没有表达对其谅解，那么和解也无从达成。此外，被害人死亡的，其法定代理人、近亲属可以与犯罪嫌疑人和解；被害人系无行为能力或者限制行为能力人的，其法定代理人可以代为和解。根据最高人民法院《解释》第588条规定，符合《刑事诉讼法》第288条规定的公诉案件，被害人死亡的，其近亲属可以与被告人和解。近亲属有多人的，达成和解协议，应当经处于最先继承顺序的所有近亲属同意。被害人系无行为能力或者限制行为能力人的，其法定代理人、近亲属可以代为和解。

3.被害人自愿和解，且符合法律规定。

被害人自愿和解，是指被害人作出谅解并且达成和解协议是出于其自由意志作出的，而非因受到外来压力影响而作出。自愿性是刑事和解的应有之义，是保证刑事和解正当性的必要条件。办案机关、犯罪嫌疑人、被告人等均不得以任何方式强迫被害人违背自己的意愿作出同意和解决定。为了保证被害人和解的自愿性，《刑事诉讼法》第289条规定了公安机关、人民检察院和人民法院应对和解自愿性进行审查。此外，根据最高人民检察院《规则》第496条的规定，双方当事人可以自行达成和解，也可以经人民调解委员会、村民委员会、居民委员会、当事人所在单位或者同事、亲友等组织或者个人调解后达成和解。而根据最高人民法院《解释》第587条规定，对符合《刑事诉讼法》第288条规定的公诉案件，事实清楚、证据充分的，人民法院应当告知当事人可以自行和解；当事人提出申请的，人民法院可以主持双方当事人协商以达成和解。根据案件情况，人民法院可以邀请人民调解员、辩护人、诉讼代理人、当事人亲友等参与促成双方当事人和解。

4.犯罪嫌疑人、被告人在5年以内未曾故意犯罪。

根据《刑事诉讼法》的规定，达成和解协议之后，可以对犯罪嫌疑人、被害人作出从宽处罚，甚至在审查起诉环节就可以作出不起诉的决定。对犯罪嫌疑人、被告人的宽缓处理不但要以其真诚悔罪为前提，同时还要考虑到其主观恶性以及由此所反映的社会危险程度。犯罪嫌疑人、被告人如果在5年以内有过故意犯罪，说明其主观恶性较大。因此，非但不应对其宽缓处理，而且还有可能成为从重处理的理由。在这样的状况下，无从适用和解。需要注意的是，这里的5年以内未曾故意犯罪既包括已经被追究的故意犯罪，也包括未被追究的故意犯罪。

三、刑事和解适用案件范围

根据《刑事诉讼法》第288条的规定，仅在以下两类案件中可以适用刑事和解：

1.因民间纠纷引起，涉嫌《刑法》分则第四章、第五章规定的犯罪案件，可能判处3年有期徒刑以下刑罚的。

首先，该类刑事案件起因于民间纠纷。所谓民间纠纷，是指公民之间有关人身、财产权益和其他日常生活中发生的纠纷。关于民间纠纷的范围，法律以及相关的司法解释并没有明确的界定，但公安部《规定》从反面的角度列举了不属于因民间纠纷引起的犯罪案件的范围。这些不属于因民间纠纷引起的犯罪案件包括以下几种情形：（1）雇凶伤害他人的；（2）涉及黑社会性质组织犯罪的；（3）涉及寻衅滋事的；（4）涉及聚众斗殴的；（5）多次故意伤害他人身体的；（6）其他不宜和解的。其次，涉嫌案由必须是《刑法》分则第四章侵犯公民人身权利、民主权利的犯罪以及《刑法》分则第五章规定的侵犯财产的犯罪。最后，此处“三年有期徒刑以下刑罚”，是指宣告刑而非法定刑，也就是说，即便法定刑在3年有期徒刑以上的，只要综合全案证据判断其有可能被处以3年有期徒刑以下刑罚，也可以适用刑事和解的规定。

2.除渎职犯罪以外的可能判处7年有期徒刑以下刑罚的过失犯罪案件。

首先，前文已述及刑事和解的适用需要考虑犯罪嫌疑人、被告人的主观恶性，一般认为过失犯罪之于故意犯罪而言其主观恶性较小，虽然这类犯罪造成了相对严重的犯罪后果，但是考虑到其并非为犯罪嫌疑人、被告人故意而为，其较容易取得被害人的谅解。为了保障被害人的合法权益，同时有利于对犯罪嫌疑人的教育改造，应当允许此类案件适用刑事和解。其次，之所以将渎职犯罪排除在刑事和解的适用范围之外，主要是由其较为特殊的犯罪客体所决定的。渎职罪的犯罪客体主要是国家机关的正常管理活动，其侵害的直接对象是国家利益而非公民个人人身权利、民主权利以及财产权利，仅“获得被害人谅解”这一条件就无法满足，因此刑事和解无从适用。

四、刑事和解的程序规则

1.适用的程序阶段。

根据《刑事诉讼法》第289条的规定，公安机关、人民检察院和人民法院在办理刑事案件过程中都有权对双方当事人的和解进行审查并主持制作和解协议书和作出相应的处理决定。由此可见，刑事和解可以适用于公安机关立案开始直至人民法院作出最终判决的全部程序阶段。在不同的诉讼阶段，由不同的办案机关负责刑事和解的具体工作。

2.自愿性、合法性审查。

首先，自愿性是保证刑事和解正当性的必要条件，因此为了保证刑事和解的有效性，公安机关、检察机关和人民法院有必要在主持制作和解协议时对双方当事人的和解是否出于自愿，尤其是被害人的和解是否受到来自外界的压力进行审查。其次，虽然刑事和解强调双方当事人的自愿性，但是刑事和解同样要以不超过法律规定的适用案件范围、程序规则等界限为前提，因此，对其合法性也必须进行审查。尤其需要注意，双方不得对案件的事实认定、证据采信、法律适用和定罪量刑等依法属于公安机关、人民检察院、人民法院职权范围的事宜进行协商。最后，当事人之间达成和解可能形成书面的协议，对于和解自愿性、合法性的审查不但要对书面材料进行审查，同时应当通过听取当事人和其他有关人员意见的方式进行。最高人民检察院《规则》第497条第2款规定，人民检察院审查和解的自愿性、合法性时，应当听取双方当事人和其他有关人员对和解的意见。公安部《规定》也作了相似的规定，双方当事人和解的，公安机关应当审查案件事实是否清楚，被害人是否自愿和解，是否符合规定的条件。公安机关审查时，应当听取双方当事人的意见，并记录在案；必要时，可以听取双方当事人亲属、当地居民委员会或者村民委员会人员以及其他了解案件情况的相关人员的意见。

根据最高人民检察院《规则》第497条第1款规定，人民检察院应当对和解的自愿性、合法性进行审查，重点审查以下内容：双方当事人是否自愿和解；犯罪嫌疑人是否真诚悔罪，是否向被害人赔礼道歉，赔偿数额与其所造成的损害和赔偿能力是否相适应；被害人及其法定代理人或者近亲属是否明确表示对犯罪嫌疑人予以谅解；是否符合法律规定；是否损害国家、集体和社会公共利益或者他人的合法权益；是否符合社会公德。

而根据最高人民法院《解释》第590、591条的规定，对公安机关、人民检察院主持制作的和解协议书，当事人提出异议的，人民法院应当审查。经审查，和解自愿、合法的，予以确认，无需重新制作和解协议书；和解违反自愿、合法原则的，应当认定无效。和解协议被认定无效后，双方当事人重新达成和解的，人民法院应当主持制作新的和解协议书。审判期间，双方当事人和解的，人民法院应当听取当事人及其法定代理人等有关人员的意见。双方当事人在庭外达成和解的，人民法院应当通知人民检察院，并听取其意见。经审查，和解自愿、合法的，应当主持制作和解协议书。

3.和解协议书的制作。

当事人达成和解，公安机关、人民检察院和人民法院通过查阅相关书面材料、听取当事人和其他有关人员的意见等方式进行审查后认为和解是自愿、合法的，应当主持制作和解协议书。和解协议书应当载明双方当事人的基本情况，案件的主要事实，犯罪嫌疑人、被告人真诚悔罪，承认自己所犯罪行，对指控的犯罪事实没有异议，向被害人赔偿损失、赔礼道歉等（赔偿损失的，还要写明赔偿的数额、履行的方式、期限等内容）以及被害人自愿，请求或者同意对犯罪嫌疑人、被告人依法从宽处理等内容，和解协议书应当经当事人双方签名。需要注意的是，司法办案人员不得在当事人和解协议书上签字，也不能加盖公安司法机关的印章。此外，在审判阶段，对和解协议中的赔偿损失内容，如果双方当事人要求保密的，人民法院应当准许，并采取相应的保密措施。

4.刑事和解协议的效力。

首先，刑事和解协议可以作为从宽处罚的依据。《刑事诉讼法》第290条规定，对于达成和解协议的案件，公安机关可以向人民检察院提出从宽处理的建议。人民检察院可以向人民法院提出从宽处罚的建议；对于犯罪情节轻微，不需要判处刑罚的，可以作出不起诉的决定。人民法院可以依法对被告人从宽处罚。最高人民检察院《规则》以及最高人民法院《解释》对此作了进一步明确。最高人民检察院《规则》第500、501条以及第502条分别不同情形作了规定：（1）双方当事人在侦查阶段达成和解协议，公安机关向人民检察院提出从宽处理建议的，人民检察院在审查逮捕和审查起诉时应当充分考虑公安机关的建议。（2）人民检察院对于公安机关提请批准逮捕的案件，双方当事人达成和解协议的，可以作为有无社会危险性或者社会危险性大小的因素予以考虑。经审查认为不需要逮捕的，可以作出不批准逮捕的决定；在审查起诉阶段可以依法变更强制措施。（3）人民检察院对于公安机关移送审查起诉的案件，双方当事人达成和解协议的，可以作为是否需要判处刑罚或者免除刑罚的因素予以考虑，符合法律规定的不起诉条件的，可以决定不起诉。对于依法应当提起公诉的，人民检察院可以向人民法院提出从宽处罚的量刑建议。人民检察院拟对当事人达成和解的公诉案件作出不起诉决定的，应当听取双方当事人对和解的意见，并且查明犯罪嫌疑人是否已经切实履行和解协议，不能即时履行的是否已经提供有效担保，将其作为是否决定不起诉的因素予以考虑。当事人在不起诉决定作出之前反悔的，可以另行达成和解。不能另行达成和解的，人民检察院应当依法作出起诉或者不起诉决定。当事人在不起诉决定作出之后反悔的，人民检察院不撤销原决定，但有证据证明和解违反自愿、合法原则的除外。最高人民法院《解释》第596条规定，对达成和解协议的案件，人民法院应当对被告人从轻处罚；符合非监禁刑适用条件的，应当适用非监禁刑；判处法定最低刑仍然过重的，可以减轻处罚；综合全案认为犯罪情节轻微不需要判处刑罚的，可以免除刑事处罚。共同犯罪案件，部分被告人与被害人达成和解协议的，可以依法对该部分被告人从宽处罚，但应当注意全案的量刑平衡。

其次，刑事和解有拘束双方当事人的效力。和解的双方当事人应当自觉履行和解协议书的内容。最高人民检察院《规则》第499条规定，和解协议书约定的赔偿损失内容，应当在双方签署协议后立即履行，至迟在人民检察院作出从宽处理决定前履行。确实难以一次性履行的，在提供有效担保并且被害人同意的情况下，也可以分期履行。最高人民法院《解释》第593条规定，和解协议约定的赔偿损失内容，被告人应当在协议签署后即时履行。和解协议已经全部履行，当事人反悔的，人民法院不予支持，但有证据证明和解违反自愿、合法原则的除外。而根据最高人民法院《解释》第597条规定，达成和解协议的，裁判文书应当叙明，并援引《刑事诉讼法》的相关条文。

最后，刑事和解可以作为人民法院不予受理附带民事诉讼的依据。最高人民法院《解释》第594条规定，双方当事人在侦查、审查起诉期间已经达成和解协议并全部履行，被害人或者其法定代理人、近亲属又提起附带民事诉讼的，人民法院不予受理，但有证据证明和解违反自愿、合法原则的除外。此外，被害人或者其法定代理人、近亲属提起附带民事诉讼后，双方愿意和解，但被告人不能即时履行全部赔偿义务的，人民法院应当制作附带民事调解书。

此外，最高人民检察院《规则》还有关于和解协议书无效的规定。《规则》第504条规定，犯罪嫌疑人或者其亲友等以暴力、威胁、欺骗或者其他非法方法强迫、引诱被害人和解，或者在协议履行完毕之后威胁、报复被害人的，应当认定和解协议无效。已经作出不批准逮捕或者不起诉决定的，人民检察院根据案件情况可以撤销原决定，对犯罪嫌疑人批准逮捕或者提起公诉。

5.轻伤害案件适用刑事和解。

对于轻伤害案件，符合刑事和解条件的，人民检察院、公安机关可以建议当事人进行和解，并告知相应的权利义务，必要时可以提供法律咨询，积极促进当事人自愿和解。当事人双方达成和解并已实际履行的，应当依法从宽处理，符合不起诉条件的，应当作出不起诉决定。被害人事后反悔要求追究犯罪嫌疑人刑事责任或者不同意对犯罪嫌疑人从宽处理的，人民检察院、公安机关应当调查了解原因，认为被害人理由正当的，应当依法保障被害人的合法权益；对和解系自愿、合法的，应当维持已作出的从宽处理决定。人民检察院、公安机关开展刑事和解工作的相关证据和材料，应当随案移送。

对符合刑事和解条件的，人民检察院、公安机关要充分利用检调、公调对接机制，依托调解组织、社会组织、基层组织、当事人所在单位及同事、亲友、律师等单位、个人，促进矛盾化解、纠纷解决。

【本章主要法律规定】

1.《刑事诉讼法》第288～290条

2.最高人民法院《关于适用〈中华人民共和国刑事诉讼法〉的解释》第587～597条

3.《人民检察院刑事诉讼规则》第492～504条

4.《公安机关办理刑事案件程序规定》第333～338条

第二十三章
缺席审判程序

本章主要内容提示

缺席审判程序是2018年《刑事诉讼法》修改新增的一项特殊程序，本章要求掌握缺席审判案件的范围、法律文书的送达、辩护权的行使、上诉与抗诉问题以及被告人到案后的程序救济。

第一节 缺席审判程序的案件范围与送达

一、缺席审判程序的案件范围

根据《刑事诉讼法》第291、296、297条的规定，有三种类型的案件可以适用缺席审判程序。

（一）贪污贿赂犯罪案件，以及需要及时进行审判，经最高人民检察院核准的严重危害国家安全犯罪、恐怖活动犯罪案件

前提条件：犯罪嫌疑人、被告人在境外，监察机关、公安机关移送起诉，人民检察院认为犯罪事实已经查清，证据确实、充分，依法应当追究刑事责任的，可以向人民法院提起公诉。人民法院进行审查后，对于起诉书中有明确的指控犯罪事实，符合缺席审判程序适用条件的，应当决定开庭审判。

此类案件，由犯罪地、被告人离境前居住地或者最高人民法院指定的中级人民法院组成合议庭进行审理。根据最高人民检察院《规则》第505条的规定，由有管辖权的中级人民法院的同级人民检察院提起公诉，并应当向人民法院提交被告人已出境的证据。

贪污贿赂犯罪是指《刑法》分则第八章规定的贪污贿赂罪和其他章节中明确规定按照《刑法》分则第八章贪污贿赂罪的规定定罪处罚的犯罪。

危害国家安全犯罪是指《刑法》分则第一章规定的危害国家安全罪以及危害国家安全的其他犯罪。

恐怖活动犯罪是指《刑法》分则第二章危害公共安全犯罪中的组织、领导、参加恐怖组织罪；帮助恐怖活动罪；准备实施恐怖活动罪；宣扬恐怖主义、极端主义，煽动实施恐怖活动罪等犯罪与《刑法修正案（九）》中新增的新型恐怖活动犯罪。

值得注意的是，这三种类型的犯罪案件的共同点在于犯罪嫌疑人、被告人潜逃境外，但并非所有的危害国家安全犯罪与恐怖活动犯罪都适用缺席审判程序，只有满足"严重""需要及时进行审判""经最高人民检察院核准"的条件，才可适用缺席审判。

根据最高人民法院《解释》第598、599条的规定，针对上述三种类型案件，人民法院应当重点审查以下内容：是否属于可以适用缺席审判程序的案件范围；是否属于本院管辖；是否写明被告人的基本情况，包括明确的境外居住地、联系方式等；是否写明被告人涉嫌有关犯罪的主要事实，并附证据材料；是否写明被告人有无近亲属以及近亲属的姓名、身份、住址、联系方式等情况；是否列明违法所得及其他涉案财产的种类、数量、价值、所在地等，并附证据材料；是否附有查封、扣押、冻结违法所得及其他涉案财产的清单和相关法律手续。上述材料需要翻译件的，人民法院应当要求人民检察院一并移送。人民法院审查后，则应当按照下列情形分别处理：(1)符合缺席审判程序适用条件，属于本院管辖，且材料齐全的，应当受理。(2)不属于可以适用缺席审判程序的案件范围、不属于本院管辖或者不符合缺席审判程序的其他适用条件的，应当退回人民检察院。(3)材料不全的，应当通知人民检察院在30日以内补送；30日以内不能补送的，应当退回人民检察院。

(二)被告人患有严重疾病无法出庭，中止审理超过6个月的案件

前提条件：被告人及其法定代理人、近亲属申请或者同意恢复审理。

根据《刑事诉讼法》第206条的规定，“被告人患有严重疾病，无法出庭的”，导致案件在较长时间内无法继续审理，是中止审理的情况之一。此处规定的“患有严重疾病，无法出庭”实际上是指没有受审能力，而不能作其他泛化解释，更不能将被告人因身体残疾不便到庭参加诉讼就理解为此处规定的“患有严重疾病，无法出庭”。因此，最高人民法院《解释》第605条做了进一步细化规定，即因被告人患有严重疾病导致缺乏受审能力，无法出庭受审，中止审理超过6个月，被告人仍无法出庭，被告人及其法定代理人、近亲属申请或者同意恢复审理的，人民法院可以根据《刑事诉讼法》第296条的规定缺席审判。在中止审理的原因消失后，应当恢复审理。但如果被告人无法出庭的状态一直延续，那么案件将处于久拖不决的状态。因此，将这类案件纳入缺席审判的案件范围对诉讼效率的提升与矛盾的化解都是有利的。但是缺席审判程序毕竟在一定程度上贬损了被告人的诉讼权利，在此情形下，须经“被告人及其法定代理人、近亲属申请或者同意恢复审理”，也即需要被告人一方的自愿与主动。特别需要注意的是，被告人无法表达意愿的，其法定代理人、近亲属可以代为申请或者同意恢复审理。

(三)被告人死亡的案件

前提条件：有证据证明被告人无罪或人民法院按照审判监督程序重新审判。

根据《刑事诉讼法》第16条的规定，被告人死亡的案件不追究刑事责任，已经追究的，应当撤销案件，或者不起诉，或者终止审理，或者宣告无罪。因此，为对应这一规定，在被告人死亡的情况下，人民法院应当裁定终止审理。但若有证据证明被告人无罪，人民法院应当据此进行缺席审判，依法作出判决，宣告被告人无罪，还被告人以清白的名誉。而所谓的“有证据证明被告人无罪，人民法院经缺席审理确认无罪”，包括案件事实清楚，证据确实、充分，依据法律认定被告人无罪的情形，以及证据不足，不能认定被告人有罪的情形。

此外，人民法院按照审判监督程序重新审判的案件，被告人死亡的，可以缺席审理。有证据证明被告人无罪，经缺席审理确认被告人无罪的，应当判决宣告被告人无罪；虽然构成犯罪，但原判量刑畸重的，应当依法作出判决。根据《刑事诉讼法》第253条规定的人民法院按照审判监督程序重新审判的若干情形，其共同点之一便在于纠正已经发生法律效力的错误判决、裁定。因此即使被告人已经死亡，也应当按照严格的标准对案件重新进行审判，保证判决、裁定的公正。尤其是对于一些冤假错案，在被告人已经死亡的情况下，如果原判决确定是错误的，那么这对被告人亲友的打击极大，也对被告人的名誉造成了严重影响。在此情况下的缺席审判对于还原案件事实，给予已死亡的被告人公正的判决有着重要意义。

二、缺席审判程序的送达

(一)送达方式

缺席审判程序的送达，可采取国际条约规定的或者外交途径提出的司法协助的方式，或者被告人所在地法律允许的其他方式。

《刑事诉讼法》第18条规定，根据我国缔结或者参加的国家条约，或者按照互惠原则，我国司法机关和外国司法机关可以相互请求刑事司法协助。

（二）送达内容：传票和人民检察院的起诉书副本

《国际刑事司法协助法》第20、21条规定，办案机关需要外国协助送达传票、通知书、起诉书、判决书和其他司法文书的，应当制作刑事司法协助请求书并附上相关材料，经所属主管机关审核同意后，由对外联系机关及时向外国提出请求。向外国请求送达文书的，请求书应当载明受送达人的姓名或者名称、地址以及需要告知受送达人的相关权利、义务。

（三）送达对象：被告人

这里法律规定的被送达对象只有被告人，并不包括被告人的近亲属。因此，在被告人潜逃境外的情况下，将法律文书只送达到了被告人的近亲属的住址、工作单位，并不视为送达完成。在将传票和人民检察院的起诉书副本送达后，此处引发法律后果，被告人未按要求归案的，将对其依法开庭审判，并对违法所得及其他涉案财产作出处理。

而根据最高人民法院《解释》第600条的规定，对人民检察院依照《刑事诉讼法》第291条第1款的规定提起公诉的案件，人民法院立案后，应当将传票和起诉书副本送达被告人，传票应当载明被告人到案期限以及不按要求到案的法律后果等事项；同时应当将起诉书副本送达被告人近亲属，告知其有权代为委托辩护人，并通知其敦促被告人归案。

第二节 缺席审判的案件审理

一、缺席审判中辩护权的申请主体及法律援助

缺席审判程序中，被告人及其近亲属可以代为委托辩护人。《刑事诉讼法》第293条规定，人民法院缺席审判案件，被告人有权委托辩护人，被告人的近亲属可以代为委托辩护人。被告人及其近亲属没有委托辩护人的，人民法院应当通知法律援助机构指派律师为其辩护。有关法律援助机构指派辩护的相关规定，可参见《刑事诉讼法》第35条之规定，犯罪嫌疑人、被告人因经济困难或者其他原因没有委托辩护人的，本人及其近亲属可以向法律援助机构提出申请。对符合法律援助条件的，法律援助机构应当指派律师为其提供辩护。而根据最高人民法院《解释》第601条的规定，人民法院审理人民检察院依照《刑事诉讼法》第291条第1款的规定提起公诉的案件，被告人有权委托或者由近亲属代为委托1名至2名辩护人。委托律师担任辩护人的，应当委托具有中华人民共和国律师资格并依法取得执业证书的律师；在境外委托的，应当依照相关规定对授权委托进行公证、认证。被告人及其近亲属没有委托辩护人的，人民法院应当通知法律援助机构指派律师为被告人提供辩护。被告人及其近亲属拒绝法律援助机构指派的律师辩护的，应当依照该解释第50条第2款的规定处理，即属于应当提供法律援助的情形，被告人拒绝指派的律师为其辩护的，人民法院应当查明原因。理由正当的，应当准许，但被告人应当在5日以内另行委托辩护人；被告人未另行委托辩护人的，人民法院应当在3日以内通知法律援助机构另行指派律师为其提供辩护。

二、被告人的近亲属参与诉讼

人民法院审理人民检察院依照《刑事诉讼法》第291条第1款的规定提起公诉的案件，被告人的近亲属申请参加诉讼的，应当在收到起诉书副本后、第一审开庭前提出，并提供与被告人关系的证明材料。有多名近亲属的，应当推选1人至2人参加诉讼。对被告人的近亲属提出申请的，人民法院应当及时审查决定。被告

人的近亲属参加诉讼的，可以发表意见，出示证据，申请法庭通知证人、鉴定人等出庭，进行辩论。

三、缺席审判的程序处理

人民法院审理人民检察院依照《刑事诉讼法》第291条第1款的规定提起公诉的案件，参照适用公诉案件第一审普通程序的有关规定。人民法院审理后应当参照一审公诉案件的相关程序规定作出判决、裁定。其中，作出有罪判决的，应当达到证据确实、充分的证明标准。经审理认定的罪名不属于《刑事诉讼法》第291条第1款规定的罪名的，应当终止审理。适用缺席审判程序审理案件，可以对违法所得及其他涉案财产一并作出处理。

四、缺席审判程序的上诉主体

被告人本人及其近亲属，对案件判决不服的有权向上一级人民法院上诉。辩护人经被告人或近亲属同意，也可以提出上诉。《刑事诉讼法》第294条规定，人民法院应当将判决书送达被告人及其近亲属、辩护人。被告人或者其近亲属不服判决的，有权向上一级人民法院上诉。辩护人经过被告人或近亲属同意，也可以提出上诉。

五、缺席审判程序的抗诉主体及程序

人民检察院认为人民法院的判决确有错误的，应当向上一级人民法院提出抗诉。具体抗诉程序，参见《刑事诉讼法》第三编第三章第228条、第五章审判监督程序之规定。

第三节　被告人到案后的救济程序

根据最高人民检察院《规则》第509条的规定，审查起诉期间，犯罪嫌疑人自动投案或者被抓获的，人民检察院应当重新审查。对严重危害国家安全犯罪、恐怖活动犯罪案件报请核准期间，犯罪嫌疑人自动投案或者被抓获的，报请核准的人民检察院应当及时撤回报请，重新审查案件。

而《刑事诉讼法》第295条则规定，在审理过程中，被告人自动投案或者被抓获的，人民法院应当重新审理。罪犯在判决、裁定发生法律效力后到案的，人民法院应当将罪犯交付执行刑罚。交付执行刑罚前，人民法院应当告知罪犯有权对判决、裁定提出异议。罪犯对判决、裁定提出异议的，人民法院应当重新审理。依照生效判决、裁定对罪犯的财产进行的处理确有错误的，应当予以返还、赔偿。同时，最高人民检察院《规则》第510条规定，提起公诉后被告人到案，人民法院拟重新审理的，人民检察院应当商人民法院将案件撤回并重新审查。

一方面，《刑事诉讼法》上述规定旨在保障缺席审判被告人，在判决、裁定发生法律效力后，交付执行前，具有无条件提出异议并获得相应救济的权利。只要罪犯到案，无论自动投案还是被抓获的，他们都享有无条件提出异议，并直接引发人民法院重新审判的司法效果。此异议权是对被缺席审判人，救济自身权利的最大化的保障。

案例分析　能力训练

另一方面，上述规定也要求人民法院保障被告人的知情权，即在交付执行刑罚前，人民法院有告知的义务。不论被告人处于何种理由和程序到案，人民法院均应当保证罪犯的知情权，即告知到案的罪犯有权对判决、裁定提出异议。

【本章主要法律规定】

1.《刑事诉讼法》第291～297条
2.《人民检察院刑事诉讼规则》第505～511条
3. 最高人民法院《关于适用〈中华人民共和国刑事诉讼法〉的解释》第598～608条

第二十四章
犯罪嫌疑人、被告人逃匿、死亡案件违法所得的没收程序

本章主要内容提示

本章主要内容为犯罪嫌疑人、被告人逃匿、死亡案件违法所得的没收程序，是《刑事诉讼法》特别程序的一类。

1.程序特点：普遍性、特殊性、公正性。

2.适用条件：同时具备《刑事诉讼法》第298条第1款规定的三个条件。另外，对于犯罪嫌疑人、被告人死亡，依照《刑法》规定应当追缴其违法所得及其他涉案财产的，也应适用该程序。

3.没收对象：违法所得及其他涉案财产。

4.启动程序：侦查阶段、审查起诉阶段、审判阶段的启动。

5.管辖与公告：由犯罪地或者犯罪嫌疑人、被告人居住地的中级人民法院组成合议庭审理。人民法院受理没收违法所得的申请后，应当发出公告。公告期间为6个月。

6.审理程序：犯罪嫌疑人、被告人自动投案或被抓获的，人民法院应当终止审理。

本章的难点是违法所得没收程序的适用条件：同时具备《刑事诉讼法》第298条第1款规定的三个条件。另外，对于犯罪嫌疑人、被告人死亡，依照《刑法》规定应当追缴其违法所得及其他涉案财产的，不需要考虑是否属于贪污贿赂犯罪、恐怖活动犯罪等重大犯罪案件，也应适用违法所得没收程序进行审理。

第一节　没收程序概述

一、犯罪嫌疑人、被告人逃匿、死亡案件违法所得的没收程序的概念和特点

犯罪嫌疑人、被告人逃匿、死亡案件违法所得的没收程序，是指当某些案件中犯罪嫌疑人、被告人逃匿或者死亡时，追缴其违法所得及其他涉案财产所特有的方式、方法和步骤。

犯罪嫌疑人、被告人逃匿、死亡案件违法所得的没收程序有以下特点：

第一，普遍性。在特定类型案件中，在犯罪嫌疑人、被告人逃匿、死亡时，对其违法所得进行没收是国际公约的基本要求。例如，2000年《联合国打击跨国有组织犯罪公约》将没收财产作为打击跨国有组织犯罪的重要措施，其中第12条规定了“没收和扣押”，第13条规定了“没

收事宜的国际合作”，第14条规定了“没收的犯罪所得或财产的处置”。再如，《联合国反腐败公约》第54条第1款第3项规定：为了实现没收事宜的国际合作，各缔约国均应当根据本国法律“考虑采取必要的措施，以便在因为犯罪人死亡、潜逃或者缺席而无法对其起诉的情形或者其他有关情形下，能够不经过刑事定罪而没收这类财产”。我国业已签署上述国际公约或加入相关国际组织，为遵守上述规定，有必要在《刑事诉讼法》中以特别程序的方式规定犯罪嫌疑人、被告人逃匿、死亡案件违法所得的没收程序。

第二，特殊性。之所以在特别程序一编中规定犯罪嫌疑人、被告人逃匿、死亡案件违法所得的没收程序，一方面原因是该程序本身注重追求诉讼效率，关注的是如何防止因犯罪嫌疑人、被告人逃匿、死亡而引起的诉讼拖延和国有资产流失问题；另一方面原因是该程序涉及的是犯罪嫌疑人、被告人的财产权利，易于进行救济。因此，在犯罪嫌疑人、被告人逃匿、死亡案件违法所得的没收程序中，不需要预先解决犯罪嫌疑人、被告人的定罪量刑问题。

第三，公正性。虽然与审判程序相比，犯罪嫌疑人、被告人逃匿、死亡案件违法所得的没收程序有一定的特殊性，但该程序仍需遵循刑事诉讼的基本规律，坚持刑事诉讼程序的基本构造，尤其是在有利害关系人参加诉讼时，公开开庭审理并赋予犯罪嫌疑人、被告人及其他利害关系人相应的上诉权。

二、犯罪嫌疑人、被告人逃匿、死亡案件违法所得的没收程序的法律依据

在法律依据方面，我国《刑法》第64条规定：“犯罪分子违法所得的一切财物，应当予以追缴或者责令退赔；对被害人的合法财产，应当及时返还；违禁品和供犯罪所用的本人财物，应当予以没收。没收的财物和罚金，一律上缴国库，不得挪用和自行处理。”《刑事诉讼法》也于特别程序编新增了犯罪嫌疑人、被告人逃匿、死亡案件违法所得的没收程序，第298条至第301条依次规定了适用范围、申请程序、审理程序、裁定、终止审理及没收错误的返还与赔偿。

同时，最高人民检察院《规则》，最高人民法院《解释》，六机关《规定》，以及最高人民法院、最高人民检察院《关于适用犯罪嫌疑人、被告人逃匿、死亡案件违法所得没收程序若干问题的规定》（以下简称“两高”《规定》）也在《刑事诉讼法》条文规定的基础上作了进一步完善。

第二节　犯罪嫌疑人、被告人逃匿、死亡案件违法所得的没收程序

一、犯罪嫌疑人、被告人逃匿、死亡案件违法所得的没收程序的适用条件

《刑事诉讼法》第298条规定，对于贪污贿赂犯罪、恐怖活动犯罪等重大犯罪案件，犯罪嫌疑人、被告人逃匿，在通缉1年后不能到案，或者犯罪嫌疑人、被告人死亡，依照《刑法》规定应当追缴其违法所得及其他涉案财产的，人民检察院可以向人民法院提出没收违法所得的申请。在具体理解方面，立法机关认为适用违法所得没收程序应当同时具备以下三个条件：第一，该程序必须适用于贪污贿赂犯罪、恐怖活动犯罪等重大犯罪案件。第二，犯罪嫌疑人、被告人必须是逃匿后在通缉1年后不能到案的，或者犯罪嫌疑人、被告人死亡的。第三，依照《刑法》规定应当追缴其违法所得及其他涉案财产的。

此外，六机关《规定》作为对《刑事诉讼法》的权威解读和必要补充就该问题作了明确规定，其中第37条强调：“对于犯罪嫌疑人、被告人死亡，依照刑法规定应当追缴其违法所得及其他涉案财产的，适用刑事诉讼法第五编第三章规定的程序，由人民检察院向人民法院提出没收违法所得的申请。”亦即当犯罪嫌疑人、

被告人死亡时，案件范围不限于贪污贿赂犯罪、恐怖活动犯罪，也不限于重大犯罪案件，只要有违法所得及其他涉案财产需要追缴的，均可适用违法所得没收程序。

同时，“两高”《规定》第1条对“重大案件”的范围进行了说明：(1)贪污、挪用公款、巨额财产来源不明、隐瞒境外存款、私分国有资产、私分罚没财物犯罪案件；(2)受贿、单位受贿、利用影响力受贿、行贿对有影响力的人行贿、对单位行贿、介绍贿赂、单位行贿犯罪案件；(3)组织、领导、参加恐怖组织，帮助恐怖活动，准备实施恐怖活动，宣扬恐怖主义、极端主义，煽动实施恐怖活动，利用极端主义破坏法律实施，强制穿戴宣扬恐怖主义、极端主义服饰、标志，非法持有宣扬恐怖主义、极端主义物品犯罪案件；(4)危害国家安全、走私、洗钱、金融诈骗、黑社会性质的组织、毒品犯罪案件。电信诈骗、网络诈骗犯罪案件，依照前述规定的犯罪案件处理。第2条对何为“重大”案件进行了说明，即在省、自治区、直辖市或者全国范围内具有较大影响，或者犯罪嫌疑人、被告人逃匿境外的案件应认定为《刑事诉讼法》第298条第1款规定的“重大”。第3条规定了犯罪嫌疑人、被告人因意外事故下落不明满2年，或者因意外事故下落不明，经有关机关证明其不可能生存的，应认定为《刑事诉讼法》第298条第1款规定的“逃匿”。而根据最高人民检察院《规则》第514条规定，公安机关发布通缉令或者公安部通过国际刑警组织发布红色国际通报，应当认定为“通缉”。

另外，根据最高人民法院《解释》第609条的规定，“两高”《规定》所指向的“重大案件”中的第1、2项被精练表述为“贪污贿赂、失职渎职等职务犯罪案件”。这是基于《监察法》第48条的规定，即监察机关在调查贪污贿赂、失职渎职等职务犯罪案件过程中，被调查人逃匿或者死亡，有必要继续调查的，经省级以上监察机关批准，应当继续调查并作出结论。被调查人逃匿，在通缉1年后不能到案，或者死亡的，由监察机关提请人民检察院依照法定程序，向人民法院提出没收违法所得的申请。

二、犯罪嫌疑人、被告人逃匿、死亡案件违法所得的没收程序的没收对象

根据《刑事诉讼法》第298条的规定，该程序的没收对象是犯罪嫌疑人、被告人的违法所得及其他涉案财产。此处的“违法所得”是指因实施犯罪活动而取得的全部财物，包括金钱或物品，如贪污贿赂得到的金钱或者物品等；通过实施犯罪直接或者间接产生、获得的任何财产，应当认定为《刑事诉讼法》第298条第1款规定的“违法所得”。违法所得已经部分或者全部转变、转化为其他财产的，转变、转化的财产应当视为“违法所得”。来自违法所得转变、转化后的财产收益，或者来自已经与违法所得相混合财产中违法所得相应部分的收益，应当视为“违法所得”。“其他涉案财产”一般是指除违法所得以外的与犯罪有关的款物、作案工具和非法持有的违禁品等。而且公安机关在向人民检察院递交没收违法所得意见书前，可以对犯罪嫌疑人、被告人的违法所得及其他涉案财产进行查封、扣押和冻结。人民法院在必要的时候，也可以查封、扣押、冻结申请没收的财产。

三、犯罪嫌疑人、被告人逃匿、死亡案件违法所得的没收程序的启动

如果犯罪嫌疑人、被告人同时符合《刑事诉讼法》第298条规定的三个条件，需要对其违法所得及其他涉案财产予以没收的，应当由人民检察院向人民法院提出没收违法所得的申请。因此，在司法实践中，应当依据诉讼阶段相应启动违法所得没收程序。

在侦查（调查）阶段，对于符合违法所得没收情形的，依照《刑法》规定应当追缴其违法所得及其他涉案财产的，负责相应公诉案件的监察机关或公安机关经县级以上公安机关负责人批准后，应当写出没收违法所得意见书，连同相关证据材料一并移送同级人民检察院。人民检察院应当在接到监察机关或者公安机关移送的没收违法所得意见书后30日以内作出是否提出没收违法所得申请的决定。30日以内不能作出决定的，可以延长15日。人民检察院发现公安

机关应当启动违法所得没收程序而不启动的，可以要求公安机关在7日以内书面说明不启动的理由。经审查，认为公安机关不启动理由不能成立的，应当通知公安机关启动程序。此外，人民检察院发现公安机关在违法所得没收程序的调查活动中有违法情形的，应当向公安机关提出纠正意见。

在审查起诉阶段，人民检察院发现案件符合《刑事诉讼法》第298条规定情形的，可直接启动违法所得没收程序。人民检察院向人民法院提出没收违法所得的申请，应当制作没收违法所得申请书。没收违法所得申请书应当载明以下内容：犯罪嫌疑人、被告人的基本情况，包括姓名、性别、出生年月日、出生地、户籍地、公民身份证号码、民族、文化程度、职业、工作单位及职务、住址等；案由及案件来源；犯罪嫌疑人、被告人的犯罪事实及相关证据材料；犯罪嫌疑人、被告人逃匿、被通缉或者死亡的情况；申请没收的财产种类、数量、价值、所在地以及查封、扣押、冻结财产清单和相关法律手续；申请没收的财产属于违法所得及其他涉案财产的相关事实及证据材料；提出没收违法所得申请的理由和法律依据；有无近亲属和其他利害关系人以及利害关系人的姓名、身份、住址、联系方式；其他应当写明的内容。

在审判阶段，如果犯罪嫌疑人、被告人逃匿的，人民法院应当根据《刑事诉讼法》第206条的规定中止审理；如果犯罪嫌疑人、被告人死亡的，人民法院应当根据《刑事诉讼法》第16条的规定终止审理。如果符合没收违法所得条件的，应当再由同级人民检察院提出没收违法所得的申请，人民法院不能直接作出没收违法所得的裁定。需要注意的是，被告人死亡的，如果依照《刑法》规定应当追缴其违法所得及其他涉案财产，人民检察院提出没收违法所得申请，人民法院应当依法受理，不受罪名限制。对没收违法所得的申请，人民法院应当在30日以内审查完毕，并按照下列情形分别处理：（1）属于没收违法所得申请受案范围和本院管辖，且材料齐全、有证据证明有犯罪事实的，应当受理。（2）不属于没收违法所得申请受案范围或者本院管辖的，应当退回人民检察院。（3）没收违法所得申请不符合“有证据证明有犯罪事实”标准要求的，应当通知人民检察院撤回申请。（4）材料不全的，应当通知人民检察院在7日以内补送；7日以内不能补送的，应当退回人民检察院。同时，人民检察院尚未查封、扣押、冻结申请没收的财产或者查封、扣押、冻结期限即将届满，涉案财产有被隐匿、转移或者毁损、灭失危险的，人民法院可以查封、扣押、冻结申请没收的财产。

四、犯罪嫌疑人、被告人逃匿、死亡案件违法所得的没收程序的管辖、公告及送达

根据《刑事诉讼法》第299条的规定，没收违法所得的申请，由犯罪地或者犯罪嫌疑人、被告人居住地的中级人民法院组成合议庭进行审理。人民法院受理没收违法所得的申请后，应当发出公告。公告期间为6个月。人民法院在公告期满后对没收违法所得的申请进行审理。设立前置的公告程序一方面是为了督促逃匿的犯罪嫌疑人归案参加诉讼；另一方面也是便于犯罪嫌疑人、被告人的近亲属和其他利害关系人了解案情和被没收财产的范围，同时有时间委托诉讼代理人参加诉讼。

具体来说，根据最高人民法院《解释》第614条的规定，人民法院受理没收违法所得的申请后，应当在15日以内发布公告。公告应当载明以下内容：案由、案件来源；犯罪嫌疑人、被告人的基本情况；犯罪嫌疑人、被告人涉嫌犯罪的事实；犯罪嫌疑人、被告人逃匿、被通缉、脱逃、下落不明、死亡等情况；申请没收的财产的种类、数量、价值、所在地等以及已查封、扣押、冻结财产的清单和法律手续；申请没收的财产属于违法所得及其他涉案财产的相关事实；申请没收的理由和法律依据；利害关系人申请参加诉讼的期限、方式以及未按照该期限、方式申请参加诉讼可能承担的不利法律后果；其他应当公告的情况。此外，公告期间不适用中止、中断、延长的规定。公告应当在全国公开发行的报纸、信息网络媒体、最高人民法院的官方网站发布，并在人民法院公告栏发布。必要时，公告

可以在犯罪地、犯罪嫌疑人、被告人居住地或者被申请没收财产所在地发布。最后发布的公告的日期为公告日期。发布公告的，应当采取拍照、录像等方式记录发布过程。

人民法院已经掌握境内利害关系人联系方式的，应当直接送达含有公告内容的通知；直接送达有困难的，可以委托代为送达、邮寄送达。经受送达人同意的，可以采用传真、电子邮件等能够确认其收悉的方式告知公告内容，并记录在案。人民法院已经掌握境外犯罪嫌疑人、被告人、利害关系人联系方式，经受送达人同意的，可以采用传真、电子邮件等能够确认其收悉的方式告知公告内容，并记录在案；受送达人未表示同意，或者人民法院未掌握境外犯罪嫌疑人、被告人、利害关系人联系方式，其所在国、地区的主管机关明确提出应当向受送达人送达含有公告内容的通知的，人民法院可以决定是否送达。决定送达的，应当依照相关规定请求所在国、地区提供司法协助。

五、犯罪嫌疑人、被告人逃匿、死亡案件违法所得的没收程序的法庭审理及裁判

1.犯罪嫌疑人、被告人逃匿、死亡案件违法所得的没收程序的审判方式是以公开开庭审理为原则，以不开庭审理为例外。其原因在于：第一，没收程序是在未对犯罪嫌疑人、被告人定罪量刑的前提下没收其财产，公开开庭审理能够保证诉讼的公正性。第二，根据《刑事诉讼法》第299条的规定，人民法院应当组成合议庭进行审理，这说明没收程序不实行独任制审判。第三，根据《刑事诉讼法》第299条的规定，犯罪嫌疑人、被告人的近亲属和其他利害关系人有权申请参加诉讼，也可以委托诉讼代理人参加诉讼。利害关系人参加诉讼的，人民法院应当开庭审理。这里的“利害关系人”包括犯罪嫌疑人、被告人的近亲属和其他对申请没收的财产主张权利的自然人和单位；而“其他利害关系人”是指“除犯罪嫌疑人、被告人的近亲属以外的，对申请没收的财产主张权利的自然人和单位”。

2.犯罪嫌疑人、被告人的近亲属和其他利害关系人申请参加诉讼的，应当在公告期间内提出。犯罪嫌疑人、被告人的近亲属应当提供其与犯罪嫌疑人、被告人关系的证明材料，其他利害关系人应当提供证明其对违法所得及其他涉案财产主张权利的证据材料。利害关系人可以委托诉讼代理人参加诉讼。委托律师担任诉讼代理人的，应当委托具有中华人民共和国律师资格并依法取得执业证书的律师；在境外委托的，应当依照有关规定对授权委托进行公证、认证。利害关系人在公告期满后申请参加诉讼，能够合理说明理由的，人民法院应当准许。犯罪嫌疑人、被告人逃匿境外，委托诉讼代理人申请参加诉讼，且违法所得或者其他涉案财产所在国、地区主管机关明确提出意见予以支持的，人民法院可以准许。人民法院准许参加诉讼的，犯罪嫌疑人、被告人的诉讼代理人依照关于利害关系人的诉讼代理人的规定行使诉讼权利。

3.公告期满后，人民法院应当组成合议庭对申请没收违法所得的案件进行审理。利害关系人申请参加或者委托诉讼代理人参加诉讼的，应当开庭审理。没有利害关系人申请参加诉讼的，或者利害关系人及其诉讼代理人无正当理由拒不到庭的，可以不开庭审理。人民法院确定开庭日期后，应当将开庭的时间、地点通知人民检察院、利害关系人及其诉讼代理人、证人、鉴定人、翻译人员。通知书应当至迟在开庭审理3日以前送达；受送达人在境外的，至迟在开庭审理30日以前送达。人民法院对没收违法所得的申请开庭审理的，人民检察院应当派员出席法庭。利害关系人接到通知后无正当理由拒不到庭，或者未经法庭许可中途退庭的，可以转为不开庭审理，但还有其他利害关系人参加诉讼的除外。

4.开庭审理申请没收违法所得的案件，按照下列程序进行：（1）审判长宣布法庭调查开始后，先由检察员宣读申请书，后由利害关系人、诉讼代理人发表意见。（2）法庭应当依次就犯罪嫌疑人、被告人是否实施了贪污贿赂犯罪、恐怖活动犯罪等重大犯罪并已经通缉1年不能到案，或者是否已经死亡，以及申请没收的财产是

否依法应当追缴进行调查；调查时，先由检察员出示证据，后由利害关系人、诉讼代理人出示证据，并进行质证。（3）法庭辩论阶段，先由检察员发言，后由利害关系人、诉讼代理人发言，并进行辩论。

根据最高人民检察院《规则》的规定，人民法院对没收违法所得的申请进行审理，人民检察院应当承担举证责任。出席法庭的检察官应当宣读没收违法所得申请书，并在法庭调查阶段就申请没收的财产属于违法所得及其他涉案财产等相关事实出示、宣读证据。人民检察院发现人民法院或者审判人员审理没收违法所得案件违反法律规定的诉讼程序，应当向人民法院提出纠正意见。

5.根据《刑事诉讼法》第300条的规定，人民法院经审理，对经查证属于违法所得及其他涉案财产，除依法返还被害人的以外，应当裁定予以没收；对不属于应当追缴的财产的，应当裁定驳回申请，解除查封、扣押、冻结措施。申请没收的财产具有高度可能属于违法所得及其他涉案财产的，应当认定为“申请没收的财产属于违法所得及其他涉案财产”。巨额财产来源不明犯罪案件中，没有利害关系人对违法所得及其他涉案财产主张权利，或者利害关系人对违法所得及其他涉案财产虽然主张权利但提供的证据没有达到相应证明标准的，应当视为“申请没收的财产属于违法所得及其他涉案财产”。

六、犯罪嫌疑人、被告人逃匿、死亡案件违法所得的没收程序的上诉、抗诉

根据《刑事诉讼法》第300条的规定，对于人民法院依照该条第1款规定作出的裁定，犯罪嫌疑人、被告人的近亲属和其他利害关系人或者人民检察院可以在5日以内提出上诉、抗诉。虽然犯罪嫌疑人、被告人逃匿、死亡案件违法所得的没收程序是特别程序，但法律并不能因此剥夺上诉权和抗诉权；相反，赋予双方充分的救济权利是诉讼公正的内在要求。

对不服第一审没收违法所得或者驳回申请裁定的上诉、抗诉案件，第二审人民法院经审理，应当按照下列情形分别处理：（1）第一审裁定认定事实清楚和适用法律正确的，应当驳回上诉或者抗诉，维持原裁定；（2）第一审裁定认定事实清楚，但适用法律有错误的，应当改变原裁定；（3）第一审裁定认定事实不清的，可以在查清事实后改变原裁定，也可以撤销原裁定，发回原审人民法院重新审判；（4）第一审裁定违反法定诉讼程序，可能影响公正审判的，应当撤销原裁定，发回原审人民法院重新审判。另外，第一审人民法院对发回重新审判的案件作出裁定后，第二审人民法院对不服第一审人民法院裁定的上诉、抗诉，应当依法作出裁定，不得再发回原审人民法院重新审判；但是，第一审人民法院在重新审判过程中违反法定诉讼程序，可能影响公正审判的除外。而利害关系人非因故意或者重大过失在第一审期间未参加诉讼，在第二审期间申请参加诉讼的，人民法院应当准许，并撤销原裁定，发回原审人民法院重新审判。

七、犯罪嫌疑人、被告人逃匿、死亡案件违法所得的没收程序的终止

根据《刑事诉讼法》第301条的规定，在审理过程中，在逃的犯罪嫌疑人、被告人自动投案或者被抓获的，人民法院应当终止审理。人民检察院向原受理申请的人民法院提起公诉的，可以由同一审判组织审理。终止审理意味着案件将回归正常的审判程序，对犯罪嫌疑人、被告人涉案财物的处理将在判决中一并作出。

八、救济措施

对于人民法院没收违法所得的裁定，第一种情况是没收违法所得裁定生效后，犯罪嫌疑人、被告人到案并对没收裁定提出异议，人民检察院向原作出裁定的人民法院提起公诉的，可以由同一审判组织审理。人民法院经审理，应当按照下列情形分别处理：（1）原裁定正确的，予以维持，不再对涉案财产作出判决；（2）原裁定确有错误的，应当撤销原裁定，并在判决中对有关涉案财产一并作出处理。第二种情况是人民法院生效的没收裁定确有错误的，除犯罪嫌

疑人、被告人到案并对没收裁定提出异议的情形外，应当依照审判监督程序予以纠正。已经没收的财产，应当及时返还；财产已经上缴国库的，由原没收机关从财政机关申请退库，予以返还；原物已经出卖、拍卖的，应当退还价款；造成犯罪嫌疑人、被告人以及利害关系人财产损失的，应当依法赔偿。

九、其他程序事项

在审理案件过程中，被告人脱逃或者死亡，符合《刑事诉讼法》第298条第1款规定的，人民检察院可以向人民法院提出没收违法所得的申请；符合《刑事诉讼法》第291条第1款规定的，人民检察院可以按照缺席审判程序向人民法院提起公诉。人民检察院向原受理案件的人民法院提出没收违法所得申请的，可以由同一审判组织审理。

审理申请没收违法所得案件的期限，参照公诉案件第一审普通程序和第二审程序的审理期限执行。公告期间和请求刑事司法协助的时间不计入审理期限。

【本章主要法律规定】

1.《刑事诉讼法》第298～301条
2.《人民检察院刑事诉讼规则》第512～533条
3.最高人民法院《关于适用〈中华人民共和国刑事诉讼法〉的解释》第609～629条
4.最高人民法院、最高人民检察院、公安部、国家安全部、司法部、全国人大常委会法制工作委员会《关于实施刑事诉讼法若干问题的规定》第37～39条
5.《公安机关办理刑事案件程序规定》第339～341条
6.最高人民法院、最高人民检察院《关于适用犯罪嫌疑人、被告人逃匿、死亡案件违法所得没收程序若干问题的规定》

第二十五章 依法不负刑事责任的精神病人的强制医疗程序

本章主要内容提示

本章主要内容是依法不负刑事责任的精神病人的强制医疗程序，是刑事诉讼法特别程序之一。

1.程序特点：适用对象的特殊性，适用措施的强制性，适用目的的双重性。

2.适用条件：实施了危害公共安全或者严重危害公民人身安全的暴力行为，经法定鉴定程序确认为无刑事责任能力，有继续危害社会的可能。

3.启动方式：人民检察院依申请启动，人民法院依职权启动。

4.决定程序：决定主体、法律援助、临时的保护性约束措施、审理期限。

5.救济程序：对于决定，被决定强制医疗的人、被害人及其法定代理人、近亲属可以提出复议，人民检察院可以提出纠正意见。

6.解除程序：必须由人民法院批准。

7.法律监督：人民检察院有权对强制医疗的决定和执行程序实行监督。

本章的难点是对于强制医疗的决定，被决定强制医疗的人、被害人及其法定代理人、近亲属可以提出复议，人民检察院可以提出纠正意见。另外，在解除方面，无论强制医疗机构提出解除意见还是被强制医疗的人及其近亲属申请解除强制医疗，都应由决定强制医疗的人民法院批准。

一、强制医疗的概念和意义

强制医疗是出于避免社会危害和保障精神疾病患者健康利益的目的而采取的一项对精神疾病患者的人身自由予以一定限制并对其所患精神疾病进行治疗的特殊保安处分措施。

从性质上说，强制医疗是针对精神病人的一种社会防卫措施，而非刑罚措施。精神病人犯罪，往往是受病理作用的影响导致其在丧失辨认与控制能力的情况下实施了犯罪行为，因此不能追究其刑事责任以及对其适用通常意义的刑罚措施。然而，由于很多精神病人具有严重的暴力性攻击倾向，人身危害性极强，如果不对这些精神病人进行强制医疗，他们可能会继续危害社会。因此，不追究刑事责任、不处以刑罚并不意味着对无刑事责任能力的精神病人放任自流；相反，为了维护公共利益和社会秩序，我国《刑事诉讼法》特别规定了依法不负刑事责任的精神病人的强制医疗程序。

二、强制医疗程序的特征

1.适用对象的特殊性。根据《刑事诉讼法》第302条的规定，我国强制医疗的适用对象是实施暴力行为，危害公共安全或者严重危害公民人身安全，经法定程序鉴定依法不负刑事责任的精神病人。

2.适用措施的强制性。与自愿性住院医疗不同，强制医疗的适用具有显著的强制性。即如果行为人符合强制医疗的法定适用条件，无论本人或其家属是否同意，只要经人民法院决定都应强制入院，在专门的医疗机构中接受监护隔离和康复治疗。

3.适用目的的双重性。强制医疗的目的具有双重性：一是通过积极康复治疗，使被强制对象恢复健康、改善精神状况，从而达到维护精神病人身体健康利益的目的；二是通过强制性医疗，消除被强制对象的人身危险性，使其不再对社会公众构成威胁，从而实现保障公众安全、维护社会和谐有序的目的。

三、强制医疗程序的适用条件

依据《刑事诉讼法》第302条的规定，行为人如果同时满足以下三个条件，无论家属是否能够或同意履行监护职责，都应入院接受强制医疗。

1.实施了危害公共安全或者严重危害公民人身安全的暴力行为。

立法将强制医疗的适用对象局限于具有暴力倾向以及主动攻击意识的精神病人，这在客观上要求行为人实施了暴力行为并造成了一定的危害结果，即对公共安全造成了危害或者严重危害了公民的人身安全。

2.经法定程序鉴定属依法不负刑事责任的精神病人。

我国精神病鉴定程序的相关内容主要规定在以下几部法律文件中：《刑事诉讼法》、全国人民代表大会常务委员会《关于司法鉴定管理问题的决定》、最高人民法院、最高人民检察院、公安部、司法部、卫生部《精神疾病司法鉴定暂行规定》、最高人民检察院《规则》以及司法部《司法鉴定程序通则》。依据上述法律文件的规定，在侦查、审查起诉阶段，公安机关、人民检察院有权启动精神病鉴定程序。在审判阶段，针对控辩双方有争议的鉴定意见进行核实时，法院可以启动重新鉴定或者补充鉴定。犯罪嫌疑人的辩护人、近亲属在审查起诉阶段有权申请启动精神病鉴定程序，对于侦诉机关已经进行的鉴定应当将鉴定意见告知犯罪嫌疑人或者被害人，被害人死亡或者丧失诉讼行为能力的，应当告知被害人的近亲属或法定代理人，犯罪嫌疑人或者被害人（被害人死亡或者丧失诉讼行为能力时其近亲属或者法定代理人）有权申请重新鉴定或者补充鉴定。

3.有继续危害社会的可能。

所谓精神病人的社会危险性，是指已经实施了危害行为的精神病人再次实施危害行为的可能性。对于精神病人的社会危险性，可以从主观状态和客观表现两个方面来作出衡量和判断。首先，精神状况作为影响主观状态认定的主要因素，应由精神病鉴定人在精神病鉴定过程中附加作出相应的评估。其次，行为人实施的危害行为和造成的危害结果可以被视为社会危害性的客观表现。最后，应由法院在综合考虑上述两方面的基础上，对精神病人是否具有继续危害社会的可能作出判断和认定。

四、强制医疗的启动和决定程序

1.强制医疗的启动程序。

依据《刑事诉讼法》第303条的规定，强制医疗的启动程序可以分为以下两种方式：一是检察院的申请启动方式，即对于公安机关移送的强制医疗意见书或者在审查起诉过程中发现精神病人符合强制医疗条件的，人民检察院应当向人民法院提出强制医疗的申请。根据最高人民检察院《规则》第543条规定，在审查起诉中，犯罪嫌疑人经鉴定系依法不负刑事责任的精神病人的，人民检察院应当作出不起诉决定，同时认为其符合《刑事诉讼法》第302条规定条件的，应当向人民法院提出强制医疗的申请。二是法院的决定启动方式，即人民法院在审理案件过程中发现被告人符合强制医疗条件的，可以作出强制医疗的决定。根据最高人民法院《解释》第638条的规定，第一审人民法院在审理刑事案件过程中，发现被告人可能符合强制医疗条件的，应当依照法定程序对被告人进行法医精神病鉴定。经鉴定，被告人属于依法不负刑事责任的精神病人的，应当适用强制医疗程序，对案件进行审理。上述启动方式确立了检察院和法院强制医疗启动主体的法律地位，从而明确排除了公安机关、精神病人的监护人、法定代理人以及受害人的程序启动权。其中，如果公安机关发现精神病人符合强制医疗条件的，应当写出强制医疗意见书，移送人民检察院，并由人民检察院向人民法院提出强制医疗的申请。

2.强制医疗的决定程序。

（1）强制医疗的决定主体。《刑事诉讼法》第303条和第304条专门规定了精神病强制医疗的决定主体，即对实施暴力行为精神病人的强制医疗，由人民法院组成合议庭审理并作出决定。这明确了强制医疗的决定主体为人民法院。

（2）强制医疗案件的管辖。最高人民法院《解释》第631条规定，人民检察院申请对依法不负刑事责任的精神病人强制医疗的案件，由被申请人实施暴力行为所在地的基层人民法院管辖；由被申请人居住地的人民法院审判更为适宜的，可以由被申请人居住地的基层人民法院管辖。

（3）法律援助制度。被申请人或者被告人没有委托诉讼代理人的，应当自受理强制医疗申请或者发现被告人符合强制医疗条件之日起3日以内，通知法律援助机构指派律师担任其诉讼代理人，为其提供法律帮助。

（4）临时的保护性约束措施。《刑事诉讼法》第303条第3款规定对实施暴力行为的精神病人，在人民法院决定强制医疗前，公安机关可以采取临时的保护性约束措施。根据公安部《规定》第345条规定，采取临时的保护性约束措施时，应当对精神病人严加看管，并注意约束的方式、方法和力度，以避免和防止危害他人和精神病人的自身安全为限度。对于精神病人已没有继续危害社会可能，解除约束后不致发生社会危险性的，公安机关应当及时解除保护性约束措施。

（5）强制医疗的审理程序。人民法院审理强制医疗案件，应当通知被申请人或者被告人的法定代理人到场；被申请人或者被告人的法定代理人经通知未到场的，可以通知被申请人或者被告人的其他近亲属到场。法院审理强制医疗案件，应当组成合议庭，开庭审理。但是，被申请人、被告人的法定代理人请求不开庭审理，并经人民法院审查同意的除外。法院还应当会见被申请人，听取被害人及其法定代理人的意见。

开庭审理申请强制医疗的案件，按照下列程序进行：①审判长宣布法庭调查开始后，先由检察员宣读申请书，后由被申请人的法定代理人、诉讼代理人发表意见。②法庭依次就被申请人是否实施了危害公共安全或者严重危害公民人身安全的暴力行为、是否属于依法不负刑事责任的精神病人、是否有继续危害社会的可能进行调查；调查时，先由检察员出示证据，后由被申请人的法定代理人、诉讼代理人出示证据，并进行质证；必要时，可以通知鉴定人出庭对鉴定意见作出说明。③法庭辩论阶段，先由检察员发言，后由被申请人的法定代理人、诉讼代理人发言，并进行辩论。被申请人要求出庭，人民法院经审查其身体和精神状态，认为可以出庭的，应当准许。出庭的被申请人，在法庭调查、辩论阶段，可以发表意见。检察员宣读申请书后，被申请人的法定代理人、诉讼代理人无异议的，法庭调查可以简化。

由法院自行启动的强制医疗案件，应当先由合议庭组成人员宣读对被告人的法医精神病鉴定意见，说明被告人可能符合强制医疗的条件，后依次由公诉人和被告人的法定代理人、诉讼代理人发表意见。经审判长许可，公诉人和被告人的法定代理人、诉讼代理人可以进行辩论。

（6）强制医疗的审理时限。人民法院经审理，对于被申请人或者被告人符合强制医疗条件的，应当在1个月内作出强制医疗的决定。

（7）强制医疗的决定。对申请强制医疗的案件，人民法院审理后，应当按照下列情形分别处理：①符合《刑事诉讼法》第302条规定的强制医疗条件的，应当作出对被申请人强制医疗的决定。②被申请人属于依法不负刑事责任的精神病人，但不符合强制医疗条件的，应当作出驳回强制医疗申请的决定；被申请人已经造成危害结果的，应当同时责令其家属或者监护人严加看管和医疗。③被申请人具有完全或者部分刑事责任能力，依法应当追究刑事责任的，应当作出驳回强制医疗申请的决定，并退回人民检察院依法处理。

由法院自行启动的强制医疗案件，经审理后，应当按照下列情形分别处理：①被告人符合强制医疗条件的，应当判决宣告被告人不负刑事责任，同时作出对被告人强制医疗的决定。②被告人属于依法不负刑事责任的精神病人，但不符合强制医疗条件的，应当判决宣告被告人无罪或者不负刑事责任；被告人已经造成危害结果的，应当同时责令其家属或者监护人严加看管和医疗。③被告人具有完全或者部分刑事责任能力，依法应当追究刑事责任的，应当依照普通程序继续审理。此外，第二审人民法院在审理刑事案件过程中，发现被告人可能符合强制医疗条件的，可以依照强制医疗程序对案件作出处理，也可以裁定发回原审人民法院重新审判。

（8）移送执行。人民法院决定强制医疗的，应当在作出决定后5日以内，向公安机关送达强制医疗决定书和强制医疗执行通知书，由公安机关将被决定强制医疗的人送交强制医疗。

五、强制医疗的救济程序

1.强制医疗的复议程序。

被决定强制医疗的人、被害人及其法定代理人、近亲属对强制医疗决定不服的，可以自收到决定书第二日起5日以内向上一级人民法院申请复议。复议期间不停止执行强制医疗的决定。对不服强制医疗决定的复议申请，上一级人民法院应当组成合议庭审理，并在1个月以内，按照下列情形分别作出复议决定：（1）被决定强制医疗的人符合强制医疗条件的，应当驳回复议申请，维持原决定；（2）被决定强制医疗的人不符合强制医疗条件的，应当撤销原决定；（3）原审违反法定诉讼程序，可能影响公正审判的，应当撤销原决定，发回原审人民法院重新审判。人民法院一审判决宣告被告人不负刑事责任，同时作出对被告人强制医疗决定后，人民检察院提出抗诉，同时被决定强制医疗的人、被害人及其法定代理人、近亲属申请复议的，上一级人民法院应当依照第二审程序一并处理。

2.强制医疗的解除制度。

依据《刑事诉讼法》第306条的规定，强制医疗解除的程序可以概括为以下两种方式：一是由医疗机构提出解除意见，即强制医疗机构应当定期对被强制医疗的人进行诊断评估。对于已不具有人身危险性，不需要继续强制医疗的，应当及时提出解除意见。二是由被强制医疗的人及其近亲属申请解除强制医疗。其中，无论哪种启动方式，都必须由决定强制医疗的人民法院批准。同时，被强制医疗的人及其近亲属申请解除强制医疗的，应当向决定强制医疗的人民法院提出。而被强制医疗的人及其近亲属提出的解除强制医疗申请被人民法院驳回，6个月后再次提出申请的，人民法院应当受理。

强制医疗机构提出解除强制医疗意见，或者被强制医疗的人及其近亲属申请解除强制医疗的，人民法院应当审查是否附有对被强制医疗的人的诊断评估报告。强制医疗机构提出解除强制医疗意见，未附诊断评估报告的，人民法院应当要求其提供。被强制医疗的人及其近亲属向人民法院申请解除强制医疗，强制医疗机构未提供诊断评估报告的，申请人可以申请人民法院调取。必要时，人民法院可以委托鉴定机构对被强制医疗的人进行鉴定。

强制医疗机构提出解除强制医疗意见，或者被强制医疗的人及其近亲属申请解除强制医疗的，人民法院应当组成合议庭进行审查，并在1个月以内，按照下列情形分别处理：（1）被强制医疗的人已不具有人身危险性，不需要继续强制医疗的，应当作出解除强制医疗的决定，并可责令被强制医疗的人的家属严加看管和医疗；（2）被强制医疗的人仍具有人身危险性，需要继续强制医疗的，应当作出继续强制医疗的决定。在必要时，人民法院可以开庭审理，并通知人民检察院派员出庭。人民法院应当在作出决定后5日以内，将决定书送达强制医疗机构、申请解除强制医疗的人、被决定强制医疗的人和人民检察院。决定解除强制医疗的，应当通知强制医疗机构在收到决定书的当日解除强制医疗。

案例分析　能力训练

六、对强制医疗的监督

《刑事诉讼法》第307条规定，人民检察院对强制医疗的决定和执行实行监督。

人民检察院发现公安机关应当启动强制医疗程序而不启动的，可以要求公安机关在7日以内书面说明不启动的理由。经审查，认为公安机关不启动理由不能成立的，应当通知公安机关启动强制医疗程序。公安机关收到启动强制医疗程序通知书后，未按要求启动强制医疗程序的，人民检察院应当提出纠正意见。人民检察院对公安机关移送的强制医疗案件，发现公安机关对涉案精神病人进行鉴定违反法律规定，具有下列情形之一的，应当依法提出纠正意见：（1）鉴定机构不具备法定资质的；（2）鉴定人不具备法定资质或者违反回避规定的；（3）鉴定程序违反法律或者有关规定，鉴定的过程和方法违反相关专业规范要求的；（4）鉴定文书不符合法定形式要件的；（5）鉴定意见没有依法及时告知相关人员的；（6）鉴定人故意作虚假鉴定的；（7）其他违反法律规定的情形。人民检察院对精神病鉴定程序进行监督，可以要求公安机关补充鉴定或者重新鉴定。必要时，可以询问鉴定人并制作笔录，或者委托具有法定资质的鉴定机构进行补充鉴定或者重新鉴定。人民检察院发现公安机关对涉案精神病人不应当采取临时保护性约束措施而采取的，应当提出纠正意见；认为公安机关应当采取临时保护性约束措施而未采取的，应当建议公安机关采取临时保护性约束措施。

人民检察院发现人民法院强制医疗案件审理活动具有下列情形之一的，应当提出纠正意见：（1）未通知被申请人或者被告人的法定代理人到场的；（2）被申请人或者被告人没有委托诉讼代理人，未通知法律援助机构指派律师为其提供法律帮助的；（3）未组成合议庭或者合议庭组成人员不合法的；（4）未经被申请人、被告人的法定代理人请求直接作出不开庭审理决定的；（5）未会见被申请人的；（6）被申请人、被告人要求出庭且具备出庭条件，未准许其出庭的；（7）违反法定审理期限的；（8）收到人民检察院对强制医疗决定不当的书面纠正意见后，未另行组成合议庭审理或者未在1个月以内作出复议决定的；（9）人民法院作出的强制医疗决定或者驳回强制医疗申请决定不当的；（10）其他违反法律规定的情形。出席法庭的检察官发现人民法院或者审判人员审理强制医疗案件违反法律规定的诉讼程序，应当记录在案，并在休庭后及时向检察长报告，由人民检察院在庭审后向人民法院提出纠正意见。此外，人民检察院认为人民法院作出的强制医疗决定或者驳回强制医疗申请的决定，具有下列情形之一的，应当在收到决定书副本后20日以内向人民法院提出纠正意见：（1）据以作出决定的事实不清或者确有错误的；（2）据以作出决定的证据不确实、不充分的；（3）据以作出决定的证据依法应当予以排除的；（4）据以作出决定的主要证据之间存在矛盾的；（5）有确实、充分的证据证明应当决定强制医疗而予以驳回的，或者不应当决定强制医疗而决定强制医疗的；（6）审理过程中严重违反法定诉讼程序，可能影响公正审理和决定的。人民检察院对于人民法院批准解除强制医疗的决定实行监督，发现人民法院解除强制医疗的决定不当的，应当提出纠正意见。

人民检察院发现人民法院、公安机关、强制医疗机构在对依法不负刑事责任的精神病人的强制医疗的交付执行、医疗、解除等活动中违反有关规定的，应当依法提出纠正意见。人民检察院在强制医疗执行监督中发现被强制医疗的人不符合强制医疗条件或者需要依法追究刑事责任，人民法院作出的强制医疗决定可能错误的，应当在5日以内将有关材料转交作出强制医疗决定的人民法院的同级人民检察院。收到材料的人民检察院负责捕诉的部门应当在20日以内进行审查，并将审查情况和处理意见反馈负责强制医疗执行监督的人民检察院。人民检察院发现公安机关在对涉案精神病人采取临时保护性约束措施时有违法情形的，应当依法提出纠正意见。

【本章主要法律规定】

1.《刑事诉讼法》第302～307条

2.《人民检察院刑事诉讼规则》第534～550条、第651～653条

3.最高人民法院《关于适用〈中华人民共和国刑事诉讼法〉的解释》第630～649条

4.《公安机关办理刑事案件程序规定》第342～345条

本编重点、难点与疑点辨析

本编涉及的五大特别程序，各自的要点问题都比较集中，且考虑到相关的案例同普通类型案件的结合方式比较有限，故从命题角度往往有章可循。具体来说，需要注意如下几个方面：

1.未成年人刑事案件诉讼程序

未成年人刑事案件诉讼程序历来是考查的重点，近年来更是因为这一方面的法律和司法解释修改较多而更受关注。我国未成年人刑事案件诉讼程序整体仍然依托于成年人普通刑事诉讼程序，因此学习的重点在于理解和掌握与成年人刑事诉讼程序的区别之处以及区别规定背后的原因。例如，普通案件中被害人所享有的对不起诉案件转而提起公诉的权利，为什么不适用于检察机关对未成年人作出的附条件不起诉决定，这样的规定与未成年人司法所强调的特殊保护有何关联；再如，为什么未成年人不签署认罪认罚具结书仍然可以从宽，最有利于未成年人的原则如何在一些具体程序设置中予以体现；等等。

同时，随着近年来刑事诉讼法学科考查的综合性的不断提升，未成年人与成年人共同犯罪的案例能够更好地承载和考查两种程序的差异。例如，未成年人与作为其监护人的父亲共同犯罪，二者在讯问、审查批准逮捕以及法庭审理等方面具有多方面的不同，而作为共犯的监护人自然不再享有普通监护人同意对未成年人适用附条件不起诉的权利。对于未成年人与成年人共同犯罪的案件，虽然法律要求分案起诉和分案审理，但并不要求必须由不同的审判组织审理，相反，由相同的审判组织分案审理还能更好地把握同案犯之间定罪量刑的平衡。因此，需要注意的是，分案审理和不同的审判组织审理并不相同。此外，有关未成年人刑事案件诉讼程序的考查还可以与未成年证人、被害人的陈述审查判断相结合。例如，年幼的未成年被害人向其母亲转述的被害经过本身具有证据资格，是可以作为定案的依据的。

2.当事人和解的公诉案件诉讼程序

刑事和解在司法实践中的适用还是较为普遍的，且对最终的裁判方向有较大影响。对于考生来说，最容易犯错的环节其实是此类程序的适用范围问题，一些案例考点会以此范围之外的案由来诱导考生作出错误判断。而刑事和解自从雏形初现之日起，便背负着“花钱买刑”的质疑，这要求考生把握基本立场，即和解（尤其是金钱赔偿）并不是消弭罪责的替代范式。在复习这一特别程序的知识点时，最好结合刑事附带民事诉讼、认罪认罚从宽等知识点综合理解。尤其需要注意的是，刑事和解在刑事诉讼进程中并不存在一个异常明显的程序轮廓，故而务必要对不同程序环节的终结机制予以熟知。除此之外，和解协议的效力问题也常常作为考点出现于相应的案例中，尤其是对于和解协议的反悔问题，需要结合相关案情灵活分析。

3.缺席审判程序

就缺席审判的立法思路而言，其规范轮廓已然全面、清晰。对于考生而言，尤其需要对最高人民法院于2021年出台的司法解释吃透。此外，这一特别程序与犯罪嫌疑人、被告人逃匿、死亡案件违法所得的没收程序存在一些容易混淆的区域，二者如何结合运用以及各自的区别是什么，需要考生对“人”与“物”——在刑事诉讼程序中作为具体客体对象——的功能指向分别有所了解。

4.犯罪嫌疑人、被告人逃匿、死亡案件违法所得的没收程序

这一部分内容表面上看在程序设计上颇为复杂，但却并非无章可循。特别需要关注的是，诸如送达之类的知识内容此前很少成为刑事诉讼法的考点，而见诸于没收程序的框架内，其特殊性得以呈现并为题目设计提供了新的可能。无论相关程序作出何种全新考量，其出发点都不外乎提升职务犯罪打击力度以及减少不必要的财产损失，由此推导出的便利性趋势即可与若干制度设计相契合。由此，考生理解相应的程序排布、审判组织等事项便可免于生硬的记忆。

5.依法不负刑事责任的精神病人的强制医疗程序

强制医疗程序在刑事诉讼中具有一定的封闭性，但是仍需要注意其启动方式的二元性。在一些案例中，其与普通诉讼流程也存在衔接关系。考生不妨站在办案人的立场，结合程序的设计原理加以体会。强制医疗不是针对所有类型案件都适用的，犯罪行为的暴力性是基础要件。同时，此类案件的操作过程容易伤及当事人的基本权利，相应的救济渠道以及监督机制都发挥着保护性功能。另外，公安机关的约束性措施容易成为考查重点，考生应结合现实情境明确自身的立场，以契合刑事诉讼创设此一特别程序的初衷。